दास्ताँ और भी हैं

[आत्मकथा]

दास्ताँ और भी हैं

शेख मुजीबुर रहमान

राजकमल प्रकाशन

मूल बांग्ला कृति : 'असमाप्त आत्मजीवनी' से अनूदित

अनुवाद : प्रेमकपूर

ISBN : 978-81-267-2979-1

मूल्य : ₹795

पहला संस्करण : 2017
दूसरा संस्करण : 2018

प्रकाशक : राजकमल प्रकाशन प्रा. लि.
1-बी, नेताजी सुभाष मार्ग, दरियागंज
नई दिल्ली-110 002

शाखाएँ : अशोक राजपथ, साइंस कॉलेज के सामने, पटना-800 006
पहली मंजिल, दरबारी बिल्डिंग, महात्मा गांधी मार्ग, इलाहाबाद-211 001
36 ए, शेक्सपियर सरणी, कोलकाता-700 017

वेबसाइट : www.rajkamalprakashan.com
ई-मेल : info@rajkamalprakashan.com

मुद्रक : बी.के. ऑफसेट
नवीन शाहदरा, दिल्ली-110 032

DASTAN AUR BHI HAIN
Autobiography of Sheikh Mujibur Rahman

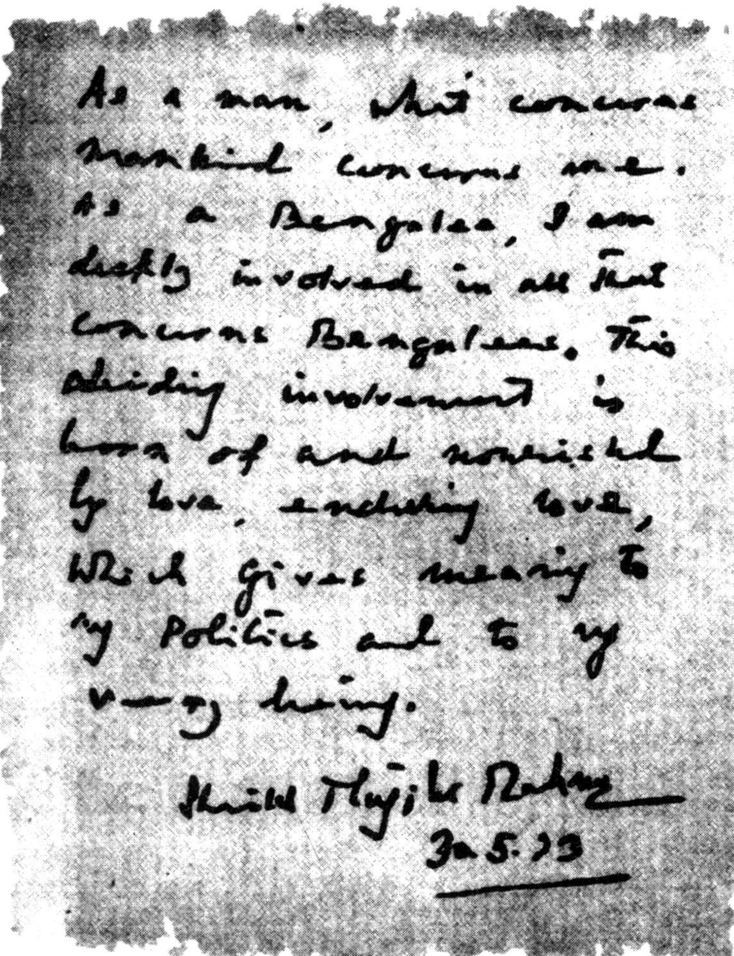
As a man, what concerns
mankind concerns me.
As a Bengalee, I am
deeply involved in all that
concerns Bengalees. This
abiding involvement is
born of and nourished
by love, enduring love,
which gives meaning to
my politics and to my
very being.

Sheikh Mujibur Rahman
30.5.73

शेख मुजीबुर रहमान की निजी नोटबुक का अंश

भूमिका

मेरे पिता बंगबन्धु शेख़ मुज़ीबुर रहमान को अपने जीवन का सबसे मूल्यवान समय कारावास में बन्दी के रूप में गुज़ारना पड़ा। जनता के अधिकारों की अदायगी के लिए आन्दोलन करने के दौरान उन्हें जीवन में बारम्बार असह्य व नि:संग कारावास वरण करना पड़ा। परन्तु उन्होंने (इस सवाल पर) कभी समझौता नहीं किया। फाँसी के फँदे से डरे नहीं। उनके जीवन की प्राणशक्ति जनता ही थी। मनुष्य के दुखों पर उनका मन रो उठता। बंगाल के दुखी लोगों के चेहरों पर मुस्कुराहट लाना, सोने के बंगाल का निर्माण करना—उनके जीवन का यही एकमात्र व्रत था। अन्न, वस्त्र, वासस्थान, शिक्षा, स्वास्थ्य—इन मौलिक अधिकारों की पूर्ति के माध्यम से मनुष्य को उन्नत जीवन उपलब्ध हो, दारिद्र्य से मुक्ति मिले, अहर्निश यही चिन्ता उनके मन में रहती। और इसीलिए अपने जीवन के सारे सुख, आराम, ऐश त्यागकर जनता की माँगों की अदायगी के लिए एक आदर्शवादी और आत्मत्यागी राजनीतिक नेता के रूप में उन्होंने आजीवन संग्राम किया तथा बंगाली जाति को स्वाधीनता दिलाई। उन्होंने एक वीर के रूप में बंगाली जाति को विश्व में अनन्य मर्यादा दिलाई, विश्व में स्वाधीन सार्वभौम बांग्लादेश नामक एक राष्ट्र का निर्माण किया। बंगालियों के हजारों वर्षों के स्वप्न को साकार किया। बांग्लादेश के लोगों की मुक्ति के इस महानायक ने स्वाधीनता संग्राम के अन्त में जब राष्ट्रीय पुनर्निर्माण और अर्थनीतिक मुक्ति-अर्जन को सुनिश्चित किया तभी आततायी की निर्मम बुलेट ने उन्हें जनता से छीन लिया। स्वाधीन बांग्ला (देश) की हरी घास उनके रक्त से रंजित हो गई। हत्यारों ने बंगाली जाति के ललाट पर सदा के लिए कलंक का टीका अंकित कर दिया।

यह महान नेता अपने हाथों से संस्मरण लिख गए हैं, जो उनके महाप्रयाण के उनतीस वर्षों पश्चात् हाथ में आया। उनके लिखे संस्मरण से उनके छुटपन से बड़े होने के बारे में, उनके परिवार के बारे में, छात्र-जीवन के आन्दोलन और संग्राम सहित उनके जीवन की कई अनजानी घटनाओं के बारे में जानने का सुअवसर मिलेगा। उनके विशाल राजनीतिक जीवन का एक विचित्र अनुभव उनकी लेखनी से हमें इस ग्रन्थ में मिलता है। उन्होंने जो कुछ भी देखा, जाना और राजनीतिक रूप

से जिसका परीक्षण-निरीक्षण किया, वह सब कुछ सहज-सरल भाषा में व्यक्त किया। उनके इस संग्राम, सतत प्रयत्नों तथा आत्मत्याग की महिमा से जो सत्य उजागर होगा, वह आनेवाली पीढ़ी को प्रेरित करेगा। इतिहास की विकृति के गिरफ्त में पड़कर जो विभ्रान्त हुए हैं, उन्हें सही इतिहास की जानकारी का अवसर प्रदान करेगा। शोधार्थियों और इतिहासकारों के सामने यह ग्रन्थ मूल्यवान तथ्य तथा सत्य उजागर करेगा।

यह आत्मकथा स्वयं मेरे पिता ने अपने हाथों से लिखी। पांडुलिपि प्राप्ति के पीछे भी एक लम्बा इतिहास है। यह पुस्तक अन्ततः छपवा पाऊँगी, आपके हाथों तक पहुँचा पाऊँगी, यह उम्मीद तो मैंने एकदम छोड़ ही दी थी।

25 मार्च, 1971 की आधी रात को स्वाधीनता की घोषणा करने के बाद ही हमारे धानमंडी के 32 नम्बर सड़क वाले (पुराने) आवास (वर्तमान में सड़क नम्बर 11, मकान नम्बर 10) में पाकिस्तानी सेना ने धावा बोला और मेरे पिता को गिरफ्तार कर ले गई। उनकी गिरफ्तारी के बाद मेरी माँ ने छोटे दो भाइयों रसेल और जमाल के साथ बगल वाले मकान में आश्रय लिया। इसके बाद 26 मार्च की रात को फिर से सेना ने धावा बोला तथा पूरे मकान में लूटपाट और तोड़-फोड़ की। मकान उन्हीं के दखल में रहा। इसी मकान में अब्बा के सोने के कमरे के साथ ही एक ड्रेसिंग रूम है, वहाँ एक अलमारी के ऊपर एक कोने में माँ ने कुछ कॉपियाँ बड़े जतन के साथ रखी थीं। चूँकि वे पुरानी जिल्द मढ़ी कई कॉपियाँ थीं जिनमें इस आत्मकथा के अतिरिक्त संस्मरण, डायरी, भ्रमण कहानी और माँ के हिसाब-किताब लिखने की कॉपियाँ भी थीं, उन्हें ये लूटने लायक मूल्यवान नहीं लगीं। वे उन्हें यों ही छोड़ गए और वे कॉपियाँ हमें सही-सलामत मिल गईं।

15 अगस्त, 1975 को 32 नम्बर सड़क वाले मकान में परिवार के सभी लोगों की हत्या के पश्चात् तत्कालीन सरकार ने उक्त मकान को बन्द कर रखा था। 17 मई, 1981 को मैं प्रवास से स्वेदश लौट आई। तब भी जिया सरकार ने मकान को सील कर रखा था। मुझे उस मकान में प्रवेश करने नहीं दिया गया। इसके बाद उसी वर्ष 12 जून को सत्तार सरकार ने मकान हमें हस्तान्तरित किया। तब मुझे अब्बा के लिखे संस्मरण, डायरी और चीन भ्रमण की कॉपियाँ मिलीं। वह कॉपी नहीं मिली जिसमें आत्मकथा लिखी थी। कुछ टाइप किए हुए काग़ज़ मिले जो दीमकों की भेंट चढ़ गए थे। फुलस्केप काग़ज़ों का प्रायः आधा हिस्सा ही गायब था, केवल ऊपर का हिस्सा था। उन अंशों को पढ़कर समझ में आ रहा था कि वह अब्बा की आत्मकथा की पांडुलिपि थे, परन्तु चूँकि आधा हिस्सा नदारद था, इसलिए किसी काम के न थे। इसके बाद मैंने काफी खोजा। मूल कॉपी कहाँ, किसके पास है, जानने की चेष्टा की, परन्तु कोई लाभ नहीं हुआ। एक वक्त ऐसा भी आया जब मैंने उम्मीद ही छोड़ दी थी।

इसी बीच सन् 2000 से हमने बंगबन्धु के लिखे संस्मरणों, चीन-भ्रमण तथा डायरी प्रकाशन की प्रस्तुति शुरू की। अमेरिका के जॉर्ज टाउन विश्वविद्यालय के प्रोफेसर एनायतुर रहीम बंगबन्धु पर गवेषणा के सिलसिले में ढाका पधारे। विशेषकर अगरतला षड्यंत्र-मामला—यह उनके शोध का विषय था। उन्होंने महबूबुल्लाह-जेबुन्निसा ट्रस्ट द्वारा ढाका विश्वविद्यालय में स्थापित 'बंगबन्धु शेख़ मुज़ीबुर रहमान चेयर' में 'अगरतला षड्यंत्र मामला' में शोध के लिए योगदान किया। यह शोधकार्य करने के दौरान उन्होंने बंगबन्धु के जीवन, संस्मरण और डायरी आदि को लेकर भी काम शुरू किया। मैं और पत्रकार बेबी मौदूद उनकी सहायता कर रहे थे। डॉ. एनायतुर रहीम ने बांग्ला से अंग्रेजी में अनुवाद करना शुरू किया किन्तु उनकी अकाल मृत्यु से इस काम को बहुत बड़ी क्षति पहुँची। इस प्रकार वे अचानक चले जाएँगे, ऐसा तो स्वप्न में भी नहीं सोचा था।

इस अवस्था में मैं हताश हो गई थी। ऐसे समय इतिहासकार प्रोफेसर ए.एफ. सलाहुद्दीन अहमद, राष्ट्रविज्ञानी प्रोफेसर शम्सुल हुदा हारून, लोकसाहित्यविद् व गवेषक अध्यापक शम्सुज़्ज़मान ख़ान ने इस बारे में हमें मूल्यवान परामर्श व सहयोग दिया। बाद में प्रोफेसर सलाहुद्दीन अहमद और शम्सुल हुदा हारून ने अनुवाद का दायित्व ग्रहण किया। शम्सुज़्ज़मान ख़ान के साथ मैंने और बेबी मौदूद ने मूल बांग्ला पांडुलिपि का सम्पादन, कम्पोज़िंग, संशोधन तथा अन्य काम करना शुरू किया। मूल कॉपी के साथ मिलाकर बारह-चौदह बार पढ़ना पड़ता। अनेक विघ्न-बाधाओं को पार कर यों ही काम बढ़ता रहा। छपने देने की भी एक समयसीमा तय कर ली गई।

जब 'संस्मरण' और 'डायरी' का काम अन्तिम चरण में था, ऐसे समय मेरे हाथों में आए नए चार पृष्ठ, जो आत्मकथा के रूप में लिखे गए थे। इन कॉपियों के मिलने के पीछे भी एक घटना है। मेरी हत्या करने के मक़सद से 21 अगस्त, 2004 को बंगबन्धु एवेन्यू में अवामी लीग के एक समारोह में एक भयावह ग्रेनेड का हमला हुआ जिसमें महिला अवामी लीग की सभानेत्री आइवि रहमान सहित चौबीस लोगों की जान गई। आश्चर्यजनक रूप से मैं बच गई। इस घटना के बाद जब मैं शोक-कष्ट और वेदना से जर्जरित थी, उस समय मेरे पास पहुँचीं ये कॉपियाँ। बड़ी आश्चर्यजनक घटना थी। इतने दुख-कष्ट-वेदना के बीच भी मानो थोड़ी सी रोशनी की झलक हो। मैं 21 अगस्त को मृत्यु के द्वार से लौट आई, लगा जैसे नया जन्म हुआ हो। और ठीक उसी समय मेरे हाथ लगे अब्बा की आत्मकथा के चार पृष्ठ। अन्तत: ये कॉपियाँ मेरे एक फुफेरे भाई ने लाकर मुझे दीं। मेरे और एक फुफेरे भाई हैं—बांग्लार-वाणी के सम्पादक शेख़ फज़लुल हक़ मणि, जिन्हें ऑफिस के टेबल के ड्राअर से ये कॉपियाँ मिलीं। सम्भवत: अब्बा ने शेख़ मणि को टाइप करने के लिए दी थीं, यह सोचकर कि बाद में छपवाएँगे, किन्तु

15 अगस्त, 1975 को शहादत वरण करने के चलते नहीं छपवा पाए और काम असमाप्त रह गया।

कॉपियाँ हाथ में आने पर मेरी आवाज़ प्रायः अवरुद्ध हो गई। वह लिखावट तो मेरी अत्यन्त जानी-पहचानी थी। मैंने छोटी बहन शेख़ रेहाना को बुलाया। हम दोनों बहनों की आँखों से आँसू झर रहे थे। हाथों से उस लिखावट को छूकर हमने पिता के स्पर्श का अनुभव करने की चेष्टा की। मौत के मुँह से लौटने पर ऐसी प्राप्ति, लगा जैसे पिता के आशीर्वाद का स्पर्श मिल रहा हो। मेरा अभी देश के लोगों के लिए, मेरे पिता की भाषा में बांग्ला (देश) के दुखी लोगों के लिए, भाग्य-परिवर्तन का काम बाकी है। उनके स्वप्नों के स्वर्णिम बांग्ला (देश) के निर्माण का काम अभी बाकी है, मानो उन्होंने यही सन्देश मुझे भेजा है। मैं जब कॉपियों के पृष्ठ उलट रही थी और हाथों से लिखावट को छू रही थी तो मुझे केवल महसूस हो रहा था कि अब्बा मानो मुझसे कह रहे हों—कोई भय नहीं है बेटी, मैं हूँ न, तू आगे बढ़, हिम्मत रख। मुझे लग रहा था मानो अल्लाह की ओर से पेरे पास ऐश्वरिक अभय-वाणी पहुँची हो। इतने दुख-कष्ट-वेदना में भी मानो मुझे उजाले की दिशा मिली हो।

अब्बा के हाथों लिखे चार पन्ने। बड़ी सतर्कता से मुझे कॉपियों को सँभालना पड़ रहा था क्योंकि पन्ने पीले से, जीर्ण और काफी नरम हो गए थे। कई जगह तो लिखावट भी इतनी धुँधली थी कि पढ़ पाना कठिन था। एक कॉपी के बीच के कुछ पृष्ठ बिलकुल नष्ट हो चुके थे और उनका पाठोद्धार कर पाना बड़ा मुश्किल था। अगले दिन मैंने, बेबी मौदूद और रेहाना ने काम शुरू किया। कई बार कॉपियों की लिखावट पढ़ने की चेष्टा में रेहाना फूट पड़ती। उसका रोना रुकता ही न था। शुरू के कुछ महीने मेरे साथ भी ऐसा ही हुआ था जब मैंने संस्मरण और डायरी पर काम करना शुरू किया था। धीरे-धीरे मैंने मन कड़ा किया। पहले, पृष्ठों की फोटोकॉपी कराई। अब्दुर रहमान (रमा) ने इस काम में हमारी मदद की। बड़ी सावधानी से फोटोकॉपी करनी पड़ी, क्योंकि ज्यादा हिलाने-डुलाने से पन्ने फट जाते। फिर मूल कॉपी से बारी-बारी से मैंने और बेबी ने रीडिंग की तथा मनीरुन्निसा निनू ने कम्पोज़ किया। इससे काम जल्दी हुआ। हाथों की लिखावट देखकर कम्पोज़ करने में बहुत अधिक समय लगता है। समय बचाने के लिए ऐसी व्यवस्था की गई। कहीं-कहीं लिखावट अस्पष्ट थी, जिसे मैग्नीफाइंग ग्लास से पढ़ने की चेष्टा की गई। किन्तु हाँ, चारों कॉपियों का सारा लेखन कम्प्यूटर से कम्पोज़ कर लिया गया। कॉपियों पर जेलर द्वारा साक्षरित अनुमोदन के पृष्ठ ठीक-ठाक थे। उनसे समय का पता लगता था।

इसके बाद मैंने और बेबी मौदूद ने मूल कॉपी के साथ मिलाकर पाठ, सम्पादन व संशोधन का काम पहले खत्म किया, फिर अध्यापक शम्सुज़्ज़मान ख़ान के साथ

मैंने और बेबी मौदूद ने पांडुलिपि के सम्पादन, प्रूफ देखने, टीका लिखने, स्कैन तथा छवि-निर्वाचन आदि का सारा काम किया। हमारे इन सब कामों में हिस्सा लेने के साथ-साथ शेख़ रेहाना ने पूरे काम की देख-रेख का दायित्व भी सँभाला।

यह लेखन ऐसा था जो बार-बार पढ़ने पर भी शेष नहीं होता था, फिर से पढ़ने की इच्छा होती। देश के लिए, जनता के लिए एक व्यक्ति किस प्रकार और कितने त्याग स्वीकार कर सकता है, जीवन के जोखिम उठा सकता है, कारावास के जुल्म और उत्पीड़न बर्दाश्त कर सकता है, यह इस लेखन से पता चलता है। इस लेखन में जीवन की सुख-शान्ति, ऐश, आराम, मोह, धन-दौलत, सब कुछ का त्याग करनेवाले महान व्यक्तित्व का सन्धान मिलता है। आम गरीब-दुखी लोगों के कल्याण के लिए किस प्रकार उन्होंने अपने जीवन की समस्त चाहतों, इच्छाओं का परित्याग किया, थोड़ा गहराई से विश्लेषण करने पर यह स्पष्ट समझा जा सकता है। इस लेखन के सूत्र पकड़कर गवेषणा करने पर और भी बहुत सारे तथ्य संग्रह किए जा सकते हैं। जानी जा सकती हैं कई अनजानी कहानियाँ। तथ्यबहुल इस लेखन में पाकिस्तान आन्दोलन, भाषा आन्दोलन, बंगालियों की स्वाधीनता और अधिकारों के आन्दोलन एवं गणतांत्रिक संग्राम के विरुद्ध पाकिस्तानी शासक श्रेणी की नाना साज़िशों की विभिन्न घटनाओं और इतिहास को जानने का अवसर मिलेगा। साथ ही निहित स्वार्थियों के नाना षड्यंत्र एवं शासन के नाम पर शोषण की अपचेष्टा को भी उन्होंने अपने अनुभवों से उजागर किया है। बांग्ला (देश) के लोग अभी भी बहुत कष्ट में हैं। आनेवाली पीढ़ी इस लेखन को पढ़कर प्रेरणा लेकर देशसेवा का संकल्प लेगी, यह प्रत्याशा है।

इस ग्रन्थ में बंगबन्धु ने सन् 1955 तक अपनी आत्मकथा लिखी है। 1966-69 तक केन्द्रीय कारागार में राजबन्दी होने के दौरान निर्जन-एकान्त समय में उन्होंने इसे लिखा। उन्होंने कुछ इस प्रकार लिखा कि हमें अधिक सम्पादन नहीं करना पड़ा। हाँ, कुछ शब्दों और भाषा की बलिष्ठता को बनाए रखने के लिए मामूली सा सम्पादन किया गया। आत्मकथा के प्रकाशन की उनकी इच्छा थी इसीलिए उन्होंने इसे टाइप करने के लिए दिया था। वे यह ग्रन्थ किसी को उत्सर्ग करके नहीं गए।

प्रोफेसर ए.एफ. सलाहुद्दीन अहमद ने शुरू से ही इस आत्मकथा के काम में अपना आवश्यक परामर्श दिया। इसके अंग्रेजी अनुवाद का काम ढाका विश्वविद्यालय के अंग्रेजी विभाग के प्रोफेसर फ़ख़रुल आलम ने बड़ी आन्तरिकता के साथ द्रुत गति से पूरा किया। मैं उन सबके प्रति कृतज्ञ हूँ। उनके इस मूल्यवान परामर्श व सहयोग के बिना यह विराट दायित्व-पालन कभी सम्भव न होता। फ़ख़रुल

इस प्रकाशन के अन्य कामों में जिन्होंने सहयोग दिया, उन सभी को धन्यवाद।

—शेख हसीना

37-08-2007, सबजेल
शेरे बांग्लानगर, ढाका

पुनश्च : इस आत्मकथा की भूमिका मैंने कारावास में बन्दी अवस्था में लिखी थी। मुक्ति मिलने पर पुस्तक के प्रकाशन की पहल की। देश-विदेश में इस पुस्तक के प्रकाशन का दायित्व यू.पी.एल. के प्रकाशक मोहिउद्दीन अहमद एवं कंसल्टिंग एडिटर बदिउद्दीन ने लेकर जो सहयोग दिया, उसके लिए उन्हें धन्यवाद। कम्प्यूटर ग्राफिक्स तथा स्कैन इत्यादि कामों में हमें सहयोग देने के लिए धनेश्वर दास चम्पक को धन्यवाद।

30-07-2010, गणभवन
शेरे बांग्लानगर, ढाका

—शेख हसीना

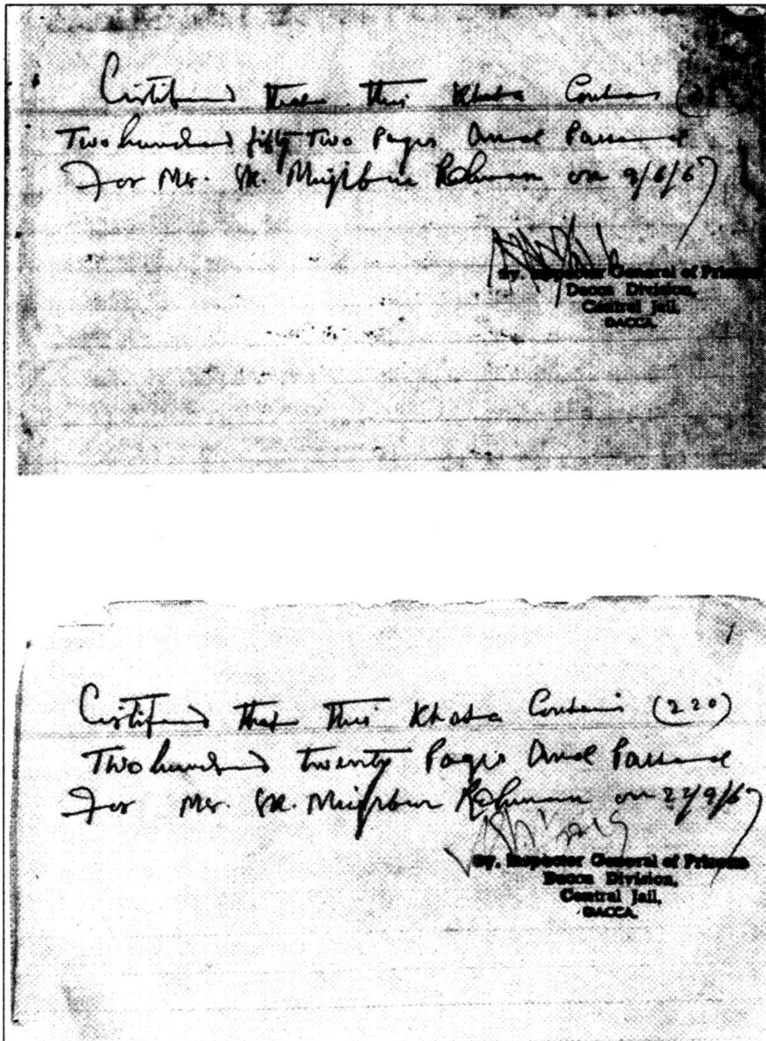

Certified that this Khata Contains Two hundred fifty two pages and passed for Mr. Sk. Mujibur Rahman on 9/6/67

Dy. Inspector General of Prisons
Dacca Division,
Central Jail,
DACCA.

Certified that this Khata Contains (220) Two hundred twenty pages and passed for Mr. Sk. Mujibur Rahman on 27/9/67

Dy. Inspector General of Prisons
Dacca Division,
Central Jail,
DACCA.

जेल अधिकारी द्वारा हस्ताक्षरित पांडुलिपि का एक पृष्ठ

बन्धु-बान्धव कहते हैं, 'अपनी जीवनी लिखो।' सहकर्मियों का कहना है, 'राजनीतिक जीवन की घटनाओं को लिखकर रखो, भविष्य में काम आएगा।' मेरी सहधर्मिणी ने एक दिन जेल के दरवाजे पर बैठकर कहा, 'बैठे ही तो हो, लिखो न अपनी आत्मकथा।' मैंने कहा, 'लिख ही तो नहीं पाता; और ऐसा किया ही क्या है जो लिखूँ! मेरे जीवन की घटनाओं की जानकारी जनसाधारण के किस काम आएगी? कुछ भी तो नहीं कर पाया! बस इतना कह सकता हूँ कि नीति और आदर्श के लिए मैंने सामान्य त्याग स्वीकार करने की चेष्टा-भर की है।''

एक दिन शाम को जमादार साहब बाहर से ताला बन्द कर चले गए। ढाका केन्द्रीय कारागार की छोटी-सी कोठरी में बैठे-बैठे खिड़की से आसमान की ओर देखते-देखते मैं सोहरावर्दी साहब के बारे में सोच रहा था। कैसे उनसे मेरा परिचय हुआ। कैसे उनका सान्निध्य मिला। कैसे उन्होंने मुझे काम करना सिखाया और कैसे मुझे उनका स्नेह प्राप्त हुआ।

अचानक महसूस हुआ कि भले ही अच्छी तरह न लिख पाऊँ किन्तु घटना जहाँ तक याद है, लिख रखने में क्या आपत्ति? कुछ समय तो कटेगा। किताब और अखबार पढ़ते-पढ़ते बीच-बीच में दोनों आँखें दर्द करने लगती हैं। सो कॉपी लेकर लिखना शुरू किया। मुझे काफी कुछ याद है। थोड़ी-बहुत स्मरण-शक्ति भी है। दिन-तारीख में थोड़ा-बहुत इधर-उधर हो सकता है, परन्तु उम्मीद है कि घटनाएँ सही होंगी। मेरी पत्नी, जिन्हें मैं रेणु कहकर बुलाता हूँ, कुछ कॉपियाँ खरीदकर जेल-गेट पर जमा कर गई थीं। जेल अधिकारी जाँच-परखकर कुछ कॉपियाँ मुझे दे गए। रेणु ने और एक दिन जेल-गेट पर बैठकर मुझसे अनुरोध किया था, इसलिए मैंने आज लिखना शुरू किया।[1]

मेरा जन्म फ़रीदपुर ज़िलान्तर्गत गोपालगंज महकमा[2] के टुंगीपाड़ा गाँव में हुआ था। हमारी यूनियन थी फ़रीदपुर ज़िला के दक्षिण अंचल की सबसे आखिरी यूनियन। इस यूनियन के बगल में ही थी मधुमती नदी। मधुमती नदी खुलना और फ़रीदपुर ज़िलों को बाँटती थी।

टुंगीपाड़ा के शेख़-वंश का नाम इस अंचल में थोड़ा-बहुत जाना-पहचाना था। शेख़ परिवार को एक मध्यवर्गीय परिवार कहा जा सकता था। परिवार के बड़े-

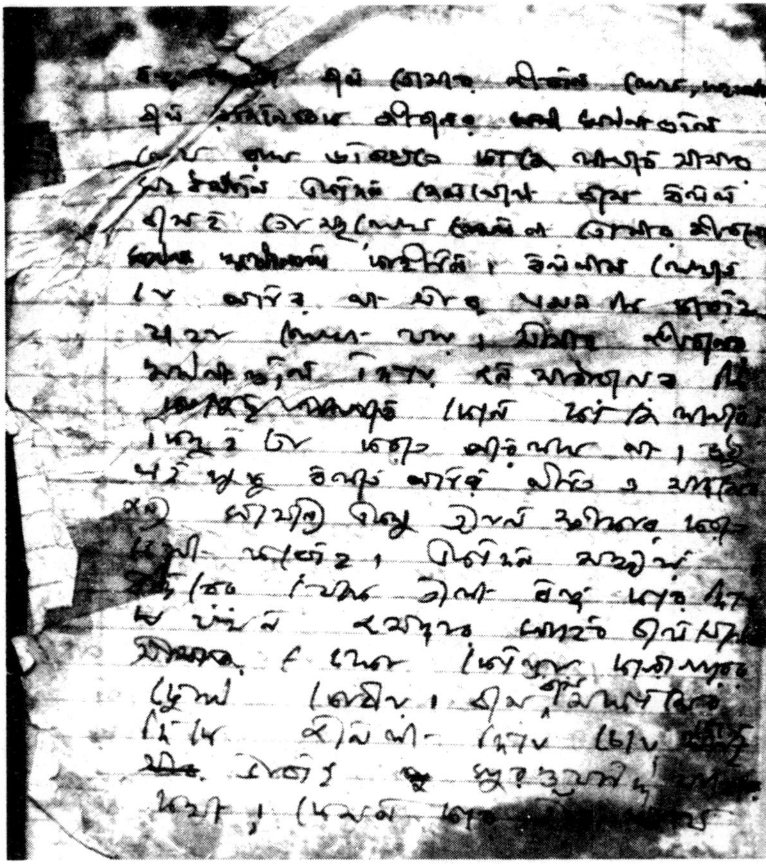

पांडुलिपि के एक पृष्ठ की प्रतिलिपि

बुजुर्गों और देश के गण्यमान्य प्रवीणजनों से इस वंश की कुछ–कुछ घटनाओं के बारे में जाना जा सकता है।

मेरा जन्म टुंगीपाड़ा के इसी शेख़–वंश में हुआ। इस वंश का सूत्रपात बहुत पहले शेख़ बुरहानउद्‌दीन् नामक एक धर्मपरायण व्यक्ति ने किया। शेख़–वंश के कभी अच्छे दिन भी थे, उसका प्रमाण है—मुगल–काल की छोटी–छोटी ईंटों से निर्मित चौक मिलाए हुए आँगन, जो आज भी हमारे घर की श्रीवृद्धि करते हैं। घर के अहाते में कुल चार दालान हैं, भीतर प्रवेश का मात्र एक दरवाजा है, जो लकड़ी के एक विशाल कपाट से बन्द होता था, यह तो हमने भी अपने छुटपन में देखा था।

एक दालान में मेरे एक बड़े भाई रहते थे। एक दालान में मेरे एक मामा आज भी किसी प्रकार दिन गुज़ार रहे हैं। और एक दालान है, जो टूट गया है तथा जहाँ विषाक्त सर्पकुल ने दया कर आश्रय ले रखा है। इन सारे दालानों में रंग-रोगन तक कराने की सामर्थ्य उनमें से कइयों की नहीं है। इस वंश के कई लोग अभी भी इस घर के चारों ओर टिन के घरों में रहते हैं। मैंने भी इन्हीं टिन के घरों में से किसी एक घर में जन्म ग्रहण किया।

शेख़-वंश, जो कभी विराट सम्पदा का मालिक था, कैसे धीरे-धीरे ध्वंस की ओर अग्रसर हुआ, उसकी कुछ-कुछ घटनाओं की जानकारी मुझे घर के बड़े-बुजुर्गों तथा देश के चारण कवियों के गीतों से मिली और ये अधिकांश सच्ची थीं, इसमें मुझे कोई सन्देह नहीं। शेख़-वंश का सब कुछ चला गया किन्तु आज भी उन्हें पुरानी स्मृतियों, पुराने इतिहास पर गर्व है।

शेख़ बुरहानउद्दीन कहाँ से, कैसे इस मधुमती के किनारे आकर रहने लगे, यह कोई नहीं बता पाता। हमारे घर के दालानों की उम्र दो सौ वर्षों से भी अधिक होगी। शेख़ बुरहानउद्दीन के बाद की तीन पीढ़ियों के बाद दो भाइयों का इतिहास मिलता है। इनके सम्बन्ध में कई कहानियाँ आज भी सुनने में आती हैं। एक भाई का नाम था—शेख़ क़ुदरतउल्लाह, और दूसरे का शेख़ एकरामउल्लाह। हम, जो अभी हैं, वे इन दोनों भाइयों के वंशज हैं। इन दो भाइयों के समयों में भी शेख़-वंश काफी धन-सम्पदा का अधिकारी था। जमींदारी के साथ-साथ उनका विशाल व्यवसाय भी था।

शेख़ क़ुदरतउल्लाह थे गृहस्थ और व्यवसायी; और शेख़ एकरामउल्लाह थे देश के सरदार, आचार-विचार वही करते।

शेख़ क़ुदरतउल्लाह थे बड़े भाई। इसी समय ईस्ट इंडिया कम्पनी ने बांग्लादेश पर दखल जमाया और कलकत्ता बन्दरगाह की स्थापना की। अंग्रेज साहूकारों ने इस देश में आकर नील की खेती शुरू की। शेख़ क़ुदरतउल्लाह के बारे में बहुतेरे लोग एक कहानी कहते हैं और वह सच भी है। खुलना ज़िले के अलाइपुर में मि. राइन नामक एक अंग्रेज साहूकार ने नील की खेती शुरू की और एक कोठी बनवाई। वह कोठी आज भी है। शेख़ों का एक नावी-बेड़ा था। उस नावी-बेड़े की नौकाएँ माल लेकर कलकत्ता जातीं। मि. राइन उन नौकाओं को अटकाकर माझियों से काम कराता और उन्हें अनेक दिनों तक अटकाए रखता। वह केवल शेख़ों की ही नहीं अन्य अनेक की भी नौकाएँ अटकाकर रखता और इस काम में कोई बाधा देता तो उस पर अकथ्य अत्याचार करता। उन दिनों के अंग्रेजों की अत्याचार की कहानी प्राय: सभी को ज्ञात है। उस वक्त तक शेख़ दुर्बल नहीं हुए थे। राइन के लोगों के साथ उनकी कई बार मारकाट हुई, कोर्ट में मामला दायर हुआ। मामले में प्रमाणित हुआ कि अन्याय राइन ने किया है। अदालत ने शेख़ क़ुदरतउल्लाह से कहा, जितने रुपयों का भी नुकसान

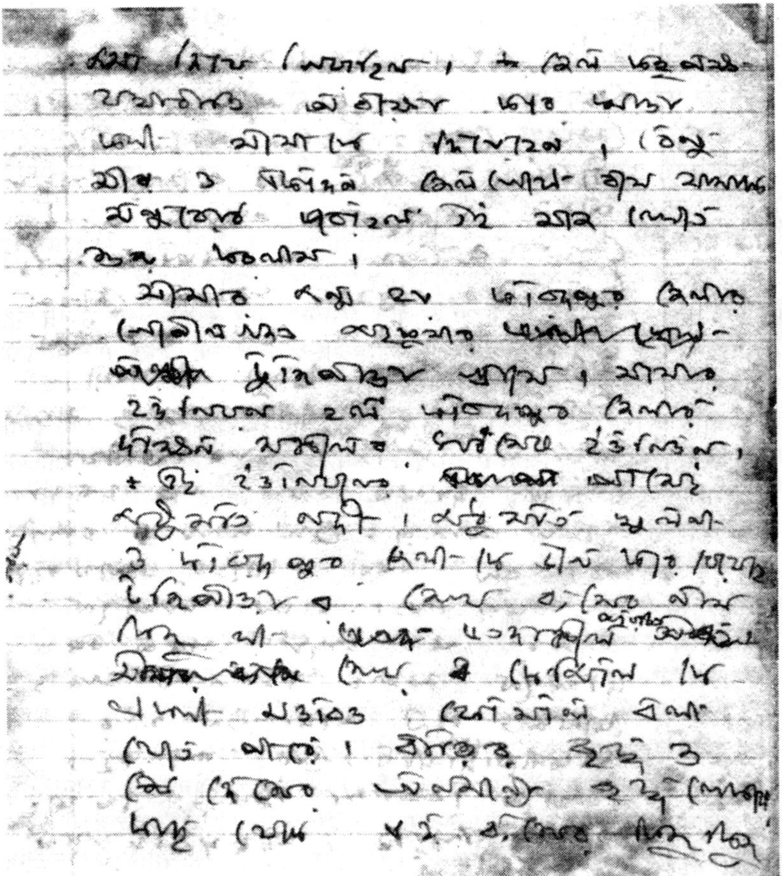

पांडुलिपि के एक पृष्ठ की प्रतिलिपि

हुआ है, जुर्माना लगाइए, राइन अदा करने को बाध्य है। उन दिनों इसी तरह न्याय-विचार होता था। शेख़ क़ुदरतउल्लाह ने राइन को अपमानित करने के लिए 'आधा पैसा[3]' जुर्माना लगाया। राइन ने कहा, 'जितने रुपए भी चाहिए, देने को राज़ी हूँ, मेरा अपमान मत कीजिएगा। अंग्रेज समाज तब मुझे ग्रहण नहीं करेगा क्योंकि 'काले आदमी' ने आधा पैसा जुर्माना लगाया है।' कहते हैं कि जवाब में शेख़ क़ुदरतउल्लाह ने कहा था, 'रुपए मैं गिनता नहीं, नापकर रखता हूँ। रुपयों की मुझे दरकार नहीं। तुमने मेरे लोगों पर अत्याचार किया, मैंने प्रतिशोध लिया।' क़ुदरतउल्लाह शेख़ को

लोग 'कुदू शेख़' कहकर बुलाते। यह कहानी आज भी खुलना और फ़रीदपुर के बड़े-बुजुर्गों की ज़बान पर है। क़ुदरतउल्लाह शेख़ के 'आधा पैसा जुर्माने' की घटना के दो-एक गाने भी हैं। मैं एक बार एक मीटिंग करने बागेरहाट गया था, मेरे साथ थे जिलुर रहमान एडवोकेट। ट्रेन में मेरा परिचय जानकर एक वृद्ध ने मुझे यह कहानी सुनाई थी। यह कहानी खुलना ज़िले में ज्यादा चर्चित थी।

शेख़ क़ुदरतउल्लाह और एकरामउल्लाह शेख़ की मृत्यु की दो-एक पीढ़ियों के बाद से ही शेख़ घराने का पतन शुरू हुआ। एक के बाद एक कुछ घटनाओं के बाद शेख़ों का बस आभिजात्य रह गया, धन-सम्पदा शेष हो गई।

अंग्रेज मुसलमानों को भली नज़र से नहीं देखते थे। प्रथम घटना, रानी रासमणि ने हठात् जमींदार होकर शेख़ों के साथ लड़ना शुरू किया और अंग्रेजों ने भी उनकी सहायता की। कलकत्ता की एक सम्पत्ति और उल्टाडांगा की आढ़त शेख़ों की सम्पत्ति थी। इस सम्पत्ति की देखरेख करते थे शेख़ असिमुद्दीन। और जमींदारी को लेकर भी रासमणि के स्टेट के साथ झगड़ा-फसाद लगा ही हुआ था। शेख़ों के घर से तीन मील दूर श्रीरामकांदी गाँव में तमीजुद्दीन नाम के एक अत्यन्त प्रबल व्यक्ति रहते थे। उन्होंने रासमणि स्टेट का पक्ष ले रखा था। वे अच्छे योद्धा भी थे। एक बार दोनों पक्षों में जमकर मार-पीट हुई और उसमें रानी रासमणि के लोगों की हार हुई। शेख़ों के लोगों के हाथों तमीजुद्दीन घायल अवस्था में पकड़े गए और सुनने में आता है कि बाद में उनकी मृत्यु हो गई। मुकदमा शुरू हुआ। शेख़ों के सभी लोग गिरफ्तार हो गए। बाद में बहुत पैसा ख़र्च कर हाईकोर्ट से उनकी रिहाई हुई।

इसके बाद ही एक और घटना घटी। टुंगीपाड़ा के शेख़ों के घर के बगल में ही एक और पुराना वंश है जो क़ाज़ी-वंश के नाम से जाना जाता है। इनके साथ शेख़ों की आत्मीयता भी है। आत्मीयता के बावजूद इनका आपसी द्वेष कभी खत्म नहीं हुआ। हालाँकि धन-दौलत और शक्ति में शेख़ों के मुकाबले क़ाज़ी कभी टिक नहीं पाए परन्तु लड़ते रहे काफी समय तक। जिन काजियों के साथ हमारी आत्मीयता और घनिष्ठता थी, वे शेख़ों का समर्थन करते थे। काजियों का और एक दल रानी रासमणि के साथ योगदान करता था, वे किसी कीमत पर शेख़ों का आधिपत्य सहन नहीं कर पा रहे थे। इसीलिए अन्ततः उन्होंने एक जघन्य अपराध का सहारा लिया। अधिकांश क़ाज़ी शेख़ों के साथ मिल गए थे किन्तु उनका एक दल था जिसने तय कर रखा था कि शेख़ों को खत्म किए बिना नहीं छोड़ेंगे। एक वृद्ध क़ाज़ी थे, नाम था—सेराजतुल्ला क़ाज़ी। उनके तीन लड़के एक लड़की थी। लड़कों ने एक षड्यंत्र रचा और धन के लालच में बूढ़े बाप की गला दबाकर हत्या कर दी और शेख़ बाड़ी की गायों के घर के छज्जे के ऊपर लाश रख गए। इस घटना के बारे में केवल तीन भाई और उनकी बहन को मालूम था। बहन को डरा-धमकाकर उन्होंने चुप करा रखा था। शेख़ बाड़ी में लाश रख रातोरात वे थाने में गए, वहाँ से पुलिस साथ लेकर

आए, लाश बरामद कराई तथा सभी को गिरफ्तार करा दिया। जाहिर है, शेख़ों को बड़ी बुरी अवस्था का सामना करना पड़ा।

मेरे दादा के चाचा एवं रेणु के दादा के पिता कलकत्ता से स्वयं को दिवालिया घोषित कर बाड़ी में चले आए थे। कलकत्ता की सम्पत्ति खत्म हो गई। इसके बाद जब सब गिरफ्तार हो गए, कोई देखने-सुननेवाला नहीं था, तो बड़े-बड़े व्यवसायी, माझी और व्यापारी नौकाएँ डुबोकर भागने लगे। इससे पहले तमीजुद्दीन के ख़ून के मामले में काफी पैसा ख़र्च हो चुका था। जमींदारी भी नीलाम होकर प्रायः सब शेष हो रहा था। मुकदमा बहुत लम्बा चला। निचली अदालतों में सभी को जेल हो गई। अन्ततः कलकत्ता हाईकोर्ट में मामला शुरू हुआ। हमारे एडवोकेट ने हाईकोर्ट में दरख्वास्त की कि सी.आई.डी. द्वारा मामले की फिर से जाँच कराई जाए क्योंकि यह षड्यंत्रमूलक मामला है। मामला देखकर हाईकोर्ट को सन्देह हुआ तो फिर से इन्क्वायरी शुरू हुई। एक अफसर पागल का वेश धरकर हमारे गाँव गया और खोज-खबर ली। एक रात को सेराजतुल्लाह क़ाज़ी के तीनों लड़कों में किसी बात पर झगड़ा हो गया तो बात ही बात में एक भाई ने दूसरे से कहा, 'मैं कहता था न कि शेख़ों का कुछ नहीं होगा, पिताजी को इस प्रकार मारना उचित नहीं होगा।' इस पर दूसरे भाई ने कहा, 'गला तो तूने दबाया था, तभी तो पिताजी मरे।' बहन बोली, 'पिताजी ने थोड़ा सा पानी माँगा था, तूने तो वह भी न दिया।' सी.आई.डी. ने उनके घर के पीछे से ये सारी बातें सुन लीं। इसके कुछ ही दिनों बाद तीनों भाई और बहन गिरफ्तार हो गए और अपना अपराध कबूल करने पर बाध्य हुए कि अपने पिता की हत्या उन्होंने की थी।

शेख़ों की रिहाई हुई और उन्हें आजीवन कारावास। शेख़ मुकदमे में तो बच गए परन्तु सब कुछ गँवाकर। न व्यवसाय रहा, न जमींदारी, बस मामूली-सी ताल्लुक और खास जमीन। दरअसल खास जमीन के कारण ही शेख़-वंश बचा रह पाया। इन लोगों की काफी खास जमीन थी और घर के आसपास कुछ जमीन करहीन थी खाने-पीने का कोई कष्ट तो था नहीं, इसीलिए मेरे दादा के पिता, चाचा आदि बैठकर पासा खेलते और दिन गुजारते। सभी सारा दिन शतरंज और पासा खेलते। खाना और सोना यही काम थे। ये लोग फारसी भाषा जानते थे और बांग्ला भाषा पर तो अधिकार था ही। रेणु के दादा मेरे दादा के चचेरे भाई थे, वे सुन्दर बांग्ला भाषा में अपनी आत्मकथा लिखकर छोड़ गए थे। कुछ पन्ने तो रेणु को भी मिले थे जब उसके दादा सारी सम्पत्ति रेणु और उसकी बहन के नाम लिख गए थे। रेणु के पिता या मेरे श्वसुर और चाचा अपने पिता के सामने ही मृत्यु को प्राप्त हुए। मुस्लिम क़ानून के मुताबिक रेणु को उनकी सम्पत्ति नहीं मिलती किन्तु रेणु के कोई चाचा नहीं थे, इसलिए उसके दादा ने सम्पत्ति उसके नाम लिख दी। यदि उनकी आत्मकथा मिलती तो हमारे वंश के इतिहास की अनेक जानकारी मिलती। किन्तु पता नहीं, किसने या किन्होंने उसे गायब कर दिया क्योंकि उससे कई बातें खुलकर

सामने आतीं। रेणु ने काफी ढूँढ़ा, पर वह नहीं मिली। ऐसी ही और भी कई छोटी-मोटी कहानियाँ हैं, कितनी सच, कितनी झूठ नहीं कह सकता!

बहरहाल, शेख़ों के दुर्दिन आने के बावजूद वे अंग्रेजों को सहन नहीं कर पाते थे। अंग्रेजों को सहन न कर पाने और अंग्रेजी न पढ़ने के कारण वे पिछड़ गए। मुसलमानों की सम्पत्ति के हिस्से बहुत ज्यादा होते हैं। वंश बढ़ने लगा, सम्पत्ति के हिस्से होने लगे, दिनोदिन आर्थिक अवस्था भी ख़राब होती गई। तथापि वंश में दो-एक लोगों की अवस्था अच्छी ही थी।

मेरे दादाओं के समय से शेख़ परिवार ने अंग्रेजी लिखना-पढ़ना शुरू किया। मेरे दादा की अवस्था कोई बहुत अच्छी न थी क्योंकि दादा तीन भाई थे, जो बाद में अलग हो गए। मेरे दादा के बड़े भाई बड़े कुशल व्यक्ति थे। देश का विचार-आचार वे ही करते। हठात् मेरे दादा की मृत्यु हो गई। मेरे बड़े चाचा का एंट्रेंस पास करने के बाद देहान्त हो गया। मेरे अब्बा उस वक्त एंट्रेंस पढ़ रहे थे। छोटे-छोटे भाई-बहनों को लेकर मेरे अब्बा को बड़ी मुसीबतों का सामना करना पड़ा। मेरे दादा के बड़े भाई के कोई बेटा न था, केवल चार बेटियाँ थीं। मेरे पिता के साथ उन्होंने अपनी छोटी बेटी का विवाह कर दिया और सारी सम्पत्ति मेरी माँ के नाम कर दी।

मेरे नाना का नाम था—शेख़ अब्दुल मजीद। मेरे दादा का नाम था—शेख़ अब्दुल हमीद और छोटे दादा का नाम था—शेख़ अब्दुर रशीद। बाद में अंग्रेजों से उन्हें 'ख़ान साहब' की उपाधि मिली। लोग उन्हें 'ख़ान साहब' के नाम से ही जानते। मेरे अब्बा की अवस्था में कुछ सुधार के बावजूद दो चाचाओं की पढ़ाई-लिखाई, फूफियों (बुआओं) के विवाह आदि का दायित्व उन्हीं पर आ पड़ा। बाध्य होकर पढ़ाई-लिखाई छोड़कर वे नौकरी की खोज में निकल पड़े। उन दिनों मुसलमानों को नौकरी बड़ी मुश्किल से मिलती थी। अन्ततः दीवानी अदालत में उन्हें एक नौकरी मिली जहाँ वे बाद में सरिश्तादार (हेड क्लर्क/ऑफिस सुपरिंटेंडेंट) नियुक्त हुए। जिस दिन मैं मैट्रिक पास कर कलकत्ता में इस्लामिया कॉलेज में पढ़ने गया, मेरे अब्बा भी उसी दिन पेंशन लेकर घर लौटे।

एक घटना के बारे में लिखने की दरकार है, निश्चय ही बहुतों को आश्चर्य होगा। मेरा जब विवाह हुआ तब मेरी उम्र यही कोई बारह-तेरह वर्ष रही होगी। रेणु के पिता की मृत्यु के बाद उसके दादा ने मेरे अब्बा को बुलाकर कहा, 'तुम्हें अपने बड़े बेटे के साथ मेरी एक नातिन का विवाह करना होगा क्योंकि मैं अपनी सारी सम्पत्ति उन दोनों बहनों के नाम लिख जाऊँगा।' रेणु के दादा मेरे अब्बा के चाचा थे। एक अभिभावक का हुक्म मानने के लिए रेणु के साथ मेरे विवाह की रजिस्ट्री कर दी गई। मैंने सुना कि मेरा विवाह हुआ है। तब मैं कुछ समझता नहीं था। रेणु की उम्र उस वक्त शायद तीन वर्ष रही होगी। रेणु जब पाँच वर्ष की हुई तो उसकी माँ भी चल बसीं। रहे एकमात्र दादा। दादा भी जब रेणु सात वर्ष की थी, चल बसे।

उसके बाद वह मेरी माँ के पास चली आई। मेरे भाई-बहनों के साथ ही रेणु बड़ी हुई। रेणु की बड़ी बहन का विवाह भी मेरे एक चचेरे भाई के साथ हुआ। ये लोग मेरे ससुराल वाले घर में ही रहे क्योंकि मुझे और रेणु को घर की आवश्यकता नहीं थी। रेणु का घर हमारे घर के बगल में ही था, बीच में केवल दो हाथ का फासला था। बाक़ी घटनाएँ मेरे जीवन की घटनाओं में ही मिलेंगी।

मेरा जन्म 17 मार्च, 1920 को हुआ। मेरे अब्बा का नाम था—शेख़ लुत्फ़र रहमान। मेरे छोटे दादा ख़ान साहब शेख़ अब्दुर रशीद ने एक एम ई स्कूल की स्थापना की थी। उन दिनों हमारे अंचल में यह एकमात्र अंग्रेजी स्कूल था, बाद में यह हाईस्कूल हुआ और वह आज भी है। मैं इस स्कूल की तृतीय श्रेणी तक पढ़ने के बाद अपने अब्बा के पास चला गया और मैं गोपालगंज पब्लिक स्कूल में चतुर्थ श्रेणी में भर्ती हुआ। मेरी माँ का नाम सायरा ख़ातून था। वे कभी भी मेरे अब्बा के साथ शहर में नहीं रहती थीं। वे ही सारी सम्पत्ति की देखभाल करतीं और कहतीं, 'मेरे पिता मुझे सम्पत्ति दे गए हैं ताकि मैं उनके घर में रहूँ। शहर में चली गई तो घर में दीया-बत्ती नहीं जलेगा, पिताजी अभिशाप देंगे।''

हम लोग अपने नाना के घर में ही रहते। दादा और नाना का घर अगल-बगल ही था। अब्बा के पास रहकर ही मैं पढ़ाई-लिखाई करता, उन्हीं के पास सोता। उनका गला पकड़कर सोए बिना मुझे रात को नींद नहीं आती थी। मैं वंश का बड़ा लड़का था इसलिए लाड़-दुलार मुझे मिलता। मेरे मँझले चाचा के भी कोई सन्तान न थी। मेरे छोटे दादा का भी मात्र एक बेटा है। उन्हें भी 'ख़ान साहब' उपाधि मिली है। अभी अयूब साहब के शासन-काल में प्रादेशिक विधानसभा के सदस्य हैं। वे डिस्ट्रिक्ट बोर्ड के भी सदस्य थे, नाम शेख़ मुशर्रफ हुसैन।

सन् 1934 में जब मैं सातवीं कक्षा में पढ़ता था तब भयंकर रूप से बीमार पड़ा। बचपन में मैं बहुत ऊधमी प्रकृति का था। खेल-कूद करता, गाने गाता और बहुत अच्छा व्रतचारी (लोकनृत्य) करता। हठात् बेरीबेरी रोग से आक्रान्त होकर मेरा हार्ट (कलेजा) दुर्बल हो गया। इलाज के लिए अब्बा मुझे लेकर कलकत्ता गए। कलकत्ता के बड़े-बड़े डॉक्टरों शिवपद आचार्य, ए.के. रायचौधरी तथा बहुतों को दिखाया और इलाज कराते रहे। मेरे प्राय: दो वर्ष इसी प्रकार बीते।

1936 में अब्बा मदारीपुर महकमे में सरिश्तादार के पद पर बदली हुई। मेरी बीमारी के कारण माँ को भी वहीं ले आए। 1936 में ही मेरी आँखें भी ख़राब हो गईं, ग्लूकोमा नामक एक रोग हो गया था। डॉक्टरों के परामर्श से इलाज के लिए एक बार फिर मुझे लेकर कलकत्ता रवाना हुए। इसी समय मैं मदारीपुर हाई स्कूल की सातवीं श्रेणी में पढ़ने के लिए भर्ती हुआ था। कलकत्ता जाकर डॉक्टर टी. अहमद

साहब को दिखाया। मेरी बहन कलकत्ता में रहती थीं, क्योंकि मेरे बहनोई ए.जी.बी.[4] में नौकरी करते थे। वे मेरी मँझली बहन थीं, शेख़ फ़ज़लुल हक मणि की माँ। मणि के पिता पूर्व सम्पर्क से मेरे दादा (बड़े भाई) होते थे। वे भी शेख़ वंश के थे। मैं वहाँ बहन के पास ही रहता, कोई असुविधा नहीं होती थी। डॉक्टर साहब ने मेरा चक्षु ऑपरेशन करने को कहा। विलम्ब करने पर मैं अन्धा हो सकता था, लिहाजा कलकत्ता मेडिकल कॉलेज अस्पताल में मुझे भर्ती कर दिया गया। सुबह 9 बजे ऑपरेशन होना था। डर के मारे मैं वहाँ से भाग निकलने की चेष्टा करने लगा पर सफल न हो पाया। मुझे ऑपरेशन-घर ले जाया गया। दस दिनों में दोनों आँखों का ऑपरेशन कर दिया गया। मैं ठीक हुआ, किन्तु कुछ दिन पढ़ाई-लिखाई बन्द रखनी पड़ी क्योंकि चश्मा पहनना होगा। तो 1936 से ही चश्मा पहन रहा हूँ।

आँखों की चिकित्सा के बाद मदारीपुर लौट आया। कोई काम नहीं, न पढ़ना-लिखना, न खेल-कूद। बस एक ही काम था, शाम को सभा में जाना। वह स्वदेशी आन्दोलन का युग[5] था। अंग्रेजों का आतंक तब मदारीपुर का पूर्ण दास था। स्वदेशी आन्दोलन उन दिनों मदारीपुर और गोपालगंज के घर-घर में था। मुझे लगता था कि मदारीपुर में सुभाष बोस का दल ही शक्तिशाली था। पन्द्रह-सोलह साल की आयु के लड़कों को स्वदेशी लोग दल में जोड़ लेते। मुझे रोज सभा में बैठते देखकर कुछ युवकों की मुझ पर नजर पड़ी। अंग्रेजों के विरुद्ध मेरे मन में भी असन्तोष की धारणा ने जन्म लिया। अंग्रेजों को इस देश में रहने का अधिकार नहीं है। स्वाधीनता लानी होगी। मैं भी सुभाष बाबू का भक्त होने लगा। इन सभाओं में भाग लेने के लिए बीच-बीच में मैं गोपालगंज और मदारीपुर के बीच जाना-आना करता। और स्वदेशी आन्दोलन के लोगों के साथ ही मेल-जोल रखता। गोपालगंज के तत्कालीन एस.डी.ओ. ने एक दिन मेरे दादा ख़ान साहब को आगाह कर दिया था, ये कहानी मैंने बाद में सुनी।

1937 से मैंने फिर से पढ़ाई-लिखाई शुरू की। अब मैं अपने पुराने स्कूल में नहीं पढ़ूँगा क्योंकि मेरे सहपाठी मुझे पीछे छोड़ गए थे। मेरे अब्बा ने मुझे गोपालगंज मिशन स्कूल में भर्ती कर दिया। मेरे अब्बा भी फिर से गोपालगंज लौट आए। तब अब्बा ने क़ाज़ी अब्दुल हमीद एम.एस.सी., मास्टर साहब को मुझे घर पर पढ़ाने के लिए रखा। और उनके लिए अलग से कमरा भी बनवा दिया। गोपालगंज वाला मकान मेरे अब्बा ने ही बनवाया था। मास्टर साहब ने गोपालगंज में एक 'मुस्लिम सेवा समिति' का गठन किया जिससे वे गरीब लड़कों की मदद करते। सभी मुसलमान घरों से मुष्टि भिक्षा के चावल संग्रह करते। हर रविवार हम लोग थैली लेकर घर-घर से चावल संग्रह करते और वह चावल बेचकर वे गरीब लड़कों को किताबें तथा परीक्षा व अन्यान्य ख़र्च देते। घूम-घूमकर जागीर भी ठीक कर देते। उनके साथ बहुतेरा काम मुझे ही करना पड़ता। हठात् यक्ष्मा रोग से उनकी मौत हो गई। तब इस सेवा समिति का भार मैंने लिया और उसे अनेक दिन चलाया। और

एक मुसलमान मास्टर साहब के पास रुपया-पैसा जमा रखा जाता। वे सभापति थे और मैं सचिव। यदि कोई मुसलमान चावल न देता तो हम दल-बल सहित उस पर जोर डालते। दरकार होती तो रात को उसके मकान पर ईंट मारी जाती। इसके लिए अनेक बार अब्बा के हाथों सजा भुगतनी पड़ती। पर अब्बा ने कभी बाधा नहीं दी।

मैं खेल-कूद भी करता। फुटबॉल, वॉलीबॉल और हॉकी खेलता। मैं बहुत अच्छा खिलाड़ी तो न था पर फिर भी स्कूल की टीम में मेरी अच्छी-खासी जगह थी। यह वह समय था जब मेरे राजनीतिक विचार उतने नहीं थे।

मेरे अब्बा समाचार-पत्र रखा करते—आनन्द बाज़ार, बसुमति, आजाद, मासिक मोहम्मदी और सौगात। जब मैं छोटा था तब से ही मैं सारे अखबार पढ़ता। स्कूल के लड़कों में मेरी उम्र कुछ ज्यादा थी क्योंकि प्राय: चार वर्ष मैं पढ़ाई-लिखाई नहीं कर पाया। मैं बहुत जिद्दी था। मेरा एक दल था। कोई कुछ बोल दे तो बचना मुश्किल। मारपीट कर बैठते। मेरे दल के लड़कों को कोई कुछ कह दे तो हम एक साथ टूट पड़ते। कभी-कभी मेरे अब्बा भी तंग आ जाते, क्योंकि शहर छोटा था। शिकायत हो जाती। मैं अब्बा से खूब डरता था। एक और व्यक्ति से डरता था और वे थे अब्दुल हाकिम मियाँ। वे अब्बा के अन्तरंग मित्र थे, एक साथ नौकरी करते थे। कहीं मुझे देख लेते तो अब्बा को बता देते या फिर खुद ही धमका देते। मैं अब्बा को धोखा दे देता था परन्तु उन्हें नहीं दे पाता था। अब्बा शहर के एक ओर रहते और वे रहते दूसरी ओर। हाकिम साहब अब जीवित नहीं, उनके लड़के पढ़-लिखकर आदमी बन गए हैं। एक केन्द्रीय सरकार के अधीन बड़ी नौकरी पर है और दूसरा सी.एस.पी.[6] है। उन दिनों गोपालगंज के एम.एल.ए.[7] थे खोंदकार शम्सुद्दीन अहमद साहब। वे नामी वकील भी थे। उनका बड़ा लड़का खोंदकार महबूबउद्दीन उर्फ फिरोज मेरा मित्र था। बड़ा प्रेम था हम दोनों में। फिरोज़ अभी हाईकोर्ट में एडवोकेट है। दोनों मित्रों में इतना मेल था कि एक-दूसरे को देखे बिना चैन नहीं पड़ता था। खोंदकार शम्सुद्दीन साहब के साथ मेरे अब्बा की मित्रता थी। बड़ा निष्कपट व्यवहार था उनका। आम लोग उनकी श्रद्धा करते, उनसे प्रेम करते। वे मरहूम शेरे-बांग्ला ए.के. फ़ज़लुल हक साहब की कृषक-श्रमिक पार्टी[8] के सदस्य थे। जब हक साहब बांग्ला के प्रधान मंत्री हुए और मुस्लिम लीग में शामिल हुए, खोंदकार साहब भी तब मुस्लिम लीग[9] में शामिल हुए। हालाँकि किसी भी दल का कोई संगठन न था। सभी व्यक्तिगत लोकप्रियता पर निर्भर करते। मुस्लिम लीग तो उस समय केवल काग़ज़-पत्र में थी।

घटना 1938 की है। शेरे बांग्ला तब बांग्ला के प्रधान मंत्री एवं सोहरावर्दी श्रममंत्री थे। वे गोपालगंज में आनेवाले थे। विराट सभा का आयोजन किया

गया। तय हुआ कि एक प्रदर्शनी होगी। बांग्ला के ये दो नेता एक साथ गोपालगंज आएँगे। मुसलमानों में बड़ी हलचल मची। हम लोग तब स्कूल के छात्र थे। मैंने पहले ही कहा कि मेरी उम्र कुछ ज्यादा थी, इसलिए स्वयंसेवक वाहिनी के गठन का भार मुझे दिया गया। मैंने बिना किसी दल या मत में भेदभाव किए सभी को लेकर स्वयंसेवक वाहिनी बनाई। बाद में देखा गया कि हिन्दू छात्र स्वयंसेवक वाहिनी से अलग होने लगे। कारण मैं समझ नहीं पा रहा था। एक मित्र से पूछा, वह भी छात्र था। उसने मुझे बताया कि कांग्रेस[10] ने मना किया है हमारे साथ शामिल होने से। स्वागत-सत्कार भी ठीक से न हो, यह चेष्टा भी की जाएगी। प्रदर्शनी में दुकानें ठीक से न लग पाएँ, कह दिया गया है। उन दिनों अस्सी फीसदी दुकानें हिन्दुओं की थीं। यह खबर सुनकर मुझे बड़ा आश्चर्य हुआ, क्योंकि मेरे लिए उस समय हिन्दू-मुसलमान में कोई भेद नहीं था। हिन्दू लड़कों के साथ मेरी बहुत मित्रता थी, एक साथ गाना-बजाना, खेलना-कूदना, घूमना-फिरना सब चलता।

हमारे नेताओं ने कहा, हक़ साहब ने मुस्लिम लीग के साथ मंत्रिमंडल का गठन किया है इसलिए हिन्दू नाराज़ हो गए हैं। इसका मेरे मन पर बहुत असर हुआ। हक़ साहब और शहीद साहब को सम्मानित किया जाएगा और इसके लिए जो कुछ भी प्रयोजन होगा, हमें करना होगा। मैंने मुसलमान लड़कों को लेकर स्वयंसेवक वाहिनी बनाई जिसमें शूद्र श्रेणी के कुछ हिन्दू शामिल हुए और वो इसलिए क्योंकि मुकुन्द बिहारी मल्लिक तब मंत्री थे और हक़ साहब के साथ वह भी आनेवाले थे। शहर में हिन्दुओं की संख्या बहुत अधिक थी। गाँव से काफी लोग आए, विभिन्न प्रकार के हथियारों समेत। कोई यदि बाधा देता तो कुछ भी हो जाता। साम्प्रदायिक दंगा भी हो सकता था।

हक़ साहब और शहीद साहब आए, सभा हुई। प्रदर्शनी का उद्घाटन किया। सब कुछ शान्तिपूर्ण रूप से हो गया। हक़ साहब पब्लिक हॉल देखने गए और शहीद साहब मिशन-स्कूल देखने। मैं मिशन स्कूल का छात्र था अत: मैंने उनकी अभ्यर्थना की। स्कूल का परिदर्शन कर पैदल वे लांच की ओर चले, मैं भी साथ-साथ चला। वे टूटी-फूटी बांग्ला में मुझसे कुछ पूछ रहे थे, और मैं उत्तर दे रहा था। मेरी ओर देखकर उन्होंने पूछा मेरा नाम और यह कि मेरा घर कहाँ है। एक सरकारी कर्मचारी ने मेरे वंश के बारे में बताकर मेरा परिचय करा दिया। उन्होंने मुझे अपने करीब बुलाया, प्यार किया और बोले, 'तुम लोगों के यहाँ मुस्लिम लीग नहीं बनी?' मैंने कहा, 'कोई संगठन नहीं है। मुस्लिम लीग[11] भी नहीं है।' उन्होंने और कुछ नहीं कहा, केवल नोटबुक निकालकर मेरा नाम और पता लिख लिया। कुछ दिनों बाद मुझे एक चिट्ठी मिली जिसमें उन्होंने मुझे धन्यवाद दिया था और कहा था कि कलकत्ता जाऊँ तो उनसे मिलूँ। मैंने भी उनकी चिट्ठी का उत्तर दिया। इस प्रकार बीच-बीच में मैं चिट्ठी भी लिखता।

इसी समय एक घटना घटी। हिन्दू और मुसलमानों के बीच कुछ मनमुटाव चल रहा था। गोपालगंज शहर के अगल-बगल में भी हिन्दू गाँव थे। दो-एक मुसलमानों पर अत्याचार भी हुआ। अब्दुल मालेक नाम का मेरा एक सहपाठी था, जो खोंदकार शम्सुद्दीन साहब का रिश्तेदार था। एक दिन शाम को, मुझे लगता है वह मार्च या अप्रैल का महीना होगा, मैं फुटबॉल के मैदान से घर लौटा ही था कि खोंदकार शम्सुल हक़ उर्फ बासु मियाँ मोक्तार साहब (जो बाद में महकमा अवामी लीग के सभापति थे) ने मुझे बुलाकर कहा, 'मालेक को हिन्दू महासभा[12] के सभापति सुरेन बनर्जी के घर ले जाकर मारपीट करते हैं। हो सके तो एक बार जाओ। तुम्हारे साथ तो उनकी मित्रता है इसलिए तुम उसको छुड़ाकर लाओ।' मैं बिना देरी किए कुछ छात्रों को लेकर उनके यहाँ गया और अनुरोध किया कि उसे छोड़ दें। रमापद दत्त नाम के एक सज्जन मुझे देखते ही गाली दे बैठे। मैंने उनकी बात का प्रतिवाद किया और अपने दल के लड़कों को खबर देने को कहा। इसी बीच रमापद आदि ने थाने में खबर कर दी। तीन पुलिसवाले आ पहुँचे। मैंने कहा, 'उसे छोड़ना होगा, वरना हम छीन लेंगे।' मेरे मामा शेख़ सिराजुल हक़ (एक ही वंश के) तब हॉस्टल में रहकर पढ़ाई-लिखाई करते थे। वे मेरी माँ और पिता के चचेरे भाई थे। नारायणगंज में मेरे एक मामा व्यवसाय करते थे, उनका नाम था शेख़ जाफर सादेक। उनके बड़े भाई की मैट्रिक पास करते ही मृत्यु हो गई थी। मैंने खबर दी है, सुनते ही दल-बल लेकर दौड़े चले आए। इसी बीच हम लोगों के साथ मारपीट शुरू हो गई। दोनों पक्षों के बीच जमकर मारपीट हुई। हम दरवाजे तोड़कर मालेक को छीनकर ले आए।

शहर में काफी उत्तेजना थी। मुझे कुछ कहने का किसी में साहस न था। उस दिन रविवार था। अब्बा घर गए हुए थे। अगले दिन सुबह वे आनेवाले थे। घर गोपालगंज से चौदह मील दूर था। अब्बा शनिवार को घर जाते और सोमवार को लौट आते, नौका अपनी थी ही। हिन्दू नेताओं ने हिन्दू अफसरों के साथ रात को बैठकर सलाह-मशवरा कर एक मामला दायर किया। हिन्दू नेताओं ने थाने में बैठकर बयान तय कर दिया जिसमें खोंदकार शम्सुल हक़ मोक्तार साहब को अभियुक्त बनाया गया और कहा गया कि मैंने हत्या का प्रयास किया तथा लूटपाट व लड़ाई-झगड़ा किया। सुबह-सुबह मेरे मामा, मोक्तार साहब, खोंदकार शम्सुद्दीन अहमद एम.एल.ए. साहब के मोहरी ज़हूर शेख़, मेरे घर के पास के विशिष्ट मित्र शेख़ नूरुल हक़ उर्फ मानिक मियाँ, सैयद अली खोंदकार, मेरे सहपाठी अब्दुल मालेक तथा अनेक छात्रों के नाम शिकायत दर्ज की गई थी जिसमें किसी भी गण्यमान्य व्यक्ति के लड़के को बाद नहीं दिया गया। सुबह 9 बजे खबर मिली कि मेरे मामा तथा और भी कइयों को गिरफ्तार कर लिया गया था। हमारे घर में कैसे आएँ—थाने के दारोगा साहब को थोड़ा संकोच हो रहा था। प्राय: 10 बजे टाउन हॉल के मैदान में खड़े होकर दारोगा साहब बातें कर रहे थे और उनका मक़सद था कि मैं वहाँ से सरक लूँ। टाउन हॉल

मैदान के बगल में ही हमारा घर था। मेरे फुफेरे भाई, जिनका घर मदारीपुर में था और जो मेरे अब्बा के पास रहकर ही पढ़ाई-लिखाई करते थे, ने मुझसे कहा, 'मियाँ भाई, जरा बगल के मकान में सरक लो न।' जवाब में मैंने कहा, 'कहीं नहीं जाना मुझे। मैं भागूँगा नहीं, लोग कहेंगे, मैं डर गया।'

ठीक इसी समय अब्बा घर लौट आए। उन्हीं के पीछे-पीछे दारोगा साहब भी घर में चले आए। अब्बा के पास बैठकर धीरे-धीरे उन्हें सारी बात बताई। मेरी गिरफ्तारी का वारंट दिखाया। अब्बा ने कहा, 'ले जाइए।'

दारोगा साहब ने कहा, 'वह खा-पीकर आए। मैं एक सिपाही को छोड़ जाता हूँ। 11 बजे तक वह थाने में पहुँच जाए क्योंकि देरी होने पर जमानत मिलने में असुविधा होगी।'

अब्बा ने पूछा, 'मारपीट की थी?' मैं चुप रहा, जिसका अर्थ था 'की थी।'

मैं खा-पीकर थाने चला आया। देखा, मेरे मामा, मानिक, सैयद तथा और सात-आठ लोग होंगे, जिन्हें पहले ही गिरफ्तार कर थाने में ले आए थे। मेरे पहुँचते ही हमें कोर्ट में भेज दिया गया। हमें हथकड़ी तो नहीं पहनाई गई पर पुलिस के घेरे में ले जाया गया। कोर्ट के दारोगा हिन्दू थे, कोर्ट में पहुँचने के साथ-साथ हमें कोर्ट की हाजत के छोटे कमरे में बन्द कर रखा गया। कोर्ट के दारोगा के कमरे के बगल में ही थी कोर्ट की हाजत। मुझे देखकर बोले, 'मुज़ीबुर बहुत भयानक लड़का है। रमापद को छुरा मारा था। किसी भी हालत में ज़मानत नहीं दी जा सकती।'

मैंने कहा, 'फालतू बातें मत कीजिए, अच्छा नहीं होगा।'

दारोगा साहब के सामने जो लोग बैठे थे उनसे उन्होंने कहा, 'जरा लड़के की हिम्मत तो देखो।' बाकी सभी ने मुझे कुछ कहने से मना किया। बाद में सुना कि मेरे विरुद्ध यह बयान दिया गया कि मैंने हत्या के प्रयास में रमापद पर छुरे से प्रहार किया था। उसकी हालत बहुत ख़राब है, अस्पताल में भर्ती है। वास्तव में रमापद के साथ मेरी मारपीट लाठी से हुई थी। उसने मुझ पर लाठी से आघात करने की चेष्टा की तो मैंने भी जवाबी आघात किया जिससे उसका सिर फट गया। मुसलमान वकील मोक्तार साहब ने कोर्ट में हमारी ज़मानत की अर्जी दाखिल की। केवल मोक्तार साहब को टाउन ज़मानत दी गई और हमें जेल-हाजत में भेजने का हुक्म हुआ। एस.डी.ओ. हिन्दू था, उसने ज़मानत मंजूर नहीं की। कोर्ट के दारोगा ने हमें हथकड़ी पहनाने का हुक्म दिया तो मैंने विरोध किया, सभी ने मुझे मना किया। हम जेल में आए। सब-जेल, केवल एक कमरा। एक ओर स्त्रियों के रहने की जगह थी। कोई महिला अभियुक्त नहीं थी, इसलिए हमें महिला वार्ड में रखा गया। घर से बिछावन, कपड़े और भोजन आदि देने की अनुमति दी गई। अन्ततः सात दिनों के बाद मुझे पहली ज़मानत मिली। दस दिनों के अन्दर बाकी सभी को ज़मानत मिली।

हक़ साहब और सोहरावर्दी साहब को टेलीग्राम भेजा गया। कलकत्ता आदमी भी चला गया। गोपालगंज में काफी उत्तेजना थी। हिन्दू वकीलों के साथ अब्बा की मित्रता थी। सभी उनका सम्मान करते थे। दोनों पक्षों के बीच वार्ता के बाद तय हुआ कि वे मामला उठा लेंगे और हमें पन्द्रह सौ रुपए हर्जाना देना होगा। सभी ने मिलकर वह हर्जाना चुकाया। अब्बा को ही अधिक देना पड़ा। यह था मेरे जीवन का प्रथम कारावास।

सन् 1939 में मैं कलकत्ता घूमने गया। शहीद साहब के साथ भेंट की। अब्दुल वासेक साहब हम छात्रों के नेता थे। उनके साथ भी मुलाकात कर उनसे गोपालगंज आने का अनुरोध किया। मैंने शहीद साहब को कहा कि मैं गोपालगंज में मुस्लिम छात्र लीग का गठन करूँगा और मुस्लिम लीग का भी गठन करूँगा। खोंडकार शम्सुद्दीन साहब एम.एल.ए. तब मुस्लिम लीग में शामिल हुए थे। वे छात्र लीग के सभापति हुए और मैं सचिव। मुस्लिम लीग का गठन हुआ। एक व्यक्ति मोक्तार साहब सेक्रेटरी हुए, हालाँकि काम मैं ही करता था। एक मुस्लिम लीग डिफेंस कमेटी गठित की गई। मुझे उसका सेक्रेटरी बनाया गया। मैंने धीरे-धीरे राजनीति में प्रवेश किया। अब्बा मुझे कभी मना नहीं करते, केवल इतना कहते कि मैं लिखने-पढ़ने पर ध्यान दूँ। उस समय मेरा पढ़ाई-लिखाई पर ध्यान था भी, क्योंकि मेरे कुछ साल तो बीमारी में नष्ट हो गए थे। स्कूल में भी मैं कैप्टन था। खेल-कूद में मेरी काफी रुचि थी। अब्बा मुझे खेलने देना नहीं चाहते थे, क्योंकि मुझे 'हार्ट' की कुछ शिकायत थी। अब्बा खुद भी अच्छे खिलाड़ी थे। वे ऑफिसर्स क्लब के सेक्रेटरी थे। और मैं मिशन स्कूल का कैप्टन था। अब्बा की टीम और मेरी टीम के बीच जब खेल होता तो लोग उसका खूब आनन्द उठाते। हमारे स्कूल की टीम बहुत अच्छी थी। महकमे के जो अच्छे खिलाड़ी थे, मैं उन्हें लाकर टीम में भर्ती कर लेता और वेतन फ्री कर देता।

सन् 1940 में अब्बा की टीम को मेरे स्कूल की टीम ने प्रायः हर खेल में हरा दिया। ऑफिसर्स क्लब के पास रुपयों की कोई कमी न थी। वे खिलाड़ी बाहर से लाते और सभी नामी खिलाड़ी। वर्ष के आखिरी खेल में अब्बा की टीम के साथ मेरी टीम का पाँच दिन का मैच ड्रा हुआ। हम तो छात्र थे; ग्यारह जन ही रोज खेलते जबकि ऑफिसर्स क्लब नए-नए प्लेयर ले आता। हम काफी थक चुके थे। अब्बा ने कहा, 'कल सुबह ही खेलना होगा। बाहर के खिलाड़ी अब और नहीं रखे जाएँगे, बहुत ख़र्च होता है।' मैंने कहा, 'कल सुबह हम नहीं खेल पाएँगे, हमारी परीक्षा है।' गोपालगंज फुटबॉल क्लब के सेक्रेटरी एक बार मेरे अब्बा के पास फिर एक बार मेरे पास, इस प्रकार कई बार पैदल उधर से इधर और इधर से उधर करते-करते

थक गए तो बोले, 'तुम बाप-बेटे के मामले में अब मुझसे भागादौड़ी नहीं होगी।' उस वक्त हमारे हेडमास्टर थे रसरंजन सेनगुप्त। वे मुझे प्राइवेट भी पढ़ाते थे। अब्बा ने हेडमास्टर साहब को खबर देकर बुला लिया। मैं अपने दल-बल के साथ एक गोलपोस्ट पर और अब्बा अपना दल-बल लेकर दूसरे गोलपोस्ट पर। हेडमास्टर साहब ने कहा, 'मुज़ीब, अपने पिता से हार मान लो। कल सुबह खेल होगा, उनको असुविधा होगी।' मैंने कहा, 'सर, हम सभी थके हुए हैं। साल-भर हम ग्यारहों जने खेले हैं। सभी के पैरों में दर्द है। दो-चार दिन विश्राम चाहिए, नहीं तो हार जाएँगे।' इस वर्ष तो एक भी खेल में हम हारे नहीं, और 'ए ज़ेड ख़ान शील्ड' का यह अन्तिम फाइनल खेल है। ए. ज़ेड ख़ान एस.डी.ओ. थे, गोपालगंज में ही उनकी मृत्यु हुई। उनके बच्चों में आमिर और अहमद मेरे बचपन के मित्र व साथी थे। आमिर और मुझमें गहरी दोस्ती थी। आमिरुज़्ज़मान ख़ान अभी रेडियो पाकिस्तान में नौकरी करते हैं। पिता के देहान्त के बाद जब वह गोपालगंज से चले आए थे तो मुझे गहरा आघात लगा था। हेडमास्टर साहब की बात माननी पड़ी। अगले दिन सुबह खेल हुआ। मेरी टीम अब्बा की टीम से एक गोल से हार गई।

सन् 1941 में मुझे मैट्रिक (दसवीं) की परीक्षा देनी थी। परीक्षा में मैं अवश्य ही पास हो जाऊँगा, कोई सन्देह न था। रसरंजन बाबू अंग्रेजी के शिक्षक थे, मुझे अंग्रेजी पढ़ाते और मनोरंजन बाबू गणित के शिक्षक थे, जिनसे मैं गणित सीखता। गणित से मुझे डर लगता था क्योंकि उसमें मैं भूल कर बैठता। गणित के कारण ही शायद फर्स्ट डिवीज़न न मिले। परीक्षा से पहले मुझे तेज ज्वर और मम्प्स (कनफेड़) होकर गला फूल गया। एक सौ चार डिग्री तक बुखार हुआ। अब्बा रात-भर मेरे सिरहाने बैठे रहे। गोपालगंज टाउन के सारे डॉक्टर देख गए पर बुखार कम ही न हो रहा था। अब्बा ने मुझे परीक्षा देने से मना किया। मैंने कहा कि जितना भर होगा, लेटे-लेटे परीक्षा दे लूँगा। मेरे लिए बिस्तर देने को कहें। पहले दिन बांग्ला की परीक्षा थी। सुबह की परीक्षा में मैं सिर ही न उठा पाया, फिर भी थोड़ा-बहुत लिखा। शाम को बुखार कुछ कम हुआ तो अगली परीक्षा अच्छी रही। किन्तु देखा गया कि बांग्ला में मुझे कम मार्क्स मिले जबकि अन्य विषयों में द्वितीय श्रेणी के मार्क्स मिले। मन टूट गया।

तब जोर-शोर से मैंने राजनीति शुरू की। मैं सभाएँ करता, भाषण देता। खेल-कूद की ओर ध्यान न रहा। केवल मुस्लिम लीग और छात्र लीग। पाकिस्तान लाना ही होगा वरना मुसलमानों के बचने का कोई रास्ता नहीं। समाचार-पत्र 'आज़ाद' जो कुछ लिख रहा था, वही सत्य प्रतीत होता था।

परीक्षा देकर कलकत्ता गया। वहाँ सभाओं-समारोहों में शामिल हुआ। मदारीपुर जाकर मुस्लिम लीग का गठन किया। फिर से पढ़ाई शुरू की। पास तो मुझे होना ही होगा। अब शहीद साहब के पास अक्सर जाता। वे भी मुझसे स्नेह करते।

गोपालगंज में मुस्लिम लीग का मतलब मुझे समझा जाता। युद्ध के समय देश की स्थिति भयावह थी। इसी समय फज़लुल हक़ साहब के साथ जिन्ना साहब का मनमुटाव हुआ। हक़ साहब जिन्ना साहब का हुक्म मानने को राज़ी न हुए तो उन्होंने मुस्लिम लीग का परित्याग कर श्यामाप्रसाद मुखर्जी के साथ नए मंत्रिमंडल का गठन किया। मुस्लिम लीग और छात्र कार्यकर्ताओं ने उनके विरुद्ध आन्दोलन शुरू किया। मैं भी कूद गया। इसी साल मैं द्वितीय श्रेणी में पास होकर इस्लामिया कॉलेज में भर्ती हुआ और बकर हॉस्टल में रहने लगा। नाटोर और बालूरघाट में हक़ साहब के दल के साथ मुस्लिम लीग के प्रार्थियों के बीच दो उपचुनाव हुए। मैं भी दल-बल लेकर वहाँ हाजिर हुआ और शहीद साहब के आदेशानुसार अथक परिश्रम किया।

एक घटना का दिन--तारीख मुझे याद नहीं, शायद 1941 की बात थी। फ़रीदपुर छात्र लीग की ज़िला कॉन्फ्रेंस थी। शिक्षाविदों को आमंत्रित किया गया था। वे थे कवि क़ाज़ी नज़रुल इस्लाम, हुमायूँ कबीर, इब्राहिम ख़ाँ साहब। हमें वह सभा करने नहीं दी गई और धारा 144 लागू कर दी गई। मैंने हुमायूँ कबीर साहब के घर में वह कॉन्फ्रेंस की। क़ाज़ी नज़रुल इस्लाम साहब ने गीत सुनाया। हमने कहा, इस कॉन्फ्रेंस में राजनीतिक चर्चा नहीं होगी। शिक्षा और छात्रों के कर्तव्य के बारे में वक्तव्य होंगे। छात्रों में भी दो दल हो गए। 1942 में फ़रीदपुर जाकर मैं छात्रों की दलबन्दी समाप्त कर पाया और हमें पाकिस्तान के लिए ही संघर्ष करने की आवश्यकता है, यह बात उन्होंने स्वीकार की। उस वक्त मोहन मियाँ साहब और सलाम ख़ान साहब ज़िला मुस्लिम लीग के सभापति व सचिव थे।

1942 में मिस्टर जिन्ना प्रादेशिक मुस्लिम लीग के सम्मेलन में भाग लेने बांग्लादेश आनेवाले थे। सम्मेलन पाबना ज़िले के सिराजगंज महकमे में होनेवाला था। हमने फ़रीदपुर से कार्यकर्ताओं की एक बड़ी-सी टुकड़ी को रवाना किया। अधिकांश छात्र लीग के कार्यकर्ता थे। सैयद अकबर अली साहब के घर में अभ्यर्थना समिति का दफ्तर बनाया गया था। मैं प्राय: सारा समय शहीद साहब के आसपास रहने की चेष्टा करता। अनवर हुसैन उस समय छात्रों के अन्यतम नेता थे। कलकत्ता में उनके साथ मेरा परिचय हुआ। शहीद साहब अनवर साहब से बहुत स्नेह करते थे। छात्रों में दो दल थे। चटगाँव के फ़ज़लुल क़ादिर चौधरी भी तब छात्र आन्दोलन के एक नेता थे। वासेक साहब और फ़ज़लुल क़ादिर चौधरी में झमेला लगा ही था। यह कहना गलत न होगा कि वासेक साहब छात्रों के राजनीतिक पिता थे। काफी दिनों तक वे 'ऑल बेंगाल मुस्लिम छात्र लीग' के सभापति थे। शायद पन्द्रह वर्ष पूर्व उन्होंने अपना छात्र-जीवन समाप्त किया था, फिर भी पद नहीं छोड़ा। उनके मत के विरुद्ध कोई कुछ कहता तो कहते, 'तुम हो कौन? न तुम छात्र लीग के सदस्य

हो, न कौंसिलर। निकलो इस सभा से।' शुरू-शुरू में तो कोई उनकी इज्जत का ख़याल कर कुछ बोलता नहीं था। पहला झमेला शायद 1941 या 1942 में चुंचुड़ा सम्मेलन में हुआ। फ़ज़लुल क़ादिर चौधरी और हम लोगों ने भयंकर प्रतिवाद किया और अन्ततः शहीद साहब के हस्तक्षेप से झमेला न हुआ। मैं और मेरे साथी कार्यकर्ता फ़ज़लुल क़ादिर चौधरी के दल का समर्थन कर बाहर निकल आए। उस वक्त सादेकुर रहमान (जो अभी बड़ी सरकारी नौकरी में हैं) प्रादेशिक छात्र लीग के प्रधान सचिव थे, बाद में अनवर हुसैन सचिव हुए। बगुड़ा सम्मेलन में हम लोग उपस्थित होकर भी सभा में शामिल नहीं हुए क्योंकि ऑल इंडिया मुस्लिम छात्र फेडरेशन के सभापति महमूदाबाद के राजा साहब ने वायदा किया कि शीघ्र ही वे एडहॉक कमेटी का गठन कर निर्वाचन कराएँगे। एडहॉक कमेटी तो सचमुच बनी, पर वह काग़ज़ों तक ही सीमित रही।

इस समय मैंने इस्लामिया कॉलेज में काफी लोकप्रियता हासिल कर ली थी। ऑफिशियल छात्र लीग के विरुद्ध प्रार्थी खड़े कर उसे हराया। इस्लामिया कॉलेज ही उन दिनों बांग्लादेश के छात्र आन्दोलन का प्राणकेन्द्र था। अगले साल, 1943 के चुनाव में अनवर साहब की ऑफिशियल छात्र लीग पराजित हो गई। इसके बाद और तीन वर्ष किसी ने भी मेरे मनोनीत प्रार्थियों के विरुद्ध चुनाव नहीं लड़ा। बिना प्रतिद्वन्द्विता के कॉलेज छात्र-यूनियन के चुनाव होते। मैं छात्रनेताओं के साथ विचार-विमर्श कर प्रार्थी के रूप में जिन्हें भी तय कर देता, वे ही नामांकन-पत्र दाखिल करते, अन्य कोई नहीं करता। क्योंकि सभी जानते थे कि मेरे मत के विरुद्ध किसी का भी जीतना सम्भव नहीं था। ज़हीरुद्दीन मेरी मदद करता। वह कलकत्ता का निवासी था तथा छात्रों पर उसका बहुत प्रभाव था। निःस्वार्थ कार्यकर्ता के रूप में सभी उसके प्रति श्रद्धा भी करते। वह अंग्रेजी, बांग्ला और उर्दू में भाषण भी अच्छा देता था। जहीर बाद में इस्लामिया कॉलेज छोड़ विश्वविद्यालय में पढ़ने लगा, फिर भी मेरे साथ मित्रता बनी रही। कुछ दिनों के लिए जब वह कलकत्ता छोड़कर ढाका में रेडियो की नौकरी करने चला गया तो मुझे काफी असुविधा हुई थी।

सन् 1943 में भयावह अकाल शुरू हुआ। लाखों लोग मर रहे थे। ऐसे समय मैं प्रादेशिक मुस्लिम लीग कौंसिल का सदस्य बना। जनाब अब्दुल हाशिम साहब मुस्लिम लीग के सचिव बने। वे सोहरावर्दी साहब द्वारा मनोनीत थे और ख़्वाजा नाज़िमुद्दीन साहब के मनोनीत प्रार्थी थे खुलना के अब्दुल कासिम साहब। हाशिम साहब उन्हें हराकर प्रधान सचिव बने। इसके पहले सोहरावर्दी साहब ही प्रधान सचिव थे। इसी समय से मुस्लिम लीग में दो गुटों ने सिर उठाया। एक था प्रगतिवादी गुट और दूसरा था प्रतिक्रियाशील गुट। शहीद साहब के नेतृत्व में हम बंगाल के मध्यमवर्गीय लोग मुस्लिम लीग को जनता की लीग में परिणत करना, उसे जनता का संगठन बनाना चाहते थे। तब तक मुस्लिम लीग जनता का संगठन नहीं बन पाया

था। जमींदारों, बड़े खेतों के मालिकों और ख़ान बहादुरों, नवाबों का संगठन था। वे लीग में किसी और को आने ही नहीं देते थे। ज़िले-ज़िले में ख़ान बहादुरों के समूहों ने लीग को अपनी जेबों में रख रखा था।

ख़्वाजा नाज़िमुद्दीन साहब के नेतृत्व में 1937 साल के चुनावों में ढाका के एक ख़्वाजा वंश के ग्यारह व्यक्ति एम.एल.ए. हुए थे। सन् 1943 में ख़्वाजा नाज़िमुद्दीन साहब जब प्रधान मंत्री हुए तो उन्होंने अपने छोटे भाई ख़्वाजा शहाबुद्दीन साहब को उद्योग मंत्री बनाया। हम लोगों ने बाधा दी, परन्तु उन्होंने अनसुना कर दिया। हमने शहीद साहब के पास जाकर प्रतिवाद किया, किन्तु उन्होंने भी कुछ नहीं कहा। सोहरावर्दी साहब सिविल सप्लाई मंत्री बने। अकाल शुरू हो चुका था। गाँवों से लाखो-लाख लोग स्त्री-पुत्र का हाथ थामे शहरों की ओर दौड़ रहे थे। न खाने को कुछ था, न पहनने को। युद्ध के लिए अंग्रेजों ने सारी नौकाएँ जब्त कर ली थीं। सेना की रसद जुटाने के लिए धान-चावल के गोदाम जब्त कर लिये गए थे। जो कुछ भी खाद्यान्न बचा, व्यापारियों ने गोदामों में भर लिया, जिसके फलस्वरूप भयावह स्थिति पैदा हो गई। दस रुपए मन का चावल व्यापारी चालीस-पचास रुपयों में बेच रहे थे। ऐसा कोई दिन नहीं था जब रास्ते में लाशें पड़ी नज़र न आती हों। हम कुछ छात्र शहीद साहब के पास गए और उनसे कहा, 'आप किसी भी हाल में जनता को बचा नहीं पाएँगे और झूठमूठ बदनाम होंगे।'

उन्होंने कहा, 'कोशिश करके देखते हैं कि कुछ किया जा सकता है या नहीं। कुछ लोगों को बचाने की चेष्टा तो करूँगा।'

उन्होंने रातोरात एक विराट सिविल सप्लाई डिपार्टमेंट का गठन कर डाला। 'कंट्रोल' दुकानें खोलने की व्यवस्था की। गाँव-गाँव में लंगरख़ाने शुरू करने का हुक्म दिया। दिल्ली जाकर केन्द्रीय सरकार को भयावह अवस्था से अवगत कराया और मदद करने को कहा। चावल, आटा, गेहूँ बड़ी-बड़ी नौकाओं में मँगाना शुरू किया। अंग्रेजों का कहना था कि बंगाल के लोग मरते हैं तो मरें, युद्ध की सहायता पहले। युद्ध के सरंजाम का स्थान सर्वोपरि। ट्रेनों में पहले अस्त्र जाएँगे, फिर यदि जगह बची तो रिलीफ का सामान। यानी युद्ध करें अंग्रेज और भूखों मरें बंगाली; जिन बंगालियों को कभी किसी चीज का अभाव नहीं था। जब ईस्ट इंडिया कम्पनी ने मीर जाफर के विश्वासघात से बंगाल पर कब्जा जमाया, तब बंगाल के पास इतनी दौलत थी कि मुर्शिदाबाद का एक व्यापारी पूरे विलायत शहर को खरीद सकता था। उसी बंगाल की ऐसी दुर्दशा भी आँखों से देखी कि माँ मरी पड़ी है और एक छोटा शिशु उस मृत माँ का दूध चूस रहा है। डस्टबिन से भोजन बीनकर खाने के लिए कुत्ता और मनुष्य छीना-झपटी कर रहे थे। बच्चों को सड़क पर छोड़कर माँ जाने कहाँ भाग गई थी। पेट की भूख मिटाने के लिए बच्चों को बेचने की चेष्टा कर रही थी। और अफसोस, कोई खरीदने को तैयार नहीं था। घरों के दरवाजों पर लोग

पुकार रहे थे, 'माँ बचाओ, कुछ खाने को दो माँ! मरे जा रहे हैं, थोड़ी-सी माड़ ही दे दो।' कुछ तो पुकारते-पुकारते दरवाजे के पास ही गिरकर मर भी गए। हम क्या करें? हॉस्टल में जो भी बचता है दोपहर और रात को, भूखों को बैठाकर उनके बीच थोड़ा-थोड़ा बाँट देते हैं, पर उससे क्या होगा?

ऐसे समय में शहीद साहब ने लंगरख़ाना खोलने का हुक्म दिया। मैं भी पढ़ाई-लिखाई छोड़ अकाल-पीड़ितों की सेवा में जुट गया। कई लंगरख़ाने खोले। दिन में एक बार खाना देता। मुस्लिम लीग के दफ्तर में, कलकत्ता मदरसा में तथा और भी कई जगह लंगरख़ाने खोले। मैं दिन-भर काम करता और रात को कभी बेकर हॉस्टल में लौट आता और कभी लीग ऑफिस के टेबल पर लेटा रहता। मेरे और भी कुछ सहकर्मी थे, जैसे फिरोजपुर के नूरुद्दीन अहमद, जो बाद में पूर्वी बंगाल के एम.एल.ए. हुए। बड़े निःस्वार्थ कार्यकर्ता थे, हालाँकि वे अनवर हुसैन साहब के दल में थे और मेरे साथ भी उनका झमेला था, फिर भी मुझे वे अच्छे लगते। बेकर हॉस्टल के सुपरिंटेंडेंट थे प्रोफेसर सईदुर रहमान साहब (बहुत बाद में वे ढाका के जगन्नाथ कॉलेज के प्रिंसिपल हुए), वे मुझे बहुत स्नेह करते। हॉस्टल की राजनीति या चुनावों में योगदान का मेरे पास समय ही नहीं था। किन्तु वे मेरे साथ परामर्श करते। प्रिंसिपल थे डॉ. आई.एच. जुबेरी। वे भी मुझसे अत्यन्त स्नेह करते। किसी भी मामले में मैं उनसे सीधे बातचीत करता और उनसे सच्ची बात कहता। सभी शिक्षक मुझसे स्नेह करते थे। आवश्यकता होने पर मैं कॉलेज के असेम्बली हॉल का दरवाजा खोलकर सभा शुरू करता। प्रिंसिपल साहब देखकर भी अनदेखा कर देते। मुसलमान प्रोफेसर पाकिस्तान आन्दोलन का समर्थन करते थे। हिन्दू और यूरोपियन टीचर चुप मारे रहते, क्योंकि समस्त छात्र मुसलमान थे। सामान्य कुछ संख्यक छात्र पाकिस्तान विरोधी भी थे, परन्तु साहस कर कुछ कह नहीं पाते थे।

इसी समय रिलीफ का काम करने के लिए मैं गोपालगंज लौट आया। गोपालगंज महकमे के एक ओर जैसोर ज़िला, एक ओर खुलना ज़िला और एक ओर बरिशाल ज़िला था। घर में आकर देखा कि अवस्था अत्यन्त भयानक थी। भोजन के अभाव में लोग कंकाल हुए जा रहे थे। गोपालगंज के मुसलमान व्यापारी थे और यहाँ पर्याप्त धान भी होता था। खा-पहनकर लोग किसी प्रकार जी पा रहे थे। कइयों ने मुझे परामर्श दिया कि एक कॉन्फ्रेंस की जाए और सोहरावर्दी साहब तथा मुस्लिम लीग के नेताओं को लाया जाए तो अपनी आँखों से देखकर वे इन तीन ज़िले के लोगों के लिए कुछ अधिक मदद की व्यवस्था कर पाएँ और लोगों को बचाने की चेष्टा कर पाएँ। मैं अपने साथियों को लेकर बैठा, चर्चा हुई, सभी ने कहा—इस अंचल में कभी पाकिस्तान की माँग के लिए कोई बड़ी कॉन्फ्रेंस नहीं हुई। कॉन्फ्रेंस

अगर हुई तो तीन ज़िलों के लोगों में जागृति आएगी। इससे दो काम होंगे, मुस्लिम लीग की शक्ति भी बढ़ेगी और जनता को मदद भी मिलेगी। सभी इलाकों से कुछ कार्यकर्ताओं को आमंत्रित किया गया। आपस में बातचीत कर तय किया गया कि सम्मेलन का नाम होगा—'दक्षिण बंगाल पाकिस्तान कॉन्फ्रेंस' और उसमें तीन ज़िले के लोगों को दावत दी जाएगी। अभ्यर्थना समिति गठन करने के लिए सभा बुलाई गई। बुजुर्ग नेताओं में से एक को चेयरमैन और एक को सेक्रेटरी बनाना था, किन्तु जो मुख्य लोग थे उनमें से कोई राज़ी ही नहीं हुआ, क्योंकि ख़र्च बहुत अधिक होगा। देश में अकाल था, अतः धन-संग्रह नहीं हो पाएगा। अन्ततः सभी ने मिलकर मुझे ही अभ्यर्थना समिति का चेयरमैन तथा जैसोर ज़िले के मौलवी अफसरुद्दीन मुल्ला नाम के एक बड़े व्यापारी को सचिव नियुक्त किया गया।

मैं नेताओं को निमंत्रित करने के लिए कलकत्ता रवाना हुआ। जब सोहरावर्दी साहब को दावत देने पहुँचा तो देखा कि ख़्वाजा शहाबुद्दीन वहाँ उपस्थित थे। शहीद साहब ने कहा, 'मैं अत्यन्त व्यस्त हूँ, यह तो तुम जानते ही हो, फिर भी मैं जाने की चेष्टा जरूर करूँगा। शहाबुद्दीन साहब को निमंत्रण दो, वह भी जाएँगे।' अनिच्छा के बावजूद शहाबुद्दीन साहब से कहना पड़ा और वे भी राज़ी हो गए। तमीजुद्दीन ख़ान उस समय शिक्षा मंत्री थे, फ़रीदपुर में उनका घर था। उनसे भी अनुरोध किया और वे भी राज़ी हो गए। मैंने मौलाना अब्दुर रशीद तर्कबागीश तथा हबीबुल्ला बहार चौधरी साहब को भी निमंत्रण दिया। जनाब मोअज़्ज़म हुसैन चौधरी (लाल मियाँ) उस वक्त कांग्रेस का त्याग कर मुस्लिम लीग में शामिल हुए थे और प्रादेशिक मुस्लिम लीग की रिलीफ कमेटी के सचिव थे। मैं उन्हीं के साथ रिलीफ का काम किया करता, वे मुझ पर बहुत विश्वास करते। उन्होंने काफी धन, दवाएँ और कपड़ों का जुगाड़ किया था। मुझे उन्हीं के साथ-साथ रहना पड़ता और प्रत्येक महकमे में कपड़े भेजने पड़ते। युद्ध के समय माल बुक करना कठिन था, दस दिनों की दौड़-भाग के बाद कुछ कपड़े भेजने लायक जगह मिलती। बहुत बार तो हिसाब-किताब भी देखना पड़ता, अपने हाथों से कपड़ों की गाँठ भी बाँधनी पड़ती। मैं किसी भी काम के लिए 'ना' नहीं कहता। ख़ैर, मैंने उनसे भी गोपालगंज जाने का अनुरोध किया, वे भी राज़ी हुए। दिन-तारीख तय कर मैं घर के लिए रवाना हुआ। शहर से मैंने कुछ रुपए भी इकट्ठा किए। फिर मैं गाँव में निकल पड़ा। महकमे में कुछ सम्पन्न लोग भी थे, उनके घरों में जाकर मैंने कुछ धन-संग्रह किया। काम शुरू हो गया। चारों ओर लोगों को काम में लगा दिया। अतिथियों के भोजन का भार अब्बा ने उठाया किन्तु भोजन बनेगा एक सरकारी कर्मचारी के घर में। बाद में दो दल हो गए और उनके बीच झमेला शुरू हो गया। आखिरकार गोपालगंज में हमारे घर ही भोजन का बन्दोबस्त हुआ। नौकाओं के पाल से पंडाल बना। जिनके पास बड़ी-बड़ी नौकाएँ थीं, उनके घरों से दो दिनों के लिए पाल उधार लिये गए। पाँच हजार लोग

बैठ सकें, इतना बड़ा पंडाल बनवाया, ख़र्च बहुत अधिक नहीं हुआ।

इधर, कॉन्फ्रेंस बन्द करने के लिए अनेक लोगों ने चेष्टा शुरू कर दी। सभी आमंत्रित नेताओं को टेलीग्राम किए गए। कॉन्फ्रेंस होने में जब मात्र तीन दिन बचे थे तो मेरे पास तमीज़ुद्दीन साहब और शहाबुद्दीन साहब ने टेलीग्राम किया कि कॉन्फ्रेंस बन्द की जा सकती है या नहीं? मैंने उन्हें टेलीग्राम किया कि बन्द करना असम्भव है। सोहरावर्दी साहब ने टेलीग्राम किया कि वे नहीं आ पाएँगे। शायद वे दिल्ली की फूड-कॉन्फ्रेंस या अन्यत्र कहीं जाएँगे। सभी ने मुझसे कलकत्ता रवाना होने को कहा, क्योंकि यदि कोई नहीं आया तो अत्यधिक क्षति हो जाएगी। बहुत दूर-दूर से लोग आएँगे। कॉन्फ्रेंस के दो दिन चलने की बात थी, किन्तु अकाल के कारण यह सम्भव नहीं हो पाएगा। तय हुआ कि सुबह कार्यकर्ताओं का सम्मेलन होगा और शाम को जनसभा होगी। मैंने अपने साथियों को कार्यभार देकर कलकत्ता रवाना किया। तमीज़ुद्दीन साहब पहले ही खुलना के लिए रवाना हो चुके थे। मैं शहाबुद्दीन साहब, मौलाना तर्कबागीश और लाल मियाँ साहब को लेकर खुलना आया। खुलना में तमीज़ुद्दीन साहब सरकारी लांच में हम लोगों की प्रतीक्षा कर रहे थे। लांच में चढ़कर हमने उनसे जानना चाहा कि उन्होंने तीन दिन पूर्व कॉन्फ्रेंस बन्द करने को क्यों कहा? पूछने पर पता चला कि जनाब वाहिदुज्ज़मान कुछ दिन पहले तक हक़ साहब के साथ थे, अभी हाल ही में मुस्लिम लीग में शामिल हुए हैं, वे बर्दाश्त नहीं कर पा रहे थे कि गोपालगंज में कॉन्फ्रेंस हो और मैं चेयरमैन रहूँ। न वह कुछ कर पा रहे थे, न कह पा रहे थे। हालाँकि 1939 से लेकर 1941 तक उन्होंने मुझे और मुस्लिम लीग को बाधा पहुँचाई। इसके अतिरिक्त सलाम ख़ान साहब, ज़िला लीग के सचिव, जिनका घर गोपालगंज में था, को भी आपत्ति थी कि इतनी बड़ी कॉन्फ्रेंस हो रही थी और किसी ने न उनसे कुछ कहा, न उनसे परामर्श लिया। उन्होंने भी खबर दी, ताकि नेता लोग न आएँ।

सभी नेता मुझे एक अच्छे कार्यकर्ता के रूप में जानते थे और सभी मुझसे स्नेह भी करते थे। शहीद साहब ने भी सभी को कह दिया कि वे कॉन्फ्रेंस में शामिल हों। मेरा अपमान कर तथा एक बार सम्मति देकर न आने पर कलकत्ता में छात्रों को लेकर मैं झमेला करूँगा, यह डर भी कइयों को था। सभी को लेकर मैं गोपालगंज में हाजिर हुआ। नेताओं का जमकर स्वागत हुआ। 'पाकिस्तान ज़िन्दाबाद' के नारे से गोपालगंज शहर गूँज उठा। जनसमागम देख नेता बहुत आनन्दित हुए। सभा तो होगी, परन्तु पंडाल तो पिछली रात की आँधी में टूट गया था। नौकाओं के पाल फटकर चीथड़े-चीथड़े हो गए थे। परन्तु उस टूटे हुए पंडाल में ही सभा हुई। सभी ने रात को विदाई ली। मेरी अवस्था किन्तु अत्यन्त शोचनीय हो गई थी। कहाँ से लाऊँगा मैं इतने रुपए? पाल फट गए हैं। अब तो एक रुपया भी नहीं देगा। नेताओं में से भी किसी ने कुछ पूछा नहीं। जिनसे मैं पाल लेकर आया था, उनमें से अनेक मुझसे स्नेह

करते हैं और उनमें से अनेक सम्पन्न भी हैं। कइयों के तो लड़के मेरे दल में भी हैं। बहरहाल, अनेक लोग तो अपने फटे हुए पाल ले भी गए। कुछ लोगों ने उकसाया तो कुछ ने फटे पाल लेने में आपत्ति की। उन्हें फटे पाल नहीं, रुपए चाहिए, मैं क्या करूँ? मैं मुँह काला किए चुपचाप बैठा था। अतिथियों के भोजन का बन्दोबस्त करने के लिए मेरी माँ और पत्नी गाँव का घर छोड़कर तीन दिनों से गोपालगंज के घर में थीं। अत्यधिक परिश्रम के कारण खुद मेरी तबीयत बिगड़ गई। शाम को तेज बुखार हो गया। अब्बा ने मुझसे कहा, 'तुम घबरा क्यों गए हो?' अब्बा पहले भी इस कॉन्फ्रेंस पर काफी रुपया ख़र्च कर चुके थे। कोई बहुत बड़े आदमी तो थे नहीं, मैं अब्बा से कहूँ तो कैसे! अब्बा ने खुद ही समस्या का समाधान कर दिया। जिनका व्यवसाय अच्छा नहीं चल रहा था, उन्हें कुछ-कुछ रुपए देकर विदा किया। एक व्यवसायी, जिसके आठ-दस पाल नष्ट हो गए थे, ने पूरे रुपयों का दावा किया वरना मामला कर देगा। अब्बा ने उससे कहा, 'कुछ रुपए लेकर आप इनकी मरम्मत करा लें। मामले का डर दिखाने से कुछ लाभ नहीं होगा। जिन्होंने आपको मशवरा दिया है, वे नहीं जानते कि आपके यहाँ से पाल आया है, यह प्रमाणित करने में आपको एड़ी-चोटी एक करनी होगी।' इस बीच मेरा बुखार काफी बढ़ गया था। अन्ततः उन सज्जन ने वकील की नोटिस तो दी परन्तु साहस कर मामला दायरा नहीं किया।

रेणु ने कुछ दिन मेरी खूब सेवा की। हालाँकि हमारा विवाह तो बचपन में ही हो गया था किन्तु हमारी सुहागरात 1942 में हुई। बुखार कुछ ठीक हुआ। परीक्षा नजदीक थी, अब कलकत्ता जाना होगा। पढ़ाई-लिखाई तो बिलकुल नहीं कर पाता। दिन-रात रिलीफ के काम से ही फुर्सत नहीं मिलती। इसी समय अब्बा ने मुझसे एक बात कही थी, 'बेटा, राजनीति करो, मैं आपत्ति नहीं करूँगा। पाकिस्तान के लिए लड़ाई लड़ रहे हो, यह तो अच्छी बात है, परन्तु पढ़ाई-लिखाई मत भूलना। लिखना-पढ़ना नहीं सीखोगे तो इनसान नहीं बन पाओगे। एक बात और याद रखना, 'sincerity of purpose and honesty of purpose' होगा तो जीवन में कभी हारोगे नहीं।' यह बात मैं कभी नहीं भूला।

और एक दिन की बात है, गोपालगंज शहर के कुछ जाने-माने लोगों ने मेरे अब्बा से कहा था—आपका बेटा जो कुछ कर रहा है, उसके लिए उसे जेल खटनी होगी। अभी ही उसको रोकिए वरना उसका जीवन नष्ट हो जाएगा। अब्बा ने जो उत्तर दिया था वह स्वयं मैंने सुना था। उन्होंने कहा था, 'देश का काम कर रहा है, कोई अन्याय तो नहीं कर रहा। इस पर यदि जेल खटना होगा तो खटेगा। मुझे बिलकुल भी दुख नहीं होगा। मैं उसके काम में बाधा नहीं दूँगा। यह भी तो हो सकता है कि उसका जीवन नष्ट न हो। मुझे लगता है, पाकिस्तान लाए बिना मुसलमानों का अस्तित्व नहीं रह सकता।' कई बार अब्बा मेरे साथ राजनीतिक चर्चा करते, मुझसे प्रश्न करते कि पाकिस्तान क्यों चाहिए? मैं उनके सवाल का जवाब देता।

एक दिन की बात याद है, अब्बा और मैं रात के 2 बजे तक राजनीतिक चर्चा करते रहे। मेरे विचारों को सुनकर वे बहुत खुश हुए और केवल इतना कहा कि शेरे-बंगाल ए.के. फ़ज़लुल हक़ साहब के विरुद्ध मैं कोई व्यक्तिगत आक्रमण न करूँ। एक दिन मेरी माँ ने भी मुझसे कहा था, 'बेटा, चाहे जो करो, हक़ साहब के विरुद्ध कुछ भी मत बोलना।' शेरे-बंगाल यूँ ही शेरे-बंगाल नहीं हो गए थे। बंगाल की मिट्टी ने भी उन्हें बहुत प्यार किया। जब भी मैं हक़ साहब के विरुद्ध कुछ बोलने गया हूँ तब ही रास्ते में रुकावट आई है। मुझे याद है, एक दिन मैं अपनी यूनियन में एक सभा कर रहा था कि हक़ साहब ने क्यों लीग का त्याग किया, क्यों वे अभी पाकिस्तान नहीं चाहते ? क्यों उन्होंने श्यामाप्रसाद मुखर्जी के साथ मिलकर मंत्रिमंडल का गठन किया ? इन सारे सवालों की मैं चर्चा कर रहा था कि हठात् एक वृद्ध व्यक्ति, जो मेरे दादा के खूब भक्त थे, अक्सर हमारे घर आया करते, हमारे ख़ानदान की बहुत इज्जत करते थे, खड़े हुए और बोले, 'जो भी बोलना हो बोलिए, पर हक़ साहब के विरुद्ध कुछ मत बोलिएगा। वे यदि पाकिस्तान नहीं चाहते, तो हम भी नहीं चाहते। जिन्ना है कौन ? उसका तो नाम भी नहीं सुना। हम गरीबों के बन्धु हैं हक़ साहब।' यह बात सुनने के बाद मैंने अलग ढंग से भाषण देना शुरू किया। सीधे-सीधे मैंने हक़ साहब को दोष देने की चेष्टा नहीं की। हमें पाकिस्तान की स्थापना क्यों करनी होगी, यह समझाया। इतना ही नहीं, जब भी हक़ साहब के विरुद्ध काला झंडा दिखाने की कोशिश की; तभी जनता ने हमसे मारपीट की। कई बार तो मार खाकर, छात्रों को लेकर भाग आने को बाध्य भी होना पड़ा और कई बार मार खाने के बाद अपने भाषण का रुख मोड़ना पड़ा। पहले मेरा दोष था कि मैं अपने भाषण में सीधे-सीधे आक्रमण करता था जिसका फल बहुत अच्छा नहीं होता था। उपकार से अपकार ही अधिक होगा। जनता को दुख न मिले, यह सोचकर मैं माँगों के बारे में उन्हें साफ-साफ समझाने की चेष्टा करता।

लाहौर प्रस्ताव के आधार पर दो पाकिस्तान बनेंगे। एक बंगाल और आसाम को लेकर 'पूर्वी पाकिस्तान' स्वाधीन सार्वभौम राष्ट्र और दूसरा पंजाब, बलूचिस्तान, सीमान्त और सिन्धु प्रदेश को लेकर बनेगा 'पश्चिमी पाकिस्तान' स्वाधीन सार्वभौम राष्ट्र। इनसे इतर होगा हिन्दुस्तान जिसमें बहुसंख्यक तो हिन्दू ही होंगे किन्तु हिन्दुस्तान के मुसलमानों को भी समान नागरिक अधिकार मिलेंगे। मेरे पास भारतवर्ष का एक नक्शा रहता था। और हबीबुल्ला बहार साहब की 'पाकिस्तान' किताब तथा मुज़ीबुर रहमान ख़ाँ साहब ने भी 'पाकिस्तान' नाम से एक विस्तृत किताब लिखी थी; ये दो किताबें तो मुझे लगभग कंठस्थ थीं। आज़ाद की कटिंग भी मेरे बैग में रहती।

सिपाही विद्रोह एवं वहाबी आन्दोलन का इतिहास मुझे ज्ञात था। कैसे ब्रिटिश राज ने मुसलमानों के हाथ से क्षमता छीन ली थी, कैसे रातोरात मुसलमानों का दमन कर हिन्दुओं की मदद की थी, कैसे मुसलमानों को व्यापार-वाणिज्य, जमींदारी,

सिपाही की नौकरी से बेदखल किया और क्यों अंग्रेजों ने मुसलमानों का स्थान हिन्दुओं को देना शुरू किया। कुछ दिन पहले तक मुसलमानों ने देश पर शासन किया था इसीलिए वे अंग्रेजों को ग्रहण नहीं कर पाए। अवसर मिलते ही विद्रोह कर देते। वहाबी आन्दोलन कैसे हजारो-हजार बंगाली मुजाहिदों ने शुरू किया था? बंगाल से लेकर सारे भारतवर्ष में पैदल चलकर सीमान्त प्रदेश में जाकर वे जेहाद में शरीक हुए थे। तितु मीर का जेहाद, हाजी शरीयतुल्ला फरायजी के आन्दोलन के बारे में चर्चा कर ही मैं पाकिस्तान आन्दोलन का इतिहास बताता। हिन्दू बनियों और जमींदारों पर जबर्दस्त आक्रमण करता, और इसका पर्याप्त कारण भी था। मैंने एक साथ पढ़ाई-लिखाई की, एक साथ (फुट) बॉल खेला, एक साथ घूमा-फिरा, बहुतेरे हिन्दुओं से मेरी दोस्ती थी। मेरे वंश को हिन्दुओं और मुसलमानों से खूब सम्मान भी मिलता। किन्तु जब मैं किसी हिन्दू मित्र के घर जाता तो कई बार मेरे सहपाठी मुझे अपने घर के अन्दर ले जाने का साहस नहीं करते।

एक दिन एक घटना ने मेरे मन पर अपना गहरा दाग छोड़ा, मैं आज भी उसे नहीं भूला हूँ। मेरा एक मित्र था ननीकुमार दास। हम साथ-साथ पढ़ते, नज़दीक में ही हमारे घर थे, वह दिन-भर हमारे घर में ही बिताता और चोरी-छिपे मेरे साथ खाता। वह अपने चाचा के घर में रहता था। एक दिन मैं उसके घर गया। उसने मुझे उन लोगों के रहनेवाले कमरे में बैठाया। उसकी चाची भी मुझे बहुत स्नेह करतीं। मेरे लौटने के थोड़ी देर बार ननी रोता हुआ सा मेरे घर आया। मैंने पूछा, 'ननी, क्या हुआ?'

ननी ने मुझसे कहा, 'तू हमारे घर अब मत आना, क्योंकि तेरे चले आने के बाद, तुझे घर में बुलाने के लिए मुझे बहुत डाँटा और सारे घर को फिर से पानी से धोकर साफ किया और मुझे भी घर धोने को बाध्य किया।'

मैंने कहा, 'ठीक है, नहीं जाऊँगा, पर तू आना।' और भी कई हिन्दू लड़कों के घर गया हूँ किन्तु मेरे सहपाठियों ने कभी मुझे यह बात नहीं बताई। कइयों के माता-पिता ने तो मुझे प्यार भी किया। इस प्रकार के व्यवहार के लिए बंगाली मुसलमान युवकों और छात्रों में जातिगत क्रोध का जन्म हुआ। शहर में आकर ही ऐसा व्यवहार देखा क्योंकि हमारे घर में जो हिन्दू आते, उनमें प्राय: सभी हम लोगों की श्रद्धा करते थे। हिन्दुओं के कुछ गाँव ऐसे थे जहाँ के निवासी हमारे वंश के किसी न किसी शरीक के प्रजाजन थे।

हिन्दू महाजनों और जमींदारों के अत्याचार से भी बंगाल के मुसलमान तंग आ चुके थे। इसीलिए मुसलमानों और अंग्रेजों के साथ अहसयोग किया था। उनकी भाषा नहीं सीखेंगे, उनकी नौकरी नहीं करेंगे, और ऐसा कर मुसलमान पिछड़ गए थे। और हिन्दू अंग्रेजी शिक्षा ग्रहण कर, अंग्रेजों की चापलूसी कर काफी उन्नति की ओर अग्रसर थे। जब हिन्दू फिर से अंग्रेजों के विरुद्ध उठकर खड़े हुए तो कइयों ने

फाँसी के फँदे पर झूलने में भी दुविधा महसूस नहीं की। अंग्रेजों को भगाने के लिए बहुतों ने आजीवन जेल भुगती। उस समय यदि ये सब निःस्वार्थ स्वाधीनता संग्रामी व त्यागी पुरुष अंग्रेजों के विरुद्ध आन्दोलन के साथ-साथ हिन्दू व मुसलमानों के मिलन की चेष्टा करते और मुसलमानों के ऊपर हिन्दू जमींदारों और बनियों ने जो जुल्म और अत्याचार किए थे, उसके विरोध में उठकर खड़े होते तो कड़वाहट इतनी नहीं बढ़ती। हिन्दू नेताओं में देशबन्धु चित्तरंजन दास एवं नेताजी सुभाष बोस ने इस बात को समझा था, इसलिए उन्होंने कई बार हिन्दुओं को आगाह भी किया था। कविगुरु ने अपने लेखन में हिन्दुओं को सतर्क किया था। यह बात भी सही है कि मुसलमान जमादार और ताल्लुकेदार भी अपनी हिन्दू रियाया पर एक सा ही दुर्व्यवहार करते, हिन्दू के रूप में नहीं, बल्कि रियाया के रूप में। इस समय जब भी कोई मुसलमान नेता मुसलमानों के न्यायोचित अधिकारों की माँग करता तो देखने में आता कि हिन्दुओं के शिक्षित और गुणी सम्प्रदाय से भी अनेक लोग चीख-चिल्ला कर बाधा देते। मुसलमान नेता भी 'पाकिस्तान' के बारे में बोलने और भाषण शुरू करने से पहले हिन्दुओं को गाली देकर शुरुआत करते।

इसी समय अबुल हाशिम साहब ने मुस्लिम लीग के कार्यकर्ताओं में एक नई प्रेरणा जगाई और नए सिरे से युक्ति व तर्क से यह समझाने की चेष्टा की कि पाकिस्तान की माँग हिन्दुओं के विरुद्ध नहीं है बल्कि हिन्दू-मुसलमान, दोनों के मिलाने के लिए है ताकि दोनों भाई सुख व शान्ति से रह सकें। उन्होंने हमारे कुछ कार्यकर्ताओं को चुन लिया था। रात को उनके साथ मुस्लिम लीग के दफ्तर में चर्चा किया करते। हाशिम साहब पहले बर्दवान में रहते, फिर वहाँ से कलकत्ता आते तो मुस्लिम लीग के दफ्तर के एक कमरे में रहते। मुस्लिम लीग का दफ्तर शहीद साहब ने भाड़े पर लिया था। 1947 तक उन्हें ही भाड़ा चुकाना पड़ा। हाशिम साहब ने हम लोगों से कहा, एक लाइब्रेरी बनानी होगी और तुम लोगों को पढ़ाई-लिखाई करनी होगी। केवल हिन्दुओं को गाली-गलौज देने से पाकिस्तान नहीं बनेगा। मैं था शहीद साहब का भक्त। हाशिम साहब शहीद साहब के भक्त थे इसलिए मैं भी उनकी इज़्ज़त करता, उनका हुक्म मानता। और हाशिम साहब भी शहीद साहब के हुक्म के बिना कुछ नहीं करते थे। मुस्लिम लीग का फं ड या धन माने शहीद साहब की जेब। रुपए-पैसों का सारा जुगाड़ उन्हें ही करना पड़ता। यह चर्चा बाद में करूँगा। हाशिम साहब कहते—मुस्लिम लीग को प्रतिक्रियाशील ताक़तों के चंगुल से छुड़ाना होगा। गाँवों से संगठन का निर्माण करना होगा। ऊपरी स्तर पर संगठन का निर्माण करने से नहीं होगा। संगठन को जमींदारों की जेब से बाहर निकालना होगा। शहीद साहब से परामर्श कर उन्होंने पूरे बंगाल में घूमना शुरू किया। वे अद्‌भुत भाषण देते। भाषा पर उनका दखल था। अंग्रेजी व बांग्ला दोनों भाषाओं में वे बहुत सुन्दर भाषण देते।

इसी समय छात्रों के बीच दो काफी शक्तिशाली दल बने। कलकत्ता में आते ही मुझे खबर मिली कि ऑल इंडिया मुस्लिम लीग के सम्मेलन में शामिल होने के लिए हमें दिल्ली जाना होगा। तोड़-जोड़ करनी पड़ी। जो जाएँगे, उन्हें अपने ख़र्च पर जाना होगा। अनवर हुसैन साहब ने अपने दल-बल से कुछ लोगों को लिया और शायद रुपयों का भी जुगाड़ किया। मैंने और इस्लामिया कॉलेज-यूनियन के सेक्रेटरी मीर अशरफ़ुद्दीन ने तय किया कि हम भी अपने रुपयों से जाएँगे। हमें डेलिगेट तो पहले ही बना लिया गया था। मीर अशरफ़ुद्दीन उर्फ़ माखन, घर ढाका ज़िला के मुंशीगंज महकमा के क़ाज़ी कस्बा गाँव में। मेरी खालाजाद बहन का बेटा, उसके माता-पिता छुटपन में ही मर गए। काफी पैसा छोड़ गए थे। उसके पिता उस ज़माने के डिप्टी मजिस्ट्रेट थे। शहीद साहब से मैंने कहा, 'हम दिल्ली कॉन्फ्रेंस में शामिल होंगे।' उन्होंने कहा, 'अच्छी बात है। समस्त भारतवर्ष के मुसलमान नेताओं को देख पाओगे।' हम दोनों और अनवर साहब के दल के कुछ लोग एक ही ट्रेन के विभिन्न डिब्बों में रवाना हुए। उनके साथ हमारा कोई मेल नहीं था। दोनों मामा-भानजे का दिल्ली में जो ख़र्च लगना था, वह मैंने किसी तरह जुटा लिया। अधिक रुपयों की आवश्यकता होती तो मैं अपनी बहन के पास से ले आता। बहन अब्बा से ले लेती। अब्बा ने उससे कह रखा था कि मुझे दरकार हो तो वह रुपया दे दे। अब्बा के अलावा मैं माँ से भी रुपए ले सकता था। और समय-समय पर कुछ रुपए मुझे रेणु भी दे सकती थी। घर जाने पर रेणु जो कुछ भी जुगाड़ करती, वह दरकार पड़ने पर मुझे ही देती। कभी आपत्ति नहीं करती। स्वयं बिलकुल ख़र्च न करती। गाँव के घर में रहती और मेरे लिए ही रखती।

हावड़ा से हम दिल्ली रवाना हुए। बंगाल से बाहर मैं पहली बार रवाना हुआ था। दिल्ली देखने का मुझे प्रबल आग्रह था। इतिहास में पढ़ा था, बन्धु-बान्धवों से सुना भी था, सो दिल्ली का लालक़िला, जामा मस्जिद, क़ुतुबमीनार और अन्य ऐतिहासिक जगहें देखनी थीं। निज़ामुद्दीन औलिया की दरगाह जाऊँगा। हम दिल्ली पहुँचे तो मुस्लिम लीग के स्वयंसेवक दल ने हमें ऐंग्लो अरेबियन कॉलेज के प्रांगण में पहुँचा दिया। वहाँ हमारे लिए तम्बू लगे थे। तम्बू में हम दोनों के अतिरिक्त अलीगढ़ के एक छात्र तथा एक जन और शायद इलाहाबाद या कहीं और के थे। अनवर साहब का दल-बल अन्य एक तम्बू में ठहरा। विशाल पंडाल बना था। हम डेलिगेट कार्ड लेकर सभा में हाजिर हुए। बंगाल के प्रतिनिधियों के लिए अलग जगह रखी गई थी। पहले दिन कॉन्फ्रेंस हो जाने के बाद मुहम्मद अली जिन्ना को हाथी की पीठ पर बैठाकर एक विराट शोभायात्रा निकाली गई। हम भी साथ-साथ रहे। विशाल भीड़ थी। जगह-जगह पीने के पानी की व्यवस्था थी। ऐसे में पानी न रखा गया होता तो शायद बहुतेरे लोग मर जाते। दिल्ली का पुराना शहर हम घूम-फिरकर शाम को लौट आए। रात को फिर कॉन्फ्रेंस शुरू हुई। उस समय के एक व्यक्ति के

बारे में मैं आज तक नहीं भूल पाया। उन्होंने उर्दू में तीन घंटे भाषण दिया। जैसी आवाज़, वैसा ही उनका बोलने का अन्दाज़। मैं उर्दू उतनी अच्छी नहीं समझता था। कलकत्ता की उर्दू तो फिर भी थोड़ी-बहुत समझ लेता था पर यह उर्दू समझ पाना मेरे लिए काफी कष्टकर था। भाषण दे रहे थे नवाब यावर जंग बहादुर। वे हैदराबाद के थे, स्टेट मुस्लिम लीग के सभापति थे। उनका भाषण समझ में न आने के बावजूद सभा छोड़कर उठ आना कष्टकर था।

तबीयत फिर बिगड़ गई। दिन-भर भीषण गरमी और रात को ठंड। सुबह बिस्तर से उठ नहीं पाया। सीने, पेट और सारे शरीर में दर्द हो रहा था। दो-तीन दिन से पाखाना भी नहीं हुआ था। शरीर में असह्य यंत्रणा हो रही थी। दोपहर तक बिना कुछ खाए लेटा ही रहा। माखन मेरे पास ही बैठा रहा। डॉक्टर बुलाना होगा, पर किसी को जानता-पहचाना नहीं। एक स्वयंसेवक से कहा तो उसने कहा, 'अभी नहीं, थोड़ा बाद।' बाद में वह नज़र ही नहीं आया और 'थोड़ा बाद' फिर रह ही गया। शाम तक माखन की बेचैनी बढ़ गई। और मुझे भी डर लगा कि इस परदेस में जाने क्या होगा। रुपए-पैसे भी अधिक नहीं थे। माखन ने कहा, 'मामा, मैं जाता हूँ और जहाँ से भी मिले डॉक्टर को लाने की चेष्टा करता हूँ। ऐसे बैठे रहने से कैसे होगा?' शहीद साहब कहाँ रहते हैं, पता नहीं और अन्य नेताओं को बोलकर भी कोई लाभ नहीं हुआ। कौन किसकी खबर रखता है? माखन जब बाहर जा रहा था, ठीक तभी देखा हकीम ख़लीलुर रहमान मुझे देखने आए। उन्हें तो पता भी नहीं था कि मैं अस्वस्थ हूँ। ख़लीलुर रहमान को हम 'ख़लील भाई' कहते थे। वे छात्र लीग के नामी कार्यकर्ता थे। आलिया मदरसा में पढ़ते तथा इलियट हॉस्टल में रहते थे।

इलियट हॉस्टल और बेकर हॉस्टल अगल-बगल में थे। हम मज़ाक़ में कहा करते—'इडियट हॉस्टल'। ख़लील भाई आलिया मदरसा से पास कर एक साल पहले दिल्ली आए थे हकीम अजमल ख़ाँ साहब के हकीमी विद्यालय में हकीमी सीखने को। मेरी हालत देखकर बोले, 'यह क्या, किसी को खबर नहीं दी?' फिर उन्होंने माखन से कहा, 'आपको डॉक्टर नहीं बुलाना होगा, मैं खुद लेकर आ रहा हूँ।' आधे घंटे में ख़लील भाई एक हकीम साहब को लेकर हाज़िर हुए। उन्होंने मेरी जाँच की और कुछ दवाएँ दीं। उन्हें ख़लील भाई ने मेरे रोग के बारे में पहले ही बता दिया था। उन्होंने मुझसे कहा, 'कोई डर नहीं। दवा खाने के बाद तीन बार पाखाना होगा। रात में कुछ नहीं खाना है। सुबह यह दवा खा लें, शाम तक आप बिलकुल ठीक हो जाएँगे।' उन्होंने जैसा कहा था, वैसा ही हुआ।

अगले दिन तबीयत कुछ ठीक लगी। कॉन्फ्रेंस भी समाप्त हो जाएगी। ख़लील भाई दो दिन हमारे साथ ही रहेंगे, हमें दिल्ली में सबकुछ घुमाकर दिखाएँगे। इसी समय एक और घटना घटी। बरिशाल के नूरुद्दीन अहमद के साथ अनवर साहब का झगड़ा हो गया। गुस्सा होकर नूरुद्दीन हम लोगों के पास चले आए। उनका

रुपया-पैसा अनवर साहब के पास ही था। उन्होंने उसे कुछ नहीं दिया और वह खाली हाथ मेरे और माखन के पास हाज़िर हुआ और बोला, 'भूखा मर जाऊँगा। दरकार हुई तो पैदल कलकत्ता चला जाऊँगा पर उसके पास नहीं जाऊँगा।' इन्हीं नूरुद्दीन साहब को माखन ने इस्लामिया कॉलेज यूनियन के चुनाव में जनरल सेक्रेटरी पद के लिए हराया था। नूरुद्दीन को छात्र प्यार करते थे, किन्तु चूँकि वह अनवर साहब के दल में था इसलिए उसे हारना पड़ा। आई.ए. पढ़ने के बावजूद दल का नेता मैं ही था। हम एक ही हॉस्टल में रहते। मैंने कहा, 'ठीक है, तुम्हें उसके पास जाने की दरकार नहीं। जैसे भी होगा चल जाएगा।' हालाँकि उसकी टिकट के लिए हमारे पास रुपए नहीं थे। तय हुआ कि हम तीन दिन रहेंगे। खाने का ख़र्च ही अधिक था क्योंकि होटल में खाना पड़ता था। दो दिनों में ही ख़लील भाई को लेकर दिल्ली का लालक़िला, दीवान-ए-आम, दीवान-ए-खास, कुतुबमीनार, निज़ामुद्दीन औलिया की दरगाह, नई दिल्ली देख लिया। कुछ रुपए ख़र्च हो गए। हिसाब करके देखा कि तीन जनों की टिकट कटाने लायक रुपए हमारे पास नहीं थे। केवल दो टिकटें कटाई जा सकती थीं, किन्तु फिर भूखे रहना होगा। हमारे एकमात्र मित्र ख़लील भाई थे, पर वे भी छात्र थे और उनके पास भी रुपए नहीं थे। ख़ैर, जो हो, और देर किए बिना हम स्टेशन पर हाज़िर हुए। हम तीनों ने परामर्श कर तय किया कि एक टिकट कटाएँगे और किसी 'सर्वेंट' क्लास में चढ़ जाएँगे। पकड़े गए तो हावड़ा में कोई बन्दोबस्त किया जाएगा।

प्रथम श्रेणी के पैसेंजरों के डिब्बे के साथ ही नौकरों के लिए एक छोटा डिब्बा रहता। साहबों का कामकाज कर इसी में बैठे रहते नौकर-चाकर। दिल्ली जाने के समय हम इंटर क्लास में थे। अब रुपए खत्म हो गए तो क्या करें! तृतीय श्रेणी की एक टिकट खरीदी हमने हावड़ा तक और दो प्लेटफॉर्म टिकट खरीदकर स्टेशन के भीतर आए। माखन चेहरे-मोहरे से काफी सुन्दर था। उसे देखकर कोई विश्वास नहीं करेगा कि वह 'नौकर' हो सकता है। हमने सुना कि ख़ान बहादुर अब्दुल मोमिन साहब इस बोगी में जाएँगे। खबर नूरुद्दीन लाया था। सोचा, आपद्-विपद् में पड़ने पर, जो हो, कुछ किया जाएगा। नूरुद्दीन को ख़ान बहादुर साहब पहचानते थे। वे रेलवे-बोर्ड के सदस्य भी थे। हम उनकी बोगी के बगल के सर्वेंट-क्लास में चढ़ गए। माखन से मैंने कहा, 'तुम ऊपर चढ़कर लेटे रहना। तुमको देख लिया तो पकड़े जाएँगे। इस गाड़ी पर, लगता है, कोई रेलवे कर्मचारी नहीं आएगा। आ गया तो नूरुद्दीन को सामने कर देंगे।' एक बार एक चेकर साहब ने पूछ लिया, 'तुम लोग किन साहब के आदमी हो?' नूरुद्दीन ने फौरन उत्तर दिया, 'मोमिन साहब के।' सुनकर वह चले गए। कुछ फल वगैरह नूरुद्दीन खरीदता और हम तीनों जन खाते। रोटी-चावल के पैसे तो थे नहीं। रोटी-चावल खाते तो एक पैसा भी नहीं बचता।

किसी तरह हम हावड़ा पहुँचे। अब क्या करें? आपस में परामर्श कर तय हुआ

कि माखन टिकट लेकर सबके सामान के साथ बाहर निकल जाएगा। फिर सामान कहीं रखकर तीन प्लेटफॉर्म टिकटें लेकर फिर भीतर आएगा और एक साथ हम तीनों बाहर आ जाएँगे।

गाड़ी रुकने के साथ-साथ माखन उतर गया। हम दो जनों ने मैले कपड़े पहन रखे थे। देखकर किसी को विश्वास नहीं होगा कि हम दिल्ली से आ सकते हैं। चश्मा उतारकर छिपाकर रख लिया। माखन तीन प्लेटफॉर्म टिकटें लेकर लौट आया। तब तक पैसेंजर प्रायः जा चुके थे। दो-चार जन थे, जिनका सामान अधिक था। हम दोनों उन्हीं के आस-पास घूम रहे थे। माखन ने हमें प्लेटफॉर्म टिकटें दीं तो हम तीनों एक साथ निकल आए। हिसाब करके देखा तो हमारे पास एक रुपया बचा था। हम बस में चढ़कर बेकर हॉस्टल लौट आए। भूख के मारे हमारा बुरा हाल था।

उसी समय से नूरुद्दीन के साथ मेरी मित्रता हुई। बाद में उसे हमारी दोस्ती का 'मुआवजा' चुकाना पड़ा। सन् 1958 में पाकिस्तान में मार्शल-लॉ जारी होने के बाद कार्यकर्ता अपने दुख-कष्ट की बात अन्य किसी नेता से कहते तो कोई सुनता तक नहीं था। एकमात्र शहीद साहब ही थे जो दुख-कष्ट की बात सहानुभूतिपूर्वक सुनते भी थे और आवश्यकता होती तो मदद भी करते थे। नूरुद्दीन बाद में ऑल बेंगाल मुस्लिम छात्र लीग का अस्थायी प्रधान सचिव बना। अनवर साहब तपेदिक रोग से आक्रान्त होकर जादवपुर अस्पताल में भर्ती हुए तो उनका पूरा ख़र्च शहीद साहब ने वहन किया।

सन् 1944 में छात्र लीग का एक वार्षिक सम्मेलन होना तय हुआ। काफी दिनों से सम्मेलन हुआ नहीं था। कलकत्ता में व्यक्तिगत स्तर पर मेरी थोड़ी-बहुत लोकप्रियता थी—खासकर इस्लामिया कॉलेज में मेरे विरुद्ध कुछ करने का किसी को साहस नहीं होता था। मैं समान रूप से मुस्लिम लीग और छात्र लीग में काम करता। कलकत्ता में सम्मेलन होने पर कोई हमारे दल के विरुद्ध कुछ बोल नहीं पाएगा। ख़ैर, शहीद साहब अनवर साहब से भी स्नेह करते थे। इस बीच अनवर साहब काफी स्वस्थ हो गए थे। ढाका की छात्र लीग और हम लोगों के साथ का कोई अनवर साहब को देखना भी नहीं चाहता था। एकमात्र शाह अजीजुर रहमान साहब ही ढाका में अनवर साहब के दल में थे।

शाह साहब बहुत अच्छा भाषण देते थे। पहली बार मैंने उन्हें बगुड़ा में देखा था। अनवर साहब कलकत्ता और ढाका में कॉन्फ्रेंस का साहस न जुटा पाए तो शाह अज़ीजुर रहमान के अपने ज़िले में वार्षिक प्रादेशिक सम्मेलन बुलाया। इसी समय अनवर साहब और नूरुद्दीन के दलों के बीच भयंकर झमेला शुरू हो गया। अनवर

साहब ने मेरे पास आदमी भेजा और अनुरोध किया कि उनके साथ एक होकर काम किया जाए। उन्होंने मुझे पद का लालच भी दिया। मैंने जवाब में कहा कि मुझे पद की दरकार नहीं किन्तु इस बारे में सबके साथ बातचीत करनी होगी। नूरुद्दीन साहब के दल ने भी मेरे साथ बातचीत चलाई। मुझे कोई एक पक्ष चुनना ही होगा, क्योंकि कलकत्ता के अतिरिक्त अन्य कहीं भी हमारी शक्ति इतनी न थी कि हम इलेक्शन में कुछ कर पाते। फ़ज़लुल क़ादिर चौधरी साहब पढ़ाई छोड़कर चटगाँव जा चुके थे। ज़हीर साहब छात्र आन्दोलन के बारे में कुछ नहीं सोचते, केवल मुस्लिम लीग का ही काम करते।

कलकत्ता में जो भी छात्र कार्यकर्ता थे, वे अकसर हाशिम साहब के पास आया-जाया करते। उनके यहाँ क्लास करने जाकर उन लोगों के साथ मेरी मित्रता हो गई थी। जो निःस्वार्थ कार्यकर्ता उस समय काम करते थे उनमें नूरुद्दीन, बर्दवान के खोंडकार नूरुल आलम और शरफ़ुद्दीन, सिलहट के मोअज़्ज़म अहमद चौधरी, खुलना के एकरामुल हक़, चटगाँव के महबूब आलम, नूरुद्दीन के चचेरे भाई एस.ए. सालेह अन्यतम थे। अन्ततः इन्हीं लोगों के साथ मेरा मेल हुआ, क्योंकि हम सभी शहीद साहब और अबुल हाशिम साहब के भक्त थे। अनवर साहब का दल हाशिम साहब को देखना नहीं चाहता था, किन्तु शहीद साहब का भक्त था। शहीद साहब ने परिस्थितियों को देखते हुए हमारे दोनों दलों के नेताओं को सुलह के लिए बुलाया, किन्तु अन्त तक सुलह हुई नहीं। इसी समय शहीद साहब के साथ मेरा मतभेद हुआ। उन्होंने अनवर साहब को एक पद देने को कहा और मैंने कहा कि ऐसा कभी नहीं हो सकता। वह संगठन में 'कोटरी' चलाते हैं, अच्छे कार्यकर्ताओं को जगह नहीं देते। न कभी कोई हिसाब-किताब दाखिल करते हैं। अचानक शहीद साहब ने मुझे कह दिया, "Who are you? You are nobody." मैंने कहा, "If I am nobody, then why you have invited me? You have no right to insult me. I will prove that I am somebody. Thank You Sir. I will never come to you again." यह कहकर चीखते हुए मैं बैठक छोड़कर बाहर निकल आया। मेरे साथ-साथ नूरुद्दीन, एकरामि, नूरुल आलम भी उठ खड़े हुए और शहीद साहब की बातों का प्रतिवाद किया। वर्तमान बुलबुल अकादमी[13] के सेक्रेटरी महमूद नूरुल हुदा साहब शहीद साहब के अनन्य भक्त थे। हर समय शहीद साहब के पास ही रहते। हम उन्हें 'हुदा भाई' कहकर बुलाते। हुदा भाई का व्यवहार बहुत ही अच्छा। कोई यदि किसी तकलीफ में या संकट में हो, और खबर पहुँचा दे तो जितनी भी रात क्यों न हो, वे हाज़िर हो जाते। हुदा भाई उस समय उपस्थित थे। मैं जब 40 नम्बर थिएटर रोड से गुस्से में बाहर आ रहा था तो शहीद साहब ने हुदा भाई से कहा, 'उसे लेकर आओ।' गुस्से में मेरी आँखों से पानी गिर रहा था। हुदा भाई ने दौड़कर आकर मुझे पकड़ लिया। पहली मंजिल से शहीद साहब भी पुकारकर मुझे लौट आने को कह

रहे थे। हुदा भाई मुझे पकड़कर ले आए। मेरे बन्धु-बान्धव कह रहे थे, 'शहीद साहब बुला रहे हैं, बेअदबी मत करो, लौट आओ।' मैं ऊपर आया। शहीद साहब ने कहा, 'जाओ तुम लोग इलेक्शन करो। आपस में कोई झमेला मत करना।' मुझे बड़े स्नेह से अपने कमरे में ले गए और कहा, 'तुम नादान हो, मैंने किसी और से तो यह बात कही नहीं, तुम्हें अधिक प्रेम व स्नेह करता हूँ, इसलिए केवल तुमसे कही।' उन्होंने स्नेह से मेरे सिर पर हाथ फिराया। वे सचमुच मुझे प्रेम व स्नेह करते थे। इसका प्रमाण मुझे उस अन्तिम दिन तक मिला जब उन्होंने अपनी अन्तिम साँस ली। इस कारागार में बैठकर जब भी मैं उनके बारे में सोचता हूँ, मुझे उनकी वही बात आज भी याद आती है। दीर्घ बीस वर्षों के बाद भी उसमें कोई परिवर्तन नहीं हुआ। उस दिन से जीवन के प्रत्येक दिन मुझे उनका स्नेह मिलता रहा। इस लम्बे समय में न कोई मुझे उनसे दूर कर सका, न कोई मुझे उनके स्नेह से वंचित कर पाया।

शहीद साहब के घर में दोनों पक्षों के मिलकर बैठने के बावजूद जब कोई समझौता नहीं हुआ, तो इलेक्शन तो लड़ना होगा। फ़ज़लुल क़ादिर चौधरी साहब छात्र लीग के कार्यकर्ताओं की मदद लेकर चटगाँव ज़िला मुस्लिम लीग को दखल करने में कामयाब हुए। ख़ान बहादुर लोग ज़िला लीग कॉन्फ्रेंस में पराजित हुए। सन् 1943 से चटगाँव के इन कार्यकर्ताओं के साथ मेरी दोस्ती हो गई, जो आज तक अटूट है। चटगाँव के एम.ए. अज़ीज़, ज़हूर अहमद चौधरी, अज़ीज़ुर रहमान, डॉ. सुलतान अहमद (जो अब कुमिल्ला में हैं), अबुल ख़ैर चौधरी तथा और भी अनेक लोग छात्र लीग और मुस्लिम लीग का नेतृत्व कर रहे थे। कई लोग छिटक गए। अज़ीज़ और ज़हूर आज भी सक्रिय राजनीति कर रहे हैं। ज़हूर श्रमिक आन्दोलन करते हैं एवं सिटी अवामी लीग के सभापति हैं। एम.ए. अज़ीज़ (अभी चटगाँव ज़िला अवामी लीग के सचिव) पाकिस्तान बनने के बाद कई बार कई दिन जेल में कष्ट भोग चुके हैं। फ़ज़लुल क़ादिर चौधरी साहब तब इनके नेता थे। बाद में वे मुस्लिम लीग में ही रह गए। अज़ीज़ और ज़हूर अवामी लीग में चले आए। चौधरी साहब खूब स्वार्थी हो गए और ज़िद करते, इसलिए जिन लोगों ने उन्हें चटगाँव का नेतृत्व दिया था, बाद में उन सभी ने उनका परित्याग कर दिया।

मैंने चटगाँव में टेलीग्राम दिया कि कुष्टिया में छात्र लीग का प्रतिनिधि भेजा जाए। सभी ज़िलों में आदमी भेजा। नूरुद्दीन, एकराम, शरफ़ुद्दीन, खोंडकार नूरुल आलम, मैं व मेरे सहकर्मियों ने रात-दिन काम करना शुरू किया। हम काफी आर्थिक तंगी में थे क्योंकि हाशिम साहब के पास रुपए-पैसे नहीं थे। शहीद साहब ने हमारी सामान्य मदद की थी। हमने खुद ही चन्दा इकट्ठा किया और दल-बल लेकर कुष्टिया पहुँचे। क्यू.जे. अजमेरी व हामिद अली नाम के दो अच्छे कार्यकर्ता थे। अजमेरी बहुत गुस्सैल था। बात-बात में मारपीट कर बैठता। उसमें ताकत भी थी और हिम्मत भी। अजमेरी हाशिम साहब का रिश्तेदार था। कुष्टिया के पास है

फ़रीदपुर। फ़रीदपुर में छात्रों के दो हिस्से थे। एक हिस्सा मेरे साथ था और दूसरा मोहन मियाँ साहब का समर्थक था। मोहन मियाँ साहब अनवर साहब का समर्थन करते थे। कुष्टिया में जब हम पहुँचे तो देखा कि जितने कौंसिलर आए थे उनमें सत्तर प्रतिशत हमारे समर्थक थे। दोनों दलों के नेता एक जगह बैठे, उद्देश्य था कि कोई समझौता हो सकता है कि नहीं। बगुड़ा के फ़ज़लुल बारी (अभी पूर्व बांग्ला के गवर्नर मोनेम साहब के मंत्री हुए हैं) को सभापति बनाकर बातचीत चली। बात-बात में झगड़ा और फिर मारपीट हुई। शाह साहब अनेक गुंडों को जुगाड़ कर लाए थे। हमने कहा था कि यदि गुंडामी की गई तो कलकत्ता में उसे रहना नहीं होगा। अन्ततः समझौता नहीं हुआ। कुमिल्ला की छात्र लीग के नेता हमारे साथ ही थे। सुबह सुनने में आया कि वे अनवर साहब के दल के साथ मिल गए, क्योंकि उन्हें तीन पद दे दिए गए। रफ़ीकुल हुसैन को हमारे ही दल ने कलकत्ता से कौंसिलर बनाया था। वे हमारी सभी परामर्श सभाओं में शामिल होते। शफ़ीकुल इस्लाम भी बेकर हॉस्टल में रहता। हमारे साथ ही अनवर साहब के दल के विरुद्ध काम करता। और अब्दुल हाकिम साहब तो मेरे व्यक्तिगत मित्र थे। तभी से हमने एक साथ काम किया। सुबह इन लोगों ने दल त्याग किया, तथापि संख्या में हम बहुत अधिक थे। डर की कोई बात नहीं, अनवर साहब का दल पराजित होगा ही।

सिनेमा हॉल में कौंसिल का अधिवेशन होना था। जनाब हमुदुर रहमान साहब (अब सुप्रीम कोर्ट के न्यायाधीश) सभापति का आसन ग्रहण करेंगे। वे एडहॉक कमेटी के सदस्य थे। ऑल इंडिया मुस्लिम छात्र लीग फेडरेशन की ओर से वे सभापतित्व करें, यह हम लोगों की ही माँग थी। जब हमने हॉल में प्रवेश किया तो देखा कि हॉल में अनेक बाहरी लोग बैठे हैं। हमने सभापति की दृष्टि आकर्षित की। हमारी ओर से एकरामुल हक़ ने वैधता का प्रश्न उठाया और माँग की कि 'हॉल से सभी प्रतिनिधि निकल जाएँगे। दो गेट खुले रहेंगे, दोनों पक्षों से दो-दो यानी चार प्रतिनिधि, प्रत्येक के कार्ड की जाँच कर आने देंगे।'

इसी समय हॉल के ऊपरी बरामदे में दर्शक के रूप में बाहर के अनेक छात्र आ गए थे। हाफ पैंट पहने एक छात्र चीख-चीखकर कह रहा था, 'मैं जानता हूँ, इनमें अनेक लोग छात्र नहीं हैं, बाहरी लोग हैं। शाह अज़ीज़ दल बड़ा करने के लिए इन्हें लाए हैं।' बाद में खबर ली तो पता चला कि उस लड़के का नाम कमरुज़्ज़मान था (जो बाद में पूर्वी पाकिस्तान छात्र लीग का सभापति एवं अवामी लीग की तरफ से पूर्व बांग्ला परिषद का सदस्य बना)। जनाब हमुदुर रहमान साहब ने हम लोगों की बात नहीं मानी और सभा की कार्रवाई शुरू कर दी। जहाँ कॉन्फ्रेंस के शुरू होने के समय बीस छात्रों को को-ऑप्ट करने की बात थी, वहाँ उन्होंने मामला वोट को दे दिया। हम अनुरोध करते रहे कि बाहरी लोगों को बाहर किया जाए। काफी शोर-शराबा शुरू हुआ, हमने देखा कि मारपीट की सम्भावना है। हम कुछ लोगों ने बैठकर

आपसी परामर्श किया और प्रतिवाद में अपने समर्थकों को लेकर सभा का परित्याग किया। हम चाहते तो एक संगठन और बना सकते थे। प्राय: सभी ज़िलों में हमारे समर्थक थे। परन्तु हम ऐसा करेंगे नहीं, हमने तय किया, किन्तु साथ ही हम इन्हें भी कलकत्ता में कोई सभा नहीं करने देंगे। कलकत्ता मुस्लिम छात्र लीग के नाम से ही हम काम करते रहे। ऑल बेंगाल नेताओं का कोई स्थान न था।

1947 तक इन्होंने और कोई इलेक्शन नहीं किया। मुस्लिम छात्र लीग दो दलों में बँट गई। एक दल शहीद साहब और हाशिम साहब के दल के रूप में तथा दूसरा दल ख़्वाजा नज़ीमुद्दीन साहब और मौलाना अकरम ख़ाँ साहब के दल के रूप में जाना गया। हम सभी मौलाना अकरम ख़ाँ साहब की बहुत इज़्ज़त करते थे। उनके विरुद्ध कहने को हमारे पास कुछ नहीं था।

इसी समय एक हलचल पैदा हुई। हाशिम साहब ने शहीद साहब के साथ परामर्श कर मुस्लिम लीग का एक ड्राफ्ट मैनिफेस्टो निकाला। मुस्लिम लीग एक राजनीतिक संगठन था तो जाहिर है उसकी राजनीतिक माँगें भी होंगी, भविष्य में पाकिस्तान मिला तो आर्थिक ढाँचा क्या होगा, यह सब कुछ भी उसमें (मैनिफेस्टो) होगा। जमींदारी प्रथा के उन्मूलन के साथ और भी बहुत कुछ इसमें था। भयंकर हलचल मची। हम युवक, छात्र और प्रगतिवादियों ने इस बारे में जोर-शोर से प्रोपेगंडा शुरू किया। पाकिस्तान हमें हासिल करना ही होगा और पाकिस्तान कायम होने पर अर्थनीतिक और राजनीतिक ढाँचा क्या होगा, उसकी एक स्पष्ट रूपरेखा का होना भी जरूरी है। हाशिम साहब घंटों तक हमारी क्लास लिया करते। ढाका में आकर वे कुछ दिन रहते और कार्यकर्ताओं के साथ इन सारी बातों की चर्चा करते। कलकत्ता के लीग ऑफिस में वे रहते। कार्यकर्ताओं के साथ व्यक्तिगत सम्पर्क रखते। मैं भी कई जगहों पर उनके साथ सभाएँ करने गया था।

उस समय के एक छात्र नेता के नाम का उल्लेख न करना उचित न होगा क्योंकि वे ग्रुप में नहीं थे एवं अन्याय सहते भी नहीं थे। सत्यवादी कहकर सभी उनकी श्रद्धा करते। सभी नेता भी उन्हें स्नेह करते। उनके नाम से अब सभी परिचित हैं—जनाब अबू सईद चौधरी, बार एट लॉ। अभी ढाका हाईकोर्ट के जज साहब हैं। वे दोनों ग्रुपों के बीच समझौता कराने की चेष्टा करते। शहीद साहब भी चौधरी साहब की बातों को पर्याप्त सम्मान देते। जनाब अब्दुल हाकिम अब हाईकोर्ट के जज हुए हैं। वे टेलर हॉस्टल के सह-सभापति थे और छात्र आन्दोलन से जुड़े थे। जज मकसूमुल हाकिम साहब छात्र लीग के साथ जुड़े नहीं थे। वे बेकर हॉस्टल के प्रीमियर हुए थे, अच्छे छात्र थे, पढ़ाई-लिखाई में ही व्यस्त रहते।

इस समय शहीद नज़ीर अहमद की मृत्यु के पश्चात् ढाका के छात्रों का नेतृत्व करते जनाब शम्सुल हक़ साहब, शम्सुद्दीन अहमद, नोआखाली के अज़ीज़ अहमद, खोंदकार मुश्ताक़ अहमद तथा और भी अनेक व्यक्ति। ये सभी शहीद साहब के

भक्त थे। बाद में हाशिम साहब के भी भक्त हुए। ये सभी छात्र आन्दोलन के साथ-साथ मुस्लिम लीग संगठन को कोटरी के हाथ से बचाने के लिए मुस्लिम लीग के काम में शामिल हुए थे। हाशिम साहब ने ढाका में प्रादेशिक लीग की एक आंचलिक शाखा का ऑफिस 150 नम्बर मुग़लटोली में खोला। कम्युनिस्ट पार्टी की तरह इनमें से कई होलटाइम वर्कर के रूप में उसमें शामिल हुए। इस ऑफिस का भार शम्सुल हक़ साहब ने सँभाला। हम भी कलकत्ता ऑफिस के होलटाइम वर्कर हो गए। हालाँकि हॉस्टल में मेरा कमरा रहता, किन्तु फिर भी हमारा वक्त प्राय: लीग के ऑफिस में ही कटता। रात को मैं थोड़ा-बहुत लिख-पढ़ लेता। समय-समय पर कॉलेज में परसेंटेज बनाए रखता। पाकिस्तान न हासिल हुआ तो लिखना-पढ़ना किस काम का? हममें से कइयों में यह मनोभाव पैदा हो गया था।

कलकत्ता के अहमद अली पार्क में मुस्लिम लीग कौंसिल की सभा होगी, तब होगा मुकाबला दोनों पक्षों में। हम हाशिम साहब को जनरल सेक्रेटरी बनाकर मैनिफेस्टो पास कराएँगे। दूसरा दल हाशिम साहब को सेक्रेटरी बनने नहीं देगा। नेताओं में अनेक शहीद साहब के समर्थक थे। वे शहीद साहब का तो समर्थन करते किन्तु हाशिम साहब को देखना नहीं चाहते थे। अन्तत: मौलाना अकरम ख़ाँ साहब, शहीद साहब और ख़्वाजा नज़ीमुद्दीन साहब ने बैठकर एक पैनल तय किया। तय हुआ कि हाशिम साहब ही सेक्रेटरी रहेंगे किन्तु मैनिफेस्टो इस बार पास नहीं होगा। एक सब-कमेटी बनाई जाएगी, उसकी रपट पर बहस कर मैनिफेस्टो तय होगा। मुझे लगता है, मैनिफेस्टो के बारे में यही तय हुआ था। और क्या-क्या तय हुआ था, मुझे ठीक से याद नहीं। बहरहाल, शहीद साहब ने कहा, 'अभी झमेला करने का समय नहीं है। पाकिस्तान के लिए संघर्ष करना होगा। आपसी झमेले में पाकिस्तान की माँग का संघर्ष पिछड़ जाएगा।'

इसी समय बंगाल में मुस्लिम लीग सरकार का पतन हुआ। गवर्नर ने शासन भार अपने हाथ में ले लिया। शहीद साहब ने देखा कि युद्ध के समय अधिक लाभ की उम्मीद में व्यापारियों ने काला बाज़ार में कपड़े बेचने के लिए जमाखोरी करना शुरू कर दिया। एक ओर खाद्य समस्या की भयावह स्थिति थी जिसके लिए शहीद साहब रात-दिन परिश्रम कर रहे थे और दूसरी ओर बेईमान व्यापारी थे, जनता के जीवन के साथ जिन्होंने खिलवाड़ शुरू कर दिया था। शहीद साहब ने समस्त कर्मचारियों को हुक्म दिया कि मारवाड़ी व्यापारियों के गढ़ बड़ा बाज़ार का घेराव करें। सारे बड़ा बाज़ार का घेराव किया गया। हजारो-हजार गज कपड़ा पकड़ा गया, यहाँ तक कि दालानों के नीचे भी गोदाम बनाकर रखे गए थे, वे भी पकड़ में आ गए। इसी प्रकार सारे शहर में चावल के जमाखोरों को पकड़ने के लिए तलाशी

अभियान शुरू किया गया। मारवाड़ी भी कुछ कम न थे। उन्होंने कुछ लाख रुपए इकट्ठा कर लीग मंत्रिमंडल को खत्म करने के लिए कुछ एम.एल.ए. को खरीद लिया। नतीजा यह हुआ कि एक वोट में ही लीग मंत्रिमंडल को हार स्वीकार करनी पड़ी। हालाँकि यह कोई अनास्था प्रस्ताव नहीं था। ख़्वाजा नज़ीमुद्दीन साहब ने यह कहकर चुनौती दी कि मैं कल आस्था-वोट लूँगा। यदि आस्था-वोट न मिले तो पदत्याग करूँगा। स्पीकर थे नौशेर अली साहब। अगले दिन उन्होंने इस मामले में रूलिंग दी कि मंत्रियों के विरुद्ध अनास्था प्रस्ताव पास हो गया है, अब और आस्था-वोट की दरकार नहीं है।

कुछ छात्रों को लेकर मैं वहाँ उपस्थित था। जब खबर फैल गई कि लीग मंत्रित्व अब नहीं रहा, तो देखने में आया कि टोपा और पगड़ीधारी मारवाड़ियों ने पटाखे फोड़ने एवं हो-हुल्लड़ करना शुरू कर दिया। जब सहन न हुआ तो और भी अनेक कार्यकर्ता थे, जिन्हें लेकर हमने मारवाड़ियों से खूब मारपीट की। उन्होंने भागना शुरू किया। जनाब मोहम्मद अली ने बाहर आकर मुझे पकड़ लिया और सभी को समझाने की चेष्टा की। हिन्दू नेताओं ने भी बाहर आकर प्रतिवाद किया। बहरहाल, कुछ समय बाद सब शान्त हो गया। हम लौट आए। इस समय शायद डेढ़ वर्ष के करीब मुस्लिम लीग ने शासन किया, हालाँकि सत्ता की बागडोर गवर्नर के हाथों में थी। मैं स्वयं जानता हूँ, शहीद साहब कलकत्ता क्लब के सदस्य थे। कलकत्ता में रहते तो रात में एक बार दो-एक घंटों के लिए क्लब में जाते, किन्तु जिस दिन वे सिविल सप्लाई के मंत्री हुए तब से एक क्षण के लिए भी कलकत्ता क्लब जाने का उन्हें समय नहीं मिला। रात के 12 बजे तक वे ऑफिस में रहते। मैं और नूरुद्दीन अक्सर रात 12 बजे के बाद शहीद साहब से मिलने और राजनीति के बारे में बातचीत करने उनके घर जाते। क्योंकि दिन के वक्त तो उन्हें समय ही नहीं मिलता था। उन्होंने खुद ही हमें इस समय के बारे में कह दिया था।

इससे पहले मेरी धारणा नहीं थी कि एम.एल.ए. लोग इस प्रकार से रुपए ले सकते हैं। यही तो देश और जनता के प्रतिनिधि हैं। मुझे याद है, हमें भार सौंपा गया था कुछ एम.एल.ए. पर पहरेदारी का ताकि वे दल त्यागकर किसी अन्य दल में न चले जाएँ। मैं उनका नाम नहीं लेना चाहता क्योंकि उनमें से अनेक तो मृत्यु को प्राप्त हो चुके हैं। एक एम.एल.ए. को तो मुस्लिम लीग के ऑफिस में अटकाकर रखा गया था। वे बार-बार बाहर जाने की चेष्टा करते किन्तु हमारे कारण जा नहीं पाते थे। कुछ समय बाद बोले, 'मुझे बाहर जाने दें, कोई डर की बात नहीं है। विरोधी दल रुपया दे रहे हैं। यदि कुछ रुपए ले आऊँ तो आप लोगों को क्या नुकसान है? वोट मैं मुस्लिम लीग के पक्ष में ही दूँगा।' आश्चर्य से मैं उनकी ओर देखता रहा। वृद्ध व्यक्ति, सुन्दर चेहरा-मोहरा, कुछ लिखना-पढ़ना भी जानते हैं, किस प्रकार यह बात हमसे कह पाए? एक दल से रुपया लेंगे अन्य दल के सदस्य होते हुए भी, और

फिर रुपया लेकर वोट भी नहीं देंगे। और कितना अधोपतन हो सकता है हमारे समाज का! इन सज्जन को एक बार हमें रास्ते से पकड़कर लाना पड़ा था। केवल अवसर ढूँढ़ रहे थे कि कैसे अन्य दल के पास जाएँ।

इसी दरम्यान फ़ज़लुर रहमान साहब ने मुझे बुलाया, वे चीफ़ व्हिप थे। मुझसे बोले, 'आपको अभी 12 बजे आसाम-बेंगाल ट्रेन से रंगपुर जाना होगा। मुस्लिम लीग के एक एम.एल.ए. जो 'ख़ान बहादुर' भी थे, को लेकर आना होगा। उन्हें टेलीग्राम कर, आदमी भी भेजा, फिर भी वे नहीं आ रहे हैं। आप नहीं गए तो दूसरा कोई उन्हें नहीं ला पाएगा। शहीद साहब ने आपको जाने के लिए कहा है। आपके लिए टिकट भी कटा ली गई है।' उन्होंने कुछ चिट्ठियाँ दीं। बेकर हॉस्टल आकर मैंने एक हैंडबैग और कुछ कपड़े लिये और सीधे स्टेशन चला आया। खाने तक का समय नहीं मिला। युद्ध के समय कहीं खाना मिलना भी बड़ा कष्टकर है। मैं ट्रेन में बैठा। उस समय ट्रेनों का कोई समय तय नहीं था, मिलिटरी की इच्छानुसार ट्रेनें चलतीं। रात 8 बजे रंगपुर पहुँचूँगा यह तय था, किन्तु मैं पहुँचा रात 1 बजे। रास्ते में कुछ खा भी न सका, काफी भीड़ थी। इससे पहले मैं रंगपुर कभी गया नहीं था। सुना कि शहर स्टेशन से तीन मील दूर था। बड़ी मुश्किल से एक रिक्शे का जुगाड़ किया गया। रिक्शेवाला ख़ान बहादुर साहब का घर पहचानता था, मुझे ठीक से पहुँचा दिया। मैंने काफी देर पुकारा तब वे उठे। मैंने उन्हें चिट्ठी दी। वे मुझे जानते थे। बोले, 'मैं कल जाऊँगा। आज भोर 5 बजे जो ट्रेन है, मैं उसमें नहीं जा पाऊँगा।' मैंने कहा, 'तो आप चिट्ठी दे दीजिए, मैं भोर 5 बजे की ट्रेन से ही लौटना चाहता हूँ।' वे बोले, 'हाँ यही ठीक रहेगा।' उन्होंने मुझसे पूछा ही नहीं कि मैं कुछ खाऊँगा या नहीं या रास्ते में मैंने कुछ खाया है या नहीं। बोले, 'अभी तो रात के 3 बज रहे हैं, बिस्तर की दरकार होगी क्या?' मैंने जवाब दिया, 'दरकार नहीं है, जो समय है वह बैठकर ही काट लूँगा। सो गया तो समय पर उठ नहीं पाऊँगा। बहुत थका हुआ हूँ।' एक ओर भूख से बुरा हाल और उस पर रंगपुर के मच्छर। पिछली रात कलकत्ता में बेकर हॉस्टल में भात खाया था। मैंने कहा कि एक गिलास पानी भेज दें तो अच्छा हो। उनके घर के पास ही कहीं रिक्शेवाले रहते थे, उनमें से एक को बुलाकर कहा कि सुबह 5 बजे की ट्रेन में मुझे छोड़ आए। सुबह की ट्रेन से मैं लौट आया।

अगली शाम कलकत्ता पहुँचा। रास्ते में चाय-बिस्कुट ले लिया था। रात को हॉस्टल में आकर भात खाया। बहुत दुख हुआ और गुस्सा भी आया। फ़ज़लुर रहमान साहब से मैंने कहा, 'फिर कभी इन लोगों के पास मुझे जाने को मत कहिएगा।'

एक दिन बाद वे आए। उनकी पहरेदारी के लिए लोग रखे गए थे, फिर भी वे पीछे के दरवाज़े से इसी बीच निकल भागे थे। काफी ढूँढ़ने पर भी वे मिले नहीं। हम छात्र थे, देश से प्यार करते थे, देश के लिए काम करते थे। ऐसी जघन्य नीचता पहली बार देखी थी, हालाँकि बाद में काफी देखी, किन्तु उस समय पहली बार।

इन सब ख़ान बहादुरों की बदौलत पाकिस्तान आएगा, देश आज़ाद होगा, अंग्रेजों को भगाया जाएगा, यह विश्वास करने में कष्ट हो रहा था। मुस्लिम लीग संगठन पहले ख़ान साहब, ख़ान बहादुर और ब्रिटिश खिताबधारियों के हाथ में था और इनके साथ थे जमींदार और जोतदार (खेतिहर जमीन के मालिक) श्रेणी के लोग। इनके द्वारा कभी भी पाकिस्तान की स्थापना नहीं हो सकती थी। शहीद साहब और हाशिम साहब यदि बंगाल के युवकों और छात्रों में मुस्लिम लीग को लोकप्रिय न कर पाते और बुद्धिजीवी श्रेणी को खींचकर न ला पाते तो बंगाल के किसानों में कभी भी पाकिस्तान आन्दोलन लोकप्रिय न हो पाता। हालाँकि हम लोगों ने इन सारे नेताओं को कुछ बाधा देने की चेष्टा तो की थी परन्तु पराजित नहीं कर पाए। नतीजा यह हुआ कि पाकिस्तान बनने के साथ-साथ ये ख़ान बहादुर और ब्रिटिश खिताबधारी लोग तत्पर हो उठे और सत्ता पर कब्जा कर लिया। ऐसा किन कारणों से हुआ, यह बाद की घटनाओं से साफ हो जाएगा।

◆

मंत्रित्व चले जाने पर शहीद साहब ने मुस्लिम लीग संगठन की ओर ध्यान दिया। युद्ध का प्रथम धक्का सँभालकर अंग्रेजों ने युद्ध की गति में परिवर्तन कर दिया। यह वह समय था जब कांग्रेस 'भारत छोड़ो' आन्दोलन को विस्तार देने में सक्षम हुई थी। पाकिस्तान आन्दोलन को भी शहीद साहब और हाशिम साहब जनान्दोलन में परिणत कर पाए थे। हाशिम साहब ने हमें यह शिक्षा भी दी थी कि हमें अंग्रेजों के साथ भी लड़ना होगा। और अंग्रेजों के विरुद्ध हम लोगों में भी एक जन्मजात गुस्सा था। हम हालाँकि हिटलर की फासिस्ट नीतियों के समर्थक नहीं थे तथापि अंग्रेजों की पराजय की खबर मिलते ही हमें खुशी होती। इसी समय नेताजी सुभाष चन्द्र बोस ने आज़ाद हिन्द फ़ौज का गठन कर भारत के हिन्दू व मुसलमानों को फ़ौज में शामिल कर युद्ध शुरू कर दिया था। लग रहा था जैसे अंग्रेजों से अधिक जापान ही हमारा अपना हो। फिर मैं यह भी सोचता कि अंग्रेजों के जाने पर जापानी आ गए तो आज़ादी कभी नहीं देंगे। जापान के चीन आक्रमण ने हमें कष्ट ही दिया था। बीच-बीच में सिंगापुर से सुभाष बाबू का भाषण सुन मैं चंचल हो उठता। लगता जैसे एक बार सुभाष बाबू बंगाल में आ पाए तो अंग्रेजों को भगाना सहज होगा। पर फिर यह भी लगता कि सुभाष बाबू के आने पर तो पाकिस्तान नहीं बनेगा। और पाकिस्तान नहीं बना तो दस करोड़ मुसलमानों का क्या होगा? मुझे लगता कि जो नेता देश त्यागकर देश की स्वाधीनता के लिए सर्वस्व बाँट सकता है, वह कभी साम्प्रदायिक नहीं हो सकता। इसीलिए मैं सुभाष बाबू की श्रद्धा करता था।

मेरा जी-जान से यह विश्वास था कि अखंड भारत में मुसलमानों का कोई अस्तित्व नहीं रहेगा। पाकिस्तान के विरुद्ध क्यों हैं हिन्दू नेता? भारतवर्ष में मुसलमान

भी रहेंगे और उसी तरह पाकिस्तान में हिन्दू भी रहेंगे। सभी को समान अधिकार मिलेंगे। पाकिस्तान के हिन्दू भी स्वाधीन नागरिक की तरह रहेंगे और भारतवर्ष में मुसलमानों को भी बराबर का अधिकार मिलेगा। पाकिस्तान के मुसलमान जैसे हिन्दुओं को भाई की तरह ग्रहण करेंगे, उसी तरह भारतवर्ष के हिन्दू भी मुसलमानों को भाई की तरह अपनाएँगे। यह वह वक्त था जब हमारे भाषण की धारा बदल गई थी। अनेक समय इस विषय पर हिन्दू मित्रों के साथ हमारी बातचीत होती। पर वे समझना ही नहीं चाहते थे। 1944-45 में ट्रेनों में, स्टीमरों में हिन्दुओं और मुसलमानों में भयानक तर्क-वितर्क होता। कई बार तो हाथापाई तक की नौबत आ जाती। अब मुसलमान लड़कों में कोई मतविरोध नहीं था। हर तरफ एक ही नारा था—'पाकिस्तान लाना होगा'।

एक दिन हक़ साहब ने हम इस्लामिया कॉलेज के कुछ छात्र-प्रतिनिधियों को भोजन की दावत दी। दावत कबूल करें या न करें, इसी को लेकर दो दल हो गए। अन्ततः मैंने कहा, 'क्यों कबूल न करें, जरूर करेंगे। हम हक़ साहब से अनुरोध करेंगे कि वे मुस्लिम लीग में लौट आएँ। हमारा आदर्श यदि इतना हल्का है कि उनके पास जाने से ही हम पाकिस्तान के विरुद्ध चले जाएँगे, तो ऐसा पाकिस्तान का आन्दोलन हमारे लिए न करना ही उचित है।' मैंने खुलना के एकरामुल हक़ को साथ लिया। हालाँकि वो इस्लामिया में नहीं पढ़ता था किन्तु उसका एक प्रभाव था। वह मुझे मियाँ भाई कहकर बुलाता। हम छह-सात जन गए। शेरे-बंगाल हम लोगों को लेकर भोजन करने बैठे और बोले, 'मैंने क्या लीग का त्याग किया है? या कि मुझे निकाल दिया गया है? जिन्ना साहब मुझे और मेरी लोकप्रियता को बर्दाश्त नहीं कर पाते। मैंने बंगाली मुसलमानों के लिए जो कुछ किया, जिन्ना साहब सारी उम्र नहीं कर पाते। बंगालियों का स्थान कहीं नहीं। मुझे 'बाद' देकर नज़ीमुद्दीन को नेता बनाने का षड्यंत्र है।' हमने भी अपने विचार रखे। एकरामुल हक़ ने कहा, 'सर, यदि आप मुस्लिम लीग में रहे और पाकिस्तान का समर्थन किया तो हम बंगाल के छात्र आपको छोड़कर किसी और के साथ जा ही नहीं सकते।' पाकिस्तान न बना तो मुसलमानों का क्या होगा?' जवाब में शेरे-बंगाल ने कहा, 'सन् 1940 में लाहौर प्रस्ताव कौन लाया था, मैं ही तो! जिन्ना को पहचानता कौन था?' हमने उनसे फिर अनुरोध किया और सलाम कर चले आए। बातें तो और भी हुई थीं, पर मुझे ठीक से याद नहीं। जितना याद था उतना-भर कहा। स्कूल जीवन में 1938 में एक बार उनसे भेंट हुई थी और सामान्य सी कुछ बातें गोपालगंज में हुई थीं। आज शेरे-बंगाल के सामने बैठकर उनसे बातें करने का सौभाग्य मिला था।

इधर मुस्लिम लीग के ऑफिस में भी शहीद साहब के कानों तक बात पहुँच गई कि हम शेरे-बंगाल के घर आते-जाते हैं और उनके दल में भी जा सकते हैं। कुछ दिनों बाद जब मैं शहीद साहब से भेंट करने गया तो वे हँसते-हँसते बोले,

'क्यों भई! आजकल हक़ साहब के घर बहुत जाना और खाना-पीना हो रहा है?' मैंने कहा, 'जीवन में एक बार गया हूँ।' फिर उन्हें सारी घटना बताई। वे बोले, 'ठीक ही किया, उन्होंने जब बुलाया तो क्यों नहीं जाओगे?' मैंने उन्हें यह भी बताया, 'हमने उनसे मुस्लिम लीग में आने का आग्रह भी किया था।' शहीद साहब बोले, 'यदि वे आते तो अच्छा ही होता। पर वे आएँगे नहीं, न ही उन्हें कोई आने देगा। उनके साथ कुछ लोग हैं। वे आ गए तो उन लोगों के लिए कहीं जगह नहीं होगी। इसीलिए उन्हें मुस्लिम लीग से बाहर रखने की चेष्टा की जा रही है।'

शहीद साहब थे उदार, उनके पास किसी संकीर्णता की कोई जगह नहीं थी, किन्तु अन्य नेताओं ने हमारे साथ कुछ दिन खूब हँसी-तमाशा किया। मैं बहुत गुस्सैल और जिद्दी था। किसी को तरजीह नहीं देता था। कोई कुछ बोलता तो मैं कड़ा जवाब दे देता। मुझे जो भी काम दिया जाता, मैं पूरी निष्ठा से वह काम करता। कभी कर्तव्य की अवहेलना नहीं करता। मैं काफी मेहनत कर पाता था, इसीलिए कड़ी बात कहने पर भी कोई मुझे कुछ नहीं कहता था। छात्र जब मुसीबत में होते तो मैं उनके साथ खड़ा होता। किस छात्र को क्या असुविधा हो रही है, किसे हॉस्टल में जगह नहीं मिल रही, किसे फ्री-सीट की दरकार है, मुझे कहते ही मैं प्रिंसिपल डॉ. जुबेरी साहब के पास हाज़िर हो जाता। मैं कभी अनुचित अनुरोध नहीं करता था, इसीलिए शिक्षक भी मेरी बात सुनते और छात्र भी मुझसे प्यार करते थे। हॉस्टल सुपरिंटेंडेंट सईदुर रहमान साहब को पता था कि मेरे अनेक अतिथि आते हैं। विभिन्न ज़िलों से छात्र नेता आते तो उन्हें कहाँ ठहराऊँ, कोई न कोई छात्र मेरी सीट पर रहता ही था, क्योंकि सीट न मिलने तक मेरा रूम ही उनके लिए फ्री-रूम था। एक दिन मैंने कहा, 'सर, रोगग्रस्त छात्र के लिए जो कमरा है, वह कमरा मुझे दे दें। वह कमरा बहुत बड़ा है, उसमें दस-पन्द्रह जन रह सकते हैं।' बड़े कमरे में एक बिजली का पंखा भी था। अपना कमरा तो था ही। वे बोले, 'ठीक है, दखल कर लो, पर कोई छात्र शिकायत न करे।' मैंने कहा, 'कोई कुछ नहीं कहेगा सर। दो-एक जन मेरे विरुद्ध होंगे भी तो उनकी हिम्मत नहीं होगी।'

बेकर हॉस्टल में गरीब छात्रों के लिए कुछ फ्री-रूम थे। उन दिनों सचमुच जो ज़रूरतमन्द होता उसे ही वह रूम दिया जाता। आजकल की तरह दलीय छात्रों को रूम देने के लिए टेलीफोन से अनुरोध नहीं आते थे। इस्लामिया कॉलेज में गरीब छात्रों की मदद के लिए एक फंड था। उस फंड की देख-रेख का भार विज्ञान के शिक्षक नारायण बाबू पर था। मैं आर्ट्स का छात्र था, फिर भी नारायण बाबू मुझसे बहुत स्नेह करते थे। हालाँकि उन्हें ज्ञात था कि मैं दिन-भर 'पाकिस्तान-पाकिस्तान' करता घूमता हूँ। इस्लामिया कॉलेज के सारे छात्र मुसलमान थे, तो एक हिन्दू शिक्षक को सभी ने इस काम का भार क्यों दिया? क्योंकि वे वास्तव में एक शिक्षक थे। न हिन्दू थे, न मुसलमान। जो भी रुपए छात्रों से संग्रह होते और जो सरकार देती,

उसके अतिरिक्त भी वे दानी हिन्दू-मुसलमानों से चन्दा इकट्ठा कर जमा करते और छात्रों की मदद करते। ऐसे सहानुभूतिशील शिक्षक मैंने बहुत कम देखे हैं।

इसी समय मैं बाध्य होकर कुछ दिनों के लिए इस्लामिया कॉलेज की छात्र यूनियन के प्रधान सचिव के पद पर बिना किसी प्रतिद्वन्द्विता के चुना गया। काफी चेष्टा के बावजूद मैं दो गुटों में समझौता नहीं करा पाया। दोनों गुटों ने ही अनुरोध किया कि मैं प्रधान सचिव बनूँ, या फिर इलेक्शन होने दिया जाए। पहले भी दो वर्ष मैं बिना प्रतिद्वन्द्विता के चुनाव कर चुका था। फिर इलेक्शन शुरू हुआ तो बन्द नहीं किया जा सकेगा। फालतू झंझट-झमेला, पढ़ाई का नुकसान और रुपया ख़र्च होता रहेगा। बाध्य होकर मैं रज़ामन्द हुआ और कह दिया कि तीन महीनों से अधिक मैं नहीं रह पाऊँगा, क्योंकि पाकिस्तान के सवाल पर चुनाव आ रहे हैं, और मुझे बाहर ही बाहर काम करना होगा, कॉलेज में आने तक का समय नहीं होगा। मैंने तीन महीने में ही त्याग-पत्र देकर एक और व्यक्ति को प्रधान सचिव बना दिया।

1945 की शुरुआत से ही इलेक्शन की जोड़तोड़ शुरू हो गई। 1946 के मार्च महीने में यह तय करने के लिए चुनाव होगा कि सारे भारतवर्षव्यापी मुसलमान 'पाकिस्तान' चाहते हैं कि नहीं। वजह यह कि कांग्रेस यह दावा कर रही थी कि वह भारत के हिन्दू और मुसलमान, दोनों सम्प्रदायों का प्रतिनिधित्व कर रही थी। जिसकी मिसाल के तौर पर उसका कहना था कि मौलाना अबुल कलाम आज़ाद कांग्रेस के सभापति थे। यह बात सही थी कि कुछ प्रख्यात मुसलमान नेता उस वक्त तक कांग्रेस में थे। उनका कहना था कि भारतवर्ष यदि एक रहा तो दस करोड़ मुसलमानों के ऊपर अत्याचार का साहस हिन्दू नहीं जुटा पाएँगे। इसके अतिरिक्त कुछ प्रदेशों में मुसलमान बहुसंख्यक थे। और यदि पाकिस्तान और हिन्दुस्तान दो राष्ट्र बनते हैं तो हिन्दुस्तान में जो मुसलमान रहेंगे, उनका अस्तित्व नहीं रहेगा। दूसरी ओर, मुस्लिम लीग का वक्तव्य साफ था—पाकिस्तान में हिन्दुओं को समान नागरिक अधिकार मिलेंगे। और हिन्दुस्तान में मुसलमानों को समान नागरिक अधिकार प्राप्त होंगे। लाहौर प्रस्ताव में इस बात का स्पष्ट उल्लेख था।

लाहौर प्रस्ताव : 23 मार्च, 1940

1. While approving and endorsing the action taken by the Council and the Working Committee of the All India Muslim League as indicated in their resolutions dated the 27th of August, 17th & 18th of September and 22nd of October 1939, and 3rd of February 1940 on the constitutional issue, this session of the All India Muslim League emphatically reiterates that the scheme of

Federation ambodied in the Government of India Act, 1935 is totally unsuited to and unworkable in the peculiar conditions of this country and is altogether unacceptable to Muslims of India.

2. It further records its emphatic view that while the declaration dated the 18th of October 1939, made by the Viceroy on behalf of His Majestys' Government is reassuring in so far as it declares that the policy and plan on which the Government of India Act, 1935 is based will be reconsidered in consultation with the various parties, interests and communities in India, Muslims in India will not be satisfied unless the whole be constitutional plan is reconsidered de novo, and that no revised plan would be acceptable to the Muslims unless it is framed with their approval and consent.
3. Resolved that it is the considered view of this session of the All India Muslim League that no constitutional plan would be workable in the country or acceptable to the Muslims unless it is designed on the following basic principles, viz, that geographically contiguous units are demareated into regions which should be so constitutied with such territorial readjustments as may be necessary that the areas in which the Muslims are numerically in a majority as in the north-western and eastern zones of India should be grouped to constitute 'Independent states' in which the constitutent units shall be autonomous and sovereign.
4. That adequote, effective and mandatory safeguards should be specifically provided in the constitution for the minorities in the units and in the regions for the protection of their religious, cultural, economic, political, administrative and other rights and interests in consultation with them.
5. This session further authorises the working Committee to frame a scheme of constitution in accordance with these basic principles, providing for the assumption finally by the respective region of all powers such as defence, external affairs, communications, customs and such other matters as may be necessary.

दैनिक आजाद ही एकमात्र बांग्ला संवाद-पत्र था, जो मुस्लिम लीग और पाकिस्तान-आन्दोलन का समर्थन करता था। इस संवाद-पत्र के संस्थापक व मालिक थे मौलाना अकरम ख़ाँ साहब, जो बंगाल प्रादेशिक मुस्लिम लीग के

सभापति थे। वे अबुल हाशिम साहब को देखना तक पसन्द नहीं करते थे। अबुल हाशिम साहब का समर्थन चूँकि शहीद साहब करते थे इसलिए मौलाना साहब को उन पर नाराज़गी थी। हमारी भी बिलकुल वही दशा थी। इसलिए हम लोगों का कोई समाचार सहज ही नहीं छपता था। बीच-बीच में जनाब मुहम्मद मुदब्बर साहब की मार्फत कुछ समाचार आ जाते। बाद में सिराजुद्दीन हुसैन (वर्तमान में दैनिक इत्तफ़ाक़ के वार्ता-सम्पादक) तथा दो-एक और मित्र दैनिक आजाद में नौकरी करने लगे तो बीच-बीच में वे दो-एक समाचार छाप देते। दैनिक मॉर्निंग न्यूज़ की बात तो रहने ही दूँ। यह पत्र हालाँकि पाकिस्तान आन्दोलन का पूर्णत: समर्थन करता था, फिर भी वह एक गुट विशेष की सम्पत्ति था, जिन्हें हम शोषक श्रेणी कहते हैं। हमारा समाचार देना ही नहीं चाहता था। यह पत्र हाशिम साहब को बिलकुल ही पसन्द नहीं करता था। चूँकि छात्र और लीग कार्यकर्ता हाशिम साहब का समर्थन करते थे इसलिए बीच-बीच में समाचार छाप देता। हम यह बात समझ गए थे कि कार्यकर्ताओं में नए विचारों का प्रचार करने के लिए हमें कम से कम एक समाचार-पत्र, भले ही वह साप्ताहिक हो, निकालना होगा। हाशिम साहब के लिए समाचार-पत्र निकालना कष्टकर था क्योंकि उनके पास रुपए-पैसों का अभाव था। शहीद साहब ने हाईकोर्ट में वकालत शुरू की थी, अच्छे बैरिस्टर के रूप में कलकत्ता में उनका काफी नाम भी था, वे पर्याप्त उपार्जन कर लेते थे। कलकत्ता में गरीब लोग जैसे शहीद साहब को बहुत मानते थे, वैसे ही मुसलमान धनी श्रेणी को शहीद साहब जो बोलते, वे सुनते। रुपए-पैसों की आवश्यकता पड़ने पर कभी कोई असुविधा होते नहीं देखी। हाशिम साहब ने शहीद साहब के सामने समाचार-पत्र के प्रकाशन का प्रस्ताव रखा और कहा कि एक बार जो ख़र्चा लगे, वह मिल जाए तो बाद में जुगाड़ करने में कोई असुविधा नहीं होगी। बहुतों की धारणा थी कि नूरुद्दीन और मैं, दो ही ऐसे व्यक्ति हैं जो शहीद साहब को रज़ामन्द कर सकते हैं।

हम दोनों एक दिन समय तय कर उनसे भेंट करने गए और उन्हें समझाकर कहा कि अधिक रुपयों की आवश्यकता नहीं है क्योंकि समाचार-पत्र साप्ताहिक होगा। हमारे बीच कई लोग हैं जो अच्छा लिख सकते हैं, वे मामूली हाथ-ख़र्च मिलने पर काम करेंगे। अधिक कुछ न देने पर भी चलेगा। दो-एक बार और भेंट करने के बाद शहीद साहब राज़ी हुए।

मुस्लिम लीग ऑफिस के निचले तल्ले में कई कमरे खाली थे, लिहाजा जगह की कोई असुविधा नहीं हुई। हाशिम साहब सम्पादक हुए और समाचार-पत्र निकला। हममें से अनेक कार्यकर्ताओं ने हॉकरी कर अखबार बेचना शुरू किया। समाचार-पत्र में लिखने-पढ़ने का भार क़ाज़ी मोहम्मद इद्रिस साहब ने सँभाला। एक पत्रकार के रूप में उनका काफी नाम था और व्यवहार में भी बड़े मिलनसार थे। सारे बंगाल में ही हमारे प्रतिनिधि थे। उन्होंने अखबार चलाना शुरू किया। अखबार ने बुद्धिजीवी

सम्प्रदाय में काफी लोकप्रियता अर्जित करना शुरू किया। हिन्दुओं में भी कई लोग वह अखबार पढ़ते जिसका नाम था 'मिल्लत'।

हाशिम साहब के ग्रुप को अन्य दल कम्युनिस्ट कहने लगे, किन्तु हाशिम साहब मौलाना आज़ाद सुभानी के भक्त थे। वे एक विख्यात फिलॉस्फर थे। मौलाना आजाद सुभानी साहब को आमंत्रित कर हाशिम साहब कलकत्ता लाए थे। हम लोगों को लेकर उन्होंने 'क्लास' की। मेरे साथी काफी रात तक उनसे चर्चाएँ करते और सुनते। मेरे लिए धीरज धरकर बैठे रहना बड़ा कष्टकर था। थोड़ी देर शामिल रहकर भाग आता। मैं अपने मित्रों से कहा करता, 'तुम लोग ज्ञानी पंडित बनो, मुझे और बहुत काम है। पहले पाकिस्तान लाने दो, फिर बैठकर चर्चाएँ भी कर लेंगे।' ग़नीमत थी कि हाशिम साहब को दिखाई कम देता था। मैं पीछे से भाग लेता पर वे समझ जाते। अगले दिन मिलने जाते ही पूछते, 'क्यों भई, कल रात तो तुम चले गए थे।' मैं जवाब देता, 'क्या करूँ, काम बहुत था।' काम तो रहता ही था छात्रों के साथ, दल को जो ठीक रखना था।

इलेक्शन के दिन की घोषणा हो गई। मुस्लिम लीग पार्लियामेंटरी बोर्ड का गठन होना था। कलकत्ता मुस्लिम इंस्टीट्यूट में कौंसिल की सभा बुलाई गई। मुस्लिम लीग पार्लियामेंटरी बोर्ड में नौ सदस्य होंगे जिनमें दो जन एक्स-ऑफिसिओ, मुस्लिम लीग पार्लियामेंटरी पार्टी से एक और एक जन एम.एल.ए. में से, बाकी पाँच जन को कौंसिल निर्वाचित करेगी। पहले से ही दल में दो ग्रुप हो गए थे, फिर भी पाकिस्तान के इश्यू पर चुनाव, ऐसे समय झमेला न होना ही वांछनीय था। हम अच्छी तरह समझते थे कि चार ज़न में एक प्रादेशिक मुस्लिम लीग के सभापति यथा मौलाना अकरम ख़ाँ साहब, एक जन मुस्लिम लीग पार्लियामेंटरी पार्टी के नेता के हिसाब से ख़्वाजा नज़ीमुद्दीन साहब और पार्लियामेंटरी पार्टी प्रतिनिधि के रूप में एक जन को देगी तथा एक जन अपर हाउस मुस्लिम लीग ग्रुप से निर्वाचित होगा। नज़ीमुद्दीन साहब पार्लियामेंटरी पार्टी के नेता थे, एम.एल.ए. व एम.एल.सी.[14] उन्हीं के अधिक भक्त थे। डिप्टी लीडर होने के बावजूद शहीद साहब को प्रतिनिधि के रूप में न भेजकर नज़ीमुद्दीन साहब ने फ़ज़लुर रहमान साहब को भेजा। शहीद साहब से बोले, 'आपको निर्वाचित करने से क्या लाभ? आप तो कौंसिल से चुनाव कर बोर्ड के मेम्बर हो सकते हैं, पर फ़ज़लुर रहमान साहब नहीं हो सकते, इसीलिए उन्हें सदस्य बनाया।' अपर हाउस मुस्लिम लीग ग्रुप से शायद नूरुल अमीन साहब को उन्होंने लिया। इस प्रकार नौ जन में से चार उनके दल के ही हो गए। जैसे भी हो और एक जन को वे इलेक्शन के माध्यम से पार करा लेंगे। इसी से झमेला शुरू हो गया। हम लोगों ने प्रतिवाद किया और कहा कि शहीद साहब

को एम.एल.ए. (विधायकों) की ओर से क्यों नहीं लिया जाएगा? इस प्रकार उन्हें अपमानित किया गया है, क्योंकि वे मुस्लिम लीग पार्लियामेंटरी पार्टी के डिप्टी लीडर हैं। यह एक षड्यंत्र है! शहीद साहब ने हम लोगों को समझाने का प्रयास किया—'ठीक है, इससे क्या होगा।' हम लोगों ने कहा, 'आप अब और उदारता मत दिखाइए। नज़ीमुद्दीन साहब को याद रखना चाहिए था कि वे आज मुस्लिम लीग पार्टी के नेता और एम.एल.ए. हैं तो केवल आपके कारण। पटुआखाली में शेरे-बंगाल ने उन्हें पराजित कर राजनीति से विदा कर दिया था। बंगाल के किसी ज़िले से वे इलेक्शन में हक़ साहब से नहीं जीत सकते थे, यदि आप अपनी एक सीट से पदत्याग कर उन्हें जिताकर न ले आते। और वह भी अगर कलकत्ता न होता तो आप भी कुछ नहीं कर पाते।'

शहीद साहब 1937 के चुनाव में कलकत्ता से दो सीटों पर एम.एल.ए. चुने गए। नज़ीमुद्दीन साहब पटुआखाली से हारकर लौट आए। राजनीति छोड़ने के अतिरिक्त उनके पास और कोई चारा न था। शहीद साहब ने हक़ साहब को चुनौती देते हुए कहा, मैं नज़ीमुद्दीन साहब को कलकत्ता से बाइ-इलेक्शन में जिता लाऊँगा। हक़ साहब चाहें तो अपने प्रतिनिधि से मुकाबला करा सकते हैं। हक़ साहब ने नज़ीमुद्दीन साहब के विरुद्ध आदमी खड़ा भी किया, किन्तु शहीद साहब की दया से अन्ततः नज़ीमुद्दीन साहब ही जीते। उन्हीं नज़ीमुद्दीन साहब ने शहीद साहब का एक प्रकार से अपमान ही किया। खैर हमारी ओर से कौंसिल के लिए हम पाँच उम्मीदवारों को खड़ा करेंगे। नज़ीमुद्दीन साहब के दल के किसी को हम जीतने नहीं देंगे, क्योंकि हमें भरोसा था कि कौंसिल में शहीद साहब बहुसंख्यक हैं।

मौलाना अकरम ख़ाँ साहब ने एक समझौते की चेष्टा की। मौलाना साहब के घर में शहीद साहब और मौलाना साहब के बीच बातचीत हुई। देखा कि शहीद साहब नरम पड़ गए। वे बोले, 'अभी लड़ाई पाकिस्तान के लिए है। झमेला करने से क्या होगा। कोई समझौता होना ही ठीक है।' हम लोगों ने कहा, 'चार जनों में दो जन ही तो नज़ीमुद्दीन साहब के थे, वे स्वयं और मौलाना साहब। बाकी दो जन में क्यों आपके ग्रुप से एक आदमी को नहीं दिया, भले ही आपको न देते।' हमने कहा, 'कोई समझौता नहीं होगा।'

दिन-तारीख तो मुझे याद नहीं, पर घटना याद है। कलकत्ता असेम्बली पार्टी के कमरे में एम.एल.ए., एम.एल.सी. और लीग नेताओं की बैठक होगी, वहाँ समझौता होगा। हमें भी सूचना मिली। बेकर हॉस्टल तथा अन्यान्य हॉस्टलों में खबर देकर दो-तीन सौ छात्र लेकर मैं भी हाजिर हुआ। दरवाज़ा बन्द कर सभा हो रही थी। मैंने दरवाज़े के पास जाकर कहा कि हमें कुछ कहना है। हमारी बात सुननी होगी। अन्ततः नेता लोग राज़ी हुए और दरवाजा खोल दिया। छात्र भीतर बैठे। मैं पहला वक्ता था। मैंने लगभग आधा घंटा भाषण दिया और शहीद साहब से कहा,

'समझौता करने का आपको कोई अधिकार नहीं। हम ख़्वाजा लोगों के साथ समझौता नहीं करेंगे, क्योंकि 1942 में प्रधान मंत्री होकर उन्होंने अपने भाई को मंत्री बनाया था। इतना ही नहीं, अपने वंश के ग्यारह व्यक्तियों को एम.एल.ए. भी बनाया था। उनके अलावा क्या इस देश में और लोग नहीं थे? हम मुस्लिम लीग में कोटरी बनने नहीं देंगे। हमने ही हक़ साहब के विरुद्ध आन्दोलन किया था, आवश्यकता हुई तो आपके विरुद्ध भी करेंगे।' शहीद साहब को बाध्य कर मैं सभा से उठाकर लेकर चला आया था। मेरे बाद फ़ज़लुल क़ादिर चौधरी और फ़रीदपुर के लाल मियाँ साहब ने भी मेरा समर्थन करते हुए भाषण दिया। रात को हम लोगों की सभा हुई। हम प्रायः रात-भर शहीद साहब के साथ रहे। जनाब नज़ीमुद्दीन ने शहीद साहब से कहा कि वह उन्हें बताएँ कि समझौता होगा कि नहीं। उन्होंने फोन के जरिए शहीद साहब से अनुरोध किया था, जो हम समझ गए। शहीद साहब बोले, 'जो भी होगा कल सुबह 9 बजे के बीच बता दूँगा।' हमें सुबह 8 बजे अपने घर आने को कह दिया। उस समय नूरुद्दीन, एकराम, नूरुल आलम, शरफ़ुद्दीन, ज़हीर, हम प्रायः हर समय एक साथ ही रहते थे; फ़ज़लुल क़ादिर चौधरी साहब भी दल-बल लेकर कलकत्ता में ही थे। चटगाँव के छात्रों के बीच वे लोकप्रिय थे।

हम लोग सुबह यथासमय शहीद साहब के घर हाज़िर हो गए। उन्होंने रात में कइयों के साथ बातचीत की थी। वे हमें लेकर बैठे, मैं उनके करीब ही बैठा। शहीद साहब बोले, 'समझ नहीं पा रहा हूँ कि तुम लोग पाँचों सीटों पर कब्जा कर पाओगे कि नहीं?' मैंने कहा, 'सर, विश्वास करें, हम निश्चय ही जीतेंगे। ख़ुदा की मर्ज़ी रही तो हमारे हारने का कोई कारण ही नहीं है।' मैंने टेलीफोन उनके हाथों में थमाकर कहा, 'कह दीजिए ख़्वाजा साहब को कि इलेक्शन होगा।' शहीद साहब ने नज़ीमुद्दीन साहब को टेलीफोन कर कहा, 'इलेक्शन होगा। जो भी होगा, इलेक्शन के माध्यम से ही होगा। सभी तो मुस्लिम लीगी हैं, फिर हम क्यों ऊपर से लादने जाएँ।' नज़ीमुद्दीन साहब ने कुछ कहा तो जवाब में शहीद साहब बोले, 'अब नहीं होगा। आप लोगों ने व्यवहार अच्छा नहीं किया।'

हम वहाँ से विदा लेकर चले आए। रात के ज़िला प्रतिनिधि लोग लीग ऑफिस में आए। एक व्यक्ति की बात मुझे खासतौर पर याद है, वे थे नोआखाली ज़िला मुस्लिम लीग के सेक्रेटरी मुज़ीबुर रहमान मुख़्तार साहब। उन्होंने ज़िला नेताओं के सामने चमत्कारक भाषण दिया। पूरा नोआखाली ज़िला शहीद साहब का भक्त था।

हाशिम साहब के नेतृत्व में हमारा ऑफिस ठीक-ठाक चल रहा था। हमने कौंसिलरों के स्वागत के लिए सियालदह व हावड़ा में आदमी रखे। उनके रहने की जगह की व्यवस्था की। छात्र कार्यकर्ता अपने-अपने ज़िले के कौंसिलरों से मिलने के लिए हॉस्टल छोड़कर निकल पड़े। दो दिन तक रात-दिन जोर-शोर से काम

हुआ। मौलाना रागीब अहसन और जनाब उस्मान साहब कलकत्ता मुस्लिम लीग के नेता थे। कलकत्ता मुस्लिम लीग के सभी शहीद साहब के भक्त थे। वे कार्यकर्ता और गाड़ियाँ लेकर प्रचार के लिए निकल पड़े। सभा के दिन देखा कि सैकड़ों कार्यकर्ता हाज़िर हो गए थे। हम, जो कौंसिल के सदस्य थे, हॉल के भीतर चले गए और कार्यकर्ता दरवाज़े के बाहर खड़े होकर कैनवास करने लगे। बीच-बीच में नारे लग रहे थे, 'शहीद सोहरावर्दी ज़िन्दाबाद', 'अब्दुल हाशिम ज़िन्दाबाद'।

शहीद साहब और हाशिम साहब ने परामर्श कर पाँच व्यक्तियों के नाम तय किए—1. हुसैन शहीद सोहरावर्दी, 2. अब्दुल हाशिम, 3. मौलाना रागीब अहसन, 4. अहमद हुसैन एवं 5. लाल मियाँ हमारे पक्ष से और अन्य पक्ष से नज़ीमुद्दीन साहब ने भी पाँच व्यक्तियों का नाम दिया। इसी समय फ़ज़लुल क़ादेर चौधरी साहब पार्लियामेंटरी बोर्ड के सदस्य बनने में व्यस्त हो गए और भयंकर रूप से कैनवास करना शुरू किया। मैं भी उनकी ओर से तदबीर कर रहा था। शहीद साहब भी प्रायः राज़ी हो गए थे। लाल मियाँ को बाद देकर फ़ज़लुल क़ादिर चौधरी को लिया जाएगा, तब तक फाइनल नहीं हुआ था। ऐसी अवस्था में रात को फ़ज़लुल क़ादिर चौधरी साहब ने नज़ीमुद्दीन साहब से मुलाकात की और उन्हें प्रस्ताव दिया कि नॉमिनेशन मिलने पर वे चटगाँव ग्रुप को लेकर उनके दल में शामिल हो जाएँगे। शहीद साहब को रात में ही सूचना मिली और वे बोले, 'किसी हाल में उन्हें नॉमिनेशन नहीं दिया जाएगा, क्योंकि इस उम्र में उसे इतना लोभ है।' उधर नज़ीमुद्दीन साहब भी अपने दल की ओर से उन्हें नॉमिनेशन देने को राज़ी नहीं हुए। अन्ततः चौधरी साहब ने शहीद साहब के दल को ही वोट दिया। उनके दल के सभी लोग शहीद साहब के भक्त थे। एम.ए. अज़ीज़, ज़हूर अहमद चौधरी, अबुल ख़ैर सिद्दीकी, अज़ीज़ुर रहमान चौधरी सभी शहीद साहब के भक्त थे। चौधरी साहब के ऐसे व्यवहार से वे भी कुछ खिन्न थे। और वे सभी थे मेरे व्यक्तिगत मित्र।

कौंसिल सभा जब शुरू हुई तो मौलाना अकरम ख़ाँ साहब ने कुछ देर भाषण दिया। उनके बाद ही अब्दुल हाशिम साहब बतौर सेक्रेटरी भाषण देने उठे। कुछ देर भाषण देने के बाद ही नज़ीमुद्दीन साहब के दल के कुछ लोगों ने उनके भाषण के समय झमेला करना शुरू किया। हमने भी प्रतिवाद शुरू किया तो गड़बड़ी शुरू हो गई। सारे युवक सदस्य शहीद साहब के दल में थे तो हमारे सामने कैसे टिकते। नज़ीमुद्दीन साहब को तो किसी ने कुछ नहीं कहा किन्तु उनके दल के सभी को मारपीट में दो-चार हाथ लगे। मैंने और मेरे मित्र अज़ीज़ साहब ने देखा कि शाह अज़ीज़ुर रहमान साहब छात्र लीग की फाइल लेकर नज़ीमुद्दीन साहब के पीछे खड़े थे। मैंने और अज़ीज़ ने परामर्श किया कि शाह साहब के पास से काग़ज़-पत्र छीनने होंगे, हमारे छात्र लीग के काम में सहायक होंगे। नज़ीमुद्दीन साहब जब जाने लगे तो शाह साहब भी रवाना हुए और अज़ीज़ ने उन्हें पकड़ लिया। मैंने काग़ज़ात छीन

लिये और कहा, 'कुछ बोलिए मत, चले जाइए।' आजकल जब भी शाह साहब से बात या मुलाकात होती है, तो वह घटना याद कर हँसी आ जाती है। शाह साहब 1964 में अवामी लीग में शामिल हुए एवं नेशनल असेम्बली में अवामी लीग पार्टी के नेता एवं विरोधी दल के डिप्टी लीडर हुए। उनके साथ मेरा मतभेद 1958 में मार्शल-लॉ जारी होने तक चला।

मौलाना साहब ने अगले दिन तक सभा मुल्तवी रखी और घोषणा की कि 10 बजे मतदान शुरू होगा। बैलट बने। बगल के कमरे में मतपेटी रखी गई। एक व्यक्ति पाँच वोट दे पाएगा। मैं भीतरी दरवाजे पर खड़ा होकर कैनवास कर रहा था, किसी ने मौलाना साहब से शिकायत कर दी। उन्होंने मुझसे कहा, 'तुम वहाँ क्या कर रहे हो, छोकरे?' मैं बोला, 'मैं भी एक सदस्य हूँ, कोई छोकरा नहीं।' मौलाना साहब हँसकर चल दिए।

शाम तक वोटों की गिनती हो गई। शहीद साहब के दल के पाँचों प्रार्थी जीत गए। मैंने फूलों की मालाओं की व्यवस्था कर रखी थी, और भी अनेक लोगों ने मालाओं का जुगाड़ कर रखा था। मैंने जब शहीद साहब के गले में माला पहनाई तो शहीद साहब ने बड़े स्नेह से कहा, 'तुमने ठीक ही कहा था। लाल मियाँ साहब को लेकर हमें डर था।' मैंने व्यक्तिगत रूप से कइयों से अनुरोध किया था कि उन्हें एक वोट दें। फ़रीदपुर ज़िले के मामूली से ही वोट शहीद साहब के दल को मिले थे। लाल मियाँ साहब के लिए दो-चार वोट फ़रीदपुर से मैंने जुगाड़ कर दिए थे। लाल मियाँ साहब मोहन मियाँ साहब के सहोदर भाई थे फिर भी उन्होंने लाल मियाँ साहब के साथ प्रतिद्वन्द्विता की।

अन्य कुछ भी कहने से पूर्व एक और बात का उल्लेख न करना ग़लत होगा। लाल मियाँ साहब ने पार्लियामेंटरी बोर्ड के सदस्य होने के बाद फ़रीदपुर के सदस्य नॉमिनेशन के समय भाई का पक्ष लिया था और हमारे दल के व्यक्ति को नॉमिनेशन देने के लिए राज़ी नहीं हुए थे। फ़रीदपुर की छह सीटों में काफी झगड़ा कर हमें मात्र दो सीटें मिली थीं। एक राजघराने के ख़ान बहादुर यूसुफ हुसैन चौधरी की सीट और दूसरी मदारीपुर के इस्कन्दर अली साहब की। मोहन मियाँ चुनाव में दत्तपाड़ा के शम्सुद्दीन अहमद चौधरी उर्फ़ बादशा मियाँ से पराजित हुए। नतीजों की घोषणा होने के साथ-साथ ही बादशा मियाँ ने ऐलान किया, मेरी जीत मुस्लिम लीग की जीत है, और पाकिस्तान की जीत है। लाल मियाँ और मोहन मियाँ हर समय भिन्न दलों में रहते। पहले लाल मियाँ साहब कांग्रेस करते तो मोहन मियाँ साहब मुस्लिम लीग करते। फिर जब मुस्लिम लीग में शामिल हुए तो एक भाई शहीद साहब के दल में रहे तो दूसरे भाई नज़ीमुद्दीन साहब के दल में। फिर पाकिस्तान के शासनकाल में जब अय्यूब का मार्शल लॉ आया तो एक भाई अय्यूब ख़ान साहब के दल में तो दूसरा विरोधी दल में। गरज यह कि चाहे जो भी दल सत्ता में हो, उनमें से एक तो

सत्ता में रहेगा ही। यह अपूर्व खेल हमने जीवन-भर देखा। रात के समय दोनों भाई एक। अपने स्वार्थ के समय क्षण-भर में ही दोनों एक हो जाते।

इसी समय मुस्लिम लीग से हम लोगों के लिए हुक्म आया कि हम ज़िले-ज़िले में जाकर इलेक्शन ऑफिस का भार सँभालें। प्रत्येक ज़िले व महकमे में इलेक्शन ऑफिस और कार्यकर्ता शिविर खोले जाएँगे। हर ज़िले में अच्छे कार्यकर्ताओं को कार्यकर्ता शिविरों का चार्ज लेना होगा। कुछ ज़िलों की बात मुझे याद है। कमरुद्दीन साहब को ढाका ज़िला, शम्सुल हक़ साहब को मैमनसिंह, खोंडकार मुश्ताक अहमद को कुमिल्ला, एकरामुल हक़ को खुलना एवं मुझे फ़रीदपुर ज़िले का भार दिया गया था। हम रवाना होकर चले आए साइकिल, माइक्रोफोन, हॉर्न और काग़ज़-पत्र लेकर। ज़िला लीग हमारे साथ सहयोग करेगी। हम प्रत्येक महकमे और थाने में एक-एक कार्यकर्ता शिविर खोलेंगे। मुझे कॉलेज छोड़कर, फ़रीदपुर चले आना पड़ा। फ़रीदपुर में बीच-बीच में मीटिंग करने तो आ चुका था, पर कभी रहा नहीं। मुझे भार दिया गया था इसलिए मोहन मियाँ नाराज़ हो गए। सभी को आगाह कर दिया कि कोई मुझे किराए पर घर न दे। वे मुस्लिम लीग के सभापति थे, पर मुझे नहीं चाहते थे। मैंने अब्दुल हमीद चौधरी और मुल्ला जलालुद्दीन को सब कुछ देकर भेज दिया। हमीद और जलाल फ़रीदपुर कॉलेज में पढ़ते थे, उन्हें पढ़ाई-लिखाई छोड़कर आना पड़ा। शहर में कोई घर देने को राज़ी नहीं हुआ। मेरे एक दूर के रिश्तेदार थे जिनका शहर से कुछ दूर एक तिमंज़िला मकान था, वे कमरा देने को राज़ी हुए। बाध्य होकर मुझे वहाँ रहना पड़ा। हमने वहाँ ऑफिस खोला, कार्यकर्ताओं को प्रशिक्षण देने का बन्दोबस्त हुआ। मैंने समस्त ज़िलों में घूमना शुरू किया। मदारीपुर, गोपालगंज और राजवाड़ी में मैंने ऑफिस खोल दिया, काम शुरू हुआ। हर थाने में ऑफिस किया। इस समय बीच-बीच में मुझे कलकत्ता जाना पड़ता। शहीद साहब और हाशिम साहब कुछ दिन पहले एक बार गोपालगंज आए थे। विशाल सभा कर गए। उस वक्त सलाम साहब का दल शहीद साहब और हाशिम साहब का सम्मान करने को राज़ी नहीं हुआ, क्योंकि वे मेरे अनुरोध पर आए थे। उनके दल-बल ने सवाल उठाया कि मैं तो मुस्लिम लीग का एक सदस्य मात्र था, ऑफिशियल लीग का कोई नहीं। इसी बात को लेकर गोपालगंज में झगड़ा हो गया। शहीद साहब के आने के मात्र दो दिन पूर्व मैंने कहा, 'मैं गोपालगंज मुस्लिम लीग का जन्मदाता हूँ। शहीद साहब आएँगे, मैं उनका सम्मान करूँगा, किसी को मुकाबला करना है तो कर ले।' मैंने रात को आदमी भेज दिया। जिस दिन दोपहर को शहीद साहब आनेवाले थे उस दिन सुबह कुछेक हज़ार लोग भाला, बल्लम आदि देसी हथियार लेकर हाज़िर हुए। सलाम साहब के लोग भी आए थे। उन्होंने

बाधा देने की कोशिश नहीं की। किन्तु शहीद साहब, हाशिम साहब और लाल मियाँ साहब के भाषण के बाद जब सलाम साहब भाषण देने उठे तो 'सलाम साहब जिन्दाबाद' का नारा लगते ही हमारे लोगों ने 'मुर्दाबाद' का नारा लगाया। दोनों ओर से झमेला शुरू हो गया। अन्ततः सलाम साहब के लोग चले गए। हमारे आदमियों ने उनके पीछे धावा बोला। शहीद साहब मीटिंग छोड़कर दोनों दलों के भीतर घुस गए। उस वक्त दोनों पक्षों के हाथ में ढाल-तलवार थी। कितने लोगों का ख़ून हो जाता, कहा नहीं जा सकता था। शहीद साहब इस प्रकार खाली हाथ दंगाइयों के बीच घुस पड़ेंगे, देखकर सभी आश्चर्यचकित हो गए थे। हाशिम साहब तो पहले ही मेरे घर चले गए थे। इस घटना के लिए शहीद साहब और हाशिम साहब सलाम साहब पर काफी ख़फ़ा हुए।

जनमत की जाँच करने शहीद साहब फिर से मदारीपुर होते हुए गोपालगंज आए। अनेक लोग चुनाव में खड़े होना चाहते थे लिहाजा यह तो देखना होगा कि किसकी लोकप्रियता अधिक है। पहले के एम.एल.ए. खोंडकार शम्सुद्दीन अहमद साहब भी मुस्लिम लीग में चले आए थे। पेंशनयाफ्ता पुलिस कमिश्नर ख़ान बहादुर शम्सुद्दोहा, अब्दुस सलाम ख़ान साहब तथा और भी दो-एक जन थे। सलाम साहब व्यक्तिगत तौर पर गोपालगंज में काफी लोकप्रिय थे। अस्सी प्रतिशत लोग उन्हें चाहते थे, इसमें कोई सन्देह नहीं। मेरे अब्बा से जब शहीद साहब ने पूछा तो उन्होंने कहा था कि सलाम साहब को लोग चाहते हैं। तथापि सलाम साहब और खोंडकार शम्सुद्दीन साहब, दोनों ही उपयुक्त प्रार्थी थे। शहीद साहब ने मुझसे कहा, 'जनता तो सलाम साहब को चाहती है, तुम्हारे अब्बा भी तो उनका समर्थन करते हैं।' मैंने कहा, 'लोग जिसे चाहते हैं, आप उसी को दें, मुझे कोई आपत्ति नहीं।' इसके पहले सलाम साहब के साथ भी मेरी बातचीत हुई थी। किन्तु हाशिम साहब किसी भी तरह राज़ी नहीं हुए। इसका कारण मुझे पता नहीं। अन्ततः मैंने भी हाशिम साहब से कहा कि नॉमिनेशन सलाम साहब को दे दें, और इसलिए वे मुझसे नाराज हो गए थे। शहीद साहब ने रिपोर्ट दी कि सलाम साहब ही सबसे अधिक लोकप्रिय थे और उन्होंने सलाम साहब को नॉमिनेशन देने का प्रस्ताव किया था। लाल मियाँ और हाशिम साहब रूठ गए। उस समय रुपयों-पैसों की काफी फ़िज़ूलख़र्ची हो रही थी। हालाँकि मैंने अपनी आँखों से यह सब नहीं देखा था परन्तु मुझे सूचना मिलती रहती थी। आखिरकार प्रादेशिक पार्लियामेंटरी बोर्ड ने ख़ान बहादुर शम्सुद्दोहा साहब को नॉमिनेशन दिया। केन्द्रीय बोर्ड ने ख़ान बहादुर साहब का नाम काटकर खोंदकार शम्सुद्दीन अहमद को नॉमिनेशन दिया। चुनाव लड़ते तो सलाम साहब शायद निर्वाचित हो जाते किन्तु मुस्लिम लीग के विरुद्ध उन्होंने चुनाव नहीं लड़ा क्योंकि वोट पाकिस्तान के सवाल पर था। खोंडकार शम्सुद्दीन अहमद को भी नॉमिनेशन नहीं मिल सकता था, क्योंकि मात्र कुछ महीने पूर्व ही तो वे मुस्लिम लीग में शामिल

हुए थे। उन्हें मुस्लिम लीग का नॉमिनेशन इसलिए मिला क्योंकि उनके चचेरे भाई ने शहाबुद्दीन साहब की बेटी से विवाह किया था और इसीलिए नज़ीमुद्दीन साहब चौधरी ख़लीक़ुज़्ज़मान साहब से कहकर नॉमिनेशन ले आए।

शहीद साहब उदार व्यक्ति थे, उनमें नीचता नहीं थी, दल-मत नहीं देखते थे, कोटरी (गुटबाजी) करना नहीं जानते थे, न ग्रुप बनाने की चेष्टा करते। कोई यदि उपयुक्त व्यक्ति होता तो उसे पसन्द करते और विश्वास करते। उनमें असीम आत्मविश्वास था। वे अपनी साधुता, नीति, कर्मशक्ति और दक्षता से किसी का मन जीतना चाहते, इसीलिए उन्हें बार-बार अपमानित व पराजित होना पड़ा। उदारता आवश्यक है, किन्तु नीच अन्त:करण के व्यक्तियों के प्रति उदारता दिखाने से भला कम बुरा ही अधिक होता है, देश व जनता की क्षति होती है।

हम बंगालियों के दो पक्ष हैं। पहला पक्ष तो यह कि हम मुसलमान हैं और दूसरा यह कि हम बंगाली हैं। परश्रीकातरता (ईर्ष्या) और विश्वासघात हमारे रक्त में है। 'परश्रीकातरता' यह शब्द लगता है, दुनिया की और किसी भी भाषा में नहीं मिलेगा। दूसरे की श्री यानी दूसरे का भला देखकर जो कातर हो,डाह करे, उसे 'परश्रीकातर' कहते हैं। ईर्ष्या-द्वेष तो कमोबेश हर भाषा में है, थोड़ा-बहुत हर जाति में है, परन्तु बंगालियों में होती है 'परश्रीकातरता'। भाई भाई की उन्नति पर खुश नहीं होता। इसीलिए हर प्रकार के गुण होते हुए भी बंगाली जाति को जीवन-भर दूसरों का अत्याचार सहना पड़ा है। सुजला, सुफला बंगाल विपुल सम्पदा से भरा है। ऐसी उर्वर भूमि दुनिया के बहुत कम देशों में है, फिर भी ये ग़रीब हैं क्योंकि अपने ही दोषों के कारण युगों से ये शोषित होते रहे हैं। ये स्वयं को नहीं पहचानते और जब तक ये स्वयं को जानें-पहचानेंगे नहीं, इन्हें मुक्ति नहीं मिलेगी।

कई बार देखा गया है कि एक अशिक्षित व्यक्ति जिसके कपड़े लम्बे हैं, सुन्दर चेहरा है, बढ़िया दाढ़ी है, मामूली अरबी-फारसी बोल लेता है, वह बंगाल में आकर पीर बन जाता है। थोड़ी-सी दुआ के लोभ में बंगाली उसे हज़ारों रुपए दे देते हैं। अच्छी तरह खोज-खबर लेने पर हो सकता है पता चले कि वह व्यक्ति कलकत्ता की किसी फल की दुकान का कर्मचारी या फिर किसी डकैती या ख़ून के मामले का अपराधी है। अन्धे कुसंस्कार और अलौकिक विश्वास भी बंगालियों के दुख का एक कारण है।

बंगालियों ने शहीद साहब को पहले पहचाना नहीं और जब पहचाना तो समय नहीं रहा। चुनाव का सारा ख़र्च, प्रचार, संगठन अकेले उन्हें ही करना पड़ा। मामूली सा कुछ रुपया शायद केन्द्रीय लीग ने दिया था, बाकी शहीद साहब को ही जुगाड़ करना पड़ा था। सैकड़ों साइकिलें उन्हें ही खरीदनी पड़ी थीं। और जहाँ तक मेरी जानकारी है, पाकिस्तान बन जाने के बाद भी कलकत्ता में बैठकर उन्हें देना चुकता करना पड़ा था। मैंने पहले ही कहा है कि शहीद साहब एक सीधे-सरल इनसान थे।

वे धोखा खा गए। पार्लियामेंटरी बोर्ड में उनका दल बहुसंख्यक था फिर भी वे अपने आदमी को नॉमिनेशन नहीं दिला पाए। नज़ीमुद्दीन साहब के दल ने हारने के बाद अलग रास्ता अख्तियार किया। घोषणा कर दी कि वे चुनाव में प्रतिद्वन्द्विता नहीं करेंगे यानी शहीद साहब ही दल के नेता होंगे। उन्होंने शहीद साहब से अनुरोध किया कि जो लोग पहले से ही मुस्लिम लीग में हैं, उन्हें नॉमिनेशन दिया जाए क्योंकि वे सभी शहीद साहब का समर्थन करेंगे। ख़्वाजा साहब जब चुनाव ही नहीं लड़ेंगे तो फिर डर कैसा? शहीद साहब ने इस बात पर यकीन कर पुराने जो एम.एल.ए. थे, प्रायः सभी को नॉमिनेशन दे दिया। शायद उस समय बंगाल में एक सौ उन्नीस सीटें मुसलमानों की थीं। इस चालाकी में ख़्वाजा साहब के दल के प्रायः पचास लोगों को नॉमिनेशन मिल गया। केन्द्रीय लीग में ख़्वाजा साहब के समर्थक अधिक थे। लियाक़त अली ख़ान, ख़लीक़ुज़्ज़मान, हुसैन इमाम, चुन्द्रीगड़ साहब, सभी मन ही मन शहीद साहब से डरते थे क्योंकि हर विषय में शहीद साहब इनसे कहीं अधिक योग्य थे। केन्द्रीय पार्लियामेंटरी बोर्ड ने भी प्रायः तीस लोगों का नॉमिनेशन बदल दिया। इनमें दो-एक व्यक्ति शहीद साहब के समर्थक भी थे, इस बात से इनकार नहीं किया जा सकता।

चुनाव के बाद देखने में आया कि एक सौ उन्नीस में शायद एक सौ सोलह सीटों पर लीग ने कब्जा कर लिया। इस संख्या में दो-एक कम या अधिक हो सकता है, मुझे ठीक से याद नहीं। इन एक सौ सोलह लोगों में अधिकांश नज़ीमुद्दीन साहब के दल के लोग थे। हालाँकि बाध्य होकर उन्होंने शहीद साहब को नेता तो बनाया परन्तु भीतर ही भीतर ग्रुपिंग चलती रही। शहीद साहब तो गुटबाजी करते नहीं थे, उन्होंने योग्यता देखकर मंत्री बनाया। नज़ीमुद्दीन साहब के दल के कइयों को उन्होंने पार्लियामेंटरी सेक्रेटरी और व्हिप बनाया, जनाब फ़ज़लुर रहमान को भी मंत्री बनाया।

युद्ध के समय ब्रिटिश सरकार की ओर से मिस्टर चर्चिल ने भारत में क्रिप्स मिशन भेजा था, किन्तु कोई नतीजा नहीं निकला। युद्ध के पश्चात् जब क्लिमेंट एटली लेबर पार्टी की ओर से प्रधान मंत्री बने तो 15 मार्च, 1946 को उन्होंने कैबिनेट मिशन भेजने की घोषणा की जिसमें तीन मंत्री होंगे, जो भारतवर्ष में आकर विभिन्न दलों के साथ परामर्श करेंगे ताकि भारतवर्ष को शीघ्र स्वाधीनता प्रदान करने की सिफारिश की जा सके। भारतवर्ष के विभिन्न दलों के प्रतिनिधियों को लेकर बड़े लाट के साथ परामर्श कर एक अन्तरिम सरकार का गठन किया जाएगा। इस कैबिनेट मिशन के सदस्य थे लॉर्ड पेथिक लॉरेंस, सेक्रेटरी ऑफ स्टेट फॉर इंडिया, सर स्ट्रैफोर्ड क्रिप्स, प्रेसीडेंट ऑफ द बोर्ड ऑफ ट्रेड एवं मिस्टर ए.वी. अलेक्ज़ेंडर,

फर्स्ट लॉर्ड ऑफ एडमिरल्टी—ये लोग भारतवर्ष में आकर बड़े लाट एवं राजनीतिक नेताओं से परामर्श कर एक रणनीति का अवलम्बन करेंगे। मिस्टर एटली के भाषण में मुसलमानों की पाकिस्तान सम्बन्धी माँग का तो उल्लेख नहीं ही था, बल्कि लघुसंख्यकों की माँग पर उन्होंने कटाक्ष किया था। मिस्टर एटली ने अपने भाषण में एक जगह कहा था—'Mr. Atlee declares that minorities cannot be allowed to impede the progress of majorities.' मिस्टर एटली के वक्तव्य पर कांग्रेस हलके ने सन्तोष व्यक्त किया था। मुहम्मद अली जिन्ना ने इस भाषण की तीव्र आलोचना की थी।

कैबिनेट मिशन 23 मार्च को भारतवर्ष पहुँचा। भारतवर्ष में आकर उसने जो विज्ञप्तियाँ दीं, उनसे हम लोग कुछ विचलित हो गए थे। हम लोग दल-बल लेकर शहीद साहब के पास जाते, उन्हें परेशान करते और पूछते कि अब क्या होगा? शहीद साहब शान्त भाव से उत्तर देते, 'डर का कोई कारण नहीं है। पाकिस्तान की माँग उन्हें माननी ही होगी।' दिन में उनसे भेंट कम ही हो पाती थी इसलिए रात के 11 बजे मैं और नूरुद्दीन उनके पास जाते। बातें खत्म कर आते-आते हमें काफी रात हो जाती।

अक्सर हम लोग पैदल ही थिएटर रोड से बेकर हॉस्टल लौट आते। दो-एक दिन हम लोग रिपन स्ट्रीट में मिल्लत के ऑफिस में आकर चेयर पर ही सो जाते। मिल्लत अखबार के लिए नया प्रेस, नया ऑफिस बना था, हाशिम साहब वहीं रहते थे। खोंडकार नूरुल आलम उस वक्त मिल्लत अखबार के मैनेजर थे। उस वक्त हमारी चर्चा-सभाएँ लीग ऑफिस से अधिक मिल्लत के ऑफिस में ही होतीं। मुस्लिम लीग के ऑफिस में एम.एल.ए. लोग और मुफस्सल के कार्यकर्ता आकर रहते। बरिशाल के फरमुजुल हक़ मुस्लिम लीग के ज्वाइंट सेक्रेटरी थे, वे अपने परिवार के साथ ऑफिस में ही रहते थे। शहीद साहब उन्हें हर महीने वेतन देते थे।

अचानक खबर आई कि जिन्ना साहब ने 7-8-9 अप्रैल को दिल्ली में समस्त भारतवर्ष के मुस्लिम लीगपन्थियों की केन्द्रीय व प्रादेशिक सदस्यों की कन्वेंशन बुलाई है। पिछले चुनावों में बंगाल तथा मुस्लिम लघुसंख्यक प्रदेशों में मुस्लिम लीग ने निरंकुश जीत हासिल की थी। किन्तु मुस्लिम-बहुल होते हुए भी पंजाब, सिन्ध और सीमान्त प्रदेश में मुस्लिम लीग अकेले बहुसंख्यक नहीं हो पाई। इसीलिए केवल बंगाल में हुसैन शहीद सोहरावर्दी के नेतृत्व में मुस्लिम लीग सरकार का गठन हुआ। पंजाब में खिज़र हयात ख़ान तेवाना के नेतृत्व में यूनियनिस्ट सरकार, सीमान्त में डॉ. ख़ान साहब के नेतृत्व में कांग्रेस सरकार, सिन्ध में जनाब अल्लाह बक्स के नेतृत्व में मुस्लिम लीग विरोधी सरकार का गठन हुआ। चार मुसलमान

बहुसंख्यक प्रदेशों में एकमात्र बंगाल में अकेले मुस्लिम लीग सरकार का गठन हुआ। अन्यान्य प्रदेशों में मुस्लिम लीग ने विरोधी दल के रूप में आसन ग्रहण किया। उस वक्त समग्र भारतवर्ष में ग्यारह प्रदेश थे।

शहीद साहब ने स्पेशल ट्रेन का बन्दोबस्त करने का आदेश दिया। बंगाल और आसाम के मुस्लिम लीग के एम.एल.ए. और कार्यकर्ता उस ट्रेन में दिल्ली जाएँगे। ट्रेन को नाम दिया गया 'पूर्वी पाकिस्तान स्पेशल'। ट्रेन हावड़ा से छूटेगी। हम लोग तथा बंगाल से दस–पन्द्रह छात्र–कार्यकर्ता कन्वेंशन में शामिल होंगे। इस बारे में मुझे शहीद साहब से अनुमति मिल गई। सारी ट्रेन को मुस्लिम लीग की पताकाओं और फूलों से सजाया गया। हम लोगों के लिए दो इंटर क्लास की बोगियाँ तय थीं। छात्रों ने शैतानी कर बोगी के सामने लिख दिया—'शेख़ मुज़ीबुर और पार्टी के लिए रिजर्व्ड'। यह लिखने का उद्‌देश्य था कि और कोई उस डिब्बे में न चढ़े। और मेरे बारे में सुनकर शहीद साहब कुछ भी नहीं कहेंगे, यह छात्रों की धारणा थी। हालाँकि छात्र नेता था नूरुद्‌दीन और उसी को हम सब मानते थे।

शहीद साहब और हाशिम साहब के कमरों में दो माइक्रोफोन लगा दिए गए। हावड़ा से दिल्ली तक लगभग सभी स्टेशनों पर शहीद साहब और उनके साथ जो दल–बल था, उसे सम्मानित करने की व्यवस्था की गई थी। बंगाल में मुस्लिम लीग की जीत से समस्त भारतवर्ष के मुसलमानों में एक आलोड़न की सृष्टि हुई थी। ज़हीरुद्‌दीन हाशिम साहब के कमरे के पास ही रहे, इसका बन्दोबस्त किया गया था। क्योंकि सारे रास्ते में उसे उर्दू में भाषण देना होगा। वही अकेला वक्ता था, जो उर्दू, बांग्ला तथा अंग्रेजी में समान रूप से भाषण दे सकता था। कलकत्ता में किसी मुहल्ले में सभा होती तो जहीर उर्दू और मैं बांग्ला में भाषण देता। नूरुद्‌दीन, ज़हीरुद्‌दीन, नूरुल आलम, शरफ़ुद्‌दीन, क्यू.जे. अजमेरी, अनवर हुसैन (अभी ईस्टर्न फेडरल इंश्योरेंस कम्पनी के बड़े अधिकारी), शम्सुल हक़ साहब, खोंदकार मुश्ताक़ अहमद और अनेक लीग कार्यकर्ताओं में मुर्शिदाबाद के क़ाज़ी अबू नासेर, मेरे मामा शेख़ ज़फ़र सादेक तथा और भी अनेक पहले से ही प्रस्तुत थे और उन्हें दिल्ली जाने की अनुमति भी मिली थी। इसके अतिरिक्त जो सब छात्र हमें विदाई देने हावड़ा स्टेशन आए थे, उन्हें जब पता चला कि स्पेशल ट्रेन में किराया नहीं लगेगा, तो जिन कपड़ों में आए थे, उन्हीं में वे भी ट्रेन में सवार हो लिये। वे प्राय: आठ–दस जन थे, जिन्हें 'ना' कहने की हमारी हिम्मत नहीं थी। वे बड़े अच्छे कार्यकर्ता थे। 'नाराए–तकबीर', 'मुस्लिम लीग ज़िन्दाबाद', 'पाकिस्तान ज़िन्दाबाद', 'मुहम्मद अली जिन्ना ज़िन्दाबाद', 'शहीद सोहरावर्दी ज़िन्दाबाद' आदि नारों की ध्वनि के बीच ट्रेन चल पड़ी।

समस्त ट्रेन में माइक्रोफोन का हॉर्न लगा था। ज़हीर, अजमेरी और मैं अधिकांश नारे माइक्रोफोन से लगाते। प्रत्येक स्टेशन पर हमें गाड़ी को रुकवाना पड़ता, हालाँकि

हर जगह गाड़ी के रुकने की बात नहीं थी। हज़ारो-हज़ार लोग शहीद साहब और बंगाल की मुस्लिम लीग के स्वागत-सत्कार के लिए उपस्थित हो रहे थे। सुबह जब पटना पहुँचे तो देखा कि पूरा पटना स्टेशन लोगों से अँटा पड़ा था। वे नारे लगा रहे थे—'बंगाल के मुसलमान ज़िन्दाबाद', 'शहीद सोहरावर्दी ज़िन्दाबाद', 'पाकिस्तान ज़िन्दाबाद', 'लड़के लेंगे पाकिस्तान' आदि। हममें से हरेक के भोजन का प्रबन्ध बिहार मुस्लिम लीग ने किया था तथा हमें मालाओं का उपहार भी दिया था। हमारी ट्रेन समय पर दिल्ली नहीं पहुँचेगी, यह हम समझ गए थे, समझ गए थे कि अनेक देर होगी। और हम भी जहाँ कुछ लोग नारा लगाते, वहीं गाड़ी रुकवा देते। इस बारे में जब शहीद साहब नाराज़ हुए तो मैंने कहा कि कई-कई घंटों से वे लोग खड़े थे, आपको देखने के लिए कितनी-कितनी दूर से आए थे। हम यदि एक मिनट गाड़ी न रुकवाते तो उनके साथ बड़ा अन्याय होता। बहरहाल, इसी प्रकार सारी रात छोटे-छोटे स्टेशनों पर जनता की भीड़ इकट्ठा होती रही। हमारी ट्रेन देखते ही वे समझ जाते थे। इलाहाबाद स्टेशन पर हमारी पूरी गाड़ी को लोगों ने फिर से नए फूलों से सजा दिया था। रास्ते में बिहार और यू.पी. से कई छात्र हमारी ट्रेन में चढ़ गए थे, उनमें से अनेक के साथ मेरी दोस्ती हो गई थी। पाकिस्तान बनने के बाद भी हमारी दोस्ती बनी रही। इनमें से अनेक बाद में पाकिस्तान चले आए थे।

दिल्ली जब पहुँचे तो देखा कि सुबह पहुँचना था और शाम हो गई थी। गाड़ी आठ-दस घंटे देर से पहुँची। मुहम्मद अली जिन्ना ने हमारे लिए कन्वेंशन को रोक रखा था। सुबह 9 बजे शुरू होने की बात थी, हमें ट्रेन से सीधे सभास्थल ले जाया गया। दिल्ली के लीग कार्यकर्ताओं ने हमारे माल-असबाब का जिम्मा लिया। हम बांग्ला में नारे लगाते-लगाते सभा में उपस्थित हुए। सभी सदस्यों ने अपनी जगह से उठकर स्वागत किया। जिन्ना साहब जहाँ बैठे थे, उनके पास ही हमारी जगह थी। जब उर्दू में नारे लगते तो हम भी बांग्ला में नारे लगाना शुरू कर देते।

जिन्ना साहब ने भाषण दिया तो पूरी सभा ने बड़े नीरव और शान्त भाव से उनका भाषण सुना। लग रहा था कि सबके मन में एक ही बात थी कि पाकिस्तान कायम करना होगा। उनके भाषण के बाद सब्जेक्ट कमेटी का गठन हुआ। आठ तारीख को सब्जेक्ट कमेटी की बैठक हुई। प्रस्ताव लिखा गया, वह प्रस्ताव देखने में लाहौर प्रस्ताव से छोटा था, किन्तु उसमें एक मौलिक रद्दोबदल किया गया। एकमात्र हाशिम साहब और सामान्य से कुछ लोगों ने जहाँ पहले 'स्टेट्स' लिखा था उसकी जगह 'स्टेट' लिखे जाने का प्रतिवाद किया, फिर भी प्रस्ताव पास हो गया।[15] 1940 में लाहौर में जो प्रस्ताव कौंसिल ने पास किया उस प्रस्ताव को विधानसभा के सदस्यों का कन्वेंशन परिवर्तित कर सकता है या नहीं एवं उसे ऐसा करने का अधिकार है कि नहीं, यह चिन्ताशील लोग सोचकर देखेंगे। कौंसिल ही मुस्लिम लीग की सर्वोच्च क्षमता की मालिक थी। बाद में हमसे कहा गया कि यह

कन्वेंशन का प्रस्ताव था, लाहौर प्रस्ताव का परिवर्तन नहीं किया गया। जनाब हुसैन शहीद सोहरावर्दी को यह प्रस्ताव पेश करने का अनुरोध मुहम्मद अली जिन्ना ने किया था, क्योंकि वे बंगाल के और तब मुस्लिम लीग के एकमात्र प्रधान मंत्री थे।

कौंसिल का प्रस्ताव

Whereas in this vast subcontinent of India a hundred million Muslims are the adherents of a faith which regulates every department of their life–educational, social, economic and political–whose code is not confined merely to spiritual doctrines and tenets or rituals and ceremonies and which stands in sharp contrast to the exclusive nature of Hindu Dharma and philosophy which has fostered and maintained rigid caste system for thousands of years, resulting in the degradation of 60 million human beings to the position of untouchables, creation of unnatural barriers between man and man and superimposition of social and economic inequalities on a large body of the people of this country and which threatens to reduce Muslims, Christians and other minorities to the status of irredeemable helots, socially and economically;

Whereas the Hindu caste system is a direct negation of nationalism, equality, democracy and all the noble ideals that Islam stands for;

Whereas, different historical backgrounds, traditions, cultures, social and economic orders of the Hindus and the Muslims made impossible the evolution of a single Indian Nation inspired by common aspirations and ideals and whereas after centuries they still remain two distinct major nations;

Whereas, soon after the introduction by the British of the policy of setting up political institutions in India on the lines of western democracies based on majority rule which means that the majority of the nation or society in spite of their opposition as amply demonstrated during the two and half years' regime of Congress Governments in the Hindu majority provinces under the Government of India Act, 1935, When the Muslims were subjected to untold harassment and oppression as a result of which they were convinced of the futility and ineffectiveness of the so-called safeguards provided in the constitution and in the instruments of instructions to the Governors and were driven to the irresistible conclusion that in a United India Federation, if established, the Muslims even in Muslim majority provinces could meet with no better fate and their rights and interests could never be adequately protected against the perpetual Hindu majority at the centre;

Whereas, the Muslims are convinced that with a view to saving Muslim India from the domination of the Hindus and in order to afford them full scope to develop themselves according to their genius, it is necessary to constitute a sovereign, independent state comprising Bengal and Assam in the North-East zone and in Punjab, North-West Frontier Province, Sind and Baluchistan in the North-West zone;

This convention of the Muslim League legislators of India, central and provincial, after careful consideration, hereby declares that the Muslim nation will never submit to any constitution for a United India and will never participate in any single constitution making machinery set up for the purpose, and any formula devised by the British government for transferring power from the British to the people of India, which does not conform to the following just and equitable principles calculated to maintain internal peace and tranquility in the country, will not contribute to the solution of the Indian problem :

1. That the zones comprising Bengal and Assam in the North-East and the Punjab, North-West Frontier Province, Sind and Baluchistan in the North-West of India, namely Pakistan Zones, where the Muslims are in a dominant majority, be constituted into one sovereign independent state and that an unequivocal undertaking be given to implement the establishment of Pakistan without delay.
2. That two separate constitution making bodies be set up by the peoples of Pakistan and Hindustan for the purpose of forming their respective constitutions.
3. That the minorities in Pakistan and Hindustan be provided with safeguards on the line of the All India Muslim League resolution passed on March 23, 1940 at Lahore.
4. That the acceptance of the Muslim League demand for Pakistan and its implementation without delay are the sine qua non for the Muslim League co-operation and participation in the formation of an interim Government at the centre.

This convention further emphatically declares that any attempt to impose a constitution on a United India basis or to force any interim arrangement at the centre contrary to the Muslim demand, will leave the Muslims no alternative but to resist such imposition by all possible means for their survival and national existence.

जनाब सोहरावर्दी के भाषण के बाद विभिन्न प्रदेशों के प्राय: बीस–पच्चीस नेताओं ने भाषण दिया और प्रस्ताव का समर्थन किया। जनाब अब्दुल हाशिम साहब ने भी बड़ा चमत्कारक भाषण दिया था। प्रस्ताव सर्वसम्मति से पास होने के बाद

जनाब लियाक़त अली ख़ान ने एक शपथनामा पेश किया एवं सभी प्रदेशों की विधानसभा के मुस्लिम लीग दल के सदस्यों ने उस पर हस्ताक्षर किए।

कन्वेंशन समाप्त होने के बाद जो लोग हावड़ा स्टेशन में हमें विदा करने आकर ट्रेन में सवार हो गए थे, वे बड़ी मुश्किल में पड़ गए। अब कलकत्ता लौटेंगे कैसे ? स्पेशल ट्रेन तो लौटकर कलकत्ता जाएगी नहीं। क्या करूँ, कुछ समझ नहीं पा रहा था। हम पहले से तैयार होकर आए थे कि दिल्ली से अजमेर शरीफ़ ख़्वाजा बाबा की दरगाह में ज़ियारत करेंगे, फिर वहाँ से आगरा जाएँगे ताजमहल देखने। 1943 में ताजमहल बिना देखे ही लौटना पड़ा था, इस बार तो चाहे जैसे हो देखना ही होगा। बचपन से उम्मीद कर रखी थी, यह सुअवसर फिर कब आएगा क्या पता ? ख़ैर, मैं तथा और कुछ साथी शहीद साहब के शरणापन्न हुए और उनसे छात्रों की असुविधा का जिक्र किया। शहीद साहब बोले, 'क्यों ? एक जन तो इनका भाड़ा देने के नाम पर रुपए ले गया है। मैंने उसे कहा है कि तुमसे बातचीत कर रुपए दे।' मैंने कहा, 'पता नहीं सर, वह तो चला गया है।' शहीद साहब गुस्सा हुए। मैं उस व्यक्ति का नाम नहीं लेना चाहता, वह छात्र नहीं था। शहीद साहब ने कुछ रुपए और दिए, हिसाब कर प्रत्येक को पच्चीस रुपए। इसमें हो जाएगा। खोंडकार नूरुल आलम और मैंने सभी को पच्चीस-पच्चीस रुपए देकर प्रत्येक से रसीद ले ली। वे विदा होकर कलकत्ता लौट गए। हमने आठ-दस जन को फ़ज़लुल क़ादिर चौधरी साहब के साथ अजमेर शरीफ़ को रवाना किया। चौधरी साहब साथ थे ही, रुपयों की जरूरत पड़ी तो असुविधा नहीं होगी। मैंने दिल्ली शहर को फिर अच्छी तरह से देख लिया। सैकड़ों वर्षों तक मुसलमानों ने दिल्ली से सारे भारतवर्ष पर शासन किया था। तब कहाँ पता था कि उसी दिल्ली पर हमारा कोई अधिकार नहीं रहेगा। दिल्ली का लालक़िला, कुतुबमीनार, जामा मस्जिद आज भी अनन्य मुस्लिम कारीगरी का निर्देशन कर रहे हैं। पुरानी दिल्ली और उसके आसपास जब भी घूमने गया हूँ, पुरानी स्मृतियाँ ताज़ा हो उठी हैं।

अजमेर शरीफ़ जाने के लिए हम सदलबल ट्रेन पर सवार हुए। घर के बड़े-बुजुर्गों से कितनी ही कहानियाँ सुन रखी थीं। 'ख़्वाजा बाबा की दरगाह पर जाकर जो माँगोगे, मिलेगा। यदि माँगने लायक माँगा तो।' हम जब अजमेर शरीफ़ स्टेशन पहुँचे तो देखा कि कई लोग हमसे अनुरोध कर रहे थे कि हम उनके यहाँ ठहरें। सोचा, मामला क्या है ? हमारी इतनी खातिरदारी क्यों ? हमने किसी की दावत कबूल नहीं की क्योंकि हमारे प्रतिनिधि तो चौधरी साहब थे। वे जो करेंगे वही हमें करना होगा। वे माल-असबाब लेकर पहले दर्जे से उतरे और एक भले आदमी से कहा, चलिए आपके यहाँ ही चला जाए। उन्होंने झट से गाड़ी बुलाई और हमें लेकर

चले। हमारे लिए कमरों की कोई कमी नहीं थी। गुसल किया, खाया-पिया। बाद में समझ में आया कि यही लोग ख़ादिम हैं। अजमेर शरीफ़ के खादिमों को देखा, अत्यन्त भद्र, माँगकर कुछ नहीं लेते। रहने का बन्दोबस्त करेंगे, खाने-पीने की व्यवस्था करेंगे, साथ आदमी देंगे और जिस ख़र्च का नियम है, केवल उतना ही आपको देना होगा। लौटते समय आप जो देंगे, वही वे ग्रहण करेंगे। सुना है, जो राशि वे ग्रहण करते हैं उसका एक हिस्सा उन्हें दरगाह कमेटी को देना पड़ता है। क्योंकि दरगाह कमेटी का भी काफी ख़र्चा है। ख़्वाजा बाबा की दरगाह में कोई भूखा नहीं रहता। भोजन बनता रहता है, लोग खाते रहते हैं।

हम दरगाह पहुँचे और देखकर अवाक् रह गए कि सैकड़ों लोग आ रहे हैं और जा रहे हैं। अनेक लोग सजदे में पड़े हैं। कुछ लोग चीखकर रो रहे हैं तो कुछ की आँखों से आँसू बहे जा रहे हैं। सबके मुँह में एक ही बात, 'ख़्वाजा बाबा, दर्शन दे।' ख़्वाजा बाबा की दरगाह के पास बैठकर हारमोनियम बजाकर गायन हो रहा था। हालाँकि समझ में कुछ नहीं आ रहा था, फिर भी मन कहता और सुनूँ। हमने दरगाह में ज़ियारत की। बाहर आकर गाने के कार्यक्रम में बैठे। काफी देर तक गाने सुने, जिन्हें हम 'कव्वाली' कहते हैं। हम सभी ने कुछ-कुछ रुपए कव्वाल को दिए। उठकर आने की इच्छा नहीं हो रही थी, फिर भी आना पड़ा। हमें तारागढ़ पहाड़ पर जाना था, वहाँ कुछ मज़ार हैं। वे ख़्वाजा बाबा के खलीफा थे। तारागढ़ पहाड़ अनेक ऊँचाई पर है, हमें ऊपर चढ़ना पड़ेगा। कैसे इस पहाड़ का अतिक्रमण कर मुसलमान सेना ने पृथ्वीराज को युद्ध में हराया था? वह युद्ध, जब हवाई जहाज का जन्म भी नहीं हुआ था।

इतिहास के छात्रों को मालूम होगा कि ख़्वाजा बाबा ने यह जगह क्यों चुनी। खादिम साहब के प्रतिनिधि ने वह इतिहास हमें सुनाया। खादिम साहब ने अपना एक प्रतिनिधि हमारे साथ कर दिया था। हम तारागढ़ पहाड़ पर चढ़े। हम काफी देर वहाँ रहे। तारागढ़ पहाड़ से काफी दूर तक नज़र आती है केवल मरुभूमि। और एक ओर अजमेर शहर। वहाँ से जब हम उतरकर नीचे आए तब तक दोपहर बीत चुकी थी। खादिम साहब के डेरे पर आकर खाना-पीना शेष कर हम आनार सागर जाने के लिए निकल पड़े।

विशाल झील, जिसके हर किनारे आजकल शहर बस चुका है। एक किनारे मुग़ल काल की कीर्ति है। यहाँ आकर बादशाह और बेगमें विश्राम करते। बादशाह शाहजहाँ की कीर्ति सबसे अधिक है। बादशाह व बेगम जहाँ रहते थे, वह जगह आज भी है। सफेद संगमरमर से बनी। हमने सारी शाम वहीं गुज़ारी। शाम के बाद धीरे-धीरे हम शहर की ओर रवाना हुए। हम पानी के देश के लोग हैं, हमें पानी से बहुत प्यार है। और मरुभूमि के भीतर इस पानी की जगह को छोड़ने में कितना कष्ट हो रहा था, कैसे समझाऊँ। हमारे मित्रों में से एक ने कहा था—यदि यहीं रात बिताई जाए तो कैसा रहे? सचमुच अच्छा ही होता, पर कोई चारा नहीं था। रात में उस जगह

किसी को रहने नहीं देते। और रहने की चेष्टा करने पर यदि पुलिस–बहादुर गिरफ्तार कर हमें हाजत में बन्द करने ले गए तो बचाने कौन आएगा।

शाम के बाद हम ख़्वाजा बाबा की दरगाह में लौट आए। कुछ देर वहाँ रहकर डेरे पर लौट आए। खादिम साहब ने हमारे लिए बहुत बढ़िया भोजन का बन्दोबस्त किया था। रात को खूब आराम से सोए हम लोग।

अजमेर शरीफ़ से विदा होकर हम ट्रेन में बैठे आगरा के लिए, जहाँ मुमताज बेगम ताजमहल को सीने पर लिये हुए सोई हैं। बहुत दिनों की साध थी ताजमहल को देखने की। मुगल कारीगरी और स्थापत्य कला का श्रेष्ठतम नमूना है ताज। बादशाह शाहजहाँ के अमर प्रेम की निशानी है ताज। पृथ्वी का सातवाँ आश्चर्य है ताज। ताज देखने को लेकर हममें आपस में बहुत सारी बातें हुईं। दुनिया के बहुतेरे देशों से बहुतेरे लोग केवल ताज को देखने के लिए भारतवर्ष आते हैं। विरल हैं ऐसे लोग जो ताजमहल के बारे में नहीं जानते। हमें और देरी सहन नहीं हो रही थी। लग रहा था जैसे ट्रेन बहुत धीमे–धीमे चल रही थी, क्योंकि हमारी उद्दाम इच्छा थी ताजमहल को शीघ्रातिशीघ्र देखने की। हमने तो सोचा भी नहीं था कि हम ठीक पूर्णिमा के दिन आगरा पहुँचेंगे। हम लोग हिसाब कर दिन तय कर नहीं आए थे। मन ही मन मैंने पूर्णिमा को धन्यवाद दिया और तकदीर को धन्यवाद न देना अन्याय होता, इसलिए उसे भी धन्यवाद दिया। हम लोग सुबह के समय आगरा पहुँचे। हमें दो दिन आगरा में रहना था, तय किया कि किसी होटल में ठहरेंगे। परन्तु हम लोग कम तो थे नहीं, बारह–चौदह जन थे, काफी रुपए ख़र्च होंगे। कोई मुसाफिरखाना होता तो हमें सुविधा होती। हम आगरा स्टेशन पहुँचे, अनेक होटलों के लोग हमें अपने होटल में ठहराने का अनुरोध कर रहे थे। एक सज्जन आए और बोले, 'आप लोग बंगाल से आए हैं। एक बंगाली होटल है, वहीं आप लोगों को सुविधा होगी।' चौधरी साहब बोले, 'आपके होटल में तम्बू है? हम काफी लोग हैं।' वे सज्जन बोले, 'हाँ–हाँ, तम्बू तनवा देंगे।' तय हुआ कि आगरा होटल में ही जाएँगे। चौधरी साहब ने एक रूम लिया, और हम लोगों के लिए दो तम्बू ठीक कर दिए गए। हम तो खटिया भर में ही खुश थे, दरकार थी तो बस गुसल के लिए पानी और पाखाने की। होटल का मालिक बंगाली था, बड़ा भला आदमी था, उसने हमारा स्वागत किया। हम लोगों का सारा बन्दोबस्त करने के लिए मैनेजर को हुक्म दिया। कितने रुपए देने होंगे, यह चौधरी साहब ने तय किया और उन्हीं ने दिए भी। हमें कुछ भी देना नहीं पड़ा।

शीघ्र ही हम गुसल कर कुछ खा–पीकर निकल पड़े क्योंकि मन में ताज को देखने का उदग्र उत्साह था। टाँगा किराए पर लेकर हम ताज देखने को रवाना हुए। खुली धूप थी। मैंने क्या देखा, उसे शब्दों में बयान नहीं कर सकता, क्योंकि भाषा पर मेरा उतना दखल नहीं है। बस, मन में एक ही सवाल उठा, क्या यह सचमुच है? जो कल्पना की थी, उससे कहीं अधिक सुन्दर और गाम्भीर्यपूर्ण था ताज। उसे ठीक

से देखने के लिए शाम को आना होगा सूर्यास्त के समय, जब चाँद मुस्कुरा उठेगा, तब। हमने अधिक देरी नहीं की, क्योंकि आगरा फोर्ट और इतमतउद्दौला भी तो देखना था शाम होने से पहले ही। सूर्य जब अस्त होगा, उससे थोड़ा पहले ही हमें ताजमहल में लौट आना होगा। टाँगें तो हमने रोक रखे ही थे।

इतमतउद्दौला—बेगम नूरजहाँ के पिता की कब्र। हम आगरा फोर्ट आए। दीवान-ए-आम, मोती मस्जिद, नगीना मस्जिद, हमने सब घूम-घूमकर देखा। दीवान-ए-खास और जेसमिन टावर देखना भी नहीं भूले। दिल्ली के लालकिले से काफी मिलता-जुलता है। मुग़लकाल की कारीगरी एक सी थी, देखकर ही समझ में आ जाता था। यमुना की ओर बरामदे में कुछ पत्थर थे। उन पत्थरों में ताज पूर्ण रूप से दिखाई देता था, पर आज वे पत्थर नहीं हैं, उनकी जगह एक काँच लगा है। उस काँच में भी स्पष्ट नज़र आता है ताज। हम सबने देखा। फिर शीशमहल देखने को रवाना हुए। जो सज्जन हमें घुमा-फिराकर दिखा रहे थे, वे बहुत कुछ बोल रहे थे। कुछ सच और कुछ कहानियाँ, किन्तु एक बात सच थी कि मुग़लों के पतन के बाद बार-बार यहाँ लूटपाट हुई थी। जाटों और मराठों के बाद अन्तिम आघात दिया था अंग्रेजों ने। जाट और मराठे तो कुछ-कुछ लूटकर चले गए थे, किन्तु अंग्रेज तो भारतवर्ष का सब कुछ लूटकर ले गए। स्थानीय लॉर्ड लोग ही इस लूट के प्रधान कर्णधार थे। भारतवर्ष और पाकिस्तान में अनेक जगहों पर मुग़ल-कारीगरी के बेशुमार नमूने देखने को मिलते हैं। हम इतमतउद्दौला देखकर लौट चले ताजमहल को देखने। शाम गहरा रही थी। दिल्ली का लालक़िला हम पहले ही देख चुके थे, लिहाजा आगरा फोर्ट देखने में हमें अधिक समय तो नहीं लगना चाहिए।

सूर्य अस्त हो रहा था जब ताजमहल के दरवाजे पर पहुँचे। काफी देर वहाँ रहेंगे। रात 10 बजे तक दरवाजा खुला रहता है। फिर दरबान साहबान आकर घंटी बजाकर बता देंगे कि समय हो गया रात-भर के लिए ताजमहल को छोड़कर जाने का। हम बैठ गए, एक जगह चुनकर कुछ लोग नमाज़ पढ़ने चले गए। अज़ान की आवाज़ कानों में आई। पाकिस्तान बनने के बाद भी अज़ान होगी कि नहीं, पता नहीं। उस दिन देश-विदेश से अनेक लोग आए थे। बंगाली, मराठी, पंजाबी—लगा जैसे भारतवर्ष की हर जगह के लोग आए थे। हमने गाइड से पूछा, 'इतनी भीड़ क्या सब समय होती है?' उसने कहा, 'नहीं, पूर्णिमा के समय ही खासकर अनेक लोग आते हैं।' सूर्य जब अस्त हो गया तो आसमान पर सुनहरी आभा छा गई। लगा जैसे ताज का एक नया रूप हो। शाम के थोड़ा बाद ही चाँद नज़र आया। जैसे-जैसे चाँद अन्धकार चीरकर आगे आ रहा था, वैसे-वैसे ताज भी मानो घूँघट हटाकर नया रूप धारण कर रहा था। क्या अपूर्व दृश्य था! आज इक्कीस वर्षों बाद लिखते वक्त भी ताज का अपरूप रूप भूला नहीं हूँ, न भूल पाऊँगा। दरबान के दरवाज़ा बन्द करने के पहले तक हम ताजमहल में ही थे।

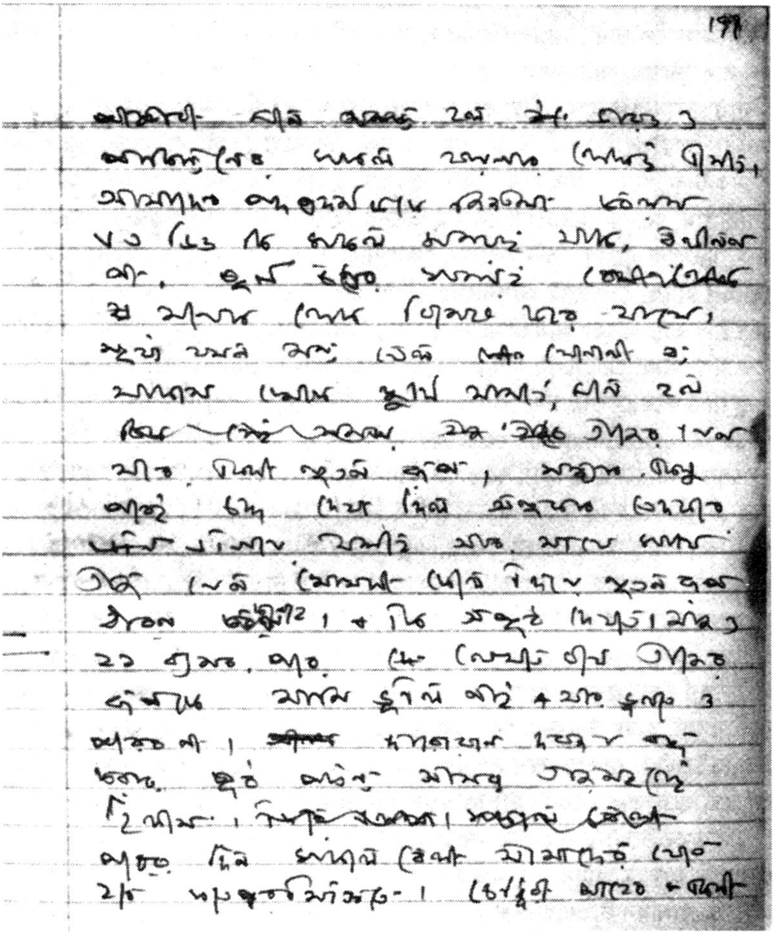

पांडुलिपि के एक पृष्ठ की प्रतिलिपि

अगले दिन सुबह हमें फतेहपुर सीकरी जाना होगा। चौधरी साहब ने एक मोटर-बस तय कर दी थी। फतेहपुर सीकरी और सिकन्दरा देखकर शाम तक लौटेंगे और फिर टुंडला के लिए रात को ही रवाना होंगे। टुंडला एक जंक्शन है। दिल्ली से टुंडला होकर ट्रेन हावड़ा जाती है। हमें हावड़ागामी ट्रेन पकड़नी होगी। सुबह मोटर-बस हाज़िर। शीघ्रता से तैयार होकर हम गाड़ी में बैठ गए। चौधरी साहब के आते ही बस चल दी। मात्र अठाईस मील का तो रास्ता था; समय ही कितना लगेगा!

मुग़लों के स्थापत्य शिल्प की चर्चा करते–करते ही हम फतेहपुर–सीकरी पहुँच गए। अकबर बादशाह ने खुद फतेहपुर सीकरी का निर्माण कराया था। सम्राट अकबर ने यहाँ अपनी राजधानी बनाई थी। आगरा फोर्ट के साथ इसका विशेष पार्थक्य नहीं था। किन्तु हाँ, फतेहपुर–सीकरी काफी बड़ा था। फतेहपुर–सीकरी के सामने ही जो विशाल मैदान दिखाई देता है उसी का नाम है खानवा। यही वह जगह है, जहाँ सम्राट बाबर ने संग्राम सिंह को पराजित कर भारतवर्ष में मुग़ल साम्राज्य की नींव रखी थी। अकबर बादशाह ने यहाँ क़िला क्यों बनवाया, यह कहना मुश्किल है। इस बारे में विभिन्न इतिहासकारों के विभिन्न मत हैं। हम आगरा गेट पार कर भीतर आए, सामने था बुलन्द दरवाजा। यही क़िले का मुख्य द्वार था। एक सौ चौंतीस फीट ऊँचा बुलन्द दरवाज़ा पार करते ही हमने सबसे पहले सलीम चिश्ती की दरगाह को देखा। उनकी मज़ार पर ज़ियारत कर हम क़िले में प्रवेश करेंगे। दरगाह पर मैंने ज़ियारत की। सलीम चिश्ती बादशाह अकबर के पीर थे। अजमेर के ख़्वाजा बाबा की दरगाह में देखा था गाना–बजाना (कव्वाली) होते हुए, यहाँ भी वैसी ही व्यवस्था थी। हमारे बांग्लादेश की मज़ारों में गाना–बजाना नहीं होता। कहते हैं, ख़्वाजा बाबा मोइनुद्दीन चिश्ती और सलीम चिश्ती, दोनों को गाना–बजाना अच्छा लगता था। हमने एक–एक कर इबादतखाने से शुरू कर अबुल फज़ल का घर, हमामखाना, धर्मशाला, मीना मस्जिद, जोधाबाई–महल और सलीमगढ़ देखना शुरू किया।

हर व्यक्ति अलग–अलग जगह देखना चाहता था। मैं देखना चाहता था तानसेन का घर। अन्ततः मैं तानसेन का घर देखने गया। उनका घर महल के बाहर, पहाड़ पर था। एक छोटा–सा मकान। संगीत–साधना में खलल न पड़े इसीलिए शायद उन्हें दूर रहना अच्छा लगता था। तानसेन का घर देखकर मेरे मन को मानो सान्त्वना नहीं मिली। बहुत पुरानी बात है, इस मकान में वे रहते भी थे या नहीं, उसका क्या ठिकाना? सम्राट ने तो इतना धन ख़र्च कर जो महल और क़िला बनवाया, उसमें दो वर्षों से अधिक रह नहीं पाए, फिर से आगरा फोर्ट लौट जाना पड़ा था। इतिहासज्ञों का मत है कि पानी के अभाव के कारण ऐसा करना पड़ा। पर मेरा मन यह मानने को राज़ी नहीं कि पानी के लिए उन्हें लौटना पड़ा। लगता है, कोई अन्य कारण रहा होगा। आठ हज़ार वर्गमील जगह में बना था फतेहपुर–सीकरी, राजमहल और क़िला—जिसमें दो हज़ार नौ सौ कमरे थे। आगरा के क़िले में थे पाँच सौ कमरे। फतेहपुर–सीकरी में बादशाह के सारे मंत्रियों के रहने की जगह के अतिरिक्त साठ हजार फौज रह सकती थी। बादशाह अकबर के पास इतनी शक्ति और सामर्थ्य था, फिर भी वे उनके लिए पानी का बन्दोबस्त न कर पाए और पानी के कष्ट के कारण वे फतेहपुर–सीकरी छोड़ आए, मन इस बात को मानने को तैयार न था।

हमें शाम को फिर ट्रेन पकड़नी थी। लोकल ट्रेन आगरा से टुंडला तक जाती थी। फतेहपुर–सीकरी के पास ही एक डाक–बँगला था। कुछ खा–पीकर हम सभी

सिकन्दरा के लिए रवाना हुए, जहाँ बादशाह अकबर चिरनिद्रा में सोए हैं। यह समाधिस्थल उन्होंने खुद ही तय किया था। दिल्ली से शुरू कर अनेक राजा-बादशाहों की समाधि मैंने देखी है, किन्तु सिकन्दरा में अकबर की समाधि का शान्त-गम्भीर और सादा वातावरण मुझे बहुत अच्छा लगा था। सारी जगह में कई प्रकार के पेड़-पौधे, फल और फूलों के वृक्ष! समाधि श्वेत पत्थरों से निर्मित थी।

समय हो गया था, अब हमें लौटना होगा। चौधरी साहब ने हड़बड़ी की। हम भी गाड़ी में चढ़कर बैठ गए। आगरा लौटते ही माल-असबाब लेकर हम टुंडला स्टेशन के लिए रवाना हुए। जाकर देखा कि बंगाल के अनेक साथी कार्यकर्ता वहाँ थे। काफी भीड़ थी। सामान चौधरी साहब के प्रथम श्रेणी के डिब्बे में रख हमने शीघ्रता से गाड़ी में चढ़ने की चेष्टा की। जब सब ट्रेन में चढ़ गए और मैं न चढ़ पाया तो एक फर्स्ट क्लास के दरवाजे का हैंडिल पकड़कर खड़ा हो गया। मेरे साथ एक मित्र और था। अगले स्टेशन पर हम किसी और बोगी में चढ़ जाएँगे। हमने काफी धक्काधक्की की परन्तु प्रथम श्रेणी के सज्जन ने दरवाजा नहीं खोला। गाड़ी बहुत रफ्तार में चल रही थी। हमें डर लगने लगा। एक बार हाथ छूट गया तो ख़ैर नहीं। मैंने दोनों हैंडिलों में दोनों हाथ घुसाकर सीने पर कस लिये। मेल ट्रेन थी लिहाजा स्टेशन बहुत नजदीक में नहीं होगा। हमारी हालत ख़राब हो गई थी। हवा से हाथ-पैर अवश होते जा रहे थे। और कुछ देर यों ही रहा तो जाने क्या हो। थोड़ी देर बाद अचानक गाड़ी रुक गई। हम उतर पड़े और 'अनवर-अनवर' पुकारने लगे। मध्यम श्रेणी में अनवर था, मेरा बिछावन उसी के पास था। अनवर हम लोगों के लिए बहुत उद्विग्न था। किसी प्रकार हम खिड़की से ट्रेन के भीतर पहुँचे। ट्रेन चल पड़ी। अगले दिन शाम को हम हावड़ा स्टेशन पहुँचे। बाकी सबका सबकुछ था, बस मेरा ही सूटकेस खो गया था। केवल बिछावन लेकर मैं कलकत्ता लौटा था।

इसके बाद सोचा कि कुछ दिन पढ़ाई-लिखाई करूँगा। माहवारी बाकी थी और रुपये-पैसों का अभाव था। घर गए बिना तो अब्बा से इतने रुपए नहीं मिलेंगे। एक वर्ष से महीना दिया नहीं था। कपड़े भी नए बनवाने होंगे क्योंकि प्रायः सारे कपड़े तो चोरी हो गए। घर आकर सबसे पहले अपनी अवस्था के बारे में रेणु को बताया। दिल्ली और आगरा से मैंने रेणु को चिट्ठी भी दी थी। अब्बा से कहना ही होगा। अब्बा से जब कहा तो लगा कि वे असन्तुष्ट ही हुए थे। कुछ भी नहीं बोले। बाद में उन्होंने कहा, 'परदेस में जब जाओ तो अधिक कपड़े ले जाना उचित नहीं और सावधान रहना चाहिए।' रुपए देकर अब्बा ने कहा था, 'अब मैं कुछ भी सुनना नहीं चाहता। अच्छी तरह से बी.ए. पास करना होगा। काफी समय नष्ट कर चुके हो। 'पाकिस्तान के आन्दोलन' की वजह से कुछ कहा नहीं, पर अब कुछ दिन पढ़ाई-लिखाई करो।' अब्बा, माँ, भाई-बहनों से विदाई लेकर मैं रेणु के कमरे में विदाई लेने आया तो देखा कि हाथों में कुछ रुपए लेकर वह खड़ी थी। 'अमांगलिक

आँसुओं' को लगता है, बड़े कष्ट से उसने रोक रखा था, बोली, 'एक बार कलकत्ता गए तो आना ही नहीं चाहते। अब कॉलेज में छुट्टी होते ही घर आना।'

कलकत्ता में आकर माहवारी चुकता कर जो किताबें मित्रों ने पढ़ने के लिए ली थीं उनमें से कुछ-कुछ मैंने माँग लीं। कॉलेज में जब क्लास करने गया तो प्रोफेसर साहबों को तो पता ही था, और दो-एक ने तो कहा भी, 'समय मिल गया कॉलेज आने का।' कोई उत्तर दिए बिना ही मैं हँस दिया, सहपाठी भी हँसे। पढ़ना चाहने से ही क्या पढ़ाई-लिखाई की जा सकती है। कैबिनेट मिशन तब भारतवर्ष में था। कांग्रेस और मुस्लिम लीग उनकी माँगों के बारे में कैबिनेट मिशन से बातचीत कर रही थी। पाकिस्तान न मानने पर हम भी कुछ नहीं माँगेंगे। मुस्लिम लीग और मिल्लत के ऑफिस में रोज चाय के प्याले में तूफान उठता। बीच-बीच में मीटिंग होती, मैं भाषण भी देता। यह वह समय था जब कैबिनेट मिशन प्लान कांग्रेस और मुस्लिम लीग को ग्रहण करना था जिसमें प्रतिरक्षा, परराष्ट्र तथा योगायोग व्यवस्था केन्द्रीय सरकार के हाथों में होगी तथा बाकी हर विषय प्रदेश के हाथ में। बाद में कांग्रेस ने समझौता तोड़ दिया जिसके फलस्वरूप कैबिनेट मिशन प्लान परित्यक्त हो गया। कैबिनेट मिशन इस प्रकार वार्ता कर रहा था कि हम लोगों को लग रहा था कि अंग्रेज सरकार कांग्रेस के हाथों सत्ता सौंपकर चली जाना चाहती थी। मुहम्मद अली जिन्ना कांग्रेस और ब्रिटिश सरकार को अच्छी तरह जानते-समझते थे इसलिए उन्हें धोखा देना सहज नहीं था।

29 जुलाई को जिन्ना साहब ने ऑल इंडिया मुस्लिम लीग कौंसिल की सभा का आह्वान बम्बई में किया। अर्थ के अभाव के कारण मैं न जा पाया। जिन्ना साहब ने 16 अगस्त को 'डायरेक्ट एक्शन डे' की घोषणा की। उन्होंने विज्ञप्ति के माध्यम से उक्त दिवस को शान्तिपूर्ण तरीके से पालित करने की घोषणा की थी। ब्रिटिश सरकार व कैबिनेट मिशन को वे यह दिखाना चाहते थे कि भारतवर्ष के दस करोड़ मुसलमान अपनी पाकिस्तान की माँग हासिल करने के लिए प्रतिबद्ध हैं और वे किसी बाधा को नहीं मानेंगे। कांग्रेस और हिन्दू महासभा के नेताओं ने यह वक्तव्य देना शुरू किया कि 'डायरेक्ट एक्शन डे' की घोषणा उनके विरुद्ध की गई है।

हमारी फिर पुकार हुई कि उक्त दिवस को सही ढंग से पालित किया जाए। हाशिम साहब ने हम लोगों को लेकर रोज सभाएँ कीं। हम लोगों से कहा, 'तुम लोगों को हर मुहल्ले में जाना होगा। हिन्दू मुहल्लों में भी तुम लोग जाओगे और कहोगे कि हमारा यह संग्राम हिन्दुओं के विरुद्ध नहीं, ब्रिटिश के विरुद्ध है। आइए, हम जाति-धर्म भूलकर इस दिवस का पालन करें।' हम गाड़ी पर माइक लगाकर निकल पड़े। हिन्दू व मुसलमान मुहल्लों में समान रूप से प्रचार शुरू किया। और कोई बात

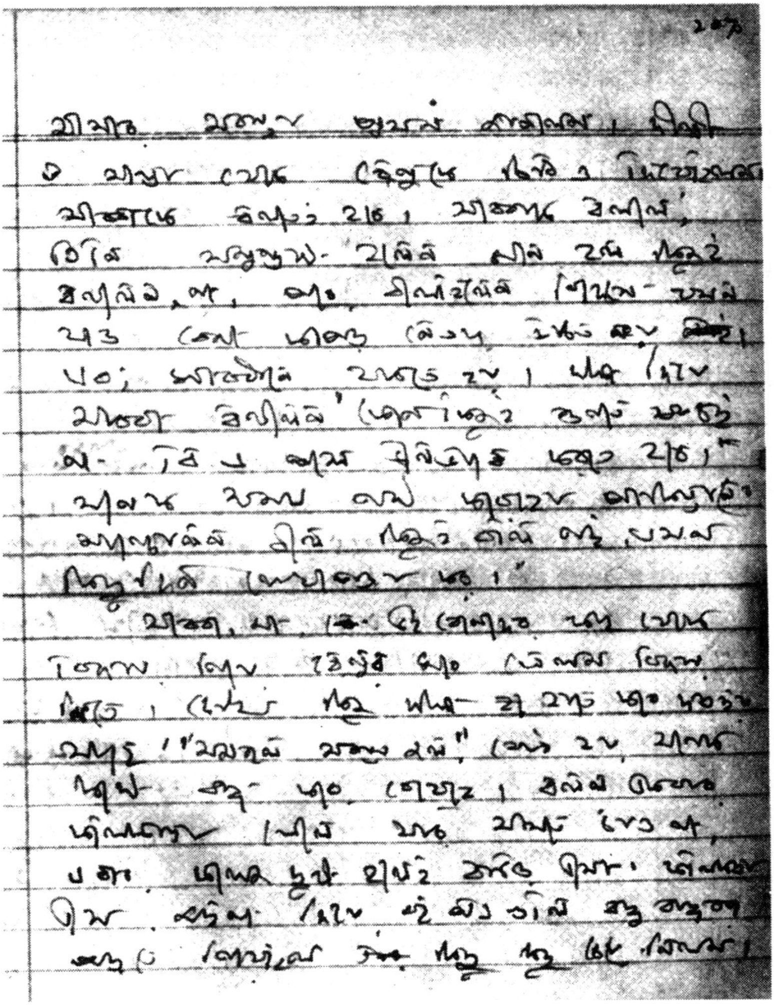

पांडुलिपि के एक पृष्ठ की प्रतिलिपि

नहीं, सिर्फ यह कि 'पाकिस्तान' हमारी माँग है और यह माँग हिन्दुओं के नहीं ब्रिटिश के विरुद्ध है। फॉरवर्ड ब्लॉक[16] के कुछ नेता हमारे भाषण और बयान सुनकर मुस्लिम लीग के ऑफिस आए और यह प्रस्ताव दिया कि हिन्दू और मुसलमान एक होकर यह दिवस पालन करें। हम राज़ी हो गए। किन्तु हिन्दू महासभा और कांग्रेस

के प्रोपेगंडा के सामने वे टिक न पाए। हिन्दू सम्प्रदाय को समझा दिया कि यह हिन्दुओं के विरुद्ध था।

सोहरावर्दी साहब तब बंगाल के प्रधान मंत्री थे। उन्होंने भी कह दिया, 'यह दिवस शान्तिपूर्ण रूप से पालित किया जाए। कोई गड़बड़ी हुई तो मुस्लिम लीग सरकार की बदनामी होगी।' उन्होंने 16 अगस्त को सरकारी छुट्टी घोषित कर दिया। इससे कांग्रेस और हिन्दू महासभा और अधिक ख़फ़ा हो गए।

15 अगस्त को कौन, कहाँ, किस एरिया में रहेगा, तय हो गया। 16 अगस्त को कलकत्ता के ब्रिगेड–मैदान में सभा होगी। सभी अंचलों से जुलूसों में जनता आएगी। कलकत्ता के मुसलमान छात्र सुबह 10 बजे इस्लामिया कॉलेज में इकट्ठा होंगे। इस्लामिया कॉलेज में रहने का भार मुझे सौंपा गया। केवल सुबह 7 बजे हम मुस्लिम लीग का झंडा फहराने कलकत्ता विश्वविद्यालय जाएँगे। मैं और नूरुद्दीन साइकिल से विश्वविद्यालय पहुँचे। झंडा फराया। किसी ने बाधा नहीं पहुँचाई। बाद में सुना कि हमारे लौटने के बाद झंडे को उतारकर फाड़कर फेंक दिया गया था। हम कॉलेज स्ट्रीट से बहूबाज़ार होते हुए इस्लामिया कॉलेज लौट आए। कॉलेज का द्वार और हॉल खोल दिया। और यदि आधा घंटे की देरी कर हम बहू बाज़ार होते हुए आते तो मेरी और नूरुद्दीन की लाश भी किसी को खोजे से न मिलती। हम जब लौट रहे थे तो हमें समझ में आ गया था कि हालात ख़राब थे। नूरुद्दीन मुझे कॉलेज में छोड़ लीग के ऑफिस चला गया, कह गया कि शीघ्र ही लौटेगा।

बेकर हॉस्टल से मात्र कुछेक कार्यकर्ता पहुँचे थे। मैंने सभाकक्ष खोलकर टेबल–चेयर ठीक–ठाक करने को कहा। कुछ मुस्लिम छात्राएँ मनुजान हॉस्टल से इस्लामिया कॉलेज पहुँचीं। ये सभी मुस्लिम छात्र लीग की कार्यकर्ता थीं। उनमें हाजरा बेगम (अब हाजरा महमूद अली), हालिमा ख़ातून (अब नूरुद्दीन साहब की पत्नी), जैनब बेगम (अब मिसेज़ जलील), सादिक़ा बेगम (अब सादिक़ा समद) के नाम मुझे याद हैं। इनके इस्लामिया कॉलेज पहुँचने के कुछ ही मिनटों में देखा कि कुछ छात्र लहूलुहान अवस्था में इस्लामिया कॉलेज पहुँचे। किसी की पीठ पर छुरे का वर था तो किसी का सिर फटा था। क्या करूँ, कुछ समझ नहीं पा रहा था, क्योंकि इस स्थिति के लिए मैं बिलकुल प्रस्तुत नहीं था। लड़कियों ने आगे आकर कहा, 'जो जख्मी हैं, उन्हें हमारे पास भेज दें। और पानी का बन्दोबस्त कर दें।' अब इन्हें कपड़ा कहाँ मिले कि घायलों के बैंडेज कर पाएँ? अपनी–अपनी ओढ़नी, साड़ी काटकर बैंडेज करना शुरू किया। हॉस्टल नज़दीक ही था, मैंने शीघ्र वहाँ खबर की। घायलों की बैंडेज कर, एक परिचित डॉक्टर थे, उनके घर भेजना शुरू किया।

एक छात्र ने कहा कि दल–बल के साथ रहने पर हिन्दू हमला नहीं कर रहे, अकेला–दुकेला पाकर ही हमला कर रहे हैं। खबर यह भी आई कि रिपन कॉलेज में जब छात्र झंडा फहराने गए तो उन पर हमला हुआ।

इस्लामिया कॉलेज के पास ही था सुरेन बनर्जी रोड, उसके पास ही धर्मशाला और वेलिंगटन स्क्वायर जंक्शन, जहाँ लगभग सभी हिन्दू निवासी थे। हमारे पास खबर आई कि वेलिंगटन स्क्वायर की मस्जिद पर हमला हुआ है और इस्लामिया कॉलेज की ओर हिन्दू बढ़े आ रहे हैं। कुछ छात्रों को छात्राओं के पास छोड़, हम चालीस–पचास छात्र निहत्थे ही धर्मतल्ला के मोड़ तक गए। साम्प्रदायिक दंगा कहते किसे हैं, यह धारणा भी उस वक्त तक मुझे नहीं थी। देखा सैकड़ों हिन्दू सम्प्रदाय के लोग मस्जिद पर हमला कर रहे थे। मौलवी साहब दौड़े–दौड़े हमारी ओर आ रहे थे, और उनके पीछे लाठी–तलवार हाथों में लिये लोगों का एक दल दौड़ा आ रहा था। नज़दीक ही मुसलमानों की कुछ दुकानें थीं। कुछ लोग लाठियाँ लेकर हमारे पास आ खड़े हुए। हमारे बीच से कुछ लोगों ने नारा लगाना शुरू किया—'पाकिस्तान ज़िन्दाबाद'। देखते ही देखते काफी लोग इकट्ठा हो गए। हिन्दू तब तक हमारे सामना–सामनी आ पहुँचे थे, उन्हें रोकने के अलावा और कोई चारा नहीं था। ईंट, पत्थर, जिसे जो मिला, उसी को लेकर मुकाबला करने लगा। हम कुल मिलाकर डेढ़ सौ से अधिक लोग नहीं थे। किसी ने पीछे से आकर आत्मरक्षार्थ हमारे हाथों में लाठियाँ थमा दीं। इससे पहले केवल ईंट–पत्थर से मारामारी चल रही थी। इसी बीच एक विशाल जुलूस आ पहुँचा। इसे कई जगह बाधा दी गई किन्तु रोकना सम्भव न हुआ। उनमें सभी के हाथों में लाठियाँ थीं। वे सब आकर हमारे साथ मिल गए। कुछ मिनटों के लिए हिन्दू लौट गए, हम भी लौट आए। इस बीच कुछेक बार पुलिस ने आकर अश्रु–गैस छोड़ी और चली गई। पुलिस का पहरा था। अब सारे कलकत्ता में हाथापाई और मारामारी चल रही थी। मैं यह कह सकता हूँ कि मुसलमान दंगों के लिए बिलकुल प्रस्तुत न थे।

हम ब्रिगेड–मैदान की ओर रवाना हुए। हमें यों भी देरी हो रही थी। सभा में लाखों लोग उपस्थित थे। कालीघाट, भवानीपुर, हैरिसन रोड, बड़ाबाज़ार, हर जगह जुलूसों पर हमले हुए। शहीद साहब ने भाषण दिया और शीघ्रातिशीघ्र सभी को घर लौट जाने का हुक्म दिया। किन्तु जिनके घर या मुहल्ले हिन्दू इलाकों में थे वे कहाँ जाएँ? मुस्लिम लीग का ऑफिस लोगों की भीड़ से भरा था। वही अवस्था कलकत्ता सिटी मुस्लिम लीग के ऑफिस की भी थी। बहुतेरे लोग ज़करिया स्ट्रीट चले गए। वेलेसली, पार्क–सर्कस, बेनियापुकुर इलाकों को मुसलमानी इलाका कहा जा सकता है। ज़ख़्मी हुए बहुतेरे लोग वहाँ आए; उन्हें मेडिकल कॉलेज, कैम्बेल व इस्लामिया अस्पताल में भेजना पड़ा। मिनट–मिनट पर टेलीफोन आ रहे थे जिनमें एक ही आग्रह था, 'हमें बचाओ, हम अटके पड़े हैं। रात में ही बाल–बच्चों समेत खत्म हो जाएँगे।' कुछ लोग टेलीफोन के पास ही बैठे थे, केवल टेलीफोन नम्बर और ठिकाना लिखकर रखने के लिए। लीग ऑफिस रिफ्यूजी कैम्प हो गया था। इस्लामिया कॉलेज भी खोल दिया गया था। कलकत्ता मदरसा जब खोलने गए तो दरबान

खोलना ही नहीं चाह रहा था। मैं दौड़कर प्रिंसिपल साहब के पास गया तो उन्होंने स्वयं आकर दरवाज़ा खोलने का हुक्म दिया। आसपास से कुछ-कुछ लोग आकर कुछ-कुछ खबरें देने लगे। बेकर हॉस्टल, इलियट हॉस्टल पहले ही भर गए थे। अब चिन्ता यह थी कि टेलर हॉस्टल के लड़कों को कैसे बचाया जाए। कोई किसी तरह का जुगाड़ नहीं बैठ रहा था। कुछ छात्र दोपहर में चले आए थे और कुछ अटक गए थे। बिल्डिंग ऐसी थी जिसमें एक ही गेट था। चारों ओर हिन्दुओं के मकान, आग लगाते ही सारा मुहल्ला खत्म हो जाता। रात में कई बार गेट तोड़ने की कोशिश हुई, पर सफलता नहीं मिली। सोहरावर्दी साहब से सम्पर्क नहीं हो पा रहा था। फोन करने पर पता चलता लाल बाज़ार में हैं। लाल बाज़ार पुलिस मुख्यालय था। नूरुद्दीन ने काफी रात गए एक बड़ी गाड़ी और कुछ पुलिस जुगाड़कर उनका उद्धार कर लाने की व्यवस्था की। अनेक हिन्दू तालतला, वेलेसली इलाकों में थे। उनमें से कुछ लोगों ने गुप्त रूप से हमसे मदद माँगी। बहुत कष्ट कर हम कुछ परिवारों को हिन्दू इलाकों में, जोखिम उठाकर, भेज पाने में सक्षम हुए। बेकर हॉस्टल के आसपास जो थोड़े से हिन्दू परिवार थे, उनकी भी रक्षा की जा सकी। इन्हें एक बार सुरेन बनर्जी रोड तक किसी प्रकार भेजना था।

मैं खुद भी काफी फिक्रमन्द था, क्योंकि हम छह भाई-बहनों में पाँच जन उस वक्त कलकत्ता और श्रीरामपुर में थे। मँझली बहन की मुझे कोई फिक्र नहीं थी क्योंकि वह बेनियापुकुर में थी। एक बहन वहाँ घूमने आई थी। एक बहन श्रीरामपुर में थी। एकमात्र भाई शेख़ अबू नासेर मैट्रिक में पढ़ रहा था। बिलकुल बच्चा-सा था। कभी मँझली बहन के घर, कभी छोटी बहन के घर तो कभी मेरे पास आता-जाता रहता। वह किसी की भी बात अधिक सुनता नहीं था। बचपन में काफी ऊधमी था। ब्रिगेड-मैदान आया जरूर था किन्तु लौटकर मेरे पास नहीं आया। कौन जाने जीवित है भी, या नहीं। श्रीरामपुर की स्थिति भी बहुत ख़राब थी। उस मुहल्ले में मेरी एक बहन रहती है। वहाँ मात्र दो परिवार मुसलमानों के हैं।

कलकत्ता शहर में यहाँ-वहाँ लाशें बिखरी पड़ी थीं। मुहल्लों के मुहल्ले आग की भेंट चढ़ गए थे। भयानक दृश्य था। इनसान इनसान की इस प्रकार हत्या कर सकता है, सोचकर भी डर लगता है। एक-एक कर मैंने खोज-खबर लेना शुरू किया। छोटे बहनोई हैरिसन रोड के टॉवर-लॉज में रहते थे। फायर ब्रिगेड की गाड़ी से वहाँ जाकर खबर ली तो पता चला वे कारमाइकेल हॉस्टल में चले गए थे। नासेर मँझली बहन के पास भी नहीं था और मेरे पास भी नहीं। सबसे छोटे बहनोई सैयद हुसैन से पूछा तो उसने बताया, 'नासेर भाई 16 अगस्त को मेरे यहाँ आए थे, रुकने को कहा तो वे रुके नहीं, मैंने भी जोर नहीं दिया क्योंकि मेरी जगह ठीक नहीं थी। हमें भी भागना होगा।'

इसके बाद कोई खबर नहीं मिली। कैसे खबर लूँ? लेडी ब्रैबर्न कॉलेज में

रिफ्यूजियों के रहने का बन्दोबस्त किया गया था। पहली मंजिल पर महिलाएँ और नीचे पुरुष। कार्यकर्ताओं का बँटवारा कर दिया गया था। मुझे भी बीच-बीच में रहना पड़ता था। मुसलमानों को निकालकर लाने का काम भी करना पड़ रहा था। दो-एक जगह उद्धार-कार्य करते-करते आक्रमित भी होना पड़ा। हमने हिन्दुओं को निकालकर उन्हें हिन्दू मुहल्लों में भेजने में भी मदद की। ऐसा लग रहा था मानो मनुष्य अपना मनुष्यत्व खोकर पशु में परिणत हो गया हो। पहले दिन 16 अगस्त को मुसलमानों को काफी मार खानी पड़ी। अगले दिन मुसलमानों ने हिन्दुओं को जमकर पीटा। बाद में अस्पताल के हिसाब-किताब से यही नज़र आया।

इधर हॉस्टलों में चावल-आटा खत्म हो गया। लूटपाट के डर से कोई दुकान नहीं खोल रहा था। मैं शहीद साहब के पास गया कि क्या किया जाए? वे बोले, 'नवाबज़ादा नसरुल्ला (ढाका के नवाब हबीबुल्ला साहब के छोटे भाई, जो बहुत मिलनसार, शहीद साहब के भक्त व डिप्टी चीफ व्हिप थे) को भार सौंपा है, जाकर उनसे भेंट करो।' हम उनके पास दौड़े। वे हमें लेकर सेंट ज़ेवियर्स कॉलेज गए और बोले, 'चावल यहाँ रखा है, तुम लोग ले जाने का बन्दोबस्त करो। हमारे पास गाड़ी नहीं है। प्रायः सारी गाड़ियाँ मिलिटरी ले गई है। किन्तु कुछ देरी करने पर गाड़ी का बन्दोबस्त किया जा सकता है।' हम ठेलागाड़ी ले तो आए, पर ठेलेगा कौन? मैं, नूरुद्दीन और नूरुल हुदा (अभी डी.आई.टी. के इंजीनियर), इन तीनों जनों ने ठेलागाड़ी पर चावल लादकर ठेलना शुरू किया। नूरुद्दीन साहब तो 'तालपत्ते के सिपाही' थे यानी उनके शरीर में दम तो था ही नहीं। हम तीनों ने ठेलागाड़ी से चावल बेकर हॉस्टल, इलियट हॉस्टल में पहुँचा दिया। अब कारमाइकेल हॉस्टल में कैसे पहुँचाएँ? एक तो काफी दूर, और फिर हिन्दू मुहल्ला पार कर जाना होगा। ठेलागाड़ी से पहुँचाना तो लगभग असम्भव था। नूरुद्दीन कुछ चेष्टा कर फायर ब्रिगेड की एक गाड़ी का जुगाड़ कर लाया। हम तीनों कुछ चावल कारमाइकेल हॉस्टल में पहुँचाकर लौट आए।

सुना कि श्रीरामपुर में कोई गड़बड़ी नहीं हुई, किन्तु नासेर कहाँ है? खबर लाने के लिए मैंने श्रीरामपुर में आदमी भेजा। दंगे और लूटपाट कुछ रुकी थी। नासेर 16 अगस्त को कलकत्ता आया था। हैरिसन रोड में आकर विपत्ति में पड़ गया। किसी तरह एक एम्बुलेंस गाड़ी में चढ़कर जान बचाई। नासेर का एक पैर बचपन में टायफॉइड से बेकार हो गया था। उसे लँगड़ाकर और पैर खींच-खींचकर चलना पड़ता था। वही पैर दिखाकर वह एम्बुलेंस में चढ़ गया, दिन-भर एम्बुलेंस में रहा, शाम को हावड़ा से ट्रेन में चढ़कर श्रीरामपुर गया। ट्रेन में तीन घंटे लगते थे। ट्रेन पर कई बार हमले भी हुए, पर किसी तरह वह बच गया। किन्तु एक बात सच है और वह यह कि मुसलमानों की रक्षा करते हुए अनेक हिन्दुओं को भी मुसीबत का सामना करना पड़ा था। जान तक देनी पड़ी थी। उसी प्रकार मुहल्ले और पड़ोस के हिन्दुओं की रक्षा करने में अनेक मुसलमानों ने भी अपना जीवन दिया। इसका प्रमाण

खुद मैंने पाया। मुस्लिम लीग के ऑफिस में जो सब टेलीफोन आते थे। उनमें कई टेलीफोन हिन्दुओं के होते थे। उन्होंने अपने घरों में मुसलमानों को आश्रय दे रखा था। उनका आग्रह था कि उन मुसलमानों को शीघ्र ही वहाँ से निकाला जाए अन्यथा आश्रित मुसलमानों के साथ-साथ वे भी मारे जाएँगे।

एक दल ऐसे लोगों का था जिन्हें दंगे से कोई फर्क नहीं पड़ता था और जो सिर्फ दुकानों को तोड़ने और लूटपाट में लगे थे। ऐसे एक व्यक्ति को रोकने जाकर मैं खुद मुसीबत में फँस गया था, मुझ पर हमला तक हो गया था। कर्फ्यू जारी हो गया था, रात को कहीं जाया नहीं जा सकता था। शाम के बाद रास्ते पर निकलना जान जोखिम में डालना था। कोई सवाल-जवाब नहीं, देखते ही गोली मारने का हुक्म था। भोर के समय देखने में आता कि अनेक लोग रास्ते में गोली के शिकार हुए मरे पड़े हैं। कोई बात नहीं, सीधे गोली।

एक बार मुझ पर और सिलहट के मुअज्जम चौधरी (अभी कन्वेंशन मुस्लिम लीग के एम.एन.ए.) पर यह भार दिया गया कि रात को पार्क-सर्कस और बालीगंज के बीच मुसलमानों की जो एक बस्ती है और जिस पर हर रात हिन्दू हमला करते थे, हम उस बस्ती पर पहरा दें। क्योंकि बन्दूक चलानेवाले लोगों की कमी थी। मैं और मुअज्जम बन्दूक चला सकते थे। मेरे और मुअज्जम के पिता के पास बन्दूक थी और हम गोली चला पाते थे।

शाम होने को थी कि मिल्लत के ऑफिस से खबर आई उसके इलाके में जाने की। गाड़ी कोई थी नहीं इसलिए हम लगभग दौड़ते-दौड़ते रवाना हुए, क्योंकि शीघ्रातिशीघ्र पैदल ही वहाँ पहुँचना था। हम लोअर सर्कुलर रोड पार कर छोटे से रास्ते में घुसे ही थे कि कर्फ्यू का समय हो गया। कब्रिस्तान की बगल से मैं चलने लगा। गाड़ी की आवाज़ आते ही हम छिप जाते और गाड़ी के जाते ही चल पड़ते। बड़े कष्ट से हम पार्क-सर्कस मैदान के पीछे आए। अब मैदान पार कैसे करें? काफी देर चेष्टा करने के बाद मैदान के पीछे से 'सौगात' प्रेस के मालिक और सम्पादक मुहम्मद नासिरउद्दीन साहब के मकान के पास पहुँचा। वहाँ से और एक रास्ता पार कर एक मित्र के मकान में घुसा। किन्तु अब क्या करूँ? मित्र के पिता व माता किसी भी हालत में हमें निकलने देने को राज़ी नहीं हुए। कारण यह कि रास्ते के मोड़ पर मिलिटरी पहरा दे रही थी। वे तो परछाईं देखकर भी गोली मार देते। कोई चारा न था। रात हमें वहीं काटनी पड़ी। हम निर्दिष्ट जगह तक पहुँच नहीं पाए। हालाँकि उस रात कोई और गोलमाल नहीं हुआ। प्राय: डेढ़ मील का रास्ता हमने तय किया था। हम किसी भी समय गोली से मर सकते थे।

पार्क-सर्कस अंचल के न्यायाधीश सिद्दीकी, जनाब अब्दुल रशीद, जनाब तोफ़ज़्ज़ल अली (भूतपूर्व मंत्री) तथा और भी अनेक लोग डिफेंस पार्टी को नेतृत्व देते थे। हम स्वयंसेवक थे। सियालदह और हावड़ा स्टेशनों पर हिन्दू और मुसलमानों

के कैम्प लगे थे ताकि बाहर से कोई भी आकर हिन्दू या मुसलमान मुहल्लों में न जाए क्योंकि मुसलमान यदि हिन्दू मुहल्लों में और हिन्दू यदि मुसलमान मुहल्लों में गए तो बचना मुश्किल था। कलकत्ता में महिलाओं के बीच जनाब सोहरावर्दी की पुत्री मिसेज सुलेमान, नवाबज़ादा नसरुल्ला की पुत्री इफ्फात नसरुल्ला, बेगम अख़्तर अली, साप्ताहिक 'बेगम' पत्रिका की सम्पादिका नूरजहाँ बेगम, बेगम रशीद, रुकैया कबीर एवं मनुजान हॉस्टल तथा ब्रैबर्न कॉलेज की लड़कियों ने काफी मेहनत की थी। वे महिलाओं के बीच दिन-रात रिफ्यूजी सेंटर का काम करतीं और पुरुषों के वह काम हमें करने पड़ते। रात में थोड़ी असुविधा होती फिर भी हाजेरा महमूद अली, हालिमा नूरुद्दीन तथा कुछ अन्य को सारी-सारी रात परिश्रम करते देखा। कलकत्ता की हालत काफी भयावह हो गई थी। मुसलमान लोग मुसलमान मुहल्लों में चले आए थे और हिन्दू लोग हिन्दू मुहल्लों में चले गए थे। दोस्तों के साथ मेल-मुलाक़ात की जगह थी एकमात्र इस्प्लैनेड, जिसे हम चौरंगी कहते थे। अब तो अवस्था और भी ख़राब हो गई थी। कुछ दिनों तक कोई गोलमाल नहीं हुआ था, हठात् एक जगह मामूली सा गोलमाल हुआ और छुरे से मारामारी शुरू हो गई। शान्ति रक्षा के लिए शहीद साहब दिन-रात परिश्रम कर रहे थे। कलकत्ता में चौदह-पन्द्रह सौ पुलिसवालों में केवल पचास-साठ मुसलमान थे। यही अवस्था अफ़सरों की भी थी। शहीद साहब लीग सरकार चलाएँ तो कैसे? उन्होंने और एक हज़ार मुसलमानों को पुलिस में भर्ती करना चाहा तो तत्कालीन गवर्नर ने आपत्ति जताई। शहीद साहब ने पदत्याग की धमकी दी तो वे राज़ी हुए। पंजाब से युद्ध से वापस आई मिलिटरी के लोगों को लाकर उन्होंने भर्ती किया। इससे काफी हो-हल्ला मचा। कांग्रेस व हिन्दू महासभा के पत्रों ने अधिक शोरगुल किया।

कलकत्ता में दंगों के बन्द होते न होते नोआखाली में दंगे शुरू हो गए। वहाँ मुसलमानों ने हिन्दुओं के घरों-मकानों को लूटा और आग लगा दी। ढाका में तो दंगे लगे ही थे। इसकी प्रतिक्रियास्वरूप बिहार में भयावह दंगे शुरू हो गए। बिहार प्रदेश के विभिन्न ज़िलों में योजनाबद्ध रूप से मुसलमानों पर हमले हुए जिनमें अनेक लोग मारे गए और बहुतेरे घर-मकान ध्वंस हुए। दंगा शुरू होने के तीन दिन पश्चात् ही हम पटना के लिए रवाना हुए। बहुत सारे स्वयंसेवक भी रवाना हो गए थे। कलकत्ता से कई डॉक्टर भी वहाँ गए थे। मेरा कलकत्ता के एक साथी कार्यकर्ता मिस्टर याकूब, जो अच्छा फोटोग्राफर था, अपना कैमरा ले गया था। उसने बिहार में घूम-घूमकर अनेक फोटो लीं। ज़हीरुद्दीन, नूरुद्दीन और मैं जिस दिन गए उसी दिन जनाब फ़ज़लुल हक़ साहब भी पटना रवाना हुए। शहीद साहब ने पटला में मुस्लिम लीग के नेताओं को सूचना दी कि जरूरत हुई तो कोई भी मदद देने को

बंगाल सरकार तैयार थी। यही बात उन्होंने बिहार सरकार को भी बता दी। हम जब पटना में उतरे तो वहाँ की अवस्था देखकर हमें सचमुच डर लगने लगा। किसी को पहचानते नहीं थे, कहाँ से कहाँ जाएँ! किन्तु जहीर कई बार पटना जा चुका था। हम बिहार सरकार के एक मंत्री मिस्टर यूनुस, उनका एक होटल था 'ग्रेंड होटल', उसी होटल में हाज़िर हुए। वहाँ बेंगाल मुस्लिम लीग की ओर से मौलाना रागीब अहसन साहब ने ऑफिस खोल रखा था। उस दिन अब्दुर रब निस्तार साहब पटना आए। हमने एक साथ कॉन्फ्रेंस की कि क्या किया जाए! तीन दिन पश्चात् नूरुद्दीन कलकत्ता चला गया। जहीर पटना में रहा। हमने पूछा, 'बिहार में हम क्या मदद कर सकते हैं? शहीद साहब ने कहा है, ट्रेन में भरकर रिफ्यूजी यदि आसनसोल पहुँचा दिए जाएँ तो बंगाल सरकार उनका सारा दायित्व लेने को राज़ी है।' जनाब अकमल (आई.सी.एस.) ने मुझसे पूछा, 'शहीद साहब की तरफ से आप कैसे बात कर सकते हैं?' मेरी कम उम्र देखकर वह विश्वास ही नहीं करना चाहते थे कि इस विषय में शहीद साहब मेरे साथ बातचीत कर सकते थे। मैंने उनसे कहा, 'मैं शहीद साहब का मतामत जानता हूँ और उनकी ओर से कुछ बातें कह भी सकता हूँ।' कई लोग मेरे मुँह की ओर देखते रहे। मैंने शहीद साहब का फोन नम्बर देकर कहा, 'टेलीफोन करके देख सकते हैं।'

सुबह फिर बैठने की बात थी। अकमल साहब मुझसे बोले, 'आज से ही हम आसनसोल में आदमी भेजेंगे।' जो लोग गाँव से शहर आ रहे हैं, उन सभी को जगह दे पाना एकदम असम्भव था। अंजुमने-इस्लामिया तथा अन्य जो जगहें तय की गई थीं, वहाँ और जगह नहीं थी। सीमान्त से पीर मानकी शरीफ़ का दल, अलीगढ़ से मेरे मित्र मुस्तफा व सैयद अहमद अली समेत काफी छात्र कार्यकर्ता आए थे। कलकत्ता से छात्र, डॉक्टर, नेशनल गार्ड आदि मिलाकर प्राय: हजार व्यक्ति पटना में जमा हुए थे। दूर-दूर के गाँव से पीड़ितों का उद्धार कर लाया जा रहा था। मैं करीब हजार रिफ्यूजियों को लेकर आसनसोल के लिए रवाना हुआ। आसनसोल मुस्लिम लीग के नेता मौलाना यासीन साहब को टेलीग्राम कर दिया गया था। वे दो ट्रक और कुछ वॉलिंटियर लेकर स्टेशन पर हाजिर थे। लोगों को प्लेटफॉर्म पर ही रखा गया। कई लोग जख्मी थे। नूरुद्दीन ने शहीद साहब को परिस्थिति से अवगत कराया। शहीद साहब को पटना से भी खबर दी गई थी। उन्होंने ज़िला मैजिस्ट्रेट व एस.डी.ओ. को हुक्म दिया कि सभी लोगों के रहने व खाने-पीने की व्यवस्था की जाए।

नूरुद्दीन ने कलकत्ता से मेरी मदद के लिए कुछ स्वयंसेवक और डॉक्टर भेज दिए। एस.डी.ओ. कोई यूरोपियन थे, जो युवक और बड़े भले आदमी थे। शहीद साहब ने हुक्म दिया था कि ज़ो बैरक युद्ध के समय फौज के रहने के लिए बनी थीं, उनमें रिफ्यूजियों को रखा जाए। सरकार की ओर से खाने-पीने का इन्तजाम किया गया था। उसके वितरण की समुचित व्यवस्था के लिए एस.डी.ओ., आसनसोल,

मुस्लिम लीग के नेताओं और मैंने एक बैठक की। पहले कैम्प खोला गया 'निगाह' नाम के एक छोटे-से गोदाम में, जहाँ हजार लोग आ सकते थे। बाद में कांदुलिया कैम्प खोला गया। इसमें प्रायः दस हजार लोगों के लिए जगह थी। मैंने इस कैम्प को नाम दिया 'हिजरतगंज'। मौलाना यासीन ने इस नाम को ग्रहण किया और खुश हुए। आसनसोल स्टेशन में और बाद में रानीगंज स्टेशन पर मुहाजिरों (शरणार्थियों) को उतारा जाता, फिर ट्रक में भरकर कैम्पों में लेकर आया जाता। मेरे साथ हर वक्त काम में लगे रहते मौलाना वाहिद साहब। हम एक साथ पढ़ते थे, अब वे शाहजादपुर के पीर साहब हैं।

हमारे खाने-पीने का कोई बन्दोबस्त न था लिहाजा मुहाजिरों के लिए जो पकता उसी से हम कुछ खा लेते। दुकान वगैरह तो कुछ थी नहीं। सैकड़ों लोग रोज आ रहे थे। दिन में एक वक्त से अधिक भोजन हम नहीं दे पाते थे। एक अस्पताल भी किया था। मैमनसिंह के डॉ. अब्दुल हमीद एवं गफरगाँव के डॉ. हज़रत अली उस अस्पताल में काम करते। आसनसोल के एस.डी.ओ. मिस्टर रोज़ चार-पाँच दिनों बाद एक वृद्धा मेम साहब को लेकर आए कि वह हमारे काम को प्लान करने में मदद करेंगी, क्योंकि यह भद्र महिला युद्ध के समय ब्रह्मदेश (बर्मा) से जब लोग भागकर आ रहे थे, उस वक्त सरकारी कैम्प से जुड़ी थीं। उन्होंने जो प्लान दिया, उससे काम में सुविधा हुई।

छह-सात दिनों बाद बंगाल सरकार ने जनाब सलीमुल्ला फहमी को बिहार मुहाजिरों का भारप्राप्त कर्मचारी नियुक्त किया। आसनसोल आकर उन्होंने मुझे ढूँढ़ा। बाद में मॅयरा कैम्प में आकर मुझसे भेंट हुई। वे कैम्पों को सरकारी तत्त्वावधान के अन्तर्गत ले गए। मुस्लिम लीग के स्वयंसेवकों ने भी काम किया। मैं और सलीमुल्ला साहब ने परामर्श कर मुहाजिरों में से सुपरिंटेंडेंट, असिस्टेंट सुपरिंटेंडेंट, राशन इंचार्ज, दरबान व अन्य कर्मचारियों की नियुक्ति की।

एक जगह खाना पकाना सम्भव नहीं हो पा रहा था। राशन कार्ड बनाकर प्रत्येक परिवार को मुफ्त चावल, जलावन की लकड़ी, मिर्च, प्याज आदि सबकुछ हफ्ते भर के लिए दे दिया जाएगा। केवल मांस एक दिन छोड़कर एक दिन दिया जाएगा, यह तय हुआ। मुहाजिर इस इन्तजाम से खुश हुए। यह सब ठीक-ठाक करने में एक महीना लग गया। इसी समय बिहार से ज़फ़र इमाम साहब यह देखने आए कि बंगाल के लोगों ने मुहाजिरों को किस प्रकार रखा है। वे हमारे ऑफिस में मुझसे भी मिले। हमने एक ऑफिस खोला था, उसके करीब ही हम लोग रहते थे। वहीं भोजन पकाने का भी बन्दोबस्त था। हमारे इन्तजाम और हमारे संगठन को देखकर उन्होंने मुझे और मेरे साथियों को अनेक धन्यवाद दिया। उन्होंने मुहाजिरों के साथ भेंट कर उनकी सुविधाओं-असुविधाओं का जायज़ा लिया।

बाद में मैंने मॅयरा और मधाईगंज में कैम्प खोले। इन दो कैम्पों में प्रायः दस

हज़ार मुहाजिरों को स्थान दिया गया। इनमें कई शिक्षित व भद्र परिवार भी थे। मुहाजिरों को अब और आसनसोल इलाके में जगह दे पाना सम्भव न होगा, इसलिए इसके बाद हमने कुछ-कुछ मुहाजिरों को विष्णुपुर, अंडाल व बर्दवान भेजा। मेरे साथ जो भी कार्यकर्ता आहार-निद्रा के अभाव और अत्यधिक काम के दबाव में कार्यरत थे, प्रायः सभी अस्वस्थ हो गए थे इसलिए अनेक को मैंने पहले ही कलकत्ता भेज दिया था। खुद मुझे ज्वर हो गया था। उस समय मुहम्मद अली और ए.एफ.एम. अब्दुर रहमान मंत्री थे। वे बेगम सुलेमान, इफ्फात नसरुल्ला तथा अन्य कुछ कर्मचारियों के साथ आसनसोल आए। मुझे पहले ही सूचना भेज दी थी। मैं भी उनसे मिलने आसनसोल गया था। उन्हें साथ लेकर कैम्पों का मुआयना भी कराया था। सभी से विदा लेकर उनके साथ ही रवाना होकर कलकत्ता लौटने को मैं बाध्य हुआ था। बेगम सुलेमान मेरे शरीर व स्वास्थ्य को देखकर आश्चर्यचकित रह गई थीं।

अस्वस्थ शरीर लेकर मैं डेढ़ महीने बाद कलकत्ता में हाजिर हुआ। बेकर हॉस्टल में आकर मैं और अधिक अस्वस्थ हो गया। मेरा बुखार उतर ही नहीं रहा था। शहीद साहब को जब खबर मिली तो इतने कामों के बीच भी मेरे जैसे मामूली कार्यकर्ता के बारे में भूले नहीं। ट्रॉपिकल स्कूल ऑफ मेडिसिन के यूरोपियन वार्ड में मेरे लिए एक सीट निर्धारित कर खबर भेज दी। मैं पन्द्रह दिनों तक अस्पताल में था, वे फोन कर प्रिंसिपल से खबर ले लिया करते थे। इसीलिए स्वयं प्रिंसिपल मुझे देखने आते थे। ठीक होकर मैं फिर हॉस्टल में लौट आया।

आसनसोल में यूरोपियन भद्र महिला से तथा अपने हाथों काम करने से जो अनुभव प्राप्त हुआ था, परवर्ती जीवन में मुझे उसका विभिन्न समयों व विभिन्न कामों में काफी लाभ मिला। इसी बीच मैंने मन स्थिर कर तय किया कि मुझे बी.ए. की परीक्षा देनी होगी। डॉ. जुबेरी हमारे प्रिंसिपल थे, मैंने उनसे भेंट की। उन्होंने कहा, 'पाकिस्तान अर्जन के लिए तुमने पर्याप्त काम किया है। मैं तुम्हारे काम में बाधा देना नहीं चाहता परन्तु तुम वादा करो कि इन कुछ महीनों में तुम पढ़ाई-लिखाई करोगे एवं कलकत्ता छोड़कर बाहर कहीं नहीं जाओगे और फाइनल परीक्षा से पहले ही आकर परीक्षा दोगे, तब मैं तुम्हें अनुमति दूँगा।' तब टेस्ट परीक्षा हो चुकी थी। मैंने प्रोफेसर ताहेर जमील, प्रोफेसर सईदुर रहमान एवं प्रोफेसर नज़ीर अहमद के सामने वादा किया। अनुमति लेकर मैं अपने एक बाल्यकाल के मित्र व सहपाठी, जिसका नाम था शेख़ शहादत हुसैन, जिसने 1946 में बी.ए. पास किया तथा अभी जो हावड़ा के उल्टाडांगा में नौकरी करता है, के पास अपनी सारी किताबें आदि लेकर चला गया।

परीक्षा से कुछ दिन पूर्व मैं कलकत्ता चला आया। हॉस्टल छोड़ दिया था। मेरी छोटी बहन के पति बरिशाल के एडवोकेट अब्दुर रब सेरनियाबात ने उस वक्त पार्क-सर्कस में एक घर किराए पर लिया था, मेरी बहन भी रहती थी। मैं उसी के पास जाकर ठहर गया। कुछ दिनों बाद रेणु भी कलकत्ता आ पहुँची। उसकी धारणा थी कि परीक्षा के समय वह मेरे साथ रही तो मैं अवश्य पास हो जाऊँगा। मैंने बी.ए. परीक्षा दी और पास हो गया।

शेख़ शहादत हुसैन ने दो महीने छुट्टी लेकर मेरी पढ़ाने में मदद की। परवर्ती जीवन में उसने मुझे काफी क्षति पहुँचाई परन्तु उसके उस उपकार के कारण मैंने कभी उसे कुछ नहीं कहा। उसका और मेरा घर काफी नज़दीक था।

हाशिम साहब मुस्लिम लीग के सभापति होना चाह रहे थे, क्योंकि मौलाना अकरम ख़ाँ ने पदत्याग किया था। शहीद साहब राज़ी नहीं हुए और मौलाना साहब से अनुरोध कर पदत्यागपत्र का प्रत्याहार करा दिया। हाशिम साहब नाराज होकर लीग के सेक्रेटरी पद से छुट्टी लेकर बर्दवान चले गए थे। जब भी वे कलकत्ता आते तो मिल्लत के प्रेस में ही रहते। यह वह समय था जब हाशिम साहब छात्रों और युवकों के बीच अपनी लोकप्रियता काफी गँवा चुके थे। उन पर से हममें से अनेक का मोहभंग हो चुका था।

बहुत सारी बातें थीं। वे कलकत्ता आते ही शहीद साहब के विरुद्ध समालोचना करते। इसका प्रधान कारण यह था कि 'मिल्लत' पत्र को दैनिक करने में मदद करने के बजाय उन्होंने दैनिक इत्तेहाद पत्र निकाल लिया था, जिसके व्यवस्थापक थे नवाबज़ादा हसन अली साहब और सम्पादक थे अबुल मंसूर अहमद साहब। मौलाना अकरम ख़ाँ साहब का पत्र दैनिक आज़ाद भी शहीद साहब पर ख़फ़ा हो गया था। और उसका कारण यह था कि पहले तो एकमात्र आज़ाद था मुसलमानों का दैनिक, अब एक और पत्र निकलने से मौलाना साहब से अधिक तो उनका दल-बल ख़फ़ा था।

1946 के आखिर में भारत की राजनीति में एक जटिल परिस्थिति पैदा हुई थी। ब्रिटिश सरकार किसी भी प्रकार सत्ता के हस्तान्तरण के लिए उद्यत थी। कैबिनेट मिशन का प्रस्ताव मुस्लिम लीग ने ग्रहण किया था, किन्तु कांग्रेस पहले ग्रहण करने के बाद पीछे हट गई, उसके बावजूद कांग्रेस को लेकर अन्तरिम सरकार के गठन की घोषणा बड़े लाट लॉर्ड वेवेल ने की। लॉर्ड वेवेल ने मुस्लिम लीग के साथ अच्छा व्यवहार नहीं किया था इसलिए मुस्लिम लीग ने अन्तरिम सरकार में शामिल होने से इनकार कर दिया। हालाँकि लॉर्ड वेवेल ने घोषणा की थी कि मुस्लिम लीग के लिए पाँच मंत्रिपद खाली हैं, इच्छा हो तो किसी भी क्षण वह शामिल हो सकती है। सरकार में शामिल न होकर मुस्लिम लीग कुछ असुविधा में पड़ गई थी। अन्ततः

जनाब सोहरावर्दी लॉर्ड वेवेल से मिले तथा उनसे बातचीत की ताकि मुस्लिम लीग अन्तरिम सरकार में शामिल हो सके। मिस्टर जिन्ना ने उन्हें वार्ता की अनुमति दी थी। आखिरकार जिन्ना-वेमेल वार्ता के बाद मुस्लिम लीग सरकार में शामिल होने को राज़ी हुई। अक्टूबर महीने के आखिर में लियाक़त अली ख़ान, आई.आई. चुन्द्रीगड़, अब्दुर रब निस्तार, राजा गजनफर अली ख़ान एवं योगेन्द्र नाथ मंडल ने मुस्लिम लीग की ओर से अन्तरिम भारत सरकार में योगदान किया। मुस्लिम लीग यदि केन्द्रीय सरकार में योगदान न करती तो कांग्रेस किसी भी सूरत में पाकिस्तान की माँग मानना न चाहती।

1947 के जून महीने में घोषणा हुई कि भारतवर्ष का बँटवारा होगा। कांग्रेस भारतवर्ष के बँटवारे के लिए इसलिए राज़ी हुई कि बंगाल और पंजाब का बँटवारा होगा। आसाम के सिलहट ज़िले के अतिरिक्त और कुछ भी पाकिस्तान में नहीं मिलेगा। बंगाल का कलकत्ता और उसके पार्श्ववर्ती ज़िले भारतवर्ष में रहेंगे। मौलाना अकरम ख़ाँ साहब और मुस्लिम लीग के नेताओं ने बंगाल के विभाजन के विरुद्ध तीव्र प्रतिवाद किया। बर्दवान डिवीज़न हमें न भी मिले किन्तु कलकत्ता क्यों नहीं मिलेगा ? कांग्रेस और हिन्दू महासभा ने बंगाल विभाजन के लिए जनमत तैयार करना शुरू किया। हमने भी बंगाल का विभाजन न होने देने के लिए सभाएँ करना शुरू किया। हम साधारण कार्यकर्ताओं को क्या पता था कि केन्द्रीय कांग्रेस और केन्द्रीय मुस्लिम लीग ने विभाजन का फॉर्मूला मान लिया था। बंगाल का विभाजन होगा, यह बंगाल के नेताओं को ही पता नहीं था। उनकी तो धारणा थी कि पूरा बंगाल और आसाम पाकिस्तान में आएगा। आज देख रहे हैं, आसाम का मात्र एक ज़िला—वह भी यदि जनमत संग्रह में जीत पाएँ। और बंगाल के मुस्लिम-बहुल ज़िले काटकर हिन्दुस्तान में दिए जाएँगे। हम हताश हो गए। कलकत्ता और पश्चिम बंगाल के कार्यकर्ता आकर हमें कहते, 'तुम लोग हमें छोड़कर चले जाओगे, हमारी तकदीर में क्या है, ख़ुदा ही जाने!' सचमुच उन लोगों के लिए हमें दुख हुआ। गुप्त रूप से कलकत्ता के मुसलमान प्रस्तुत थे कि चाहे जो हो कलकत्ता को नहीं छोड़ा जाएगा। शहीद साहब की ओर से बंगाल सरकार के अर्थमंत्री जनाब मुहम्मद अली ने घोषणा की थी, कलकत्ता हमारी राजधानी होगा। दिल्ली में बैठकर काफी पहले ही कलकत्ता को छोड़ दिया गया है, यह बात तो हम जानते भी नहीं थे, समझते भी नहीं थे।

इसी समय मुस्लिम लीग की ओर से शहीद साहब व हाशिम साहब तथा कांग्रेस की ओर से शरत् बसु व किरण शंकर राय ने एक चर्चा-सभा का आयोजन किया। उनकी चर्चा का विषय था कि बंगाल का विभाजन किए बिना किसी दूसरे रास्ते का अवलम्बन किया जा सकता है कि नहीं। शहीद साहब ने दिल्ली में जिन्ना से भेंट कर एवं उनकी अनुमति से चर्चा शुरू की। बंगाल के कांग्रेस व मुस्लिम लीग के नेताओं ने एक फॉर्मूला तय किया। बंगाल मुस्लिम लीग वर्किंग कमेटी ने सर्वसम्मति

से एक फॉर्मूला ग्रहण किया। जहाँ तक मुझे याद है, उसमें कहा गया था कि बंगाल एक स्वाधीन सार्वभौम राष्ट्र होगा। जनता के वोटों से एक जनपरिषद बनेगी। वह जनपरिषद तय करेगी कि बंगाल हिन्दुस्तान में शामिल होगा कि पाकिस्तान में या कि स्वाधीन रहेगा। यदि देखने में आया कि जनपरिषद के बहुसंख्यक प्रतिनिधि पाकिस्तान में योगदान के पक्षपाती हैं तो बंगाल पूरे का पूरा पाकिस्तान में शामिल होगा और यदि यह देखा गया कि अधिसंख्यक लोग भारतवर्ष में रहना चाहते हैं, तो बंगाल भारतवर्ष में शामिल होगा। यदि स्वाधीन रहना चाहे तो रह सकता है। यह फॉर्मूला लेकर जनाब सोहरावर्दी और शरत् बसु दिल्ली में जिन्ना और गांधी से मिलने गए। शरत् बसु स्वयं लिख गए हैं कि जिन्ना ने उनसे कहा था, 'यदि कांग्रेस राज़ी हो तो मुस्लिम लीग को कोई आपत्ति नहीं।' ब्रिटिश सरकार ने कह दिया था कि कांग्रेस और मुस्लिम लीग यदि एकमत न हुए तो वे कोई और फॉर्मूला नहीं मान पाएँगे। शरत् बाबू कांग्रेस के नेताओं से मिलने जाकर अपमानित होकर लौटे थे, क्योंकि सरदार वल्लभ भाई पटेल ने उनसे कहा था, 'शरत् बाबू, पागलपन छोड़िए, कलकत्ता हमें चाहिए।' महात्मा गांधी और पंडित नेहरू ने कुछ कहे बिना शरत् बाबू को सरदार पटेल के पास भेज दिया था। और मिस्टर पटेल ने शरत् बाबू को कड़ी बातें कहकर विदा कर दिया था। कलकत्ता लौटकर शरत् बाबू ने अखबारों के माध्यम से बयान देकर यह बात कही थी और यह भी स्वीकार किया था कि जिन्ना राज़ी हो गए थे।

अनेक नेताओं ने संयुक्त बंगाल का समर्थक कहकर शहीद साहब व हम लोगों को बदनाम करने की चेष्टा की, हालाँकि इन सारे नेताओं में से अनेक तब बेंगाल मुस्लिम लीग वर्किंग कमेटी के सदस्य थे और उन्होंने सर्वसम्मति से यह फॉर्मूला स्वीकार किया था। जब तक जीवित रहे जिन्ना ने कभी शहीद साहब पर दोषारोप नहीं किया, क्योंकि उस वक्त उनकी सहमति के बिना कुछ भी नहीं किया गया। जब हमारा आन्दोलन ही इसलिए था कि बंगाल व आसाम, ये दो प्रदेश पाकिस्तान में मिलें तो सारे बंगाल के पाकिस्तान में मिलने से क्या क्षति होती, यह हम आज तक नहीं समझ पाए। जब बंगाल का विभाजन होगा और जितना भी पाकिस्तान को मिलेगा उसे ग्रहण करना होगा, यह मान लिया गया तो आज वह प्रश्न राजनीतिक कारण से झूठमूठ बदनाम करने के लिए व्यवहार में लाया जाता है। अधिक माँगने या अधिक पाने की चेष्टा करना कोई अन्याय नहीं हो सकता। जो मिला है, उसे पाकर ही हम खुश हो सकते हैं। ख़्वाजा नज़ीमुद्दीन साहब ने 22 अप्रैल, 1947 को घोषणा की थी, 'बंगाल संयुक्त रहा तो हिन्दू-मुसलमान का मंगल ही होगा।' मौलाना अकरम ख़ाँ साहब ने मुस्लिम लीग के सभापति के रूप में घोषणा की थी, 'बंगाल का विभाजन मेरे ख़ून पर होगा। जीते जी मैं बंगाल का बँटवारा नहीं होने दूँगा। पूरा बंगाल पाकिस्तान में मिलेगा।' भाषा भले ही यह न हो पर अर्थ यही था।

आज़ाद–पत्र आज भी है। 1947 का अंक निकालकर देखा जा सकता है।

इसी समय बड़े लाट लॉर्ड माउंटबेटन भीतर ही भीतर कांग्रेस की मदद कर रहे थे। उनकी इच्छा थी कि वे एक साथ भारत व पाकिस्तान के गवर्नर जनरल रहें। जिन्ना राज़ी नहीं हुए, खुद ही पाकिस्तान के गवर्नर जनरल बन बैठे। लगता है, माउंटबेटन के बारे में उनकी धारणा अच्छी नहीं थी। ख़फ़ा होकर माउंटबेटन ने पाकिस्तान का सर्वनाश करने की चेष्टा की। हालाँकि सीमा निर्धारण का काम रैडक्लिफ को सौंपा गया था तथापि उन्होंने गुप्त रूप से कांग्रेस के साथ परामर्श कर एक मैप–रेखा तैयार की, बहुतों की ऐसी धारणा है। जिन्ना गवर्नर जनरल हों, हम युवक यह बिलकुल नहीं चाहते थे। हमने आशा की थी कि पहले वे प्रधान मंत्री बनेंगे, फिर प्रेसीडेंट। लॉर्ड माउंटबेटन पाकिस्तान के बड़े लाट होते तो इतना अन्याय कर पाते, इसमें हमें सन्देह है। यह मेरी व्यक्तिगत राय है। जिन्ना हम लोगों से बहुत अधिक बुद्धिमान थे। किस उद्देश्य से वे गवर्नर (जनरल) बने, यह वे ही जानते थे।

पाकिस्तान बनने के साथ ही साथ षड्यंत्र की राजनीति शुरू हो गई थी। खासकर जनाब सोहरावर्दी के विरुद्ध दिल्ली में एक षड्यंत्र शुरू हुआ। क्योंकि बंगाल के विभाजन के बाद भी जो कुछ हमें मिला उसमें सिन्ध, पंजाब, सीमान्त प्रदेश व बलूचिस्तान की सम्मिलित जनसंख्या से पूर्वी पाकिस्तान की जनसंख्या अधिक थी। सोहरावर्दी के व्यक्तित्व, असाधारण राजनीतिक ज्ञान, विचक्षणता तथा कर्मक्षमता ने कइयों को विचलित कर दिया था और वो इसलिए कि भविष्य में वे पाकिस्तान का प्रधान मंत्री बनने का दावा पेश कर सकते थे और उन्हें रोकने की किसी में क्षमता नहीं थी। जिन्ना सोहरावर्दी से स्नेह रखते थे इसलिए पहला आघात उन्हीं पर करना होगा। इधर कलकत्ता में साम्प्रदायिक गोलमाल लगा ही हुआ था। दूसरी तरफ थी पार्टीशन कौंसिल की सभा। कांग्रेस ने कलकत्ता में छाया–मंत्रिमंडल का गठन किया था। और एक तरफ गुप्त रूप से शहीद साहब को नेतृत्व से हटाकर उनकी जगह नज़ीमुद्दीन को बैठने का षड्यंत्र कलकत्ता व दिल्ली में शुरू हो चुका था। पंजाब का विभाजन हुआ, वहाँ निर्वाचन का सवाल नहीं उठा। नवाब ममदोत पूर्वी पंजाब के होते हुए भी पश्चिमी पंजाब के प्रधान मंत्री हो गए। लियाकल अली ख़ाँ भारतवर्ष के व्यक्ति होते हुए भी पाकिस्तान के प्रधान मंत्री हो गए। और सोहरावर्दी, पश्चिम बंगाल के व्यक्ति, को पूर्वी पाकिस्तान का प्रधान मंत्री बनने के लिए चुनाव लड़ना होगा, कहा गया। जबकि सारे बंगाल की मुस्लिम लीग के एम.एल.ए. लोगों ने सर्वसम्मति से शहीद साहब को नेता बनाया था और वे प्रधान मंत्री थे, ऐसी अवस्था में दिल्ली से हुक्म आया कि फिर से नेता का निर्वाचन होगा। शहीद साहब शासन चलाएँ, मुसलमानों की रक्षा करें या कि

इलेक्शन में व्यस्त रहें? सिलहट के जन-निर्वाचन में भी शहीद साहब को जाना पड़ा। हमारे जैसे हज़ारो-हज़ार कार्यकर्ताओं को उन्होंने सिलहट भेजा। अधिकांश धन की व्यवस्था भी उन्हें ही करनी पड़ी थी। मुझे मालूम है, बेंगाल मुस्लिम लीग के कोषाध्यक्ष एस.एम. इस्पहानी साहब ने काफी धन दिया था, क्योंकि 40 नम्बर थिएटर रोड में जब शहीद साहब व उनकी बातचीत हुई, उस वक्त मैं वहीं उपस्थित था। हम जब सिलहट में पहुँचकर काम में मशगूल हो गए, तब शहीद साहब सिलहट आए। मुझसे उनका सामना करीमगंज महकमा की एक विशाल जनसभा में हुआ। उस सभा में मैंने भी भाषण दिया था।

मौलाना तर्कबागीश, मानिक भाई (इत्तफ़ाक़ के सम्पादक), फ़ज़लुल हक़ और मैं पाँच सौ कार्यकर्ता लेकर एक दिन सिलहट पहुँचे। हमारे लिए सिलहट की निर्वाचन कमेटी को कुछ भी नहीं करना पड़ा। केवल जिस इलाके में हमें काम करना था, हमें वहाँ पहुँचा देना पड़ा। सारे ख़र्च की व्यवस्था शहीद साहब ने कर दी थी। हमें किसी का मुखापेक्षी नहीं होना पड़ा। शम्सुल हक़ साहब ढाका से भी बहुतेरे कार्यकर्ताओं को लेकर वहाँ पहुँचे थे। शहीद साहब के अनुरोध पर दानवीर रायबहादुर आर.पी. साहा ने हिन्दू होते हुए भी कुछ लांच सिलहट भेज दिए थे। इन लांचों का इस्तेमाल मुस्लिम लीग कार्यकर्ताओं और पाकिस्तान के लिए किया गया, क्योंकि यानवाहनों की अत्यधिक आवश्यकता थी। शहीद साहब के मित्र थे रायबहादुर इसलिए उनके आग्रह का उन्होंने मान रखा। रायबहादुर आज भी पाकिस्तानी हैं। मिर्जापुर अस्पताल, भारतेश्वरी होम्स गर्ल्स हाईस्कूल, कुमुदिनी कॉलेज उन्हीं के दान पर टिके हैं।

सिलहट के चुनावों में जीत हासिल कर हम कलकत्ता लौट आए। देखा, मुस्लिम लीग के एक धड़े ने शहीद साहब और नज़ीमुद्दीन के बीच नेता-निर्वाचन के लिए प्रतिद्वन्द्विता कराने के बारे में तय किया था। केन्द्रीय लीग ने दिल्ली से निर्वाचन कराने के लिए हुक्म दिया। इस निर्वाचन का सभापतित्व केन्द्रीय लीग की ओर से आई.आई. चुन्द्रीगड़ को सौंपा गया। इधर दो देशों के बीच सम्पदा के बँटवारे को लेकर जो गोलमाल चल रहा था उधर किसी का ध्यान नहीं था। सभी नेता-निर्वाचन को लेकर व्यस्त थे। नज़ीमुद्दीन साहब चुनाव के समय नॉमिनेशन देकर बंगाल त्यागकर लन्दन और दिल्ली चले गए थे। शहीद साहब ने स्वयं ही निर्वाचन का संचालन किया, धनराशि की व्यवस्था की। प्रधान मंत्री बनने के बाद उन्हें एक दिन भी विश्राम नहीं मिला। कलकत्ता, नोआखाली व बिहार के दंगों से प्रभावित लोगों की सहायता से लेकर मुस्लिम लीग के संगठन, दिल्ली व कलकत्ता के बीच भाग-दौड़ तक सब कुछ उन्हें ही करना पड़ा था और जब पाकिस्तान कायम

हुआ तब नेता होने के लिए किसी और को लाकर कितना बड़ा अन्याय किया गया, यह तो भविष्य ही विचार करेगा। शहीद साहब के विरोधियों का प्रोपेगंडा था कि वे पश्चिमी बंगाल के थे, तो पूर्वी बंगाल के प्रधान मंत्री क्यों बनेंगे? शहीद साहब ने तो कभी गुटबाजी के बारे में नहीं सोचा, तभी तो उन्होंने नज़ीमुद्दीन साहब के समर्थकों को नॉमिनेशन दिया, मंत्री बनाया, पार्लियामेंटरी सेक्रेटरी, चीफ़ व्हिप, स्पीकर आदि अनेक पद दिए। इन सभी ने भीतर ही भीतर शहीद साहब के विरुद्ध आचरण किया। दूसरी ओर पश्चिम बंगाल मुस्लिम लीग के एम.एल.ए. लोग वोट नहीं दे पाएँगे, क्योंकि वे तो हिन्दुस्तान के अन्तर्गत आ गए थे। उनका अपना दल हाशिम साहब के नेतृत्व में घर में बैठा था, शहीद साहब का समर्थन नहीं करेगा। हाशिम साहब ने किसी कार्यकर्ता को निर्देश नहीं दिया। कइयों ने मना कर दिया और भीतर ही भीतर शहीद साहब का समर्थन न करने को कह दिया। शहीद साहब ने इस ओर कोई ध्यान ही नहीं दिया और न ही कोई चेष्टा की। उन्होंने वोट देने के लिए किसी से अनुरोध भी नहीं किया। उनसे कुछ कहने पर वे कहते, 'जिसकी मर्जी होगी (वोट) देगा, मर्जी नहीं होगी तो नहीं देगा। मैं क्या कर सकता हूँ?'

शहीद साहब की ओर से मुहम्मद अली, जनाब तोफ़ज़्ज़ल अली, डॉ. मालेक, मिस्टर सबूर ख़ान, अनवरा ख़ातून, फ़रीदपुर के बादशाह मियाँ, रंगपुर के ख़ैरात हुसैन काम कर रहे थे। शहीद साहब के चीफ़ व्हिप मफीजुद्दीन अहमद साहब गुप्त रूप से नज़ीमुद्दीन साहब के दल में काम कर रहे थे। मंत्री जनाब शम्सुद्दीन अहमद (कुष्टिया) शहीद साहब के विपक्ष में चेष्टा कर रहे थे। एकमात्र फज़लुर रहमान साहब, जो तब मंत्री थे, ने शहीद साहब को कहा था कि उनके लिए नज़ीमुद्दीन साहब को वोट देने के अलावा और कोई चारा नहीं था। बात मुझे अच्छी लगी थी। ख़ैर जो भी हो, इसके बावजूद शहीद साहब के पक्ष में वोट अधिक थे। अन्त में सिलहट ज़िले के सत्रह एम.एल.ए. कलकत्ता पहुँचे, वे भी वोट देंगे। डॉ. मालेक सिलहट गए थे, शहीद साहब के पक्ष में काम करने। उनसे सिलहट के एम.एल.ए. लोगों ने पूछा था कि शहीद साहब का क्या प्रोग्राम था।

डॉ. मालेक ने कहा था, प्रथम काम होगा जमींदारी प्रथा का उन्मूलन। नतीजा उल्टा हो गया, क्योंकि तीन एम.एल.ए. को छोड़कर बाकी सारे सिलहट के जमींदार थे। वे घबड़ा गए थे। होटल बिल्टमोर में उन्हें ठहराया गया था। हम लोग इन्हें सियालदह स्टेशन से पकड़कर लाए थे। शहीद साहब के पास सिलहट के एम.एल.ए. लोगों ने माँग रखी कि सिलहट को तीन मंत्रित्व देने होंगे। शहीद साहब बोले, 'मैं कोई वादा नहीं कर सकता। उनका जो प्राप्य है, वह उन्हें मिलेगा।' दूसरी ओर नज़ीमुद्दीन की ओर से वादा कर दिया गया था। दो-एक को छोड़कर सिलहट के बाकी एम.एल.ए. ने नज़ीमुद्दीन साहब को वोट दिया जिससे शहीद साहब पराजित हो गए। जिस दिन चुनाव होना था उससे पहले वाले दिन रात 2 बजे, मैं तब शहीद

साहब के घर पर था और शहीद साहब बरामदे में लेटे थे। डॉ. मालेक ने आकर कहा, 'हमारी अवस्था ठीक नहीं लग रही, कुछ रुपए ख़र्च करने पर लगता है अवस्था में परिवर्तन हो सकता है।' शहीद साहब ने मालेक साहब से कहा था, 'मालेक, पाकिस्तान बना है, इसकी पाक भूमि को मैं नापाक करना नहीं चाहता। मैं किसी को भी रुपए नहीं दूँगा। ऐसी असत् राह अपनाकर मुझे नेता नहीं बनना। अपना काम मैंने किया।' मालेक साहब बोले, 'ठीक, सर आपने ठीक कहा, मुझे भी घृणा होती है।' उस दिन के बाद से शहीद साहब की इज़्ज़त मेरी नज़रों में और बढ़ गई। शहीद साहब अब इस दुनिया में नहीं रहे किन्तु मालेक भाई तो आज भी जीवित हैं। उस वक्त हम तीनों के अलावा वहाँ और कोई नहीं था।

मुझे याद है, सुबह मैंने शहीद साहब से कहा था, 'हमारे एम.एल.ए. लोगों को भगा ले जाकर उन्होंने शहाबुद्दीन साहब के घर में रखा है। आप कलकत्ता मुस्लिम लीग को खबर दें, हम उन्हें छीनकर ले आएँगे। हमारे सामने वे लोग टिक नहीं पाएँगे।' शहीद साहब हँसकर बोले, 'नहीं, कोई दरकार नहीं, लोग हँसेंगे। तुम बच्चे हो, नहीं समझोगे।' कलकत्ता में तब भी दंगे जारी थे। वे चाहते तो कर्फ्यू जारी कर चुनाव को कुछ दिनों के लिए टाल सकते थे, क्योंकि वे प्रधान मंत्री थे। यही इस बात का प्रमाण है कि उन्हें पद का कोई लालच न था। किसी भी प्रकार से पद से चिपके रहना वह कभी नहीं चाहते थे। और षड्यंत्र की राजनीति में वे विश्वास नहीं करते थे। पाकिस्तान की राजनीति की शुरुआत षड्यंत्र के माध्यम से हुई। जब तक जिन्ना जीवित रहे, प्रत्यक्षतः किसी का साहस नहीं हुआ। और जिस दिन वे मरे, उस दिन से षड्यंत्र की राजनीति खुलकर शुरू हो गई।

नज़ीमुद्दीन साहब ने नेता निर्वाचित होते ही घोषणा की कि ढाका राजधानी होगी, और वे दल-बल समेत ढाका चले गए। पश्चिम बंगाल के हतभागे मुसलमानों के बारे में एक बार सोचा तक नहीं। यहाँ तक कि हम भाग-बँटवारा कर जो सामान-असबाब कलकत्ता से लाएँगे, उस ओर ध्यान तक नहीं दिया। नतीजतन हमारा जो प्राप्य था, वह भी हमें नहीं मिला। सरकारी कर्मचारियों ने झगड़ा व गोलमाल कर जो थोड़ा-बहुत सामान स्टीमर और ट्रेन में चढ़ा दिया था, बस वही सम्बल रहा। कलकत्ता में बैठकर यदि बँटवारा कर लिया गया होता तो किसी चीज़ की कमी न होती। नज़ीमुद्दीन साहब ने मुस्लिम लीग या अन्य किसी के साथ भी परामर्श किए बिना ही घोषणा कर दी कि ढाका राजधानी होगी। उसी से हमारा कलकत्ता पर कोई अधिकार न रहा। इधर लॉर्ड माउंटबेटन फिक्र में पड़ गए कि कलकत्ता का क्या किया जाए! 'मिशन विथ माउंटबेटन' पुस्तक पढ़ने पर यह बात साफ होती है। अंग्रेजों ने तब तक यह तय नहीं किया था कि कलकत्ता हिन्दुस्तान

में रहेगा या पाकिस्तान में। और यदि अन्य कोई चारा न रहा तो इसे 'फ्री शहर' घोषित किया जा सकता है कि नहीं? क्योंकि कलकत्ता के हिन्दू-मुसलमान लड़ने को तैयार थे और किसी भी समय दंगे भयंकर रूप ले सकते थे। कलकत्ता यदि हिन्दुस्तान में भी पड़ता तो भी इस बात की सम्भावना थी कि सियालदह स्टेशन तक का अंचल पाकिस्तान में पड़ेगा। कलकत्ता को पाने के लिए हिन्दुओं को काफी कुछ छोड़ने को बाध्य होना पड़ता।

इसी पुस्तक में और भी है कि एक अंग्रेज गवर्नर बनने पर ढाका आने को राज़ी न था, क्योंकि ढाका की आबहवा काफी गरम थी। उसके उत्तर में माउंटबेटन ने जो चिट्ठी दी थी, उसमें लिखा था—'पूर्वी पाकिस्तान में दुनिया का अन्यतम पहाड़ी शहर है, रहने में कोई कष्ट नहीं होगा।' अर्थात् दार्जिलिंग हमें मिलेगा। किन्तु नज़ीमुद्दीन साहब की इस घोषणा से वह भी शेष हो गया। जब गोलमाल की कोई सम्भावना न रही तो अवसर पाकर माउंटबेटन ने जैसोर ज़िले में मुसलमान-बहुल आबादी वाले बनगाँव जंक्शन अंचल को काट दिया। नदिया में मुसलमान अधिक थे फिर भी कृष्णनगर और रानाघाट जंक्शन उन्हें दे दिया। मुर्शिदाबाद में मुसलमान अधिक होते हुए भी पूरा ज़िला ही दे दिया। मालदह ज़िला में मुसलमान व हिन्दू समान-समान थे तो उसका आधा हिस्सा काट दिया, दिनाजपुर में मुसलमान अधिक थे, बालुरघाट महकमा काट दिया गया ताकि जलपाईगुड़ी और दार्जिलिंग हिन्दुस्तान में चला जाए और आसाम के साथ हिन्दुस्तान का सीधा सम्पर्क हो सके। उपरोक्त जगहों को हर हाल में पाकिस्तान में आना चाहिए था। इधर सिलहट में चुनाव में जीत के बावजूद मुस्लिम बहुसंख्यक करीमगंज महकमा भारतवर्ष को दे दिया गया। हमने उम्मीद की थी कि आसाम का कछार ज़िला और सिलहट ज़िला पाकिस्तान के हिस्से में आएगा ही। मुझे करीमगंज के लिए अधिक दुख हुआ था क्योंकि चुनाव के समय मैंने करीमगंज में काम किया था। नेता यदि नेतृत्व देने में भूल करे तो उसका हर्जाना जनता को चुकाना पड़ता है। जो कलकत्ता पूर्वी बंगाल के ढाका शहर में निर्मित हुआ था, उस कलकत्ता को हमने स्वेच्छा से छोड़ दिया। केन्द्रीय लीग के कुछ लोग यह चाहते थे कि कलकत्ता भारत में चला जाए, ऐसा मुझे लगता है। अथवा वे पहले ही गुप्त रूप से इसके लिए राज़ी हो गए थे। सोहरावर्दी के नेता होने पर उन्हें असुविधा होती इसलिए उन्होंने पीछे के दरवाजे से काम हासिल करना चाहा। कलकत्ता यदि पाकिस्तान में होता तो बाध्य होकर राजधानी कलकत्ता में करनी पड़ती क्योंकि पूर्वी बंगाल के लोग माँग करते कि पाकिस्तान की जनसंख्या के हिसाब से भी वे अधिक थे और तत्कालीन भारतवर्ष का श्रेष्ठ शहर था कलकत्ता। अंग्रेजों के शासन के प्रारम्भिक दौर में एक बार सारे भारतवर्ष की राजधानी भी था।

इसी समय हमारे कार्यकर्ताओं के बीच कुछेक घटनाएँ घटीं। हमारा जो मिल्लत प्रेस था, उसका संचालन हाशिम साहब करते थे। बात उठी कि प्रेस का क्या किया जाए? देनदारी हो गई थी इसलिए हाशिम साहब ने पहले ही एक रंगीन मशीन बेच दी थी ता!कि ऋण चुकता हो जाए। उन्होंने शम्सुल हक़ साहब को ढाका से बुलाकर कहा, 'कलकत्ता के कार्यकर्ताओं में से कई ढाका जा रहे हैं, मैं पाकिस्तान में नहीं जाऊँगा। तुम लोग प्रेस को ढाका ले जाकर, इसे केन्द्र में रखकर दल का काम ठीक रखो और चलाते रहो।' शम्सुल हक़ साहब हम लोगों के साथ परामर्श कर राज़ी हुए कि ढाका के लीग ऑफिस 150 नम्बर मुग़लटोली में प्रेस बैठाया जाएगा। मिल्लत पत्र चलेगा और हम एक-एक व्यक्ति एक-एक विभाग का दायित्व लेंगे। शम्सुल हक़ साहब ढाका में आकर सबकुछ ठीक-ठाक कर कलकत्ता लौटे। हाशिम साहब ने फिर कलकत्ता के कार्यकर्ताओं से कहा, 'तुम लोग तो कलकत्ता में ही रहे, लगता है, तुम लोगों के लिए प्रेस की दरकार थी, क्योंकि हिन्दुस्तान में तुम लोग करोगे भी क्या! जिनके घर पाकिस्तान में हैं उन्हें किस चीज की जरूरत, पाकिस्तान तो बन ही गया।' कलकत्ता के कार्यकर्ताओं ने कहा कि बात तो सही है। जब हक़ साहब ने यह सुना तो बिना कुछ कहे लौट आए। मैं उन दिनों हाशिम साहब के पास अधिक नहीं जाता था। क्योंकि मुझे शहीद साहब का समर्थक मानकर वे मेरा विश्वास नहीं करते थे और मैं भी शहीद साहब के साथ उनके व्यवहार का समर्थन नहीं करता था। मैं उसे विश्वासघात कहता।

एक दिन नूरुद्दीन, नूरुल आलम और क़ाज़ी इद्रिस साहब ने मेरे डेरे के नज़दीक के बेंगाल रेस्तराँ में बुला भेजा। मैंने पूछा, 'मामला क्या है?' उन्होंने मुझसे कहा, 'सर्वनाश हो गया! हाशिम साहब प्रेस बिक्री कर देना चाहते हैं। हमने चन्दा संग्रह कर प्रेस किया था। अब मुँह कैसे दिखाएँ?' मैंने कहा, 'तो मैं क्या करूँ?' सभी ने कहा, 'तुम्हें बाधा देनी होगी।' मैंने कहा, 'मैं बाधा क्यों दूँ? मैं पाकिस्तान चला जाऊँगा। और फिर कब मिलूँगा, इसका कोई ठिकाना नहीं। और मेरा प्रयोजन भी क्या है? तुम लोग हो हाशिम साहब के ख़लीफ़ा, मेरा नाम तो पहले ही कट गया है।' सभी ने आग्रह किया, 'तुम कहोगे तो वे भय से बिक्री नहीं करेंगे।' मैंने कहा, 'ठीक है, मैं अनुरोध कर सकता हूँ।'

अगले दिन मिल्लत प्रेस में जाकर मैं हाशिम साहब से मिला। बगल के कमरे में मेरे साथी कार्यकर्ता हमारी बातें सुनने के लिए चुपचाप बैठे थे। मैंने अत्यन्त शान्त भाव से उनसे कहा, 'सुना कि आप प्रेस बिक्री कर देंगे?' वे बोले, 'और चारा क्या है, हर महीने नुकसान हो रहा है, क्या करूँ? और चलाएगा कौन?' मैंने कहा, 'खोंडकार नूरुल आलम ने मैनेजर होकर इतना अर्सा चलाया, ख़र्च कम कर दिया। प्रेस बिक्री कर देंगे तो कर्मचारियों के पास क्या रहेगा, और हम मुँह नहीं दिखा पाएँगे। सारे बंगाल से चन्दा संग्रह किया है। लोग हमें गालियाँ देंगे।' अचानक

हाशिम साहब ख़फ़ा हो गए और बोले, 'मुझे बेचना ही होगा, क्योंकि देनदारी कौन चुकाएगा?' मैंने कहा, 'कुछ महीने पहले जो प्रेस बिक्री हुआ उससे क्या देनदारी चुकता नहीं हुई?' वे भयंकर नाराज़ हो गए और मुझे भी गुस्सा आ गया। उठकर आते समय मैं कह आया, 'प्रेस बिक्री करेंगे तो मैं बाधा दूँगा, देखता हूँ कौन आता है मिल्लत प्रेस में।' मेरी बातों से हाशिम साहब को बहुत दुख हुआ। अगले दिन वे सारे मित्र फिर मेरे पास आए और बोले, 'हाशिम साहब खाना नहीं खा रहे और केवल कह रहे हैं 'मुज़ीब ने मेरा अपमान किया'। तुम एक बार उनसे मिलकर कह दो कि उन्हें जो ठीक लगे, वही करें।' मैंने उत्तर दिया, 'तुम लोगों ने यह सब क्या खेल समझ रखा है?'

अब मैं शहीद साहब के पास रोज जाता हूँ। बीच-बीच में उनके साथ सभा-समितियों में भी जाता हूँ, जहाँ साम्प्रदायिक सद्भाव की सृष्टि के प्रयास होते हैं। शहीद साहब को मैंने वह घटना विस्तार से बताई। वे मुझ पर गुस्सा हुए कि मैंने हाशिम साहब के साथ बुरा व्यवहार क्यों किया! कितने उदार थे शहीद साहब! मैंने हाशिम साहब के पास जाकर कहा, 'आप बुरा न मानें। मुझसे ग़लती हुई जो आपसे उस तरह से बात की। आपको जो ठीक लगे, वही करें, मुझे कुछ नहीं कहना है।' हाशिम साहब हिन्दुस्तान में रहेंगे, मैं चला जाऊँगा पाकिस्तान। मेरा घर भी पाकिस्तान में है। मेरे जाने पर वे खुश हुए थे। भले ही उनसे मेरा मत न मिलता हो, किन्तु उनसे राजनीति की जो शिक्षा पाई, उसे भूलना मुश्किल है। मुझसे यदि कोई भूल हो जाए या मैं कोई ग़लत काम कर बैठूँ तो अपनी ग़लती को स्वीकार करने में मुझे कभी कष्ट नहीं हुआ। भूल होगी तो उसका संशोधन कर लूँगा, भूल तो मनुष्य से ही होती है। मेरा अपना भी एक दोष था कि मैं हठात् गुस्सा हो जाता, हालाँकि मेरा गुस्सा अधिक देर रहता नहीं था।

मैंने बहुतों में एक चीज देखी है कि कोई काम करते समय केवल सोचते हैं। सोचते-सोचते समय पार हो जाता है और काम नहीं हो पाता। कई बार करें कि न करें, इसी सोच में लोग इतना समय बर्बाद कर देते हैं कि जीवन में कोई काम ही नहीं कर पाते। सोच-विचारकर जो काम करने की मैं ठान लेता हूँ, उसे पूरा कर लेता हूँ। भूल होती है तो उसे सुधार लेता हूँ, क्योंकि जो लोग काम करेंगे, उन्हीं से भूल हो सकती है, उनसे नहीं जो कुछ करेंगे ही नहीं।

इसी दरम्यान शहीद साहब के साथ कुछ जगहों पर जाने का मुझे सौभाग्य प्राप्त हुआ। महात्मा गांधी के साथ शहीद साहब हिन्दू-मुसलमानों के बीच शान्ति कायम करने के लिए काम कर रहे थे। उस वक्त मुसलमानों पर बीच-बीच में हमले हो रहे थे। उस दिन रविवार था। मैं सुबह शहीद साहब के घर गया तो वे मुझसे बोले,

'चलो, बैरकपुर चलते हैं। वहाँ काफी गोलमाल हुआ है। महात्मा गांधी भी जाएँगे।' मैंने कहा, 'चलिए सर!' उनकी गाड़ी में बैठा और नारकेलडांगा आया। वहाँ से महात्मा जी, मनु गांधी, आभा गांधी, उनके सेक्रेटरी और कुछ कांग्रेस नेता भी साथ चले। हम बैरकपुर के लिए रवाना हुए। हज़ारों लोग सड़क के दोनों ओर जमा थे और 'बापूजी की जय' के नारे लगा रहे थे। बैरकपुर पहुँचकर देखा कि एक विशाल सभा का आयोजन किया गया था। महात्मा जी रविवार को किसी के साथ बात नहीं करते थे, भाषण तो देंगे ही नहीं। मनु गांधी और आभा गांधी ने 'अल्हमदु' सूरा और 'कुलहू' सूरा का पाठ किया फिर राम-वन्दना का गीत गाया। महात्माजी ने लिखकर दिया कि उनका भाषण सेक्रेटरी ने पढ़कर सुनाया। सचमुच वे जादू जानते थे। लोगों का समवेत स्वर गूँजा 'हिन्दू-मुस्लिम भाई-भाई'। क्षण-भर में ही सारा वातावरण बदल गया।

इसके दो दिन बाद ही शायद ईद की नमाज़ थी। मुसलमान डर रहे थे कि ईद की नमाज़ पढ़ें या न पढ़ें! महात्मा जी ने घोषणा की कि यदि दंगा हुआ और मुसलमानों पर किसी ने अत्याचार किया तो वे अनशन करेंगे। मुहल्ले-मुहल्ले में खासकर हिन्दी भाषा-भाषी लोगों ने जुलूस निकालकर नारे लगाए 'मुसलमानों को मत मारो, बापूजी अनशन करेंगे। हिन्दू-मुसलमान भाई-भाई।' ईद का दिन शान्तिपूर्वक बीता। मैंने और याकूब नामक मेरे एक फोटोग्राफर मित्र ने परामर्श किया कि आज हम महात्माजी को एक उपहार देंगे। याकूब ने कहा, 'तुम्हें याद है, मैंने और तुमने बिहार में दंगे की फोटो खींची थी?' मैंने कहा, 'हाँ, याद है।' याकूब ने कहा, 'पूरा कलकत्ता घूमकर मैंने फोटो खींची है। तुम्हें पता नहीं, मैंने उसकी कॉपी भी की है। उन्हीं में से कुछ तस्वीरें छाँटकर महात्माजी को उपहार में दें तो कैसा रहे?' मैंने कहा, 'चमत्कार हो जाएगा। चलो, पैकेट तैयार कर ली जाए।' हम दोनों बैठ गए। फिर पैकेट कुछ इस तरह बनाई कि खोलने में दस मिनट लगें। हम उन्हें उपहार देकर ही भागेंगे। उन तस्वीरों में स्तनकटी मुस्लिम महिलाओं की तस्वीरें थीं, शीषविहीन शिशुओं की तस्वीरें थीं, बस्तियों-मस्जिदों में लगी आग, रास्तों पर पड़ी लाशों की तथा ऐसी ही और भी कई तस्वीरें थीं। महात्माजी स्वयं देखें कि किस प्रकार उनके लोग दंगे कर रहे थे और निरीह लोगों की हत्या कर रहे थे।

हम नारकेलडांगा में महात्माजी के वहाँ पहुँचे, कहा कि उनसे ईद की भेंट करनी है। हमें फौरन उनके कमरे में ले जाया गया। महात्माजी ने हमें कुछ सेब दिए, हमने उन्हें उपहारस्वरूप वह पैकेट दी, जिसे उन्होंने मुस्कुराकर ग्रहण किया। हम अपरिचित हैं, इस ओर उनका ध्यान ही नहीं था। तथापि मैं समझ गया कि उनकी नातिन मनु गांधी ने मेरा चेहरा बैरकपुर की सभा में देखा था, क्योंकि मैं प्लेटफॉर्म पर शहीद साहब के पास ही बैठा था। उपहार देकर हम शीघ्रता से पैदल चले आए। तब शहीद साहब वहाँ नहीं थे। मित्र याकूब की तस्वीरों ने महात्मा गांधी के मन पर गहरा

निशान छोड़ा था, इसमें कोई सन्देह नहीं। बाद में इस बारे में मैंने शहीद साहब को बता दिया था।

हमारे लिए कलकत्ता में रहना सम्भव न था, क्योंकि अनेक को गिरफ्तार किया गया था। ज़हीरुद्दीन के घर की तलाशी ली गई। हम पकड़े गए तो वे छोड़ेंगे नहीं। भागकर ही जान बचानी होगी। किन्तु एक असुविधा थी। मैं और मेरे बहनोई अब्दुर रब साहब ने पार्क–सर्कस में एक रेस्तराँ किया था। मेरी बहन और रेणु को पहुँचाने के लिए वह (मेरे बहनोई) घर गए थे। उन्हें आने में देर हो रही थी। मैं देखरेख करता नहीं था, और मैनेजर सब शेष किए दे रहा था। मैंने तय किया कि उसे टेलीग्राम देकर मैं रवाना होऊँगा। मैं विदा लेने शहीद साहब के घर गया। उन्हें छोड़कर जाते हुए मुझे बहुत कष्ट हो रहा था। मेरा मन कह रहा था कि महात्माजी और कितने दिन शहीद साहब की रक्षा कर पाएँगे? कुछेक बार तो उन पर हमला हो भी चुका है। हिन्दू उन्हें मार डालने की चेष्टा कर रहे थे। विज्ञान कॉलेज के सामने उनकी गाड़ी पर बम फेंककर गाड़ी को जला दिया था, किसी प्रकार वे बच गए। मैंने शहीद साहब से कहा भी, 'चलिए सर पाकिस्तान, यहाँ रहकर क्या करेंगे?' वे बोले, 'हाँ, जाना तो होगा ही, किन्तु अभी इन अभागे मुसलमानों के लिए कुछ किए बिना कैसे जाऊँ? देखो न, समस्त भारतवर्ष की क्या अवस्था हुई है, चारों ओर केवल दंगे ही दंगे। सभी नेता तो जा चुके हैं, मैं भी चला गया तो इनके पास और कोई उपाय नहीं। तुम लोग एक काम करो, देश में जाकर चेष्टा करो कि साम्प्रदायिक दंगे न हों। पूर्वी बंगाल में गोलमाल हुआ तो कोई चारा नहीं रहेगा। चेष्टा करो कि हिन्दू वहाँ से न चले आएँ। वे इधर आते ही गोलमाल करेंगे और उससे बाध्य होकर मुसलमान पूर्वी बंगाल की ओर भागेंगे। यदि पश्चिम बंगाल, बिहार और आसाम के मुसलमान एक बार पूर्वी बंगाल की ओर रवाना हुए तो पाकिस्तान, खासकर पूर्वी बंगाल की रक्षा कर पाना मुश्किल होगा। इतने लोगों को तुम कहाँ जगह दे पाओगे, यह मुझे पता है। इसलिए पाकिस्तान की भलाई के लिए ही दंगे न होने देना।' मैंने कहा, 'मुझे ढाका जाना होगा, शम्सुल हक़ साहब ने खबर दी है। राजनीतिक कार्यकर्ताओं की एक सभा होने जा रही है। बाद में लौटकर एक बार फिर मिल जाऊँगा।' बोले, 'ठीक है, जाओ।'

नूरुद्दीन नहीं आया, क्योंकि उसकी एम.ए. की परीक्षा सामने ही थी। परीक्षा के बाद ही चला आएगा। नूरुद्दीन को नाना असुविधाएँ थीं। उसकी पत्नी मेडिकल कॉलेज में पढ़ती थी। उसे भी तो लेकर आना होगा।

मैं सोचता, पाकिस्तान बन गया, अब चिन्ता कैसी? अब ढाका जाकर लॉ–क्लास में भर्ती होकर कुछ दिन मन लगाकर पढ़ाई–लिखाई की जाएगी। चेष्टा करूँगा, समस्त लीग कार्यकर्ताओं को साथ लेकर कि साम्प्रदायिक दंगे न हों।

अब्बा, माँ और रेणु के पास कुछ दिन रहकर मैं सितम्बर महीने में ढाका आया। दो-एक बार पहले घूमने-फिरने के सिलसिले में आ चुका था। रास्तों को अच्छी तरह पहचानता नहीं था। नौकरीजीवी नाते-रिश्तेदार कौन कहाँ थे, मैं नहीं जानता था। तय किया कि पहले 150 नम्बर मुग़लटोली में ठहरूँगा। शौक़त मियाँ मुग़लटोली ऑफिस की देख-रेख करते थे। वे मुस्लिम लीग के पुराने कार्यकर्ता और मेरे मित्र थे। शम्सुल हक़ साहब वहीं रहते थे। उन्होंने मुस्लिम लीग तथा अन्य दलों के कार्यकर्ताओं की सभा बुलाई थी, राजनीतिक परिस्थितियों पर चर्चा करने के लिए। मुझे पहले ही सूचना दे दी थी। इसलिए कुछ दिन पहले ही हाजिर होना पड़ा। 150 नम्बर मुग़लटोली में पहुँचा देने के लिए मैंने घोड़ागाड़ी तय की। देखा कि रसिक गाड़ीवान मुस्लिम लीग का ऑफिस पहचानता था, मुझसे बोला, 'आप लीग ऑफिस जाएँगे, चलिए सर, मैं पहचानता हूँ।' मुझे लगा कि उसने पैसे भी ज्यादा नहीं लिये। इन लोगों के बारे में कई कहानियाँ सुन रखी थीं, पर मेरे साथ तो उसने मोल-भाव भी नहीं किया। मुझे देखकर शम्सुल हक़ साहब और शौक़त साहब बहुत ही खुश हुए। शौक़त साहब तो इतना खुश हुए कि तय ही नहीं कर पा रहे थे कि मेरा क्या करें। उनका एक अलहदा कमरा था, उन्होंने मुझे अपने उसी कमरे में जगह दी। मैं उन्हें शौक़त भाई कहता था। और वे मुझे मुज़ीब भाई कहते। तीन-चार दिनों बाद ही कॉन्फ्रेंस होनेवाली थी। विभिन्न ज़िलों से बहुत सारे कार्यकर्ता आए थे। अनेक मुग़लटोली में ही ठहरे थे। शम्सुल हक़ साहब ने कहा, 'जगह नहीं मिल रही है, कॉन्फ्रेंस कहाँ करें? सरकार इस कॉन्फ्रेंस को अच्छी नज़र से नहीं देख रही है। उसकी चेष्टा यही है कि हमारी कॉन्फ्रेंस न हो और गोलमाल लगाकर कॉन्फ्रेंस को तोड़ने की कोशिश भी चल रही है।' मैंने कहा, 'हक़ साहब, इतनी जल्दी ये लोग हमें भूल गए।' हँसते हुए उन्होंने कहा, 'यही तो दुनिया है!'

शाम को हक़ साहब हमें लेकर बैठे यह चर्चा करने के लिए कि कॉन्फ्रेंस में क्या किया जाए। एक युवा संगठन बनाने की दरकार है ताकि तरुण कार्यकर्ता कहीं बिखर न जाएँ। मैंने हक़ साहब से कहा, 'युवा-संगठन तो एक बन ही सकता है किन्तु कोई राजनीतिक कार्यक्रम ग्रहण करना उचित होगा कि नहीं, इस पर विचार किया जाना चाहिए। हम अभी भी मुस्लिम लीग के सदस्य हैं।' हक़ साहब बोले, 'हम कोई राजनीतिक संगठन नहीं बना रहे।' हक़ साहब हॉल तय करने के मामले में काफी व्यस्त थे। अन्ततः ढाका म्यूनिसिपैलिटी के वाइस चेयरमैन ख़ान साहब अब्दुल हसनत साहब के घर पर कॉन्फ्रेंस होगी, तय हुआ। विशाल हॉल तथा लॉन था। वे राज़ी हुए, अन्य कोई हमें जगह देने का साहस न जुटा पाया।

कॉन्फ्रेंस शुरू हुई। जनाब अताउर रहमान ख़ान और कमरुद्दीन साहब भी कॉन्फ्रेंस की कामयाबी के लिए चेष्टा कर रहे थे। कमरुद्दीन साहब से मेरा पुराना परिचय था। अताउर रहमान साहब से पहली बार परिचय हुआ था। प्रथम अधिवेशन

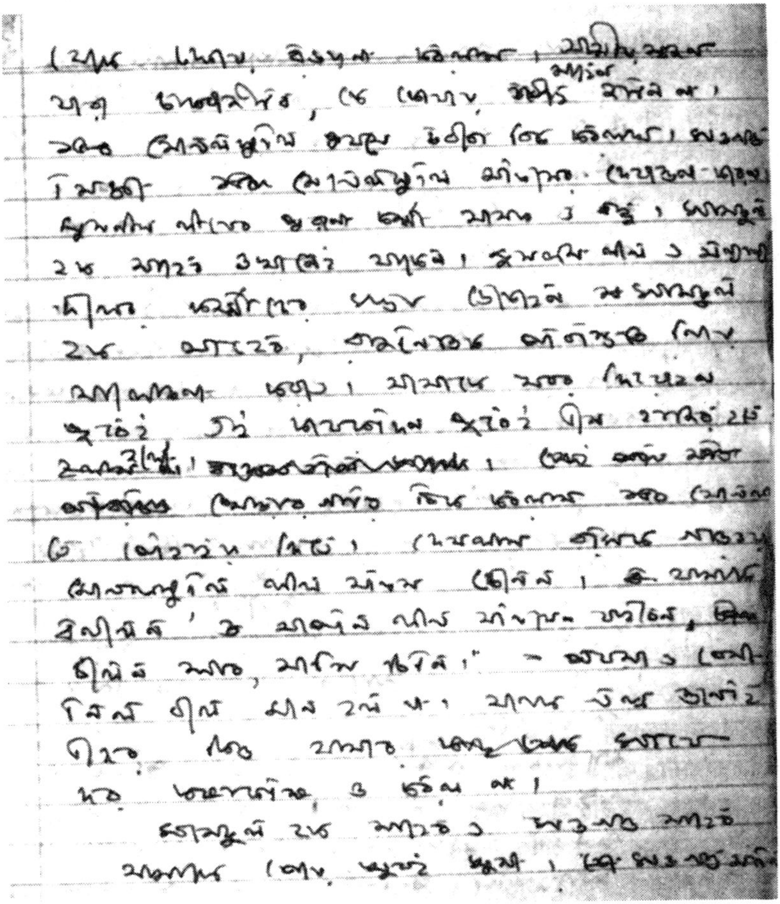

पांडुलिपि के एक पृष्ठ की प्रतिलिपि

की समाप्ति पर सब्जेक्ट कमेटी का गठन हुआ। मुझे भी कमेटी में रखा गया। चर्चाओं के माध्यम से पता चला कि कुछ कम्युनिस्ट विचारोंवाले कार्यकर्ता भी कॉन्फ्रेंस में शामिल थे। उन्होंने अपनी राय भी जाहिर करना शुरू कर दी थी। पहले तय हुआ कि एक युवा संस्था का गठन किया जाए जिसमें किसी भी दल के लोग शामिल हो सकेंगे। किन्तु इस संगठन को सक्रिय राजनीति से यथासम्भव दूर रखने की चेष्टा की जाएगी। इस संस्था को एक सांस्कृतिक संस्था माना जाएगा और इस संस्था का नाम होगा 'गणतांत्रिक युवा लीग'। मैंने कहा, इसका एकमात्र कार्यक्रम

होगा साम्प्रदायिक मेल की चेष्टा ताकि कोई दंगा–हंगामा न हो, हिन्दू देश त्याग न करें—जिसे अंग्रेजी में 'कम्युनल हारमनी' (साम्प्रदायिक सद्‌भाव) कहते हैं। कइयों ने इस मत का समर्थन किया, किन्तु कम्युनिस्ट विचारोंवाले दल ने कहा, 'और भी प्रोग्राम लेने उचित होंगे, यथा अर्थनीतिक प्रोग्राम।' हमने कहा, 'तब तो यह राजनीतिक संस्था हो जाएगी।' काफी बहस के बाद तय हुआ कि एक सब–कमेटी गठित हो, जो कार्यक्रम निर्धारित कर गणतांत्रिक युवा लीग की कार्यकारिणी समिति के समक्ष पेश करे। कार्यक्रम को स्वीकार या अस्वीकार करने का अधिकार उस सब–कमेटी को होगा। सत्रह सदस्यों की एक कमेटी गठित की गई एवं उसे को–ऑप्ट करने का अधिकार दिया गया। हिसाब करके देखा गया कि हमारे मतावलम्बी लोग ही बहुमत में थे। कम्युनिस्ट विचार के कुछ लोग भी सदस्य हुए। कुछेक दिनों के बाद कार्यकारिणी समिति की एक बैठक में ड्राफ्ट–कार्यक्रम पेश किया गया, जिसे परिपूर्ण रूप से एक पार्टी का मेनिफेस्टो कहा जा सकता था। मैंने भयंकर रूप से बाधा दी और कहा कि कोई व्यापक कार्यक्रम अभी स्वीकार नहीं किया जाएगा। एकमात्र 'कम्युनल हारमनी' के लिए कार्यकर्ताओं के कूद पड़ने के अतिरिक्त कोई और काम हमारा नहीं है। देश को आज़ाद हुए दो महीने हुए हैं, अभी कोई भी माँग करना उचित न होगा। झूठमूठ ही हम जनता से दूर हो जाएँगे। कम्युनिस्ट नेताओं ने तब भारतवर्ष में नारा दिया था 'स्वाधीनता अभी आई नहीं है, संग्राम कर स्वाधीनता को लाना होगा।' हमारे देश के कम्युनिस्ट विचारोंवाले साथी कार्यकर्ता उसी आदर्श को कार्यक्रम में ग्रहण करना चाहते हैं। यह सारा कार्यक्रम अभी जनता के सामने ले जाने पर वह हम पर जो आस्था है, उसे खो देगी और जिस काम की अभी खास जरूरत है, उस साम्प्रदायिक सद्‌भाव की बात करने पर लोग हमारी बात सुनना नहीं चाहेंगे।

पहली बैठक में कार्यक्रम पास न हो पाया क्योंकि हमारा बहुमत था, किन्तु हक़ साहब द्वारा बीच का रास्ता अपनाने से हमें असुविधा होने लगी।

इसी समय मैं कुछ दिनों के लिए कलकत्ता गया, यह देखने कि हमारा रेस्तराँ बिक्री हुआ कि नहीं, या ढाका में किसी दुकान के साथ उसकी अदला–बदली हो सकती है या नहीं। कलकत्ता जाकर देखा कि रब साहब ने रेस्तराँ बिक्री कर दिया था। चलो, झंझट मिटी। शहीद साहब पूर्वी पंजाब, दिल्ली, जयुपर, अलवर घूमकर कलकत्ता आए थे; वे बहुत चिन्तित थे क्योंकि इन जगहों पर भयंकर दंगे हुए थे। भारतवर्ष और पाकिस्तान में वे एकमात्र ऐसे मुस्लिम नेता थे, जो इन सभी जगहों पर जाकर अपनी आँखों से सारा हाल देख आए थे। मुझे देखकर बहुत खुश हुए और बोले, 'सचमुच पूर्वी बंगाल के मुसलमान कितने सभ्य व भले हैं कि वहाँ कोई दंगा–

हंगामा नहीं हो रहा। किन्तु हिन्दू वहाँ से चले आ रहे हैं, वे ही कोई विपत्ति पैदा करेंगे। मैं शीघ्र ही पूर्वी बंगाल जाऊँगा और कुछ सभाएँ करूँगा ताकि हिन्दू वहाँ से न आएँ।' तय हुआ कि शहीद साहब ढाका होकर ख़्वाजा नज़ीमुद्दीन के साथ परामर्श कर बरिशाल में सभा करने जाएँगे।

मैं ढाका चला आया। बरिशाल में एक विशाल सभा का आयोजन हुआ। शहीद साहब ढाका आते तो नज़ीमुद्दीन साहब के पास ही रहते थे। हम स्टीमर से बरिशाल को रवाना हुए। कलकत्ता से प्रफुल्ल चन्द्र घोष भी आए थे। बरिशाल में शाम को सभा शुरू हुई, कुछ लोगों ने भाषण दिए। मुझे भी भाषण देना होगा। तब रात के 8 बजे होंगे जब मेरे हाथ में काग़ज़ का एक टुकड़ा थमा दिया गया। मैं शहीद साहब के बगल में ही बैठा था। काग़ज़ में रब साहब (मेरे बहनोई) ने लिखा था, 'मियाँ भाई, अब्बा की हालत बहुत ख़राब है, वे भयंकर अस्वस्थ हैं। तुम्हारे लिए विभिन्न जगहों पर टेलीफोन किया गया। यदि देखना हो तो रात को ही रवाना होना होगा। हेलेन (लेखक की छोटी बहन) तुम्हारे यहाँ जा चुकी है।' मैंने शहीद साहब को चिट्ठी पढ़कर सुनाई। उन्होंने मुझे रवाना होने का हुक्म दिया। उनसे विदा लेकर प्लेटफॉर्म से उतरा तो रब साहब को देखा, खड़े थे। मैंने पूछा, 'कब खबर मिली ?' वे बोले, 'कल रात। हेलेन रवाना हो गई है। मैंने तुम्हारे लिए देरी की क्योंकि मैं जानता था कि शहीद साहब जब आएँगे तो तुम भी आओगे।' मैं माल-असबाब लेकर स्टेशन रवाना हो गया। स्टीमर छूटने में अभी और आधा घंटा समय था। स्टीमर न पकड़ पाने पर अगले दिन रात को स्टीमर मिलता।

मैं स्टीमर में चढ़कर बैठ गया, सारी रात बैठा रहा। मन में नाना चिन्ताएँ उठती रहीं। अब्बा का बड़ा बेटा हूँ मैं पर गृहस्थी के बारे में न मैं कुछ जानता हूँ, न समझता हूँ। कितनी ही बातें याद हो आईं। मैंने कितने ही आघात अब्बा को दिए किन्तु उन्होंने कभी कुछ नहीं कहा। सभी के पिता अपने बच्चों को प्यार करते हैं और बच्चे भी पिता को प्यार करते हैं, श्रद्धा करते हैं। किन्तु मुझे पिता से जो स्नेह मिला और मैं उन्हें कितना प्यार करता हूँ, इसे शब्दों में बयान नहीं कर सकता।

भोर के समय पाटगाति स्टेशन पर स्टीमर पहुँचा, मेरे घर से प्राय: ढाई मील दूर होगा। स्टेशन मास्टर व अन्यान्य लोगों से पूछा कि मेरे अब्बा के बारे में वे कुछ जानते हैं कि नहीं। सभी ने एक ही बात कही, 'सुना है कि आपके अब्बा बहुत अस्वस्थ हैं।' नाव में जाने पर काफी समय लगता इसलिए सामान स्टेशन मास्टर के पास रखकर मैं पैदल ही रवाना हो गया। मधुमती नदी को पार करना पड़ा। सीधे मैदान से होकर घर की ओर चल पड़ा। सीधे खेतों की जमीन के बीच से मैं पैदल चला। घर पहुँचकर देखा कि अब्बा को कॉलरा हुआ था। हालत अच्छी नहीं थी, डॉक्टरों ने उम्मीद छोड़ दी थी। मैंने पहुँचते ही 'अब्बा' कहकर पुकारा तो उन्होंने आँखें खोलीं और आँखों की कोर से कुछ बूँदें ढुलक पड़ीं। अब्बा के सीने पर सिर

रखकर मैं रो पड़ा; हठात् लगा जैसे अब्बा की अवस्था में कुछ परिवर्तन हुआ। डॉक्टर ने कहा—नाड़ी की अवस्था ठीक लग रही है। कुछ क्षणों में ही अब्बा की स्थिति में सुधार हुआ और डॉक्टर ने कहा कि अब डर की कोई बात नहीं। पेशाब भी हो गया था और चेहरे में भी परिवर्तन नज़र आ रहा था। दो-तीन घंटे बाद डॉक्टर बाबू बोले—अब मैं चलता हूँ, सारी रात यहीं था। डर की कोई बात नहीं, शाम को फिर आऊँगा देखने।

मैं कुछ दिन घर में रहा। अब्बा धीरे-धीरे स्वस्थ हो उठे। जो बच्चे माँ-बाप के स्नेह से वंचित होते हैं, उनके जैसा अभागा दुनिया में कोई नहीं। और जिन्हें पिता-माता का स्नेह व आशीर्वाद प्राप्त होता है उनके समान सौभाग्यशाली कोई नहीं।

मैं ढाका आया। विश्वविद्यालय में भर्ती हुआ कि क़ानून पढ़ूँगा। कुछ किताबें खरीदीं। ढाका में आकर पता चला कि गणतांत्रिक युवा लीग की एक बैठक हो गई थी। कार्यकारिणी समिति में नए सदस्यों को को-ऑप्ट किया गया था। पहले थे सत्रह जन, अब हुए हैं चौंतीस जन। हमें अल्पमत में लाने का यह षड्यंत्र था। हमारे बहुतेरे लोगों को नोटिस तक नहीं मिली। अन्य कोई अखबार भले ही न छापे किन्तु कलकत्ता का इत्तेहाद हमारी खबरें छापता था। इत्तेहाद में भी नोटिस नहीं छपवाई गई। मैंने आपत्ति उठाई और कहा, 'सत्रह सदस्य किस प्रकार और सत्रह सदस्यों को को-ऑप्ट कर सकते हैं? सभा बुलाई जाए।' कुछ दिनों बाद खबर मिली कि मैमनसिंह में सभा बुलाई गई है। सबको नोटिस मिली पर मुझे नहीं दी गई। नोआखाली के अज़ीज़ मुहम्मद ढाका सिटी मुस्लिम लीग के सदस्य थे, उन्हें नोटिस मिली तो मुझसे बोले—अगले दिन ही सभा होगी सुबह 9 बजे। मैंने देखा कि हम तीन सदस्य ढाका में थे—अज़ीज़ साहब, ढाका के शम्सुल हुदा साहब (अभी कन्वेंशन मुस्लिम लीग करते हैं) और मैं। मैंने तय किया कि हम तीनों ही जाएँगे और बाधा देंगे। अन्य किसी ज़िले में खबर देने का समय नहीं होगा। हमें रात को ही रवाना होना होगा। क्योंकि एकमात्र ट्रेन रात 10 बजे छूटती थी और भोर 3 बजे मैमनसिंह पहुँचाती थी। भोर तक हम स्टेशन पर ही थे। हक़ साहब की कोई खबर नहीं थी। वे सभा में नहीं आए। हम सभा में उपस्थित हुए और वैधता का प्रश्न उठाया कि मुझे तथा अनेक को नोटिस क्यों नहीं दी गई? वे एक मेनिफेस्टो बनाकर लाए थे। हमने कहा—नोटिस देकर सभा बुलाई जाए ढाका में और वहीं तय किया जाए कि मेनिफेस्टो स्वीकृत होगा या नहीं। इतनी हड़बड़ी करना उचित नहीं। और हम किसी राजनीतिक संस्था से नहीं जुड़ सकते। क्योंकि हम अभी भी मुस्लिम लीग के कौंसिल सदस्य हैं। काफी तर्क-वितर्क हुआ, फिर जब देखा कि वे सुन ही नहीं रहे थे और सभी या तो कम्युनिस्ट विचारधारा के थे या उनके समर्थक

उपस्थित हुए थे तो बाध्य होकर हमने सभा का त्याग किया और मैं उनसे कह आया कि मुस्लिम लीग का कोई कार्यकर्ता इस षड्यंत्र में नहीं रहेगा। युव लीग भी आज से खत्म। आप लोगों की ताकत और लोकप्रियता कितनी है, हम जानते हैं। हमारा नाम कहीं भी मत रखिएगा।

मुग़लटोली में युवा लीग का ऑफिस था। हम लोगों ने उसका बोर्ड उतार दिया। इसी बीच उन लोगों ने मेनिफेस्टो छपवा लिया और ऑफिस में भी ले आए। शौक़त मियाँ ही ऑफिस के कर्ताधर्ता थे। उन्होंने हुक्म दिया कि युव लीग का सब कुछ वहाँ से ले जाओ पर लेगा कौन? कोई नज़र न आया। पुलिस ने ऑफिस की तलाशी ली। हम लोगों का नाम भी आई.बी. के रजिस्टर में दर्ज हो गया। 150 नम्बर मुग़लटोली से पाकिस्तान का आन्दोलन हुआ था, अब वहीं लीग ऑफिस में गुप्तचर विभाग के कर्मचारियों ने गुप्त रूप से पहरा देना शुरू किया। हम सभी शहीद साहब के भक्त थे, यही हम लोगों का दोष था। साम्प्रदायिक सद्भाव बना रहे, हम इसी की चेष्टा में लगे रहे।

मानिक भाई तब कलकत्ता में इत्तेहाद पत्र के सेक्रेटरी थे। हमें रुपयों–पैसों की बेहद जरूरत थी। देगा कौन? घर से थोड़ा–बहुत पढ़ाई का ख़र्च ला सकते थे, किन्तु राजनीति करने के लिए धन कहाँ से मिले? मेरी अवस्था कुछ बेहतर थी, क्योंकि मैं इत्तेहाद पत्र का पूर्वी पाकिस्तान का प्रतिनिधि था। महीने में तीन सौ रुपए मिलते थे। मेरा काम था एजेंसियों से धन उगाही, और यह देखना कि इत्तेहाद पत्र चलता रहे तथा विभिन्न जगहों पर नए एजेंटों की नियुक्ति हो। हालाँकि मैं अधिक दिन नहीं रहा, फिर भी असुविधा होने की कोई बात नहीं थी क्योंकि अखबार में नाम था और घर से भी कुछ रुपए मिल जाते।

'निखिल बंग मुस्लिम छात्र लीग' का नाम बदलकर 'निखिल पूर्वी पाकिस्तान मुस्लिम लीग' कर दिया गया। शाह अज़ीज़ुर रहमान साहब ही जनरल सेक्रेटरी रहे। कौंसिल की सभा ढाका में न कर उन्होंने गुप्त रूप से कहीं और की। कार्यकारिणी समिति के सदस्यों में अधिकांश छात्र नहीं थे, छात्र राजनीति छोड़ चुके थे। 1944 में संगठन का चुनाव हुआ था, उसके बाद नहीं हुआ। हम लोगों ने उस समिति को मानने से इनकार कर दिया। कलकत्ता इस्लामिया कॉलेज और ज़िले की विभिन्न जगहों से बहुतेरे छात्र विश्वविद्यालय में भर्ती हुए थे। वे इस संस्था के साथ नहीं जुड़े थे। मैंने छात्र लीग कार्यकर्ताओं के साथ वार्ता और बातचीत शुरू की। अज़ीज़ अहमद, मुहम्मद तोआहा, अली अहद, अब्दुल हमीद चौधरी, दबिरुल इस्लाम, नईमुद्दीन, मुल्ला जलालुद्दीन, अब्दुर रहमान चौधरी, अब्दुल मतिन ख़ान चौधरी, सैयद नज़रुल इस्लाम एवं और भी अनेक छात्र नेता एकमत हुए कि हम लोगों को एक संगठन बनाने की दरकार है। 4 जनवरी, 1948 को फ़ज़लुल हक़ मुस्लिम हॉल के एसेम्बली हॉल में एक सभा बुलाई गई जहाँ तय हुआ कि

एक छात्र संगठन बनाया जाएगा, जिसका नाम होगा 'पूर्वी पाकिस्तान मुस्लिम छात्र लीग'। नईमुद्दीन को कन्वेनर बनाया गया। अली अहद ने इसका सदस्य बनने में आपत्ति जताई क्योंकि अब वह कोई साम्प्रदायिक संगठन नहीं करना चाहता था। संगठन का नाम यदि पूर्वी पाकिस्तान छात्र लीग हो तो वह राज़ी था। हमने उसे समझाने की चेष्टा की और कहा, 'अभी वह समय नहीं आया है। राजनीतिक परिस्थिति और देश की आबहवा के बारे में भी सोचना होगा। नाम में कुछ भी आता-जाता नहीं है। आदर्श यदि ठीक हो तो नाम बदलने में क्या देरी लगती है। पाकिस्तान मिले हुए कुछ ही तो महीने हुए हैं। जिस आन्दोलन के जरिए पाकिस्तान मिला है, उस मानसिक अवस्था से जनता तथा शिक्षित समाज का मत-परिवर्तन करने में समय लगेगा।'

संगठन का ऑफिस मैंने 150 नम्बर मुग़लटोली में किया। मुस्लिम लीग के नेताओं ने इस ऑफिस पर कब्जा करने की चेष्टा कई बार की किन्तु शौक़त मियाँ के कारण सफल नहीं हो पाए। हमने 'मुस्लिम लीग वर्कर्स कैम्प' नाम देकर साइन बोर्ड लगा दिया था। अब उसे पूर्वी पाकिस्तान मुस्लिम छात्र लीग का ऑफिस भी कर दिया गया। शौक़त मियाँ ने टेबल, चेयर, अलमारी आदि का बन्दोबस्त किया। उस वक्त वह न होता तो हमारा कोई काम न होता। हम जितने लोग भी उसके साथ मुग़लटोली में रहते थे, सबके रहने-खाने का भार उसी पर था। महीने में जो भी सम्भव होता, हम उसके पास पहुँचा देते। बाकी सारा जिम्मा उसी का था।

छात्र लीग के गठन के साथ-साथ छात्रों में काफी उत्साह नज़र आया। एक महीने के अन्दर मैं प्राय: हर ज़िले में कमेटी का गठन करने में सफल हुआ। हालाँकि कन्वेनर नईमुद्दीन था किन्तु करना सबकुछ मुझे ही पड़ता था। मुझे कुछ ऐसे सहकर्मी मिले थे जो सचमुच नि:स्वार्थ कार्यकर्ता थे। पूर्वी पाकिस्तान सरकार निखिल पूर्वी पाकिस्तान मुस्लिम छात्र लीग की सामने से सहायता करती। और हम लोगों के विरुद्ध गुप्तचर लगा देती। दूसरी ओर, ख़्वाजा नज़ीमुद्दीन साहब ने मुस्लिम लीग नेशनल गार्ड को खत्म करने का हुक्म दिया। ज़हीरुद्दीन, मिर्ज़ा ग़ुलाम हाफ़िज़ एवं और भी कुछ लोगों ने आपत्ति जताई, क्योंकि पाकिस्तान के लिए और पाकिस्तान बनने के बाद भी यह संगठन अपना काम करता रहा था। हजारो-हज़ार नेशनल गार्ड थे। इन्हें देश के काम में न लगाकर नेशनल गार्ड भंग करने के हुक्म से कार्यकर्ताओं में एक विद्वेष का भाव दिखाई दिया। नेशनल गार्ड के नेताओं ने सम्मेलन कर तय किया कि वे संगठन को चलाएँगे। ज़हीरुद्दीन को सालार-ए-सूबा किया गया। ज़हीरुद्दीन को ढाका में आने के कुछ ही दिनों बाद मुग़लटोली ऑफिस से सुरक्षा क़ानून के अन्तर्गत गिरफ्तार कर लिया गया। मुग़लटोली में नेशनल गार्ड का ऑफिस किया गया था। दो-मंज़िला भवन, काफी जगह थी। डेढ़ या दो महीने बाद ज़हीरुद्दीन की रिहाई हुई। अनेक नेता इससे डर गए। मिस्टर

मुहाजिर, जो बंगाल के नेशनल गार्ड के सालार–ए–सूबा थे, को नज़ीमुद्दीन साहब ने क्या कहा, पता नहीं। उन्होंने समाचार–पत्रों में घोषणा की कि देश आज़ाद हो गया है, अब नेशनल गार्ड की कोई दरकार नहीं। ऐसे एक सुप्रतिष्ठित संस्थान को राष्ट्रीय सरकार ने देश के काम में न लगाकर देश को ही क्षति पहुँचाई। इस संस्थान के कार्यकर्ताओं ने काफी त्याग स्वीकार किया है, अनेक नेताओं से भी अधिक। कइयों ने हम लोगों से कहा, इनसे जो काम कराया जाएगा, उसके रुपए कहाँ से आएँगे ? जबकि इन लोगों ने रुपए माँगे ही नहीं। मामूली–सा ख़र्च मिलने पर ये लोग सालो–साल काम कर सकते थे। धीरे–धीरे इन्हें अंसान–वाहिनी में नियुक्त किया जा सकता था। इन्हें अनेक दिनों तक ट्रेनिंग भी दी गई थी। हमारे नेताओं की लीला समझने में हमें बड़ा कष्ट होता था। नेशनल गार्डों को वेतन भी नहीं दिया जाता था। नेशनल गार्डों और मुस्लिम लीग के कार्यकर्ताओं में पाकिस्तान के निर्माण के लिए प्रेरणा व उत्साह था, नेता लोग उनका व्यवहार नहीं कर पाए।

जनता और सरकारी कर्मचारी दिन–रात मेहनत करते। अनेक जगहों पर देखा कि एक अकेला कर्मचारी पूरा ऑफिस चला रहा है। एक जमादार और एक सिपाही समस्त थानों में लीग कार्यकर्ताओं की मदद से क़ानून–व्यवस्था की रक्षा कर रहा है। जनता को रेलगाड़ी से जाना है और टिकट नहीं है, तो सीधे रुपए जमा देकर गाड़ी पर सवार हो गए। जादू की तरह भ्रष्टाचार खत्म हो गया था।

धीरे–धीरे सरकार की नीति के कारण सब कुछ गड़बड़ा गया। सरकार को पता ही नहीं था कि कैसे एक जाति का देश के काम में व्यवहार किया जाए तथा जाति को गठनमूलक कामों में लगाया जाए। हज़ारो–हज़ार कार्यकर्ता इधर–उधर छिटक गए। काम भी था, कार्यकर्ता भी थे पर उनका इस्तेमाल न हुआ। और इसका एक खास कारण यह था कि जिनके हाथों में सत्ता थी, वे जनता पर आस्था न रख पाए, क्योंकि जनता के साथ इनका कोई सम्पर्क ही नहीं था। जिन कुछ लोगों के हाथों में प्रदेश के शासन की बागडोर आई, वे सभी प्रायः अंग्रेजों के नज़दीकी नेता थे। अंग्रेजों को मस्का मारकर सर, ख़ान बहादुर, ख़ान साहब आदि उपाधियाँ हासिल की थीं। इन लोगों ने पूर्ण रूप से अंग्रेज ज़माने की अफसरशाही पर निर्भर करना शुरू किया। अफसरशाही के कर्णधार जो कहते, वही सुनते। इन कर्मचारियों में अनेक ऐसे थे जिन्होंने अंग्रेजों को खुश करने के लिए, प्रमोशन के लिए उन समस्त कर्मचारियों पर अकथ्य अत्याचार किए जिन्होंने निःस्वार्थ भाव से स्वाधीनता के लिए संग्राम किया। आज भी इसके बेशुमार प्रमाण हैं।

स्वाधीनता मिलने के साथ–साथ इनमें से कइयों को दोहरे–तिहरे प्रमोशन मिले, जिससे कइयों का माथा ख़राब होते–होते बचा। और सर व ख़ान बहादुरों का दल इनके हाथों की कठपुतली में परिणत हो गया। स्वाधीन देश की स्वाधीन जनता के गठन और उनकी आस्था अर्जित करने के लिए जिस नई मानसिकता की

आवश्यकता थी, वह मानसिकता यह नेतृवर्ग ग्रहण न कर पाया। इधर सत्ता हथियाने के लिए राजनीतिक संस्थानों ने मुस्लिम लीग को अपनी मुट्ठी में करने के लिए एक नया रास्ता अपनाया। पाकिस्तान बनने के बाद मुस्लिम लीग के भी दो हिस्से हो गए। एक हिस्सा भारत में रह गया, जिसका नाम हुआ 'निखिल भारत मुस्लिम लीग' और दूसरे हिस्से का नाम पड़ा 'पाकिस्तान मुस्लिम लीग।'

बड़े लाट बनने के कारण मुहम्मद अली जिन्ना मुस्लिम लीग के सभापति न रह पाए, इसलिए चौधरी ख़लीक़ुज़्ज़मान साहब को पाकिस्तान मुस्लिम लीग का भार सौंपा गया। उन्होंने पाकिस्तान मुस्लिम लीग एवं पूर्वी पाकिस्तान मुस्लिम लीग को भंग कर एक एडहॉक कमेटी का गठन किया। विभाजन तो पंजाब का भी हुआ था, किन्तु उन्होंने पंजाब मुस्लिम लीग को भंग नहीं किया, सिन्ध को भी नहीं और सीमान्त को भी नहीं, केवल बंगाल को। और वो इसलिए कि यहाँ सोहरावर्दी के समर्थक अधिक थे, तो उन्हें नज़ीमुद्दीन साहब के समर्थकों को लेकर लीग का गठन करना पड़ा। मौलाना अकरम ख़ाँ साहब को उन्होंने चीफ आर्गनाइज़र बनाया। शीघ्र ही हमने एक सौ बारह कौंसिल सदस्यों के हस्ताक्षर लेकर एक रिक्विज़िशन सभा बुलाए जाने की माँग की। मुहम्मद अली, तोफ़ज़्ज़ल अली, डॉ. मालेक, अब्दुस सलाम ख़ान, एम.ए. सबूर, अताउर रहमान ख़ान, कमरुद्दीन, शम्सुल हक़, अनवरा ख़ातून, ख़ैरात हुसैन तथा और भी कइयों ने इस पर हस्ताक्षर किए। मैंने घूम-घूमकर हस्ताक्षर जुगाड़ किए। दो-एक ज़िलों में भी मुझे जाना पड़ा। रिक्विजिशन सभा के लिए जितने सदस्यों की दरकार थी उतने सदस्यों के हस्ताक्षर लेकर नोटिस तैयार की गई। इस नोटिस को मौलाना अकरम ख़ाँ साहब के पास पहुँचाना था, पर कोई जाने को राज़ी नहीं हुआ। अन्ततः यह भार मुझ पर ही पड़ा। इस दरम्यान हम लोगों की चर्चा-सभाएँ जनाब तोफ़ज़्ज़ल अली साहब के घर पर होती थीं। क्या करूँ, उनके सामने जाकर नोटिस देते हुए मुझे भी शर्म आ रही थी। आखिरकार, मैं उनके कलकत्ता बाज़ार 'आज़ाद' के ऑफिस में पहुँचा। खबर देते ही उन्होंने मुझे कमरे में बुला भेजा। मैंने उन्हें सलाम कर उनके हाथों में नोटिस दी तथा आग्रह किया कि नोटिस की प्राप्ति की रसीद कृपया लिखकर दें। मौलाना साहब ने लिखकर दे दिया। उन्होंने मेरे साथ बहुत अच्छा व्यवहार किया और मेरा हालचाल भी पूछा। मैं तो वहाँ से जल्द से जल्द भागने की फिराक में था। विदा लेकर फौरन निकल पड़ा।

अगले दिन उन्होंने आज़ाद-पत्र में नोटिस तथा जिन लोगों ने हस्ताक्षर किए थे, उनके नाम छाप दिए एवं एक विज्ञप्ति के माध्यम से घोषणा की कि रिक्विज़िशन-सभा आह्वान करने का किसी को अधिकार नहीं है, क्योंकि पुरानी संस्था भंग की जा चुकी है। अब वे पूर्वी पाकिस्तान मुस्लिम लीग की एडहॉक कमेटी के सभापति हैं। अर्थात् हममें से कोई भी अब मुस्लिम लीग कौंसिल का सदस्य नहीं था। इस

प्रकार हम मुस्लिम लीग से बहिष्कृत हो गए। कई लोग चुप होकर बैठ गए, पर हम राज़ी नहीं थे। अन्त तक प्रयास करके देखेंगे।

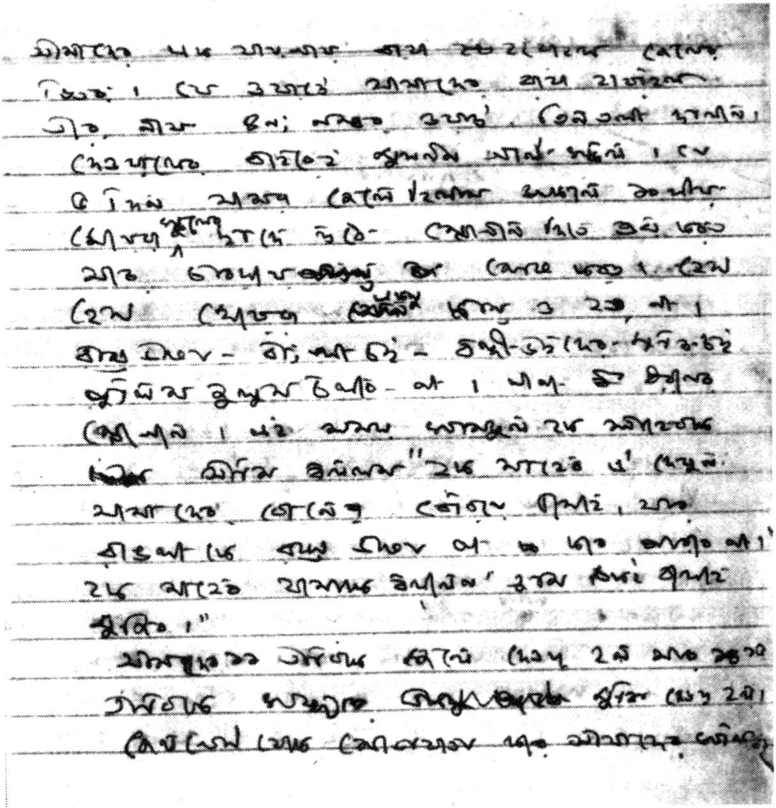

पांडुलिपि के एक पृष्ठ की प्रतिलिपि

8 फरवरी, 1945 को होगी जब कराची में पाकिस्तान संविधान सभा (कंस्टिटुऐंट एसेम्बली) की बैठक हो रही थी। वहाँ राष्ट्रभाषा कौन–सी होगी, इस बारे में चर्चा चल रही थी। मुस्लिम लीग के नेता उर्दू को राष्ट्रभाषा बनाने के पक्षपाती थे। पूर्वी पाकिस्तान के भी अधिकांश लीग सदस्यों की वही राय थी। कुमिल्ला के कांग्रेस सदस्य बाबू धीरेन्द्रनाथ दत्त ने माँग की कि बांग्ला भाषा को भी राष्ट्रभाषा बनाया जाए क्योंकि वह पाकिस्तान के बहुमत की भाषा थी। मुस्लिम लीग के

सदस्य किसी भी प्रकार से राज़ी नहीं हो रहे थे। हमने देखा कि बांग्ला को बाद देकर उर्दू को राष्ट्रभाषा बनाने का विराट षड्यंत्र चल रहा था। पूर्वी पाकिस्तान मुस्लिम छात्र लीग और तमद्दुन मजलिस[17] ने इसका प्रतिवाद किया और माँग की कि बांग्ला व उर्दू दोनों भाषाओं को राष्ट्रभाषा बनाना होगा। हमने सभाएँ कर प्रतिवाद करना शुरू किया। इसी समय पूर्वी पाकिस्तान मुस्लिम छात्र लीग तथा तमद्दुन मजलिस ने संयुक्त रूप से सर्वदलीय सभा का आह्वान कर एक संगठन 'राष्ट्रभाषा बांग्ला संग्राम परिषद' का गठन किया। पूर्वी पाकिस्तान मुस्लिम छात्र लीग की कुछ शाखाएँ ज़िलों और महकमों में की गई थीं। तमद्दुन मजलिस एक सांस्कृतिक संस्था थी जिसके नेता थे अध्यापक अब्दुल कासिम साहब। इधर पुराने लीग कार्यकर्ताओं की ओर से जनाब कमरुद्दीन साहब, शम्सुल हक़ साहब तथा और भी कई लोग संग्राम परिषद में शामिल हुए। सभा में 11 मार्च, 1948 को 'बांग्ला भाषा माँग दिवस' घोषित किया गया। हम हर ज़िले के लिए निकल पड़े। मैं फ़रीदपुर, जैसोर होकर दौलतपुर, खुलना व बरिशाल में छात्र-सभाएँ कर उक्त तारीख के तीन दिन पहले ढाका लौट आया। दौलतपुर में मुस्लिम लीग समर्थक छात्रों ने मेरी सभा में गड़बड़ी करने की कोशिश की तो खूब मारपीट हुई और कुछ लोग जख्मी भी हुए। किन्तु वे लोग सभा में खलल न डाल पाए और आखिरकार मैंने भाषण भी दिया। इस समय जनाब अब्दुस सबुर ख़ान हम लोगों का समर्थन कर रहे थे। बरिशाल के जनाब महीउद्दीन अहमद तब निखिल पूर्वी पाकिस्तान मुस्लिम छात्र लीग के सदस्य, मुस्लिम लीग और सरकार के पूर्ण समर्थक थे। क़ाज़ी बहाउद्दीन हम लोगों के दल के नेता थे। मैंने कॉलेज में ही सभा की थी, महीउद्दीन साहब ने बाधा देने की चेष्टा नहीं की। मैं ढाका लौट आया। रात को काम का बँटवारा हुआ—कौन कहाँ रहेगा एवं कौन कहाँ पिकेटिंग का भार लेगा। सामान्य से कुछ विश्वविद्यालयी छात्रों को छोड़कर नब्बे शतांश छात्रों ने इस आन्दोलन में भाग लिया। जगन्नाथ कॉलेज, मिटफोर्ड, मेडिकल स्कूल, इंजीनियरिंग कॉलेज ने विशेष रूप से सक्रिय भाग लिया। मुस्लिम लीग ने हम पर भाड़े के गुंडे छोड़ दिए, अधिकांश लोगों को हमारे विरुद्ध कर दिया, पुराने ढाका की कुछ जगहों पर छात्रों से मारपीट भी की और यह समझाने की चेष्टा की कि हम पाकिस्तान को ध्वंस करना चाहते थे।

11 मार्च की भोर सैकड़ों छात्र-कार्यकर्ताओं ने इडेन बिल्डिंग, जनरल पोस्टऑफिस तथा अन्यान्य जगहों पर पिकेटिंग शुरू की। विश्वविद्यालय तथा कॉलेजों में पिकेटिंग की जरूरत ही नहीं पड़ी। सारे ढाका शहर को पोस्टरों से भर दिया गया। कुछ दुकानें बन्द थीं, कुछ खुली भी थीं। पुराने ढाका शहर ने पूर्ण रूप से हड़ताल का पालन नहीं किया। सुबह 8 बजे जनरल पोस्टऑफिस के सामने छात्रों पर भयंकर लाठी-चार्ज हुआ। मार खाकर छात्रों का एक समूह हटता तो दूसरा उसकी जगह ले लेता। फ़ज़लुल हक़ हॉल में हमारे रिज़र्व कार्यकर्ता थे। काफी देर

तक गोलमाल और मारपीट चलती रही। 9 बजे इडेन बिल्डिंग के सामने के दरवाजे पर लाठी-चार्ज हुआ। खालिक नवाज़ ख़ान, बख़्तियार (अभी नौगाँव के एडवोकेट), शहर छात्र लीग के प्रधान सचिव एम.ए. वदूद गम्भीर रूप से घायल हुए। तोपखाना रोड पर क़ाज़ी ग़ुलाम महबूब, शौक़त मियाँ तथा और भी अनेक छात्र घायल हुए। अब्दुल गनी रोड के दरवाजे पर तब छात्र अत्याचार और लाठियों की मार और नहीं सह पा रहे थे। कई कार्यकर्ता घायल होकर वहाँ से हट गए थे। मैं जनरल पोस्टऑफिस की ओर से नए कार्यकर्ताओं को लेकर इडेन बिल्डिंग की ओर तेज़ी से जा रहा था कि इसी बीच इडेन बिल्डिंग के सामने शम्सुल हक़ साहब को पुलिस ने घेर लिया। गेट खाली हो गया। मेरे पास उस वक्त साइकिल थी। सिटी एस.पी. मुझे गिरफ्तार करने के लिए बार-बार जीप लेकर दौड़ रहे थे। पकड़ नहीं पा रहे थे। अब मैंने देखा कि और कोई चारा नहीं है। एक साथी कार्यकर्ता खड़ा था, साइकिल उसके हवाले कर मैंने उसे शीघ्र ही कुछ और छात्रों को भेजने को कहा क्योंकि हम बहुत कम थे, ज्यादा देर टिक न पाते। हमारी देखादेखी और भी कुछ छात्र शीघ्रता से आकर हमारे पास बैठ गए। हमारे ऊपर कुछ बेभाव की पड़ी और हमें जीप में उठा लिया गया। हक़ साहब को पहले ही जीप में उठा लिया गया था। अनेक छात्र गिरफ्तार एवं घायल हुए। कुछ छात्रों को गाड़ी में तीस-चालीस मील दूर जंगल में छोड़ आया गया। कुछ छात्राओं ने भी मार खाई। अली अहद भी गिरफ्तार हुए। ताज़उद्दीन, तोआहा तथा और भी कइयों को गिरफ़्तार न किया जा सका। शाम के समय हममें से प्रायः सत्तर-पचहत्तर लोगों को बाँधकर जेल भेज दिया गया। फलस्वरूप आन्दोलन ने जोर पकड़ा और हमें ढाका की जनता का समर्थन भी मिला।

उस समय पूर्वी पाकिस्तान की विधानसभा का अधिवेशन चल रहा था। रोज ही जुलूस निकल रहे थे। नज़ीमुद्दीन साहब ने असहाय होकर देखा कि आन्दोलन जोर पकड़ रहा था। वदूद व बख्तियार दोनों छात्र लीग के कार्यकर्ता थे, उन्हें भयंकर रूप से घायल कर जेल के अस्पताल में रखा गया था। इसी समय शेरे-बंगाल, बगुड़ा के मुहम्मद अली, तोफ़ज़्ज़ल अली, डॉ. मालेक, सबुर साहब, ख़ैरात हुसैन, अनवरा ख़ातून तथा और भी कइयों ने मुस्लिम लीग पार्टी के विरुद्ध भयंकर रूप से प्रतिवाद किया। फिर से शहीद साहब का दल एक हो गया। नज़ीमुद्दीन साहब घबरा गए एवं संग्राम परिषद के साथ बातचीत के लिए राज़ी हुए।

हम जेल में थे। पता नहीं क्या बातचीत हुई किन्तु संग्राम परिषद की ओर से कमरुद्दीन साहब ने जेल में हमारे साथ भेंट की और कहा—नज़ीमुद्दीन साहब माँगों को मानने के लिए राज़ी हो गए हैं और अभी ही बांग्ला को पूर्वी पाकिस्तान की ऑफिशियल भाषा कर देंगे। पूर्वी पाकिस्तान की विधानसभा से सिफारिश की जाएगी ताकि केन्द्र बांग्ला भाषा को अन्यतम राष्ट्रभाषा का दर्जा दे। सारे मुकदमे वापस ले लिये जाएँगे, बन्दियों को मुक्ति दी जाएगी एवं पुलिस ने जो जोर-जुल्म

किया है, वे स्वयं उसकी जाँच करेंगे। और भी क्या-क्या था, मुझे याद नहीं। वे खुद ही होम मिनिस्टर थे और खुद ही जाँच करेंगे, यह भी अपने आपमें एक प्रहसन ही था।

जेल में हमें एक जगह रखा गया था। जिस वार्ड में हमें रखा गया था, उसका नाम था चार नम्बर वार्ड। दो-मंज़िला आँगन। दीवार के बाहर ही था मुस्लिम गर्ल्स स्कूल। जिन पाँच दिन हम जेल में थे सुबह 10 बजे से लड़कियाँ स्कूल की छत पर जाकर नारे लगाना शुरू करतीं और यह क्रम शाम 4 बजे तक चलता रहता। छोटी-छोटी लड़कियाँ बिलकुल भी थकती न थीं। 'बांग्ला को राष्ट्रभाषा करो', 'बन्दी भाइयों को मुक्त करो', 'पुलिस का जुल्म नहीं चलेगा'—ऐसे ही नाना प्रकार के नारे लगते रहते। ऐसे ही समय शम्सुल हक़ साहब से मैंने कहा, 'हक़ साहब, वो देखिए, हमारी बहनें भी निकल पड़ी हैं। अब बांग्ला को राष्ट्रभाषा होने से कौन रोकेगा?' हक़ साहब ने मुझसे कहा, 'तुम सही कह रहे हो मुज़ीब!'

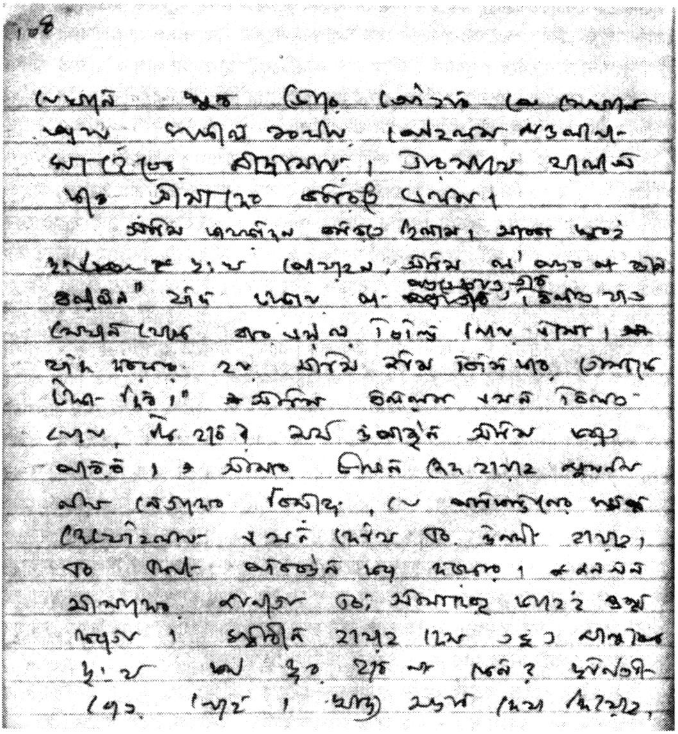

पांडुलिपि के एक पृष्ठ की प्रतिलिपि

हमें 11 तारीख को जेल ले जाया गया था और 15 तारीख की शाम हमें रिहा किया गया। जेल से जुलूस निकालकर हमें सलीमुल्ला मुस्लिम हॉल ले जाया गया। 13 तारीख की शाम को जेल में एक गोलमाल हुआ। एक गैर-बंगाली जमादार हमारे वार्ड में ताला बन्द करने आया। उस समय हम अपनी जगहों पर बैठे रहते और जमादार साहब एक-दो कर गिनकर देखते कि हम संख्या में ठीक हैं कि नहीं। हिसाब मिल जाता तो बाहर से ताला बन्द कर देते। शाम के समय जेलखाने के सभी कैदियों की गिनती कर बाहर से विभिन्न वार्डों में बन्द कर दिया जाता। जमादार ने कुछेक बार गिनती की किन्तु हिसाब मिल नहीं रहा था। बगल के और एक रूम में हमारे कुछ छात्र थे, उनकी गिनती ठीक हुई। छोटे-छोटे कुछ छात्र थे, जो किसी की बात नहीं मानते थे, गिनती के समय एक जगह से उठकर दूसरी जगह चले जाते। मैं और शम्सुल हक़ साहब सभी को धमकाकर बैठाए रखते। हम दोनों और अब्दुल मन्नान (अब नवकुमार हाईस्कूल के हेडमास्टर), ये तीन लोग ही उम्र में कुछ बड़े थे। खाने के भाग-बँटवारे का भार मन्नान साहब पर ही था। हिसाब जब नहीं मिला तो जमादार साहब गुस्सा हो गए और कुछ कड़ी बातें कह दीं, जिन्हें सुनकर छात्र भी नाराज हो गए और जगह छोड़कर उठ पड़े तथा शोर-गुल शुरू कर दिया। मैंने और हक़ साहब ने फिर से सभी को एक जगह बैठा दिया। जमादार साहब ने गिनती की, और हिसाब मिल गया। किन्तु दरवाजे के बाहर जाकर उन्होंने अचानक सीटी बजा दी एवं 'पगली घंटी' बज गई। 'पगली घंटी' का अर्थ था विपत्ति का संकेत। ऐसी स्थिति में जेल के सिपाही जिस अवस्था में भी हों, बन्दूक, लाठी-सोटा लेकर उन्हें भीतर आना पड़ता और दरकार होने पर मारपीट भी शुरू करनी पड़ती। यह वह समय होता जब आइन-क़ानून कुछ नहीं रहता और सिपाही जो जी में आता करते, हालाँकि सूबेदार हवलदार उनके साथ होते। जेलर और डिप्टी जेलर साहब भी भीतर की ओर दौड़ते रहते।

हम कुछ भी समझ न पाए कि आखिर हुआ क्या। जो बंगाली सिपाही हम लोगों के वहाँ ड्यूटी पर था उसने ताला बन्द भी कर दिया था। जमादार ने उससे चाभी माँगी तो उसने देने में आपत्ति की। हमने देखा कि इस बात पर दोनों में धक्काधुक्की हुई। सिपाही चाभी लेकर दौड़ता हुआ पहली मंजिल से नीचे उतर आया। जमादार की इच्छा थी कि दरवाजा खोलकर सिपाहियों को लेकर भीतर घुसकर हमें मारे-पीटे। जेलर, डिप्टी जेलर या सुपरिंटेंडेंट साहब के भीतर आने से पहले ही चूँकि हम समझ गए थे, हमने सभी को जल्दी से अपनी-अपनी जगह पर बैठने को कह, शम्सुल हक़ साहब और मैं दरवाजे के पास जा खड़े हुए। ऐसा करने के पीछे हमारा मकसद यह था कि हमें मारे-पीटे बिना कोई भीतर न आ पाए। हमने सभी को यह भी कह दिया कि जब तक हम पर मार न पड़े, कोई हाथ नहीं उठाएगा। यदि हम पर आक्रमण हुआ और मारपीट की गई तो टेबल, चेयर, थाली, कटोरा, जो भी मिले

उसी से प्रतिरोध करना होगा। हक़ साहब और मैं, हम दोनों ही हठी थे। जरूरत पड़ने पर हाथ भी चला सकते थे, और यह बुरी आदत हमें बचपन से थी। सिपाही यदि चाभी लेकर दौड़ न गया होता तो हमें मार खानी पड़ती, इसमें कोई सन्देह नहीं। क्योंकि हम तो एक कमरे में बन्द थे। और इसी बीच कई सिपाही चले आए थे, जो असभ्य जुबान में गाली-गलौज कर रहे थे। उसी समय जेलर साहब और डिप्टी जेलर जनाब मोखलेसुर रहमान ने हमारे गेट पर खड़े होकर सिपाहियों को नीचे जाने का हुक्म दिया। कुछ ही समय में जेल-सुपरिंटेंडेंट मि. बिल भी आ गए और घटना के बारे में सुनकर उन्होंने सिपाहियों को जाने का हुक्म दिया। सुपरिंटेंडेंट साहब को शम्सुल हक़ साहब ने सारी घटना बताई। इन्हीं बिल साहब ने सन् 1950 में राजशाही जेल के खापड़ा वार्ड में राजबन्दियों पर गोली चलाकर कई देशभक्तों की हत्या की थी। यह हमें बाद में पता चला कि वह हमसे मारपीट करने का एक षड्यंत्र था। अगले दिन डिप्टी जेलर मोखलेसुर रहमान साहब ने हमसे जेल के नियम-क़ानून के बारे में काफी कुछ कहा। मैं हालाँकि छुटपन में कुछ दिन हाजत में काट चुका था, फिर भी जेल के नियम-क़ानून के बारे में न मैं कुछ जानता था और न ही समझता था। जेल के बारे में थोड़ा-बहुत ज्ञान दो-एक किताबें पढ़कर हुआ था। यह सही है कि जेल में छात्र लोग नियम-क़ानून कुछ कम ही मानते थे। शम्सुल हक़ साहब, मन्नान साहब और मैं—हम तीनों ही सभी को समझा-बुझाकर रखते। इनमें से कई तो स्कूली छात्र थे। हमारे साथ एक नौ-दस साल का लड़का भी था, उसके पिता जेल-गेट पर उससे मिलने आए थे और उससे कहा था, 'तुझे आज ही यहाँ से निकाल लूँगा।' उस लड़के ने पिता से कहा था, 'अन्य छात्रों को न छोड़ा गया तो मैं भी नहीं आऊँगा।' जब उसने आकर यह बात हमें बताई तो सभी ने उसे बहुत प्यार दिया और उसके नाम से 'ज़िन्दाबाद' के नारे भी लगाए। उसका नाम आज मुझे याद नहीं, पर उसकी बातें याद हैं। बहुत सख्त था वह। गिरफ्तार किए गए एक भी छात्र का मनोबल नहीं टूटा। बांग्ला भाषा के लिए वे कोई भी त्याग स्वीकार करने को प्रस्तुत थे।

16 तारीख को सुबह 10 बजे विश्वविद्यालय में आम छात्रसभा में हम सभी शामिल हुए। हठात् पता नहीं किसने सभापति का आसन ग्रहण करने के लिए मेरा नाम प्रस्तावित कर दिया। सभी ने समर्थन किया। विख्यात आमतला में यह पहली बार मुझे सभापतित्व करना पड़ा। कइयों ने भाषण दिए। संग्राम परिषद के साथ जिन शर्तों के आधार पर समझौता हुआ, उन सभी का सभा में अनुमोदन हुआ। किन्तु सभा ने ख़्वाजा नज़ीमुद्दीन, जो पुलिसिया जुल्म की जाँच करेंगे, का अनुमोदन नहीं किया, क्योंकि ख़्वाजा साहब खुद ही प्रधान मंत्री तथा गृहमंत्री भी

थे। मैंने अपने भाषण में कहा, 'संग्राम परिषद ने जो ग्रहण किया है, वह ग्रहण करना उचित है। केवल हम उस सरकारी प्रस्ताव में परिवर्तन का अनुरोध कर सकते हैं, इससे अधिक कुछ नहीं।' छात्रों ने माँग की कि वे जुलूस में विधान परिषद के पास जाकर अपनी यह माँग पेश करेंगे और चले आएँगे। मैंने अपने भाषण में कहा, उनके पास अपनी माँग पहुँचाकर आप लोग विधानसभा का एरिया छोड़कर चले आएँगे। कोई वहाँ रहेगा नहीं, क्योंकि संग्राम परिषद ने हमारे आन्दोलन को कुछ दिनों के लिए मुल्तवी रखने के लिए कह दिया है। सभी सहमत हुए।

एक जुलूस में उपस्थित होकर हमने ख़्वाजा साहब के पास भीतर काग़ज़ भेज दिया। मैंने फिर से भाषण देकर सभी से लौटने को कहा और खुद भी सलीमुल्ला मुस्लिम हॉल के लिए रवाना हो गया। कुछ दूर आकर देखा, अनेक छात्र तो चले गए थे, किन्तु कुछ छात्र और जनता अब भी वहाँ खड़ी थी और बीच-बीच में नारे लगा रही थी। मैंने लौटकर फिर से भाषण दिया। इस बार काफी छात्र लौट गए। मैं हॉल में चला आया। प्राय: 4 बजे खबर मिली कि फिर बहुत सारे लोग इकट्ठा हुए हैं जिनमें अधिकांश सरकारी कर्मचारी और आम लोग थे, छात्र तो मात्र कुछेक थे। शम्सुल हक़ साहब लोगों को लौटाने की चेष्टा कर रहे थे। बीच-बीच में छात्रों ने दो-एक एम.एल.ए. को मुस्लिम हॉल में लाना शुरू किया। और उनसे लिखवा लिया कि यदि बांग्ला को राष्ट्रभाषा न बनवा पाए तो पदत्याग कर देंगे। मंत्री लोग भी निकल नहीं पा रहे थे। ख़्वाजा साहब मिलिटरी की मदद से पीछे के दरवाजे से निकल भागे थे। बहुतेरे लोग फिर जमा हो गए थे। मैं एसेम्बली की ओर दौड़ा। ठीक जब नज़दीक पहुँचा तो देखा कि पुलिस ने लाठी-चार्ज और अश्रुगैस के गोले छोड़ने शुरू कर दिए थे। मेरी आँखों में जलन होने लगी; आँखों से पानी गिरने लगा; कुछ दिखाई नहीं दे रहा था। कुछ छात्र और कुछ अन्य लोग भी घायल हुए। कुछ लोगों ने मुझे पलासी बैरक के तालाब में ले जाकर मुँह-आँख धुलाना शुरू किया। कुछ देर बाद मुझे थोड़ा आराम मिला तो देखा कि मुस्लिम हॉल में काफी हल्ला-गुल्ला मच रहा था। बागेरहाट के डॉ. मुजम्मल हक़ साहब को पकड़कर ले आया गया था। वे एम.एल.ए. थे। छात्र उनसे जबरन लिखवाना चाहते थे कि वे पदत्याग कर देंगे। वे मुझे पहचानते थे और मैं भी उन्हें। मैंने छात्रों से अनुरोध किया कि उन्हें छोड़ दें। वे भले आदमी थे और शहीद साहब के समर्थक थे। बड़े कष्ट से और काफी समझाने-बुझाने के बाद मैं उन्हें मुक्त कराकर बाहर लाया। एक रिक्शा भाड़ा कर उन्हें विदा किया। अचानक खबर आई कि शौक़त मियाँ घायल होकर अस्पताल में थे। मैं फौरन उन्हें देखने को दौड़ा। सचमुच उनके हाथों और पीठ पर चोट लगी थी। पुलिस ने लाठी से उन्हें पीटा था। और भी कुछ लोग सामान्य आहत हुए थे। मैं सभी से कह आया कि तबीयत सँभलते ही अस्पताल से निकल आएँ, क्योंकि पुलिस फिर गिरफ्तार कर सकती थी।

शाम के बाद खबर आई कि फ़ज़लुल हक़ हॉल में संग्राम परिषद की सभा होगी। छात्र भी उपस्थित रहेंगे। मुझे पहुँचने में कुछ देर हो गई थी। जब पहुँचा तो देखा एक जन मुझ पर हमला करते हुए भाषण दे रहा था। मैंने खड़े होकर सुना और फिर सामने की ओर बढ़ा। उस व्यक्ति का भाषण खत्म होने पर मैंने अपना वक्तव्य रखा कि आमतला की छात्र–सभा में मैंने जो कहा था कि काग़ज़ देते ही चले आना और एसेम्बली हाउस के सामने मैंने सभी से चले जाने का अनुरोध किया था और भाषण भी दिया था, यह किसी को पता है कि नहीं ? ख़ैर जो हो, अधिक बहस नहीं हुई और बात आई–गई हो गई। यह निर्णय लिया गया कि फिलहाल हमारा आन्दोलन बन्द रखा जाए क्योंकि कुछ दिनों बाद ही, पाकिस्तान बनने के बाद पहली बार, मुहम्मद अली जिन्ना ढाका आ रहे थे। उनका स्वागत–सत्कार करना होगा। हम छात्र भी उनका स्वागत करेंगे। एक साथ प्रत्येक छात्र एक जुलूस में एयरपोर्ट पहुँचे, इसका बन्दोबस्त किया गया।

राष्ट्रभाषा बांग्ला का आन्दोलन केवल ढाका में ही सीमित नहीं था। फ़रीदपुर व जैसोर में भी कुछ सौ छात्र गिरफ्तार हुए थे। राजशाही, खुलना, दिनाजपुर तथा और भी अनेक ज़िलों में आन्दोलन हुआ था। निखिल पूर्वी पाकिस्तान मुस्लिम छात्र लीग ने आन्दोलन को विफल करने की चेष्टा की किन्तु कर न पाई। इसमें कोई सन्देह नहीं कि इस आन्दोलन की शुरुआत छात्रों ने ही की थी, किन्तु बाद में यह देखा गया कि जनता भी बांग्ला को राष्ट्रभाषा बनाने के लिए दृढ़प्रतिज्ञ थी, खासकर सरकारी कर्मचारी भी इस आन्दोलन का समर्थन कर रहे थे। इंजीनियरिंग कॉलेज पर जब गुंडों के एक दल ने हमला किया तो पलासी बैरक से सरकारी कर्मचारियों ने आकर उन्हें बाधा दी। फलस्वरूप मार खाकर गुंडे भागने को बाध्य हुए। बाद में देखने में आया कि ढाका शहर के लोगों की मानसिकता में अनेक परिवर्तन हुए थे। सरकार की ओर से प्रचार किया गया था कि कलकत्ता हिन्दू छात्र पाजामा पहनकर आकर यह आन्दोलन कर रहे थे किन्तु जो सत्तर–पचहत्तर छात्र गिरफ्तार हुए थे उनमें एक भी हिन्दू छात्र न था। यहाँ तक कि जो घायल हुए थे, उनमें भी कोई एक भी हिन्दू नहीं था। फिर भी तब से ही 'संयुक्त बंगाल और भारतवर्ष के दलाल, कम्युनिस्ट और राष्ट्रद्रोही'—ये जुमले बोले जाने लगे ताकि हमारे विरुद्ध जनता को विभ्रान्त किया जा सके। यहाँ तक कि सरकारी प्रेस–विज्ञप्तियों में भी हम पर इस प्रकार दोषारोपण किया जाता।

बांग्ला पाकिस्तान के छप्पन प्रतिशत लोगों की मातृभाषा थी इसलिए एकमात्र बांग्ला का ही राष्ट्रभाषा होना उचित था, फिर भी हमने बांग्ला और उर्दू दोनों को राष्ट्रभाषा बनाने की माँग की थी। पंजाब के लोग पंजाबी भाषा बोलते थे, सिन्ध के लोग सिन्धी भाषा में बात करते थे, सीमान्त प्रदेश के लोग पश्तो भाषा में बात करते और बलोच बलूची भाषा में। उर्दू पाकिस्तान के किसी भी प्रदेश की भाषा नहीं थी

फिर भी यदि पश्चिमी पाकिस्तान के भाई उर्दू भाषा की माँग करें तो हम आपत्ति क्यों करें? उर्दू के समर्थकों की एकमात्र युक्ति थी कि उर्दू 'इस्लामिक भाषा' थी। उर्दू इस्लामिक भाषा कैसे थी, यह हमारी समझ से परे था।

दुनिया के विभिन्न देशों के मुसलमान विभिन्न भाषाओं में बातें करते थे। अरब के मुसलमान अरबी ज़बान बोलते, फारस के फारसी, टर्की के तुर्की, इंडोनेशिया के इंडोनेशियन, मलेशिया के मलाया, चीन के मुसलमान चीनी भाषा में बात करते थे। इस सम्बन्ध में कई तर्कसंगत बातें की जा सकती हैं। केवल पूर्वी पाकिस्तान के धर्मभीरु मुसलमानों को इस्लाम के नाम पर धोखा दिया जा सकता है, यह सोचा गया था पर इसमें सफलता नहीं मिली। हर जाति को अपनी मातृभाषा से प्यार होता है। किसी भी जाति ने कभी भी अपनी मातृभाषा का अपमान बर्दाश्त नहीं किया। इसी समय सरकारी दल के मुस्लिम नेता उर्दू के लिए जान-माल क़ुर्बान करने तक को तैयार तो हो गए थे, किन्तु जनसमर्थन न मिलने पर घबरा गए थे। उन्होंने आखिरी तजवीज भिड़ाई। जिन्ना को ग़लत समझाया। इन लोगों ने सोचा, जिन्ना से उर्दू के पक्ष में बुलवा लिया तो विरुद्धाचरण का किसी में साहस नहीं होगा क्योंकि दल-मत से इतर सभी उनकी श्रद्धा करते थे। उनकी कोई भी न्यायसंगत बात मानने को सभी बाध्य थे। पूर्वी पाकिस्तान का जनमत किस राह पर है, क्या चाहता है, यह उन्हें किसी ने बताया नहीं या बताने का साहस नहीं किया।

19 मार्च को जिन्ना जब ढाका आए तो उनका अभिनन्दन करने के लिए हजारो-हजार लोग तेजगाँव हवाई अड्डे पर उपस्थित हुए थे। मुझे याद है, भयंकर बारिश हो रही थी। हम सभी भीगे हुए थे उस दिन, फिर भी भीगे कपड़ों में उनका स्वागत करने के लिए हम एयरपोर्ट में प्रतीक्षा कर रहे थे। जिन्ना ने पूर्वी पाकिस्तान में आकर घुड़दौड़ मैदान में विराट सभा में घोषणा की, 'उर्दू ही पाकिस्तान की एकमात्र राष्ट्रभाषा होगी। उस सभा में हम प्रायः छह-सात सौ छात्र एक ही जगह पर थे। अनेक ने हाथ उठाकर बता दिया, 'नहीं मानते।' उसके बाद ढाका विश्वविद्यालय के कन्वोकेशन में भाषण देते वक्त जब उन्होंने कहा, 'उर्दू ही एकमात्र राष्ट्रभाषा होगी'—तो उनके सामने ही छात्रों ने चीख-चीखकर कहा—'नहीं, नहीं, नहीं।' जिन्ना प्रायः पाँच मिनट चुप रहे, फिर उन्होंने भाषण दिया। मेरे ख़याल से यह पहली बार था जब बंगाल के छात्रों ने उनके मुँह पर उनकी बात का प्रतिवाद किया। इसके बाद जब तक ज़िन्दा रहे, जिन्ना ने कभी नहीं कहा कि उर्दू ही एकमात्र राष्ट्रभाषा होगी।

ढाका में जिन्ना ने दोनों पक्षों के छात्र नेताओं को बुलाया। शायद बांग्ला भाषा संग्राम परिषद के नेताओं को भी बुलाया था। किन्तु पूर्वी पाकिस्तान मुस्लिम छात्र लीग व निखिल पूर्वी पाकिस्तान मुस्लिम लीग के दो-दो प्रतिनिधियों से भेंट की। क्योंकि उन्होंने उस वक्त पसन्द नहीं किया कि दो संगठन क्यों होंगे। हमारी ओर

से तोआहा और शम्सुल हक़ साहब थे, किन्तु मैं नहीं था। जिन्ना ने हमारे संगठन के नाम को पसन्द किया था। निखिल पूर्वी पाकिस्तान के कर्ताधर्ताओं के नाम जब हमारे प्रतिनिधि ने पेश किए तब उन्होंने दिखा दिया कि उनमें से अधिकांश या तो नौकरी कर रहे थे या पढ़ाई छोड़ चुके थे। तब जिन्ना उन पर ख़फ़ा ही हुए थे। जब बांग्ला को राष्ट्रभाषा बनाने के विषय पर शम्सुल हक़ साहब जिन्ना से मिलने गए तो उनसे उनकी कुछ बहस हुई, जो शम्सुल हक़ साहब ने आकर मुझे बताई थी। शम्सुल हक़ साहब सच्चे इनसान थे, जो सच बोलने में किसी से भी नहीं डरते थे।

जिन्ना के लौटने के कुछ दिन बाद फ़ज़लुल हक़ हॉल के सामने एक छात्रसभा हुई। उस सभा में एक छात्र ने भाषण दिया था, जिसका नाम मुझे याद नहीं, किन्तु उसने कहा था, 'जिन्ना जो कहेंगे, वही हमें मानना होगा। जब उन्होंने कहा है कि उर्दू राष्ट्रभाषा होगी, तो उर्दू ही होगी।' मैंने उसके कथन का प्रतिवाद करते हुए भाषण दिया था और मुझे आज भी अपनी बात याद है। मैंने कहा था, 'कोई नेता यदि ग़लत काम करने को कहे तो उसका प्रतिवाद करने तथा उसे समझाने का अधिकार जनता को है। जैसे हज़रत उमर से आम जनता ने प्रश्न किया था, जब उन्होंने अपने लिए बड़ी कमीज बनवा ली थी।[18] बांग्ला छप्पन शतांश लोगों की मातृभाषा थी। पाकिस्तान एक गणतांत्रिक देश था, अतः बहुसंख्यकों की माँग माननी ही होगी। जब तक बांग्ला राष्ट्रभाषा नहीं बन जाती तब तक हमारा संघर्ष जारी रहेगा। और उसका कोई भी परिणाम हम भुगतने के लिए तैयार हैं।' आमतौर पर छात्रों ने मेरा समर्थन किया। इसके बाद पूर्वी पाकिस्तान के छात्र और युवक भाषा की माँग को लेकर सभाएँ करते रहे, जुलूस निकालते रहे। दिनोदिन जनमत तैयार होता रहा और कुछ ही महीनों में देखा गया कि निखिल पूर्वी पाकिस्तान मुस्लिम छात्र लीग का कोई समर्थक न रहा। केवल ऐसे नेता रहे जिनका मंत्रियों के घरों के चक्कर लगाने और हर बात में सरकार का समर्थन करने के अतिरिक्त और कोई काम न था।

भाषा आन्दोलन के पहले मुहम्मद अली, तोफ़ज़्ज़ल अली और डॉ. मालेक साहब के नेतृत्व में मुस्लिम लीग के एम.एल.ए. लोगों में एक गुट बना था, क्योंकि ख़्वाजा नज़ीमुद्दीन साहब ने शहीद साहब के किसी समर्थक को भी मंत्रित्व नहीं दिया। पार्लियामेंटरी सेक्रेटरी तक नहीं बनाया। उनकी संख्या भी कम नहीं थी। अकसर तोफ़ज़्ज़ल अली साहब के घर पर इनकी सभाएँ होतीं। देखने में आया कि इनके समर्थकों की संख्या इतनी हो गई थी कि यदि ये नज़ीमुद्दीन साहब के विरुद्ध अनास्था प्रस्ताव ले आते तो वह पास तक हो सकता था। इनकी ओर से दो-एक एम.एल.ए. कलकत्ता भी गए थे शहीद साहब को लेकर आने के लिए। शहीद साहब के ढाका पहुँचने पर अनास्था प्रस्ताव लाने की पेशकश चल

रही थी, किन्तु शहीद साहब राज़ी नहीं हुए। उन्होंने इन लोगों से कहा था, 'मैं अभी कोई गोलमाल नहीं करना चाहता, नज़ीमुद्दीन साहब ही काम करें।' उन्होंने यह भी कहा था, 'उन्हीं पुराने एम.एल.ए. लोगों की बात कर रहे हो न, जिन्होंने कुछ दिन पूर्व मेरे विरुद्ध वोट दिया था। आज वे ही नज़ीमुद्दीन साहब के विरुद्ध वोट देंगे। हो सकता है कल फिर मेरे विरुद्ध चले जाएँ। मुझे इन सबकी दरकार नहीं है। मुझे और कई काम हैं, वे काम मैंने न किए तो मुसलमानों को भारत छोड़ना पड़ेगा और लाखो-लाख लोग मारे जाएँगे। मेरी एकमात्र चेष्टा है कि भारत के हिन्दू-मुसलमानों और पाकिस्तान के मुसलमान-हिन्दुओं के बीच एक स्थायी शान्ति कायम कर पाऊँ।'

इधर जिन्ना साहब ने दलबाजी करने के लिए मुहम्मद अली साहब को बुलाकर धमकाया और राजदूत होकर बर्मा में जाने को कहा। तोफ़ज़्ज़ल अली साहब के घर पर आकर मुहम्मद अली ने सारी बातें बताईं तथा यह भी बताया कि वह बर्मा जाने को राज़ी हो गए थे। कुछ दिनों बाद तय हुआ कि डॉ. मालेक को भी मंत्रित्व मिलेगा। अब खाली तोफ़ज़्ज़ल अली साहब बाकी थे। एक दिन मुझसे बोले, 'देख लिया तो मुज़ीब, मुहम्मद अली साहब चले गए, डॉ. मालेक भी मंत्री हो जा रहे हैं, मुझे भी बुलाया है मंत्रित्व लेने के लिए। बताओ, क्या करूँ? अकेले तो बाहर से कुछ किया नहीं जा सकेगा। मुझे तुम्हारी राय की दरकार है।' मैंने देखा, उन्हें बाधा देकर क्या होगा? सभी तो नज़ीमुद्दीन साहब के दल में जा मिले हैं। मैंने उनसे कहा, 'आपको धन्यवाद कि आपने कम से कम मुझसे पूछा तो! अन्य किसी ने तो पूछा तक नहीं। आप अकेले क्या कर पाएँगे? मंत्रित्व ले लीजिए। हमारा संग्राम जारी रहेगा। जिस आदर्श और पाकिस्तान के लिए हमने संग्राम किया, उस आदर्श के कायम होने तक हमारा संग्राम जारी रहेगा।' उन्होंने जो मुझसे पूछा, इस सौजन्य के लिए मैं उनकी श्रद्धा करता हूँ और इसी कारण उनसे मेरा सम्बन्ध कभी नष्ट नहीं हुआ। उन्होंने भी मुझे हमेशा छोटे भाई की तरह माना, हालाँकि बाद में हम दोनों दो अलग-अलग राजनीतिक दलों में थे।

मौलाना अकरम ख़ाँ साहब के बयान के बाद हम मुस्लिम लीग के सदस्य न रहे, अर्थात् हमें मुस्लिम लीग से खदेड़ दिया गया। हमारा उद्देश्य था मुस्लिम लीग को एक प्रगतिशील संगठन में परिणत करना। टंगाइल में विधानसभा के दो आसन रिक्त हुए थे। हमारी इच्छा थी कि नज़ीमुद्दीन साहब के विरुद्ध किसी को दिया जा सकता है कि नहीं? मौलाना भसानी साहब आसाम से आकर टंगाइल के कागमारी में रह रहे थे। मैं उनकी शरणापन्न हुआ। किन्तु मौलाना साहब ने एक सीट पर स्वयं और दूसरी नज़ीमुद्दीन साहब को देकर चुनाव लड़ा और एम.एल.ए. हो गए। बाद में चुनाव का हिसाब दाखिल न करने के कारण मौलाना साहब के चुनाव को गैर-क़ानूनी घोषित किया गया।

भाषा आन्दोलन के समय मौलाना साहब ने हमारा समर्थन किया था। टंगाइल मुस्लिम लीग के कार्यकर्ताओं की एक सभा बुलाई गई कि भविष्य में क्या किया जाए। चर्चा के बाद तय हुआ कि नारायणगंज में एक और सभा की जाएगी जहाँ भविष्य का कार्यक्रम निर्धारित किया जाएगा। यह भी तय हुआ कि मौलाना भसानी, अब्दुस सलाम ख़ान, अताउर रहमान ख़ान, शम्सुल हक़ साहब तथा और भी मुस्लिम नेता व कार्यकर्ता शामिल होंगे। सभा का आयोजन सलमान अली, अब्दुल अवाल, शम्सुज़्ज़ोहा तथा और भी कई लोगों ने किया था। ख़ान साहब उस्मान अली एम.एल.ए. ने भी समर्थन दिया था। सभा के पहले धारा 144 जारी की गई। हमने पाइकपाड़ा क्लब में सभा की। विभिन्न ज़िलों के अनेक नेता व कार्यकर्ता उपस्थित हुए थे। इसी समय शम्सुज़्ज़ोहा पर मुस्लिम लीग के भाड़े के गुंडों ने हमला किया था। दुख का विषय यह था कि इन्हीं कार्यकर्ताओं ने नारायणगंज में मुस्लिम लीग का गठन किया था एवं पाकिस्तान-आन्दोलन में सक्रिय रूप से भाग लिया था। अभी जिन्होंने इन पर हमला किया था उनमें से लगभग सभी पाकिस्तान और मुस्लिम लीग के विरुद्ध थे। प्रत्येक ज़िले और महकमे में मुस्लिम लीग को भंग कर एडहॉक कमेटी का गठन किया था। प्राय: सभी जगहों पर मुस्लिम लीग कमेटी में शहीद साहब के समर्थक अधिक थे इसलिए अनेक लोग व पाकिस्तान विरोधियों को एडहॉक कमेटी में लेना पड़ा था। किन्तु जनता तो केवल पुराने लीग कार्यकर्ताओं को ही मुस्लिम लीग समझती।

मौलाना भसानी साहब के सभापतित्व में यह सभा हुई। फैसला लिया गया कि पहले दो प्रतिनिधि कराची में जनाब ख़लिक़ुज़्ज़मान साहब के साथ भेंट कर हमारी माँग पेश करेंगे। हमारी माँग थी कि पुरानी मुस्लिम लीग को काम करने दिया जाए। यदि न सुनें तो हमारी रसीद पुस्तक दी जाए एवं ऐसा बन्दोबस्त किया जाए कि निरपेक्ष चुनाव हो सकें। देखा जाए कि जनता किन्हें चाहती है। उन दिनों कराची जाना इतना आसान नहीं था, कलकत्ता-दिल्ली होकर कराची जाना पड़ता। तय हुआ कि जनाब अताउर रहमान ख़ान और बेगम अनवरा ख़ातून एम.एल.ए. कराची जाएँगे। वे कराची जाकर चौधरी ख़लीक़ुज़्ज़मान से मिले और हमारी माँगें पेश कीं। ख़लीक़ुज़्ज़मान साहब ने कह दिया, 'पुरानी बातें भूल जाइए, जो ख़्वाजा नज़ीमुद्दीन साहब का समर्थन करेंगे, वे ही मुलिम लीग के सदस्य रहेंगे।' रसीद-पुस्तक के बारे में बोले, 'काग़ज़ नहीं मिल रहा इसलिए रसीद-पुस्तक का मिलना कष्टकर है। अकरम ख़ाँ साहब और पूर्वी पाकिस्तान एडहॉक कमेटी से कहेंगे कि उन्हें यदि सही लगेगा तो मिलेगा।' दोनों लौट आए और हमसे बोले, 'झूठमूठ कितने रुपए ख़र्च हो गए और कोई काम नहीं हुआ। ख़लीक़ुज़्ज़मान साहब तो ठीक से बात करना भी नहीं चाहते थे।'

शहीद साहब भी इसी समय ढाका आए और मदारीपुर, गोपालगंज व और भी कुछ जगहों पर सभाएँ कीं, जिनका फल अच्छा निकला। हिन्दुओं का देश त्याग का

जो सिलसिला चला था, वह काफी बन्द हुआ एवं पश्चिम बंगाल व बिहार से भी मुसलमानों का आना कम हुआ। इन सभाओं में लोगों की इतनी भीड़ होती और शहीद साहब के स्वागत-सम्मान के लिए इतने लोग उपस्थित होते, जो कल्पना से परे था। जाहिर है, इससे नज़ीमुद्दीन साहब की सरकार घबरा गई थी। इस बार शहीद साहब नवाबज़ादा नसरुल्ला साहब के घर पर ठहरे थे। नवाबज़ादा शहीद साहब का समर्थन भी करते और श्रद्धा भी। शहीद साहब को मैंने गोपालगंज से विदाई दी। सबुर साहब ने खुलना में शहीद साहब का स्वागत-सत्कार किया, क्योंकि वे तब तक भी शहीद साहब की बातें भूले नहीं थे और उनका समर्थन व हम लोगों की मदद करते थे। शहीद साहब ने खुलना में हिन्दू-मुसलमान नेताओं को लेकर एक घरेलू बैठक की और सभी को साम्प्रदायिक सद्भाव बनाए रखने के लिए सचेष्ट रहने को कहा। गोपालगंज में एक विशाल सभा में शहीद साहब व मुझे केवल गले के जोर पर भाषण देना पड़ा था। खुलना से उन्हें लाने तक का हमारे पास समय नहीं था क्योंकि उन्होंने अचानक कार्यक्रम बना लिया था।

इस बार जब शहीद साहब पूर्वी पाकिस्तान आए तो हमने लक्ष्य किया कि सरकार उसे अच्छी नज़र से नहीं देख रही थी। पहले सरकारी कर्मचारी इस बात का ध्यान रखते थे कि शहीद साहब के रहने का इन्तजाम अच्छा हो, किन्तु इस बार वे दूर-दूर रहना चाह रहे थे। दो-एक ने तो गुप्त रूप से स्वीकार भी कर लिया कि 'ऊपर से हुक्म था कि वे सहयोग न करें।' गुप्तचर विभाग की तत्परता भी बढ़ गई थी, ऐसा लग रहा था। सचमुच पाकिस्तान के भले के लिए ही साम्प्रदायिक सौहार्द्र बनाए रखना उचित था क्योंकि ऐसा न होने की स्थिति में यदि एक बार मुहाजिर (शरणार्थी) आना शुरू कर देते तो अवस्था कितनी शोचनीय हो जाती, इसका अन्दाजा हर विचारशील व्यक्ति को था। संकीर्ण मनोभाव लेकर जो राजनीति करते हैं, उनकी बात अलग थी। पश्चिम बंगाल, आसाम, बिहार व अन्य प्रदेशों में अभी भी लाखो-लाख मुसलमान थे, पाकिस्तान आन्दोलन में जिनका अवदान किसी से कम न था। उनके बारे में सोचकर हमें लगता कि हमारा शान्ति बनाए रखना ही उचित था। सच कहा जाए तो पूर्वी पाकिस्तान के मुसलमानों ने शहीद साहब के उपदेशों को ग्रहण किया था। इसीलिए कोई साम्प्रदायिक दंगा-हंगामा नहीं हुआ था। यहाँ तक कि मुसलमानों ने हिन्दुओं से अनुरोध भी किया था कि वे देश-त्याग न करें। साम्प्रदायिक सम्प्रीति बनाए रखने के सिलसिले में मैं अनेक जगह घूमा था और इस प्रकार की अनेक घटनाएँ मैं जानता था। दुख इस बात का है कि पश्चिम बंगाल के प्रगतिशील हिन्दू भाई भी साम्प्रदायिक सद्भाव बनाए न रख पाए। बीच-बीच में गोलमाल होते रहे और अनेक जगहों पर मुसलमानों के घर-द्वार और जान-माल विध्वंस का शिकार हुए।

इसी समय कुछ ज़िलों में खाद्य–समस्या दिखाई दी। खासकर फ़रीदपुर, कुमिल्ला और ढाका ज़िलों की जनता के महासंकट का सामना करना पड़ा। सरकार ने तब कॉर्डन–प्रथा चालू की थी। एक ज़िले से दूसरे ज़िले में कोई खाद्य ले जाने नहीं दिया जाता था। धान–कटाई के मौसम में फ़रीदपुर और ढाका ज़िले के लोग सदल–बल दिन–मजूर के रूप में खुलना व बरिशाल जाते थे। हजारो–हजार लोग नौकाएँ करके जाते। ये धान काटकर घरों में रख देते और एवज में उन्हें एक हिस्सा मिलता। इन्हें 'दावाल' यानी फसल काटनेवाला कहा जाता। हजारो–हजार लोग 'दावाल' के रूप में नौकाओं से जाते और लौटते समय अपने हिस्से का धान नौका द्वारा घर ले आते। इसी प्रकार कुमिल्ला ज़िले के दावाल सिलहट ज़िले में जाते। ये सभी गरीब और दिन–मजूर थे। प्राय: दो महीने के लिए घर–द्वार छोड़कर इन्हें जाना पड़ता। जाते समय महाजनों से उधार लेकर घर–खर्च के लिए दे जाते और लौटने पर उधार चुकाते। दावालों की नौकाएँ बहुत कम थीं। जिनसे ये नौकाएँ लेते, उन्हें भी एक हिस्सा देना पड़ता था। इस बार जब दावाल धान काटने गए तो किसी ने बाधा नहीं दी। ये न जाते तो जमीन का धान काटने का कोई और उपाय न था। सारा धान एक साथ ही पक जाता, अत: उसे शीघ्रातिशीघ्र काट लाना होता था। स्थानीय तौर पर कटनी के लिए इतने किसान मिलना मुश्किल था। वर्षों से यही पद्धति चली आ रही थी।

फ़रीदपुर, ढाका और कुमिल्ला ज़िलों के हज़ारों लोग इस धान पर निर्भर करते थे। दावाल लोग जब धान काटने गए तो सरकार ने कोई बाधा न दी। जब दो महीनों तक धान की कटनी कर उन्होंने अपने हिस्से का धान नौकाओं से घर की ओर रवाना किया ताकि उनकी भूखी माँ–बहन, पत्नी व सन्तान, जो किसी प्रकार उधारी में दिन काटते हुए उनकी बाट जोह रही थीं कि कब उनके पति–भाई, धान लेकर लौटेंगे और कुछ दिन उन्हें अन्न नसीब होगा—तब नौकाओं के रवाना होने के साथ–साथ उनका रास्ता रोक दिया गया। कहा, 'सरकार का हुक्म है, धान नहीं ले जाया जा सकता,' धान जमा देकर जाना होगा अथवा नौका समेत सबकुछ जब्त कर लिया जाएगा। सहज ही क्या कोई दे देता? अन्तत: सारा धान उतारकर लोगों को छोड़ दिया गया। यह खबर सुनकर मेरे लिए चुप बैठना सम्भव न था। मैंने इसका तीव्र प्रतिवाद किया। सभाएँ कीं, सरकारी कर्मचारियों से साक्षात्कार किया पर कोई फल न निकला। इधर खोंडकार मुश्ताक अहमद ने इस कॉर्डन के विरुद्ध प्रतिवाद सभाएँ शुरू कीं, यह खबर मुझे मिली। अनेक सभा–समिति और अनेक प्रस्ताव किए पर कोई नतीजा न निकला। ये लोग दिन–मजूर थे जिन्होंने दो महीनों तक अपना श्रम दिया और उन्हें मजूरी तक न मिली। और महाजनों से दो महीनों के घर–ख़र्च के लिए उधार लाए थे, अब खाली हाथ लौटने पर देनदारी के चलते उन्हें अपना घर–द्वार तक छोड़ना पड़ा।

इस प्रकार की सैकड़ों घटनाएँ मुझे ज्ञात थीं। इधर फ़रीदपुर, ढाका तथा कुमिल्ला

ज़िलों के अनेक नौका-व्यवसायी थे जो बड़ी नौकाओं में उन समस्त ज़िलों से धान-चावल लाकर बिक्री करते थे, उनका व्यवसाय भी बन्द हो गया और कई लोग जो नौकाओं की मजूरी से पेट चलाते थे, वे भी बेकार हो गए। इनमें से अनेक आज रिक्शा चलाते हैं। एकमात्र गोपालगंज महकमे के कुछेक हजार लोग खुलना, जैसोर व अन्यान्य जगहों पर रिक्शा चलाकर या कुली का काम कर जीविका निर्वाह करने की चेष्टा करने लगे। हमने जब भयंकर रूप से इसके विरुद्ध आन्दोलन शुरू किया तो सरकार ने हुक्म जारी किया कि धान काटने जाने पर कोई आपत्ति नहीं है, किन्तु धान वहाँ से लाया नहीं जा सकेगा। निकटतम सरकारी गोदाम में जमा देना होगा और उस गोदाम से कर्मचारी एक रसीद देंगे। दावाल अपने घर लौटकर उसी परिमाण का धान अपने ज़िले के निकटतम गोदाम से ले सकेंगे। सरकार यह जानती थी कि यदि दावाल लोग धान की कटाई के लिए नहीं गए तो अकेले खुलना ज़िला की आधी से ज्यादा जमीन का धान पड़ा रहेगा। 1948 के आखिर या 1949 के प्रारम्भ के दिनों में सरकार ने यह हुक्म जारी किया। दुख का विषय यह है कि धान गोदामों में ले तो लिया गया किन्तु दावालों को घर लौटकर धान मिला नहीं। कोई पक्की रसीद थी नहीं, सादे काग़ज़ पर लिख देते और धान उतरवा लेते। अपने ज़िले में वही रसीद लेकर गोदाम में जाने पर गाली-गलौज कर भगा दिया जाता। या फिर कुछ मामूली ख़र्च करने पर कुछ धान मिल जाता। इस अवस्था ने दावालों को तोड़कर रख दिया।

इसी दरम्यान खुलना में एक घटना घटी। फ़रीदपुर ज़िले के दावालों की प्राय: दो सौ नौकाएँ धान समेत अटका ली गईं। वे रात के अँधेरे में सरकारी हुक्म अमान्य कर 'अल्लाहो अकबर', 'पाकिस्तान जिन्दाबाद' के नारे लगाकर धान समेत नौकाओं को ले चले। दस-पन्द्रह मील के बाद लांच लेकर पुलिस-वाहिनी ने धावा बोला और अन्तत: गोली चलाकर उन्हें रुकवाया। बाधा देने की कोशिश तो दावालों ने भी की पर सफल नहीं हुए। जबरन नदी के किनारे एक मैदान में सारा धान उतरवा लिया गया और लोगों को वहाँ से भगा दिया गया। हालाँकि वह धान सरकारी गोदाम तक नहीं पहुँचा। अगले दिन भयंकर बारिश हुई, उसी में वह धान बह गया। मुझे खबर मिली तो मैं खुलना पहुँचा, उस वक्त तक भी अनेक नौकाओं को धान समेत अटकाकर रखा गया था। मैंने दावालों के साथ एक सभा की और उनका जुलूस लेकर ज़िला मजिस्ट्रेट साहब के घर पर हाज़िर हुआ। ज़िला मजिस्ट्रेट थे प्रोफेसर मुनीर चौधरी के पिता जनाब अब्दुल हलीम चौधरी। उन्होंने मुझसे बातचीत की और कहा कि सरकार का हुक्म है, वे कुछ नहीं कर सकते। किन्तु उन्होंने वादा किया कि स्थितियों का खुलासा करते हुए वे सरकार को टेलीग्राम करेंगे। मैं दावालों को लेकर लौट आया। मैंने खुद भी टेलीग्राम किया। दावालों से कहा कि भविष्य में वे बिना किसी पूर्व निपटारे के इस प्रकार धान की कटाई के लिए न चल दें। ख़्वाजा

नज़ीमुद्दीन साहब तब बड़े लाट थे, क्योंकि जिन्ना की मृत्यु के पश्चात् उन्हें बड़ा लाट यानी गवर्नर जनरल बनाया गया था।

इसी समय महामारी की तरह एक और अत्याचार शुरू हुआ था। 'जिन्ना-फंड' नाम से सरकार ने एक फंड स्थापित किया था और यह हुक्म हुआ था कि जो जितना दे सके उतना उस फंड में दान करे। 'जिन्ना-फंड' में रुपया देने से किसी ने आपत्ति की हो, यह मुझे ज्ञात नहीं। जिनके पास धन था, उन्होंने खुशी-खुशी दान दिया था। अनेक गरीबों ने भी जिन्ना-फंड में दान दिया था, किन्तु कुछ अफसरों ने सरकार को खुश करने के लिए जोर-जुल्म से रुपए उगाहने शुरू किए थे। उनकी सोच यह थी कि जो अफसर अधिक धन संग्रह कर पाएगा, उसे शीघ्र ही प्रमोशन मिलेगा।

मेरे महकमे में इसने भयंकर रूप धारण किया था। ख़्वाजा साहब गोपालगंज में आएँगे, यह तय हुआ। तत्कालीन महकमा-हाकिम ने सभा कर एक स्वागत समिति का गठन किया था। जहाँ तय हुआ कि गोपालगंज महकमे में प्राय: छह लाख लोग रहते हैं, यदि प्रति व्यक्ति एक रुपए के हिसाब से दें तो छह लाख रुपए संग्रह होंगे। और जिनके पास बन्दूक हैं, उन्हें अलग से देना होगा तथा व्यवसायियों की तो बात ही अलग है। बड़ी नौकाओं वाले प्रत्येक को भी देना होगा। उन्होंने समस्त यूनियन बोर्डों के प्रेसीडेंटों को हुक्म दिया कि जो नहीं देगा, उसे सज़ा भुगतनी पड़ेगी। चारों ओर जोर-जुल्म शुरू हो गया। चौकीदार, दफादार आदि सब जुट गए। किसी की गाय, तो किसी का बदना, थाली-कटोरी-लोटा छीनकर लाया जा रहा था। एक दहशत का राज था। जनाब वहीदुज़्ज़मान साहब ही नज़ीमुद्दीन साहब को दावत देकर लाए थे। अब वो मुस्लिम लीग में हैं। 1947 तक जिन्होंने गोपालगंज में मुस्लिम लीग की, अब वे नहीं हैं। एडहॉक कमेटी तैयार हुई थी, जो महकमा हाकिम की मिलीभगत से काम कर रही थी।

मैं खुलना से गोपालगंज पहुँचा। गोपालगंज शहर में स्टीमर नहीं जाता, दो मील दूर हरिदासपुर नामक एक छोटे-से स्टेशन तक आता था। हरिदासपुर से नौका द्वारा गोपालगंज जाना पड़ता था। मैं एक नौका में चढ़ा। माझी मुझे पहचान गया। नौका छोड़कर मुझसे बोला, 'भाईजान, आप अब आए हैं, मेरा तो सर्वनाश हो गया! हम पाँच लोग हैं, हुक्म आया है कि पाँच रुपए देने होंगे। दिन-भर में कभी दो रुपए, कभी उससे भी कम कमाता हूँ। आप ही बताइए, पाँच रुपए कहाँ से लाऊँ? कल, मेरे पिता के समय का एक पीतल का बदना था, जो रुपयों के एवज में चौकीदार छीनकर ले गया।' यह कहकर वो रो पड़ा। धीरे-धीरे उसने मुझे सारी घटना बताई। माझी का घर शहर के पास ही था। वह चतुर-चालाक भी था। अन्त में बोला,

'पाकिस्तान की बात तो आपसे ही सुनी थी, यह पाकिस्तान लाए?' मैंने इतना भर कहा, 'यह दोष पाकिस्तान का नहीं है।'

गोपालगंज में उतरकर मेरे घर पहुँचने के साथ-साथ अनेक लोग आकर जमा होने लगे, और सभी के मुँह पर एक ही बात थी। शाम को कुछ व्यवसायी आए, पुराने मुस्लिम लीग के नेता आए। मैंने शाम को ही सभी महकमों में अपने पुराने सहकर्मियों को खबर दी और वे अगले दिन सुबह हाज़िर हुए। मैंने उनके साथ एक चर्चा-सभा की और कहा, 'हमें बाधा देनी होगी। यह सरकार का टैक्स नहीं है। लोग टैक्स देने को बाध्य होते हैं किन्तु जोर-जबर्दस्ती से चन्दा किस क़ानून के तहत उगाह सकते हैं?' मेरे पहुँचने के पहले ही शायद तीन लाख रुपए वसूल लिये गए थे। ठीक-ठीक हिसाब तो मैं नहीं दे सकता। महकमे के हाकिम और मुस्लिम लीग एडहॉक कमेटी ने ठीक किया कि जो राशि स्वागत-सत्कार पर ख़र्च होगी, उसे बाद देकर बाकी सारा रुपया ख़्वाजा साहब को 'जिन्ना फं ड' के लिए दे दिया जाए। यदि सम्भव हो तो कुछ रुपए मस्जिद के लिए रखे जाएँगे। गोपालगंज में एक अच्छी-सी मस्जिद बन रही थी।

हमने निर्णय लिया कि यह रुपया लेने नहीं दिया जाएगा। उनके स्वागत-सत्कार में जो भी ख़र्च हो, वह बाद देकर बाकी बचे रुपए मस्जिद और गोपालगंज में कॉलेज बनाने के लिए रख दिए जाएँगे। इससे इतर कुछ हुआ तो हम बाधा देंगे। जरूरत हुई तो सभा में गोलमाल होगा। यह खबर सारे महकमे में चली गई। रुपया उगाही लगभग बन्द हो गई। मेरे पहुँचने के साथ-साथ जनता का साहस बढ़ गया क्योंकि गोपालगंज की जनता ने मुझे ही देखा था पाकिस्तान का आन्दोलन करते हुए। जनता मुझसे प्यार करती थी। मेरे साथ युवा कार्यकर्ताओं की फौज थी, जो मेरा हुक्म मिलने पर आग में कूद सकती थी।

ख़्वाजा साहब के पहुँचने के दो दिन पूर्व ही महकमे के हाकिम ने ज़िला मजिस्ट्रेट साहब से परामर्श किया और मेरी गिरफ्तारी की अनुमति चाही तो ज़िला मजिस्ट्रेट ने मना कर दिया और कहा कि वे एक दिन पहले ही उपस्थित होंगे और मेरे साथ बातचीत करेंगे। ज़िला मजिस्ट्रेट थे ग़ुलाम कबीर। वे बड़े बुद्धिमान और विचक्षण व्यक्ति थे, कलकत्ता से ही मुझे पहचानते थे। मुझे 'तुम' कहकर बात करते और मैं भी उन्हें 'कबीर भाई' कहता। उन्होंने गोपालगंज आते ही मुझे खबर दी। उनसे मिलने गया तो देखा कि ज़िले के पुलिस सुपरिंटेंडेंट भी वहाँ हाज़िर थे। मैंने उन्हें सारी बात बताई और हमारी माँगें भी पेश कीं। उन्होंने मुझसे कहा, 'गवर्नर जनरल राष्ट्रप्रधान हैं राजनीतिज्ञ नहीं, न किसी राजनीतिक संगठन से जुड़े हैं। वे तो अतिथि हैं, उनका असम्मान क्या उचित होगा?' मैंने उनसे कहा, 'यह आपसे किसने कहा कि मैं उनका असम्मान करना चाहता हूँ! सभी उनका स्वागत-सत्कार करेंगे, आप केवल उनसे बातचीत कर हमें इतना बता दें कि वे इस अत्याचारी ढंग से रुपया

वसूली की तहकीकात करेंगे एवं दोषी को सज़ा देंगे। दूसरे, रुपए उन्हीं को दिए जाएँगे और हम कोई माँग नहीं रखेंगे, केवल वे कॉलेज करने के लिए रुपया दे दें और कह दें कि वे ही हमारा कॉलेज करा देंगे।' कबीर साहब मुझसे बोले, 'तुम वचन दो कि कोई गोलमाल नहीं होगा।' मैंने कहा, 'कबीर भाई, आप क्या पागल हुए हैं! मैं जानता हूँ कि वे प्रधान मंत्री नहीं हैं, अब बड़े लाट हुए हैं। हमारी तरफ से कोई गोलमाल नहीं होगा। आप उनके साथ परामर्श कर सुबह 10 बजे तक मुझे सूचित कर दें ताकि सभी मिलकर ठीक से उनका स्वागत-सत्कार कर सकें।'

अगले दिन सुबह 11 बजे ख़्वाजा साहब का बजरा गोपालगंज पहुँचा। मुझे बुलाकर उनके बजरे पर ले जाया गया। ख़्वाजा साहब बगल के कमरे में बैठे थे। ज़िला मजिस्ट्रेट कबीर साहब ने उनकी ओर से मुझे कहा कि हमारी माँगें न्यायसंगत थीं। वे निश्चय ही विचार कर देखेंगे। गोपालगंज शहर में कॉलेज नहीं है। उन्होंने स्वीकार किया कि एक कॉलेज होना आवश्यक है।

इसी बीच एक और घटना हो गई। जनता ने सोचा कि मुझे गिरफ्तार कर ले जाया गया था, क्योंकि पुलिसवाले अपनी सरकारी वर्दी में मुझे बुलाकर ले गए थे। कार्यकर्ताओं ने नारेबाजी और पुलिस कॉर्डन तोड़कर अग्रसर होना शुरू किया। पुलिस ने लाठी-चार्ज कर दिया तो भयंकर गोलमाल शुरू हो गया। ज़िला मजिस्ट्रेट साहब को सूचित किया गया कि वे घटनास्थल पर मुझे भेजें। दौड़ते-भागते मैं वहाँ पहुँचा और सभी से बोला, 'मुझे गिरफ्तार नहीं किया गया है। ख़्वाजा साहब खास तौर पर हमारी माँगों पर विचार करेंगे।' मैंने ख़्वाजा साहब को दावालों की असुविधा के बारे में बताने के लिए भी मजिस्ट्रेट साहब से अनुरोध किया था। दावालों के मामले में स्वयं कबीर साहब काफी चिन्तित थे। क्योंकि फ़रीदपुर में दुर्भिक्ष होने के बारे में कोई सन्देह नहीं था।

विशाल सभा हुई, सभी ने गवर्नर जनरल का स्वागत-सत्कार किया। उन्होंने मस्जिद का द्वारोद्घाटन भी किया। ख़्वाजा साहब ने तहकीकात की या नहीं, यह तो पता नहीं, किन्तु उन्होंने रुपए नहीं लिये, कॉलेज करने के लिए दे दिए थे। 'जिन्ना फं ड' के नाम से रुपए वसूले गए थे इसलिए कॉलेज मुहम्मद अली जिन्ना के नाम से बनाया गया। वह कॉलेज आज भी है और अच्छी तरह चल रहा है।

दिन मुझे ठीक से याद नहीं, किन्तु घटना याद है, सन् 1948 की होगी। सोहरावर्दी साहब ढाका आए थे एवं सलीमुल्ला मुस्लिम हॉल की एक छात्रसभा में भाषण दिया था। तब मैमनसिंह के सैयद नज़रुल इस्लाम साहब हॉल के सहसभापति थे (अभी सैयद नजरुल साहब पूर्वी पाकिस्तान अवामी लीग के सहसभापति और मेरे जेल में रहने के लिए भारप्राप्त सभापति हैं)। शहीद साहब का

भाषण इतना अच्छा हुआ था कि जो उनके विरोधी थे, वे भी भक्त हो गए। इधर मंत्री लोग विश्वविद्यालय या हॉल के नज़दीक भी न जा पाते थे। शहीद साहब बाद में जब फिर ढाका आए, तो कुछ सभाओं का बन्दोबस्त किया गया था ताकि साम्प्रदायिक सद्‌भाव कायम हो। पहली सभा की जगह तय हुई टांगाइल। स्टीमर से मानिकगंज होकर जाना होगा, रास्ते में एक सभा और होगी। शम्सुल हक़ साहब ने सभा का बन्दोबस्त किया था। शहीद साहब प्लेन से ढाका में उतरकर बेगम अनवरा ख़ातून, जो एम.एल.ए. थीं, के घर आए। वहीं दोपहर को भोजन किया। शाम को बादामतली घाट से जहाज छूटेगा। मौलाना भसानी व मैं साथ जाएँगे। हम शहीद साहब को लेकर जहाज में चढ़े। मौलाना साहब भी चढ़े। जहाज को 6 बजे छोड़ने की बात थी, पर छोड़ नहीं रहे थे। खबर ली तो पता चला कि सरकार ने न छोड़ने का हुक्म दिया था। प्रायः दो घंटे तक जहाज घाट पर लगा रहा। क़ादिर सरदार, जनाब कमरुद्दीन साहब भी उपस्थित थे। रात 8 बजे ज़िला मजिस्ट्रेट और डी.आई.जी. पुलिस ने शहीद साहब के हाथ में एक काग़ज़ दिया जिसमें लिखा था कि 'वे ढाका त्याग नहीं कर सकेंगे।' किन्तु यदि वे कलकत्ता लौट जाएँ तो सरकार को कोई आपत्ति नहीं। वे ढाका में किसी भी जगह ठहर सकते हैं, उसमें भी आपत्ति नहीं। शहीद साहब जहाज से उतर आए। मैं भी उनका सामान लेकर साथ-साथ आया। कहाँ रहेंगे? और कौन तो जगह देगा? और कोई होटल भी नहीं है। बेगम अनवरा में साहस है किन्तु उनके घर में जगह नहीं है। अताउर रहमान, कमरुद्दीन साहब के घर का भी वही हाल था। कमरुद्दीन साहब कैप्टन शाहजहाँ और उनकी पत्नी बेगम नूरजहाँ से मिले, क्योंकि उनका घर सुन्दर भी था और रहने की सुव्यवस्था भी थी। बेगम नूरजहाँ (अब प्रोफेसर) ने कहा, 'यह तो हमारा सौभाग्य है। शहीद साहब की तो मैं पितृवत्त श्रद्धा करती हूँ, वे हमारे घर पर ही रहेंगे। आप उन्हें ले आएँ।' उस दिन यदि बेगम नूरजहाँ यह उपकार न करतीं तो सचमुच यह दुख का कारण होता। पाकिस्तान की सृष्टि जिस व्यक्ति ने की उसी के रहने के लिए जगह नहीं। दो दिन शहीद साहब उनके घर में रहे और उस भद्र महिला ने उनकी कितनी सेवा की, यह शब्दों में बयान नहीं किया जा सकता। इतनी सेवा तो कोई बेटी भी अपने बाप की नहीं कर सकती। कैप्टन शाहजहाँ ने भी काफी कुछ किया। दो दिन बाद शहीद साहब को ले जाकर नारायणगंज में जहाज में चढ़ा दिया। मैं कुछ दूर तक उनके साथ जाना चाहता था पर वे राज़ी नहीं हुए। बोले, 'दरकार नहीं है। और लोग भी तो हैं, मुझे कोई असुविधा नहीं होगी।' मैं बिस्तर बिछाकर सबकुछ समेटकर उन्हें विदा करना चाहता था तो वे बोले, 'तुम पर भी अत्याचार आनेवाला है। ये लोग पागल हो गए हैं। शासन यदि ऐसे चला तो कहा नहीं जा सकता कि क्या होगा।' मैंने कहा, 'सर चिन्ता न करें, अत्याचार व अविचार का मुकाबला करने की शक्ति मुझे ख़ुदा ने दी है। और वह शिक्षा मुझे आपसे ही मिली है।'

इस अत्याचार का प्रतिवाद करने लायक क्षमता तब मुझमें न थी। और हम प्रस्तुत भी नहीं थे। छात्रों ने सामान्य प्रतिवाद किया था। नेतृत्व देने योग्य हममें कोई नहीं था। हम यदि कूद पड़ते तो शायद हमारे पीछे भी लोग होते। जनता शहीद साहब को प्यार करती थी। हम कुछ लोगों ने प्रस्ताव किया तो ढाका के पुराने नेताओं ने निषेध किया। ढाका में हम नए-नए आए थे, ठीक से परिचित भी न हो पाए थे। मौलाना भसानी उसी जहाज से चले गए और सभा में शामिल भी हुए। उस दिन यदि शम्सुल हक़ साहब ढाका में रहते तो हम आन्दोलन कर पाते, मुझे यह विश्वास था।

11 सितम्बर, 1948 को मुहम्मद अली जिन्ना ने मृत्यु-वरण किया एवं ख़्वाजा नज़ीमुद्दीन को गवर्नर जनरल नियुक्त किया गया। पूर्वी पाकिस्तान के प्रधान मंत्री हुए जनाब नूरुल अमीन साहब। इस समय भी कुछ एम.एल.ए. ने शहीद साहब से पूर्वी बंगाल में आकर प्रधान मंत्री बनने का अनुरोध किया था। किन्तु वे राज़ी नहीं हुए। गणपरिषद में एक नया क़ानून पास कर शहीद साहब को गणपरिषद से निकाल दिया गया।

मैंने पूर्वी पाकिस्तान मुस्लिम छात्र लीग संगठन की ओर ध्यान दिया। प्रायः सभी स्कूल-कॉलेजों में इस संगठन का निर्माण हुआ। विभिन्न ज़िलों में भी यह संगठन शक्तिशाली होने लगा। सरकारी छात्र-संगठन केवल अखबारों में जीवित रहा। छात्र लीग ही थी जिसने सरकार के ग़लत कार्यों का प्रतिवाद व समालोचना की। पाकिस्तान में किसी विरोधी दल के न होने के कारण सरकार लोकतंत्र का रास्ता छोड़कर एकनायकत्व की ओर जा रही थी। प्रधान मंत्री लियाक़त अली ख़ान सर्वशक्तिसम्पन्न हो गए। वे कोई आलोचना ही बर्दाश्त नहीं कर पा रहे थे।

दो-चार कम्युनिस्ट विचार के छात्र थे, जो सरकार को पसन्द नहीं करते थे किन्तु वे कुछ इस प्रकार के आदर्शों का प्रचार करने की चेष्टा करते कि तत्कालीन छात्र समाज व जनता सुनकर ख़फ़ा हो जाती। मैं उनसे कहा करता, 'जनता चल रही है पैदल, और आप लोग आदर्श लेकर हवाई जहाज में उड़े जा रहे हैं। इस प्रकार जनता न आपकी बातें समझ पाएगी, न आपके साथ चल पाएगी। जनता जितना हजम कर सके उतना भर उसके सामने पेश करना उचित है।' वे भीतर ही भीतर मेरा विरोध करते किन्तु छात्र समाज को अपने दल की ओर न खींच पाते।

इसी समय राजशाही सरकारी कॉलेज में छात्रों पर काफी अत्याचार हुआ, वे सभी छात्र लीग के सदस्य थे। इक्कीस छात्रों को कॉलेज से निष्कासित कर दिया गया और सरकार ने उन्हें ज़िला त्यागने का हुक्म दिया। अनेक ज़िलों में छात्रों पर

अत्याचार हुए थे एवं उन्हें गिरफ्तार भी किया गया था। 1949 के जनवरी व फरवरी महीने में दिनाजपुर में भी छात्रों को गिरफ्तार किया गया था। जेल के अन्दर दबिरुल इस्लाम को इतना मारा-पीटा गया कि उसका स्वास्थ्य जीवन-भर के लिए नष्ट हो गया। छात्रों ने मुझे कन्वेनर (संयोजक) बनाकर 'जुल्म प्रतिवाद दिवस' पालन करने के लिए एक कमेटी बनाई थी तथा एक दिवस की घोषणा भी की थी। पूर्वी बंगाल के समस्त ज़िलों में यह प्रतिवाद दिवस पालित हुआ। कमेटी की ओर से बन्दी छात्रों व अन्यान्य बन्दियों की रिहाई की माँग की गई एवं छात्रों के ऊपर से दंडमूलक व्यवस्था वापस लेने का अनुरोध किया गया।

पाकिस्तान में राजनीतिक बन्दियों की मुक्ति एवं जुल्म के प्रतिवाद का यह पहला आन्दोलन था। इसके पूर्व यह साहस और किसी ने नहीं दिखाया। उन दिनों हम किसी सभा या जुलूस का आयोजन करते तो भाड़े के गुंडे लाकर हमारे साथ मार-पीट की जा़ती, सभा भंग करने की चेष्टा की जाती। 'जुल्म प्रतिरोध दिवस' पर विश्वविद्यालय अंचल में कुछ गुंडे लाए गए थे। खबर मिलते ही मैंने रात को सभा की और कह दिया कि यदि गुंडागर्दी को प्रश्रय दिया गया तो इस बार हमें बाधा देना होगा। हम विख्यात आमतला में सभा करनेवाले थे किन्तु जब बाधा दी गई तो हमने विश्वविद्यालय के सामने के मैदान में सभा की। हमने अपने अच्छे कार्यकर्ताओं के एक दल को विश्वविद्यालय के गेट पर तैनात रखा था कि यदि गुंडे हमला करें तो वे उन्हें बाधा देकर तीन ओर से उन पर ऐसा हमला किया जाए कि जीवन में फिर कभी वे रमना अंचल की ओर गुंडागर्दी करने न आएँ, यह सीख उन्हें देनी होगी। आश्चर्य का विषय था कि सरकारी दल खुलेआम गुंडों की मदद करता एवं उन्हें प्रश्रय देता। बीच-बीच में जब जगन्नाथ कॉलेज, मिटफोर्ड व मेडिकल स्कूल के छात्र जुलूस लेकर विश्वविद्यालय की ओर रवाना होते तो हठात् उन पर हमला कर मारपीट की जाती। मुस्लिम लीग के नेताओं ने एक त्रास का राज कायम करने की चेष्टा की थी ताकि कोई सरकार की समालोचना न कर पाए। मुस्लिम लीग के नेता यह समझ नहीं पा रहे थे कि जिस रास्ते का अवलम्बन वे कर रहे थे, पलटकर वही रास्ता एक दिन उन पर भारी पड़ने को बाध्य है। उन्होंने सोचा था कि गुंडों से मारपीट कराकर जनमत को दबा पाएँगे। किन्तु इतिहास से वे यह सबक न सीख पाए कि यह रास्ता न कभी सफल हुआ है, न होगा।

इसी समय ब्राह्मणबाड़िया महकमे के नबीनगर थाने के कृष्णानगर में जनाब रफ़ीकुल हुसैन ने एक सभा का आयोजन किया, कृष्णनगर स्कूल का द्वारोद्घाटन करने के लिए। आर्थिक सहायता प्राप्त करने के लिए जनाब एन.एम. ख़ान सी.एस.पी., जो उन दिनों फूड डिपार्टमेंट के डायरेक्टर जनरल थे, को निमंत्रित किया गया था

और वे राज़ी भी हुए थे। वहाँ विख्यात गायक अब्बासुद्दीन अहमद, सोहराब हुसैन, बेदारुद्दीन अहमद गायन पेश करनेवाले थे। मुझे भी निमंत्रित किया गया था। जनाब एन.एम. ख़ान ने पाकिस्तान बनने के पहले इस महकमे में एस.डी.ओ. के रूप में कई अच्छे काम किए थे और इसलिए लोकप्रिय थे। हम जब पहुँचे तो देखा कि एन.एम. ख़ान और अब्बासुद्दीन साहब को देखने के लिए हज़ारों लोग इकट्ठा हुए थे। बंगाल के गाँव-गाँव में अब्बासुद्दीन साहब लोकप्रिय थे। उनका गायन सुनने को जनता पागल थी। उनके गीत बंगाल की जनता के प्राण थे। बंगाल की मिट्टी से उनका नाड़ी का सम्बन्ध था। यह दुख का विषय था कि उन जैसे गुणी व्यक्ति को सरकार के प्रचार विभाग में नौकरी कर जीविका अर्जन करना पड़ रहा था। सभा शुरू हुई। रफ़ीकुल हुसैन साहब के अनुरोध पर मुझे भी भाषण देना पड़ा। मैंने जनाब एन.एम. ख़ान को सम्बोधित करते हुए भाषण में कहा था, 'आप इस देश की हालत जानते हैं। बहुत दिनों से आपने बंगाल में काम किया है, आज आप फूड डिपार्टमेंट के डायरेक्टर जनरल हैं, एक बार इन दावालों की हालत के बारे में सोचकर देखें कि ये लोग किस प्रकार जीवित रह पाएँगे। सरकार तो इन्हें खाना दे नहीं पाएगी, और जब नहीं दे पाएगी तो इनके मुँह का निवाला क्यों छीन रही है?' मैंने दावालों की विभिन्न असुविधा के बारे में बात की, जनता से अनुरोध किया कि वे स्कूल की मदद करें। जनाब ख़ान ने आश्वासन दिया कि वे देखेंगे, कुछ करने की चेष्टा करेंगे। सभा से उनके जाने के बाद गायन का कार्यक्रम हुआ। अब्बासुद्दीन साहब, सोहराब हुसैन तथा बेदारुद्दीन साहब ने गाने गाए। काफी रात तक यह कार्यक्रम चला। अब्बासुद्दीन साहब और हम रात को रफ़ीक़ साहब के घर में रहे। रफ़ीक़ साहब के भाई लोग भी अच्छे गायक थे, हसनत व बरकत भी अच्छा गाते थे। ये मेरे छोटे भाई की तरह थे। मेरे साथ जेल में भी रहे। अगले दिन आशुगंज स्टेशन में ट्रेन पकड़ने के लिए हम नौका से रवाना हुए। रास्ते-भर गायन चलता रहा। नदी पर अब्बासुद्दीन साहब के भाटियाली गीत उन्हीं के स्वरों में यदि न सुने होते तो जीवन का एक हिस्सा अपूर्ण रह जाता। वे जब धीरे-धीरे गा रहे थे तो ऐसा लग रहा था मानो नदी की लहरें भी उनका गायन सुन रही थीं। उन्हीं के शिष्य सोहराब हुसैन व बेदारुद्दीन ने कुछ हद तक उनका नाम जिन्दा रखा था। मैं अब्बासुद्दीन साहब का भक्त हो गया था। उन्होंने मुझसे कहा था, 'मुज़ीब, बांग्ला भाषा के विरुद्ध एक विराट षड्यंत्र चल रहा था। बांग्ला यदि राष्ट्रभाषा न हुई तो बंगाल की संस्कृति व सभ्यता सब शेष हो जाएँगी। आज जो गीत तुम्हें अच्छे लग रहे हैं, उनका माधुर्य व मर्यादा भी नष्ट हो जाएँगे। जैसे भी हो, बांग्ला को राष्ट्रभाषा बनाना ही होगा।' मैंने उन्हें वचन दिया था और वचन निभाने की कोशिश भी की।

हम रात को ढाका पहुँचे। 150 नम्बर मुग़लटोली में जाकर सुना, विश्वविद्यालय के निम्न वेतनभोगी कर्मचारियों ने हड़ताल शुरू की थी एवं उनके समर्थन में छात्र भी हड़ताल कर रहे थे। निम्न वेतनभोगी कर्मचारी बहुत दिनों से अपनी माँगें मनवाने के लिए कर्तृपक्ष से आवेदन-निवेदन कर रहे थे, यह मैं जानता था। ये लोग मेरे पास भी आए थे। पाकिस्तान बनने से पहले ढाका विश्वविद्यालय रेजिडेंशियल विश्वविद्यालय था। अभी यही पूर्वी बंगाल का एकमात्र विश्वविद्यालय है। छात्र अनेक बढ़ गए थे। कर्मचारियों की संख्या नहीं बढ़ी, उन्हें सारे दिन ड्यूटी करनी पड़ती। पहले उनके डेरे थे, अब उनके डेरे प्रायः ही ले लिये जाते क्योंकि राजधानी नई हुई थी, घरों-मकानों का अभाव था। इन्हें पोशाक मिलती थी, पाकिस्तान बनने के बाद किसी को पोशाक नहीं दी गई। चावल व अन्यान्य वस्तुओं की कीमतें बढ़ गई थीं। नौकरी की कोई निश्चयता न थी। जब इच्छा होती निकाल दिया जाता, जब इच्छा होती फिर नौकरी दे दी जाती।

मैंने उनसे कहा था कि पहले संघबद्ध हों, उसके पश्चात् माँगें पेश करें अन्यथा कर्तृपक्ष मानेगा नहीं। उन्होंने एक यूनियन बनाई थी और एक छात्र उनका सभापति बना था। मैं और कुछ भी जानता नहीं था, ज़िलों-ज़िलों में घूमा था। ढाका में आकर जब सुना कि इन लोगों ने हड़ताल की है तो यह समझना बाकी न रहा कि कर्तृपक्ष ने इनकी माँगों को अस्वीकार कर दिया होगा। फिर भी इतनी जल्दी हड़ताल करना उचित नहीं हुआ, क्योंकि इनका कोई फं ड तो था नहीं। मात्र कुछ ही दिन तो हुए थे इन्हें संगठन बनाए हुए। किन्तु क्या किया जाए, अब और कोई चारा न था। सुबह विश्वविद्यालथ गया, छात्रों ने इनकी सहानुभूति में हड़ताल कर दी थी। कर्मचारियों ने जुलूस निकाले थे। छात्रों ने भी निकाले थे। मैं कुछेक छात्रनेताओं को लेकर वाइसचांसलर साहब से मिलने गया और उन्हें सारी बातें समझाईं। विश्वविद्यालय के कर्तृपक्ष ने तय किया था कि सारे कर्मचारियों को नौकरी से बर्ख़ास्त कर देंगे। शाम को फिर फ़ज़लुल हक़ हॉल, सलीमुल्ला मुस्लिम हॉल के वी.पी1 को लेकर मुलाक़ात की और उनसे अनुरोध किया कि 'आप यह आश्वासन दें कि उनकी (कर्मचारियों की) न्यायसंगत माँगें मनवाने की चेष्टा करेंगे एवं न तो किसी को नौकरी से बर्खास्त किया जाएगा और न ही किसी के विरुद्ध दंडात्मक कार्रवाई की जाएगी।' काफी बहस हुई, अगले दिन वे राज़ी हुए और हम लोगों से बोले, 'कल हड़ताल वापस कर नौकरी ज्वायन करने पर किसी को कुछ कहा नहीं जाएगा और मैं चेष्टा करूँगा कि कर्तृपक्ष उनकी न्यायोचित माँगें मान ले।'

हम उनकी बातों का विश्वास कर विश्वविद्यालय लौट आए, तब शाम के 3 बज रहे थे। हमने उनके प्रतिनिधियों के साथ चर्चा कर घोषणा की कि कल से छात्र हड़ताल वापस ले लेंगे क्योंकि वाइसचांसलर से आश्वासन पाकर बहुतेरे कर्मचारी भी हड़ताल वापस लेने को राज़ी हुए थे। कई कर्मचारी काफी दूर-दूर रहते थे, जहाँ

तक सम्भव हो, सबको खबर देने को कहा। अगले दिन छात्रों ने भी क्लासें ज्वायन कीं और अनेक कर्मचारी भी काम पर लौटे। 12 बजे के भीतर जो पहुँच पाए, उन्हें कर्तृपक्ष ने ग्रहण किया और जो 12 बजे के बाद आए, उन्हें योगदान करने नहीं दिया गया। कइयों को खबर पाकर नारायणगंज से भी आना पड़ा था। पचास प्रतिशत कर्मचारी देर से आने को बाध्य हुए थे क्योंकि खबर देकर उन्हें विभिन्न जगहों से बुलाना पड़ा था। मुझे और मेरे सहकर्मियों को आकर कर्मचारियों ने सारी बातें खुलकर बताईं। एक-एक कर फिर सभी इकट्ठा हुए। हमारे झूठा साबित होने की नौबत आ गई। सभी को विश्वविद्यालय में छोड़ हम फिर वाइसचांसलर के घर पहुँचे और उनसे पूछा, 'मामला क्या है?' तो वे बोले, 'मैं जब कल काम पर आने को कहा तो उसका अर्थ ही था कि 11 बजे काम ज्वायन करना होगा, एक मिनट देरी हो गई तो उसे नहीं लिया जाएगा।' हमने उन्हें समझाने की चेष्टा की, पर वे समझकर भी समझे नहीं और इसकी वजह थी सरकार का दबाव। हमने कहा भी कि सामान्यत: दो-एक घंटे के लिए क्यों झमेला किया? पर वे किसी तरह भी राज़ी नहीं हुए। हमने उनसे यह भी कहा, 'यह तो आप पहले भी कह सकते थे कि 11 बजे के अन्दर काम पर हाजिर होना होगा। आपने तो केवल यह कहा था कि कल योगदान करने से चलेगा।' वे और बातचीत करना नहीं चाहते थे लिहाजा हम यह कहकर कि 'हड़ताल जारी रहेगी' वहाँ से चले आए।

विश्वविद्यालय आकर छात्रों और कर्मचारियों की संयुक्त सभा हुई। सभा में मैंने सारी घटना बताई और कहा कि कल से जब तक छात्र-कर्मचारियों की न्यायोचित माँग नहीं मानी जातीं, हड़ताल जारी रहेगी। जुलूस निकला। घोषणा की गई कि अगले दिन फिर जुलूस निकलेगा सुबह 11 बजे। इस बार मुझे सक्रिय भाग लेना पड़ा। विश्वविद्यालय का एक कर्णधार और शिक्षाविद् सरकार के दबाव में आकर ऐसी चालाकी भी कर सकता है, यह सोचने में मुझे कष्ट हो रहा था। रात को विश्वविद्यालय के कर्तृपक्ष ने सभा के पश्चात् घोषणा की, 'विश्वविद्यालय अनिर्दिष्ट काल के लिए बन्द किया गया। चौबीस घंटों के अन्दर हॉल से सभी को चले जाना होगा और जिन कर्मचारियों ने हड़ताल में अंशग्रहण किया, उन्हें बर्खास्त किया गया।' मैं और सलीमुल्ला हॉल में थे। तत्क्षण सभा बुलाई गई और घोषणा की गई कि हॉल-त्याग नहीं किया जाएगा। फ़ज़लुल हक़ हॉल में भी शाम को यह घोषणा की गई। कर्मचारियों का एक फंड तैयार करने के लिए एक कमेटी गठित की गई थी, जिसके अन्तर्गत रास्तों में घूम-घूमकर अर्थ-संग्रह किया जाएगा, यह तय हुआ था क्योंकि कर्मचारियों को बीस-तीस रुपए से अधिक वेतन नहीं मिलता था, गृहस्थी कैसे चलाएँगे? कइयों को अर्थ-संग्रह का भार दिया गया था।

अगले दिन देखा कि पचास शतांश छात्र रात को हॉल त्यागकर चले गए थे। उसके अगले दिन कई और चले गए। तीन दिन बाद देखने में आया कि हम तीस-

पैंतीस जन सलीमुल्ला हॉल में तथा कोई बीस-पच्चीस जन फ़ज़लुल हक़ हॉल में थे। पुलिस ने हॉल का घेराव कर रखा था। एक कमरे में हम चर्चा करने के लिए बैठे। हमारे लिए अब पुलिस को बाधा दे पाना सम्भव न होगा। सभी ने सर्वसम्मति से हॉल त्याग करने एवं निम्न कर्मचारियों के लिए अर्थ-संग्रह कर उनकी मदद करने का निर्णय लिया, क्योंकि उसके बिना हड़ताल चलाई न जा सकेगी। चार दिन बाद हम भी हॉल त्यागने को बाध्य हुए और चन्दा संग्रह कर हम कर्मचारियों की मदद करने लगे। दस-पन्द्रह दिन बाद देखने में आया कि एक-एक कर कर्मचारी 'बांड' पर दस्तख़त कर काम पर जाने लगे। एक महीने में लगभग सभी ने काम ज्वायन कर लिया। हड़ताल खत्म हो गई। इसी समय मैं और कुछ कार्यकर्ता दिनाजपुर गए क्योंकि कुछ छात्रों को गिरफ्तार कर जेल में डाल दिया गया था और दबिरुल इस्लाम के साथ जेल में मारपीट की गई थी। धारा 144 जारी थी। हम बाहर सभा न कर पाए तो कमरे के अन्दर सभा की। हम तब हॉस्टल में ही थे। उस वक्त अब्दुर रहमान चौधरी छात्र लीग का सेक्रेटरी था। हम जब लौटकर ढाका आ रहे थे तब शायद अब्दुल हमीद चौधरी मेरे साथ था। ट्रेन में अखबार देखा, हम सत्ताईस छात्रों को विश्वविद्यालय से बहिष्कृत कर दिया गया था, इनमें दिनाजपुर के दबिरुल इस्लाम, अली अहद, मुल्ला जलालुद्दीन (अब एडवोकेट), अब्दुल हमीद को चार-चार साल के लिए तथा अन्य को विभिन्न मियाद के लिए। किन्तु इन चार के अतिरिक्त बाकी लोग बांड देकर पढ़ाई-लिखाई कर सकते थे। लड़कियों में एकमात्र लुलु बिलकिस बानो को बहिष्कृत किया गया था। वे छात्र लीग की महिला शाखा की कन्वेनर थीं। महीने-भर में प्राय: सभी कर्मचारी चोरी-छिपे काम पर लग गए। विश्वविद्यालय बन्द था, छात्र थे नहीं, इस अवसर का लाभ उठाकर कर्तृपक्ष वेतनभोगी कर्मचारियों का मनोबल तोड़ने में सफल हो पाया।

इसी समय बाहर पुराने लीग कार्यकर्ताओं और नेताओं ने बातचीत शुरू की कि क्या किया जाए? एक नए दल का गठन करना उचित होगा कि नहीं? मैंने अपनी राय सभी को बताई कि केवल संगठन पर निर्भर रहकर राजनीति नहीं की जा सकती। सरकारी मुस्लिम लीग के अतिरिक्त कांग्रेस का भी एक संगठन था किन्तु गणपरिषद तथा पूर्वी बंगाल की विधानसभा में इनके कुछ सदस्यों को छोड़कर इनका और कुछ भी न था। ये सभी हिन्दू थे और अधिक कुछ बोलते ही इन्हें 'राष्ट्रद्रोही' करार दिया जाता। फलस्वरूप इनका मनोबल तो बिलकुल टूट चुका था। साम्प्रदायिक हंगामे का भय भी था। कांग्रेस को मुस्लिम समाज सन्देह की नज़र से देखता था। एक भी मुसलमान उसका सदस्य न था। इधर मुस्लिम लीग के पुराने सभी नामी नेता सरकार समर्थक हो गए थे। अनेक के भाग्य में मंत्रित्व या पार्लियामेंटरी

सेक्रेटरी का पद या कुछ न कुछ जुटा था। कोई नामी नेता ऐसा न था जिसके सामने जाकर खड़ा हुआ जा सके।

मौलाना अब्दुला हमीद ख़ान भसानी तब आसाम से नए-नए आए थे। पूर्वी बंगाल की जनता उन्हें ठीक से जानती नहीं थी। केवल मैमनसिंह, पाबना व रंगपुर के कुछ लोग उनका नाम जानते थे, क्योंकि उन्होंने अधिकांश समय आसाम में ही बिताया था। किन्तु शिक्षित समाज में वे कुछ परिचित थे। एक मुस्लिम लीग नेता के रूप में वे आसाम के 'बंगाल भगाओ' आन्दोलन के विरुद्ध मुकाबले में खड़े भी हुए एवं जेल भी गए थे। टंगाइल के लोगों में वे काफी लोकप्रिय थे। शम्सुल हक़ साहब उन्हें अच्छी तरह जानते थे। क्योंकि हक़ साहब का घर भी वहीं था। तय हुआ कि वे मौलाना साहब के साथ पक्की बातचीत करेंगे। पहले भी पुराने मुस्लिम लीग कार्यकर्ताओं की सभा में शामिल हो चुके थे। कुछ दिनों के लिए वे आसाम गए थे। तय हुआ कि लौटकर आते ही कार्यकर्ताओं की बैठक कर एक राजनीतिक संगठन का गठन किया जाएगा। सीमान्त प्रदेश के पीर मानकी शरीफ़ ने एक संगठन बनाया था, जिसे नाम दिया था 'अवामी मुस्लिम लीग'। सीमान्त प्रदेश के प्रधान मंत्री ख़ान अब्दुल क़यूम ख़ान ने मुस्लिम लीग से पुराने कार्यकर्ताओं को बाद दे दिया था एवं अत्याचार का स्टीम रोलर चला दिया था। कई लीग कार्यकर्ताओं को जेल में डालने में भी उन्हें कोई द्विविधा नहीं हुई। अब वे 'सीमान्त शार्दूल (शेर)' बन गए थे। पाकिस्तान आन्दोलन में सीमान्त गांधी ख़ान अब्दुल ग़फ़्फ़ार ख़ान तथा डॉक्टर ख़ान साहब का वे मुकाबला नहीं कर पाए अतः सीमान्त प्रदेश में कांग्रेसी सरकार का गठन हुआ। एकमात्र पीर मानकी शरीफ़ ही लाल कुर्ते वालों के विरुद्ध मुस्लिम लीग को खड़ा कर पाने में सक्षम हुए थे, किन्तु फिर भी मुस्लिम लीग में पीर साहब के लिए जगह न हुई तो पीर मानकी शरीफ़ ने सभापति एवं ग़ुलाम मुहम्मद ख़ाँ लुन्दखोर ने जनरल सेक्रेटरी होकर अवामी मुस्लिम लीग का गठन किया।

1949 के मार्च महीने के आखिर या अप्रैल महीने की शुरुआत में टंगाइल में उपनिर्वाचन होने की घोषणा की गई थी। हम लोगों ने तय किया कि मुस्लिम लीग के प्रार्थी के विरुद्ध चुनाव लड़ने के लिए हम शम्सुल हक़ साहब से अनुरोध करेंगे। अन्ततः शम्सुल हक़ साहब राज़ी तो हो गए, किन्तु अब रुपए कहाँ से आएँ? रुपए न हक़ साहब के पास थे, न हमारे पास। ख़ैर! शम्सुल हक़ साहब टंगाइल चले गए और हम लोगों ने जिससे जितना हो सका, जुगाड़ करने की चेष्टा की। कुछ सौ रुपयों से अधिक का जुगाड़ सम्भव न हुआ। छात्रों और कार्यकर्ताओं ने घड़ी, कलम तक बेचकर भी कुछ रुपए दिए थे।

इधर छात्र नेताओं को विश्वविद्यालय से निष्कासित कर दिया गया था, उसके

प्रतिवाद की भी आवश्यकता थी। विश्वविद्यालय ने घोषणा की थी कि 17 अप्रैल को विश्वविद्यालय खुलेगा। छात्र लीग व अन्य छात्र कार्यकर्ता, जो ढाका में थे, ने 150 नम्बर मुग़लटोली में बैठकर एक सभा की और तय किया कि 17 तारीख से प्रतिवाद दिवस पालन किया जाएगा। जब तक विश्वविद्यालय के कर्ता-धर्ता छात्रों के ऊपर से दंडात्मक कार्रवाई वापस नहीं लेते तब तक छात्र हड़ताल करेंगे। कुछ कार्यकर्ता टंगाइल को रवाना हो गए। अधिकांश पुराने लीग कार्यकर्ता थे। मुस्लिम लीग के मंत्री और एम.एल.ए. रुपए-पैसे-गाड़ी आदि सबकुछ लेकर टंगाइल में उपस्थित हुए। मुस्लिम लीग के प्रार्थी थे करटिया के विख्यात जमींदार ख़ुर्रम ख़ाँ पन्नी, जिनकी प्रजा ही उनकी अधिकांश वोटर थी और उसके साथ था सरकारी क्षमता तथा अर्थबल। हमारा प्रार्थी गरीब था, किन्तु निःस्वार्थ व त्यागी कार्यकर्ता था जिसके पास था आदर्श और कर्मक्षमता। उस वक्त हमारे पीछे कोई राजनीतिक संगठन भी नहीं था। कार्यकर्ताओं ने पैदल चलकर और भूखे रहकर चुनाव-कार्य शुरू किया। ढाका में छात्र हड़ताल को लेकर व्यस्त थे। तय हुआ कि सभी टंगाइल चले जाएँगे। मैं 19 अप्रैल को टंगाइल पहुँचूँगा।

16 अप्रैल को खबर मिली, छात्र लीग के कन्वेनर नईमुद्दीन अहमद, छात्र लीग के एक और नेता अब्दुर रहमान चौधरी (अब एडवोकेट)—वी.पी. सलीमुल्ला हॉल, दीवान महबूब अली (अब एडवोकेट) तथा और भी कइयों ने गुप्त रूप से विश्वविद्यालय में जाकर 'बांड' दे दिया। जो छात्र लीग के सदस्य भी न थे और जो स्वयं को प्रगतिवादी घोषित करते थे, उनमें से भी कई ने 'बांड' दे दिए। सत्ताईस में से लगभग आधे ने बांड दे दिए। क्योंकि 17 तारीख के अन्दर बांड न दिया तो वे विश्वविद्यालय के छात्र नहीं रहेंगे।

छात्र लीग के कन्वेनर व सलीमुल्ला हॉल के वी.पी. ने बांड दे दिया, यह खबर जब फैली तो साथ ही साथ छात्रों का मनोबल एकदम टूट गया। मैंने शीघ्र ही कुछ लोगों को लेकर नईमुद्दीन को पकड़ने की चेष्टा की, किन्तु उसका मिलना मुश्किल था, वह तो भाग गया था। वह एक घर में 'लॉजिंग' में रहता था। शाम से कुछ पहले पकड़ाई में आया। उसने स्वीकार किया और बोला, 'क्या करूँ, कोई और चारा नहीं। मेरी अनेक असुविधाएँ हैं।' मैंने उस पर बहुत गुस्सा किया और लौटकर खुद ही छात्र लीग के सदस्यों को खबर दी, रात को सभा की। अनेक लोग उपस्थित हुए। सभा में इन लोगों को बहिष्कृत किया गया तथा रात में ही पैम्फलेट छपाकर विश्वविद्यालय में बँटवाने का बन्दोबस्त किया। क़ाज़ी ग़ुलाम महबूब (अब एडवोकेट) को संयुक्त कन्वेनर बनाया गया क्योंकि उसने निःस्वार्थ भाव से काम चलाया था।

उस वक्त सुबह-सुबह क़ानून की क्लास होती थी। क़ानून के छात्रों ने हड़ताल की। 10 बजे पिकेटिंग शुरू हुई। छात्र कार्यकर्ता विश्वविद्यालय के दरवाजे पर लेट गए। मात्र एक छात्रा ने सक्रिय रूप से भाग लिया, उसका नाम था नादिरा बेगम।

वह प्रोफेसर मुनीर चौधरी की बहन थी। नादिरा अकेली ही लड़कों के साथ दरवाजे पर पिकेटिंग के लिए बैठी थी। मात्र दस–पन्द्रह छात्र निखिल पूर्वी पाकिस्तान छात्र लीग के समर्थक थे, यही कुछेक लोग बार–बार छात्रों के ऊपर से कभी भीतर तो कभी बाहर आना–जाना करने लगे एवं उन्हीं में से एक ने नादिरा को अकथ्य भाषा में गालियाँ दीं। आम छात्र इन पर ख़फ़ा हो गए। मैं वहाँ खड़ा था, मैंने सभी को गोलमाल करने से मना किया और उन छात्रों से कहा, 'आप लोग क्लास करना चाहते हैं तो भीतर जाइए। हमें कोई आपत्ति नहीं, पर बार–बार आना–जाना न करें और उल्टी–सीधी बातें न करें।'

उन्होंने मेरी बात न सुनकर फिर से जो पिकेटिंग कर रहे थे उनके ऊपर पैर रखकर भीतर–बाहर आना–जाना शुरू कर दिया और मैं कुछ न कर पाया। इसी बीच अनेक छात्र जमा हो गए थे, उन्होंने इन लोगों पर हमला कर दिया और इन लोगों ने पहली मंजिल पर दौड़कर जिसको जहाँ जगह मिली वहाँ आश्रय लिया। मैंने दरवाजे पर खड़े होकर कुछ छात्रों को रोका। ख़ैर, हड़ताल हो गई। सभा हुई, तय हुआ कि हड़ताल जारी रहेगी। उस समय डॉ. उस्मान गनी साहब सलीमुल्लाह हॉल के प्रोवोस्ट थे। उन्होंने एक्जीक्यूटिव कमेटी की सभा में हमारे वहिष्कारादेश को वापस लेने का अनुरोध किया। उनका समर्थन किया प्रिंसिपल इब्राहिम ख़ाँ ने, किन्तु कमेटी के अन्यान्य सदस्य राज़ी न हुए। 18 तारीख को हड़ताल हुई थी, हड़ताल 19 तारीख को फिर होगी, यह घोषणा की गई। मुझे लगा कि छात्रों में उत्साह कुछ कम हो गया था। 18 तारीख की शाम मैंने तय किया कि हड़ताल करके शायद कुछ नहीं किया जा सकेगा। इसीलिए 18 तारीख को छात्रों का जुलूस लेकर मैं वाइसचांसलर के घर गया और घोषणा की, 'जब तक दंडमूलक आदेश वापस नहीं लिये जाते, हम यहीं रहेंगे।' एक–एक सौ छात्र रात–दिन वाइसचांसलर के घर पर बैठे रहेंगे। उनके मकान के निचले कमरों पर कब्जा कर लिया गया। एक दल जाता तो दूसरा वहाँ रहता। 18 तारीख की रात तो कट गई केवल मैं अपनी जगह त्याग न पा रहा था क्योंकि मैंने सुना कि वे पुलिस बुलाएँगे। 19 तारीख की शाम 3 बजे ज़िला मजिस्ट्रेट, एस.पी. पुलिस की एक विशाल टुकड़ी लेकर हाजिर हुए। मैंने शीघ्र सभा बुलाकर एक संग्राम परिषद बनाने को कह दिया। सभी की राय थी कि जरूरत हुई तो मुझे भी गिरफ्तार होना होगा। ज़िला मजिस्ट्रेट ने हमें स्थान त्याग करने के लिए पाँच मिनट का समय दिया। मैंने आठ छात्रों से कहा, 'केवल तुम आठों रहो, बाकी सब चले जाओ। मैं और ये आठ लोग स्थान त्याग नहीं करेंगे।' छात्र–प्रतिनिधियों की धारणा थी कि मैं गिरफ्तार हुआ तो आन्दोलन चल पड़ेगा, क्योंकि आन्दोलन मन्द पड़ता जा रहा था। और उसे तेज करने के लिए मेरा गिरफ्तार होना जरूरी था। मैंने उनकी बात मान ली। पाँच मिनट के बाद आकर ज़िला मजिस्ट्रेट ने हम लोगों की गिरफ्तारी का हुक्म दिया। ताज़उद्दीन अहमद (अभी अवामी लीग के प्रधान सचिव) को अटका लिया गया। उसे गिरफ्तार होने से मना

किया गया था। उसने अक्लमन्दी का काम किया और कह दिया, 'मैं प्रेस-रिपोर्टर हूँ।' एक काग़ज़ निकालकर उसने कौन-कौन गिरफ्तार हुआ, उनके नाम लिखना शुरू किया। मैंने उसे कनखी मार दी। हमें गाड़ी पर बैठाकर सीधे जेल-गेट पर ले आया गया।

अगले दिन से ही जनता के बीच आन्दोलन जोरदार हो उठा। पूर्ण रूप से हड़ताल पालित हुई। जिन्हें मैंने मना किया था, वे भी प्राय: तीन दिनों में गिरफ्तार हो गए। खालेक नवाज़ ख़ान, क़ाज़ी ग़ुलाम महबूब, अज़ीज़ अहमद, अली अहद, अबू हसनत, अबुल बरकत, के.जी. मुस्तफ़ा, बहाउद्दीन चौधरी तथा और भी अनेक, ये ही थे प्रथम श्रेणी के कार्यकर्ता। समझना बाकी न रहा कि आन्दोलन अब और नहीं चलेगा। कार्यकर्ताओं के गिरफ्तार होने के बाद आन्दोलन और न चला। क्लासें शुरू हो गईं और हम जेल में पड़े रहे। शायद तीस-पैंतीस जन छात्र-नेता गिरफ्तार हुए थे। हमें ढाका जेल के पाँच नम्बर वार्ड की पहली मंजिल पर रखा गया था। कुछ को उच्च श्रेणी की मर्यादा दी गई थी और कुछ को नहीं। उससे हमें खूब असुविधा होने लगी। खाने-पीने का भी कष्ट हो रहा था। फिर भी हमने तय किया कि हम एक ही जगह रहेंगे और जो भी मिलेगा बाँटकर खा लेंगे।

जेल में जो लोग थे, उनमें दो ग्रुप थे। तीन जन उग्रपन्थी थे, इन्हें अन्य बन्दी छात्र कम्युनिस्ट कहते। इन तीन जनों में एक छात्र लीग का सदस्य नहीं था। बाकी सभी छात्र लीग के सदस्य थे। खेल-कूद में हम लोगों का समय कट जाता। बरकत मेरे साथ रहता। रात को बरकत गाने गाता; वह बहुत अच्छा गाता था। कुछ किताबें लाई गई थीं और जेल की लाइब्रेरी में भी कुछ किताबें थीं। थोड़ा समय सभी पढ़ाई-लिखाई करते। सभी छात्र थे, शैतानी भी खूब करते। मैं और अज़ीज़ इन सबसे उम्र में बड़े थे। डॉक्टर साहबान जेल में मेडिकल डायट दे सकते थे इसलिए ये लोग झुंड बनाकर उनका जीना दूभर कर देते। बरकत कुछ अधिक शैतान था। डॉक्टर साहब के आते ही कहता, 'मेरे पैरों में दर्द है, थोड़ा दूध और अंडा पास कर दीजिए।' उसकी बात पर सभी हँस देते। राजनीति पर घंटों बहस होती।

एकमात्र बहाउद्दीन के माता-पिता ढाका में थे। उम्र में वह सभी से छोटा था, मैं उससे बहुत स्नेह करता। बहाउद्दीन की माँ काफी-कुछ खाने को देतीं, वह सभी को देकर उसके बाद खाता। फिर भी सभी जब वह रात में सो जाता तो सदलबल उसका खाना खा जाते या कहीं छिपा देते। बहाउद्दीन किसी से कुछ न कहता, चुपचाप मुझसे आकर कहता। मैं सभी पर गुस्सा करता, पर कोई स्वीकार न करता। रात में जो लोग ताश खेलते, वे ही यह काम करते। बरकत मुझसे कभी झूठ नहीं बोलता था, आकर सब बता देता।

खालेक नवाज़ को लेकर एक और महासंकट था। उसके शरीर पर बड़े-बड़े

रोएँ थे। सारा शरीर रोएँ से भरा था। छात्र खटमल पकड़कर गुपचुप उसके शरीर पर छोड़ देते। उसकी ज़बान भी बहुत गन्दी थी। अकथ्य भाषा में गाली-गलौज करता। हम लोग शाम को वॉलीबॉल खेला करते। उस वक्त सुपरिंटेंडेंट थे अमीर हुसैन साहब। हम लोगों से बहुत स्नेह करते थे। जो भी जरूरत होती, माँगते ही वे हमें देते और उन्होंने सबको हुक्म दे रखा था कि हमें कोई असुविधा न हो।

एक दिन गिरकर मेरी कलाई मुचक गई। इतना दर्द कि सहा नहीं जा रहा था। मुझे शायद मेडिकल कॉलेज भेजने की व्यवस्था हो रही थी। जेल में एक नया डॉक्टर था, उसने मेरी कलाई को ठीक से बैठा दिया। साथ ही साथ दर्द कम हो गया और कहीं जाने की जरूरत नहीं पड़ी। घर में मेरे अब्बा व माँ परेशान हो उठे थे। रेणु तब हसीना को लेकर घर ही में रहती थी। हसीना तब कुछ-कुछ चलना सीख रही थी। रेणु की चिट्ठी मुझे जेल में ही मिली थी। अब्बा ने कुछ रुपए भी भेजे थे। रेणु को पता था कि मैं सिगरेट पीता था। उसने कह रखा था कि कभी रुपयों की दरकार हो तो मैं उसे लिख दूँ।

जून महीने की शुरुआत से दो-एक जन करके लोगों को रिहा करना शुरू हुआ। अब विश्वविद्यालय में कोई गोलमाल न था। शम्सुल हक़ साहब मुस्लिम लीग के प्रार्थी ख़ुर्रम ख़ान पन्नी को हराकर एम.एल.ए. हो गए थे। पाकिस्तान में मुस्लिम लीग की यह पहली हार थी! मुस्लिम लीग को 'कोटरी' बनाने का नतीजा उन्हें भुगतना पड़ा। हम जेल में काफी चिन्तित थे। हक़ साहब मुझसे कुछ असन्तुष्ट भी थे कि मैं टंगाइल न जाकर, गिरफ्तार क्यों हो गया! बाद में जब उन्हें पूरी खबर मिली तो वे समझ गए कि मेरे पास और कोई चारा नहीं था।

1947 में जिस मुस्लिम लीग का लोग पागल की तरह समर्थन कर रहे थे, उसी मुस्लिम लीग के प्रार्थी को क्यों पराजित होना पड़ा? 'कोटरी', कुशासन, जुल्म, अत्याचार एवं किसी ठोस अर्थनीतिक योजना ग्रहण न करने के कारण। अंग्रेजों के ज़माने की बँधी-बँधाई लीक व नियमों पर शासन चल रहा था। स्वाधीन देश की जनता ने कुछ नई उम्मीदें की थीं कि अंग्रेजों के जाने के बाद उनकी काफी उन्नति होगी, शोषण नहीं रहेगा। आज अवस्था ठीक उसके विपरीत थी। जनता में हताशा नज़र आ रही थी, पर उस ओर हमारी शासक गोष्ठी का कोई ध्यान ही नहीं था। जिन्ना की मृत्यु के बाद से ही कोटरी और षड्यंत्र की राजनीति शुरू हो गई थी। लियाक़त अली ख़ान अभी समस्त क्षमता के अधिकारी थे और वे किसी को भी बर्दाश्त नहीं कर पाते थे। हालाँकि वे बात लोकतंत्र की करते, किन्तु काम उसके उलट करते थे। पूर्वी बंगाल के लोग जिन्ना से प्रेम व श्रद्धा करते थे। घर-घर में जनता उनके नाम से परिचित थी। शिक्षित समाज बस इतना जानता था कि लियाक़त अली ख़ान प्रधान मंत्री थे और जिन्ना साहब के एक नम्बर निश्चय होने के कारण अच्छा काम करेंगे व शीघ्र ही शासन तंत्र देंगे। जिन्ना साहब यदि शासन

तंत्र दे जाते तो किसी भूल होने या ग़लतफ़हमी की सम्भावना रहती या नहीं, इसमें सन्देह था। वे जो भी करते, जनता मान लेने को बाध्य थी। बड़े लाट होकर जिन्ना ने प्रचंड क्षमता का प्रयोग किया। ख़्वाजा साहब तो किसी क्षमता का इस्तेमाल नहीं करते थे। वे भोले व दुर्बल प्रकृति के व्यक्ति थे। व्यक्तित्व नाम की कोई चीज उनके पास नहीं थी।

लियाक़त अली हमारे इस आन्दोलन को अच्छी नज़र से नहीं देख रहे थे। पूर्वी बंगाल के नेता उन्हें गलत समझाने में सक्षम हुए थे। पूर्वी बंगाल के प्रधान मंत्री नूरुल अमीन साहब सरकारी कर्मचारियों पर निर्भर करते थे एवं उनकी रिपोर्टों पर उन्होंने अत्याचार करना शुरू कर दिया। टंगाइल उपचुनाव की हार के बाद भी उन लोगों की आँखें नहीं खुलीं। सरकारी दल ने अपनी सभा में घोषणा की, 'चाहे जो हो जाए, शम्सुल हक़ साहब को विधानसभा में बैठने नहीं दिया जाएगा।' उन्होंने चुनावी मामला दायरा किया। शम्सुल हक़ साहब जीतकर जब ढाका आए तो ढाका की जनता और छात्र समाज ने उनका जमकर स्वागत-सत्कार किया, एक विशाल जुलूस में उन्हें लेकर ढाका शहर की प्रदक्षिणा की। जेल में बैठकर हमने भी जीत के आनन्द का उपभोग किया। शम्सुल हक़ साहब के लौटकर आने के बाद ही पुराने लीग के कार्यकर्ताओं ने मिलकर ढाका में एक कार्यकर्ता सम्मेलन का आह्वान किया ताकि भविष्य का कार्यक्रम तय किया जा सके। 23 जून, 1949 को उक्त सभा का आह्वान किया गया था।

हममें से कइयों को रिहा कर दिया गया था। अन्ततः केवल मैं और बहाउद्दीन चौधरी रह गए। बहाउद्दीन चौधरी की उम्र काफी कम थी। उसे न छोड़ने का कारण यह था कि सन्देह किया जा रहा था कि वह कम्युनिस्ट विचारों के प्रभाव में आ गया था। सुरक्षा क़ानून के अन्तर्गत उन दिनों कइयों को कम्युनिस्ट बताकर जेलों में डाला जा रहा था, जिन्हें हम बिना सुनवाई या विचार का बन्दी कहते थे। इनमें से कई ऐसे थे जिन्होंने अंग्रेजी शासन में भी काफी दिन जेलों में बिताए।

जेल की यातना क्या होती है, यह मुझे इस बार ही समझ में आया। शाम के बाद बाहर से ताला बन्द कर देना ही मुझे ख़राब लगता। सूर्यास्त होने के साथ-साथ सभी कैदियों की गिनती के बाद उनके कमरों के बाहर ताला लगा दिया जाता। मुझे कैदियों के पास बैठकर उनके सुख-दुख की बातें सुनना अच्छा लगता था। उस वक्त कैदियों के बीड़ी या तम्बाकू सेवन पर पाबन्दी थी। किन्तु यह पाबन्दी राजनीतिक बन्दियों पर न थी, वे अपने पैसों से खरीदकर बीड़ी या तम्बाकू का सेवन कर सकते थे। एक बीड़ी के लिए कैदी पागल-से हो जाते। किन्तु अधिकारी यदि किसी को बीड़ी पीते देख लेते तो उनकी सुनवाई या विचार होता और उन्हें सज़ा दी जाती। यदि

दया–मेहरबानी कर कभी कोई सिपाही एक बीड़ी या सिगरेट दे देता तो कैदी के चेहरे पर खुशी देखते ही बनती थी। मैं किसी–किसी समय बीड़ी लाकर उन्हें देता तो कैदी दौड़ते–भागते उसका सेवन करते।

कार्यकर्ता सम्मेलन के लिए काफी जोड़–तोड़ चल रही थी। जेल में बैठे–बैठे ही हमें खबर मिल रही थी। 150 नम्बर मुग़लटोली में ऑफिस हुआ था। शौक़त मियाँ सबके रहने–खाने का बन्दोबस्त करते थे। इसके अलावा ढाका शहर में यह सब और कौन करेगा? ढाका के एक और पुराने लीग कार्यकर्ता यार मुहम्मद ख़ान सहयोग कर रहे थे। यार मुहम्मद ख़ान के पास अर्थबल व जनबल दोनों था। एडवोकेट अताउर रहमान ख़ान, अली अमजद एवं अनवरा ख़ातून एम.एल.ए. भी मदद कर रहे थे। सम्मेलन के नतीजे के बारे में हम लोग काफी चिन्ता में दिन काट रहे थे। मेरी राय जानने के लिए मुझसे भी सम्पर्क किया गया था। मैंने खबर दी थी, 'अब और मुस्लिम लीग के पीछे घूमने से कोई लाभ नहीं क्योंकि यह संगठन जनता से कटकर मात्र एक सरकारी संगठन में परिणत हो गया है। ये लोग यदि हमें मुस्लिम लीग में लेना चाहें भी तो हमारा जाना उचित न होगा क्योंकि इन लोगों ने 'कोटरी' बना ली है। इसे अब जनता का संगठन नहीं कहा जा सकता। इनका कोई कार्यक्रम भी नहीं है।' मुझसे यह भी पूछा गया था कि मैं छात्र संगठन करूँगा या कि राजनीतिक संगठन बनने पर उसमें शामिल होऊँगा? मैंने उत्तर भेजा था कि अब और छात्र राजनीति नहीं बल्कि राजनीतिक संगठन ही करूँगा, क्योंकि यदि विरोधी दल की सृष्टि न हो पाई तो इस देश में तानाशाही चलेगी।

कुछ दिनों पूर्व जनाब कमरुद्दीन साहब ने, 'गणआज़ादी लीग' नाम से एक संगठन बनाया था पर वह काग़ज़ों पर ही खत्म हो गया। ख़ैर, कहीं कोई हॉल या जगह न मिली तो अन्ततः हुमायूँ साहब के रोज़–गार्डन के मकान में सम्मेलन का काम शुरू हुआ था। केवल कार्यकर्ता ही नहीं, अनेक राजनीतिक नेता भी उस सम्मेलन में शामिल हुए। शेरे–बंगाल ए.के. फ़ज़लुल हक़, मौलाना अब्दुल हमीद ख़ान भसानी, अल्लामा मौलाना रागीब अहसन, एम.एल.ए. लोगों के बीच से जनाब ख़ैरात हुसैन, बेगम अनवरा ख़ातून, अली अहमद ख़ान और हबीबुर रहमान चौधरी उर्फ़ धनु मियाँ एवं विभिन्न ज़िलों से कई वरिष्ठ नेता भी शामिल हुए। सभी ने एकमत होकर नए राजनीतिक संगठन का गठन किया और उसे 'पूर्वी पाकिस्तान अवामी मुस्लिम लीग' नाम दिया गया। मौलाना अब्दुल हमीद ख़ान भसानी को सभापति, जनाब शम्सुल हक़ को जनरल सेक्रेटरी एवं मुझे ज्वाइंट सेक्रेटरी बनाया गया। अखबारों में देखा, मेरे नाम के पास लिखा था 'सुरक्षा बन्दी'। मैंने सोचा था कि पाकिस्तान तो बन गया, साम्प्रदायिक राजनीतिक संगठन की अब दरकार नहीं। एक असम्प्रदायिक राजनीतिक संगठन होगा, जिसका एक सुचारु मैनिफेस्टो होगा। सोचा, अभी भी समय आया नहीं था इसीलिए जो लोग

बाहर थे उन्होंने सोच-समझकर ही ऐसा किया होगा।

अवामी मुस्लिम लीग के गठन के कुछेक दिन बाद ही मेरी और बहाउद्दीन की रिहाई का आदेश आया। बाहर से मेरे साथी कार्यकर्ताओं को निश्चय ही खबर लगी होगी। जेल के दरवाजे पर जाकर देखा कि मौलाना भसानी साहब के नेतृत्व में विशाल जनसमूह हमारे स्वागत-सत्कार के लिए जुटा था। बहाउद्दीन ने धीरे से मुझसे कहा, 'मुज़ीब भाई, पहले रिहाई मिलती तो कोई एक माला भी नहीं पहनाता। आपके साथ रिहाई हो रही है, तो एक माला तो मुझे मिलेगी ही।' मैंने हँसकर कहा, 'भले ही कोई और न पहनाता पर मैं तो तुम्हें माला जरूर पहना देता।' जेल-गेट से निकलकर देखा, मेरे अब्बा भी उपस्थित थे। मुझे देखने के लिए घर से चलकर आए थे। अब्बा को सलाम कर भसानी साहब की ओर बढ़कर मैंने उन्हें भी सलाम किया। साथ ही साथ नारे गूँजे—'अवामी मुस्लिम लीग ज़िन्दाबाद, छात्र लीग ज़िन्दाबाद'। जेल के गेट पर पहली बार 'अवामी लीग ज़िन्दाबाद' नारा लगा। शम्सुल हक़ साहब को पास में पाकर मैंने उनका अभिनन्दन किया और उनसे कहा, 'हक़ साहब, आपकी जय और आज जनगण की जय।' हक़ साहब ने मुझे गले लगा लिया और बोले, 'चलो, अब शुरू किया जाए।' बाद में अवामी मुस्लिम लीग अवामी लीग के नाम से परिचित हुई।

अवामी लीग के कुछेक लोगों को सह-सभापति बनाया गया था। जनाब अताउर रहमान ख़ान, अब्दुस सलाम ख़ान, अली अमजद ख़ान तथा और एक जन कौन थे, मुझे याद नहीं। अवामी लीग की प्रथम वर्किंग कमेटी की सभा 150 नम्बर मुग़लटोली में हुई थी। शेरे-बंगाल ए.के. फ़ज़लुल हक़ साहब उसमें शामिल हुए थे। एक संगठनात्मक सब-कमेटी तथा एक कार्यक्रम सब-कमेटी बनाई गई और हम लोगों ने काम करना शुरू किया। शौक़त मियाँ ने एक विशाल साइन बोर्ड लगा दिया। टेबल-चेयर आदि सब कुछ का बन्दोबस्त किया गया था। मेरे जेल से निकलने के पहले अवामी लीग ने अरमनीटोला मैदान में एक सभा बुलाई थी जिसमें मौलाना भसानी ने पहली बार ढाका में भाषण दिया। शम्सुल हक़ साहब को ढाका की जनता जानती थी। वे भाषण अच्छा देते थे। अवामी मुस्लिम लीग सभा न कर पाए, इसके लिए मुस्लिम लीग ने गुंडागर्दी का सहारा लिया। काफी भीड़ इकट्ठा हुई थी। सभा जब शुरू होने को थी, ठीक उसी समय किसी भाड़े के व्यक्ति ने माइक्रोफोन नष्ट कर दिया और पंडाल तोड़ दिया। कई कार्यकर्ताओं से मारपीट भी की। ढाका के नामी भयंकर प्रकृति के व्यक्ति थे बड़े बादशा, जो बाबूबाज़ार (बादामतली घाट) में रहते थे। बड़े बादशा का लोकबल था, जो सारे अंचल में उनके नाम की दुहाई देता फिरता था। उन्हें समझाया गया था कि जो लोग अवामी लीग करते थे तथा जो अवामी लीग की सभा कर रहे थे, वे सभी 'पाकिस्तान को ध्वंस करना चाहते थे'—इन्हें सभा करने नहीं देना चाहिए। बादशा

को भीड़ जुटाकर सभा को भंग करने के लिए पाँच सौ रुपए भी दिए गए थे।

बादशा मियाँ आया तो अच्छे वंश से था किन्तु दल में पड़कर और ढाका के हिन्दू-मुस्लिम दंगे में शरीक होकर गलत रास्ते पर चल पड़ा था। दंगे के कई मामलों में वह अभियुक्त भी था। सभा में गोलमाल कर जब वह चला गया तो उस मुहल्ले के निवासी जनाब अरीफुर रहमान चौधरी ने उसके पास जाकर कहा, 'बादशा मियाँ, हमारी सभा एक बार तो भंग कर दी। हम फिर सब कुछ ठीक-ठाक कर सभा आरम्भ कर रहे हैं। पहले आप हमारी बातें सुनें। यदि हम पाकिस्तान या देश के विरुद्ध कुछ बोलें तो हमारी सभा भंग कर देना।' चौधरी साहब का व्यवहार बड़ा भोला-भाला था, वे खिलाफत आन्दोलन के समय से राजनीति कर रहे थे। देश की राजनीति में अपना सर्वस्व दे दिया था। उनका जन्म बरिशाल के उलानिया के जमींदार वंश में हुआ था। बादशा मियाँ अपना दल-बल लेकर आया और रास्ते में खड़े होकर सभा का भाषण सुनने लगा। कुछ लोगों के भाषण के बाद बादशा मियाँ ने मंच के पास आकर कहा, 'मुझे कुछ कहना है। मुझे बोलने देना होगा।' अब उसे बाधा कौन दे? सच कहा जाए तो अरमनीटोला मैदान उसकी अमलदारी था। बादशा मियाँ ने माइक के पास जाकर कहा, 'मुझे मुस्लिम लीग के नेताओं ने आप लोगों के विरुद्ध गलत समझाया था। आपकी सभा भंग करने के लिए मुझे पाँच सौ रुपए दिए थे, जो अभी भी मेरी जेब में हैं। वे रुपए ग्रहण करना मेरे लिए हराम था, जिन्हें मैं आपके सामने फेंक दे रहा हूँ।' यह कहकर उसने रुपए फेंक दिए। सभा के बीच पाँच रुपयों के नोट उड़ने लगे। कुछ ने वे रुपए उठा लिये, कुछ ने फाड़ दिए। बादशा मियाँ ने आगे कहा, 'आज से मैं अवामी लीग का सदस्य हुआ, देखता हूँ अरमनीटोला में कौन आपकी सभा भंग कर पाता है।' जनता ने बादशा मियाँ के गले में फूलमालाएँ पहनाईं। जनता में एक नई हलचल पैदा हुई। मुस्लिम लीग ने गुंडागर्दी को प्रश्रय दिया था, यह बात भी जग-जाहिर हो गई। जनता यह भी जान गई कि अवामी लीग की सभा भंग करने के लिए रुपए दिए गए थे। हालाँकि लज्जा उन्हें फिर भी न आई। गुंडागर्दी का रास्ता उन्होंने काफी दिनों तक अपनाया, जब तक हमने उन्हें गुंडागर्दी से बाज आने को बाध्य न कर दिया। उन्होंने तय किया था कि वे विरोधी दल का गठन ही न होने देंगे। वे जनसमर्थन खोते जा रहे थे फिर भी उन्होंने अपने में सुधार किए बिना विरोधी दल पर क्यों वो अत्याचार किया और क्यों गुंडागर्दी का सहारा लिया?

मैं जेल से रिहा हुआ, मुझे घर ले जाने के लिए अब्बा मेरी खातिर ढाका आए। मैंने अब्बा से कहा, 'आप घर जाएँ, मैं सात-आठ दिनों में घर आ रहा हूँ।' मुझे रुपयों की दरकार थी और घर गए बिना रुपए मिलते नहीं, साथ ही वृद्धा

माँ, पत्नी और बेटी को देखने की इच्छा हो रही थी। मैंने फ़रीदपुर के सलाम साहब को भी खबर दी कि गोपालगंज में एक सभा करूँगा, उसमें वे उपस्थित रहें। गोपालगंज में अवामी मुस्लिम लीग संगठन बन चुका था। पुरानी मुस्लिम लीग की कमेटी को ही अवामी लीग कमेटी में परिणत कर दिया गया था। क्योंकि पाकिस्तान सरकार ने हम विरोधियों को लेकर एक महकमा मुस्लिम लीग ऑर्गनाइजिंग कमेटी गठित की थी।

गोपालगंज में सूचना देकर मैं घर को रवाना हुआ। शायद मध्य जुलाई का समय होगा जब जनसभा बुलाई गई थी। सलाम साहब हाज़िर हुए, मैं भी घर से पहुँचा। सभा में हज़ारो-हज़ार लोग इकट्ठा हुए थे। हठात् सुबह धारा 144 जारी कर दी गई। हमने सभा मस्जिद-प्रांगण में करने का निश्चय किया, उसके लिए यदि धारा 144 का उल्लंघन करना पड़ा, तो किया जाएगा। विराट मस्जिद और उसके सामने के प्रांगण में कई एक हज़ार लोग आ जाएँगे। सलाम साहब भी राज़ी हुए। हमने जब सभा शुरू की, तब एस.डी.ओ. ने मस्जिद में घुसकर मस्जिद के अन्दर 144 धारा जारी कर दी। हमने मानने में आपत्ति की तो पुलिस मस्जिद में घुसी और मारपीट शुरू हो गई। पुलिस ने लाठी-चार्ज की तो दोनों पक्षों के कुछ लोग आहत हुए। मैंने और सलाम साहब ने सभा-स्थल त्यागने से इनकार कर दिया तो हमें गिरफ्तार कर लिया गया। जनता ने भी मस्जिद को घेरे रखा। पुलिस अफसर समझ गया कि गोली चलाए बिना हमें कोर्ट या थाने में ले जा पाना सम्भव न होगा। जहाँ तक पता चला, पुलिस कर्मचारी भी मस्जिद में 144 धारा जारी करने को राज़ी न थे। एस.डी.ओ. साहब ने जोर-जबर्दस्ती यह धारा जारी की थी। महकमे के पुलिस अफसरों को जब समझ में आया कि अवस्था बहुत ख़राब थी, गोलमाल होगा ही, क्योंकि जनता ने रास्ता बन्द कर रखा था, तो मेरे और सलाम साहब के पास आकर उन्होंने अनुरोध किया, 'गोलमाल हुआ तो अनेक लोग मारे जाएँगे। आप लोगों को तो अभी ही ज़मानत मिल जाएगी, इन्हें (जनता को) कह दें कि रास्ता छोड़ दें और चले जाएँ। हम आपको कोर्ट ले जाएँगे और फौरन ज़मानत दे देंगे।'

शाम हो गई थी, काफी दूर-दूर से लोग आए थे। बारिश हो रही थी, साँझ के अँधेरे में क्या हो जाए, कहा नहीं जा सकता था। जनता के हाथों में भी काफी लाठियाँ और नौकाओं के चप्पू आदि थे। महकमा प्रशासन के अधिकारियों ने खासकर मुझे भाषण देकर जनता को समझाने के लिए कहा। सलाम साहब और गोपालगंज महकमे के नेताओं के साथ विचार-विमर्श कर तय हुआ कि मैं भाषण देकर लोगों से चले जाने को कहूँगा। मैंने भाषण दिया और कहने को जो भी था सब कहा तथा जनता से अनुरोध किया कि वे रास्ता छोड़ दें। मस्जिद से कोर्ट मात्र तीन मिनट का रास्ता था। पुलिस और हम कुछेक घंटों से अटके हुए थे। आखिरकार जनता ने हमें रास्ता दिया। और फिर हमारे साथ ही ज़िन्दाबाद के नारे लगाते-लगाते

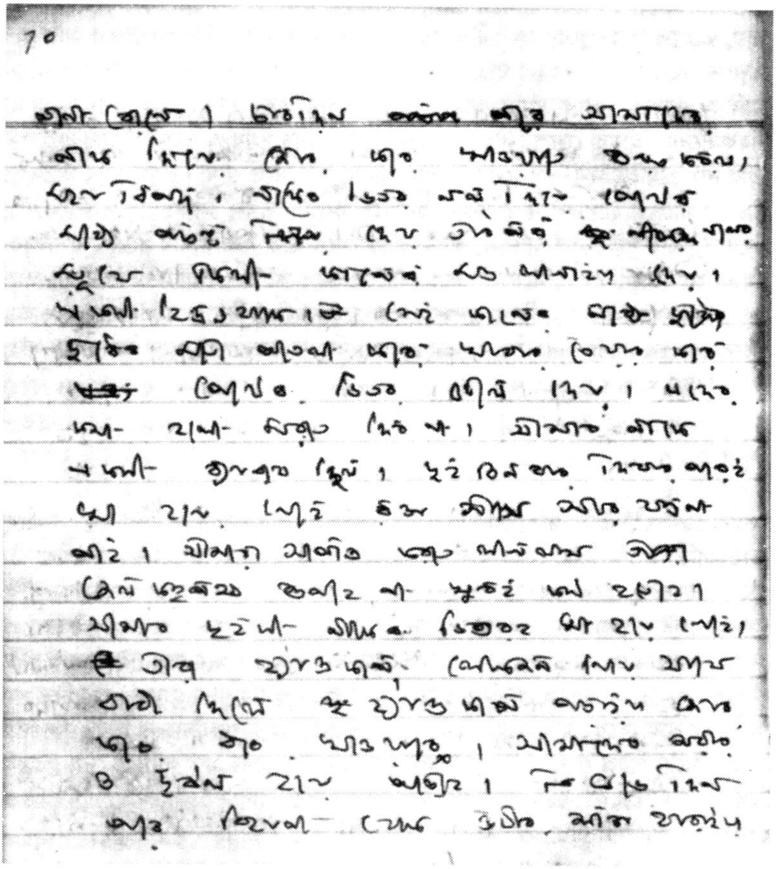

पांडुलिपि के एक पृष्ठ की प्रतिलिपि

कोर्ट पहुँची। रात के 8 बजे हमें ज़मानत देकर छोड़ दिया गया। फिर जनता चली गई। यह हमारी अवामी लीग की मुफस्सल में पहली सभा थी, जिसके उपलक्ष्य में 144 धारा जारी की गई थी।

अगले दिन मुस्लिम लीग का दफ्तर बना। क़ाज़ी अलताफ़ हुसैन को गोपालगंज महकमा अवामी मुस्लिम लीग का कन्वेनर बनाया गया था तथा चेयरमैन बनाया गया था मुस्लिम लीग के सभापति क़ाज़ी मुज़फ़्फ़र हुसैन, एडवोकेट को। उस समय की एक सामान्य सी घटना याद है। मैंने और क़ाज़ी अलताफ़ हुसैन साहब ने तय किया कि मौलाना शम्सुल हक़ साहब (जो अब लालबाग मदरसा के प्रिंसिपल हैं)

के साथ हम भेंट करेंगे। मौलाना साहब का घर भी हमारी यूनियन में था। आलिम के रूप में जनता उनकी खूब श्रद्धा करती थी। हम दोनों रात के 10 बजे एक माझी की नाव में रवाना हुए। नाव छोटी थी और केवल एक माझी था। हम मधुमती होकर रवाना हुए, क्योंकि उनका घर मधुमती के किनारे था। मधुमती की एक ओर फ़रीदपुर और दूसरी ओर जैसोर व खुलना ज़िले थे। एक जगह नदी खूब चौड़ी हो गई थी। बीच-बीच में उस जगह डकैती होती थी, यह हमें मालूम था। ठीक जब उस जगह हमारी नाव पहुँची तो थकान के कारण मुझे नींद आ गई थी। पानी के देश के लोगों को नाव में सोने में कोई कष्ट नहीं होता। क़ाज़ी साहब उस वक्त सोए नहीं थे। इसी समय एक सँकरी-सी नाव हमारी नाव के पास हाज़िर हुई। उसमें से चार लोगों ने हमारी नाव के माझी से पूछा, 'आग है क्या?' आग माँगने के बहाने ही डकैत नावों के समीप आते थे, यही उनका तरीका था। हमारी नाव के पास आकर उन्होंने पूछा, 'नाव कहाँ जाएगी?' माझी ने कहा, 'टुंगीपाड़ा'। मेरे गाँव का नाम। 'नौका में कौन है?' माझी ने मेरा नाम बताया। डकैतों ने माझी पर एक चप्पू से प्रहार किया और बोले, 'साले, पहले नहीं कह सकता था कि नौका में शेख़ साहब हैं।' यह कहकर वे नाव को छोड़कर चले गए। मार खाकर माझी पतवार छोड़कर भीतर घुस गया। माझी की चीख से मेरी नींद खुल गई। क़ाज़ी साहब जाग रहे थे। डर के मारे उन्होंने घड़ी, अँगूठी आदि सबकुछ छिपा दिया था। क़ाज़ी साहब शौक़ीन व्यक्ति थे, व्यापारी थे तो पास में रुपया-पैसा भी काफी था। मैंने जागकर पूछा कि माजरा क्या था? क़ाज़ी साहब और माझी ने मुझे यह घटना बताई। क़ाज़ी साहब बोले, 'डकैत लोग भी आपकी श्रद्धा करते हैं। आपका नाम लेकर ही हम बच पाए वरना कोई चारा न था।' मैंने कहा, 'लगता है, डकैतों ने मुझे अपने दल का ही एक व्यक्ति समझ लिया।' हम दोनों तो काफी हँसी-मज़ाक़ कर रहे थे किन्तु मार खाने के कारण माझी की पीठ में काफी दर्द हो रहा था। बाध्य होकर कुछ दूर आकर हमें एक गाँव के पास नाव छोड़नी पड़ी। जहाँ खूब भोर में हम पहुँच जाते वहाँ हम सुबह 10 बजे पहुँचे। मौलाना साहब मदरसे में थे, उनसे बातचीत कर मैं अपने घर आया।

कुछ दिन मैं घर में ही रहा। मैं क़ानून की पढ़ाई नहीं करूँगा, सुनकर अब्बा को काफी दुख हुआ था, उन्होंने कहा, 'यदि ढाका में पढ़ना नहीं चाहते तो विलायत चले जाओ। वहाँ से 'बार ऐट लॉ' की डिग्री ले आओ। दरकार हुई तो जमीन बेचकर भी मैं तुम्हें रुपए दूँगा।' मैंने कहा, 'अब विलायत जाकर क्या होगा, अर्थ उपार्जन मैं नहीं कर पाऊँगा।' मेरी भयंकर जिद मुस्लिम लीग के नेताओं के विरुद्ध थी क्योंकि जिस पाकिस्तान का हमने स्वप्न देखा था, अब देख रहा था कि सब उल्टा हो गया। इसका एक परिवर्तन करना आवश्यक था। जनता तो हमें जानती थी और हमसे ही प्रश्न भी करती थी—देश तो स्वाधीन हो गया फिर भी लोगों का कष्ट दूर क्यों नहीं हुआ? भ्रष्टाचार बढ़ गया है, खाद्याभाव नज़र आ रहा है। बिना विचारे

राजनीतिक कार्यकर्ताओं को जेल में बन्दी बनाकर रखा जा रहा है। मुस्लिम लीग के नेता बांग्ला को राष्ट्रभाषा के रूप में नहीं मानेंगे। पश्चिमी पाकिस्तान में उद्योग और कारखाने निर्मित हो रहे थे किन्तु पूर्वी पाकिस्तान की ओर ध्यान नहीं दिया जा रहा था। राजधानी कराची में थी। सबकुछ पश्चिमी पाकिस्तान में, पूर्वी बंगाल में कुछ नहीं। अब्बा को मैंने सबकुछ बताया। अब्बा बोले, 'हमारे लिए तुम्हें कुछ नहीं करना होगा। तुमने विवाह किया है, तुम्हारे बेटी हुई है, उनके लिए तो कुछ करने की दरकार है।' मैंने अब्बा से कहा, 'आपने तो हम लोगों के लिए पर्याप्त जमीन-जायदाद कर रखी है। यदि कुछ न भी कर पाऊँ, तो गृहस्थी चलती रहेगी। किन्तु अन्याय को प्रश्रय देना नहीं चलेगा।' फिर उन्होंने और कुछ नहीं कहा। रेणु ने मुझसे कहा, 'ऐसे तुम्हारा कब तक चलेगा?' रेणु ओट से सारी बातें सुन रही थी। वह काफी कष्ट उठाती किन्तु कभी कुछ न कहती। खुद कष्ट उठाकर भी मेरे लिए रुपए-पैसों का जुगाड़ करती ताकि मुझे कष्ट न हो।

मैं रवाना होकर ढाका आया। रेणु का स्वास्थ्य खूब ख़राब था, मैं देखकर ही आया था। इत्तेहाद अखबार मेरा था। बीच-बीच में कुछ रुपए मिल जाते, हालाँकि दैनिक इत्तेहाद की अवस्था काफी ख़राब हो गई थी। पूर्वी बंगाल की सरकार प्राय: ही प्रतिबन्ध लगा देती। एजेंट भी रुपए नहीं दे रहे थे, जबकि पूर्वी बंगाल में अखबार काफी चलता था।

ढाका में आकर मैंने इस बात की व्यवस्था की कि छात्र लीग का वार्षिक सम्मेलन शीघ्र ही हो। इसके पहले कौंसिल की सभा भी नहीं हुई थी। चुनाव होना आवश्यक था, और मैं भी विदाई लेना चाहता था। मेरे सभापतित्व में ढाका के ताजमहल सिनेमा हॉल में कॉन्फ्रेंस हुई। अपने भाषण में मैंने कहा, 'आज से मैं अब और आपके संगठन का सदस्य नहीं रहूँगा। छात्र संगठन से जुड़े रहने का अब मुझे कोई अधिकार नहीं। मैं आप लोगों से विदा ले रहा हूँ, क्योंकि अब मैं छात्र नहीं हूँ। किन्तु पूर्वी पाकिस्तान छात्र लीग ने जो नेतृत्व दिया, पूर्वी बंगाल के लोग उसे कभी भूल न पाएँगे। बांग्ला भाषा की मर्यादा बनाए रखने के लिए आप लोगों ने जो त्याग स्वीकार किया है, उसे इस देश के लोग कभी भूल न पाएँगे। आपने ही इस देश में विरोधी दल की सृष्टि की। शक्तिशाली विरोधी दल के बिना जनतंत्र नहीं चल सकता।' यही था मेरे भाषण का सारांश। मैंने एक लिखित भाषण दिया था, पर उसकी प्रतिलिपि मेरे पास न थी। चुनाव हुआ था। दबिरुल इस्लाम तब जेल में था, उसे सभापति तथा खालेक नवाज़ ख़ान को जनरल सेक्रेटरी बनाया गया था। दबिरुल के बारे में किसी को कोई आपत्ति न थी किन्तु खालेक नवाज़ ख़ान के बारे में कइयों को आपत्ति थी। और वो इसलिए क्योंकि वह बातें कुछ ज्यादा करता था।

अन्ततः सभी को समझा-बुझाकर मैंने राज़ी किया। मेरी विदाई के समय का अनुरोध किसी ने अमान्य नहीं किया। मैं यह स्वीकार करने को बाध्य हूँ कि मेरे मनोनीत प्रार्थी खालेक नवाज़ ने संगठन के मंगल से अधिक अमंगल ही किया था। वह चेष्टा अवश्य करता किन्तु कोई लक्ष्य देने या निर्धारित करने की क्षमता उसमें नहीं थी। और दूसरों की बात तो सुनता किन्तु सही और गलत की विवेचना न कर पाता, न उसमें ऐसा करने की क्षमता थी। एकमात्र ढाका सिटी छात्र लीग के सेक्रेटरी अब्दुल वदूद के कारण संगठन की कोई क्षति न हुई। बाद में वदूद पूर्वी पाकिस्तान छात्र लीग का सेक्रेटरी बना था। हालाँकि मैं सदस्य न था फिर भी छात्र नेता मुझसे सम्पर्क बनाए रखते और मैं भी आवश्यकतानुसार अपना परामर्श देने में कंजूसी नहीं करता था। वे छात्र लीग के संस्थापक के रूप में मेरी श्रद्धा करते।

शम्सुल हक़ साहब ने काफी मेहनत से एक ड्राफ्ट मैनिफेस्टो तथा सांगठनिक मसौदा तैयार किया था। हम लोगों को साथ लेकर उन्होंने इस पर काफी चर्चा की थी। हमने एकमत होकर वर्किंग कमेटी की सभा में मैनिफेस्टो व सांगठनिक मसौदे को लेकर चर्चा शुरू की। सभा कुछेक दिन चली। दो-एक बार शम्सुल हक़ साहब के साथ भसानी साहब की कुछ गरम-गरम चर्चा भी हुई थी। एक दिन शम्सुल हक़ साहब ने ख़फ़ा होकर मौलाना साहब को कह दिया, 'यह सब आप नहीं समझेंगे क्योंकि यह सब जानने के लिए काफी शिक्षा की जरूरत है, जो आपके पास नहीं है।' मौलाना साहब नाराज होकर सभास्थल छोड़कर चले गए। मैंने जब शम्सुल हक़ साहब को समझाकर कहा तब उनकी समझ में आया कि बात सच होते हुए भी, कहना उचित नहीं हुआ। नतीजा यह हुआ कि हक़ साहब खुद जाकर मौलाना साहब को मनाकर ले आए। शम्सुल हक़ साहब की नाराज़गी अधिक समय तक टिकती न थी।

मौलाना भसानी साहब को भार दिया गया था कि वे वर्किंग कमेटी के सदस्यों को नॉमिनेशन दें। उन्होंने जिन सारे लोगों को नॉमिनेशन दिया था, वे मुझे बिलकुल पसन्द न थे। मैंने उनसे कहा, 'आपको ये सारे लोग कहाँ मिले, जिन्हें आपने वर्किंग कमेटी का सदस्य बना दिया। मौका मिलते ही ये लोग चले जाएँगे।' मौलाना साहब बोले, 'मैं क्या करूँ? किसी को भी न तो मैं ठीक से जानता हूँ, न पहचानता हूँ। तुम्हारे छात्रों ने मुझे जिनके नाम दिए, मैंने उन्हें ही सदस्य बना दिया।' मैंने कहा, 'देखिएगा, विपत्ति के समय ये क्या करते हैं!' वर्किंग कमेटी ने ड्राफ्ट मैनिफेस्टो को ग्रहण कर लिया और तय हुआ कि कौंसिल की सभा बुलाकर उसका अनुमोदन करा लिया जाए। ड्राफ्ट मैनिफेस्टो छपवा दिया जाएगा एवं किसी का कोई प्रस्ताव हुआ तो वह भी पेश किया जाएगा। जनमत जाँचने के लिए हमने ड्राफ्ट रखा, उसमें पूर्वी पाकिस्तान को पूर्ण आंचलिक स्वायत्त शासन देने का प्रस्ताव रखा गया। केवल देश की सुरक्षा, विदेश-नीति व मुद्रा केन्द्र के हाथों में रहेंगे। बांग्ला को पाकिस्तान की

अन्यतम राष्ट्रभाषा बनाना होगा, यह बात भी कही गई। और भी कई अर्थनीतिक व राजनीतिक प्रोग्राम लिये गए।

हम संगठन के काम में लग गए। मौलाना साहब, शम्सुल हक़ साहब और मैं मैमनसिंह ज़िले के जमालपुर महकमे में पहली सभा करने गए। जमालपुर के वकील हैदर अली मल्लिक साहब ने अवामी लीग का गठन किया था। इस सभा को कामयाब करने के लिए छात्र नेता हातिम अली ने काफी परिश्रम किया था। हम जब सभा में पहुँचे तो देखा कि विशाल भीड़ इकट्ठी हुई थी। सभा जब शुरू होनेवाली थी तो दस–पन्द्रह लोगों को चिल्लाते हुए देखा। उधर ध्यान न देकर हमने सभा आरम्भ की। जमालपुर के नेताओं ने ठीक किया था कि सभापतित्व शम्सुल हक़ साहब करेंगे और मौलाना साहब प्रधान वक्ता होंगे। सभा आरम्भ होने के साथ ही साथ धारा 144 जारी कर दी गई। पुलिस ने आकर मौलाना साहब को एक काग़ज़ दिया। मैंने कहा, 'मैं धारा 144 को नहीं मानता। मैं भाषण दूँगा।' मौलाना साहब ने खड़े होकर कहा, '144 धारा जारी हो गई है। हमें सभा नहीं करने देंगे। मैं भाषण देना नहीं चाहता, किन्तु आइए, आप लोग मुनाज़ात (प्रार्थना) करें। अल्लाह, आमीन!' मौलाना साहब ने मुनाजात शुरू की। माइक्रोफोन सामने ही था। आधे घंटे तक वे चीखकर मुनाज़ात करते रहे, जो कहना था सबकुछ कह गए, कुछ बाकी न रखा। पुलिस अफसर व सिपाही भी हाथ उठाकर मुनाज़ात करने लगे। आधे घंटे तक मुनाज़ात में पूरा भाषण देकर मौलाना साहब ने सभा खत्म की। पुलिस तथा मुस्लिम लीग वाले इस प्रकार बेवकूफ बन गए।

रात को एक घर में भोजन करने गए मौलाना साहब। पर गुस्सा, बोले, 'नहीं खाऊँगा। उनके होते हुए सभापतित्व करने के लिए शम्सुल हक़ साहब का नाम प्रस्तावित क्यों हुआ?' बड़ी मुश्किल में पड़ गए हम। मैंने मौलाना साहब को समझाने की कोशिश की कि लोग क्या कहेंगे? पर वे कहाँ समझना चाहते थे? रट लगाए थे कि उन्हें अपमानित किया गया था। शम्सुल हक़ साहब ने भी गुस्सा होकर कहा, 'यह बात मौलाना साहब सबके सामने क्यों कह रहे थे?' उसी दिन मैं समझ गया कि मौलाना भसानी में उदारता की कमी थी, किन्तु फिर भी मेरे मन में उनके प्रति श्रद्धा व भक्ति थी। और वो इसलिए कि वे जनता के लिए त्याग करने को प्रस्तुत रहते। कोई भी महान काम करने के लिए त्याग व साधना की जरूरत होती है। जो त्याग करने को प्रस्तुत नहीं होते। वे जीवन में कोई भला, महान काम नहीं कर पाते—यह मेरा विश्वास था। मैं समझ गया था कि इस देश में राजनीति करने के लिए त्याग की आवश्यकता थी और पाकिस्तान की जनता को सुखी बनाने के लिए हमें त्याग करना होगा। मुस्लिम लीग सरकार अत्याचार करेगी एवं अत्याचार व जुल्म कर वह सत्ता में बने रहने की चेष्टा करेगी। अत्याचार से डरने पर अधिक अत्याचार सहना पड़ता है। अभी भी मुस्लिम लीग के नाम से कुछ हद तक लोगों

को धोखा देना सम्भव था; किन्तु यह धोखा देना अधिक दिनों तक चलनेवाला नहीं था। मुस्लिम लीग के नाम का जो मोह अभी भी था, जनता को समझा पाने एवं शक्तिशाली संगठन निर्मित कर पाने पर मुस्लिम लीग सरकार अत्याचार करने का साहस नहीं कर पाएगी।

हम ढाका लौट आए एवं अरमनीटोला मैदान में एक जनसभा बुलाई क्योंकि उस वक्त खाद्य की स्थिति बहुत ख़राब थी। लोगों की दुरवस्था की कोई सीमा न थी। सभापतित्व मौलाना साहब ने किया। उताउर रहमान ख़ान, शम्सुल हक़ साहब और मैंने भाषण दिए। मुस्लिम लीग गोलमाल करने की चेष्टा कर रही थी किन्तु बादशा मियाँ के हमारे दल में चले आने और जनता का समर्थन होने के कारण उसकी हिम्मत न हुई। इतनी बड़ी सभा इससे पहले नहीं हुई थी। विशाल जनसमावेश हुआ। जनता और ढाका के लोगों की गलत धारणाएँ टूटनी शुरू हो गईं। हमें 'राष्ट्र का दुश्मन' कहने पर जनता मानने को तैयार न होती क्योंकि हम तो पहली क़तार के कार्यकर्ता थे।

मौलाना भसानी ने इस सभा में घोषणा की, 'जनाब लियाक़त अली ख़ान अक्टूबर महीने में ढाका आएँगे, हम उनके साथ खाद्य समस्या तथा राजबन्दियों की मुक्ति के विषय में चर्चा करना चाहते हैं। यदि उन्होंने हमसे भेंट न की तो हम फिर सभा करेंगे और जुलूस लेकर उनके पास जाएँगे।' कुछ दिनों बाद ही हमने अखबार में देखा कि लियाक़त अली ख़ान 11 अक्टूबर को ढाका आएँगे। मौलाना साहब ने मुझसे एक टेलीग्राम देने को कहा ताकि वे ढाका आकर हमारे एक डेपुटेशन के साथ साक्षात्कार करें। टेलीग्राम मौलाना साहब के ही नाम से भेजा गया था। जनाब शम्सुल हक़ साहब कुछ व्यस्त थे, क्योंकि उनके विवाह का दिन करीब था। मुझे ही पार्टी का सारा काम देखना पड़ रहा था, हालाँकि मैं काम उनके परामर्श से ही करता था। उन्होंने मुझसे कहा था, 'संगठन का काम तुम चलाते रहो।' हममें मेल इतना था कि किसी गलतफ़हमी की सम्भावना ही नहीं थी। मैं समझ पा रहा था कि मौलाना साहब ने हक़ साहब को नापसन्द करना शुरू कर दिया था। अवसर मिलते ही खुलेआम कुछ कहने का साहस न होता। इसी समय अन्य एक जन के अवदान को अस्वीकार करना शायद अन्याय होगा। बेगम अनवरा ख़ातून, एम.एल.ए. संगठन के लिए यथेष्ट काम करतीं। आवश्यकता पड़ने पर रुपए-पैसों से भी मदद करतीं। अताउर रहमान साहब बुलाते ही आ जाते। उन्होंने पहले राजनीति की नहीं थी और उन्हें उतना राजनीतिक ज्ञान भी नहीं था। लिखना-पढ़ना जानते थे, काम करने का आग्रह एवं आन्तरिकता भी उनमें थी। मेरे साथ उनके रिश्ते प्रगाढ़ होने लगे। ज़िलों-ज़िलों में सोहरावर्दी साहब के समर्थकों ने अवामी लीग में शामिल

होना शुरू किया। इसी समय कलकत्ता में इत्तेहाद अखबार बन्द होने के कगार पर पहुँच गया। सोहरावर्दी साहब कलकत्ता त्यागकर कराची चले गए थे। प्राय: दीन अवस्था में मानिक भाई ढाका पहुँचे। आकर वे भी मुग़लटोली में ही ठहरे। सोहरावर्दी साहब सामान्यत: कुछ कपड़ों के अतिरिक्त कुछ न ले जा पाए! भारत सरकार ने उनका सर्वस्व कुर्क कर लिया। कइयों को सुनकर आश्चर्य होगा कि शहीद साहब का कलकत्ता में कोई मकान न था। 40 नम्बर थिएटर रोड का मकान किराए का मकान था। कराची में वे अपने भाई के पास ठहरे क्योंकि उनके पास खाने तक के पैसे न थे।

ढाका के पुराने नेताओं में कमरुद्दीन साहब पार्टी में शामिल नहीं हुए, किन्तु अब्दुल क़ादिर सरदार ने आर्थिक मदद भी की थी। उनके पास अर्थबल भी था और जनबल भी। ढाका के ख़्वाजा वंश के साथ उन्होंने जीवन-भर मुकाबला किया। ग़रीबों की हमेशा मदद करते, इसलिए जनता उनसे प्रेम करती। हम अभी भी ज़िला कमेटियों का गठन नहीं कर पाए थे, केवल दो-एक ज़िलों में कमेटी गठित हुई थी। चटगाँव में एम.ए. अज़ीज़ और ज़हूर अहमद चौधरी के नेतृत्व में एवं जैसोर में खड़की के पीर साहब व हबीबुर रहमान एडवोकेट के नेतृत्व में। मसिउर रहमान साहब व खालेक साहब ने मदद की थी, किन्तु खुलकर तब भी शामिल नहीं हुए थे। फ़रीदपुर में सलाम ख़ान साहब के नेतृत्व में ऑर्गनाइजिंग कमेटी का गठन हुआ था। हमने तय किया था कि सन् 1949 के अन्दर हम सभी ज़िलों में संगठन बना लेंगे। छुट्टियाँ रहते ही हम सभी ज़िलों के लिए निकल पड़ेंगे। जो प्रतिक्रिया मिल रही थी, उससे हम सभी में एक नए मनोबल का संचार हुआ था!

नवाबज़ादा लियाक़त अली ख़ान ने मौलाना साहब के टेलीग्राम का जवाब तक देने की दरकार महसूस नहीं की। हमें पता चला कि वे 11 अक्टूबर को ढाका आएँगे। उन्होंने प्रेस रिपोर्टरों से कहा, 'अवामी लीग है क्या, उन्हें नहीं पता।'

हमने 11 अक्टूबर को अरमनीटोला मैदान में एक सभा का आह्वान किया। हम लोगों का एक माइक्रोफोन था। जब हमारे कार्यकर्ता सभा का प्रचार कर रहे थे तब नवाबपुर के रास्ते पर घोड़ागाड़ी पर मुस्लिम लीग के कुछ कार्यकर्ताओं ने, जिन्हें गुंडा भी कहा जा सकता था, शाम के तब 3 या 4 बजे होंगे, हमारे कार्यकर्ताओं को मारकर माइक्रोफोन छीनकर ले गए। एक घोड़े की गाड़ी में मात्र तीन कार्यकर्ता थे। लगा जैसे देश में क़ानून-व्यवस्था नाम की कोई चीज न थी। मुग़लटोली के अवामी लीग ऑफिस में आकर कार्यकर्ताओं ने मुझे सूचना दी। मैं आठ-दस कार्यकर्ताओं के साथ चर्चा कर रहा था। हमारे कार्यकर्ताओं ने कुछ चेहरों को पहचान लिया क्योंकि पहले एक साथ काम जो कर चुके थे। मैंने कहा, 'यह तो बड़ी ग़लत बात है। चलो, मैं उन लोगों से पूछ आऊँ और अनुरोध कर आऊँ कि माइक्रोफोन वापस कर दें। यदि दे दें तो ठीक, न दें तो क्या किया जा सकता है! थाने में पुलिस के

सामने बयान दर्ज कराकर रखा जाएगा।' मेरे साथ छात्र लीग के नूरुल इस्लाम (बाद में इत्तफ़ाक़ में काम करते), और चौकबाज़ार के नज़ीर मियाँ एवं अब्दुल हलीम (अभी नैप के संयुक्त सचिव और तब सिटी अवामी लीग के संयुक्त सचिव थे), हम विक्टोरिया पार्क के पास उनके ऑफिस को रवाना हुए क्योंकि मुझे सूचना मिली थी कि वे वहीं थे। कोऑपरेटिव बैंक के ऊपरी तल्ले पर ही वे उठा-बैठा करते थे। मैंने वहाँ पहुँचकर देखा कि उनके कुछ लोग खड़े होकर बातें कर रहे थे। मैं इब्राहिम और अलाउद्दीन को पहचानता था, वे भी हमारे साथ मुस्लिम लीग के कार्यकर्ता थे। मैंने पूछा, 'हमारा माइक्रोफोन क्यों लिया? ये तो बड़ी ग़लत बात है। माइक्रोफोन वापस कर दो।' मुझसे वे बोले, 'हमने नहीं लिया, किसने लिया, पता नहीं।' नूरुल इस्लाम से छीनने के वक्त ये लोग उपस्थित थे। नूरुल इस्लाम ने कहा, 'आप तो खड़े थे वहाँ, उस वक्त बाताबाती भी चल रही थी।'

इसी समय यार मुहम्मद ख़ान, हफ़ीज़ुद्दीन नाम के एक अवामी लीग कार्यकर्ता को लेकर रिक्शा से ज़ा रहे थे। मैंने यार मुहम्मद साहब को पुकारा और घटना उन्हें बताई। यार मुहम्मद ख़ान साहब ढाका के पुराने आदमी थे। वंश-मर्यादा, अर्थबल, लोकबल आदि सबकुछ उनके पास था। वे बोले, 'तुम लोगों ने माइक्रोफोन क्यों छीना, अन्धेर है क्या?' इसी बीच एक ने कह दिया, 'छीना, तो क्या हुआ?' यार मुहम्मद ने हाथ उठाकर उसके गाल पर एक चाँटा जड़ दिया। एक घूँसा हलीम ने भी मार दिया। पीछे उन लोगों के और लोग भी छिपे हुए थे, उन्होंने हम लोगों पर हमला कर दिया। हलीम उनके पास से दौड़कर अपने मुहल्ले की ओर गया और आदमी लाने को। प्रेसीडेंसी लाइब्रेरी के मालिक हुमायूँ साहब निकलकर यार मुहम्मद ख़ान को अपनी लाइब्रेरी के भीतर ले गए। बाहर इन लोगों ने बैठकर गाली-गलौज शुरू कर दी। मैं भी रिक्शा कर अवामी लीग ऑफिस की ओर दौड़ गया, वहाँ भी हमारे दस-बारह कार्यकर्ता थे। मैं वहाँ रहता तो वे मुझ पर भी हमला कर देते, पर चूँकि मैं चला आया था, मैं उन्हें मिला नहीं। हफ़ीज़ुद्दीन ने रिक्शा लेकर यार मुहम्मद ख़ान साहब के मुहल्ले में सूचना दी। साथ ही साथ उनका भाई, रिश्तेदार मुहल्ले के लोग, जो जिस अवस्था में था, आकर उपस्थित हुए। विक्टोरिया पार्क में हलीम भी अपने मुहल्ले से लोगों को लेकर हाजिर हुआ। इतनी देर से जो लोग यार मुहम्मद ख़ान को गाली-गलौज कर रहे थे, वे कहाँ किस ओर भाग गए पता ही न चला।

ख़्वाजा घराने के कई लोग इनके साथ थे। एक मंत्री भी ऊपरी तल्ले पर बैठकर अपने दल का सारा क्रियाकलाप देख रहे थे। मैंने आकर देखा, पुलिस आ चुकी थी। यार मुहम्मद को लेकर इन लोगों ने एक जुलूस निकाला और मुहल्ले में जाकर मुस्लिम लीग ऑफिस पर आक्रमण कर दिया, क्योंकि लीग ऑफिस राय साहब के बाज़ार में ही था। गुंडा प्रकृति के कुछ लोग इस मुहल्ले में थे जो पैसे लेकर छात्रों

को मारते-पीटते, गुंडागर्दी करते, उन्हें पकड़कर लाकर मुहल्ले में उनके विचारार्थ बैठक हुई। ढाका में मुहल्ले की इन विचारार्थ बैठकों में अभियुक्त को मस्जिद में हाजिर किया जाता और विचार में यदि दोष साबित हो जाता तो मारा जाता—यही था इनका कोर्ट-कचहरी। राय साहब के बाज़ार से कोई छात्र यदि जुलूस निकालता या हमारा कार्यकर्ता दिख जाता तो उस पर हमला और मारपीट की जाती। अनेक कार्यकर्ताओं व छात्रों को मार खानी पड़ी थी। इस दिन के बाद से कभी इस इलाके में किसी ने हमारे साथ मारपीट करने का साहस नहीं किया।

यार मुहम्मद ख़ान ने भी इसके बाद से राजनीतिक क्रियाकलापों में सक्रिय रूप से भाग लेना शुरू कर दिया। इससे ढाका शहर में हमारी शक्ति और भी बढ़ गई। मुहल्ले-मुहल्ले में घूमकर मैंने भी युवा कार्यकर्ताओं का एक दल बनाया। इसी समय समसाबाद और बंशाल के युवा कार्यकर्ताओं का एक दल अवामी लीग में शामिल हुआ। समसाबाद भी अरमनीटोला मैदान के पास ही था। अरमनीटोला की सभाओं का बन्दोबस्त अब इन्हीं लोगों ने करना शुरू किया। नतीजा यह हुआ कि मुस्लिम लीग हजार चेष्टाओं के बावजूद हमारी सभाओं में गोलमाल नहीं कर पा रही थी।

11 अक्टूबर को अरमनीटोला में विराट सभा हुई। सारा मैदान और अगल-बगल का रास्ता लोगों की भीड़ से भर गया। शम्सुल हक़ साहब के भाषण के बाद मैंने भाषण दिया। मौलाना पहले ही भाषण दे चुके थे। मैं अन्तिम वक्ता था। सभा में गड़बड़ी होने की सम्भावना या डर था इसलिए भसानी साहब ने पहले भाषण दिया। भसानी साहब ने मुझसे कहा, 'जुलूस निकालना होगा, उसी हिसाब से भाषण देना।' मैं भाषण देने को उठा और जो कुछ बोलना था बोलकर मैंने जनता से एक सवाल किया, 'कोई यदि किसी की हत्या कर दे तो उसकी सज़ा क्या होगी?' जनता ने उत्तर दिया, 'फाँसी।' मैंने फिर सवाल किया, 'जो हज़ारों लोगों की मृत्यु का कारण बने, उनका क्या होगा?' जनता ने उत्तर दिया, 'उन्हें भी फाँसी देना उचित है।' मैंने कहा, 'नहीं, उन्हें गोली मार देना उचित है।' ये बातें आज भी मुझे याद हैं। इसके बाद मैंने भाषण खत्म करते हुए कहा, 'चलिए, हम जुलूस निकालें और लियाक़त अली ख़ान देख लें कि पूर्वी बंगाल की जनता क्या चाहती है।'

जुलूस निकला। मौलाना साहब, हक़ साहब और मैं सामने चल रहे थे। जब हम नवाबपुर क्रॉसिंग पर पहुँचे तो देखा पुलिस रास्ता बन्द कर बन्दूकें उठाए खड़ी थी। क़ानून भंग करने का हमारा कोई कार्यक्रम नहीं था और न ही पुलिस के साथ गोलमाल करने की हम लोगों की कोई इच्छा थी। हम जुलूस लेकर रेल-स्टेशन की ओर मुड़ गए। हमारा प्लान था कि नज़ीराबाज़ार रेल लाइन पार कर नीमतली में

ढाका म्यूजियम की बगल से नज़ीमुद्दीन रोड होते हुए फिर अरमनीटोला लौट आएँगे। नज़ीराबाज़ार आकर देखा, पुलिस ने रास्ता रोक रखा था, हमें जाने नहीं दिया जाएगा। उस वक्त नमाज़ का समय हो गया था। मौलाना साहब रास्ते पर ही नमाज़ के लिए रुक गए। शम्सुल हक़ साहब भी साथ ही साथ रुक गए। इसी बीच पुलिस ने आँसू-गैस छोड़ दी। जवाब में जनता ने भी ईंटें मारना शुरू किया। पाँच मिनट तक यह क्रम चला। पुलिस लाठी-चार्ज करते-करते बढ़ी आ रही थी। कार्यकर्ताओं के एक समूह ने मौलाना साहब को गोद में उठाकर उन्हें एक होटल में पहुँचाया। कुछ कार्यकर्ता भयंकर रूप से घायल हुए एवं गिरफ्तार हुए। शम्सुल हक़ साहब को भी गिरफ्तार किया गया। चोटें तो मुझे भी बहुत आईं। एक वक्त तो बेहोश होकर मैं नाले के किनारे गिर पड़ा। क़ाज़ी ग़ुलाम महबूब भी घायल हुए, पर उन्हें होश था। मुझे कुछ लोग रिक्शा में मुग़लटोली ले आए। मेरे पैरों से काफी ख़ून बह रहा था। कोई कह रहा था कि गोली लगी थी, तो कोई कह रहा था कि गैस का डायरेक्ट आघात था, और कोई कह रहा था कि गिरने के कारण कट गया था। डॉक्टर आया, घाव को साफ किया। नींद का इंजेक्शन देकर सुला दिया क्योंकि काफी दर्द हो रहा था। प्रायः तीस लोग गिरफ्तार हुए थे। चटगाँव के फ़ज़लुल हक़ बी.एससी., अब्दुर रब और रसूल नाम के एक और कार्यकर्ता को सिर पर गहरी चोट लगी थी। वे भी गिरफ्तार हो गए थे। मेरे सम्बन्धी, फ़रीदपुर के दत्तपाड़ा के जमींदार वंश के सैफ़ुद्दीन चौधरी उर्फ़ सूर्य मियाँ मेरे पास ही थे और मेरी खूब सेवा की। वे रात 2 बजे तक जगे रहे। इसी समय मुग़लटोली का हमारा ऑफिस, जहाँ मैं था, पुलिस ने घेर लिया और दरवाजा खोलने को कहा। दरवाज़ा लोहे का था और भीतर से ताला लगा था—खोलना या तोड़ना बड़ा मुश्किल था। सैफ़ुद्दीन चौधरी ने मुझे, ग़ुलाम महबूब और मफीज को पुकारकर जगाया और कहा, 'पुलिस आई है तुम लोगों को गिरफ्तार करने।'

इंजेक्शन लेकर जब मैं सो रहा था, तब भसानी साहब ने यह खबर दी थी कि मैं गिरफ्तार न होऊँ। मेरे शरीर में बहुत दर्द हो रहा था, बुखार भी हो गया था और मैं हिलडुल भी नहीं पा रहा था। क्या करूँ, फिर भी उठना पड़ा और मैं सोच रहा था कि भागूँ कैसे ? शौक़त मियाँ पहले ही खिसक गए थे। रास्ते सब उसी के जाने-पहचाने थे। दूसरी मंजिल पर हम थे, बगल में एक एकमंज़िला मकान था। दूसरी मंजिल से पहली पर कूदना होगा। दो आँगनों के बीच कुछ अन्तर भी था। नीचे गिरे तो मौत निश्चित। फिर भी मैं कूद पड़ा। क़ाज़ी ग़ुलाम महबूब और मफीज ने भी मेरा अनुसरण किया। सैफ़ुद्दीन राजनीति नहीं करता था, उसे कोई पहचानता भी नहीं था। वह अकेला ही रहा। हम जब छत से उतर रहे थे तब बगल के मकान की सीढ़ी पर एक बाल्टी थी, जो पैर लगने से नीचे गिर पड़ी और बाड़ीवाला चिल्ला उठा। हम चुपचाप दम साधे खड़े रहे। पुलिस दरवाजा तोड़ने में व्यस्त थी,

उसका इधर ध्यान नहीं था। हम बस्ती पार कर जब बड़े रास्ते पर निकलनेवाले थे, तब पुलिस दरवाज़ा तोड़कर भीतर घुस पड़ी। हमें मौलवीबाज़ार के भीतर घुसना होगा। उस रास्ते पर तीन पुलिसवाले पहरा दे रहे थे। एक बार तीनों चलकर इधर आते, फिर दूसरी ओर लौट जाते। हमने जब देखा कि तीनों सामने की ओर अग्रसर हो रहे थे तो हम उनके पीछे से रास्ता पार हो लिये। वे समझ ही न पाए। मौलवीबाज़ार पार होकर हम आगे बढ़े और एक मित्र के घर में आश्रय लिया। रात वहीं बिताई। भोर में उन दोनों को मैंने विदा किया, क्योंकि उनके विरुद्ध गिरफ्तारी का वारंट नहीं था। सामने पाकर भले ही गिरफ्तार कर लेते। मैं अब्दुल मालेक सरदार के महावतटोली के मकान में रहा। वहाँ से अगले दिन सुबह मैं कैप्टन शाहजहाँ के घर हाज़िर हुआ। उसकी बीवी नूरजहाँ मुझसे भाई की तरह स्नेह करती थी। वे राजनीति नहीं करती थीं। मैं घायल और अस्वस्थ था, कहाँ जाऊँ। और तब ढाका में कौन तो जगह देता। उस भद्र महिला ने मेरी यथेष्ट सेवा की, डॉक्टर के पास से दवा तक लेकर आई।

दो दिन मैं वहाँ रहा। आई.बी. के लोगों को सन्देह हुआ कि मैं उस मकान में हो सकता हूँ, क्योंकि उस मकान में मैं अकसर आया-जाया करता था। आई.बी. के दो अफ़सर उनके यहाँ पहुँचे रात के 8 बजे। ठीक उसी समय एक कार्यकर्ता वहाँ हाज़िर हुआ और बेगम नूरजहाँ से पूछने ही जा रहा था कि मैं कहाँ था कि आई.बी. अफसरों को देखकर घबराहट में उसके चेहरे पर ऐसे भाव आए कि उन्हें यह समझ में आना बाकी न रहा कि मैं कहाँ था। मैं उस वक्त बगल के कमरे में लेटा था और उन लोगों की बातें सुन रहा था। बेगम नूरजहाँ खूब चतुर-चालाक स्त्री थीं। उन्होंने उन्हें पीने को चाय दी और मुझे बुलाकर नीचे ले गईं और सारी स्थिति मुझे समझाई। मैंने कहा, 'एक चादर दें।' क्योंकि मेरे पास एक कुर्ता और लुंगी के अतिरिक्त कुछ न था। तकदीर अच्छी थी कि उन भद्र महिला ने खुद ही दिन में उन दोनों को धो दिया था। चादर लेकर आईं और मुझे रास्ता दिखा दिया। मैं निकल आया। आई.बी. के लोग तब भी घर में बैठे थे। इन अफसरों के दो गार्ड बाहर पहरा दे रहे थे, मैं समझ गया और उनकी आँखों में भी धूल झोंकनी पड़ी।

उस वक्त मौलाना भसानी यार मुहम्मद ख़ान के मकान में रहते थे। हमारा उनसे मिलना आवश्यक था, क्योंकि उन्हें अभी तक गिरफ्तार नहीं किया गया था। उनसे यह पूछना जरूरी था कि उन्होंने मुझे गिरफ्तार होने से मना क्यों किया? मैं भगोड़ेपन की राजनीति में यकीन नहीं करता क्योंकि न तो मुझे गुप्त राजनीति पसन्द है और न ही मेरा उसमें विश्वास है। रिक्शा कर एक सहकर्मी के घर जाकर उसे साथ लिया और यार मुहम्मद ख़ान के घर की ओर रवाना हुआ। पीछे की ओर से प्रवेश का एक रास्ता था, उसी रास्ते से छद्मवेश में मैंने प्रवेश किया। पहरे पर गुप्तचर विभाग के जो लोग थे, वे मुझे पहचान न पाए। मौलाना साहब और यार मुहम्मद ख़ान मुझे

देखकर बहुत खुश हुए। मैं भी अब तक काफी स्वस्थ हो उठा था। मैंने मौलाना साहब से पूछा, 'मामला क्या है, मैं क्यों भागता फिरूँ?'

नवाबज़ादा लियाक़त अली ख़ान ने लीग की सभा में घोषणा की, 'जो अवामी लीग करेगा, उसका सिर हम कुचल देंगे।' हालाँकि वे कहते थे कि वे लोकतंत्र में विश्वास करते थे, किन्तु किसी विरोधी दल की सृष्टि हो, यह वे नहीं चाहते थे। कोई उनकी सरकार की नीतियों की समालोचना करे, यह भी उन्हें पसन्द न था। स्वयं अपने दल में यदि कोई विरुद्धाचरण करे तो उसे भी संकट में डालने की चेष्टा करते, जैसा उन्होंने नवाब ममदोत के साथ किया। जिन्ना के एक विश्वासपात्र भक्त थे। जिन्ना के हुक्म पर नवाबी छोड़कर वे अपनी विराट सम्पत्ति त्यागने को बाध्य हुए थे। लियाक़त अली ख़ान नहीं चाहते थे कि मुस्लिम लीग को छोड़कर अन्य किसी विरोधी दल की सृष्टि हो, और इसका प्रमाण स्वयं उनका भाषण था। सन् 1950 में मुस्लिम लीग कौंसिल की सभा में उन्होंने घोषणा की थी—

> I have always said, rather it has always been my firm belief, that the existence of the league not only the existence of the league, but its strength is equal to the existence and strength of Pakistan. So far as I am concerned, I had decided in the very beginning, and I reaffirm it today, that I have always considered myself as the Prime Minister chosen by the members of the Constituent Assembly.

वे जनता के नहीं, एक दल के प्रधान मंत्री होना चाहते थे। वे यह भूल गए थे कि राष्ट्र और राजनीतिक दल एक नहीं हो सकते। भूल गए थे कि एक गणतांत्रिक राष्ट्र में अनेक राजनीतिक दल हो सकते थे और क़ानूनन ऐसा होना ही स्वाभाविक था। दुख का विषय यह था कि लियाक़त अली ख़ान का उद्देश्य था कि पाकिस्तान में किसी और राजनीतिक दल की सृष्टि न हो पाए। 'जो अवामी लीग करेगा, उसका सिर हम कुचल देंगे।' यह बात केवल डिक्टेटर के अतिरिक्त लोकतंत्र में विश्वास करनेवाला व्यक्ति नहीं कह सकता! जिन्ना की मृत्यु के बाद सारी सत्ता के अधिकारी बनकर उन्होंने जो कहा सो करना शुरू कर दिया।

मौलाना साहब मुझसे बोले, 'तुम लाहौर जाओ, क्योंकि सोहरावर्दी साहब लाहौर में हैं। उनके साथ एवं मियाँ इफ़्तिख़ारुद्दीन के साथ जाकर भेंट करो। उनसे पूर्वी बंगाल की स्थिति बयान करो। एक निखिल पाकिस्तान पार्टी का होना आवश्यक है। पीर मानकी शरीफ़ के साथ चर्चा कर सोहरावर्दी साहब के नेतृत्व में अवामी लीग को सारे पाकिस्तान के संगठन में परिणत कर सको तो अच्छा हो। सोहरावर्दी साहब के अतिरिक्त और कोई भी इसको नेतृत्व नहीं दे पाएगा।'

कराची से लियाक़त अली ख़ान ने सोहरावर्दी साहब को अकथ्य भाषा में गाली देकर कहा, 'भारत ने कुत्ता छोड़ दिया है।' तथापि जिन्ना साहब ने सोहरावर्दी

साहब को एक दिन के लिए भी कभी बुरा नहीं कहा। इसी को कहते हैं किस्मत का मज़ाक़। लियाक़त अली ख़ान को चुनाव में जिताने के लिए समग्र अलीगढ़ के मुस्लिम छात्रों को उतरना पड़ा था। यदि अलीगढ़ से मुस्लिम छात्र न जाते तो रफी अहमद किदवई ने तो उन्हें लगभग हरा ही दिया था। जिन्ना की छत्रच्छाया में बैठकर दिल्ली से बयानबाजी के अतिरिक्त उन्होंने पाकिस्तान आन्दोलन के लिए कुछ किया हो, मुझे ज्ञात नहीं। सोहरावर्दी साहब बंगाल के प्रधान मंत्री न होते और मुस्लिम लीग का निर्माण न हुआ होता तो क्या होता, कहना कठिन था। जिन्ना साहब यह जानते थे इसीलिए उन्होंने कुछ भी नहीं कहा।

सोहरावर्दी साहब ने लाहौर में नवाब ममदोत का मामला लिया[19]। यह भी लियाक़त अली साहब की करनी थी। नवाब ममदोत को संकट में डालने के लिए अन्य एक व्यक्ति की मदद की गई क्योंकि नवाब ममदोत लियाक़त अली को कुछ कम ही मानते थे। मैंने भसानी साहब से कहा, 'पर जाऊँगा कैसे? भारतवर्ष होकर जाना होगा। मैं पाकिस्तानी हूँ, इसका प्रमाण लगेगा और केवल तब ही पश्चिमी पाकिस्तान में घुसने देंगे।' उस वक्त तक पासपोर्ट, वीसा चालू नहीं हुए थे। गरम कपड़े भी घर में थे। हाथ में रुपए-पैसे भी नहीं थे। उधर पूर्वी पंजाब में मुसलमान को मिलते ही मार डालते थे। लाहौर जाऊँगा कैसे, समझ नहीं पा रहा था। मेरे विरुद्ध गिरफ्तारी का परवाना झूल रहा था, सो अलग। पुलिस ढूँढ़ती फिर रही थी। भसानी साहब बोले, 'वह सब मैं नहीं जानता। जैसे भी हो लाहौर जाओ, सोहरावर्दी साहब से मिलो और उन्हें सबकुछ बताओ।' 1949 की शुरुआत के समय ढाका में मौलाना भसानी, मियाँ इफ़्तिख़ारुद्दीन तथा और भी अनेक लोग सोहरावर्दी से मिले और यह निर्णय लिया कि यदि मुस्लिम लीग में 'कोटरी' बनी तो एक नई पार्टी का गठन किया जाएगा। सोहरावर्दी साहब सहमत थे। अब शहीद साहब और मियाँ साहब की मदद का प्रयोजन था, क्योंकि उनके सम्पर्क अच्छे थे।

मैं उनके पास से विदाई लेकर चला आया। एक गरम अचकन के अलावा मेरे पास और कुछ भी नहीं था। अपने मामा ज़फ़र सादिक़ से मैंने मामूली कुछ रुपए उधार लिये। और इत्तेहाद में मेरा पावना बाकी था, सो वहाँ से सामान्यतः कुछ रुपए मिले, जिन्हें लेकर मैं रवाना हुआ। किसी तरह लाहौर पहुँच जाऊँ। वहाँ तो सोहरावर्दी साहब थे ही, कोई असुविधा न होगी। बड़े कष्ट से मैं लाहौर पहुँचा। बड़ी मुश्किल से मैं पूर्वी बंगाल की पुलिस को छका पाया था। मेरे लिए कई मकानों में खाना-तलाशी चल रही थी। मेरे घर पर जाकर भी पुलिस खबर ले आई थी कि मैं घर गया ही नहीं था।

लाहौर में तब भयंकर ठंड थी। मेरे लिए तो सह पाना कष्टकर था। कभी लाहौर गया नहीं था। मियाँ इफ़्तिख़ारुद्दीन साहब को छोड़कर मुझे कोई पहचानता न था। सोहरावर्दी साहब नवाब ममदोत के घर पर रहते थे, यह मैं जानता था। एक दुकान के सामने सामान रख मैंने नवाब साहब के घर फोन किया। वहाँ से जवाब मिला कि सोहरावर्दी साहब लाहौर में नहीं हैं, कहीं बाहर गए हैं, दो दिन बाद लौटेंगे। मेरे पास केवल दो रुपए थे, क्या करूँ? सोच रहा था कहाँ जाऊँ, सामान भी कहाँ रखूँ? तब दिन के 1 बजे थे, ज़ोरों की भूख लगी थी, सुबह से कुछ खाया भी नहीं था। मात्र दो रुपए थे, कुछ खाते ही खत्म हो जाएँगे। बहुत सोच-विचारकर मियाँ साहब के घर फोन किया। मियाँ साहब लाहौर में तो थे, पर घर पर नहीं थे। एक टाँगा लेकर मैं मियाँ साहब के घर को रवाना हुआ। ठिकाना मेरे पास लिखा था। मैं जब सूटकेस व सामान्य बिछावन लेकर उनके घर के सामने उतरा तो दरबान ने बताया कि साहब घर पर नहीं हैं। बाहर के एक कमरे में मुझे बैठाया गया। सूटकेस मैंने बाहर ही एक किनारे रख दिया। मैंने अपना नाम व पता एक काग़ज़ में लिख दिया कि मियाँ साहब आएँ तो उन्हें दे दिया जाए। मियाँ साहब ने आते ही काग़ज़ देखा और निकलकर आए, मुझे पहचाना एवं खूब सत्कार किया। मेरी अवस्था देखकर फौरन एक कमरा ठीक कर मुझे ग़ुसल कर लेने को कहा और कहा कि साथ ही खाना खाएँगे और पूर्वी बांग्ला के बारे में सुनेंगे। बरिशाल के एस.ए. सालेह ने मियाँ साहब और शहीद साहब को चिट्ठी भेजी थी और बताया था कि मैं लाहौर जा सकता था। सालेह मेरा बचपन का दोस्त और नूरुद्दीन साहब का चचेरा भाई था। पाकिस्तान-आन्दोलन में अनेक दिन हमने एक साथ काम किया था। मियाँ साहब, बेगम साहिबा और मैंने एक साथ खाना खाते हुए देश की राजनीतिक परिस्थिति के बारे में चर्चा की। पूर्वी बंगाल की सारी खबरें मैंने उन्हें दीं। मौलाना भसानी के बारे में बताया, सरकार के अत्याचार की कहानी भी सुनाई। मियाँ साहब ने मंत्रित्व छोड़ दिया था, मुझसे बोले, 'देखो, कुछ दिनों के लिए मैंने राजनीति छोड़ दी है। राजनीति में सक्रिय भाग नहीं लूँगा, मेरा अपना कुछ काम है।'

उन्होंने मुझसे पूछा, 'मुस्लिम लीग का क्या हाल है?' मैंने कहा, 'चुनाव हुए तो हम मुस्लिम लीग को हरा देंगे, और वह भी बुरी तरह।' मियाँ साहब विश्वास ही नहीं कर पा रहे थे। बेगम इफ़्तिख़ारुद्दीन ने कहा, 'ऐसा हो भी सकता है, क्योंकि कुछ ही दिन पहले तो पूर्वी बंगाल में एक आन्दोलन हो चुका है।' बेगम साहिबा को राजनीति की समझ थी और देश-विदेश की खबर भी रखती थीं। काफी पढ़ी-लिखी भी थीं, ऐसा लग रहा था।

रात में मुझे तेज बुखार हो गया। मियाँ साहब ने घबराकर डॉक्टर बुलाया, दवा खरीदकर दी। दो दिनों में ही बुखार उतर गया। मियाँ साहब के घर में ही अतिथियों के रहने का एक कमरा था। सोहरावर्दी साहब के भाई प्रोफेसर शाहिद सोहरावर्दी

लाहौर में आकर मियाँ साहब के घर में ही रहनेवाले थे, इसीलिए दो दिन में ही मेरा वहाँ से चले आना उचित होगा, बातचीत से मुझे यही समझ में आया।

मियाँ साहब ने बताया कि वे मेरे लिए कुछ और बन्दोबस्त करने को तैयार थे। फोन करने पर पता चला कि सोहरावर्दी साहब लौट आए थे। आज बुखार नहीं था। काफी ठंड थी। दिन के 11 बजे नवाब साहब के घर पहुँचा। शहीद साहब लॉन में बैठे कुछ एडवोकेटों के साथ मामले के बारे में बातचीत कर रहे थे। मैंने पास जाकर सलाम किया तो उठकर मुझे गले लगाया और बड़े स्नेह से पूछा, 'किस प्रकार आए हो? तुम्हारी तबीयत तो ख़राब लग रही है, तुम हो कहाँ?' मेरा सभी से परिचय कराया। सभी को विदा कर मेरे साथ बैठे। मैंने पूरा इतिहास उन्हें सुनाया। उन्होंने प्रत्येक कार्यकर्ता और नेताओं के बारे में पूछा। पूर्वी बंगाल की अवस्था के बारे में भी खोद-खोदकर पूछा। उनसे मिले बिना कोई समझ ही नहीं सकता था कि बंगाल से वे कितना प्यार करते थे। शहीद साहब ने अपनी आर्थिक अवस्था के बारे में बताया। बताया कि मामला न मिलता तो उन्हें खूब असुविधा होती। उन्होंने मुझे मियाँ साहब के घर न जाने दिया। एक साथ हमने खाना खाया। नवाब ममदोत भी उपस्थित थे। उन्होंने उन्हें भी हमारी अवस्था के बारे में बताया। उन्होंने भी एक-एक कर पूर्वी पाकिस्तान की अवस्था के बारे में पूछा।

शाम को ख़ान ग़ुलाम मुहम्मद ख़ान लुन्दखोर तथा पीर सलाहुद्दीन (तब छात्र) शहीद साहब से मिलने आए। ग़ुलाम मुहम्मद ख़ान लुन्दखोर को सीमान्त प्रदेश से निष्कासित कर दिया गया था। उनके सीमान्त प्रदेश में जाने पर प्रतिबन्ध था। वे सीमान्त अवामी मुस्लिम लीग के जनरल सेक्रेटरी थे। मुझे देखकर बहुत खुश हुए। शहीद साहब ने उनसे मेरे रहने के लिए कोई होटल ठीक करने को कहा। कोई सस्ती होटल होती तो ठीक रहता। पीर सलाहुद्दीन तब पंजाब के छात्र नेता थे। कार्यकर्ता के रूप में उनका नाम था।

मैं रात को ही मियाँ साहब से विदा लेकर होटल में चला आया। मियाँ साहब बोले, 'जगह होती तो तुम्हें होटल में न जाने देता।' मैंने कहा, 'मुझे कोई असुविधा नहीं होगी।'

शहीद साहब मुझे लेकर दुकान में गए और बोले, 'मुझे कुछ कपड़े बनवाने हैं, क्योंकि मेरे पास केवल दो सूट हैं, उनसे चलता नहीं है।' उन्होंने अपने कपड़ों का ऑर्डर दिया तथा एक बढ़िया कम्बल, एक गरम स्वेटर, कुछ मोजे और मफलर खरीदकर बोले, 'किसी कपड़े की जरूरत है कि नहीं?' मैं शहीद साहब की अवस्था जानता था। मैंने कहा, 'नहीं, मुझे किसी चीज की भी जरूरत नहीं।' वे जब गाड़ी में मुझे होटल तक पहुँचाने आए तो सारी खरीद मुझे थमाकर बोले, 'यह सब तुम्हारे लिए खरीदा है। कुछ और जरूरत हो तो मुझे कहना।' गरम पूरी बाँह का स्वेटर और कम्बल पाकर मेरी जान बची क्योंकि ठंड से मेरा बुरा हाल था।

मैं सुबह ही शहीद साहब के पास चला जाता और रात को लौट आता। उनके साथ ही कोर्ट चला जाता। नवाब साहब के भाइयों के साथ भी मेरी दोस्ती हो गई थी। इसके तीन दिन बाद लुन्दखोर साहब आकर मुझसे बोले, 'चलो, हम कैम्बेलपुर चलते हैं। वहाँ सीमान्त अवामी लीग की कार्यकारिणी कमेटी की सभा होगी। वहाँ तुम पीर मानकी शरीफ़ व अन्यान्य नेताओं के साथ बातचीत कर पाओगे। तुम्हारे साथ मैं भी एकमत हूँ। हमारा दो प्रदेशों की अवामी लीग को लेकर एक निखिल पाकिस्तान अवामी लीग का गठन करना उचित है—सोहरावर्दी साहब के नेतृत्व में।' हम दोनों शहीद साहब के पास आए। शहीद साहब बोले, 'जाओ, बातचीत कर आओ। ऐसा यदि हुआ तो अच्छा ही होगा, मैं भी पंजाब में नवाब साहब के साथ बातचीत करता हूँ।'

शहीद साहब ने मुझे कुछ रुपए दिए। हम दोनों एक साथ लुन्दखोर साहब की मोटरगाड़ी पर सवार होकर रात 10 बजे कैम्बेलपुर रवाना हुए। लुन्दखोर साहब खुद ही गाड़ी चला रहे थे। गाड़ी चलाकर जब वे रावलपिंडी पहुँचे तो पौ फट रही थी। हमने थोड़ा विश्राम किया, सुबह का नाश्ता कर हम फिर कैम्बेलपुर के लिए रवाना हुए। 11–12 बजे के बीच हम वहाँ पहुँच गए। पंजाब प्रदेश का यह मेरा प्रथम भ्रमण था। पंचनदी का यह प्रदेश मुझे अच्छा ही लगा।

पूर्वी पंजाब और पश्चिमी पंजाब के भयावह दंगों की स्मृति आज भी लोग भूले नहीं हैं। लाखों मुहाजिर (शरणार्थी) पश्चिमी पंजाब में आए, किन्तु अधिक असुविधा नहीं हुई क्योंकि पश्चिमी पंजाब से भी लाखों हिन्दू–सिख चले गए थे। मुसलमानों ने उनकी जगहें दखल कर लीं। कैम्बेलपुर जाने से पहले पूर्वी बंगाल में जो कुछ हो रहा था, उस पर मैंने एक बयान दिया था, जिसमें मौलाना भसानी, शम्सुल हक़ साहब को जेल में बन्दी बनाने, राजनीतिक कार्यकर्ताओं पर हो रहे अत्याचारों और खाद्य–समस्या की बात की गई थी। पाकिस्तान टाइम्स, इमरोज़ ने यह बयान बहुत अच्छी तरह छापा था क्योंकि मियाँ साहब तब इन दोनों अखबारों के मालिक थे। इसी समय सम्पादक व विख्यात कवि फ़ैज अहमद फ़ैज और उनके सहकर्मी जनाब मज़हर के साथ मेरा परिचय हुआ। इन दोनों को विद्वान, बुद्धिमान और ज्ञानी कहना ग़लत न होगा। बांग्ला भाषा का अन्यतम राष्ट्रभाषा होना उचित है, मियाँ साहब तथा इन दोनों व्यक्तियों ने इसका समर्थन किया था। इन्होंने यह भी स्वीकार किया था कि हमारी माँग न्यायसंगत थी। मैंने बयान लिखकर शहीद साहब को दिखा दिया था और उन्होंने देखकर दे दिया था।

हम कैम्बेलपुर पहुँचे। डाक–बँगला पीर साहब के लिए रिजर्व्ड था। कुछ ही समय में पेशावर, मर्दान व अन्यान्य जगहों से सीमान्त अवामी लीग के कर्ताधर्ता व सदस्य भी आ पहुँचे। यहाँ सभा करने का उद्देश्य यह था कि जनाब लुन्दखोर पंजाब छोड़कर सीमान्त प्रदेश में न जा पाएँ। यहीं मेरा परिचय पीर मानकी शरीफ़, सरदार

अब्दुल ग़फ़ूर, सरदार सिकन्दर, भूतपूर्व मंत्री शमीम जंग तथा और भी कई नेताओं से हुआ। सभा काफी देर चली। मुझे सभा में शामिल होने की अनुमति दी गई थी। सभा डाक-बँगले में हुई। दो बन्दूकधारी डाक-बँगले पर पहरा दे रहे थे ताकि गुप्तचर विभाग का कोई न आ पाए। सभा रात तक चली और मैंने सभा में अंग्रेजी में भाषण दिया। एक सज्जन, जिनका नाम मुझे याद नहीं, ने पश्तो में मेरा भाषण सबको समझा दिया। मैंने जो निखिल पाकिस्तान भित्तिक संगठन के औचित्य का प्रस्ताव रखा था, उस पर बहस-चर्चा शुरू हुई। मैं समझ गया कि अन्त तक सभी राज़ी होंगे और वैसा ही हुआ। ग़ुलाम मुहम्मद लुन्दखोर के भाषण के बाद निर्णय लिया गया कि तीन प्रतिनिधि शहीद साहब के साथ बातचीत कर उनसे अनुरोध करेंगे कि वे नेतृत्व सँभालें। रात को सभा शेष हुई। आटक ब्रिज पार करने के लिए विशेष अनुमति का प्रयोजन होता था। पीर साहब का अनुमति-पत्र था, वे दल-बल समेत रात को ही चले गए। कुछेक लोग डाक-बँगले में ही रह गए। लुन्दखोर साहब मुझे लेकर एक छोटे-से होटल में आए, वहाँ खा-पीकर हमने रात बिताई। पंजाब की ठंड कितनी भयानक है, इसका कुछ ज्यादा ही अन्दाजा मुझे रात को लग गया।

मैं पूर्वी बंगाल का आदमी था जो एक गरम चादर ओढ़कर सारी सर्दियाँ काट दे। पर यहाँ तो गरम कपड़ों पर गरम कपड़े, कम्बल पर कम्बल ओढ़कर भी कमरे में आग जलाकर सोने की चेष्टा करनी पड़ती और उसके बाद भी नींद आएगी या नहीं, कहना मुश्किल था। पूर्वी बंगाल की हालत के बारे में सुनकर पीर साहब बहुत दुखी हुए और उन्होंने मुझे बताया कि सीमान्त प्रदेश में क़य्यूम ख़ान क्या-क्या अत्याचार कर रहा था। अनेक नेताओं व कार्यकर्ताओं को उसने जेल में डाल दिया था। कोई सभा करने जाते ही वह 144 धारा जारी कर देता, लाठी-चार्ज और गोली चलाने का हुक्म देने में उसे जरा सी भी द्विविधा (दुविधा) न होती। अत्याचार अपने चरम पर था। सच पूछा जाए तो सीमान्त पर जो अत्याचार हो रहा था उसकी तुलना में पूर्वी बंगाल का अत्याचार तो कुछ भी न था। लुन्दखोर को भी जेल में डाल दिया गया था। बाद में रिहा कर सीमान्त प्रदेश की सीमा से बाहर कर दिया था। अब वे लाहौर में थे।

अगले दिन सुबह हम रवाना हुए। मैंने अनुरोध किया कि इतना पास आकर बिना आटक ब्रिज और आटक फोर्ट देखे कैसे लौटा जाए। मात्र कुछेक मील की तो बात थी। लुन्दखोर साहब राज़ी हो गए और मुझे आटक ब्रिज दिखाने ले गए। मैं ब्रिज पार कर सीमान्त प्रदेश में घुसा। लुन्दखोर साहब ने एक आदमी साथ में दिया था। वहाँ छोटी-छोटी कुछेक फलों की दुकानें थीं। मैं कुछ फल खरीदकर लौटा। आटक फोर्ट के भीतर जाने के लिए अनुमति की जरूरत थी, क्योंकि वहाँ कुछ युद्धबन्दी थे। दूर से मैंने कुछ सिखों को वहाँ काम करते देखा। मेरे लौटने पर लुन्दखोर साहब ने फिर से गाड़ी लाहौर की ओर ले ली। मैं रावलपिंडी लौट आया

और वहीं कुछ समय विश्राम किया। मैंने देखा कि लुन्दखोर साहब को अनेक लोग जानते थे। वे बीच-बीच में गाड़ी खड़ी कर हुक्का पीते थे। जहाँ भी वे गाड़ी खड़ी करते, किसी होटल या रेस्तराँ में घुसते ही सबसे पहले लोग ख़ान साहब के सामने हुक्का हाज़िर कर देते। वे सभी सीमान्त प्रदेश के ही लोग लगते थे। हमने झेलम, गुजरात व गुजराँवाला में रुककर चाय पी और रात प्राय: 10 बजे लाहौर पहुँचे। मुझे होटल पहुँचाकर वे चले गए और कह गए कि अगले दिन सुबह मुझे लेकर सोहरावर्दी साहब के पास जाएँगे और क्या तय हुआ उसकी रिपोर्ट देंगे।

इसी समय पंजाब के नवाब ममदोत के दल को मुस्लिम लीग में स्थान नहीं मिला। उन्होंने तब तक कोई दल नहीं किया था। किन्तु करने की सोच रहे थे, उनका प्रोडा[20] मामला खत्म होने के बाद। अनेक अच्छे-अच्छे कार्यकर्ता व नेताओं ने शहीद साहब के पास आना-जाना शुरू कर दिया था और वे सभी प्राय: पुराने लीग कार्यकर्ता थे। शहीद साहब एक जनसभा में शामिल होंगे, यह विचार उन्होंने प्रकट किया था। हम मोटर में गए थे। यह सभा सरगोधा ज़िले में होगी। मुझे उन्होंने साथ जाने को कहा। मेरा और काम क्या था! राज़ी हो गया। सरगोधा में अनेक मुहाजिर आए थे और उनकी दुरवस्था की कोई सीमा नहीं थी। शहीद साहब ने भाषण दिया। कइयों ने भाषण देने के लिए मुझसे अनुरोध किया तो मैंने कहा, 'सर! न उर्दू जानता हूँ, न पंजाबी; अंग्रेजी कोई समझेगा नहीं तो क्या भाषण दूँगा।' उन्होंने कहा, ठीक है, दरकार नहीं। मेरा परिचय करा दिया गया और मैं सलाम करके बैठ गया। सुदूर सरगोधा ज़िले में भी शहीद साहब कितने लोकप्रिय थे, यह मुझे पहली बार समझ में आया।

लाहौर में जिस होटल में मैं रहता था, उसके दो कमरे किराए पर लेकर मिस्टर अज़ीज़ बेग और मिस्टर ख़ुर्शीद (जो आज़ाद कश्मीर के प्रेसीडेंट थे) साप्ताहिक 'गार्डियन' अखबार निकालते थे। इन्होंने 'पाकिस्तान टाइम्स' में मेरी विज्ञप्ति देखी थी और उसके कुछ अंश 'गार्डियन' अखबार में प्रकाशित भी किए थे। मैंने उनसे भेंट की और सभी विषयों पर चर्चा की। गार्डियन के प्रतिनिधि ने मेरे साथ भेंट कर मेरे साक्षात्कार की रिपोर्ट भी प्रकाशित की। धीरे-धीरे लाहौर के राजनीतिविद् भी जान गए कि मैं लाहौर में था। गुप्तचर विभाग मेरे पीछे पड़ा था, वह खबर भी होटल के मैनेजर ने मुझे दी तथा यह भी बताया कि हर वक्त एक व्यक्ति मेरा पीछा कर रहा था। मैं तो टाँगे में या पैदल चलता था, वे साइकिल पर मेरा अनुसरण करते। पीर सलाहुद्दीन की मार्फत मैंने पंजाब मुस्लिम छात्र फेडरेशन के एक प्रतिनिधि के साथ भेंट की तथा ऑल पाकिस्तान छात्र संगठन की आवश्यकता है, इस विषय पर भी चर्चा की। मिस्टर फहमी, मिस्टर नूर मुहम्मद (दिल्ली से आए थे) एवं और भी कुछ छात्र नेता तब संगठन के कर्ताधर्ता थे, वे भी मेरे साथ सहमत थे। कुछेक दिन मैंने उनके लॉ कॉलेज हॉस्टल में जाकर भी उनके साथ बातचीत की। मैंने उनसे

कहा, 'हालाँकि मैं अब और छात्र संगठन में नहीं हूँ, किन्तु फिर भी आप लोग यदि राज़ी हों तो ऑल पाकिस्तान छात्र संगठन बनाने के लिए मैं पूर्वी पाकिस्तान छात्र लीग को राज़ी करा सकूँगा।' वे राज़ी हुए और किस प्रकार संगठन का गठन हो, वह भी तय हुआ। उन्होंने गठन तंत्र का एक प्रारूप मुझे लिखकर दिया। मैंने उन्हें वचन दिया कि ढाका जाते ही छात्र लीग के नेताओं तक उनका मतामत पहुँचा दूँगा। वे उन्हें चिट्ठी लिखेंगे और एक साथ पंजाब तथा बंगाल से घोषणा होगी।

इसी समय एक दुखजनक घटना घट गई। मैं एक दिन मियाँ साहब से मिलने पाकिस्तान टाइम्स के ऑफिस गया। उस वक्त दिन के 11 बजे थे। मियाँ साहब वहाँ नहीं थे। मैं कुछ देर रुका पर मियाँ साहब नहीं आए। मुझे शहीद साहब से कुछ काम था, उनसे मिलने हाईकोर्ट जाना था। जब मैं निकलकर कुछ दूर आया तो तीन-चार व्यक्तियों ने मेरे पास आकर पूछा, 'मेरा घर कहाँ है?' मैंने कहा, 'पूर्वी पाकिस्तान।' हठात् एक ने मेरा हाथ और दूसरे ने मेरी कमीज पकड़कर कहा, 'तुम पाकिस्तान के दुश्मन हो।' अन्य एक ने हंटर और एक ने छुरा निकाल लिया। मैंने अपना हाथ छुड़ाकर कहा, 'आप जानते हैं, मैं कौन हूँ?' उन्होंने कहा, 'हाँ जानते हैं।' मैंने कहा, 'बात सुनिए, बताइए हुआ क्या है, और यदि लड़ना ही है तो एक-एक कर आइए।' एक ने मुझ पर घूँसा चलाया, मैंने हाथ से उसे रोक दिया। इसी बीच कई लोग इकट्ठा हो गए। कुछ लोगों ने मुझसे पूछा कि क्या हुआ? मैंने कहा, 'पता नहीं। मैं इनमें से किसी को पहचानता तक नहीं। मैं तो पूर्वी पाकिस्तान से आया हूँ। पाकिस्तान टाइम्स के ऑफिस में मियाँ साहब से मिलने आया था। ये मुझे क्यों मारना चाहते हैं, पता नहीं।' कुछ भले लोग और कुछ छात्र भी थे। उन्होंने उन लोगों से कुछ कहा और एक ने तो उन पर गुस्सा भी दिखाया, वे वहाँ से सरक लिये। मैं काज़मी को खबर देने लॉ कॉलेज गया। वह हॉस्टल में नहीं था। मैं एक टाँगा लेकर सोहरावर्दी साहब के पास हाईकोर्ट आया। कुछ खाया नहीं, भयंकर गुस्सा आ रहा था। शाम को उनके साथ नवाब साहब के घर जाकर सारी घटना बताई। शहीद साहब ने नवाब साहब को बताया। शाम से पहले ही हॉस्टल में चला आया। शाम के बाद हॉस्टल में आकर सबकुछ सुना और फिर खुद ही कुछ छात्रों को लेकर उस जगह चला गया और दुकानदारों से पूछताछ की। उन्होंने बताया था कि जिन लोगों ने मुझ पर हमला किया था, वे उस जगह के लोग नहीं थे, कहीं बाहर से आए थे। समझ में आया कि यह मुस्लिम लीग वालों का काम था। यहाँ भी गुंडे उकसा दिए थे। लुन्दखोर ने मुझसे कहा, 'सावधान रहना।'

इस घटना के बारे में मैंने और किसी को नहीं बताया। पंजाब के बड़े-बड़े सरकारी कर्मचारी नवाब साहब का काफी सम्मान करते थे। मुझ पर हमला होने की

बात उन तक भी पहुँच गई थी। मेरी असुविधा यह थी कि मैं उर्दू ठीक से नहीं बोल पाता था। और आम पंजाबी भी अच्छी उर्दू नहीं बोल पाते थे, पंजाबी-उर्दू की मिली-जुली खिचड़ी ज़बान बोलते। जैसे मैं बांग्ला और उर्दू मिलाकर खिचड़ी ज़बान बोलता था। इसी समय पंजाब में प्रगतिशील लेखकों की एक कॉन्फ्रेंस हुई। मियाँ साहब ने मुझसे उसमें शामिल होने का अनुरोध किया। मैं उसमें शामिल हुआ। मैं लेखक तो था नहीं, एक अतिथि के रूप में शामिल हुआ। कॉन्फ्रेंस दो दिन चली। लुन्दखोर साहब भी शामिल हुए थे। गाड़ी बाहर खड़ी कर वे सभा में शामिल हुए, पता नहीं किसने या किन्होंने उनकी गाड़ी में आग लगा दी। लुन्दखोर साहब का वाहन भी नष्ट हो गया। 1942 के आन्दोलन में अंग्रेजों ने उनका घर जला दिया था, क्योंकि तब वे सीमान्त कांग्रेस के सभापति थे। जेल से रिहा होकर वे मुस्लिम लीग में शामिल हुए थे। लुन्दखोर ने मुझसे कहा, 'लाहौर में ऐसी सारी घटनाएँ होती रहती हैं, किन्तु मैं पठान हूँ, ये मुझसे डरते हैं। सामने कुछ भी कहने या करने का साहस नहीं है, इसलिए पीछे से आघात करने की चेष्टा करते हैं।'

प्राय: एक महीना हो गया, और कितने दिन मैं यहाँ रहूँगा? ढाका में मौलाना साहब, शम्सुल हक़ साहब और साथी कार्यकर्ता जेल में थे। सोहरावर्दी साहब से कहा तो वे बोले, 'ढाका में पहुँचने के साथ ही साथ वे तुम्हें गिरफ्तार कर लेंगे। लाहौर में हो सकता है गिरफ्तार न भी करें।' मैंने कहा, 'यहाँ से भी तो गिरफ्तार कर मुझे ढाका भेजा जा सकता है, क्योंकि लियाक़त अली साहब भी तो ख़फ़ा हैं। पूर्वी बंगाल की सरकार निश्चय ही चुप नहीं बैठी होगी। उन्होंने केन्द्रीय सरकार को खबर भेजी है कि वह पंजाब सरकार को हुक्म दे। वह खबर पहुँच भी तो सकती है। यहाँ भी तो मैं चुप नहीं बैठा हूँ। इसलिए जो होना है वह पूर्वी बंगाल में ही हो, वहाँ कम से कम जेल में पूर्वी बंगाल का भात तो मिलेगा। पंजाब की रोटी खाकर मैं नहीं बचूँगा। रोटी और मांस खाते-खाते अब और सहा नहीं जा रहा। और यदि जेल में ही रहना है तो मैं अपने साथियों के साथ ही रहूँगा।' शहीद साहब बोले, 'तो फिर जाने का बन्दोबस्त करो। कैसे और किस रास्ते से जाओगे?' उन्होंने पूछा। मैंने जवाब दिया, 'रास्ता तो एक ही है। पूर्वी पंजाब होकर मैं नहीं जाऊँगा। प्लेन में लाहौर से दिल्ली जाऊँगा, फिर वहाँ से ट्रेन में। भारतवर्ष से होकर जाने के लिए एक परमिट भी चाहिए। भारत के डिप्टी-हाईकमिश्नर परमिट देने के मालिक हैं, लाहौर में उनका ऑफिस है।' मैंने यह भी कहा, 'मैंने मियाँ साहब को कहा है, डिप्टी हाईकमिश्नर को कह देंगे क्योंकि वे उन्हें जानते हैं।' शहीद साहब ने मुझे प्रस्तुत होने को कहा। इस समय पूर्वी बंगाल की सी.एस.एस. परीक्षा में उत्तीर्ण कुछ मित्र लाहौर की सिविल सर्विस एकेडमी में थे। मैं उनसे मिलने गया। कइयों से मुलाक़ात हुई।

एक सरकारी दल के छात्र नेता थे, उन्होंने बांग्ला भाषा आन्दोलन का विरोध किया था। मेरे साथ उनका परिचय था। मुझसे बोले, 'आप मेरे साथ चाय पिएँ, क्योंकि लाहौर में आकर मैं समझ गया हूँ कि जिस बांग्ला भाषा की माँग आप लोगों ने की थी, वह सही थी। भूल मेरी ही थी। इनमें अनेक हैं जो बंगालियों से घृणा करते हैं।' मैंने वहाँ बैठकर इस विषय पर कोई चर्चा नहीं की, क्योंकि वह उचित न था। अब वे सभी सरकारी कर्मचारी थे, कोई कुछ भी सोच सकता था।

मुझे परमिट मिलने में देरी न हुई, क्योंकि मियाँ साहब ने कह दिया था। परमिट में था कि तीन दिनों के अन्दर भारत त्याग करना होगा। तीन दिन से अधिक भारतवर्ष में नहीं रह पाऊँगा। मैंने हिसाब कर देखा कि तीन दिनों के अन्दर ही मैं पूर्वी बंगाल में प्रवेश कर लूँगा। शहीद साहब ने मेरा होटल का हिसाब चुकता कर दिया, दिल्ली तक का प्लेन का टिकट भी खरीद दिया। उस वक्त पाकिस्तान में ओरिएंटल एयरवेज़ थी। उन्होंने कुछ रुपए भी दिए ताकि मैं घर पहुँच सकूँ। अधिक पाकिस्तानी रुपए ले जाने का हुक्म नहीं था। शायद उस वक्त सीमा पचास पाकिस्तानी रुपयों और पचास भारतवर्ष के रुपयों की थी। भारतवर्ष के रुपए मिलना कष्टसाध्य था। सोहरावर्दी साहब ने नवाब्रज़ादा ज़ुल्फ़िकार (नवाब साहब के छोटे भाई) से कहा कि मुझे प्लेन में चढ़ा दें, क्योंकि उन्हें खबर मिली थी कि मुझे एयरपोर्ट पर गिरफ्तार किया जा सकता था। मुझे गिरफ्तार करने पर शीघ्रातिशीघ्र शहीद साहब को खबर मिल सके इसीलिए उन्होंने उन्हें मेरे साथ भेजा था। मुझे लेकर वे एयरपोर्ट पहुँचे। मैंने देखा, मेरा सामान अलग रखा गया। मुझे एक कर्मचारी ऊपर के एक कमरे में ले गया, मेरा परमिट देखा, सामान की अच्छी तरह तलाशी ली और बोला, 'आप यहाँ बैठें, कहीं जाइएगा नहीं।' नवाबज़ादा ज़ुल्फ़िकार मेरे पास आए और बोले, 'लगता है, कुछ तो करेंगे। प्लेन छोड़ने का समय हो गया है, पर छोड़ नहीं रहे।' एक बार पैसेंजरों को चढ़ने दिया, फिर उतार लाए। लगता है, ऊपर से हुक्म आने की प्रतीक्षा में हैं। नवाबज़ादा खबर लाए और बोले, 'आपका मामला लेकर ही प्लेन छोड़ने में देरी हो रही है।' एक घंटे बाद प्लेन छोड़ने की अनुमति मिली और मुझसे कहा गया, 'आप जा सकते हैं।' मैंने नवाबज़ादा से विदा ली और उनसे सारी घटना शहीद साहब को बताने का अनुरोध किया, फिर प्लेन में सवार हुआ। मैं समझ गया कि मुझे जाने दें या गिरफ्तार करें इसी ऊहापोह में प्लेन छोड़ने में देरी हुई। लगता है, अन्त में देखा होगा कि बंगाल की झंझट पंजाब के सिर क्यों? तीन दिनों में ही भारत छोड़ना होगा। पूर्वी बंगाल सरकार को खबर देते ही मुझे दर्शना में या बेनापोल में गिरफ्तार किया जा सकेगा। मैं भारतवर्ष में नहीं रह सकता, यह बात परमिट में लिखी थी। खबर मिलने पर कलकत्ता के सरकारी कर्मचारी भी मुझे कलकत्ता की जेल का भात खिलाने में संकोच नहीं करेंगे, क्योंकि मैं शहीद साहब के दल का आदमी था।

सोहरावर्दी साहब को छोड़कर आने में मुझे कष्ट हुआ था, क्योंकि जीवन के कई दिन मैं उनके साथ-साथ घूमा था, उनके नेतृत्व में काम किया था और उनका स्नेह पाया था। बंगाल में शहीद साहब का नाम सुनने पर लोग श्रद्धा करते थे। उन्हीं के नेतृत्व में बंगाल के लोग पाकिस्तान-आन्दोलन में शरीक हुए थे। जिनके एक इशारे पर हजारों लोग प्राण न्योछावर करने को तत्पर हो जाते थे, आज उनका कुछ भी नहीं। मामलों की पैरवी न करें तो खाने लायक पैसे भी पास नहीं। कितने असहाय हो गए थे वे! उनके सहकर्मी जो कल तक उन पर गर्व करते थे, आज उन्हें शत्रु मानते थे। अब उनसे कब मुलाकात हो, क्या पता? किन्तु एक भरोसा था कि नेता का नेतृत्व फिर मिलेगा। वे नीरवता से अत्याचार सहन नहीं करेंगे, निश्चय ही प्रतिवाद करेंगे। यदि एक बार वे हमारी मदद करें तो पूर्वी बंगाल में मुस्लिम लीग के लिए जगह नहीं रहेगी और हम एक राजनीतिक दल का गठन कर पाएँगे। उनकी सांगठनिक शक्ति और उनका बलिष्ठ नेतृत्व राष्ट्र को फिर मिलेगा।

मैं दिल्ली पहुँचा और सीधे रेल-स्टेशन पर हाजिर होकर द्वितीय श्रेणी के वेटिंग रूम में अपना सामान रखा। गुसल कर, कुछ खा-पीकर सामान दरबान की निगरानी में रखकर मैं निकल पड़ा। टिकट खरीद लिया था। ट्रेन रात को छूटेगी। हाथ में काफी समय था। एक टाँगा किराए पर लेकर मैं जामा मस्जिद के पास पहुँचा। गुप्त रूप से मैं मुसलमानों की अवस्था देखना चाहता था। विभाजन के वक्त इसी दिल्ली में भयानक दंगा हुआ था। देखा, मुसलमानों की कुछ-कुछ दुकानें थीं। किसी से बातचीत करने का साहस नहीं हो रहा था। चलते-चलते मैं लालक़िला पहुँचा। पहले भी गया था। हिन्दुस्तान की पताका फहरा रही थी। भीतर कुछ परिवर्तन हुआ था। पहले मुसलमानों की कई दुकानें थीं, अब केवल दो-एक थीं। अधिक समय वहाँ रहने की इच्छा न हुई। मैं निकल आया। एक और टाँगा लेकर चल पड़ा ऐंग्लो अरेबियन कॉलेज की ओर, जहाँ 1946 में मुस्लिम लीग की कन्वेंशन में शामिल हुआ था।

नई दिल्ली को भी घूमकर देखा। नई दिल्ली ने अब नया रूप धारण कर लिया था। भारतवर्ष की राजधानी। सैकड़ों वर्षों तक इसी दिल्ली से मुसलमानों ने शासन किया, आज वे कहीं नहीं हैं। केवल इतिहास के पन्नों पर दर्ज हैं उनके हस्ताक्षर। जो यादें आज हैं, पता नहीं वे और कितने दिन रह पाएँगी। जो हिन्दू समुदाय महात्मा गांधी सरीखे नेता की हत्या कर सकता है, वह अन्य किसी सम्प्रदाय को बर्दाश्त कर पाएगा कि नहीं? इसी दिल्ली में महात्मा गांधी, पंडित नेहरू और हुसैन शहीद सोहरावर्दी की हत्या का षड्यंत्र हुआ था। खुदा ने शहीद

साहब की रक्षा की थी। नाथूराम गोडसे के सहकर्मी ने महात्मा गांधी की हत्या के मामले में साक्षी के रूप में अपने बयान में यह बात स्वीकार की थी।

मैं रात की ट्रेन में सवार हुआ। मेरी सीट रिजर्व थी। द्वितीय श्रेणी में और भी तीन सज्जन थे। किसी से भी बातचीत करने का साहस न हुआ। एक अखबार लेकर पढ़ने लगा। भारतवर्ष में तब भी बीच-बीच में गोलमाल चल रहा था। तथापि महात्मा गांधी की हत्या के बाद कांग्रेस सरकार साम्प्रदायिक आर.एस.एस.[21] और हिन्दू महासभा के कार्यकर्ताओं के विरुद्ध दंडात्मक कार्रवाई करने को बाध्य हुई थी। महात्मा गांधी ने मुसलमानों की रक्षा करने के लिए जो जीवन दिया, उसके लिए उनके भक्तों में प्रतिक्रिया की सृष्टि हुई थी और उन्होंने मुसलमानों के साथ अच्छा व्यवहार करना शुरू किया था। भोर में जब नींद टूटी तो देखा दो पैसेंजर उतर गए थे, एक जन थे, वे पश्चिम बंगाल के थे। उन्होंने मुझसे पूछा, मैं कहाँ से आया था? कहाँ जाऊँगा। मैंने सच ही बताया कि मैं लाहौर से आ रहा था और पूर्वी बंगाल जाऊँगा। मेरा घर फ़रीदपुर ज़िले में था। वह सज्जन बोले, 'मेरा घर भी बरिशाल ज़िला में था। अभी दिल्ली में नौकरी करता हूँ।' काफी बातें हुईं, पूर्वी बंगाल की हवा-रोशनी, मछली-सब्जी आदि के बारे में। उन्होंने इस बात का अफसोस भी जताया कि अब वे जीवन में बरिशाल नहीं जा पाएँगे क्योंकि अब वहाँ उनका कोई नहीं रहा। उन सज्जन ने हावड़ा में उतरने पर कहा, 'आप रात को मेरे घर में रह सकते हैं, कोई असुविधा नहीं होगी।' मैंने उन्हें धन्यवाद देते हुए कहा, 'कल सुबह ही चले जाना होगा, इसलिए रात को एक मित्र के घर रहूँगा।'

मैंने सोचा, कहाँ जाया जाए? होटल में नहीं रहूँगा। बन्धु खोंडकार नूरुल आलम का डेरा पहचानता था, उसी के पास जाऊँगा। नूरुल आलम के डेरे पार्क सर्कस में आया। डेरे पर उसका भाई था, आलम नहीं था, कहीं बाहर गया था। बड़े प्रेम और जतन से उसने मेरा स्वागत किया। थोड़ी ही देर में नूरुल आलम आया। मुझे सामने पाकर बहुत खुश हुआ। हमने साथ-साथ खाना खाया फिर घूमने निकल पड़े। आलम बोला, 'क्या करूँ, बिलकुल अकेला पड़ गया हूँ। दोस्त-यार भी नहीं, ढाका जाकर भी क्या होगा? रुपए-पैसे भी नहीं हैं कि कोई व्यापार कर सकूँ। और नौकरी तो नूरुल अमीन साहब लोग देंगे नहीं, क्योंकि मैं तो शहीद साहब और हाशिम साहब के दल का आदमी था।' मैं उसे कुछ भी न कह पाया, क्योंकि मैं उसे आने को कहूँ भी तो किस अधिकार से! मेरा तो खुद अपना ही कुछ ठीक नहीं, हो सकता है कल ही से तकदीर में जेल का भात लिखा हो। तथापि नूरुल ने बताया कि उसने पाकिस्तान डिप्टी हाईकमिश्नर के ऑफिस में नौकरी के लिए अर्जी दी है।

टेलीफोन करके पता किया कि सुबह 11 बजे खुलना की ट्रेन छूटती है जो शाम को बेनापोल और रात 10 बजे खुलना पहुँचती है। इंटरक्लास का टिकट कटाया, क्योंकि बेनापोल में मुझे पुलिस की आँखों में धूल झोंकने की कोशिश करनी होगी।

पूर्वी बंगाल सरकार को भी खबर होगी कि मैं दो-एक दिन में ही पहुँचनेवाला हूँ। गुप्तचर विभाग व्यस्त होगा मुझे गिरफ्तार करने के लिए। प्रस्तुत तो मैं भी हूँ किन्तु पकड़े जाने से पहले एक बार अब्बा-माँ, भाई-बहन और बच्चों से मिलना चाहता हूँ। लाहौर से रेणु को चिट्ठी लिखी थी, शायद उसे मिली हो। घर के सभी मेरे लिए चिन्तित हैं। ढाका भी जाने की दरकार है, साथी कार्यकर्ताओं से बात करनी होगी कि मेरे गिरफ्तार होते ही सब काम बन्द न हो जाएँ। कुछ अर्थ का भी बन्दोबस्त करना होगा। हमारे पास रुपए-पैसों का खूब अभाव है। मुझे लगता है कि मैं कुछ रुपए संग्रह कर पाऊँगा। सोहरावर्दी साहब के कुछ भक्त हैं, जिन्हें मैं जानता हूँ, जाने पर बिलकुल 'ना' नहीं कह पाएँगे। रानाघाट पहुँचकर गाड़ी काफी देर खड़ी रही। भारतवर्ष के कस्टम्स अधिकारियों ने गाड़ी तथा पैसेंजरों के सामान की तलाशी ली कि कोई निषिद्ध सामान तो नहीं ले जा रहा। मेरा सामान भी जाँचा। सन्ध्या होने को थी कि ट्रेन बेनापोल पहुँची। ट्रेन के रुकने से पहले ही मैं उतर गया। एक यात्री से परिचय हुआ। मैंने उससे कहा कि पाकिस्तान कस्टम्स वाले आएँ तो मेरा सामान दिखा दें क्योंकि मुझे कुछ काम था और लौटने में देर हो सकती थी। अँधेरा देखकर एक पेड़ के नीचे मैंने आश्रय लिया। ट्रेन काफी देर रुकी रही। गुप्तचर विभाग के लोग और कुछ पुलिस कर्मचारी घूम-फिरकर ट्रेन का चप्पा-चप्पा छान रहे थे। मैं इधर से उधर, उधर से इधर करने लगा। फिर एक बार उनकी अवस्था देखकर ट्रेन के दूसरी ओर जाकर स्वयं को छिपा लिया। उनकी आँखों में मुझे धूल झोंकनी ही होगी। मन उड़कर घर चला गया। कुछ महीने पूर्व मेरे बड़े बेटे कमाल का जन्म हुआ था, उसे मैं ठीक से देख भी नहीं पाया था। और हसीना, वह तो मुझे छोड़ना ही नहीं चाहती। मैं अनुभव करने लगा कि मैं बेटा-बेटी का पिता हो गया हूँ। अब्बा व माँ को देखने का मन हो रहा था। वे जानते थे कि लाहौर से लौटकर मैं एक बार घर अवश्य जाऊँगा। रेणु तो निश्चय ही बैठी राह देख रही होगी। वह तो चुपचाप हर कष्ट सह लेती है, कुछ भी नहीं कहती। कुछ भी नहीं कहती, नहीं, कुछ कहना ही नहीं चाहती, इसीलिए तो मुझे और अधिक कष्ट होता।

मौलाना साहब, शम्सुल हक़ साहब व मेरे साथी कार्यकर्ताओं ने जो जेल की यातना सही, उसके लिए मन बहुत ख़राब था। भले ही कुछ कर न पाऊँ किन्तु उनके पास जाकर कुछ तो शान्ति मिलेगी। ट्रेन चल पड़ी। धीरे-धीरे चल रही थी, मैं दौड़कर ट्रेन में चढ़ गया। और एक मिनट की देर हो जाती तो शायद चढ़ न पाता। ट्रेन तो चल दी, पर जैसोर में भी सावधान रहना होगा। रेल-स्टेशनों में भी गुप्तचर विभाग के लोग होते हैं, मैं जानता हूँ। जैसोर में ट्रेन रुकने के कुछ पहले ही मैं शौचालय में घुस गया। और जब ट्रेन चल पड़ी तो निकला। एक छात्र मेरे कम्पार्टमेंट में चढ़कर बैठा था। मेरे शौचालय से निकलकर आते ही मुझसे बोला, 'अरे, मुज़ीब भाई!' मैंने उसे पास आने को कहा, फिर धीरे से कहा, 'मुझे मेरे नाम से मत

शेख मुजीबुर रहमान

महात्मा गांधी और हुसैन सोहरावर्दी के साथ लेखक (खड़े हुए), 1947

केन्द्रीय कारागार से निकलकर कार्यकर्ताओं की सभा में जाते हुए। साथ में हैं अवामी लीग नेता शम्सुल हक, यार मुहम्मद ख़ान, पिता शेख लुत्फर रहमान व अन्यान्य, जून 1949

हुसैन शहीद सोहरावर्दी के साथ, 1949

सहयोद्धाओं के साथ परामर्श करते हुए

मौलाना भसानी के साथ प्रभात फेरी पर, 21 फरवरी, 1953

अरमनी टोला मैदान की जनसभा में, मई 1953

चुनाव पूर्व संयुक्त मोर्चा के प्रार्थियों के मनोनयन की बैठक, दिसम्बर 1953

शेख मुजीब, 1954

राजशाही दौरे पर हुसैन शहीद सोहरावर्दी के साथ, 1954

जनसभा को सम्बोधित करते हुए, 1954

फुटबाल की जर्सी पहने हुए मुजीब, 1940

पत्नी बेगम फजिलातुन्निसा के साथ, 1947

शेख मुजीब, 1949

टुंगीपाड़ा का आदि-पैतृक घर

सपरिवार लेखक, उनके बाएँ पत्नी बेगम फजिलातुन्निसा, शेख जमाल व शेख हसीना और दाएँ शेख रेहाना, शेख कमाल व गोद में शेख रसेल, 1972

पिता शेख लुत्फर रहमान व माता सायरा खातून के साथ

अपनी निजी लाइब्रेरी में

बुलाओ।' वह छात्र लीग का सदस्य था, समझकर चुप हो गया। अनेक यात्री थे पर शायद कोई समझ न पाया। और तब मुझे अधिक लोग जानते भी नहीं थे। छात्र रास्ते में उतर गया।

खुलना की अवस्था मैं जानता था। छुटपन से खुलना होकर मुझे आवागमन करना पड़ा था। कलकत्ता में पढ़ता था, खुलना होते हुए आना-जाना पड़ता था। रात के 10 या 11 बजे होंगे जब ट्रेन खुलना पहुँची। सब यात्री उतर गए तो मैंने अपना कुर्ता उतारकर बिछावन में रख दिया। लुंगी पहन रखी थी, उसे कुछ ऊँचा कर बाँध लिया। बिछौना कन्धे पर और सूटकेस हाथ में लेकर उतर गया। कुलियों की तरह जहाज-घाट की ओर दौड़ पड़ा। गुप्तचर विभाग के लोग तो थे, पर पहचान न पाए। मैं रेल-रास्ता पार कर जहाज-घाट में घुस गया, फिर दूसरे रास्ते से मुख्य रास्ते पर चला आया। एक रिक्शे में सामान रखा। कुर्ता निकालकर पहन लिया। रिक्शावाला गोपालगंज का था। मुझे पहचानकर बोला, 'भाईजान हैं न! कहाँ से ऐसे आ रहे हैं?' मैंने जवाब दिया, 'वो लम्बी कहानी है, बाद में बताऊँगा, अभी रिक्शे में छोड़ दो।' उसे कुछ तो बताना पड़ेगा, बिना बताए कोई चारा नहीं। पर गोपालगंज का आदमी है, मना कर देने पर किसी को कुछ नहीं बताएगा।

मेरा एक भाई था, वह खुलना में नौकरी करता था। ठिकाना मालूम था, उसी के डेरे पर पहुँचा। रिक्शेवाले के हाथों ही अपने मामा को खबर दी। मामा बड़े चालू व्यक्ति थे। सुबह 6 बजे जहाज छूटेगा। मामा को जहाज-घाट भेजकर उनके नाम से प्रथम श्रेणी में दो सीटें रिजर्व कराईं ताकि अन्य कोई मेरे कमरे में न आए। मेरा एक मित्र था जो जहाज कम्पनी में काम करता था, उसे खबर दी। उसने कहा कि जहाज छूटने से ठीक दो मिनट पहले मैं जहाज में चढ़ूँ। मेरे चढ़ते ही वह जहाज के छूटने का बन्दोबस्त कर देगा। जहाज-घाट में भी गुप्तचरों का समावेश होता है। दुख का विषय यह था कि कुहासे के कारण जहाज आने में देरी हुई और छूटेगा भी देर से ही। प्राय: एक घंटा देर से यानी सुबह 7 बजे। बड़ी संकटपूर्ण बात। 6 बजे तो थोड़ा अँधेरा-सा रहता है, पर 7 बजे तो सूर्य निकल आएगा। मामा ने पहले ही जहाज में चढ़कर सामान रखकर कमरा ठीक-ठाक कर दिया था। मैं नजदीक की ही एक दुकान में चुप मारे बैठा था। खुलना के गुप्तचर विभाग के लोग मुझे पहचानते थे। मामा की मदद से मैंने कोट, पैंट और सिर पर हैट लगाकर एक अन्य ही रूप धारण किया था। जब केवल दो सीढ़ियाँ जहाज में खींचनी बाकी रहीं तो मैं एक ही दौड़ में जहाज पर चढ़ गया। देखा, मेरा मित्र घाट पर खड़ा था। मेरे जहाज पर चढ़ते ही उसने बाकी दोनों सीढ़ियाँ भी खींच लीं और जहाज चल पड़ा। आँखों ही आँखों में मैंने मित्र को इशारे से कृतज्ञता जताई।

अब उम्मीद बनी कि मैं घर तक पहुँच पाऊँगा। मैं कमरे में ही लेटा रहा। खाने का सामान कमरे में ही मँगवा लिया। मैं जहाज में चढ़ा हूँ, यह कइयों ने देख लिया

था। यह जहाज ही गोपालगंज होकर बरिशाल और नारायणगंज जाता था। गोपालगंज के काफी लोग थे। गोपालगंज टाउन में जहाज नहीं जाता, तीन मील दूर मानिकदह नामक जगह पर नया घाट बना था, जहाज वहीं रुकता था। नदी भरी हुई थी। जहाज जब मानिकदह घाट पर लगा, तब मैं चुप लगाए खिड़की से देख रहा था। घाट से रहमत जान और यूनुस नाम के दो छात्र, जो बहुत अच्छे कार्यकर्ता थे, मेरी आँखें देखकर पहचान गए और चिल्ला पड़े। मैंने उन्हें इशारे से चुप कराया, क्योंकि खबर फैल जाती तो पुलिस गाँव के घर पर हाजिर हो जाती। रहमत जान और यूनुस बरिशाल कॉलेज में पढ़ते थे। यही जहाज बरिशाल जाएगा। वे सीधे मेरे पास चले आए। जहाज चल पड़ा। मैंने उनसे पूछा, 'तुम लोगों ने पहचाना कैसे?' उन्होंने कहा, 'ये आँखें हमारी बहुत जानी-पहचानी हैं।' मैंने कहा, 'पुलिस को खबर लग गई तो रास्ते में ही गिरफ्तार करने की चेष्टा करेगी।' वे बोले, 'भाईजान, यह गोपालगंज है; यहाँ से हमारी मर्जी के बिना कोई पकड़ ले, यह क्षमता किसी में नहीं है।' गोपालगंज के लोग, खासकर छात्र और युवक, मुझे 'भाईजान' कहकर बुलाते थे। ऐसा भी होता था कि बेटा भी 'भाईजान' कहता और बाप भी 'भाईजान' बुलाता। गोपालगंज से हमारे घर के निकटवर्ती जहाज घाट तक जाने में प्रायः दो घंटे समय लगता था। शाम के समय मैं अपने जहाजघाट पाटगाती पहुँचा। वहाँ से नाव में एक घंटा। घर पहुँचा। मैं आऊँगा, यह किसी ने सोचा भी नहीं था। सभी बेहद खुश थे। बेटी तो गोद से उतरना ही नहीं चाहती थी, सोना भी नहीं चाहती थी। अब्बा को मैंने सारी बातें बताईं। घर पर पहरा रखा। बैठकखाने में रात-भर लोग रहेंगे, यदि कोई आया तो मुझे खबर देंगे। हमारा मकान बहुत बड़ा था और उसमें अनेक लोग थे। अब गिरफ्तार होने में मुझे आपत्ति नहीं थी, पर एक बार ढाका जाना जरूरी था। घर में अधिक दिन रहा नहीं जा सकता, यह बात मैंने अब्बा और रेणु को समझा दी। शायद सात या आठ दिन मैं घर में रहा। मैंने रेणु से कहा, 'बरिशाल होकर जहाज जाता है, इस रास्ते से नहीं जाया जा सकता। और गोपालगंज होकर जाना भी सम्भव नहीं, रास्ते में ही गिरफ्तार कर सकते हैं। मैं गोपालगंज के दो घाटों के बाद जहाज में चढ़ूँगा। फिर कविराजपुर से नाव में मदारीपुर महकमे के शिवचर से जहाज में चढ़ूँगा। दो-एक दिन अपनी बड़ी बहन के घर घूम आऊँगा।' मेरी बड़ी बहन का घर शिवचर से मात्र पाँच मील के रास्ते पर था। रेणु बोली, 'पता नहीं और कितने दिन मिलना नहीं होगा! मैं भी तुम्हारे साथ बड़ी बहन के घर जाऊँगी, वहाँ दो-एक दिन रहूँगी। मैं और दोनों बच्चे तुम्हारे साथ रहेंगे। बाद में अब्बा जाकर हमें वहाँ से ले आएँगे।' मैं राज़ी हो गया, क्योंकि मैं जानता था कि अब मुझे बन्दी बनाया गया, तो सहज ही छोड़ेंगे नहीं। नाव में इतनी दूर जाना कष्टकर था। ख़ैर, विदा लेकर हम रवाना हुए। दो कार्यकर्ता भी मेरे साथ चले। एक का नाम था शहीदुल इस्लाम और दूसरे का सिराज। वे स्कूल के छात्र

थे और मुझे बहुत चाहते थे। अभी दोनों व्यवसायी हैं। शहीद आज भी मुझे उतना ही चाहता है और राजनीति में मेरा अन्धसमर्थक है। सिराज हालाँकि अब अन्य दल में है किन्तु मेरी श्रद्धा करता है। ये लोग रात भर पहरा देते रहे थे और मुझे कविराजपुर तक पहुँचाकर गए। सर्दियों के दिन वे एक कपड़े में आए थे। रेणु ने उन्हें अपनी चादर उतारकर दे दी थी।

हम सभी बहन के घर पहुँचे। एक दिन, दो दिन करते-करते वहाँ सात दिन रहे। बच्चों के प्रति मोह कुछ अधिक हो गया था। उन्हें छोड़कर जाने का मन नहीं हो रहा था, पर जाना तो पड़ेगा। देश-सेवा में उतरा हूँ तो मोह-माया करके क्या लाभ? देश व देश के लोगों से प्यार करने पर त्याग तो करना ही होगा और वह त्याग चरम-त्याग भी हो सकता था। अब्बा ने मुझे कुछ रुपए दिए थे और रेणु भी मुझे देने के लिए कुछ रुपए लाई थी। मैंने रेणु से कहा, 'इतने दिन तो अकेली थी, अब तुम्हारे दल में और दो जन बढ़ गए हैं। मुझसे तो किसी आर्थिक मदद पाने की उम्मीद है नहीं। तुम्हें तो चलाना होगा। अब्बा से तो तुम हर समय नहीं माँग सकती, यह मैं जानता हूँ। और अब्बा भी इतने रुपए कहाँ से लाएँगे? मुझे तो रुपयों की अधिक दरकार नहीं है। शीघ्र ही गिरफ्तार कर लेंगे। मैं भागा-भागा फिर नहीं सकता। कब फिर तुम लोगों से मिलना हो, कोई ठीक नहीं। ढाका मत आना, बच्चों को कष्ट होगा। मँझली बहन के डेरे पर जगह भी बहुत कम है। मेरे कारण मेरे रिश्तेदारों को कष्ट हो, यह मैं नहीं चाहता। चिट्ठी लिखना, मैं भी लिखूँगा।'

मैं रात को ही रवाना हो गया, दिन में रवाना होता तो हसीना रोती। कमाल को तो अभी समझ नहीं थी। शिवचर में जहाज नहीं आते, प्रायः दस मील दूर चाँदेरचर जाना होगा। मेरी बड़ी बहन के देवर, मेरे विशिष्ट मित्र व आत्मीय सैफुद्दीन चौधरी साहब मुझे ढाका तक पहुँचा देंगे। मुझे विदा देते समय रेणु की आँखों से आँसू बह रहे थे। मैंने उसे समझाने की चेष्टा नहीं की, सिर्फ एक चुम्बन देकर विदा ली। कहने को तो कुछ था नहीं, सब कुछ तो उसे बताया था। रात में नाव छूटी तो सुबह चाँदेरचर स्टेशन पहुँचा। जहाज छोड़ने में अभी देरी थी। मेरे एक सहकर्मी का घर पास ही था। उसे खबर दी। उसका नाम था सामद मोड़ल। सामद खबर मिलते ही दौड़ा आया। घर ले जाकर उसने खाने का बहुत अनुरोध किया किन्तु समय नहीं था। फेरी स्टीमर तारपाशा तक जाता था; उसके बाद फिर गोवालन्द-नारायणगंज मेल स्टीमर में चढ़ना होगा। तारपाशा पहुँचकर पता चला कि मेल स्टीमर तो कुछ समय पहले ही छूट गया था, लिहाजा सारा दिन हमें रहना पड़ा। काफी रात में एक और जहाज आएगा, उसमें जाया जा सकेगा। कोई चारा न था, जहाज-घाट के प्लेटफॉर्म पर बैठे रहना होगा।

अगले दिन सुबह मैं मुंशीगंज पहुँचा। जहाज में छात्र लीग के एक कार्यकर्ता से मुलाकात हो गई। वह सबकुछ जानता था, उसे हम दो जन का सामान देकर मैंने कहा कि वह सामान 150 नम्बर मुग़लटोली में शौक़त मियाँ के पास चुपचाप पहुँचा दे। दिन में यदि नारायणगंज उतरे तो ढाका नहीं, सीधे जेल जाना होगा। उसे यह भी कहा कि शौक़त मियाँ मेरे रहने का बन्दोबस्त करके रखें और यदि हो सके तो शाम को नारायणगंज में ख़ान साहब उस्मान अली के घर आए और ख़ान साहब अपने बड़े बेटे शम्सुज़्ज़ोहा को खबर दे दें कि शाम को वह घर पर ही रहे।

मुंशीगंज में उतरकर मैं मीरकादिम तक पैदल आया, वहाँ एक रिश्तेदार के घर खा-पीकर शाम से कुछ पहले नाव से नारायणगंज को रवाना हुआ। शाम के बाद नारायणगंज पहुँचकर रिक्शा लेकर सीधे ख़ान साहब के घर पहुँचा। जोहा साहब को खबर नहीं मिली, उनका छोटा भाई मुस्तफ़ा सरवर तब स्कूल का छात्र था, मुझे जानता था। वह फौरन जोहा साहब को खबर देकर ले आया। हमने भीतर के कमरे में बैठकर चाय-नाश्ता किया। ख़ान साहब का घर हम लोगों का अड्डा था। थककर वहाँ जाते ही किसी भी कार्यकर्ता के खाने-रहने की व्यवस्था हो जाती। हालाँकि उनका कारोबार नष्ट हो गया था, पर दिल बहुत बड़ा था। आते ही जोहा साहब भाड़े की टैक्सी ले आए और हमें चढ़ा दिया। शौक़त मियाँ के लिए हमने कुछ देर भी की। हमारे ढाका रवाना होने से कुछ देर पहले शौक़त मियाँ भी नारायणगंज पहुँच गए और हमारे चले जाने की खबर मिलते ही ढाका के लिए दौड़े। रास्ते में हमने टैक्सी छोड़ दी और रिक्शा से मुग़लटोली पहुँचे। देखा, हमारा सामान पहुँच गया था। शौक़त मियाँ भी पहुँच गए थे। शौक़त मियाँ मुझे गले लगाकर बोले, 'मुज़ीब भाई, आप कैसे तो लाहौर पहुँचे और कैसे वहाँ से लौटकर आए बताइए, सुनूँ!' मैंने कहा, 'पहले तो आप बताइए मौलाना साहब और हक़ साहब कैसे हैं? कौन-कौन जेल में है? अवामी लीग की क्या खबर है?' शौक़त मियाँ ने जो बताया उससे दुख तो हुआ किन्तु मैं नाखुश न हुआ।

अवामी लीग में जिन सज्जनों को मौलाना साहब ने कार्यकारिणी समिति का सदस्य बनाया था, उनमें से बारह-तेरह लोगों ने डरकर पदत्याग किया था। जो बहुत पुराने दिनों के नेता थे, उन्होंने केवल पदत्याग नहीं किया, बल्कि विज्ञप्ति देकर पदत्याग किया ताकि गिरफ्तार न होना पड़े। शेरे-बंगाल ए.के. फ़ज़लुल हक़ साहब ने सदस्य होने के बाद ही एक दिन मौलाना साहब और हम लोगों के साथ बातचीत की और बोले, 'मैं आर्थिक असुविधा में हूँ। एडवोकेट जनरल की नौकरी ले रहा हूँ। मेरे लिए राजनीति में सक्रिय अंशग्रहण करना सम्भव नहीं होगा। फिलहाल, मैं सदस्य नहीं रहूँगा, तथापि मेरी दुआएँ और समर्थन रहेगा।' हम उनकी असुविधा को समझ पा रहे थे। एक दिन कष्ट कर वे सभा में भी आए थे। इस समय देखा गया कि अवामी लीग में मौलाना भसानी, शम्सुल हक़ साहब, अताउर रहमान ख़ान,

अब्दुस सलाम ख़ान, अनवरा ख़ातून एम.एल.ए., ख़ैरात हुसैन एम.एल.ए., अली अहमद ख़ान एम.एल.ए., खोंदकार मुश्ताक अहमद, यार मुहम्मद ख़ान, नारायणगंज के अब्दुल आवाल, अलमास अली व शम्सुज़्ज़ोहा एवं मैं तथा और भी कुछेक लोग, जिनके नाम मैं याद नहीं कर पा रहा हूँ, रहे।

शौक़त मियाँ ने मेरे लिए रहने का बन्दोबस्त किया था, रात वहीं काटी। दिन में घर में ही रहता और रात में सभी के साथ मिलता, क्या किया जाए, इस बारे में परामर्श करता। मानिक भाई मुग़लटोली में ही थे। क्या करें, तय नहीं कर पा रहे थे। अब्दुल रहीम ने भी कुछ दिन मुझे अपने घर में रखा। कुछ भलेमानसों ने वादा किया था कि कुछ रुपयों का बन्दोबस्त कर देंगे। एक दिन रात को हठात् अपने एक बड़े सरकारी कर्मचारी के घर पहुँचा, तो मुझे देखकर वे अवाक् हो गए। वे डरनेवाले व्यक्ति नहीं थे। मुझसे बहुत स्नेह करते थे। वे हमारी अवस्था जानते थे और हम लोगों के प्रति वे सहानुभूतिशील भी थे। मैं शीघ्र ही चला आया, इस प्रकार भागते फिरने की इच्छा न हुई और अच्छा भी नहीं लग रहा था। मैंने अब्दुल हमीद चौधरी व मुल्ला जलालुद्दीन से कहा, 'तुम लोगों के पास ही रहूँगा।' वे तब अली अमजद ख़ान साहब के पुराने घर के निचले तल्ले में रहते थे। मैं चला आया उनके पास। दिन-भर किताब पढ़ता, रात को घूमता-फिरता। तय हुआ कि अरमनीटोला मैदान में एक सभा बुलाई जाएगी, मैं वहाँ भाषण दूँगा और गिरफ्तार हो जाऊँगा। जब सब ठीक-ठाक हो गया, दो-एक दिन में ही सभा होनेवाली थी, दोपहर में बैठा हुआ था कि देखा पुलिस ने मकान को घेरे में ले लिया था। गुप्तचर विभाग के दो कर्मचारी सादी पोशाक में भीतर आ रहे थे। मैं जिस कमरे में रह रहा था, उसके सामने आकर उन्होंने दरवाजा खटखटाया। मैंने कहा, 'भीतर आइए।' वे भीतर आए तो मैंने कहा, 'कुछेक दिनों से आप लोगों की प्रतीक्षा कर रहा था। बैठिए, पहले कुछ खा लूँ। अभी 2 बज रहे हैं, कुछ भी खाया नहीं है। खाना लाने गया है।'

हमीद होटल से खाना लेने गया था, पुलिस को देखा तो खाना लेकर भाग गया। ये भद्र लोग भी और कितनी देरी करते? हमीद जब आ ही नहीं रहा था, जलाल भी बाहर गया था कब लौटेगा, कोई ठीक नहीं, इसलिए अली अमजद ख़ाँ के बड़े बेटे हेनरी को मैंने खबर दी। हेनरी दौड़ा आया। मैंने कुछ खाया नहीं है, सुना तो घर में जाकर खाना ले आया। मैंने कुछ खा लिया। हेनरी का छोटा भाई शाहजहाँ, जो शायद सातवीं श्रेणी में पढ़ता था, वह आ गया एवं अपने मामू को गालियाँ देने लगा। उसका मामा मकान की पहली मंजिल पर रहता था। शाहजहाँ बोला, 'पुलिस को किसी और ने नहीं, मामा ने ही खबर दी है। बाबा (पिताजी) घर आ जाएँ तो मामा को मजा चखाऊँगा।' शाहजहाँ मुझसे बहुत प्यार करता था। समय मिलते ही मेरे पास दौड़ आता। मैं जब पुलिस की गाड़ी में बैठकर जा रहा था तो शाहजहाँ रो पड़ा था। उसका वह रोना मैं कभी भूल नहीं पाया। बाद में खबर मिली कि रुपयों के

लालच में उसके मामा ने ही मुझे पकड़वा दिया था। अली अमजद साहब और अनवरा बेगम ने उसे घर से निकाल दिया था।

मुझे लालबाग थाने में ले जाया गया। आई.बी. के दो अफसरों ने मेरा इंटरोगेशन करना शुरू किया जो दो घंटों तक चला। मैंने कहा, 'मैं अवामी लीग करूँगा।' मैं लाहौर गया था कि नहीं ? वहाँ कहाँ था ? क्या-क्या किया ? ढाका में कब आया ? कितने दिन घर रहा ? भविष्य में क्या करूँगा ? सोहरावर्दी साहब ने क्या-क्या कहा ? इन सब प्रश्नों के उत्तर में बताने लायक बातें बताईं, जो मैं बताना नहीं चाहता था उन सवालों का जवाब मैंने नहीं दिया। मुझे सुरक्षा क़ानून में गिरफ्तार दिखाया गया और शाम के बाद कोतवाली थाने में ले जाया गया। रात में मुझे थाने में ही रखा। जलाल ने थाने में मेरा सूटकेस व बिछावन पहुँचा दिया। सन्ध्या के बाद अनवरा ख़ातून एम.एल.ए., अताउर रहमान ख़ान साहब, मेरे समधी दत्तपाड़ा के जमींदार शम्सुद्दीन अहमद चौधरी एम.एल.ए. मुझे देखने थाने में आए थे। रात को जनाब सिद्दीक दीवान, तब शायद इंस्पेक्टर थे, ने घर से बिछौना और मसहरी लाकर दी। मेरा अपना बिछौना भी आ गया था, कोई असुविधा न हुई। उन्होंने व अन्यान्य पुलिस कर्मचारियों ने मेरे साथ बहुत ही अच्छा व्यवहार किया और मुझे कोई असुविधा न हो, इसका ख़याल रखा।

अगले दिन दोपहर को मुझे ढाका जेल में भेज दिया गया। जेल में आने के बाद मैंने सुना कि मुझे डिविशन नहीं दिया गया। यानी साधारण कैदी की तरह रहना होगा। उस वक्त तक राजनीतिक बन्दियों को कोई स्टेटस नहीं दिया गया था। जिसको मर्जी हो सरकार डिविशन दे सकती थी, और न देने पर साधारण कैदियों की तरह जेल खटनी पड़ती। साधारण कैदी जो खाते, वही खाना पड़ता। दोपहर को मैंने कुछ भी नहीं खाया। मुझे साधारण कैदियों के साथ हाजत में रखा गया। और भी दो-तीन राजनीतिक कार्यकर्ता वहाँ थे, उन्होंने मुझे अपने साथ ले जाकर रखा। रात को उन्हीं के साथ कुछ खाया क्योंकि बहुत भूख लगी थी। मौलाना साहब और शम्सुल हक़ साहब पाँच नम्बर वार्ड में थे। उन्हें डिविशन दिया गया था। मुझे डिविशन नहीं दिया गया इसलिए उनके पास नहीं रखा।

खूब भोर में एक जमादार साहब ने आकर बताया, 'चलिए, आपको दूसरी जगह ले जाना होगा।' मैंने कहा, 'पहले बताइए, कहाँ जाना होगा, फिर जाऊँगा।' वे बोले, 'आपका डिविशन ऑर्डर रात को ही आ गया था। आपको मौलाना साहब के पास ले जाने का हुक्म हुआ है, इससे अधिक मुझे नहीं मालूम।' मैंने अन्य सभी से विदा ली। जो दो-तीन राजनीतिक कार्यकर्ता वहाँ थे, उन्हें सुरक्षा क़ानून के अन्तर्गत गिरफ्तार नहीं किया गया था। मामला चल रहा था, उम्मीद थी कि दो-एक

दिन में ही ज़मानत मिल जाएगी। मैं मौलाना साहब और शम्सुल हक़ साहब के पास आ गया। अब हम एक ही रूम में रहेंगे। मैंने शम्सुल हक़ साहब के पास बिस्तर लगाया, क्योंकि मैं सिगरेट पीता था, पर मौलाना साहब के सामने नहीं पीता था।

सन् 1949 के दिसम्बर महीने में मैं जेल में आया था। 1947 में पाकिस्तान बना था। इस बार को लेकर मुझे तीन बार जेल में आना पड़ा। मौलाना साहब को सबकुछ बताया। उन्होंने एक-एक कर सवाल पूछने शुरू किए। सोहरावर्दी साहब ने क्या कहा ? पीर मानकी शरीफ़ की क्या राय थी ? मियाँ साहब राजनीति करेंगे कि नहीं ? निखिल पाकिस्तान अवामी लीग का गठन होगा कि नहीं ? होगा तो कितने दिन लगेंगे ? लाहौर में मैं कहाँ था ? ढाका की क्या खबर थी ? मौलाना साहब से सुना कि हम लोगों के विरुद्ध एक मुकदमा दायर हुआ था जिसमें मौलाना साहब, शम्सुल हक़ साहब, अब्दुर रब, फ़ज़लुल हक़ बी.एससी. और मुझे आसामी (अभियुक्त) बनाया गया था। अब्दुर रब और फ़ज़लुल हक़ को ज़मानत दे दी गई थी। सुरक्षा क़ानून के अन्तर्गत गिरफ्तार नहीं किया गया था इसलिए वे बाहर थे। चूँकि मुझे गिरफ्तार नहीं कर पाए थे इसलिए मामला शुरू नहीं हुआ था। नज़ीराबाज़ार में 11 अक्टूबर को पुलिस के साथ जो गोलमाल हुआ था, उसी को आधार बनाकर मामला दायर किया गया था।

जिस कमरे में हम थे, वहाँ हम तीनों के अतिरिक्त भी डिविशन कैदी थे, जिनमें से कुछ को बीस वर्षों की जेल थी, और कुछ को हल्की सज़ा मिली थी। इनकी आर्थिक स्थिति बेहतर थी इसलिए इन्हें सरकार ने डिविशन दिया था एवं हमारी तरह इन्हें भी खाट, मसहरी, बिछौना व सादे कपड़े उपलब्ध थे। इनमें एक मैनेजर था, वह हमारे खाने-पीने की व्यवस्था एवं देखभाल करता था। हमारे दिन अच्छे ही गुज़र रहे थे। शम्सुल हक़ साहब मुझसे काफी नाराज़ थे कि मैंने जुलूस निकालने का प्रस्ताव दिया ही क्यों ? जुलूस न निकलता तो गोलमाल न होता और न हमें जेल में आना पड़ता इस समय।

शम्सुल हक़ साहब ने मात्र डेढ़ महीने पहले विवाह किया था। हक़ साहब और उनकी बेगम आफिया ख़ातून ढाका विश्वविद्यालय में पढ़ते थे। एक-दूसरे को पसन्द कर ही उन्होंने विवाह किया था। मुझसे अधिक कुछ कहते तो मैं उन्हें 'बहू-पगला' यानी बीवी के लिए पागल कहकर बुलाता। और फिर खीझ में वे भी मुझे काफी कुछ कह देते। मौलाना साहब हँस देते तो वे और भी नाराज़ होकर मौलाना साहब को कुछ कड़ी बात कह देते। मौलाना साहब के साथ हम तीन जन ही नमाज़ पढ़ते थे। मगरिब की नमाज़ के बाद मौलाना साहब क़ुरान-मजीद का अर्थ करके हमें समझाते। हमारे लिए यह रोज़ का बँधा-सा नियम था। मुश्किल शम्सुल हक़ साहब को लेकर होती। एक घंटे से कम में उनकी कोई नमाज़ पूरी ही न होती। एक-एक सजदे में वे आठ-दस मिनट लगा देते। बीच-बीच में आँखें मूँदकर बैठे रहते।

हमारा मुक़दमा शुरू हो गया था। पन्द्रह-पन्द्रह दिन बाद कोर्ट में जाना पड़ता। कोर्ट-हाजत के बरामदे में हमें चेयर दी जाती। शीघ्र ही हमें फिर से भेजा जाता।

अनेक सहकर्मी हम लोगों से मिलने आते। छात्र लीग के कार्यकर्ता तो प्रायः हर तारीख पर आते। अताउर रहमान साहब हम लोगों की ओर से मामले की पैरवी कर रहे थे। जिस दिन हक़ साहब से उनकी बेगम मिलने आतीं, उस दिन हक़ साहब से बात करने में भी कष्ट होता। सचमुच मुझे बहुत दुख होता। डेढ़ महीना भी एक साथ न रह पाए बेचारे। लगता है, दोनों एक-दूसरे से बहुत प्यार करते थे। मैं बेगम हक़ को भाभी कहता। भाभी मुझे भी दो-एक किताबें भेजतीं। हक़ साहब से कह देतीं कि मुझे कुछ दरकार हो तो बताऊँ। मैं फूलों की बागबानी करता था। उनकी मुलाकात के दिन या तो मैं फूलों की माला या गुलदस्ता बनाकर देता। जेल का बन्दी जीवन हक़ साहब बर्दाश्त नहीं कर पा रहे थे।

उन्होंने एक नया उत्पाद शुरू किया। रात के 12 बजे के बाद वे जिक्र (जाप) करते। अल्लाह-अल्लाह कर जोर से जिक्र करते रहते, एक घंटे से लेकर दो घंटे तक। कई बार तो बीच रात में ही शुरू हो जाते। हम दस-पन्द्रह जन तो सो ही न पाते थे। शुरू के कुछ दिन तो किसी ने कुछ न कहा। कैदी बेचारे दिन-भर काम करते, रात को तो सोना जरूरी था। उन्होंने चोरी-चोरी मौलाना साहब के पास नालिश की और कहा कि इबादत तो मन ही मन में भी हो सकती थी, हम सो नहीं पाते। मौलाना साहब ने हक़ साहब से कहा कि वे मन ही मन इबादत करें, पर हक़ साहब ने सुना नहीं। मेरी खाट और हक़ साहब की खाट अगल-बगल में थी। वे मेरे पास जानमाज बिछाकर शुरू कर देते जिक्र। आधा घंटा भी सोए हुए न होता और मेरी नींद टूट जाती। और पुरजोर आवाज़ में हक़ साहब का जिक्र सुनाई देता। करूँ भी तो क्या? चुपचाप अत्याचार सहने के अलावा मेरे पास कोई चारा न था। और वे जब शुरू करते तो लगातार दस-पन्द्रह दिन तक क्रम चलता। एक दिन दोपहर को खाने-पीने के बाद मैंने हक़ साहब से कहा, 'ऐसे कैसे चलेगा, रात को सो न पाए तो शरीर नष्ट हो जाएगा।' गुस्सा होकर वे बोले, 'मुझे तो जिक्र करना ही होगा, जिसकी जो मर्जी हो करे। यहाँ से कहीं और चले जाओ।' उस वक्त तो मैंने कुछ नहीं कहा, थोड़ी देर बाद कहा कि रात को जब आप जिक्र करेंगे, मैं उठकर आप के सिर पर पानी उड़ेल दूँगा। जो होगा देखा जाएगा। इस बार वे नाराज़ नहीं हुए, धीरे-धीरे मुझसे बोले, 'समझते नहीं हो कुछ भी, मैं तो साधना करता हूँ। एक दिन उसका फल देखना।' ऐसे चुपचाप सहने के अलावा क्या किया जाए। खुद हक़ साहब का शरीर ख़राब हुआ जा रहा था।

हम लोग जब जेल में थे तब कलकत्ता और ढाका में एक ख़ूनी साम्प्रदायिक दंगा हुआ। कलकत्ता में निरपराध मुसलमान तथा ढाका व बरिशाल में निरपराध हिन्दू मारे गए। किसी ने या किन्हीं लोगों ने अफवाह फैली दी थी कि कलकत्ता में

शेरे-बंगाल फ़ज़लुल हक़ साहब की कलकत्ता में हत्या कर दी गई। बस फिर क्या था, मुसलमान भी कूद पड़े। उनमें से अनेक को गिरफ्तार कर ढाका जेल में लाया गया। हम जहाँ रहते थे, उसी पाँच नम्बर वार्ड में इन लोगों को दिन के समय रखा जाता। मुझे लगता है, सात-आठ सौ लोग गिरफ्तार हुए होंगे। मैं उनके साथ बैठकर बातचीत करता। सभी अपराधी नहीं थे, दोषी तो उनमें कुछेक लोग ही थे। आमतौर पर दोषी व्यक्ति अधिक गिरफ्तार नहीं होते। रास्ते के निरीह लोग ही अधिक गिरफ्तार होते हैं। मैं उनके पास बैठकर समझाता कि दंगे करना उचित नहीं, निर्दोष की हत्या करना पाप है। मुसलमान किसी भी निरपराध पर अत्याचार नहीं कर सकता, अल्लाह और रसूल की मनाही थी। हिन्दुओं की सृष्टि भी अल्लाह ने ही की थी। वे भी तो इनसान थे। हिन्दुस्तान के हिन्दू अन्याय करेंगे तो क्या हम भी अन्याय करें? यह नहीं हो सकता। ढाका के कुछ नामी गुंडा-प्रकृति के लोगों से बातचीत हुई, उनमें से अनेक ने वचन दिया कि वे अब कभी दंगा नहीं करेंगे। पता नहीं उन्होंने अपना वचन निभाया कि नहीं तथापि उनमें से कई मेरे भक्त हो गए थे, इसका प्रमाण मुझे जेल से निकलने पर मिला। उन्होंने सचमुच मेरी भक्ति करना शुरू कर दिया था। आपदा-विपदा के समय विपत्ति का सामना कर भी मेरा साथ दिया। जेल के कर्ताधर्ताओं को इन लोगों से हमारा मेल-जोल पसन्द न था। एक दिन सुबह हम लोगों को यहाँ से ले गए नई बीस नम्बर सेल में। सब सेलें बहुत अच्छी थीं। दस सेल निचले तल्ले पर और दस ऊपरी तल्ले पर थीं। मौलाना साहब ने पहली मंज़िल वाली एक सेल ली और बगल की सेल में मुझे रहने को कहा। हक़ साहब ने तय किया कि मेरे बगल वाली सेल में रहेंगे और बोले, 'बहुत अच्छा हुआ, अब मैं रात भर जिक्र (जाप) करूँगा और कोई कुछ नहीं कह सकेगा।' मैंने सोचा यह तो बड़ी मुश्किल हुई, उनसे कहा, 'या तो आप ऊपर रहें और या मैं। क्योंकि यदि मेरे बगल की सेल से आपने जिक्र शुरू किया तो नींद की तो हो गई छुट्टी।' हक़ साहब नाराज होकर नीचे चले गए और एक किनारे की एक सेल ले ली। मैंने उनसे बहुत अनुरोध किया, मौलाना साहब ने भी कहा, पर उन्होंने किसी की न सुनी। अब उन्होंने और भी जोर से जिक्र करना शुरू किया और उनके इस उत्पात के कारण हम सो नहीं पाते थे।

कुछ दिन बाद हाजी दानिश साहब को ढाका जेल में हम लोगों के साथ रखा गया। दो दिन बाद ही फिर उन्हें हमारे पास से अन्यत्र ले जाया गया। क्योंकि सरकारी हुक्म था कि किसी को भी हम लोगों के साथ न रखा जाए, खासकर जो कम्युनिस्ट हैं, सरकार की राय में, उन्हें तो हमारे साथ बिलकुल भी न रखा जाए क्योंकि कहीं हम भी कम्युनिस्ट न हो जाएँ। जेल में और भी दो-तीन जगहों पर राजनीतिक बन्दियों को रखा गया है, अलग-अलग। पहली बार मैं सेल में रह रहा था। 'जेल के अन्दर जेल, उसी को कहते हैं सेल'। प्राय: दो महीने पश्चात् जब दंगे के

अधिकांश अभियुक्त ज़मानत पर बाहर चले गए तथा जो थोड़े-बहुत बाकी बचे थे, उन्हें पाँच नम्बर वार्ड से चार नम्बर वार्ड में ले जाया गया, तो हम लोगों को फिर से पुराने वार्ड नम्बर पाँच में ले जाया गया।

दूसरी मंज़िल पर विशाल आँगन था। दूसरी मंज़िल पर छोटे-छोटे लड़कों को रखते थे और पहली मंज़िल के एक ओर हमें रखा था और दूसरी ओर था जेल का ऑफिस। निचले तल्ले पर था गोदाम। जेल मैं कैदी जो सब चीजें बनाते, वे यहीं रखी जातीं। पूर्वी बंगाल की एकमात्र कम्बल की फैक्टरी ढाका जेल के भीतर थी। कैदी लोग सुन्दर-सुन्दर कम्बल तैयार करते। दर्जियों का एक दल भी था। प्रायः एक सौ लोग दर्जीखाने में काम करते थे। पुलिस, चौकीदार और सरकार के अन्यान्य विभागों की वर्दियाँ यहीं तैयार होतीं। ढाका जेल के काठ-मिस्त्री बढ़िया-बढ़िया खाट, टेबल, चेयर आदि तैयार करते। यहाँ बेंत का काम भी होता था। इन सारे कामों की देखरेख का दायित्व एक डिप्टी सुपरिंटेंडेंट पर था। इस डिपार्टमेंट को कैदी 'ए.एस.डी.' कहते थे। मैं नीचे घूमता और सारी चीजों को देखता। पहली मंजिल से उतरते ही था यह गोदाम और बगल में ही था एक ऑफिस।

मैंने फूलों का एक बगीचा शुरू किया था। यहाँ कोई फूलों का बगीचा न था। जमादार, सिपाहियों से मैं वार्ड से फूलों के पौधे मँगवाता। बड़ा सुन्दर हो गया था मेरा बगीचा। इस वार्ड की दीवार के पास ही सरकारी प्रेस था। यह जेल का ही एक हिस्सा था। भीतर में दीवार से बाहर एक दरवाजा बना दिया गया था। प्रेस की आवाज़ तो सुन पाता पर प्रेस को मैं देख न पाता था। सुबह जब कर्मचारी आते और शाम को छुट्टी के बाद जब वे जाते तो मैं खिड़की से उन्हें देखता। उन्हें देखकर मुझे महसूस होता कि वे किसी बड़ी जेल में और मैं छोटी जेल में था। स्वाधीन देश के मनुष्य को अभिव्यक्ति और मत प्रकाश करने की स्वाधीनता नहीं थी, इससे अधिक दुख का विषय और क्या हो सकता था!

पाकिस्तान के नागरिकों को सालोंसाल कारागार में बन्दी बनाकर रखा गया था। छह-छह महीने बाद सरकार की ओर से एक हुक्मनामा आता। अंग्रेजों के शासनकाल में राजनीतिक बन्दियों को कुछ सुयोग-सुविधाएँ उपलब्ध थीं, जिन्हें स्वाधीन देश में छीन लिया गया था। अंग्रेजों के शासन-काल में राजनीतिक बन्दियों को खाना-पीना, कपड़े, औषधि, समाचार-पत्र, खेल-कूद सामग्री यहाँ तक कि फैमिली एलाउसेंस भी दिया जाता था। नूरुल अमीन साहब की मुस्लिम लीग सरकार ने उन सबसे भी बन्दियों को वंचित रखा। अनेक को साधारण कैदियों की तरह रखा गया था। राजनीतिक बन्दियों ने देश व आदर्शों के लिए त्याग स्वीकार किया था, सरकार को तो यह स्वीकार करने में भी आपत्ति थी। मुस्लिम लीग के नेताओं ने तो यह तक कहना शुरू किया कि विदेशी सरकार के विरुद्ध आन्दोलन कर जेल खटना देश-दरदी का काम था। अब देश स्वाधीन होने के बाद जो जेल भुगत रहे

हैं, वे 'राष्ट्रद्रोही' हो गए। इन्हें कोई सुयोग-सुविधा नहीं दी जाएगी। अंग्रेजों की 'सर' और 'खानबहादुर' उपाधियों के धारक सरकार गठन का अवसर पाकर आज इस प्रकार की बातें कर रहे थे।

जनाब लियाक़त अली ख़ान पाकिस्तान के प्रधान मंत्री और जनाब नूरुल अमीन पूर्वी पाकिस्तान के प्रधान मंत्री थे। इनके शासन काल में राजनीतिक बन्दियों पर जो उत्पीड़न व अत्याचार हुआ, वह दुनिया के किसी सभ्य देश में कभी नहीं हुआ। अंग्रेजों के शासनकाल में जो सुयोग-सुविधाएँ राजनीतिक बन्दियों को कारागार में मिल रही थीं, बस उतनी सी सुविधाओं को पाने के लिए बन्दी माँग कर रहे थे, किन्तु सरकार राज़ी ही नहीं हो रही थी। बाध्य होकर उन्हें भूख-हड़ताल करनी पड़ी थी। 1949 में 365 दिनों में से 200 दिन राजनीतिक बन्दियों ने अनशन किया, जिसके फलस्वरूप शिवेन राय की मृत्यु हो गई थी और जो जीवित भी बचे थे, उनका स्वास्थ्य हमेशा के लिए नष्ट हो गया था। कइयों को तो बाद में यक्ष्मा रोग हो गया था और कई मनोरोगी हो गए थे। खाद्य व चिकित्सा के अभाव में उन लोगों की क्या अवस्था हुई होगी, यह भुक्तभोगी के अतिरिक्त कोई भी समझ नहीं सकेगा।

1950 में राजशाही केन्द्रीय कारागार के खपड़ा वार्ड के कमरे में बन्द कर राजनीतिक बन्दियों पर गोली चलाकर सात जन की हत्या कर दी गई और जो बचे उनके साथ इस कदर मारपीट हुई कि जीवन-भर के लिए उनका स्वास्थ्य शेष हो गया। विभिन्न जेलों में अत्याचार चल रहा था और राजनीतिक बन्दी लोग भी अपनी माँगें मनवाने के लिए कारागार से ही अनशन कर रहे थे। अनेक राजनीतिक बन्दियों के परिवारों को भीख तक माँग कर गुज़ारा करना पड़ा था। क्या नियति थी! अंग्रेजों के विरुद्ध जिन्होंने आन्दोलन कर अन्दमान में आजीवन कारावास भोगा, उन्हीं में से कई को आज़ादी के बाद स्वाधीन देश की जेल में दिन काटने को बाध्य होना पड़ा था। लियाक़त अली ने अपनी बात रखने की चेष्टा की। उन्होंने कहा था कि जो अवामी लीग और विरोधी दल करेंगे उनका 'सिर कुचल देंगे'—तो वे अपनी बात ठीक ही रख रहे थे। सिर न भी कुचल पाए हों, किन्तु जेल में अत्याचार कर उन्होंने कमर जरूर तोड़ दी थी। हम तीनों ने ही इसका प्रतिवाद किया था। मुस्लिम लीग सरकार की इच्छा के बावजूद हमें खाने-पीने का कोई कष्ट नहीं हुआ, क्योंकि कुछ सरकारी कर्मचारियों की थोड़ी सहानुभूति हमारे साथ थी। जेल के कर्ताधर्ता भी नहीं चाहते थे कि हमें कष्ट हो। अमीर हुसैन साहब ढाका जेल के सुपरिंटेंडेंट थे। वे ध्यान रखते कि हमें किसी तरह का कष्ट न हो। मौलाना साहब और मुझे अमीर हुसैन साहब हफ्ते में एक बार देखने आते। उनके आते ही मैं उनसे अनुरोध करता कि वे ध्यान रखें कि अन्य राजनीतिक बन्दियों को कष्ट न हो। पर इन लोगों की भी अनेक असुविधाएँ थीं, क्योंकि सरकार जेल में गुप्तचर रखकर उनसे भीतर की खबरें लेती। उसी डर से ये लोग भी कुछ करना नहीं चाहते थे। मुहम्मद अली जिन्ना की मृत्यु

के बाद लियाक़त अली ख़ान ने सारी सत्ता का मालिक बनकर आतंकराज की सृष्टि की थी। उनके हुक्म के मुताबिक प्रादेशिक सरकार के नेता विरोधी दलों के नेताओं व कार्यकर्ताओं पर कूद पड़े थे। सीमान्त प्रदेश तथा बंगाल की जेलें तब राजनीतिक बन्दियों से प्रायः भरी पड़ी थीं।

हमने अवामी लीग के गठन के साथ-साथ जो ड्राफ्ट पार्टी मैनिफेस्टो निकाला था, उसमें पूर्ण स्वायत्त शासन की बात होने के कारण लियाक़त अली ख़ान और अधिक ख़फ़ा हो गए थे। पूर्वी बंगाल ने बहुमत में होने के बावजूद जो उदारता दिखाई थी, उसका दुनिया में कोई दूसरा उदाहरण न था। पहली गणपरिषद में पूर्वी बंगाल की सदस्य संख्या थी चालीस। और पंजाब, सिन्ध, सीमान्त व बलूचिस्तान की थी अट्ठाईस। पूर्वी बंगाल के कोटे के चौवालीस जन से पश्चिमी पाकिस्तान के निवासियों के छह जन सदस्य पूर्वी बंगाल निर्वाचित करके देता था। किसी ने कभी आपत्ति नहीं की। हमारे बहुमत में होते हुए भी राजधानी पश्चिमी पाकिस्तान के कराची शहर को बनाया गया। हमारे सदस्यों या जनता ने तब भी आपत्ति नहीं की। किन्तु फिर देखा कि उद्योग-धन्धे, कल-कारखाने सबकुछ पश्चिमी पाकिस्तान में बनने शुरू हुए, और कुछ मंत्रियों के अलावा पूर्वी बंगाल का और कोई कहीं नहीं था, खासकर बड़ी-बड़ी सरकारी नौकरियों में पूर्वी बंगाल को वंचित करना शुरू हो गया था।

लियाक़त अली ख़ान बंगाली और पंजाबी सदस्यों के बीच विभेद पैदा कर शासन करना चाहते थे, क्योंकि वे रिफ्यूजी थे। उन्हें विशेष रूप से उस अफसरशाही पर निर्भर करना पड़ा था, जो पूर्णतः पश्चिमी पाकिस्तान की थी। सारे बड़े-बड़े कर्मचारी, सबके सब मुसलमान थे। पूर्वी बंगाल की जनता ने अपने ग्राम के हिन्दुओं और बड़े कर्मचारियों पर विश्वास न कर मुसलमान के नाम पर पश्चिमी पाकिस्तान के कर्मचारियों पर विश्वास किया था। नतीजा यह हुआ कि बंगाल के मुसलमानों को भाई कहकर भी और उन्हें धोखे में रखकर अपने अंश को आगे बढ़ाने में मदद दी।

1950 में ढाका में ग्रैंड नेशनल कन्वेंशन हुई थी। पूर्वी बंगाल का शिक्षित समाज, अवामी लीग के सदस्य, खासकर अताउर रहमान ख़ान, कमरुद्दीन अहमद तथा और भी कई इस विषय में सक्रिय हुए थे। जनाब हमीदुल हक़ चौधरी को तब मंत्रित्व से पदत्याग को बाध्य होना पड़ा था। उन्होंने भी सक्रिय रूप से अंशग्रहण किया था। उस वक्त वे पाकिस्तान ऑब्ज़र्वर निकाला करते थे। इससे काफी सुविधा हुई थी। ग्रैंड नेशनल कन्वेंशन से पूर्ण आंचलिक स्वायत्त शासन की माँग की गई। लियाक़त अली ख़ान ढाका आए तो एक प्रतिनिधिमंडल उनसे मिला और उन्हें पूर्वी

बंगाल की माँग से अवगत कराया। जनाब लियाक़त अली ख़ान ने इस आन्दोलन को अच्छी नज़र से नहीं देखा। सोहरावर्दी साहब भी चुप रहनेवाले नेता न थे। उन्होंने जीवन में संघर्ष किया था। पश्चिमी पाकिस्तान में वे एक दल का गठन करने में सक्षम हुए। कराची के कुछ युवक मुहाजिर कार्यकर्ताओं ने उनसे भेंट कर अवामी लीग का गठन करने का उनसे अनुरोध किया। पंजाब व सिन्ध के राजनीतिक कार्यकर्ता भी आगे आए। नवाब ममदोत के दल ने भी लियाक़त अली ख़ान का मुकाबला करने की तैयारी शुरू कर दी थी। जनाब ग़ुलाम मुहम्मद पाकिस्तान बनने से पहले एक सरकारी कर्मचारी थे। उन्हें अर्थमंत्री बनाने के कारण अफसरशाही ने भी मुहम्मद अली जिन्ना की मौत के साथ-साथ अपना सिर उठाया। चौधरी मुहम्मद अली ने केन्द्रीय सरकार के सेक्रेटरी जनरल बनकर एक शक्तिशाली सरकारी कर्मचारियों का ग्रुप बनाया। पूर्वी बंगाल में जनाब अज़ीज़ अहमद चीफ सेक्रेटरी थे। वास्तविक क्षमता का उपयोग वही करते। जनाब नूरुल अमीन उनके कहे बिना एक कदम भी इधर से उधर न करते।

हम जेल में दिन काट रहे थे। उस वक्त हम लोगों के लिए कोई बोलनेवाला था भी, ऐसा महसूस ही नहीं हुआ। सोहरावर्दी साहब ने लाहौर से एक बयान दिया, जो हम लोगों ने समाचार-पत्रों में पढ़ा। हमारे विरुद्ध मामला भी चल रहा था। शम्सुल हक़ साहब को लेकर मैं और मौलाना साहब बड़ी आफत में थे। उनका स्वास्थ्य भी काफी ख़राब हो गया था। वजन प्राय: बाईस पाउंड कम हो गया था। और उस पर वे रात-भर जिक्र (जाप) करते सो अलग। बीच-बीच में गरमी के दिनों में दोपहर के वक्त घंटों सारे शरीर को कम्बल से ढककर पड़े रहते। मौलाना साहब और मैंने इस विषय पर काफी विचार-विमर्श किया। ऐसे ही चलता रहा तो उनके पागल हो जाने की सम्भावना थी। दो-एक दिन मुझसे गुस्सा होकर बोले, 'मुझे न छोड़ा गया तो बौंड देकर चला जाऊँगा। तुम्हारे और भसानी के पागलपन के लिए क्या मैं जेल खटूँगा?' एक दिन सिविल सर्जन के आने पर मौलाना साहब और मैंने उन्हें हक़ साहब की अवस्था के बारे में बताया। जिस रफ्तार से उनका वजन कम हो रहा था, उससे उन्हें कभी भी कुछ भी हो सकता था। उन्होंने कहा, 'सरकार जब तक माँगेगी नहीं, मैं रिपोर्ट नहीं दे सकता, या फिर हक़ साहब दरख्वास्त दें तो मैं उस पर अपनी राय दे सकता हूँ।' शम्सुल हक़ साहब ने एक दरख्वास्त लिख रखी थी, उसे देने से मैंने उन्हें मना किया, और उन्होंने मेरी बात रखी भी। उन्होंने और एक चिट्ठी स्वास्थ्यगत कारणों से रिहाई की माँग करते हुए लिखी थी। हालाँकि दुर्बलता कुछ-कुछ पकड़ में आ रही थी, फिर भी कोई चारा नहीं। सिविल सर्जन साहब ने लिख दिया कि हक़ साहब का स्वास्थ्य सचमुच

ख़राब हो गया था। पाँच-सात दिन बाद उनकी रिहाई का आदेश आया। वे रिहा होकर चले गए। भसानी साहब और मैं, हम दो जन रह गए। कोर्ट में हक़ साहब से हमारी भेंट होती। सरकार ने सोचा कि जब हक़ साहब जैसा सख्त इनसान नरम हो गया तो भसानी और मैं भी नरम पड़ जाएँगे। मेरी मँझली बहन (शेख़ फ़ज़लुल हक़ मणि की माँ) ढाका में रहती थीं और मुझे देखने आया करती थीं। मैंने घर में सबको मना कर दिया था, फिर भी एक बार अब्बा मुझे देखने आए थे।

एक दिन भसानी साहब और मैंने कोर्ट में जाकर देखा कि मानिक भाई खड़े थे हमसे भेंट करने के लिए। बातचीत होने पर मानिक भाई बोले, 'नाना असुविधाओं में हूँ, हम लोगों की ओर ध्यान देनेवाला कोई नहीं। मैं क्या कर पाऊँगा! एक बड़ी नौकरी मिली है, कराची चले जाना चाहता हूँ, आप लोगों की क्या राय है?' मैंने कहा, 'मानिक भाई, आप भी हमें जेल में छोड़कर चले जाएँगे? लगता है, हमें देखनेवाला भी कोई नहीं रहेगा।' मुझे मालूम था कि मानिक भाई चार बच्चों के साथ काफी असुविधा में थे। बच्चों को फिरोजपुर में छोड़कर वे अकेले ही ढाका में थे। कुछ देर चुप रहकर मानिक भाई ने हम लोगों से कहा, 'नहीं, जेल में आप लोगों को छोड़कर नहीं जाऊँगा।'

मौलाना साहब ने 'इत्तफ़ाक़' पत्र निकाला था। कुछ हफ्ते निकलने के बाद वह बन्द हो गया, क्योंकि रुपए कहाँ थे? मानिक भाई से बोले, 'अखबार तो बन्द हो गया, तुम यदि चला सको तो चलाओ!' मानिक भाई बोले, 'चलेगा कैसे, रुपए कहाँ हैं?' फिर भी चेष्टा कर देखूँगा। मैंने मानिक भाई को अपने एक मित्र कर्मचारी के बारे में बताया जो मुझे अपने भाई की तरह प्यार करता था। वह सोहरावर्दी साहब का भक्त था और कलकत्ता में नौकरी करता था। हालाँकि वह बंगाल का रहनेवाला नहीं था पर बंगाल से और उसकी जनता से प्यार करता था। मेरे बारे में बताने पर वह कुछ मदद भी कर सकता था। मानिक भाई मामले की अगली तारीख पर बोले कि पत्र वह चलाएँगे। उन्होंने पत्र निकाला। अनेक जगहों से रुपयों का जुगाड़ करना पड़ा था। अपना जो कुछ भी था, वह पत्र पर ख़र्च करने लगे। कुछ ही दिनों में पत्र काफी लोकप्रिय होने लगा और अवामी लीग के समर्थक उनकी मदद करने लगे। यह पत्र हमें जेल में नहीं दिया जाता। मैं कोर्ट में आकर ले लेता और पढ़ता। सभी ज़िलों में कार्यकर्ताओं ने पत्र चलाना शुरू किया। जनता ने इसे अवामी लीग के पत्र के रूप में स्वीकार कर लिया। मानिक भाई, जिन्हें अंग्रेजी में लिखना पसन्द था और जो बांग्ला में लिखना ही नहीं चाहते थे, वही मानिक भाई बांग्ला के अनन्य श्रेष्ठ स्तम्भकार में परिणत हो गए। चमत्कारक रूप से उन्होंने लिखना शुरू किया। स्वयं ही वे 'इत्तफ़ाक़' से सम्पादक भी थे। छात्र लीग के दो-तीन कार्यकर्ता उनकी मदद करते। रुपए-पैसों के मामले में मेरा मित्र ही उनकी अधिक मदद करता। विज्ञापन मिलना कठिन था, क्योंकि व्यवसाय-

वाणिज्य था कहाँ ? और सरकारी विज्ञापन अवामी लीग के पत्र को दिए नहीं जाते थे। फिर भी अकेले अपने दम पर मानिक भाई ने पत्र को ज़िन्दा रखा।

सन् 1950 के आखिर में मामले की सुनवाई खत्म हुई। मैजिस्ट्रेट साहब ने जो फैसला दिया उसमें, मौलाना साहब और शम्सुल हक़ साहब को तो मुक्त कर दिया गया; और अब्दुर उर्फ़ फ़ज़लुल हक़ और मुझे तीन महीने का सश्रम कारावास हुआ। सज़ा हो या न हो फर्क क्या पड़ता, मैं तो सुरक्षा बन्दी था ही। मौलाना साहब भी लौटकर जेल में आए क्योंकि वे भी तो सुरक्षा बन्दी थे। अताउर रहमान साहब, कमरुद्दीन साहब तथा और भी अनेक लोग मामले में हमारे पक्ष में थे। मुझे डिविशन दिया गया था। अपील दायर करने पर भी मुझे खटना पड़ा। कुछ दिनों बाद मुझे गोपालगंज भेज दिया गया क्योंकि वहाँ एक और मामला दर्ज हुआ था। इतने दिन मौलाना साहब के पास रहा, अब उन्हें छोड़कर जाने में कष्ट हो रहा था। पर कोई चारा न था, जाना तो होगा ही। मैंने सज़ा भी भुगती और सुरक्षा बन्दी भी था। ढाका जेल में मुझे सूत कातने को दिया गया था। मुझसे जो होता, मैं करता, पर मुझे खूब अच्छा लगता था। बैठे-बैठे खाने से मेरा शरीर व मन दोनों ख़राब हो गए थे। मुझे नारायणगंज होते हुए खुलना मेल में ले जाया गया। खुलना मेल बरिशाल होकर जाती थी। बरिशाल में मेरी बहन तथा और भी कई रिश्तेदार थे। जहाज ज्यादा समय बरिशाल में नहीं रुकता, और कोई मिला भी नहीं। एक रिक्शेवाले से कहा था मेरे ख़ालाज़ाद भाई जहाँगीर को खबर देने को। जहाँगीर को सभी पहचानते थे। जहाज छूटने के समय देखा दौड़ा चला आ रहा था साइकिल लेकर। तब तक जहाज ने सीढ़ियाँ खींच ली थीं। खड़े-खड़े ही दो मिनट बातें कीं। उसने कहा कि उसे अभी-अभी खबर मिली थी। जहाज छूट गया। मेरे घर स्टेशन होकर ही जाना होता था। मेरे घर से तीन स्टेशन बाद ही गोपालगंज काफी रात गए पहुँचता था। हम पाटगाती स्टेशन से ही चढ़ा-उतरा करते थे। मुझे सभी जानते थे। मैंने स्टेशन मास्टर से पूछा कि मेरे घर की कोई खबर उनके पास थी कि नहीं ? जिस बात का डर था, वही हुआ। पिछली रात ही मेरी माँ, अब्बा, रेणु और बच्चे मुझे देखने को ढाका के लिए रवाना हो गए थे। एक जहाज में मैं इधर आया और दूसरे में वे उधर ढाका गए। एक ही नदी पर दोनों जहाजों का आमना-सामना भी हुआ, केवल हम लोगों का ही आमना-सामना न हो पाया। उन्हें देखे हुए एक वर्ष हो गया था। मन बहुत ख़राब हुआ। घर में और किसी को मैंने खबर न दी। कुछ दिन पहले रेणु ने लिखा था कि वह मुझे देखने ढाका आएगी। पर यह इतनी जल्दी होगा, सोचा न था। काफी रात गए मानिकदह स्टेशन पहुँचा। वहाँ से कुछ मील नाव में जाना पड़ता था गोपालगंज शहर। कुछ बन्दूकधारी पुलिसवालों के पहरे में मुझे ले जाया जा रहा था, उनमें एक हवलदार और उसके साथ थे दो गुप्तचर विभाग के कर्मचारी, एक दारोगा और एक अर्दली या शायद बॉडी-गार्ड। हम

लोग रात के आखिरी पहर गोपालगंज पहुँचे। मुझे पुलिस लाइन में ले जाया गया। पुलिस लाइन से मेरा गोपालगंज वाला घर काफी नज़दीक था। घर में कुछ छात्र थे, जो पढ़ाई-लिखाई करते थे। अवामी लीग और छात्र लीग का ऑफिस भी मेरे घर पर ही था। मेरा मन भी दुखी था और मैं थका हुआ भी था। मेरे लिए एक खाट छोड़ दी गई। मेरा खूब ख़याल रखा। शीघ्र ही मेरा बिस्तर लगा दिया गया और मैं सो गया।

सुबह उठकर हाथ-मुँह धोकर तैयार होने लगा। गोपालगंज में खबर फैल गई। पुलिस लाइन के बगल में ही शम्सुल हक़ मुख़्तार साहब रहते थे, जिन्हें सभी बासु मियाँ के नाम से जानते थे। उनकी पत्नी मुझसे बहुत स्नेह करती थीं। उन्हें मैं सासूजी कहकर बुलाता, वे मेरी रिश्तेदार थीं। वे अत्यन्त स्नेहशील और बुद्धिमती महिला थीं। मेरे लिए उन्होंने शीघ्र ही भोजन भेजा। 10 बजे मुझे कोर्ट में हाज़िर किया गया। काफी लोग इकट्ठा थे। मैजिस्ट्रेट ने हुक्म दिया कि मुझे थाना-एरिया में रखा जाए। अगले दिन मुकदमे की तारीख थी। गोपालगंज सब-जेल में डिविशन कैदी और सुरक्षा बन्दियों को रखने की कोई व्यवस्था नहीं थी। क्योंकि गोपालगंज में रिक्शा भी नहीं चलता था। अनेक लोग मेरे साथ चल पड़े थे। गोपालगंज की हर चीज से मैं परिचित था। यहीं के स्कूल में पढ़ा, मैदान में खेला-कूदा, नदी में तैरा; यहाँ के हर व्यक्ति को मैं जानता था और वे मुझे। बचपन की यादें कोई इतनी सहजता से नहीं भूलता। ऐसा कोई भी हिन्दू-मुसलमान का घर न था जिसे मैं जानता न था। गोपालगंज की हर चीज से मेरा परिचय था। इस शहर की हवा और रोशनी में मैं पला-बढ़ा था। यहीं से मैंने राजनीति का ककहरा सीखा। नदी के किनारे ही था कोर्ट और मिशन स्कूल। अब एक कॉलेज हुआ है। छात्र लोग पढ़ाई छोड़ मुझे देखने को निकल पड़े। कुछ दूर बाद ही दोनों ओर दुकानें थीं, प्रत्येक दुकानदार का नाम मैं जानता था। सबसे कुशल-क्षेम पूछता मैं थाने की ओर जा रहा था।

थाने में पहुँचते ही दारोगा साहब ने मुझे एक कमरा दे दिया, जहाँ आज़ादी से पहले राजनीतिक कार्यकर्ताओं को नज़रबन्द रखा जाता था। छुटपन में मैं इसी मुहल्ले में था। तब मैं नज़रबन्दियों से मिलता था, उनसे बातें करता था। मैं छोटा था इसलिए कोई मना नहीं करता था। यह भाग्य का परिहास था कि आज़ादी पाने के बाद उसी पुराने कमरे में मुझे रहना पड़ा।

थाने के बगल में ही मेरे एक मामा का घर था। वे नामी मुख़्तार थे। आज वे इस दुनिया में नहीं रहे। वे अब्दुस सलाम ख़ान साहब के भाई थे और उनका नाम था अब्दुर रज़्ज़ाक। वे सभी के प्रिय थे। उनके जैसा नि:स्वार्थ देशसेवक मैंने बहुत कम देखा था। अपने लिए उन्होंने कभी कुछ नहीं चाहा। कई बार मैंने उनके साथ अन्याय किया पर वे कभी गुस्सा नहीं हुए। सलाम ख़ान साहब और वे सौतेले भाई

थे, परन्तु किसी को कभी भी ऐसा नहीं लगा। सलाम साहब ने जब अवामी लीग छोड़ी तब रज़्ज़ाक साहब ने नहीं छोड़ी। वे एक आदर्शवान व्यक्ति थे। सच कहा जाए तो उनकी मौत से गोपालगंज यतीम हो गया था। लोग उनसे प्यार भी करते और उन पर भरोसा भी। सरकारी कर्मचारी भी उनकी श्रद्धा करते। लोग उन्हें 'राजा मियाँ' कहकर बुलाते थे। मैं उन्हें 'राजा मामा' कहता। कोर्ट से ही उनके घर खबर दे दी गई थी। मेरा खाना उन्हीं के घर से थाने में आएगा। थाने में पहुँचने से पहले ही मेरी नानी व मामी ने खबर भेजी कि खाना तैयार था, गुसल कर लूँ तो उन्हें खबर दी जाए। मैंने थाने के बाहर आकर देखा नानी व मामी खड़ी थीं। मैंने उन्हें सलाम किया। थाने के दोनों ओर रास्ते पर अनेक लोग मुझे देखने के लिए खड़े थे। मैंने बाहर आकर सभी को आदाब किया फिर सभी को शुभकामना देकर जिस कमरे में मेरे रहने का इन्तजाम किया गया था उसी कमरे में चला गया। घर से लोग आए थे, उनसे सारी खबर ली।

बहुत दिनों से सूर्यास्त के बाद बाहर नहीं रह पाया था। जेल में एक वर्ष हो गया था, शाम के बाद बाहर से ताला बन्द कर दिया जाता। खिड़की से मैं थोड़ी-सी चाँदनी और तारों को देखने की चेष्टा किया करता। आज बन्द कमरे में जाने की इच्छा नहीं हो रही थी। मैं बाहर ही बैठा रहा। पुलिस तो पहरा दे रही थी। रात की ड्यूटी पर जो पुलिस-कर्मचारी थे, वे भी आकर मेरे पास ही बैठ गए। काफ़ी बातें हुईं। बाहर से दो-एक दोस्त-यार भी आए। काफी रात को जब लेटा तो नींद आती भी तो कैसे? एक रूम में मैं था और दूसरे रूम में वायरलेस मशीन चल रही थी। खट-खट शब्द सोने ही नहीं दे रहे थे। मैं फिर से बाहर जाकर बैठ गया। बाद में जब और अच्छा नहीं लगा तो सोने लगा। बाहर नींद तो आ रही थी, पर कोई उपाय न था क्योंकि गोपालगंज के मच्छर काफी मशहूर थे। मौका लगते ही ऐसा काटते कि बस! सुबह जब होने को थी तब नींद आई और दिन चढ़े पर उठा। अगले दिन कोर्ट में हाज़िरी दी, तारीख पड़ गई क्योंकि फ़रीदपुर से कोर्ट इंस्पेक्टर आए और उन्होंने बताया कि सरकार की ओर से मुकदमे का संचालन करेंगे सरकारी वकील राय बहादुर विनोद भद्र। और वे पहुँच न पाए थे। एक महीने बाद की तारीख पड़ी और मुझे फ़रीदपुर डिस्ट्रिक्ट जेल में रखने का हुक्म हुआ। अब मुझे फ़रीदपुर जाना होगा और मुकदमे की तारीख के दिन वहीं से आना होगा।

गोपालगंज महकमा हालाँकि फ़रीदपुर ज़िला के अन्तर्गत था किन्तु यातायात का बन्दोबस्त अच्छा नहीं था। खुलना से रोज दो बार जहाज आता था। बरिशाल से भी जहाज से सीधे गोपालगंज जाया जा सकता था। गोपालगंज से मैं जहाज में मदारीपुर रवाना हुआ। सिन्धियाघाट नामक एक स्टेशन पर उतरकर रात को वहीं रहना होगा। अगले दिन सुबह लांच से भाँगा नाम के एक स्थान पर जाना होगा, फिर वहाँ से टैक्सी से जाना होगा फ़रीदपुर। पूरा डेढ़ दिन लगता था। शाम को

सिन्धियाघाट पहुँचा, वहाँ इर्रीगेशन डिपार्टमेंट का एक डाक-बँगला था। तीन नदियों के मुहाने पर यह डाक-बँगला भी तीन नदियों के किनारे पर था। मैंने डाक-बँगले में रात गुजारने का तय किया, पुलिस और गुप्तचर कर्मचारी भी राज़ी हुए, क्योंकि दूसरी किस जगह रखते? यह एक बन्दरगाह था, डाक-बँगले का चौकीदार मुझे जानता था। एक कमरे में एक कर्मचारी रहता था और एक कमरा मुझे दिया गया। नज़दीक के गाँव में भी मेरे कुछ भक्त थे। खबर मिलते ही वे दौड़े आए। मैंने चौकीदार को भोजन का बन्दोबस्त करने को कहा, सिपाहियों ने भी उसकी मदद की। क़ुर्बान अली और अज़हर नाम के दो कार्यकर्ताओं का घर डाक-बँगले के करीब ही था। वे इसरार करने लगे कि मैं उनके घर खाऊँ। मैंने कहा, 'मुझे तो कोई आपत्ति नहीं है, किन्तु तुम लोगों के घर जाना उचित न होगा क्योंकि जो लोग पहरा देकर मुझे सरकार के पास ले जा रहे हैं, खबर लग गई तो उनकी नौकरी नहीं रहेगी।' घर से उन्होंने तरकारी बनवाकर दी थी। काफी देर रात तक बरामदे में इज़ीचेयर पर नदी की ओर मुँह किए बैठा रहा। नौकाएँ जा रही थीं, आ रही थीं। मैंने पुलिसवालों से कहा, 'मेरी ओर से निष्फिक्र रहें और आराम से सोएँ। मुझे धक्का देकर यहाँ से भगाएँगे तो भी मैं नहीं जाऊँगा।' वे सभी हँस पड़े और बोले, 'हमें पता है, आपके लिए हमें चिन्ता नहीं है।'

अधिक समय तक न बैठ पाया, कहीं कोई आवाज़ न थी। मात्र 11 बजे थे और लग रहा था जैसे सारा देश सो गया था। केवल इक्का-दुक्का नावें चल रही थीं, वे भी निःशब्द।

भोरे उठ गया। 9-10 बजे मदारीपुर से लांच आता था, उसी से भाँगा जाना होगा। लांच आया, हम सवार हो गए। अनेक लोगों से परिचय हुआ। भाँगा में एक दिवानी अदालत थी। वहाँ मेरे दूर के रिश्ते के एक भाई वकालत करते थे। भाँगा के पास ही था नूरपुर गाँव, वहाँ मेरे फूफा का घर था। लांच अदालत के घाट पर ही रुकता था। खबर मिली तो भाई आए, उनसे भेंट हुई। मैं टैक्सी-स्टैंड की ओर चला। फुफेरे भाइयों को खबर मिली नहीं। टैक्सी तय कर फ़रीदपुर के लिए रवाना हुए। शाम हो गई थी। रात को जेल में मुझे ग्रहण नहीं करते, इसलिए मुझे पुलिस लाइन ले जाया गया। उसमें एक रूम था, जो शायद क्लब रूम होगा, वहाँ मेरे रहने का इन्तजाम किया गया। वहाँ जो रिजर्व इंस्पेक्टर थे, उन्होंने आकर अपने आदमियों को ध्यान रखने का निर्देश दिया कि मुझे कोई असुविधा न हो। मैंने किसी को भी खबर नहीं दी थी फिर भी अनेक लोग मुझे देखने आए। हालाँकि फ़रीदपुर में मेरे कई घनिष्ठ नाते-रिश्तेदार रहते थे, पर मेरे लिए किसी को कष्ट हो, यह मैंने कभी नहीं चाहा। पुलिस लाइन के सिपाहियों ने सुबह चाय-नाश्ते का प्रबन्ध किया था। मुझे खाना ही पड़ा। मन ही मन सोचा—आप लोग तो मुझे प्यार व स्नेह दे रहे हैं, किन्तु जिनके साथ मिलकर एक साथ काम किया, पाकिस्तान बनने से पहले जो

कहा करते थे, 'मेरे जैसा कार्यकर्ता नहीं हो सकता', आज वे ही लोग बिना विचार के मुझे जेल में न सिर्फ बन्द रख रहे हैं बल्कि सतत यह चेष्टा कर रहे हैं कि मुझे सज़ा मिले। बहरहाल, उनसे विदा लेकर मैं फ़रीदपुर जेल में आया। जेल अधिकारियों को पहले ही डी.आई.जी. से सूचना मिल गई थी। मैं जेल-गेट पर सुबह पहुँचा। जेलर और डिप्टी जेलर साहब ऑफिस में थे। मैं डिप्टी जेलर साहब के कमरे में बैठा। उन्होंने मेरे काग़ज़-पत्र देखे और बोले, 'आपको तो सज़ा भी है तीन माह की और उसके अलावा सुरक्षा क़ानून के अन्तर्गत बन्दी भी।' मैंने कहा, 'सज़ा तो ज्यादा दिनों की नहीं है क्योंकि महीने-भर से अधिक सज़ा तो मैं काट चुका हूँ।'

मुझे कहाँ रखा जाए, इसको लेकर उन्होंने चर्चा की, शायद टेलीफोन भी किया। कुछेक राजनीतिक बन्दी भी एक वार्ड में थे, मुझे वहाँ रखा जाएगा या अलग रखा जाएगा? बाद में सुना कि अन्ततः अस्पताल का एक कमरा खाली करने का हुक्म दिया गया। मेरा बक्सा, कपड़े आदि की तलाशी कर देखा गया। मैं चुपचाप बैठा रहा। बाद में एक जमादार ने आकर मुझसे कहा, 'आप इस कमरे में आइए।' मैं जब उस कमरे में गया तो उसने मेरी जेब में हाथ दे दिया। मैंने उससे कहा, 'आप मेरे शरीर को न छुएँ। आप मेरी तलाशी नहीं ले सकते। ऐसा क़ानून में है। जेलर साहब या डिप्टी जेलर साहब, आवश्यक हो जो, मेरी तलाशी ले सकते हैं।' मैंने जब कुछ गुस्से में यह कहा तो बेचारा घबरा गया। मैंने कहा, 'किसके हुक्म से आपने मेरे शरीर को छुआ, मैं यह जानना चाहता हूँ।' यह कहर मैंने डिप्टी जेलर से कहा, 'मामला क्या है? क्या आपने हुक्म दिया था?' डिप्टी जेलर ने उसे जाने को कहा और मुझसे बोले, 'बुरा न मानें। वह जानता नहीं था।' मैंने डिप्टी जेलर से कहा, 'देख लीजिए, मेरे पास क्या है। सिगरेट, दियासलाई और रूमाल।' उन्हें कुछ शर्म का अहसास हुआ और फौरन मुझे वहाँ से भेज दिया।

मैं पहली बार फ़रीदपुर जेल में आया था। अस्पताल पहली मंजिल पर था। मुझे निचले तले पर एक कमरे में एकाकी रहना था। अन्य कमरों में रोगी थे। बरामदा था, बाहर बैठ पाऊँगा, यह मुझे अच्छा लगा। मेरा अपना ज़िला था, कुछ जाने-पहचाने लोग थे। मेरी खिदमत के लिए मुझे एक 'फालतू' दिया गया था। मेरा भोजन राजनीतिक बन्दियों के वार्ड से आएगा। सुना कि वे पाँच या छह थे। मेरे पास जो किताबें थीं वही सहारा थीं। मैंने समाचार-पत्र देने को कहा। अस्पताल के सामने थोड़ी जगह थी, फूलों का एक बगीचा भी था, उसे और बेहतर बनाने का भार मैंने अपने ऊपर ले लिया। समय तो काटना ही होगा, अच्छा ही लग रहा था।

राजनीतिक बन्दियों के साथ मेरी भेंट की कोई गुंजाइश न थी। जेल हालाँकि बहुत बड़ी न थी, किन्तु जहाँ वे थे वहाँ से मेल-मुलाकात होने का कोई उपाय न था।

मैं उन दिनों रोज नमाज़ पढ़ता और क़ुरान की तिलावत करता था। क़ुरान-शरीफ़ के बांग्ला अनुवाद के भी कुछ खंड थे मेरे पास। ढाका जेल में शम्सुल हक़ साहब से लेकर मैंने मौलाना मुहम्मद अली का अंग्रेजी अनुवाद भी पढ़ा था।

ज़िले के साहब ने खुद आकर मुझसे कहा कि कोई असुविधा हो तो मैं उन्हें बताऊँ। दिन के समय जेल में मैं सोना नहीं चाहता था, फिर भी थकान के कारण सो गया। शाम को नींद से जागकर चाय पी और थोड़ी चहलकदमी की। शाम के समय ताला बन्द कर दिया गया। मेरा पहरा देने के लिए पाँच कैदियों को और मेरी सेवा के लिए एक फालतू को तैनात किया गया था। एक-एक पहरेदार कैदी दो-दो घंटे कमरे के भीतर पहरा देता। सिपाही बाहर से पूछता और पहरेदार भीतर से चीखकर जवाब देता, 'खिड़की-बत्ती ठीक है।' कितने क़ैदी थे, यह भी बताता। मैंने उनसे कहा था, 'चिल्लाइएगा नहीं, सिपाही पूछें तो धीरे से जवाब दें ताकि मेरी नींद में खलल न पड़े।' मेरे यहाँ चिल्लाहट कम हो तो क्या, अन्यान्य वार्डों में तो काफी चिल्लाते थे। तकदीर अच्छी थी कि वे वार्ड दूरी पर थे।

मुझे सज़ा देने के ख़याल से एकाकी रखा गया था। कारागार के अँधेरे कमरे में एकाकी रहना कितना तकलीफ़देह है, यह तो कोई भुक्तभोगी ही बता सकता था। जेल कोड में था कि किसी कैदी को तीन महीने से अधिक एकाकी नहीं रखा जा सकता। कोई कैदी जब जेल के नियम भंग करता तो कई बार जेल के कर्मचारी सज़ा के तौर पर सेल में एकाकी रखते। किन्तु तीन महीनों से अधिक रखने का हुक्म नहीं था।

सुबह नींद से उठकर कुछ समय चहलकदमी कर बरामदे में चाय पी रहा था कि अर्द्धवृद्ध कैदी, वह अस्पताल में भर्ती था, मेरे पास आया और जमीन पर बैठ गया। मैंने उससे पूछा, 'आपका घर कहाँ है?' वे बोले, 'घर गोपालगंज थाने के भेन्नाबाड़ी गाँव में और मेरा नाम है रहीम।' मैंने कहा, 'आपका नाम ही रहीम मियाँ है?' रहीम मियाँ के नाम से उन्हें सभी जानते थे। इतना बड़ा डकैत गोपालगंज महकमे में कोई दूसरा पैदा ही नहीं हुआ। उनका नाम सुनकर ही लोग डर जाते थे। रहीम मियाँ चोरी ही अधिक करते, पर बाधा देने पर डकैती करते। मैंने पूछा, 'रहीम मियाँ, आप ही मेरे घर से सर्वस्व चोरी कर ले आए थे न?' कुछ बोले बिना रहीम मियाँ काफी देर चुप रहे। 1938-39 में मेरी माँ, बड़ी बहन तथा अन्यान्य बहनों के सवा सौ भरी सोने के गहने और मेरी माँ के कई हजार रुपए नगद चोरी हो गए थे। अब्बा तब गोपालगंज में थे। हमारे घर के दो-चार सौ वर्षों के इतिहास में कभी चोरी नहीं हुई थी। यह पहली चोरी थी। रहीम मियाँ ने धीरे-धीरे कहा, 'हाँ, मैंने चोरी की थी।' मैंने कहा, 'हमारे घर में भी साहस करके आए कैसे? हमारे घर में तो बन्दूक थी। अनेक नाते-रिश्तेदारों के पास भी बन्दूकें थीं। इतना बड़ा घर, कितने सारे लोग थे?' उन्होंने कहा, 'गाँव के लोग और आपके घर के ही लोग साथ थे।' दो दिन

हमें खबर मिली थी कि हमारी ही एक प्रजा, हमारे गाँव का ही एक आदमी, जिसने अनेक दिन हमारे घर में काम किया, वह तब किराए की नौका चलाता था, आपकी नौका में रहीम और उसके गिरोह को लेकर आया था। चोरी होने के तीन दिन बाद हमारे घर आकर घटना की बात स्वीकार की थी। चोरी का सामान बरामद नहीं हुआ इसलिए उस मुकदमे का कुछ हुआ नहीं। थाने के एक दारोगा ने ही केस नष्ट कर दिया था। रहीम को पकड़ते तो शायद कुछ गहने बरामद होते, किन्तु अनेक दिन उसे पकड़ा ही न जा सका। अब्बा थाने के दारोगा के विरुद्ध लड़े थे इसलिए दारोगा साहब को अनेक विपत्तियों का सामना करना पड़ा था। तत्कालीन पुलिस सुपरिंडेंटेंड ने दारोगा के विरुद्ध दंडात्मक कार्रवाई की थी।

रहीम अपना इतिहास बताने लगा। अनेक दिनों से जेल में था। बोला, 'आपके घर में चोरी कर जब कुछ नहीं हुआ तो मैंने घोषणा की कि लोग कहते हैं कि चोर के घर में दालान नहीं होता तो मैं दालान दूँगा। देश के लोग समझ गए। कुछ दिन बाद बागेरहाट में एक और डकैती करने गया, वहाँ पकड़ा गया। काफी पैसा ख़र्च कर जमानत लेकर देश में लौटा। फिर एक और डकैती डालने गया गोपालगंज के उलपुर गाँव के रायचौधरियों के घर। डकैती कर लौटते वक्त पुलिस ने मुझे गिरफ्तार कर लिया। मैं किस रास्ते लौटूँगा, इसकी खबर उन्हें थी। इस मुकदमे में भी जमानत ली और फिर एक और जगह डकैती करने गया। वहाँ भी पकड़ा गया, और इस बार जमानत नहीं मिली। सारे मामलों को मिलाकर मुझे जेल में पन्द्रह-सोलह वर्ष हो गए। पाकिस्तान बनने के पहले दमदम जेल में था। वहाँ से राजशाही, फिर फ़रीदपुर जेल में आया। जानते हैं, जीवन-भर डकैतियाँ चोरी करने पर मैं पकड़ा नहीं गया, किन्तु आपके घर में चोरी करने के बाद मैं जहाँ भी गया, पकड़ा गया। जेल में सोच-विचार कर देखा कि आपका घर हमारा पुण्यस्थान था जहाँ हाथ डालते ही हाथ जल गए। आपकी माँ से क्षमा माँग पाता तो शायद पापमुक्त हो पाता।' मैंने कहा, 'रहीम मियाँ, मेरी माँ व अब्बा बहुत दुखी हुए थे क्योंकि हमारा सर्वस्व चला जाता तो भी कोई बात न थी किन्तु मेरी विधवा बड़ी बहन के गहने ही अधिक थे। वह उन्नीस वर्ष की अवस्था में विधवा हो गई थीं, तब उनके एक बेटा व एक बेटी थी।' उसने कहा, 'अब जीवन में कभी चोरी नहीं करूँगा। और कुछ बरस जेल खटनी होगी। अब शरीर टूट गया है।' उसने मुझसे अनुरोध किया कि कुछ दरकार हो तो मैं उससे कहूँ क्योंकि उसके गले में 'खोकर' था, जिसमें सोने की गिनी रखी थी। मैंने कहा, 'कोई दरकार नहीं।' मन ही मन कहा—हाँ, सोने की गिनी न होगी तो और क्या होगा? सवा सौ भरी गहना तो कोई मामूली बात न थी।—उसने और भी बताया कि फ़रीदपुर जेल के अनेक लोगों को उसने खरीद रखा था, कोई उसे कुछ न कहेगा। सोचा, क्यों कोई कुछ नहीं कहता, समझना क्या बाकी है? रहीम मियाँ अक्सर अस्पताल में भर्ती होकर रहता। उसका शरीर-स्वास्थ्य काफी ख़राब हो गया था।

समय मिलते ही मेरे पास चला आता। सुख-दुख की बहुतेरी बातें बताता। मुझे लगता था कि शायद उसके हृदय में एक परिवर्तन आया था।

जेलर थे सैयद अहमद साहब। वे हर समय मेरी खोज-खबर लेते। किसी प्रकार की कोई असुविधा हो तो बताने का अनुरोध करते। हालाँकि सरकार की ओर से कैदियों द्वारा घानी घुमाकर तेल निकलवाने की मनाही थी, तथापि फ़रीदपुर जेल में तब भी कैदियों से घानी द्वारा तेल निकलवाया जाता था। मैंने जेलर साहब से कहा, 'अभी भी आप जेल में आदमी से घानी घुमवाते हैं?' उन्होंने बताया, 'कुछ ही दिनों में बन्द हो जाएगा, गाय खरीदने दी है।' और कुछ ही दिनों में उन्होंने यह क्रम बन्द कर दिया था।

ढाका और फ़रीदपुर जेल में कई बड़े चोरों और भयानक डकैतों के साथ बातचीत हुई। किसी-किसी के गले में 'खोकर' (यानी गड्ढा) भी होता था जिसमें वे रुपए, सोने की अँगूठी, गिनी आदि रखते थे। आवश्यकता पड़ने पर उसी से वे जरूरत का सामान मँगाते। कुछ ठीक-ठाक व अच्छी तरह रहने के लिए वे कुछ-कुछ ख़र्च भी किया करते। कइयों ने तो मुझसे सिगरेट के काग़ज़ भी माँग लिये थे। एक बार ढाका में एक कैदी से मैंने कहा था, 'पहले आप खोकर की करामात दिखाएँ, नहीं तो मैं सिगरेट का काग़ज़ नहीं दूँगा।' वह बोला, 'दिखाऊँगा, पर थोड़ा रुकिए।' सिपाही के कुछ दूर जाते ही उसने उल्टी आने का भान किया और एक कच्चा रुपया (सिक्का) निकल आया। मैंने कहा, 'बस, अब और दरकार नहीं, मैं समझ गया।'

एक महीना गुज़र गया। फिर गोपालगंज जाने का समय हो आया। मुझे शाम से पहले गुप्तचर विभाग का एक कर्मचारी और बन्दूकधारी सिपाही जेल-गेट से ले गए। रात को मुझे पुलिस लाइन में रहना पड़ा क्योंकि भोर 5 बजे टैक्सी पकड़कर भाँगा जाना था। इतने तड़के जेल से कैदी को लेना सम्भव न था। पुलिस लाइन के करीब ही मेरे एक मित्र का घर था। उसे खबर दी तो वह मुझसे मिलने आया। उससे काफी देर बातें कीं। वह राजनीति नहीं करता था, इसीलिए किसी ने कुछ कहा नहीं। रात को पुलिस लाइन के क्लब में ही सोया। खूब भोर में भाँगा के लिए रवाना हुआ। भाँगा जाने में कुछेक घंटों का समय लगता था। दो फेरी नौका पार करनी पड़तीं। रास्ता भी बहुत ख़राब था। मेरे दो-एक रिश्तेदार उपस्थित थे। उन्होंने मेरे भोजन का इन्तजाम किया। लांच को ज्यादा देर न थी। हम लांच में चढ़कर बैठे, शाम को सिन्धियाघाट पहुँचे। रात वहीं बितानी होगी। मैंने कहा, 'सिन्धियाघाट उतरकर क्या होगा, चलिए मदारीपुर चलें। वहीं से तो रात 11 बजे जहाज छूटेगा। भोर रात को सिन्धियाघाट से चढ़ना बड़ा कष्टकर होगा।' सिपाहियों

ने आपत्ति नहीं की, काफी दूर उल्टा जाना पड़ता था। शाम को मदारीपुर पहुँचे। जहाज घाट पर ही था। मैंने जहाज में चढ़ते ही सभी के भोजन के बारे में बटलर को कह दिया। सिपाहियों ने कहा, 'इतना ख़र्च क्यों करेंगे ? घाट पर होटल है और जहाज छूटने में अभी बहुत देरी है, वहीं खा लेंगे।' मदारीपुर घाट में पाँच-छह घंटे देरी होगी। मेरे नाते-रिश्तेदारों, दोस्त-यारों को खबर मिली। अनेक लोग मिलने आए। कुछ देर उन सबसे बातचीत की कि कौन कैसा था। मुझे बहुत सारी मिठाई खरीदकर दे गए। वह मिठाई सभी को देने के लिए बटलर से कह दिया। रात के 11 बजे जहाज छूटा। अब मैं स्वाधीन था—हालाँकि पुलिस के पहरे में था, किन्तु बाहर की खुली हवा तो मिल रही थी।

सुबह 8 बजे हरिदासपुर स्टेशन पर उतरकर नौका में गोपालगंज पहुँचा। साथ के पुलिसवालों को कहा कि मुझे थाने में ले जाएँ। तब मुझे वहाँ छोड़कर जहाँ भी जाना चाहें, जा पाएँगे। गोपालगंज पहुँचकर देखा, थाने के घाट पर हमारी नौका थी। अब्बा माँ, रेणु, हसीना और कमाल को लेकर हाजिर थे। घाट पर ही उनसे भेंट हो गई। वे सब भी अभी-अभी ही घर से वहाँ पहुँचे थे। गोपालगंज से मेरा घर चौदह मील दूर था। एक वर्ष बाद आज मेरी उन सबसे भेंट हुई। हसीना ने मेरा गला पकड़ लिया और छोड़ ही नहीं रही थी। कमाल मुझे देखे जा रहा था। न वह पहचान पा रहा था, न समझ पा रहा था कि मैं कौन था ? माँ तो देखकर रो ही पड़ीं। अब्बा ने उन्हें डाँटकर रोने से मना किया। मैं थाने में चला आया और घर के सभी लोग हमारे गोपालगंज डेरे में जाकर ठहरे। थाने में जाकर देखा कि एक दारोगा साहब की बदली हो गई थी, उनका घर खाली पड़ा था, मुझे उसी में ठहरने की अनुमति दी गई।

शीघ्र ही कोर्ट में जाना होगा। तैयार होकर मैं कोर्ट के लिए रवाना हुआ। रास्ते में काफी भीड़ थी। कई गाँवों से अनेक साथी कार्यकर्ता और समर्थक मुझे देखने आए थे। मैं कोर्ट में हाजिर हुआ, हाकिम साहब ने अधिक देर न करते हुए गवाही लेना शुरू किया। अगले दिन भी तारीख रखी गई। मैंने अपने वकील से अदालत की अनुमति लेने को कहा ताकि मेरे अब्बा, माँ और बीवी-बच्चे थाने में मुझसे मिल सकें। अनुमति मिली। गोपालगंज के गुप्तचर विभाग के कर्मचारी और जो फ़रीदपुर से आए थे, ने मुझसे कहा, बाहरी लोग मिलेंगे तो असुविधा होगी। आपके अब्बा, माँ, पत्नी और बच्चे मिलेंगे तो कोई असुविधा नहीं होगी। मैंने कार्यकर्ताओं और मित्रों को थाने में जाने से मना किया, क्योंकि कोर्ट में तो सभी के साथ भेंट हो ही गई थी। थाने में लौट आया एवं दारोगा साहब के घर में ही मेरा सामान रखा गया। खबर पाकर अब्बा, माँ, रेणु वहीं आ गए। फ़रीदपुर से जो पुलिस गार्ड आए थे, वे ही मेरा पहरा देंगे और मुकदमा शेष होने पर ले जाएँगे। अब्बा, माँ और बच्चों के लिए कुछेक घंटे ही थे। कमाल मेरे पास आया ही नहीं, बस दूर से देखता रहा, शायद सोचता हो, कौन है यह आदमी ?

अगले दिन सुबह फिर मिलना हुआ। कोर्ट से लौटकर आते ही मुझे रवाना होना पड़ा। सबसे विदा लेकर जहाज में चढ़कर शाम के बाद मैं सिन्धियाघाट पहुँचा। रात वहीं बितानी होगी। रात को मैं डाक-बँगले में रहा। रात ठीक-ठाक कट गई। खाना ठीक नहीं था, किन्तु घर से खाने को कुछ दिया था। खूब सुबह लांच पकड़ा। सिन्धियाघाट पर भी कुछ कार्यकर्ता मिलने आए थे। लांच ने देर नहीं की थी इसीलिए शाम के समय फ़रीदपुर पहुँच पाया। मुझे रात को ही जेल में पहुँचा दिया गया। जेल में केवल ताला और चाभी थे। गेट पर ताला, वार्ड में ताला, कमरे में ताला। बाहर से ताला लगे कमरे में रात काटनी होगी। इसी प्रकार मुकदमे के सिलसिले में मुझे तीन-चार महीने फ़रीदपुर से गोपालगंज जाना-आना करना पड़ा। प्रत्येक तारीख पर मेरी घर के सभी से भेंट हुई। किन्तु फ़रीदपुर से गोपालगंज का आवागमन बहुत कष्टकर था। इसलिए मैंने सरकार को लिखा कि मुझे बरिशाल या खुलना जेल में रखा जाए ताकि गोपालगंज जाने-आने में सुविधा हो। खुलना या बरिशाल से जहाज में सीधे गोपालगंज जाया जा सकता था, कहीं चढ़ना-उतरना नहीं पड़ता था। सरकार ने तदनुसार मुझे बरिशाल या खुलना में रखने का आदेश दिया। अधिकारियों ने मुझे खुलना जेल भेज दिया। राजबाड़ी, जैसोर होकर खुलना जाना पड़ा।

खुलना जेल में जाकर मैं अवाक् हो गया। कोई जगह ही नहीं थी। मात्र एक दालान था, उसी में कैदियों और हाजतियों को एक साथ रखा गया था। मुझे कहाँ रखेंगे? एक सेल थी जिसमें भयानक प्रकृति के कैदियों को रखा जाता था। जेलर साहब मुझे भीतर ले गए और बोले, 'देखिए अवस्था, इस छोटी-सी जेल में आपको रखूँ कहाँ?' मैं फिर से राजबन्दी हो गया था क्योंकि सज़ा तो मैं पूरी काट चुका था। सज़ा तो मात्र तीन महीने की थी। इस जेल में अन्य कोई राजनीतिक बन्दी न था। मुझे बड़ा आश्चर्य हुआ। कर्तृपक्ष ने मुझे यहाँ भेजा कैसे? शायद छह सेल और उनके सामने भी चौदह फीट की दीवार। एक ओर था फाँसी-घर और दूसरी ओर थे बत्तीस पाखाने। सारे कैदी यहीं पाखाना करते। सामने जो तीन-चार हाथ जगह थी भी वहाँ दुर्गन्ध के मारे खड़े नहीं हुआ जाता था। भोजन की भी कोई अलग व्यवस्था नहीं की जा सकती थी क्योंकि उसका कोई उपाय ही नहीं था। एक सेल में मुझे रखा गया और अस्पताल से रोगियों का खाना भात-तरकारी जो मिलेगा, वही खाना होगा। घर से मुझे जो कुछ चिड़वा, मूड़ी, बिस्कुट आदि दिया था, वही खाकर रहना पड़ेगा। मैं तो तंग आ गया था। मैंने जेलर साहब से कहा, 'आप ऊपर लिखिए कि यहाँ जगह नहीं थी और मुझे यहाँ रखा नहीं जा सकता। और यदि यहीं रखना है तो रखने की समुचित व्यवस्था करनी होगी।'

कुछ दिनों में ही फिर मुकदमे की तारीख थी। जहाज में चढ़कर मैं सो गया। भोर में गोपालगंज पहुँचा देगा। इन कुछ दिनों में ही मेरा स्वास्थ्य ख़राब हो गया था।

एक दिन मुझे जेल के ऑफिस से बुला भेजा गया। सिविल सर्जन ज़िला जेल के एक्स ऑफिसिओ सुपरिंटेंडेंट होते थे। अभी खुलना में मुहम्मद हुसैन साहब सिविल सर्जन थे। जेल परिदर्शन करने जब वे आए तो मेरी बात सुनकर मुझे ऑफिस ले जाने को कहा। मैंने जाकर देखा, वे बैठे थे। मुझे उन्होंने अपने पास बैठने को कहा। मेरे बैठते ही बोल उठे, 'आप जेल क्यों खट रहे हैं?' मैंने भी उत्तर दिया, 'सत्ता दखल करने के लिए।' काफी देर वे मेरा मुँह ताकते रहे, फिर बोले, 'सत्ता दखल कर क्या करेंगे?' मैंने कहा, 'यदि कर पाया तो देश की जनता के लिए कुछ करूँगा। सत्ता हथियाए बिना क्या कुछ किया जा सकता है?' उन्होंने मुझसे कहा, 'बहुत दिनों से जेल के साथ मेरा सम्पर्क रहा। अनेक राजबन्दियों से मेरी भेंट हुई। अनेक के साथ बातचीत भी हुई, पर इस तरह से उत्तर किसी ने नहीं दिया, जिस तरह आपने दिया। सब एक ही बात कहते कि वे जनता के लिए जेल खटते थे, देश की ख़िदमत कर रहे थे, अत्याचार बर्दाश्त के बाहर था इसलिए प्रतिवाद किया और जेल में आए। किन्तु आपने सीधी बात कही इसलिए आपको धन्यवाद दिया।' फिर मेरी सुविधा-असुविधा के बारे में बात हुई। उन्होंने मुझे बताया कि ऊपरी अधिकारियों को उन्होंने राजबन्दियों की असुविधा के बारे में लिखा था। उन्हें उम्मीद थी कि उसका उत्तर शीघ्र ही आएगा। उन्होंने स्वीकार किया कि मुझे कष्ट हो रहा था। जेल ऑफिस के पीछे मामूली सी जगह थी। शाम को मैं वहीं चहलकदमी करता था। जेलर साहब ने हुक्म दिया था कि उस अन्धकूप में रह पाना पूर्णत: असम्भव हो गया था। खिड़की थी नहीं, मात्र एक दरवाजा था और फिर सामने दीवार का घेरा। राजशाही के एक सिपाही की ड्यूटी अक्सर वहाँ पड़ती। वह बहुत अच्छा गाता था। उसके आते ही मैं उसके गाने सुनता।

मुकदमा चल रहा था, मैं गोपालगंज आया। सरकारी कर्मचारी गवाह थे, प्राय: सभी का तबादला हो गया था। दूर-दूर से आना पड़ता था, एक-एक जन एक-एक बार आता। मैं जेल से जाता था और सरकारी वकील व कोर्ट इंस्पेक्टर फ़रीदपुर से आते थे। घर से खाना ले आए थे। मैंने उनसे कुछ अंडे खरीद देने को कहा क्योंकि बिना खाए मेरी अवस्था काफी ख़राब हो गई थी। एक महीने में ही शरीर बिलकुल टूट गया था। आँखों की अवस्था ख़राब थी और पेट का भी बुरा हाल था। अब तो सीने में भी दर्द का अनुभव होने लगा था। रेणु ने मुझे सावधान किया था और कहा था, 'भूल न जाना कि तुम हार्ट के मरीज थे और आँखों का भी ऑपरेशन हुआ था।' मैंने उसे समझाने की चेष्टा करते हुए कहा था, क्या किया जा सकता था। हाचू मुझे छोड़ना ही नहीं चाहता था। आजकल विदा लेने के समय रोना शुरू कर देता। अब कमाल भी मेरे पास आने लगा था। हाचू 'अब्बा' बोलकर देखता कि कमाल ने भी

'अब्बा' कहना शुरू कर दिया था। गोपालगंज थाना-अंचल में रह रहा था इसलिए कुछेक घंटे बच्चों के साथ रह पाने का अवसर मिल जाता था। कुछ दिनों बाद दो साथी मिले। नूरुन्नबी नाम का एक राजनीतिक बन्दी कोर्ट में हाजिरी देने राजशाही से आया था। उसके विरुद्ध खुलना कोर्ट में एक मामला था। राजशाही में जब राजबन्दियों पर गोली चलाई गई तब वह वहीं था। गोली के आघात से उसका एक पैर काफी जख्मी हो गया था और डॉक्टरों को उसका वह पैर काटना पड़ा। अब उसे एक पैर पर चलना पड़ता था। कम उम्र, सुन्दर चेहरा-मोहरा पर इस प्रकार उसका जीवन नष्ट कर दिया गया और मुक्ति नहीं दी गई। उसका घर बर्दवान में था।

कुछ दिनों बाद ढाका जेल से कृषक नेता विष्णु चटर्जी आए, पैरों में बेड़ियों समेत। उन्हें एक मुकदमे में सज़ा हुई थी। अब एक साधारण कैदी थे। और एक मामला खुलना कोर्ट में चल रहा था, जिसका विचार शुरू होनेवाला था। हमेशा उनके मुख पर मुस्कुराहट रहती, लगता था, उन्हें कोई दुख नहीं। एक दिन बोले, 'दुख तो कुछ नहीं है, पर इन लोगों ने मुझे डकैती के मामले में अभियुक्त बनाया।' विष्णु बाबू को डिविशन नहीं दिया गया था इसलिए उन्हें कैदियों के कपड़े पहनने पड़ते और कैदियों का खाना खाना पड़ता। नूरुन्नबी का चेहरा हर समय उतरा रहता। उसका दुख यही था कि वह जीवन-भर के लिए लँगड़ा हो गया। उससे मैंने राजशाही जेल के अत्याचार की करुण कहानी सुनी। देश स्वाधीन होने के बाद भी एक अंग्रेज कर्मचारी ने किस प्रकार निर्दयतापूर्वक गोली चलाने का हुक्म दिया और किस प्रकार सात स्वाधीनता संग्रामी राजनीतिक बन्दियों को मौत के मुँह में धकेल दिया गया। और जो बच गए उनकी हालत भी शोचनीय थी, क्योंकि उनके साथ इस प्रकार मारपीट की गई कि वे जीवन में कुछ करने लायक न रहे।

प्राय: तीन महीने हो गए खुलना जेल में आए हुए। सुरक्षा क़ानून के बन्दियों को छह-छह महीनों पर सरकार की ओर से एक नया हुक्म मिलता था। मुझे तो शायद अठारह महीने हो गए थे। छह महीनों के डिटेंशन ऑर्डर की मियाद शेष हो गई थी। नया ऑर्डर खुलना जेल में पहुँचा नहीं था। जेल-कर्तृपक्ष किस हुक्म के आधार पर मुझे जेल में रखेंगे? मैंने कहा, 'ऑर्डर जब नहीं आया तो मुझे छोड़ दें। यदि बन्दी बनाकर रखेंगे तो ग़ैर-क़ानूनी तौर पर मुझे बन्दी बनाकर रखने के लिए मैं मुकदमा दायर कर दूँगा।' जेल के कर्तृपक्ष ने खुलना के मैजिस्ट्रेट और ए.सी.पी. से बात की। उन्होंने भी बताया कि उनके पास भी कोई ऑर्डर नहीं था कि मुझे जेल में बन्दी बनाकर रख सकें। तथापि गोपालगंज के मुकदमे के सिलसिले में मेरे नाम पर एक प्रोडक्शन वारंट था, पर वह कस्टडी वारंट न था कि मुझे जेल में रखें। काफी विचार-विमर्श के बाद तय हुआ कि मुझे गोपालगंज कोर्ट में भेज दिया जाएगा एवं ढाका में रेडियोग्राम किया जाएगा। इस बीच ढाका से ऑर्डर गोपालगंज पहुँच सकता था। मुझे पुलिस पहरे में जहाज से गोपालगंज भेज दिया गया। अगले

दिन गोपालगंज कोर्ट ने मुझे जमानत दे दी। जनता ने मुझे लेकर एक विशाल जुलूस निकाला। घर में खबर भेज दी थी कि रात को घर पहुँचूँगा। अपने गोपालगंज वाले घर में बैठा था। लोग नौका भाड़ा करने गए थे। जब नौका आ गई और सबसे विदा लेकर मैं रवाना होनेवाला था कि उसी समय एक पुलिस इंस्पेक्टर और गुप्तचर कर्मचारी ने मेरे पास आकर कहा, 'एक बात कहनी है।' वे कोई पुलिस लेकर नहीं आए थे। मेरे साथ तब भी एक सौ के करीब लोग थे। उनसे अलग होकर मैं पुलिस इंस्पेक्टर के पास गया। उसने एक काग़ज़ मुझे दिया। रेडियोग्राम से ऑर्डर आया था कि मुझे फिर से सुरक्षा क़ानून के अन्तर्गत गिरफ्तार किया जाए। मैंने कहा, 'ठीक है, चलिए।' कर्मचारियों ने सज्जनता दिखाते हुए कहा, 'हमारे साथ नहीं जाना होगा। आप थाने में आ जाएँ, तो भी चलेगा।' यह शायद इसलिए कि मुझे लेकर जाने पर कोई गोलमाल हो सकता था। मैंने सबको बुलाया और कहा, 'आप लोग शोरगुल न करें, मुझे रिहाई नहीं मिली। मेरी गिरफ्तारी का हुक्म आ गया। मुझे थाने में जाना होगा। इनका कोई दोष नहीं, मैंने खुद हुक्म देखा है।' नौका को विदा कर दिया। बक्से में कपड़े-लत्ते, किताबें सब बाँधकर रखी थीं, उन्हें थाने में पहुँचाने को कह दिया। कुछ कार्यकर्ता रो दिए और कुछ चिल्ला पड़े, 'हम ले जाने नहीं देंगे। उन्हें ले जाना है तो छीनकर ले जाएँ।' मैंने उन्हें समझाया तो वे मान गए। गुप्तचर विभाग के अफसर बड़े सज्जन व्यक्ति थे। मैंने उनसे कहा, 'आप मेरे साथ चलें, वरना अच्छा नहीं लगेगा। कोई गोलमाल नहीं होगा।' मैंने फिर से घर आदमी भेजा, जो रात को ही रवाना हो गया। कल ही, हो सकता है, मुझे अन्य किसी जेल में ले जाया जाए। मैंने मना कर दिया था कि कोई न आए। मैं नहीं मिलूँगा।

रात को फिर से थाने में रहा। थाने के कर्मचारी भी दुखी थे। सत्रह-अठारह महीने बाद छोड़कर फिर गिरफ्तार करने का क्या कारण हो सकता था? अगले दिन आदमी ने लौटकर बताया कि घर में सभी रात-भर जागते रहे, यह सोचकर कि मैं किसी भी वक्त पहुँच सकता था। खबर मिली कि माँ बहुत रोयी थी। मेरा मन भी बहुत ख़राब हुआ। माँ, अब्बा, भाइयों-बहनों और बच्चों को यह दुख देना क्या उचित था? मैंने तो सरकारी बौंड दिया नहीं था, तो मुझे पहले रिहा क्यों किया? हुक्मनामा समय पर क्यों नहीं आया? मेरा तो कोई दोष था नहीं। मेरे साथ ऐसा व्यवहार करना उचित नहीं था। काफी रात गए तक लोग थाने में रहे। मैं भी बैठा रहा। सोचा, अभी अनेक दिन रहना होगा कारागार में। गोपालगंज थाने में मुझे दो दिन रहना पड़ा। ढाका से खबर नहीं आई कि मुझे किस जेल में रखा जाएगा। खुलना जेल में रहने के समय मेरा स्वास्थ्य काफी ख़राब हो गया था। इस घटना के बाद कुछ और ख़राब हो गया।

दो दो दिन बाद खबर आई कि मुझे फ़रीदपुर जेल में ले जाया जाए। मैं लौट आया फ़रीदपुर जेल। इस बार मुझे राजबन्दियों के वार्ड में रखा गया, जिसमें दो कमरे थे। एक कमरे में पाँच व्यक्ति थे और दूसरे में थे गोपालगंज के बाबू चन्द्र घोष, मदारीपुर के बाबू फणि मजूमदार और मैं। इन दोनों व्यक्तियों को मैं पहले से ही जानता था। फणि मजूमदार पहले फॉरवर्ड ब्लॉक के नेता थे। अंग्रेजों के शासन-काल में आठ-नौ वर्ष जेल भोग चुके थे। देश स्वाधीन होने के बाद भी इनकी रिहाई नहीं हुई। विवाह नहीं किया। उनके पिता पाकिस्तान में थे, पेंशन पाते थे। फणि बाबू देश छोड़ने को राज़ी न थे, इसलिए उन्होंने भी नहीं छोड़ा। हिन्दू-मुसलमान हर जाति-धर्म के लोग उनसे प्यार करते थे। कोई भी मुसीबत में पड़ता तो फणि मजूमदार हाज़िर हो जाते। किसी के घर कोई बीमार हो जाता तो फणि मजूमदार मदद को पास होते। मुझे अत्यन्त स्नेह करते। सरकार जिन्हें कम्युनिस्ट समझती, वे एक कमरे में थे और हम तीन जो कम्युनिस्ट नहीं थे, वे दूसरे कमरे में थे।

चन्द्र घोष एक सामाजिक कार्यकर्ता थे। जीवन में कभी राजनीति नहीं की। महात्मा गांधी की तरह एक कपड़ा पहनते और एक से शरीर ढँकते। सर्दियों में भी वही। जूते की जगह खड़ाऊँ पहनते। गोपालगंज महकमे में उन्होंने कई स्कूल बनाए। काशियानी थाना के रामदिया गाँव में एक डिग्री कॉलेज बनवाया। कई नहरें काटीं, कई रास्ते बनवाए। वे ऐसे ही काम करते। पाकिस्तान बनने के बाद एक सरकारी कर्मचारी ने अति उत्साह दिखाने के लिए सरकार को झूठी खबर देकर उन्हें गिरफ्तार करा दिया और उन्हें सज़ा हो गई। शहीद सोहरावर्दी साहब ने गोपालगंज आकर 1948 में उस कर्मचारी से कहा था कि चन्द्र घोष जैसे आदमी को गिरफ्तार कराकर और झूठे मामले में फँसाकर पाकिस्तान को ही बदनाम किया जा रहा था।

सज़ा पूरी कर चन्द्र घोष फिर सुरक्षा बन्दी हो गए। मैं गोपालगंज का था इसलिए मैं सारी खबर रखता था। मुस्लिम लीग और पाकिस्तान का आन्दोलन इन्हीं सब इलाकों में मैंने अधिक किया। देश के हिन्दू-मुसलमान सभी चन्द्र घोष को बहुत प्यार करते। कई मुसलमान तो उनके भक्त भी थे। अनुसूचित सम्प्रदाय के हिन्दू ही उनके अधिक भक्त थे। गोपालगंज के कुछ अनुसूचित सम्प्रदाय के हिन्दुओं ने पाकिस्तान आन्दोलन का समर्थन किया था, यहाँ तक कि कुछ निम्न शूद्र सम्प्रदाय के हिन्दू कार्यकर्ताओं ने हमारे साथ सिलहट के गणवोट (चुनाव) में काम किया था। चन्द्र घोष ने लड़कियों का एक हाईस्कूल भी बनवाया था। मैंने भी कई सरकारी कर्मचारियों से कहा था कि वे उन सज्जन पुरुष पर अत्याचार न करें, क्योंकि उन्होंने कभी राजनीति नहीं की थी। उन जैसे नि:स्वार्थ समाजसेवी के हाथों समाज का काफी भला हो सकता था। देश स्वाधीन हो चुका था, अब ऐसे लोगों के व्यवहार करने की दरकार थी। पर कौन किसकी बात सुनता था। सरकार को सूचना दी गई थी कि हिन्दू क़ानून नहीं मानते, हिन्दुस्तान का झंडा फहराते थे और चन्द्र घोष उनके

नेता थे। कहा गया कि शीघ्र ही और आर्म्ड पुलिस भेजो तथा और भी जाने क्या-क्या! किन्तु मैं जानता था कि सारी बातें झूठी थीं। गोपालगंज में मुसलमानों की शक्ति भी कोई कम न थी। जैसी अफवाहें थीं वैसे होता तो मुसलमान निश्चय ही बाधा देते। यह सब अन्याय हुआ होता तो साम्प्रदायिक दंगे हो जाते। पर वैसा कुछ हुआ ही नहीं था। चन्द्र घोष की गिरफ्तारी से हिन्दू डर गए थे। सवर्ण हिन्दू पश्चिमी बंगाल की ओर रवाना होना शुरू हुए। चन्द्र घोष को गिरफ्तार करने का एकमात्र मकसद सरकार को यह दिखाना था कि 'देखें मैंने किस प्रकार राष्ट्रद्रोही का दमन किया, कैसे पाकिस्तान की रक्षा की, इत्यादि-इत्यादि।

ख़राब स्वास्थ्य लेकर मैं फ़रीदपुर जेल में आया। आते ही मुझे तेज बुखार, सिर दर्द, सीने में दर्द का अनुभव हुआ। हालाँकि जेल-कर्तृपक्ष ने चिकित्सा में कोई त्रुटि नहीं की, फिर भी कुछ दिन खूब भोगना पड़ा। रात-भर चन्द्र बाबू ने मेरे सिर के पास बैठकर पानी ढाला। जब भी मुझे होश आया तो देखा वे मेरे पास ही बैठे थे। फणि बाबू भी काफी रात तक मेरे लिए जगे रहते। तीन दिनों में मैंने एक बार भी चन्द्र बाबू को बिस्तर पर लेटते नहीं देखा। कभी वे मेरा सिर दबा रहे थे, कभी सिर पर पानी ढाल रहे थे तो कभी दवा खिला रहे थे। कभी पथ्य खाने का अनुरोध कर रहे थे और खाना न चाहने पर धमकाकर खिला भी रहे थे। मैं उनसे इतना कष्ट न उठाने का अनुरोध करता तो वे कहते, 'जीवन-भर तो यही काम करता आया हूँ, अब बुढ़ापे में कष्ट नहीं होता।' डॉक्टर साहब मुझे अस्पताल ले जाना चाहते थे, किन्तु चन्द्र बाबू और फणि बाबू ने ले जाने नहीं दिया, क्योंकि वहाँ देखरेख कौन करता? अन्य राजनीतिक बन्दियों ने भी मेरे लिए काफी कष्ट उठाया। कुछ ही दिनों में मैं स्वस्थ हो उठा। किन्तु खूब कमजोर हो गया था इसलिए मुकदमे की तारीख के दिन गोपालगंज न जा पाया। घर के सभी लोगों को आकर लौट जाना पड़ा था। घर से नौका पर आना पड़ता था और गोपालगंज में रहना पड़ता था। नाना असुविधाएँ थीं। मेरे गोपालगंज न आ पाने पर अब्बा ने काफी चिन्तित होकर एक टेलीग्राम दिया था।

बुखार से तो मुक्ति मिली किन्तु हार्ट खूब दुर्बल हो गया था। आँख की बीमारी भी बढ़ गई थी। इसके अतिरिक्त पेट में भी दर्द का अनुभव होता। इसी प्रकार और एक महीना कट गया। गोपालगंज में मुकदमे की तारीख के दिन उसी पुराने रास्ते से जाना पड़ा। इस बार सिन्धियाघाट का डाक-बँगला मुझे और भी अच्छा लगा। अनेक दिनों के बाद मैं रात को कमरे से बाहर था। कितनी ही पुरानी बातें याद हो आईं। 1945 में इसी जगह सोहरावर्दी साहब को लेकर एक रात काटी थी। मेरे मित्र व सहकर्मी मुल्ला जलालुद्दीन मेरे साथ ही थे। यहीं से अगले दिन नौका

से उन्हें गोपालगंज ले जाया गया। फ़रीदपुर के लाल और हमीद ने मेरे साथ पाकिस्तान के आन्दोलन में काम भी किया था।

शाम के बाद अनेक लोग मुझे देखने आए। यह एक छोटा बन्दरगाह था। कुछेक छोटे-मोटे सरकारी कर्मचारी यहाँ रहते थे। उनमें से कई मेरी अस्वस्थता की खबर पाकर मुझे देखने आए। थोड़ी देर बातचीत करने के बाद धीरे-धीरे एक-एक कर सबने विदा ली। कुछ डर तो था ही कि हो सकता है गुप्तचर रिपोर्ट दे दें।

इसी बीच एक घटना घट गई। मदारीपुर के गुप्तचर विभाग के एक कर्मचारी ने रिपोर्ट दी कि मैं जब मदारीपुर में जहाज में था तब मुझसे लोगों ने भेंट की थी। इसलिए जो लोग पहरा देकर मुझे लाते थे, वे अब डर गए थे। उन्होंने मुझसे अनुरोध किया कि मैं बाहरी लोगों से अधिक बातचीत न करूँ। ठीक है, बातचीत नहीं करूँगा, किन्तु जो लोग मुझे देखने आएँगे, उन्हें बाधा कैसे दूँ? और बातचीत भी क्या? बस यही तो, 'अस्सलाम अलैकुम, वालेकुम अस्सलाम। कैसे हैं? आप लोग कैसे हैं?' बस इतना ही तो? वे भूल गए थे कि यह मेरा ज़िला था और यहाँ अनेक थे मेरे नाते-रिश्तेदार। इसी ज़िले में मैंने राजनीति की थी। प्राय: सभी थानों में मैंने पाकिस्तान के लिए सभाएँ की थीं, अनेक लोग मुझे पहचानते थे। कम से कम बीस-तीस आर्म्ड पुलिसवालों के साथ मुझे भेजना उचित था। सीधे सरकारी लांच द्वारा फ़रीदपुर से गोपालगंज और गोपालगंज कोर्ट से फ़रीदपुर लाने-ले जाने की दरकार थी। इन्हें दोष देने से क्या लाभ? जहाँ तक सम्भव होता, मैं स्वयं ही चेष्टा करता ताकि इन गरीबों की नौकरी की क्षति न हो।

अधिक समय तक बाहर बैठना उचित न था, मुझे बुखार हो जाता तो मुसीबत होती। भोर रात में जहाज भी तो पकड़ना था, हालाँकि घाट क़रीब ही में था। मैं गोपालगंज पहुँचा। इस बार भी घर से सभी आए थे। दो-तीन बड़ी नौकाएँ लेकर आए थे। मेरे स्वास्थ्य की अवस्था देखकर सभी चिन्ता में पड़ गए थे। माँ ने तो जोर-जोर से रोना शुरू कर दिया। शाम को कोर्ट से लौट आया। अगले दिन फिर तारीख पड़ी थी। मैंने कोर्ट-इंस्पेक्टर साहब से कहा, 'देरी क्यों कर रहे हैं? सारे गवाह हाज़िर करें।' गोपालगंज के पुराने एस.डी.ओ. भी गवाह थे। वे तो आए ही नहीं, उस वक्त शायद वे चटगाँव में थे। न आकर उन्होंने अच्छा ही किया क्योंकि एक गोलमाल होने की सम्भावना थी। लोग काफी ख़फ़ा थे।

एक आश्चर्यजनक घटना देखी। गोपालगंज के पुराने पुलिस इंस्पेक्टर साहब गवाही देने आए। शायद अब उनकी बदली ढाका में हो गई थी। गोपालगंज में ईमानदार व सज्जन कर्मचारी के रूप में उनका खूब नाम था। रिश्वत नहीं लेते थे। गवाही देने जब उठे तो एक भी झूठी बात नहीं कही, जो सच था, जो देखा था वही बताया। यह भी स्वीकार किया कि मैंने जनता को शान्ति से चले जाने के लिए कहा था। मैंने देखा कि सरकारी वकील इस पर खूब नाराज हुआ था, परन्तु बात तो कही

जा चुकी थी और हाकिम साहब ने लिख भी लिया था। अब और कोई चारा न था। मैं समझ गया कि मुकदमे में होना तो शायद कुछ नहीं था, पर अभी कुछ दिन और घूमना पड़ेगा। पाकिस्तान में ऐसे पुलिस कर्मचारी भी थे जो झूल बोलना नहीं चाहते थे। हमारे देश का जो क़ानून है वहाँ सच्चे मुकदमे में भी झूठी गवाही के बिना सज़ा देना मुश्किल था। मुकदमे झूठ से ही शुरू होते और झूठ से ही खत्म। जिस देश का विचार और इनसाफ़ झूठ पर निर्भर हो, उस देश के लोगों को न्याय मिल सकता है कि नहीं, इसमें सन्देह है।

फिर अगले महीने की तारीख पड़ी। मैं पहले की तरह ही थाने में लौट आया। दो दिन सुबह-शाम सबसे भेंट हुई। राजा मामा और मामी ने खाने का इन्तजाम कहीं और करने ही न दिया। मामी मुझसे बहुत स्नेह करती थीं। नानी भी वहीं थीं। मेरा भोजन उनके डेरे से ही आता था। घर से जो लोग आए थे, उनमें महिलाएँ मामा के घर में और पुरुष नौकाओं में रहते। मुझे जब एकाकी पाया तो रेणु ने कहा, 'जेल में रहने पर आपत्ति नहीं, किन्तु स्वास्थ्य का ध्यान रखो। तुम्हारी हालत देखकर मन बहुत ख़राब हुआ। तुम्हें समझना चाहिए कि तुम्हारे सिवा दुनिया में मेरा कोई नहीं। छुटपन में ही पिता-माता छोड़ गए। तुम्हें कुछ हुआ तो मैं जिऊँगी कैसे?' और वह रो पड़ी। मैंने उसे समझाने की कोशिश की तो नतीजा उल्टा हुआ। उसने और ज्यादा रोना शुरू कर दिया। हाचू और कमाल ने अपनी माँ को रोते देखा तो दौड़कर आए और उसके गले लगकर प्यार करने लगे। मैंने कहा, 'ख़ुदा जो करेगा, वही होगा, चिन्ता करने से क्या लाभ?' अगले दिन उनसे विदा ली। माँ को समझाने में काफी कष्ट हुआ।

मैं फ़रीदपुर जेल में लौट आया। देखा, चन्द्र बाबू अस्पताल में थे और उनकी अवस्था बहुत ही ख़राब थी। उन्हें हार्निया की शिकायत थी। पेट पर दबाव दिया तो हठात् नाड़ी उलट गई थी। नतीजा यह हुआ कि गले से मल गिरना शुरू हो गया। किसी भी समय मौत आ सकती थी। सिविल सर्जन साहब बहुत अच्छे डॉक्टर थे। वे ऑपरेशन करना चाहते थे। मौत जब आनी ही थी तो आखिरी चेष्टा करने में क्या हर्ज था, और वे यह आखिरी चेष्टा करना चाहते थे। चन्द्र बाबू का नाते-रिश्तेदार कोई था नहीं जो उनकी ओर से अनुमति-पत्र लिखकर देता। चन्द्र घोष स्वयं ही लिख देने को राज़ी हुए, बोले, 'कोई जब है ही नहीं, तो और क्या किया जाए!' सिविल सर्जन ने उन्हें बाहर के अस्पताल में ले जाने का हुक्म दिया तो चन्द्र घोष ने उनसे कहा, 'मुझे बाहर के अस्पताल में ले जा रहे हैं। मेरा तो अपना कोई है नहीं, मैं एक बार शेख़ मुज़ीबुर रहमान को देखना चाहता हूँ, वह मेरे भाई जैसा है। कौन जाने फिर मिलना हो या न हो!' सिविल सर्जन और जेल के सुपरिंटेंडेंट

के निर्देश पर मुझे जेल-गेट पर ले जाया गया। चन्द्र घोष स्ट्रेचर पर लेटे थे। देखकर लगा कि अब नहीं बचेंगे। मुझे देखते ही रो दिए और बोले, 'भाई! मरते समय मुझे एक ही दुख है कि इन लोगों ने मुझे 'साम्प्रदायिक' कहकर बदनाम किया। मैंने कभी भी हिन्दू-मुसलमान को भिन्न दृष्टि से नहीं देखा। सभी से कहना मुझे क्षमा कर दें। और तुमसे मेरा अनुरोध रहा कि मनुष्य को मनुष्य के हिसाब से देखना। मनुष्य-मनुष्य में कोई फर्क तो भगवान ने भी नहीं किया। मेरा और तो कोई है नहीं, अपना समझकर तुम्हें ही आखिरी बार देख लिया। भगवान तुम्हारा मंगल करें।' इस प्रकार उन्होंने ये सारी बातें कहीं कि सुपरिंटेंडेंट, जेलर साहब, डिप्टी जेलर, डॉक्टर और गुप्तचर कर्मचारी सबकी आँखें भर आईं। खुद मेरी आँखें भी भर आई थीं। मैंने उनसे कहा, 'आप चिन्ता न करें, मैं मनुष्य को मनुष्य के रूप में ही देखता हूँ। राजनीति में मेरे लिए न कोई हिन्दू था, न मुसलमान, न ईसाई। सभी मनुष्य थे।' और कुछ कहने की शक्ति मुझमें न थी। मैंने आखिरी बार कहा, 'अल्लाह चाहेगा तो आप ठीक हो जाएँगे।' और उन्हें ले गए। सिविल सर्जन साहब ने कहा, 'उम्मीद बहुत कम है, किन्तु मैं ऑपरेशन कर चेष्टा करूँगा।'

हम सभी खूब चिन्तित थे कि क्या होगा! दो घंटों बाद जेल-कर्तृपक्ष ने खबर दी कि ऑपरेशन हो गया था और अवस्था ठीक ही लग रही थी। शाम को फिर खबर मिली कि बचने की उम्मीद थी, फिर भी अभी कुछ कहा न जा सकता था। रात बड़ी बेचैनी में कटी। सुबह खबर मिली कि उनकी अवस्था में सुधार था। गले से मल नहीं आ रहा था। उम्मीद की जा सकती थी कि बच जाएँगे। अगले दिन सरकार से उनकी मुक्ति की खबर आई। मुक्ति तो उन्हें मिली तथापि उन्हें कुछ दिन अस्पताल में रहना होगा, यदि बच गए तो। शायद वे पन्द्रह दिन अस्पताल में थे। अब डर की कोई बात न थी, सिर्फ घाव अभी भी पूरी तरह ठीक नहीं हुआ था। अस्पताल से उन्हें छोड़ने के साथ-साथ ज़िला मजिस्ट्रेट ने अन्तरिम आदेश दिया कि उन्हें अपने ग्राम रामदिया में रहना होगा। चन्द्र घोष ज़िला मजिस्ट्रेट साहब से मिलने गए तो उन्होंने कहा, 'पाकिस्तान में रहना हो तो ग्राम में नज़रबन्द रहना होगा। और यदि इलाज कराने कलकत्ता जाना चाहें, तो हमें आपत्ति नहीं। जब लौटें तो पुलिस को खबर देनी होगी।'

चन्द्र बाबू राज़ी हुए और अपना मामूली-सा सामान लेकर जेल-गेट पर आए। जाने से पहले उन्होंने मुझे खबर दी थी। उनके चले जाने पर सचमुच मुझे दुख हुआ था। कुछ ही दिनों बाद फणि बाबू भी जाने कहाँ चले गए। अब इस कमरे में मैं अकेला रह गया। दिन के समय तो अन्यान्य राजबन्दियों से भेंट हो जाती पर रात को मुझे अकेले ही रहना पड़ता। प्रत्येक रविवार को किन्तु हम एक जगह बैठते और हल्की गप्पें मारा करते। हमारे बीच राजनीति की अधिक चर्चा न होती। कभी-कभार होती तो तर्क-वितर्क शुरू हो जाता। चार जने एकमतावलम्बी थे, मैं अकेला

एवं बाबू नेपाल नाहा अन्य मत के थे। हमारा राजनीतिक दृष्टिकोण अलग था। डॉ. मारूफ़ हुसैन हमारे भोजन के इंचार्ज थे। हम उन्हें 'मैनेजर' कहते। हमें कष्ट होता क्योंकि हमें जो दिया जाता उससे चलना कष्टकर था। फ़रीदपुर जेल में पर्याप्त साग-सब्जी होती थी, उसमें से कुछ बीच-बीच में हमें भी दी जाती।

ख़ैर, मैं और एक बार गोपालगंज गया। मेरा स्वास्थ्य बहुत ख़राब हो गया था। हार्ट कमजोर हो गया था, आँख का दर्द भी बढ़ गया था, पढ़ना-लिखना नहीं कर पा रहा था। मेरे बाएँ पैर में एक र्‍यूमेटिक दर्द हुआ था। सिविल सर्जन और डॉक्टर साहब ने मेरी अच्छी तरह चिकित्सा की किन्तु कोई सुधार न होते हुए देख बोले, 'आपको ढाका जेल में भेज देना चाहता हूँ क्योंकि आँखों और हार्ट का इलाज यहाँ हो पाना सम्भव नहीं। मेडिकल कॉलेज में भर्ती होकर इलाज कराने की दरकार है।' मैंने कहा, 'आपको जैसा ठीक लगे, वैसा करें। मैं क्या कह सकता हूँ!' लिखा-पढ़ी करने में कुछेक दिन का समय लगा। फिर और भी कुछ दिनों बाद सरकार की ओर से मुझे ढाका जेल भेजने का हुक्म आ गया। फ़रीदपुर से ट्रेन द्वारा गोवालन्द, फिर गोवालन्द से जहाज द्वारा नारायणगंज आया और नारायणगंज से टैक्सी द्वारा ढाका जेल। फिर जेल-गेट से जेल-अस्पताल।

गोवालंदेर का जहाज तब भी अच्छा और आरामदायक था। सरकार ने मुझे इंटर क्लास में ले जाने का पास दिया था। मैंने कहा, 'मैं फर्स्ट क्लास में जाऊँगा क्योंकि जहाज में बहुत भीड़ है और मुझे सोना है। मेरे रुपए आप लोगों के पास हैं, उन्हीं रुपयों से फर्स्ट क्लास की टिकट खरीद लें।' करेंगे क्या? मेरे साथ गोलमाल कर उन्हें अधिक सुविधा न होती, इसलिए राज़ी हो गए! इसके अलावा उन बेचारे गरीब सरकारी कर्मचारियों ने कभी नहीं चाहा कि मुझे असुविधा हो।

1951 के आखिरी दिन होंगे जब मैं ढाका जेल में आया। लगभग एक महीना जेल-अस्पताल में रहा। मेरा सामान उसी पुरानी जगह ले जाकर रखा गया था। मौलाना भसानी साहब को पहले ही मुक्ति मिल चुकी थी। कुछ ही दिनों बाद खबर मिली कि बरिशाल के मोहिउद्दीन साहब को ढाका जेल में लाया गया था सुरक्षा क़ानून के अन्तर्गत बन्दी बनाकर। वे कुछ दिन पहले तक ज़िला मुस्लिम लीग के सेक्रेटरी थे। साम्प्रदायिक दंगों से जुड़े होने के कारण सरकार ने उन्हें गिरफ्तार किया था। 1951 में बरिशाल में एक भयानक साम्प्रदायिक दंगा हुआ था। मोहिउद्दीन पाकिस्तान आन्दोलन के एक अच्छे कार्यकर्ता थे। छात्र आन्दोलन में मेरे विरोधी दल में थे। हमारे मुस्लिम लीग त्यागने पर भी वे उसी में बने रहे। उन्हीं के एक सहकर्मी, मेरे विशिष्ट मित्र क़ाज़ी बहाउद्दीन ज़िला छात्र लीग के नेता थे एवं मोहिउद्दीन साहब के विरुद्ध दल में थे। मैं और मेरे सहकर्मी मोहिउद्दीन को

अच्छी नज़र से नहीं देखते थे। और वे इसलिए कि तब तक वे सरकार के अन्धसमर्थक थे। मोहिउद्दीन से बातें कर देखा कि उनमें काफी परिवर्तन हुआ था। मैं यह समझ गया था कि यदि वे बाहर निकल पाए तो अब कभी मुस्लिम लीग नहीं करेंगे। साम्प्रदायिक राजनीति पाकिस्तान के लिए नुकसानदेह थी, यह उन्होंने स्वीकार किया।

ढाका जेल में मेरा इलाज नहीं होगा, मुझे ढाका मेडिकल कॉलेज अस्पताल में भेजना होगा। मैंने बता दिया कि मुझे केबिन देना होगा, अन्यथा मैं नहीं जाऊँगा। सरकार केबिन देने को राज़ी हो गई। मुझे मेडिकल कॉलेज ले जाने का बन्दोबस्त चल रहा था। मुझमें और मोहिउद्दीन में पहले अनेक ग़लतफ़हमियाँ थीं, पर अब तो हम दोनों बन्दी थे। हम दोनों में मित्रता हो गई। मोहिउद्दीन ने मुझसे कहा, 'तुम्हारे लिए तो तुम्हारा दल और छात्र लीग मुक्ति-आन्दोलन करेगी। मेरे लिए कोई नहीं करेगा। मैं तो मुस्लिम लीग में था और मुस्लिम लीग सरकार ने ही मुझे गिरफ्तार किया। तुम तो समझते हो, मैं राजनीतिक कार्यकर्ता, मेरे लिए अपने हाथों से दंगा करना सम्भव नहीं। मेरे नाम से झूठी अफवाहें फैला रहे हैं, क्योंकि लीग में दो दल हो गए हैं। मैं नूरुल अमीन साहब के दल के विरुद्ध था इसलिए उन्होंने मुझे सुरक्षा क़ानून के अन्तर्गत गिरफ्तार कर लिया।' उसने आगे कहा, 'तुम्हारे लिए तो शहीद साहब और भसानी साहब भी आन्दोलन करेंगे।' मैंने कहा, 'जो होना था, हो गया। वे मेरी मुक्ति की माँग करेंगे तो तुम्हारी मुक्ति की भी माँग करेंगे, मैं ऐसा बन्दोबस्त करूँग, तुम देख लेना।'

कुछ दिनों बाद ही मुझे मेडिकल कॉलेज अस्पताल में ले आया गया। आँखें दोनों ज्यादा कष्ट दे रही थीं। इसलिए आँखों के विख्यात डॉक्टर कैप्टन लस्कर ने पहले आँखों का इलाज शुरू किया। कुछ ही दिनों में इलाज से कुछ लाभ होगा। और कुछ दिन लगेंगे। डॉ. शम्सुद्दीन साहब ने हार्ट का इलाज शुरू किया। शाम को मुझे देखने अनेक लोग आते, क्योंकि शाम को 4 से 6 बजे के बीच कोई भी अस्पताल में आ सकता था। उस समय सामान्य कुछेक केबिन थे। मेरा केबिन पहली मंजिल पर ठीक सीढ़ी के पास था। मेडिकल कॉलेज के छात्र झुंड के झुंड आते, कोई कुछ बोल न पाता। केबिन के बाहर पुलिसवाले ड्यूटी पर तैनात रहते। शाम के बाद जब भीड़ कम होती, मैं बाहर बरामदे में घूमता। मैं बहुत कमजोर हो गया था।

भसानी साहब जेल से निकलकर हाथ पर हाथ धरे नहीं बैठे थे। हक़ साहब कुछ दिन चुप थे। शहीद साहब भी पूर्वी बंगाल में आए। भसानी साहब को लेकर उन्होंने मैमनसिंह, कुमिल्ला तथा और भी अनेक जगहों पर सभाएँ कीं। हर सभा में मुस्लिम लीग ने गोलमाल करने की चेष्टा की। ढाका में 144 धारा लागू की गई थी फिर भी शहीद साहब अरमनिटोला में गए थे क्योंकि वहाँ अनेक लोग जमा हुए थे। शहीद साहब ने सबसे चले जाने का अनुरोध किया था क्योंकि वे 144 धारा भंग करना नहीं चाहते थे। शहीद साहब और भसानी साहब ने मेरी मुक्ति की माँग जोर-

शोर से उठाई थी और मैं अस्वस्थ था एवं अस्पताल में था यह बोलना भी नहीं भूले। शहीद साहब व अताउर रहमान साहब विशेष अनुमति लेकर मुझे देखने अस्पताल आए। अनेक बातें हुईं, शहीद साहब ने मुझे खूब दुलराया। उन्होंने डॉक्टर साहबों को बुलाकर मेरी ओर विशेष ध्यान देने को कहा। मैंने मोहिउद्दीन की बात उठाई। शहीद साहब अचरज में मेरी ओर देखते रहे फिर बोले, 'तुम शायद नहीं जानते कि 1948 में शान्ति मिशन की सभा करने मैं बरिशाल गया तो इसी मोहिउद्दीन ने मेरे विरुद्ध लियाक़त अली ख़ान के पास एक झूठी चिट्ठी भेजी थी। और 1951 में उसने साम्प्रदायिक दंगा भी किया था।' मैंने कहा, 'सर! मनुष्य में परिवर्तन तो हो सकता है, कार्यकर्ता तो वह अच्छा था। आप तो जानते ही हैं, अभी वह जेल में ही है, मेरे साथ। मैं आपसे कहता हूँ, आप विश्वास करें, उसमें अनेक परिवर्तन हुए हैं। उसे अच्छी राह पर लाने से देश का बहुत काम होगा। हमारे उदार होने में तो कोई नुकसान नहीं है। मेरे लिए जब मुक्ति की माँग करें तब उसका नाम भी लें, और बाकी सबसे भी कहें।' शहीद साहब सागर की तरह उदार थे। जो भी व्यक्ति उनके पास जाकर एक बार हाजिर हो गया, उसने भले ही कितना भी बड़ा अन्याय किया हो, उन्होंने उसे क्षमा किया।

शौक़त साहब और छात्र लीग कार्यकर्ताओं ने एक आवेदन-पत्र छपाया था जिसमें ढाका के बहुतेरे गण्यमान्य व्यक्तियों के हस्ताक्षर कराकर मेरी मुक्ति की माँग की गई थी। मैंने शौक़त मियाँ से कहा कि मेहरबानी कर मोहिउद्दीन का नाम भी मेरे नाम के साथ दें। छात्र लीग तो इस बात से भयंकर नाराज। छात्र लीग के नेता अनेक रात में मुझसे मेडिकल कॉलेज में भेंट करने आते। कई तो मेडिकल कॉलेज के छात्र बनकर मुझसे मिलने आते। मैंने अनेक को समझा-बुझाकर राज़ी किया किन्तु बरिशाल के नेताओं ने मुझे ग़लत समझा, हालाँकि रिहाई पाने के बाद मैं उनकी गलतफ़हमियाँ दूर कर पाया था।

1951 के अक्टूबर महीने में मौलाना भसानी व मैं जब जेल में थे, उस समय रावलपिंडी की एक सभा में जनाब लियाक़त अली ख़ान की गोली मारकर हत्या कर दी गई थी। ख़्वाजा नज़ीमुद्दीन साहब गवर्नर जनरल का पद त्यागकर प्रधान मंत्री बने और ग़ुलाम मुहम्मद, जो अर्थमंत्री थे उन्हें गवर्नर जनरल बनाया। लियाक़त अली ख़ान ने जो षड्यंत्र की राजनीति शुरू की थी, उसी षड्यंत्र से ही उन्हें मरना पड़ा। कौन या कौन से लोग लियाक़त अली ख़ान की हत्या के पीछे थे, इसका पता आज तक नहीं चल पाया। और न शायद कभी चल पाएगा। षड्यंत्रकारी काफी शक्तिशाली थे, यह बात समझ में आती थी। क्योंकि उन्होंने अपना कोई निशान पीछे नहीं छोड़ा। दिन-दहाड़े खुली जनसभा में पाकिस्तान के प्रधान मंत्री की

गोली मारकर हत्या कर दी गई। हत्यारे को उनके इतना निकट स्थान कैसे मिला? कैसे उसने पिस्तौल उठाकर गोली चलाई और कोई देख क्यों नहीं पाया? गोली चलाने के साथ ही साथ आततायी की गोली मारकर हत्या करने का कारण क्या था? हम लोगों के मन में अनेक ऐसे ही प्रश्न उठे थे। हालाँकि उन्हीं के हुक्म और नूरुल अमीन साहब की मेहरबानी से हम लोग जेल में थे, फिर भी उनकी मृत्यु पर दुख हुआ था, क्योंकि षड्यंत्र की राजनीति में हम विश्वास नहीं करते।

पाकिस्तान में षड्यंत्र की जो राजनीति शुरू हो गई थी, उसी से हमें भय हुआ। राजनीतिक प्रतिद्वन्द्वी की गोली मारकर हत्या करना कितना जघन्य अपराध है, उसे शब्दों में बयान नहीं किया जा सकता। हम, जो लोकतंत्र में विश्वास करते थे, ऐसे जघन्य कामों से घृणा करते थे। ख़्वाजा नज़ीमुद्दीन साहब ने अपने मंत्रिमंडल में एक सरकारी अफसर को स्थान दिया, उनका नाम था चौधरी मुहम्मद अली। वे पाकिस्तान सरकार के सेक्रेटरी जनरल थे। उन्हें अर्थमंत्री बनाया गया। इसके बाद पाकिस्तान की राजनीति में अफसरशाही का खुला खेल शुरू हो गया। एक सरकारी अफसर हो गए गवर्नर जनरल तथा और एक हो गए अर्थमंत्री। ख़्वाजा साहब बड़ी दुर्बल प्रकृति के व्यक्ति थे। गुण तो उनमें बहुत थे परन्तु उद्यमशीलता और कर्मक्षमता का अभाव था। नतीजा यह हुआ कि अफसरशाही सिर उठाकर खड़ी हो गई। खासकर अपने में से एक को अर्थमंत्री होते देख चुपके-चुपके कइयों के मन में महत्त्वाकांक्षाएँ जाग उठीं। अफसरशाहों के गुट के सामने राजनीतिविद् पराजित होने लगे। दरअसल उस वक्त राजनीतिज्ञों में ऐसा कोई व्यक्तित्व-सम्पन्न नेता मुस्लिम लीग में था ही नहीं, जो अफसरशाही को दबाकर रख सके। नज़ीमुद्दीन साहब ने लोकतंत्र के मूल पर ही कुठाराघात किया, क्योंकि एक सरकारी कर्मचारी, जो राष्ट्रीय परिषद का सदस्य नहीं था, से नौकरी से पदत्याग कराकर मंत्रित्व देने का क्या अर्थ हो सकता था? हम लोगों को लगा कि एक विशेष प्रदेश के दबाव में आकर ही उन्हें यह काम करना पड़ा था। वे प्रधान मंत्री जरूर थे पर उनकी कैबिनेट में दो गुट काम कर रहे थे। एक गुट था पंजाबियों का और दूसरा बंगालियों का। पाकिस्तान के अन्यान्य प्रदेशों के नेता भीतर ही भीतर बंगाली गुट का समर्थन कर रहे थे। ख़्वाजा साहब भयंकर भूल कर बैठे।

प्रधान मंत्री बनने के कुछ दिन बाद वे पूर्वी बंगाल आए। पहली बार वे कुछ भी नहीं बोले। कुछ दिनों बाद, शायद 1951 के आखिर में या 1952 के जनवरी महीने में पल्टन मैदान की एक सभा में उन्होंने भाषण दिया और घोषणा की, 'उर्दू ही पाकिस्तान की एकमात्र राष्ट्रभाषा होगी।' 1948 में पूर्वी बंगाल के प्रधान मंत्री के रूप में उन्होंने जो वादा किया था, वह वादा तोड़कर वादाखिलाफी की। 1948 में राष्ट्रभाषा संग्राम परिषद के साथ उन्होंने समझौता किया था और खुद ही पूर्वी बंगाल की विधानसभा में प्रस्ताव पेश किया था कि पूर्वी बंगाल की ऑफिशियल

भाषा 'बांग्ला' होगी। इसके अतिरिक्त कहा गया था कि बांग्ला भाषा को पाकिस्तान की अन्यतम राष्ट्रभाषा का दर्जा देने के लिए केन्द्रीय विधानसभा में केन्द्रीय सरकार से अनुरोध किया जाएगा। यह प्रस्ताव पूर्वी बंगाल की विधानसभा में सर्वसम्मति से पारित हुआ था। जिस ढाका में बैठकर उन्होंने वादा किया था, उसी ढाका में बैठकर उन्होंने वादे से उलट बात कह दी। जाहिर है, देश में भयंकर क्षोभ पनपा। उस वक्त एकमात्र राजनीतिक दल पूर्वी पाकिस्तान अवामी लीग, छात्र संगठन छात्र लीग एवं युवा संगठन युव लीग, इन सबने इसका तीव्र प्रतिवाद किया।

मैं अस्पताल में था। शाम को मुहम्मद तोवाहा और अली अहद मिलने आए। मेरे केबिन में वार्ड की ओर एक खिड़की थी। मैंने उन्हें रात 1 बजे के बाद आने को कहा और यह भी कहा कि वे ख़ालिक नवाज़, क़ाज़ी ग़ुलाम महबूब तथा और भी छात्र लीग के कुछ नेताओं को खबर दें। दरवाजे के बाहर आई.बी. के लोग पहरा देते थे। रात को अनेक लोग सो गए थे, तब पीछे के बरामदे में वे पाँच-सात जन आए। मैं काफी रात गए तक चहलकदमी किया करता था। रात को कोई आता नहीं था, इसलिए कोई कुछ बोलता न था। पुलिसवाले चुपचाप पड़े रहते, क्योंकि वे जानते थे कि मैं भागूँगा नहीं। गुप्तचर विभाग का कर्मचारी एक किनारे बैठा ऊँघता। बरामदे में बैठकर बातचीत हुई और मैंने एक सर्वदलीय संग्राम परिषद गठन करने को कहा। अवामी लीग के नेताओं को भी खबर दी। छात्रों के बीच एकमात्र छात्र लीग ही लोकप्रिय संगठन था। छात्र लीग के नेता राज़ी हुए। अली अहद और तोवाहा ने कहा कि युव लीग भी राज़ी होगी। बांग्ला भाषा की माँग को दबाने का षड्यंत्र फिर से चल रहा था। अभी प्रतिवाद न किया तो केन्द्रीय विधानसभा में मुस्लिम लीग उर्दू के पक्ष में प्रस्ताव पास करा लेगी। नज़ीमुद्दीन साहब ने उर्दू को ही एकमात्र राष्ट्रभाषा करने की बात नहीं कही बल्कि अनेक नए युक्ति व तर्क भी दिए। अली अहद हालाँकि अवामी लीग और छात्र लीग का सदस्य नहीं बना था, किन्तु व्यक्तिगत तौर पर मुझे बहुत मानता व श्रद्धा करता। मैंने कहा, 'खबर मिली है कि मुझे शीघ्र ही फिर से जेल भेज देंगे, क्योंकि मैं अस्पताल में रहकर राजनीति करता था। तुम लोग कल रात फिर आना।' और भी दो-एक छात्र लीग नेताओं को आने को कहा। शौक़त मियाँ तथा अवामी लीग के कुछ कार्यकर्ताओं को भी मिलने को कहा। अगली रात एक-एक कर अनेक लोग आए। वहीं तय हुआ कि आगामी 21 फरवरी को 'राष्ट्रभाषा दिवस' के रूप में पालित किया जाएगा एवं सभा कर एक संग्राम परिषद का गठन किया जाएगा। राष्ट्रभाषा संग्राम परिषद की कन्वेंशन छात्र लीग की ओर से आयोजित की जाएगी। फरवरी से ही जनमत तैयार करना शुरू किया जाएगा। मैंने आगे कहा, 'मैं भी अपनी मुक्ति की माँग पर 16 फरवरी से अनशन शुरू करूँगा। मुझे जेल में छब्बीस महीने हो गए।' मैंने यह भी कहा था, 'मोहिउद्दीन जेल में है, मेरे पास रहता है। यदि वह अनशन करने को राज़ी हुआ, तो खबर दूँगा।

उसका नाम भी अपने साथ दे दूँगा। हमारे अनशन की नोटिस देने के बाद ही शौक़त मियाँ पैम्फलेट व पोस्टर छपाकर बाँटने का बन्दोबस्त करेंगे।'

दो दिन बाद ही देखा कि एक मेडिकल बोर्ड को गठन कर मुझे एक्ज़ामिन करने आए थे। उन्होंने राय दी कि मैं काफी हद तक स्वस्थ था और अब कारागार में ही मेरा इलाज हो सकता था। सरकार ने अच्छे से इलाज कराए बिना ही मुझे ढाका जेल भेज दिया। मैंने जेल में पहुँचकर मोहिउद्दीन को सारी बात बताई। अनशन करने को वह भी राज़ी हो गया। हम दोनों ने 1 फरवरी को सरकार के पास दरख्वास्त भेजी कि यदि 15 फरवरी तक हमें मुक्ति न दी गई तो 16 फरवरी से हम अनशन शुरू करेंगे। दा दरख्वास्तें दीं। मुझसे जब जेल-कर्तृपक्ष ने अनशन न करने का अनुरोध किया तो मैंने कहा था, 'छब्बीस-सत्ताईस महीनों से बिना विचार के बन्दी बनाकर रखा है जबकि मैंने कोई अन्याय नहीं किया। तय किया है कि अब जेल के बाहर जाऊँगा या तो जीवित अवस्था में या फिर मर कर।' 'Either I will go out of the jail or my deadbody will go out.' उन्होंने सरकार को बता दिया। बाहर खबर देकर ही आया था कि अमुक तारीख को दरख्वास्त दूँगा। बाहर में समस्त ज़िलों में छात्र लीग के कार्यकर्ताओं को व जहाँ-जहाँ अवामी लीग थी, वहाँ-वहाँ खबर भेज दी गई थी। सामान्य कुछ ज़िलों को छोड़कर अवामी लीग तब तक ठीक से गठित नहीं हुई थी। किन्तु समस्त ज़िलों में मेरे व्यक्तिगत मित्र व सहकर्मी थे। इधर राष्ट्रभाषा संग्राम परिषद का गठन भी हो गया था। 21 फरवरी का दिन भी तय कर लिया गया था। उसी दिन पूर्वी बंगाल की विधानसभा बैठनेवाली थी। क़ाज़ी ग़ुलाम महबूब को संग्राम परिषद का कन्वेनर बनाया गया था। 1948 में छात्रों ने अकेले बांग्ला भाषा की माँग को लेकर संग्राम किया था। इस बार मेरा विश्वास था कि जनता आगे आएगी। क्योंकि जनता समझने लगी थी कि बांग्ला भाषा को राष्ट्रभाषा नहीं बनवाया जा सका तो उन्हें ग़ुलामी की बेड़ियाँ फिर से पहननी होंगी। कोई भी जाति मातृभाषा का अपमान नहीं सह सकती। पाकिस्तान जनता के छप्पन शतांश बांग्लाभाषी होने के बावजूद बंगालियों ने केवल बांग्ला भाषा को राष्ट्रभाषा बनाना चाहा। उन्होंने चाहा कि बांग्ला के साथ उर्दू को भी राष्ट्रभाषा बनाया जाए तो उन्हें कोई आपत्ति नहीं। किन्तु बंगालियों की इस उदारता को अनेक लोगों ने दुर्बलता समझा। इधर बंगालियों ने अनुभव करना शुरू किया कि अर्थनीतिक स्तर पर व्यवसाय-वाणिज्य, सरकारी नौकरियों आदि के मामले में उनके साथ अन्याय-अविचार हो रहा था। पश्चिमी पाकिस्तान की राजधानी कराची में होने से बंगाली सुयोग-सुविधाओं से वंचित होने लगे थे। पूर्वी पाकिस्तान अवामी लीग की आंचलिक स्वायत्त शासन की माँग एवं अन्ततः सर्वदलीय 'ग्रैंड नेशनल कन्वेंशन' में स्वायत्त शासन की माँग में बंगालियों का मनोभाव स्पष्ट हो गया था। पूर्वी बंगाल के मुस्लिम लीग नेता जनता से जितना दूर होते जा रहे थे

उतना ही उन्होंने पश्चिमी पाकिस्तान की कोटरी और अफसरशाही पर सत्ता में बने रहने के लिए निर्भर करना शुरू कर दिया था। ख़्वाजा नज़ीमुद्दीन और जनाब नूरुल अमीन ने जनता से डरना शुरू कर दिया था। इसीलिए टंगाइल उपचुनाव में हारने के बाद अनेक विधानसभा के आसन रिक्त होने के बावजूद उपचुनाव कराने का साहस नहीं जुटा पा रहे थे।

मुस्लिम लीग के नेता चूँकि जनता की आस्था खोते जा रहे थे इसलिए वे अफसरशाही पर निर्भर हो गए थे। उस वक्त पूर्वी बंगाल के चीफ सेक्रेटरी थे जनाब अज़ीज़ अहमद (पुराने आई.सी.एस.)। वे अत्यन्त बुद्धिमान व कुशल व्यक्ति थे और कामकाज में अत्यन्त दक्ष। वे केन्द्रीय सरकार के प्रतिनिधि के हिसाब से ही काम करते थे। हबीबुल हक़ चौधरी साहब के विरुद्ध पोडो मामले[22] में गवाह के रूप में उन्होंने स्वीकार किया था कि वे मंत्रियों को कामकाज के बारे में फाइल रखते थे और तत्सम्बन्धित खबर केन्द्रीय सरकार को देते थे। हमीदुल हक़ चौधरी साहब मंत्रित्व त्याग करने को बाध्य हुए थे, किन्तु उनके सहकर्मी क्षमता में थे। कोई व्यवस्था ग्रहण करने का उन्हें साहस न हुआ। अज़ीज़ अहमद के व्यक्तित्व के सामने अधिक कुछ कहने का साहस भी न जुटा पाते। जनमत को अपनी ओर करने की चेष्टा करने के बजाय मुस्लिम लीग सरकार अवामी लीग तथा विरोधी मनोभावापन्न कार्यकर्ताओं और नेताओं पर पिल पड़ी, और कोई भी बहाना बनाकर सुरक्षा क़ानून का व्यवहार करना शुरू किया।

इधर जेल में हम दो जन भूख हड़ताल करने के लिए प्रस्तुत हो रहे थे। हमने बातचीत कर तय किया कि चाहे जो भी हो हम अनशन भंग नहीं करेंगे। यदि इस रास्ते चलकर मौत आती है तो आए। जेल–कर्तृपक्ष, खासकर सुपरिंटेंडेंट अमीर हुसैन साहब और तत्कालीन राजबन्दियों के डिप्टी जेलर मोखलेसुर रहमान साहब ने हम लोगों को समझाने की बहुत चेष्टा की। हम लोगों ने उनसे कहा, 'हमें आप लोगों से कोई शिकायत नहीं और न हम इसलिए अनशन कर रहे। सरकार ने बिना विचार के हमें वर्षों से बन्दी बनाकर रखा है, उसी के प्रतिवाद में है हमारी भूख हड़ताल। हमने इतने दिन जेल में गुज़ारे, आप लोगों से हमारा कभी मनोमालिन्य नहीं हुआ, क्योंकि हम जानते हैं कि सरकार के हुक्म पर ही आप लोगों को चलना होता है।' मोखलेसुर रहमान बड़े भोले–भाले, भद्र व शिक्षित व्यक्ति थे। वे काफी लिखते–पढ़ते थे।

15 फरवरी की सुबह मुझे यह कहकर जेल–गेट पर ले जाया गया कि कुछ बातें करनी हैं हमारे अनशन के बारे में। मैं जब जेल–गेट पर पहुँचा तो देखा कि मोहिउद्दीन को भी वही कहकर ले आया गया था। कुछेक मिनट बाद मेरा सामान,

कपड़े-लत्ते और बिछौना लेकर जमादार साहब हाजिर थे। मैंने पूछा, 'मामला क्या है?' तो कर्तृपक्ष ने कहा, 'आप लोगों को अन्य जेल में भेजने का हुक्म हुआ है।' पूछा, 'किस जेल में?' परन्तु किसी ने कुछ नहीं बताया। इधर आई.बी. अफसर और आर्म्ड पुलिसवाले तैयार होकर आए थे। खबर छिपी नहीं रह सकती। एक ने मुझसे कह दिया कि फ़रीदपुर जेल में। हम दोनों को एक ही जेल में भेजा जा रहा था। उस वक्त 9 बज गए थे। 11 बजे नारायणगंज से जहाज छूटता था, वही जहाज हमें पकड़ना होगा। मैंने देर लगाना शुरू किया क्योंकि ऐसा किए बिना किसी को पता भी नहीं चलेगा कि हमें कहाँ भेजा जा रहा था। पहले मैंने एक-एक कर अपनी किताबों को मिलाना शुरू किया, फिर कपड़ों को। फिर हिसाब-किताब मिलाया, कितने रुपए ख़र्च हुए, कितने थे। देरी करते-करते 10 बजा दिए। रवाना होने में और आधा घंटा लगा दिया। आर्म्ड पुलिस का सूबेदार और गुप्तचर कर्मचारी हड़बड़ी मचा रहे थे। सूबेदार पाकिस्तान बनने के समय गोपालगंज में था, और वह बलूची था। मुझे बहुत मानता और श्रद्धा करता। उसने मुझे पाकिस्तान के लिए काम करते हुए देखा था। मुझे देखते ही बोल पड़ा, 'ये क्या बात है, आप जेलखाने में?' मैंने उत्तर दिया, 'किस्मत!' और कुछ नहीं कहा। हमारे लिए एक बन्द घोड़ागाड़ी लाई गई थी। गाड़ी के भीतर खिड़की चढ़ाकर दरवाजे के कपाट बन्द कर दिए। दो जन भीतर ही हमारे साथ बैठे। अन्य लोग और एक गाड़ी में पीछे-पीछे विक्टोरिया पार्क के बगल के रोड से चले। वहाँ जाकर देखा कि पहले से ही एक आर्म्ड पुलिस टैक्सी रिजर्व करके खड़ा था। उस समय बड़ा कष्टकर था टैक्सी मिलना। हम धीरे-धीरे उतरे, फिर चढ़े। किसी परिचित व्यक्ति से भेंट नहीं हुई हालाँकि मैंने इधर-उधर ताककर देखा था। टैक्सी को शीघ्र चलाने के लिए कहा गया तो मैंने टैक्सी वाले से कहा, 'अधिक तेज मत चलाइगा, कहीं ऐसा न हो कि इहलीला सड़क पर ही समाप्त हो जाए।'

हम पहुँचे तो खबर मिली कि जहाज तो जा चुका था। अब क्या हो? हमें कहाँ ले जाएँगे? रात के 1 बजे एक और जहाज छूटेगा। हमें नारायणगंज थाने में ले जाया गया। ऊपर वालों को फोन कर उनसे थाने में रखने का हुक्म लिया। हमें पुलिस बैरक के एक कमरे में ले जाया गया। थाने में एक परिचित व्यक्ति को देखा तो उसे शम्सुज़्ज़ोहा को खबर देने को कहा। ख़ान साहब उस्मान अली साहब का घर सभी पहचानते थे। घंटे भर में जोहा साहब, बजलुर रहमान तथा और भी कई लोग थाने में हाज़िर हुए। हमारे लिए वे भोजन भी लाए थे। बाद में अलमास अली भी हमसे मिलने आए। मैंने उन लोगों से कहा, 'रात को होटल में खाना खाने जाएँगे। कौन से होटल में जाएँ, बता जाइए। आप लोग पहले से ही उस होटल में बैठे रहें। बात करनी है।' इसी बीच मैंने बता दिया कि क्यों हमें ढाका जेल से फ़रीदपुर जेल में बदली किया गया था। उन्हें अधिक समय तक थाने में रहने नहीं दिया गया। होटल

का नाम बताकर वे विदा हुए। मैंने कहा, 'रात 8 बजे से साढ़े आठ के बीच हम होटल पहुँचेंगे।' ढाका–नारायणगंज रोड पर एक नया होटल बना था। इकमंज़िला होटल था।

मैंने सूबेदार साहब से कहा, 'हमें अब भोजन कर लेना चाहिए। चलिए, होटल में खाने चलते हैं, वहीं से जहाजघाट चले जाएँगे।' वह राज़ी हो गए। मुझे विश्वास था कि वे मेरी बात मानेंगे। हमें भोजन तो कराना ही होगा। एक सिपाही के हाथ सामान स्टेशन पर भेज दिया और हम यथासमय होटल पहुँचे। पहली मंजिल पर एक कमरे में बैठने की व्यवस्था थी, वहीं पर हमारे भोजन का इन्तजाम किया गया था। हम बैठ गए। आठ–दस कार्यकर्ताओं के साथ ज़ोहा साहब भी बैठे थे। हमने धीरे–धीरे खाना–पीना किया, बातचीत की। भसानी साहब, हक़ साहब तथा अन्यान्य नेताओं को खबर देने को कहा। यदि दे सकें तो अखबारों में भी चेष्टा करके देखें। मैंने कहा, साप्ताहिक इत्तफ़ाक़ तो था ही। हालाँकि उन्हें पहले ही सूचना मिल गई थी फिर भी मैंने बताया कि हम कल से अनशन शुरू करेंगे। नारायणगंज के कार्यकर्ताओं के त्याग और सहिष्णुता की बात को राजनीतिक कार्यकर्ता नहीं भूल सकता। उन्होंने मुझसे कहा कि '21 फरवरी को नारायणगंज में पूर्ण हड़ताल होगी। राष्ट्रभाषा बांग्ला की माँग तो है ही, हम आप लोगों की मुक्ति की माँग भी करेंगे।' यहाँ भी नेताओं ने मुझसे प्रश्न किया, 'मोहिउद्दीन का विश्वास किया जा सकता है कि नहीं? मुक्ति पाकर फिर से मुस्लिम लीग तो नहीं करेगा?' मैंने कहा, 'हम अपना काम करें, उसका कर्तव्य वह करेगा। किन्तु हाँ, वह मुस्लिम लीग नहीं करेगा, इसमें कोई सन्देह नहीं। वह भी बन्दी है, उसकी मुक्ति की माँग करने में क्या आपत्ति? मनुष्य पर अपने व्यवहार, प्रेम व प्रीति से विजय पाई जा सकती है; अत्याचार, जुल्म व घृणा से नहीं।'

रात 11 बजे हम स्टेशन पहुँचे। जहाज घाट पर ही था, हम सवार हो गए। जहाज छूटने तक कार्यकर्ताओं ने प्रतीक्षा की। रात 1 बजे हमने सबसे विदा ली। कहा, 'हो सकता है, अब जीवन में मुलाकात न हो। सभी मुझे क्षमा करें। मुझे कोई दुख नहीं। एक दिन तो मरना ही होगा। अन्याय और अत्याचार के विरुद्ध प्रतिवाद करते हुए यदि मौत आई तो उस मौत में भी शान्ति है।'

जहाज चल पड़ा। हम बिछौना बिछाकर लेट गए। सुबह हम दोनों ने परामर्श कर तय किया कि जहाज में अनशन कैसे करें? अनशन शुरू करने से पहले हमें जेल में दाखिल होना होगा। सारा दिन जहाज चलता रहा, रात को हम गोवालन्द घाट आए फिर वहाँ से ट्रेन में रात 4 बजे फ़रीदपुर पहुँचे। जेल–कर्तृपक्ष ने हमें रात को ग्रहण नहीं किया। हम दोनों ने जेल के सिपाहियों की बैरक के बरामदे में समय काटा। सुबह मैंने सूबेदार साहब से कहा, 'जेल के अफसर जब तक नहीं आते, हमें जेल के अन्दर नहीं लिया जाएगा। तब तक चलिए कुछ नाश्ता कर आएँ।' हालाँकि

नाश्ता करने की हम लोगों की इच्छा नहीं थी किन्तु इसी बहाने यदि कोई मिल गया तो फ़रीदपुर के साथी कार्यकर्ताओं को पता चल जाएगा कि हम फ़रीदपुर जेल में थे और अनशन कर रहे थे। आधा घंटा देर की पर किसी को नहीं देखा—आखिरकार चाय की दुकान का मालिक आया तो मैंने उसे अपना नाम बताया और कहा कि वह मेरे साथी कार्यकर्ताओं को सूचना दे दे। हम जेल के लिए रवाना हुए, तभी अवामी लीग का एक कार्यकर्ता, जिसका नाम मोहिउद्दीन था और सभी जिसे 'मोहि' कहकर बुलाते थे, से भेंट हो गई। मैं 1946 के चुनाव के समय फ़रीदपुर में वर्कर्स इंचार्ज था, तब वह मेरे साथ काम करता था। मोहि साइकिल से जा रहा था, मैंने उसका नाम लेकर पुकारा। साइकिल से मुझे देखकर वह मेरी ओर बढ़ आया। आई.बी. ने मना किया, पर मैंने सुना नहीं और उसे डाँटते हुए मैंने मोहि को बताया कि हमें फ़रीदपुर जेल लाया गया था और आज से हम अनशन करेंगे, यह खबर वह सबको दे दे। हम जेल-गेट पर लौट आए, मोहि भी साथ-साथ आया।

जेल-गेट पर आकर हमने देखा कि जेलर साहब और डिप्टी जेलर साहब आ गए थे। शीघ्र ही हमें भीतर ले जाने को कहा। उन्हें पहले ही खबर मिल गई थी। हमारे लिए उन्होंने जगह भी तय कर रखी थी, किन्तु राजबन्दियों के साथ नहीं, किसी अन्य जगह। हमने शीघ्रता से पेट साफ करने के लिए दवा ली, उसके बाद अनशन शुरू किया। दो दिन बाद अवस्था ख़राब होने पर हमें अस्पताल ले जाया गया। हम दोनों का ही स्वास्थ्य ख़राब था। मोहिउद्दीन प्लूरिसिस का रोगी था और मैं विभिन्न रोगों का। चार दिन बाद हमें जबरन नाक से खिलाया जाने लगा। बड़ी मुसीबत! नाक के भीतर से नली पेट के भीतर तक घुसेड़ दी जाती। उस नली के मुँह पर एक कप जैसा लगा दिया जाता जिसके छिद्र से भोजन का दूध जैसा पतला घोल पेट में डाल दिया जाता। इनका कहना था, 'मरने नहीं देंगे।'

मेरे नाक में दो-तीन बार जबरन नली घुसेड़ने से घाव हो गया था, जिससे ख़ून रिसता और दर्द भी होता। हमने आपत्ति करना शुरू किया पर जेल-कर्तृपक्ष सुनता ही न था। बहुत ही कष्ट होता। मेरे दोनों नाक के भीतर घाव हो गया था। वे हैंडकफ पहनानेवाले को साथ ले आते। बाधा देने पर हैंडकफ पहनाकर जबर्दस्ती खिलाते। हमारा शरीर भी काफी कमजोर हो गया था। पाँच-छह दिन के बाद ही बिस्तर से उठने तक की शक्ति न रही। हम जब इच्छा होती तो काग़ज़ी नींबू का रस मिलाकर नमकीन पानी पी लेते क्योंकि उसमें कोई फूड-वैल्यू नहीं। हम लोगों का वज़न भी कम हो रहा था। नाक के भीतर नली देकर खिलाते समय नली जरा-सा इधर-उधर होती तो असहनीय दर्द होता। सिविल सर्जन साहब, डॉक्टर साहब और जेल-कर्तृपक्ष भरसक चेष्टा करता कि हमें किसी तरह की असुविधा न हो। सिविल सर्जन

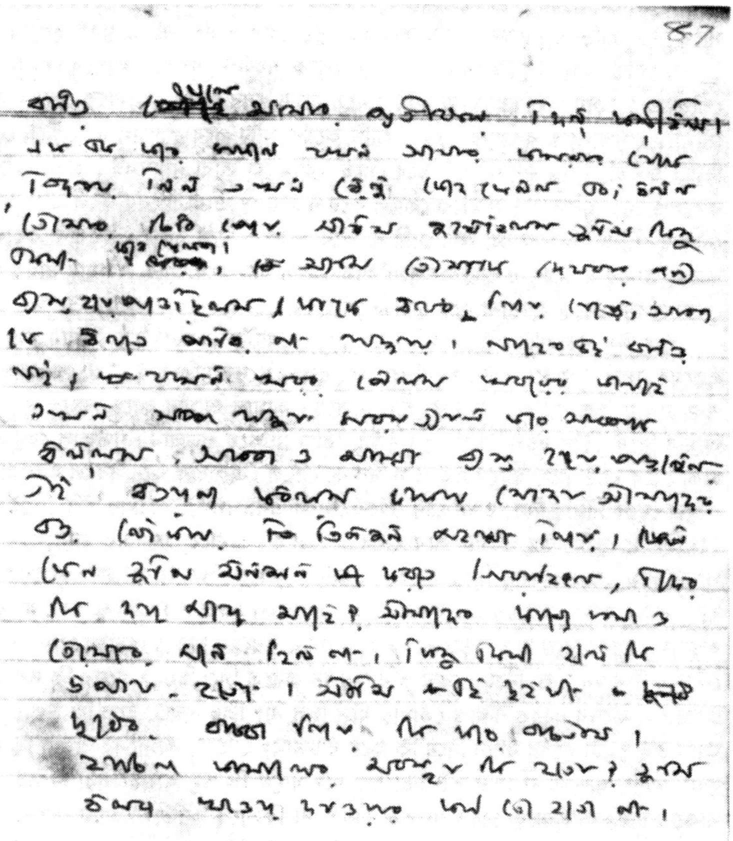

पांडुलिपि के एक पृष्ठ की प्रतिलिपि

साहब बार–बार हमसे अनशन न करने का अनुरोध करते थे। मेरा और मोहिउद्दीन दोनों का शरीर अतिशय कमजोर हो गया था। बिस्तर से उठने की भी शक्ति नहीं थी। मैं समझ पा रहा था कि मेरे हार्ट की अवस्था भी ख़राब हो गई थी। भयंकर रूप से पैलपिटेशन होता। साँस तक लेने में तकलीफ़ होती। सोचा, अब और अधिक दिन नहीं। एक कैदी के हाथों गुप्त रूप से कुछ टुकड़े काग़ज़ के मँगवाए। हाथ काँप रहे थे फिर भी छोटी–छोटी चार चिट्ठियाँ लिखीं, एक अब्बा को, एक रेणु को और बाकी दो शहीद साहब और भसानी साहब को। दो–एक दिन बाद तो लिखने की ताकत भी नहीं रहेगी।

21 फरवरी को हमने उद्वेग और उत्कंठा में दिन काटा। रात को सिपाहियों ने ड्यूटी पर आकर सूचना दी कि ढाका में बहुत गोलमाल हुआ था। कुछ लोग गोली खाकर मर गए थे। रेडियो की खबर थी। फ़रीदपुर में हड़ताल हुई। छात्र-छात्राएँ जुलूस निकालकर जेल-गेट तक आए थे। वे विभिन्न नारे लगा रहे थे—'राष्ट्रभाषा बांग्ला चाहिए', 'बंगालियों का शोषण नहीं चलेगा', 'शेख़ मुज़ीब की मुक्ति चाहिए', 'राजबन्दियों की मुक्ति चाहिए', तथा और भी कई नारे। मुझे बहुत ख़राब लग रहा था, क्योंकि फ़रीदपुर मेरा ज़िला था, किन्तु कोई मोहिउद्दीन के नाम से नारे नहीं लगा रहा था। क्यों ? केवल 'राजबन्दियों की मुक्ति चाहिए' भी तो कह सकते थे। रात को जब ढाका की खबर मिली तो मैं अत्यधिक चिन्तायुक्त हो गया। कितने लोग मारे गए कहना मुश्किल था तथापि सुना कि गोली खाकर कई लोगों की मृत्यु हुई। हम दोनों अगल-बगल बिस्तरों पर लेटे थे। डॉक्टर साहब ने हमें हिलने-डुलने से मना किया था, किन्तु उत्तेजनावश मैं उठ बैठा। हमारा पहरा देने और हमारा काम करने को दो कैदी थे। उन्होंने शीघ्र ही हमें वापस लेटा दिया। बहुत ख़राब लग रहा था, ऐसा लग रहा था जैसे सोचने-समझने की ताकत ही नहीं रही। गोली मारने की तो कोई दरकार थी नहीं। लोग हड़ताल कर रहे थे, सभा कर रहे थे या जुलूस निकाल रहे थे, कोई विशृंखला की सृष्टि तो कर नहीं रहा था। गोलमाल करने के बारे में तो किसी ने सोचा भी नहीं था। 144 धारा लागू करने से ही गोलमाल होता था, न लागू की जाती तो गोलमाल की सम्भावना कम थी। काफी रात गए एक सिपाही ने आकर खबर दी कि अनेक छात्र मारे गए थे। बहुतेरे लोग गिरफ्तार हुए थे। रात को और कोई खबर नहीं मिली। एक तो ऐसे में नींद नहीं आती थी, उस पर यह खबर! अगले दिन सुबह 9-10 बजे विशाल जुलूस निकला। बड़े रास्ते के पास ही थी जेल। जुलूस के नारे साफ सुन पा रहा था। अस्पताल की पहली मंजिल से तो जुलूस को देखा भी जा सकता था, पर हम तो निचले तल्ले पर थे। हॉर्न लेकर कोई भाषण दे रहा था, शायद हमें ही सुनाने के लिए। ढाका में क्या-क्या हुआ, हम कुछ-कुछ समझ पाए। जेल-कर्तृपक्ष हमें कोई सूचना देना नहीं चाह रहा था। उनकी चेष्टा यही थी कि न तो हमें बाहर की कोई खबर मिले और न हम बाहर कोई खबर भेज सकें। अखबार तो ढाका से आता, एक दिन बाद।

22 तारीख फ़रीदपुर में सारा दिन जुलूस निकलते रहे। कुछेक छात्र-छात्राएँ जहाँ जुट जाते, वहीं शुरू हो जाती नारेबाजी। छोटे-छोटे बच्चे भी सड़कों पर घूम-घूमकर नारे लगा रहे थे। 22 तारीख को अखबार आए तो कुछ-कुछ खबरें मिलीं। मुस्लिम सरकार ने कैसी अदूरदर्शिता का परिचय दिया था। दुनिया में पहली बार मातृभाषा के आन्दोलन में बंगालियों ने अपना ख़ून बहाया। दुनिया में कहीं भी भाषा-आन्दोलनकारियों पर गोली चलाकर उनकी हत्या नहीं की गई। जनाब नूरुल अमीन समझ ही न पाए कि अफसरशाही उन्हें कहाँ ले गई। गोली चली मेडिकल

कॉलेज हॉस्टल की एरिया के भीतर, रास्ते पर नहीं। 144 धारा भंग करने पर भी गोली मारने की जगह केवल गिरफ्तार भी तो किया जा सकता था। मैंने सोचा, पता नहीं, मैं देख पाऊँगा या नहीं, परन्तु जब हमारे लड़कों ने अपना ख़ून दिया है तो बांग्ला भाषा को राष्ट्रभाषा बनाने के अलावा और कोई चारा न था। मनुष्य का जब पतन होने को होता है तो उससे कदम-कदम पर भूल होती रहती है। बांग्लादेश के मुस्लिम नेताओं को समझ में नहीं आया कि किसने या किन लोगों ने ख़्वाजा साहब से उर्दू की बात बुलवाई, और क्यों उन्होंने बोली। उन्हें तो मालूम था कि एकमात्र उर्दू को राष्ट्रभाषा करने की बात कहकर जिन्ना जैसे नेता भी बाधा पाए बिना न जा पाए थे। तो ऐसे में ख़्वाजा साहब और उनके दल-बल की अवस्था और क्या होगी? एक विशेष गुट था जिसने षड्यंत्र की राजनीति करना शुरू किया था, उन्हीं लोगों ने ऐसा बन्दोबस्त किया था कि वे जनता से दूर हो जाएँ। साथ ही साथ उन्होंने उनके समर्थक नूरुल अमीन को भी जनता से दूर करने का बन्दोबस्त किया था। क्योंकि इस विशेष गुट ने भविष्य में किसी गहरे षड्यंत्र की तैयारी की थी। हालाँकि ख़्वाजा साहब को पूर्वी बंगाल में कभी भी जनसमर्थन प्राप्त नहीं था।

समाचार-पत्रों में पढ़ा कि मौलाना अब्दुर रशीद तर्कबागीश एम.एल.ए., ख़ैरात हुसैन एम.एल.ए., ख़ान साहब उस्मान अली एम.एल.ए. एवं मुहम्मद अबुल हुसैन समेत सैकड़ों छात्रों और कार्यकर्ताओं को गिरफ्तार किया गया था। दो-एक दिन बाद देखा कि कुछ प्रोफेसरों, मौलानी भसानी, शम्सुल हक़ साहब तथा और भी बहुतेरे अवामी लीग नेताओं और कार्यकर्ताओं को गिरफ्तार कर लिया गया था। नारायणगंज में ख़ान साहब उस्मान अली के घर में घुसकर भयंकर मारपीट की गई थी। वृद्ध ख़ान साहब और उनके बेटा-बेटियों पर अकथ्य अत्याचार हुए। पूरे ढाका और नारायणगंज में एक आतंक-राज की सृष्टि हुई थी। अवामी लीग का शायद ही कोई कार्यकर्ता बाहर हो।

हमारी शारीरिक हालत ऐसे स्तर पर पहुँच गई थी कि किसी भी क्षण हमारी मृत्यु हो सकती थी। सिविल सर्जन साहब अब दिन-भर में पाँच-सात बार हमें देखने आते। 25 तारीख की सुबह जब उन्होंने मेरा परीक्षण-निरीक्षण किया तो मैंने देखा कि हठात् उनका चेहरा कुछ गम्भीर हो गया था। बिना कुछ कहे अपना चेहरा लटकाए वे निकल गए। मैं समझ गया कि मेरे दिन पूरे हो गए थे। कुछ देर बाद लौटकर आए और बोले, 'इस प्रकार मृत्यु वरण करने से क्या लाभ? बंगाल को आपसे बड़ी उम्मीदें हैं।' मुझे बोलने में भी तकलीफ़ हो रही थी। धीरे-धीरे मैंने कहा, 'अनेक लोग हैं। काम पड़ा नहीं रहेगा। मैं देश और देश के लोगों से प्रेम करता हूँ, उनके लिए जीवन उत्सर्ग कर पाया इसी बात की शान्ति है।' डिप्टी जेलर साहब बोले, 'किसी को खबर देनी होगी कि नहीं? आपके बच्चे और पत्नी कहाँ हैं? अपने अब्बा के पास कोई टेलीग्राम करेंगे क्या?' मैं बोला, 'नहीं, दरकार नहीं है।

मैं उन्हें और कष्ट देना नहीं चाहता।' मैंने उम्मीद छोड़ दी थी। हाथ-पैर अवश हुए जा रहे थे। हार्ट कमजोर न होता तो इतनी शीघ्रता से मैं कमजोर न हुआ होता। एक कैदी था, उसने सरसों का तेल गरम कर मेरे हाथ-पैर, जो बीच-बीच में ठंडे हुए जा रहे थे, की मालिश करना शुरू किया।

मोहिउद्दीन की अवस्था भी ठीक न थी क्योंकि प्लूरोसिस ने फिर अटैक किया था। मैंने अपनी चारों चिट्ठियाँ एक कर्मचारी को बुलाकर दीं और कहा कि मेरी मृत्यु के बाद वे चारों चिट्ठियाँ फ़रीदपुर में मेरे एक सम्बन्धी के पास पहुँचा दें। मैंने उनसे वचन लिया और उन्होंने मुझसे वादा किया। बारम्बार अब्बा, माँ, भाइयों-बहनों के चेहरे मेरी आँखों के सामने आ रहे थे। सोच रहा था, रेणु की क्या दशा होगी? उसका तो दुनिया में कोई नहीं था। दो छोटे बच्चों का क्या हाल होगा? तथापि मुझे विश्वास था कि अब्बा और छोटे भाई उनका ख़याल रखेंगे। मैं सोचने-समझने की शक्ति भी खो रहा था। अफसोस था कि हसीना, कमाल को एक बार देख भी न पाया। घर में किसी को खबर ही नहीं मिली होगी, मिलती तो अवश्य ही आते।

मोहिउद्दीन का तो फ़रीदपुर में कोई नहीं था। बरिशाल के एक गाँव में था उसका घर। भाई सब बड़ी-बड़ी नौकरियों पर थे। एक भाई के अतिरिक्त कोई खोज-खबर नहीं लेता था, वह भाई सुपरिंटेंडेंट इंजीनियर थे। उन्हें मैं जानता था। बहरहाल, मैंने और मोहिउद्दीन ने अगल-बगल खाटें बिछा ली थीं और हम एक-दूसरे का हाथ थामे लेटे रहते। दोनों ही चुपचाप पड़े रहते। मेरे सीने में दर्द शुरू हो गया था। सिविल सर्जन साहब का कोई समय-असमय न था। आते, देखते और चले जाते। 27 तारीख को दिन के समय मेरी अवस्था और बिगड़ गई। लगा कि दो-एक दिन का मेहमान था।

27 तारीख की रात 8 बजे हम दोनों चुपचाप लेटे थे। किसी के साथ न तो बात करने की इच्छा थी और न ही ताकत। हम दोनों ने लेटे-लेटे ही क़ैदी की मदद से वजू कर ख़ुदा से माफ़ी माँग ली। दरवाजा खोलकर बाहर से डिप्टी जेलर साहब मेरे पास आकर बैठे और बोले, 'आपको यदि मुक्ति दी जाए तो आप खाएँगे तो?' मैंने कहा, 'मुक्ति दी गई तो खाऊँगा, अन्यथा नहीं। तथापि मेरी लाश को मुक्ति मिल जाएगी।' डॉक्टर साहब एवं और कुछ कर्मचारी आ गए थे, मैंने आँखें खोलकर देखा। डिप्टी जेलर साहब बोले, 'मैं पढ़कर सुनाता हूँ, रेडियोग्राम से आपकी मुक्ति का ऑर्डर आ गया है और ज़िला मजिस्ट्रेट साहब के ऑफिस से भी ऑर्डर आया है। दो ऑर्डर मिले हैं।' उन्होंने पढ़कर सुनाया तो मुझे यकीन न हुआ। मोहिउद्दीन ने लेटे-लेटे ऑर्डर देखा और कहा, 'तुम्हारा ऑर्डर आया है।' वह मेरा सिर सहलाने लगा। डिप्टी साहब बोले, 'मुझ पर अविश्वास न करें, आपकी मुक्ति का आदेश सचमुच आया है।' डॉक्टर साहब ने डाभ (कच्चे नारियल) का पानी मँगवाया।

मोहिउद्दीन को दो जन ने उठाकर बैठाया। वह मुझसे बोला, 'तुम्हें डाभ का पानी मैं पिलाऊँगा।' दो चम्मच डाभ का पानी पिलाकर मोहिउद्दीन ने मेरा अनशन तुड़वाया। तब तक मोहिउद्दीन का ऑर्डर नहीं आया था, यह बात मुझे पीड़ा दे रही थी। उसे छोड़कर मैं कैसे जाऊँ? मुक्ति का आदेश आने के बावजूद बाहर जाने की शक्ति–सामर्थ्य मुझमें नहीं थी और सिविल सर्जन साहब भी मुझे कहाँ छोड़ रहे थे। बीच–बीच में डाभ का पानी ही दिए जा रहे थे। रात कट गई। सुबह फिर डाभ का पानी पीने को दिया गया। अब मुझे तबीयत कुछ ठीक लग रही थी, किन्तु मोहिउद्दीन को छोड़कर मैं जाऊँगा कैसे? हम दोनों साथ–साथ थे। मैं निकल आया तो उसका क्या होगा, कौन देखेगा? उसे यदि न छोड़ा! उसकी हालत भी तो मेरे जैसी ही थी। पर छोड़ेंगे क्यों नहीं? मैं तो पाकिस्तान होने के बाद से ही सत्ताधारी मुस्लिम लीग दल के नेताओं का 'दुश्मन' बन गया हूँ किन्तु मोहिउद्दीन तो जेल में आने के पूर्व दिन तक मुस्लिम लीग का विशिष्ट सदस्य था। राजनीति में देखा गया है कि एक ही दल के लोगों में मतविरोध होने पर दुश्मनी अधिक होती है।

सुबह 10 बजे के आस–पास खबर मिली कि अब्बा आए थे। जेल–गेट तक मुझे ले जाना सम्भव न था इसलिए जेल–कर्तृपक्ष उन्हें अन्दर ले आया। मुझे देखते ही अब्बा की आँखों में पानी आ गया। अब्बा में सहनशीलता बहुत अधिक थी। किसी प्रकार उन्होंने आँखों का पानी पोंछ लिया। पास बैठकर मेरा सिर सहलाते हुए बोले, 'तुम्हारी मुक्ति का आदेश आ गया है, अब मैं तुम्हें घर ले जाऊँगा। मैं ढाका गया था तुम्हारी माँ, रेणु, हसीना और कमाल को लेकर। दो दिन वहाँ बैठा रहा, किसी ने बताया ही नहीं कि तुम्हें कहाँ ले जाया गया था। जेल–गेट पर इतना ही पता चला कि तुम ढाका में नहीं थे। हालाँकि बाद में खबर मिली कि तुम फ़रीदपुर जेल में हो पर तब सम्पर्क की व्यवस्था न थी। नारायणगंज आकर जहाज पकड़ने तक का कोई उपाय न था। तुम्हारी माँ और रेणु को ढाका में छोड़ मैं चला आया, क्योंकि मुझे सन्देह हुआ था कि तुम्हें फ़रीदपुर ले जाया भी गया है कि नहीं। आज ही टेलीग्राम करूँगा कि वे घर को रवाना हो जाएँ। मैं कल या परसों तुम्हें यहाँ से लेकर रवाना होऊँगा, बाकी खुदा का भरोसा। सिविल सर्जन साहब ने कहा है, 'तुम्हें ले जाना है तो लिखकर देना होगा कि मैं अपने दायित्व पर ले जा रहा हूँ।' अब्बा ने मुझे सान्त्वना दी और बताया कि उन्हें खबर मिली थी कि मोहिउद्दीन को भी मुक्ति मिलेगी, किन्तु एक साथ नहीं, एक दिन बाद छोड़ेंगे।

अगले दिन अब्बा मुझे ले जाने के लिए आए। जेल–गेट पर अनेक लोग हाजिर थे। मुझे स्ट्रेचर पर जेल–गेट तक लाया गया और गेट के बाहर रख दिया कि यदि कुछ हो तो जेल के बाहर ही हो। यह उनकी धारणा थी। मुझे कुछ लोग

ढोकर अलाउद्दीन साहब के घर ले गए। कुछ देर वहाँ रखा फिर शाम को मेरी बहन के घर ले आए। रात वहीं काटी। नाते-रिश्तेदारों समेत अनेक लोग मुझे देखने आए। अब्बा मेरे पास ही रहे। अगले दिन सुबह मेरा एक मित्र टैक्सी ले आया और खुद ही ड्राइव कर वह मुझे भाँगा ले आया। अब्बा ने एक बड़ी नौका भाड़े पर ली। मेरे फूफा का घर सड़क के पास ही था, वे मुझे देखने सड़क तक चले आए और अब्बा से उनके नूरपुर गाँव वाले घर में रहने को कहा। अब्बा बोले कि वहाँ से नौका में बड़ी बहन के घर दत्तपाड़ा जाएँगे, वहाँ और एक दिन रहेंगे। थोड़ा स्वस्थ होने पर बड़ी बहन को साथ लेकर घर जाएँगे। मैं काफी स्वस्थ महसूस कर रहा था, हालाँकि कमज़ोरी बहुत ज्यादा थी।

दत्तपाड़ा मदारीपुर महकमे के अन्तर्गत था, वहाँ से एक दिन एक रात लगता नौका से गोपालगंज पहुँचने में। सिन्धियाघाट में खबर मिलने पर आकर बैठे थे। मुझे देखते ही वे स्टीमर से गोपालगंज रवाना हुए। कुछेक घंटों बाद गोपालगंज पहुँचकर मैंने देखा कि जनता की विशाल भीड़ से नदी का किनारा भर गया था। अब्बा ने मना किया परन्तु उन्होंने सुना नहीं और मुझे उतार लिया। मुझे गोद में उठाकर उन्होंने जुलूस निकाला और फिर मुझे वापस नौका पर पहुँचा दिया। अब्बा ने और देर न की तथा मुझे लेकर घर को रवाना हुए क्योंकि घर में मेरी माँ, रेणु व घर के अन्य सभी बेसब्री से मेरी प्रतीक्षा कर रहे थे। खबर पाकर मेरा भाई भी खुलना से रवाना होकर चला आया था।

पाँच दिन बाद घर पहुँचा। माँ को तो समझाना ही मुश्किल था। हाचू मेरा गला पकड़कर पहले बोला, 'अब्बा! राष्ट्रभाषा बांग्ला चाहिए, राजबन्दियों की मुक्ति चाहिए।' 21 फरवरी को वे सब ढाका में थे। उसने जो सुना था, वही बोल रहा था। कमाल मेरे पास आया नहीं किन्तु मेरी ओर देखता रहा। बहुत कमजोरी थी, इसलिए मैं बिस्तर पर लेट गया। रेणु और माँ कल ढाका से घर आकर मेरी प्रतीक्षा कर रही थीं। एक-एक कर जब सब मेरे कमरे से चले गए तो रेणु रो पड़ी और बोली, 'तुम्हारी चिट्ठी मिली थी तो मैं समझी थी कि तुम कुछ कर डालोगे और इसलिए तुम्हें देखने को मैं परेशान हो उठी थी। अब्बा से तो लाज के मारे कह नहीं पा रही थी, तो किससे कहूँ ले चलने के लिए। नासेर भाई घर में नहीं थे। जब अखबार से खबर लगी तो लाज-शर्म त्यागकर अब्बा से कहा। अब्बा परेशान हो उठे, इसीलिए सीधे अपनी बड़ी नौका के साथ तीन मल्लाह देकर उन्हें रवाना किया। तुमने अनशन क्यों किया ? इन लोगों में दया-माया कुछ है ? हम लोगों के बारे में तुमने सोचा ही नहीं ? कुछ हो जाता तो क्या करते ? इन दो दुधमुँहे बच्चों को लेकर मैं किसके भरोसे जीती ? हसीना, कमाल का क्या होता ? तुम कहोगे कि खाने-पीने का कष्ट तो नहीं होता, तो मनुष्य क्या खाने-पीने के लिए ही जीता है ? और मर जाने पर देश का काम भी कैसे होता ?' मैंने उससे कुछ नहीं कहा, सिर्फ उसे बोलने दिया क्योंकि

मन की बात कह पाने से कष्ट कुछ कम हो जाता है। आमतौर पर रेणु चुपचाप रहती थी, पर आज जैसे बातों के बाँध टूट गए थे। मैंने सिर्फ इतना कहा, 'और कोई उपाय न था।' बच्चे दोनों सो गए थे। मैं भी लेट गया। सत्ताईस–अट्ठाईस महीनों के बाद अपनी उसी पुरानी जगह में, पुराने कमरे में, पुराने बिस्तर पर लेटकर कारागार के निर्जन प्रकोष्ठ में बिताए दिनों की याद हो आई। ढाका की सारी खबरें मिली थीं। मोहिउद्दीन को मुक्ति मिल गई थी। मैं बाहर आया और मेरे सहकर्मी फिर से जेल चले गए थे।

अगले दिन सुबह अब्बा ने डॉक्टर को बुलवाया। सिविल सर्जन साहब का प्रेस्क्रिप्शन भी था। डॉक्टर ने सभी को हिदायत दी कि मुझे बिस्तर से उठने न दिया जाए। दसेक दिन बाद केवल शाम को चलने–फिरने का हुक्म दिया। रोज ही मुझे देखने अनेक लोग घर आते। गोपालगंज, खुलना और बरिशाल से भी मेरे कई सहकर्मी आए थे।

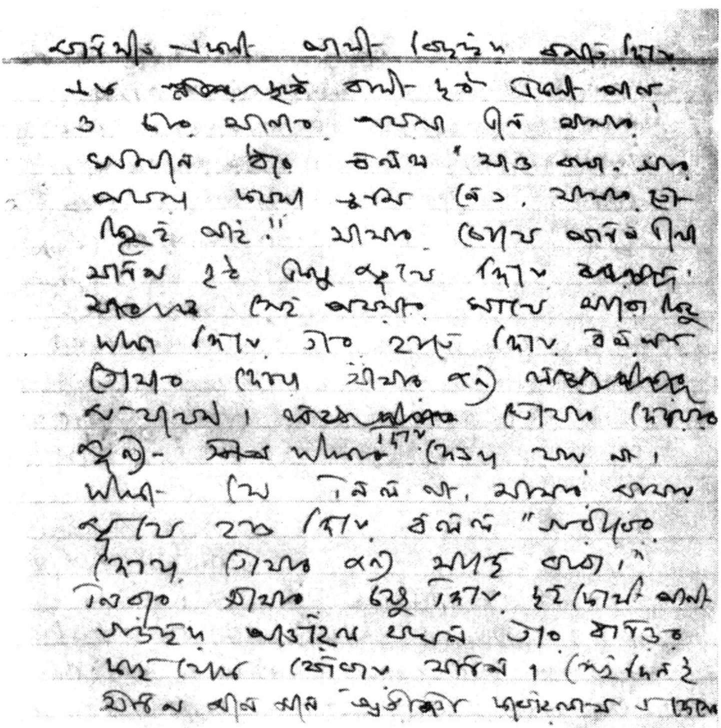

पांडुलिपि के एक पृष्ठ की प्रतिलिपि

एक दिन सुबह मैं और रेणु बिस्तर पर बैठे बातें कर रहे थे। हाचू और कमाल नीचे खेल रहे थे। हाचू बीच-बीच में खेल छोड़ मेरे पास आकर 'अब्बा-अब्बा' बोले और कमाल देखता रहे। फिर एक समय कमाल हसीना से बोला, 'हाचू आपा, हाचू आपा! तुम्हारे अब्बा को मैं भी अब्बा बोलूँ।' मैंने और रेणु, हम दोनों ने सुना। धीरे-धीरे बिस्तर से उठकर मैंने उसके पास जाकर उसे गोद में उठाया और बोला, 'मैं तो तुम्हारा भी अब्बा हूँ।' कमाल मेरे पास आना नहीं चाहता था, पर आज गले से लगा रहा। मैं समझ गया कि अब वह सह नहीं पा रहा था। अपना बेटा भी अनेक दिन न देखे तो भूल जाता है। मैं जब जेल गया था तब उसकी उम्र मात्र कुछेक महीना थी। राजनीतिक कारणों से किसी को बिना विचार के बन्दी बनाकर उसके नाते-रिश्तेदारों और बच्चों से दूर रखना कितना जघन्य काम है, यह कौन समझेगा? मनुष्य स्वार्थ में अन्धा हो जाता है। आज दो सौ वर्षों बाद हम स्वाधीन हुए। सामान्य ही सही पर स्वाधीनता के लिए आन्दोलन भी किया। यह भाग्य का परिहास था कि आज मुझे और मेरे सहकर्मियों को वर्षों जेल भुगतनी पड़ रही थी। और कब तक भुगतनी पड़ेगी कौन जाने? क्या इसी को स्वाधीनता कहते हैं? नहीं, मैं डरता नहीं, और अब तो मन भी सख्त हो गया है। जिस पाकिस्तान का स्वप्न हमने देखा था, वही पाकिस्तान बनाना होगा, मन ही मन प्रतिज्ञा की मैंने। गोपालगंज महकमे का कोई भी आता तो उसका एक ही प्रश्न होता, 'आपको क्यों जेल दी? आप ही ने तो हमें पाकिस्तान की बात कही थी।' फिर वे कहते, 'कितना कुछ तो कहा था आपने कि पाकिस्तान बना तो कितनी उन्नति होगी। जनता सुखी होगी। अत्याचार, जुल्म नहीं होगा। कुछ बरस तो हो गए, दुख तो और बढ़ गया और कम होने का लक्षण भी नज़र नहीं आता। चावल के दाम कितने बढ़ गए!' मैं क्या उत्तर दूँ? ये तो आम इनसान हैं, इन्हें कैसे समझाऊँ। गाँव के कई दबंग श्रेणी के लोग हैं, जो निपुण और बुद्धिमान हैं तथा जो सुन्दर ढंग से बातें कर सकते हैं। परन्तु एक वाक्य में तो समझाया नहीं जा सकता कि ख़राब पाकिस्तान नहीं है, वह तो हमारा ही देश है। जिनके हाथों में अंग्रेज सत्ता सौंप गए, उन लोगों ने जनता के स्वार्थ से अधिक अपने स्वार्थ को देखा। कैसे पाकिस्तान का गठन किया जाए, कैसे जनता की उन्नति की जाए, उधर सत्ताधारियों का ध्यान ही नहीं। 1952 में ढाका में गोली चलने के बाद गाँव-गाँव में जनता समझने लगी थी कि जिनके हाथों में शासन की बागडोर थी, वे जनता के अपने लोग नहीं थे। खबर लेने पर पता चला कि 21 फरवरी को गोली चलने की खबर साथ ही साथ गाँव-गाँव में पहुँच गई थी और छोटे-छोटे हाट-बाज़ार में भी हड़ताल हुई थी। लोग यह समझने लगे थे कि एक विशेष गोष्ठी (दल) बंगालियों के मुँह की भाषा तक छीन लेना चाहती थी।

भरोसा हुआ कि अब और दमन नहीं कर पाएँगे। बांग्ला को राष्ट्रभाषा बनाए बिना कोई चारा न था। देश के लोगों ने स्वयं आगे बढ़कर इस आन्दोलन का समर्थन

किया। कोई-कोई मौलाना साहब ऐसे थे जिन्होंने बांग्ला भाषा के विरुद्ध फतवा दे दिया था पर फिर वे भी डर गए। अब खुलेआम बांग्ला भाषा के विरुद्ध बोलने का साहस उनमें न था। जनमत तैयार हो चुका था और जनमत के विरुद्ध जाने में शोषक भी डरते थे। शासक जब शोषक होता है अथवा शोषकों की मदद करना शुरू करता है तब देश की जनता का मंगल से अधिक अमंगल ही होता है।

पूरे मार्च महीने मुझे घर में ही रहना पड़ा। स्वास्थ्य कुछ सुधरा तो था परन्तु हार्ट अभी भी कमजोर था। अब्बा मुझे छोड़ना ही नहीं चाहते थे और डॉक्टर भी आपत्ति कर रहे थे। रेणु को डर था कि मैं ढाका गया तो चुप नहीं बैठ पाऊँगा। हो सकता है, ऐसे में फिर गिरफ्तार कर लिया जाऊँ। पर मेरा मन तो ढाका में था। नेता और कार्यकर्ता सब जेल में थे। संग्राम परिषद के नेता गए तो थे गुप्त सभा करने परन्तु सभी एक साथ गिरफ्तार हो गए। छात्र लीग के नेता व अनेक कार्यकर्ता भी जेल में बन्दी थे। अवामी लीग का काम बिलकुल बन्द था। कोई साहस कर कुछ बोलता तक न था। लीग सरकार ने अत्याचार का स्टीमरोलर चला दिया था। परन्तु चाहे जो हो, अब चुपचाप बैठे नहीं रहा जा सकता।

इसी समय माणिक भाई से एक चिट्ठी मिली जिसमें उन्होंने अतिशीघ्र मुझे ढाका जाने को लिखा था। चिकित्सा ढाका में हो सकती थी और ढाका में बैठे रहकर भी काम होगा। मैंने अब्बा को चिट्ठी दिखाई। कुछ देर तो अब्बा चुप रहे, फिर बोले, 'जाना चाहते हो तो जाओ। रेणु ने भी कोई आपत्ति नहीं की। रुपए-पैसों की भी तो दरकार थी। खबर मिली थी कि मेरा बिस्तर, कपड़े-लत्ते आदि कुछ भी न था। फिर सबकुछ नया खरीदना होगा। मैंने अब्बा को बताया कि खाट, टेबल-चेयर, बिछौना आदि सबकुछ नया खरीदना होगा। मुझे कुछ रुपयों की दरकार थी। कुछेक महीनों का ख़र्च भी तो चाहिए। ढाका से अब्दुल हमीद चौधरी और मुल्ला जलालुद्दीन ने सूचना दी कि ताँतीबाज़ार में एक डेरा भाड़े पर लिया था और मैं उनके साथ रह सकता था। 150 नम्बर मुग़लटोली में अब रहना नहीं चाहता था क्योंकि वहाँ इतने लोग आते-जाते रहते थे कि अपना कुछ नहीं रहता था। किन्तु वहाँ रहने का अपना अलग आकर्षण था। शौक़त मियाँ जैसा मुरब्बी (अभिभावक) हो तो फिर चिन्ता किस बात की। मेरा स्वास्थ्य ठीक न था, चिकित्सा करानी होगी। रेणु ने गुप्त रूप से कुछ रुपए दिए थे। अब्बा से रुपए लेकर अप्रैल महीने के दूसरे हफ्ते ढाका के लिए रवाना हुआ। हसीना और कमाल मुझे छोड़ना ही नहीं चाहते थे। उनके प्रति मेरी दुर्बलता भी बढ़ गई थी। मेरे रवाना होने पर दोनों भाई-बहन बहुत रोए। मैं बरिशाल होते हुए ढाका पहुँचा। मैंने पहले ही खबर कर दी थी इसलिए जलाल नारायणगंज से मुझे अपने डेरे ले जाने के लिए आया था। उसने तो मेरे लिए एक कमरा भी ठीक कर रखा था।

शम्सुल हक़ साहब अवामी लीग का ऑफिस नवाबपुर में ले आए थे। इस मकान के दो कमरों में माणिक भाई अपने बाल-बच्चों को लेकर कुछ दिन थे। माणिक भाई, अताउर रहमान साहब तथा और भी अनेक लोगों से भेंट की। डॉक्टर नन्दी के पास जाकर चिकित्सा के लिए जाँच कराई, उन्होंने दवा लिख दी। अवामी लीग ऑफिस में जाकर देखा, वहाँ एक टेबल, दो-तीन चेयर और एक लम्बा टूल था। प्रोफेसर कमरुज़्ज़मान ऑफिस में बैठते थे। एक लड़का रखा था, जिसे ऑफिस पियून कहा जा सकता था। शम्सुल हक़ साहब जेल में थे। मैं था ज्वाइंट सेक्रेटरी। मैंने वर्किंग कमेटी की सभा बुलाई। उसमें जो बारह-तेरह सदस्य उपस्थित थे, उन्होंने मुझे एक्टिंग जनरल सेक्रेटरी बनाकर संगठन का भार सौंप दिया। अताउर रहमान साहब, जो अन्यतम सहसभापति थे, ने सभापतित्व किया।

ढाका में उस वक्त आतंक का राज था। डर के मारे लोग कुछ बोलते नहीं थे, बोलते ही गिरफ्तार कर लिया जाता था। विश्वविद्यालयों और कॉलेजों का भी वही हाल था। अवामी लीग के ऑफिस में डर के मारे कोई आता न था। मैं और कमरुज़्ज़मान साहब शाम को बैठे रहते। कई जाने-पहचाने लोगों को देखा, नवाबपुर से गुज़रते समय हमारे ऑफिस की ओर आते ही मुँह घुमा लेते। दो-एक लोग तो हमारे दल के सदस्य भी थे। मुझसे कोई मिलने आता तो मैं कहता, 'मुझसे ऑफिस में आकर मिलें, वहीं बातें होंगी।'

शहीद साहब जब आए थे तो अपने एक भक्त से लेकर एक टाइप-राइटिंग मशीन ऑफिस के लिए दे गए थे। ढाका का एक छात्र था सिराज जो एक हाथ से धीरे-धीरे टाइपिंग कर सकता था, मैंने उससे ऑफिस का काम करने को कहा तो वह राज़ी हो गया। काम करते-करते वह अच्छा टाइप करना सीख गया था। एक पियून भी रखा, वह प्रोफेसर कमरुज़्ज़मान के डेरे पर रहता था।

इसी दरम्यान एक एडवोकेट हमारे ऑफिस में आए और बोले, 'मैं आपके दल का सदस्य बनना चाहता हूँ। मैं अधिक काम तो नहीं कर सकता किन्तु शाम को आकर ऑफिस का काम कर दिया करूँगा।' मैं बहुत खुश हुआ। वह सज्जन मेरे हमउम्र थे और धीरे-धीरे बातें करते। मुझे वे बहुत अच्छे लगे। मैंने उनसे अनुरोध किया कि वे ऑफिस का भार सँभाल लें। वे बोले, 'कोर्ट का काम खत्म कर घर जाने से पहले रोज ही आएँगे।' सचमुच वे आने लगे और काम करने लगे। पुराने ऑफिस सेक्रेटरी महाशय कट लिये। बाद में वर्किंग कमेटी की सभा में मैंने प्रस्ताव रखा कि उन्हें ऑफिस सेक्रेटरी नियुक्त किया जाए। सभी राज़ी हो गए। आज सोलह वर्षों से वे ऑफिस सेक्रेटरी हैं। कभी किसी पद के लिए उन्होंने किसी से नहीं कहा। मेरे साथ उनकी व्यक्तिगत मित्रता भी हो गई। वे कभी भी सभा में भाषण नहीं देते। ऑफिस के काम के अतिरिक्त उन्हें किसी काम के लिए किसी ने नहीं कहा और वे भी कोई अन्य काम न करना चाहते। ऑफिस का ख़र्च भी मैंने उनके हाथ में दिया

था। हिसाब-किताब वही रखते थे। हम लोगों की आय भी कम थी और व्यय भी। कभी किसी सरकार ने उन्हें बुरी नज़र से नहीं देखा और न गिरफ्तार किया। इस बार ही उन्हें कुछ दिनों के लिए गिरफ्तार कर लाया गया था। उनका स्वास्थ्य भी ठीक न था। पूर्वी पाकिस्तान अवामी लीग को उनके जैसा ऑफिस सेक्रेटरी मिला था इसलिए काफी काम भी हुआ था। उनका नाम मैंने नहीं बताया, वे थे मिस्टर मुहम्मदुल्ला। शहीद साहब व भसानी साहब भी उनसे स्नेह करते व उन पर विश्वास करते। उनके रहते ऑफिस का काम कभी पड़ा न रहता।

ख़ैर जो हो, दो-तीन ज़िलों को छोड़कर ज़िला कमेटियाँ भी नहीं बनी थीं। अब संगठन बनाने का सुअवसर आया था। साहस के साथ काम करते रहने से संगठन अवश्य गढ़ उठेगा, क्योंकि जनता अब मुस्लिम लीग विरोधी हो गई थी। और अवामी लीग एकमात्र विरोधी दल था, जिसके पास आदर्श था, नीति थी। तथापि सबसे बड़ी असुविधा थी—रुपयों का अभाव।

उधर, मुस्लिम लीग के समाचार-पत्रों ने शहीद साहब के बयान को इस प्रकार विकृत कर छापा कि लगे कि वे भी यही चाहते थे कि उर्दू ही एकमात्र राष्ट्रभाषा हो। मैंने जनरल सेक्रेटरी बनते ही एक प्रेस कॉन्फ्रेंस की जिसमें माँग की कि बांग्ला को राष्ट्रभाषा बनाया जाए, राजबन्दियों को रिहा किया जाए, 21 फरवरी को जो शहीद हुए थे, उनके परिवारों को समुचित मुआवज़ा दिया जाए एवं जिन्होंने अन्यायपूर्वक जुल्म को अंजाम दिया, उन्हें सज़ा दी जाए। सरकार ने जो दावा किया था कि किसी विदेशी राष्ट्र के उकसाने पर यह आन्दोलन हुआ था, मैंने उसका प्रमाण भी माँगा। मुस्लिम लीग के नेताओं ने यह कहने में भी कंजूसी नहीं बरती कि कलकत्ता से आकर 'हिन्दू छात्रों' ने पाजामा पहनकर आन्दोलन किया था। मैंने उनसे पूछा, छात्रों सहित पाँच-छह व्यक्ति जो गोली खाकर मरे थे, वे मुसलमान थे कि नहीं? इतने छात्र कलकत्ता से आए पर उनमें से एक को भी तो सरकार पकड़ न पाई, उसे गद्दी पर बने रहने का कोई अधिकार नहीं। पार्टी के कामकाज में अताउर रहमान ख़ान साहब से मुझे हर प्रकार की मदद व सहानुभूति प्राप्त हुई थी। यार मुहम्मद ख़ान ने भी मुझे कामकाज में मदद की थी। हमने एक चर्चा-सभा की जिसमें तय हुआ कि मुझे कराची जाना होगा, पाकिस्तान के प्रधान मंत्री ख़्वाजा नज़ीमुद्दीन के साथ मुलाक़ात कर राजबन्दियों की मुक्ति की माँग करनी होगी। शहीद साहब के साथ भी बातचीत करना आवश्यक था क्योंकि हमें उनकी सहायता की बहुत जरूरत थी।

पश्चिमी पाकिस्तान के पंजाब, सीमान्त प्रदेश, सिन्ध व कराची में अवामी लीग का गठन हो गया था, तथापि नवाब ममदोत के दल के जिन्ना मुस्लिम लीग में शामिल होने के कारण पंजाब में जिन्ना अवामी मुस्लिम लीग का गठन हुआ था।

हम लोगों ने पूर्वी पाकिस्तान अवामी लीग की वर्किंग कमेटी की बैठक में निर्णय लिया कि हम अपने संगठन का नाम नहीं बदलेंगे। जिन्ना साहब का नाम किसी राजनीतिक संगठन के नाम के साथ रखना उचित न था। किसी भी व्यक्ति के नाम पर राजनीतिक संगठन नहीं हो सकता। हम अपना मैनिफेस्टो भी परिवर्तित नहीं करेंगे। तब तक हमने एफिलिएशन नहीं लिया था। सोहरावर्दी साहब इससे असन्तुष्ट हुए थे। इन सभी विषयों पर उनके साथ बातचीत करने की दरकार थी। उन्होंने मुझे हैदराबाद (सिन्ध) से चिट्ठी भी लिखी थी। उस वक्त वे 'पिंडी कांस्पिरेसी'[23] केस के अभियुक्त की पैरवी कर रहे थे। मई महीने में मैं कराची पहुँचा। कराची अवामी लीग के सभापति महमूदुल हक़ उस्मानी और जनरल सेक्रेटरी शेख़ मंजूरुल हक़ ने दल-बल सहित मेरा स्वागत किया। मैं उस्मानी साहब के घर पर ठहरा। अवामी लीग के कार्यकर्ताओं की एक सभा बुलाई गई थी, वहाँ मुझे अंग्रेजी में भाषण देना पड़ा, क्योंकि उर्दू में मैं भाषण नहीं दे सकता था और बांग्ला में उन्हें कुछ भी समझ में न आता।

मैंने पहुँचते ही ख़्वाजा साहब को उनसे भेंट की अनुमति माँगते हुए एक चिट्ठी भेजी। उन्होंने मेरी चिट्ठी का उत्तर दिया और भेंट की अनुमति देते हुए मुलाकात का समय तय कर दिया।

अमानुल्ला नाम का एक बंगाली छात्र कराची में पढ़ रहा था, वह मेरे सेक्रेटरी के रूप में सारे काम कर दिया करता। हर समय मेरे साथ ही रहता। वह कराची अवामी लीग का सदस्य भी था। वह सारे काम कर लिया करता और लगता था जैसे उसे आराम की कोई जरूरत ही न हो। कराची का कॉफी-हाउस ही कराची के राजनीतिक कार्यकर्ताओं का प्रधान अड्डाखाना था। वहाँ भी वह मजलिस जमाए रखता और अकेला ही बांग्ला को राष्ट्रभाषा बनाने के लिए लड़ाई लड़ता। जनाब उस्मानी और मंजूर ने तय किया कि मैं प्रेस कॉन्फ्रेंस में विस्तार से बताऊँ कि पूर्वी पाकिस्तान में क्या-क्या घटित हुआ और क्या घट रहा था, क्योंकि पश्चिमी पाकिस्तान में राष्ट्रभाषा के आन्दोलन के बारे में एकतरफा प्रोपेगंडा हुआ था।

मैं प्रधान मंत्री ख़्वाजा साहब से मुलाक़ात करने यथासमय उनके ऑफिस में हाज़िर हुआ। प्रधान मंत्री के असिस्टेंट सेक्रेटरी मिस्टर साजिद अली ने मेरा स्वागत किया। मैं उन्हें पहले से जानता था, वे कलकत्ता के रहनेवाले थे। पहले वे पूर्वी पाकिस्तान के प्रधान मंत्री के पी.ए. थे। मुझे उन्होंने अपने कमरे में बैठाया। प्रधान मंत्री ने मेरे लिए बीस मिनट का समय तय किया था। ख़्वाजा साहब ने खुद आगे आकर मुझे अपने कमरे में ले जाकर बैठाया। बड़ी सज्जनता से पूछा, मेरा स्वास्थ्य कैसा था, मैं कैसा था, कितने दिन रहूँगा इत्यादि। वे भी जानते थे कि व्यक्तिगत तौर पर मैं उनकी श्रद्धा करता था। और मैं एक अच्छा कार्यकर्ता था, यह बात वे खुद स्वीकार करते और मुझसे स्नेह भी करते थे। मैंने उनसे अनुरोध किया कि मौलाना

भसानी, शम्सुल हक़, अबुल हाशिम, मौलाना तर्कबागीश, ख़ैरात हुसैन, ख़ान साहब उस्मान अली समेत सभी कार्यकर्ताओं को वे मुक्ति दें। मैंने उन्हें जुड़िशियल इन्क्वायरी बैठाने को भी कहा क्योंकि गोली मारकर छात्रों की हत्या की गई थी। वे बोले, 'यह तो प्रादेशिक सरकार के हाथ में है, मैं क्या कर सकता हूँ?' मैंने कहा, 'आप मुस्लिम लीग सरकार के प्रधान मंत्री हैं, और पूर्वी बंगाल में भी मुस्लिम लीग की ही सरकार है। आप अवश्य ही उनसे कह सकते हैं। देश में विश्रृंखलता की सृष्टि हो, यह न आप चाहते हैं और न ही हम। मैं आपसे मुलाकात करने कराची तक आया हूँ। इस मामले में प्रादेशिक सरकार से माँग करने पर कुछ नहीं होगा। उन्होंने अन्याय किया और उस अन्याय को ढँकने के लिए और अन्याय किए जा रहे हैं।' उन्होंने बीस मिनट की जगह मुझे एक घंटे का समय दिया। मैंने उनसे कहा, 'अवामी लीग विरोधी पार्टी है, उसे काम करने का अवसर देना उचित है। विरोधी दल के बिना लोकतंत्र नहीं चल सकता। आपका विश्वास लोकतंत्र में है, यह मैं जानता हूँ।' उन्होंने स्वीकार किया कि अवामी लीग सरकार विरोधी राजनीतिक दल था। मैंने उनसे कहा, 'अवामी लीग को आपने विरोधी दल के रूप में स्वीकार कर लिया है, यह बात मैं समाचार-पत्रों से कह सकता हूँ कि नहीं?' वे बोले, 'जरूर कह सकते हो।' उन्होंने मुझसे कहा कि प्रदेश के किसी काम में वे हस्तक्षेप नहीं करते, तथापि वे चेष्टा कर देखेंगे कि क्या किया जा सकता था। मैंने उन्हें आदाब कहा और विदा ली। उन्होंने बड़े धैर्य से मेरी बातें सुनीं, इसके लिए मैं उनका कृतज्ञ था। दो दिन बाद प्रेस कॉन्फ्रेंस की। मेरे लिखित बयान के पाठ के बाद प्रेस प्रतिनिधियों ने मुझसे प्रश्न करना शुरू किया और मुझसे अनेक प्रश्न किए। मैं उनके प्रश्नों के सन्तोषजनक उत्तर दे पाया था और पूर्वी बांग्लादेश की अवस्था उन्हें समझा पाया था। एक प्रश्न के उत्तर में मैंने उनसे कहा था, 'प्रायः तीस उपचुनावों को बन्द रखा गया है, किसी एक में भी चुनाव हो तो हम मुस्लिम लीग के प्रार्थी को बुरी तरह से हराने में सक्षम होंगे।'

उस वक्त तक पश्चिमी पाकिस्तान की जनता व शिक्षित समाज की धारणा थी कि अवामी लीग की कोई लोकप्रियता न थी। और चुनाव में मुस्लिम लीग को अकेले पूर्ण बहुमत प्राप्त होगा। पंजाब के चुनावों के नतीजे देखकर उनकी यह धारणा हुई थी। बंगाल की जनता को न वे जानते थे और न ही उनके बारे में उन्हें कोई धारणा थी। सरकार समर्थक समाचार-पत्र इस प्रकार प्रचार कर रहे थे कि सच्चाई दब जा रही थी। पूर्वी बंगाल की सही स्थिति पश्चिमी पाकिस्तान को कभी बताई ही नहीं गई। स्वायत्त शासन की माँग के बारे में भी सवाल पूछा गया था, तो मैंने उनसे पाकिस्तान की भौगोलिक स्थिति के बारे में सोचने को कहा था। प्रेस

कॉन्फ्रेंस में मेरे जवाबों को 'पाकिस्तान टाइम्स' और 'इमरोज' ने बहुत ही अच्छी तरह छापा था। मुस्लिम लीग के कई पुराने सहकर्मियों से भेंट हुई थी। शेख़ मंजूरुल हक़ दिल्ली में मुस्लिम लीग नेशनल गार्ड के सालारे-सूबा थे, अब वे अवामी लीग के सेक्रेटरी हो गए थे। दिल्ली में उनसे मेरा परिचय हुआ था। मैंने यह पहली बार कराची देखा था और सोचा था, यही है हमारी राजधानी! कितने बंगालियों को अपने देश की राजधानी देखने का सुअवसर मिलेगा! हमने हरित प्रदेश में जन्म लिया था, जिधर भी देखो उधर ही हरित रंग का मेला था। मरुभूमि की यह पथरीली बालू भला हमें क्योंकर रुचेगी? प्रकृति के साथ मनुष्य के मन का भी तो एक सम्बन्ध होता है। बालू के देश के मनुष्य का मन भी बालू की ही तरह उड़ता फिरता है। और नरम बंगाल की मिट्टी के मनुष्य का मन भी मिट्टी की तरह मुलायम और हरित ही होगा। प्रकृति के अकृपण सौन्दर्य में ही हमारा जन्म हुआ और वह सौन्दर्य ही हमें प्रिय है।

मंजूर अपनी जीप में मुझे लेकर हैदराबाद को चला। कुछ दूर जाने के बाद ही मरुस्थल नज़र आया। मीलों तक न कोई घर न मकान, बीच-बीच में छोटे-छोटे दो-एक बाज़ार से थे। देखा, मामूली से कुछेक लोग वहाँ बैठे थे। मैंने मंजूर से पूछा, 'इस मरुस्थल में तुम लोग रहते कैसे हो?' उसने उत्तर दिया, 'बाध्य होकर। मुहाजिर (शरणार्थी) बनकर आए हैं, अब तो यहीं हमारा घर-द्वार है, और यहीं मरना होगा। दिल्ली तो तुमने देखी थी, ऐसा मरुस्थल नहीं देखा था। शुरू-शुरू में ख़राब लगा था पर अब आदत हो गई। हम मुहाजिर आए हैं, भविष्य में देख लेना कराची को भी हम फल-फूल से भर देंगे।'

पहुँचते-पहुँचते हमें शाम हो गई। मंजूर खुद ही ड्राइव कर रहा था। वह गाड़ी बहुत अच्छी चला लेता था। मंजूर के साथ मेरी दोस्ती हो गई थी। अनेक उत्थान-पतन हुए किन्तु हमारी दोस्ती बनी रही। बाद में जितनी बार भी मैं कराची गया, वह छाया की तरह मेरे साथ रहा। ख़ैर, मैं सीधा डाक-बँगले पहुँचा। शहीद साहब बाहर गए थे, रात को लौटेंगे। हम दोनों एक होटल में चले आए, वहीं हाथ-मुँह धोकर, खाना-पीना कर रात 9 बजे फिर डाक-बँगले पहुँचे तो देखा कि वे तब भी लौटे नहीं थे। हम उनका इन्तजार करने लगे। रात 10 बजे वे लौटे। मुझे देखकर बोले, 'पश्चिमी पाकिस्तान आकर खूब प्रेस कॉन्फ्रेंस कर रहे हो।' मैंने कहा, 'और क्या करूँ।' मैं हैदराबाद आऊँगा, यह वे जानते थे। काफी देर तक बातचीत होती रही।

उन्होंने पूर्वी बंगाल के बारे में पूछा। नेता सभी जेल में थे, अच्छे क्या होंगे! नज़ीमुद्दीन साहब के साथ मेरी जो बातें हुई थीं, मैंने वह भी बताया। 21 फरवरी को जो-जो घटित हुआ था, वह भी बताया और बताया राष्ट्रभाषा के सम्बन्ध में समाचार-पत्रों में छपी उनकी राय के बारे में। उन्होंने पूछा, 'मेरी क्या राय छपी?' मैंने कहा, 'यही कि आपने किसी रिपोर्टर से कहा था कि उर्दू का राष्ट्रभाषा होना

ही उचित था।' उन्होंने ख़फ़ा होते हुए कहा, 'यह बात तो मैंने कही ही नहीं। मैंने तो कहा था कि उर्दू और बांग्ला दोनों ही राष्ट्रभाषा हों तो क्या आपत्ति?' उन्होंने यह भी बताया कि उन्होंने तो गोली और अत्याचार का प्रतिवाद भी किया था। मैंने उन्हें बताया कि 'स्पष्ट रूप से वे बातें किसी पत्र ने नहीं छापीं। पूर्वी बंगाल की जनता आपका अभिमत न पाकर बहुत ही दुखी हुई।' उन्होंने मुझे अगले दिन शाम को आने को कहा, क्योंकि सुबह कोर्ट था। 'पिंडी षड्यंत्र' के मुकदमे का विचार हैदराबाद जेल के भीतर हो रहा था। वे शाम को हैदराबाद से मोटरकार में कराची जानेवाले थे। मैं भी साथ में जा सकूँगा। मंजूर ने कहा, वह सुबह ही चला जाएगा। हम दोनों होटल लौट आए। मंजूर सुबह मिस्टर मसूद को ढूँढ़कर ले आया। मसूद साहब ऑल इंडिया स्टेट मुस्लिम लीग के सेक्रेटरी थे। अब हैदराबाद में आकर घर बनवा रहे थे। वे शहीद साहब के भक्त थे और अवामी लीग में शामिल हो गए थे। मंजूर मुझे उनके पास छोड़कर रवाना हो गया। मसूद साहब मुझे लेकर दिन के 1 बजे तक घूमते रहे। एक साथ खाया-पिया और अनेक लोगों के साथ परिचय भी करा दिया।

2 बजे मैं सामान लेकर शहीद साहब के पास चला आया। शहीद साहब ने कुछ बिस्कुट खाए और हॉर्लिक्स पी। यही उनका दोपहर का खाना था। एक एडवोकेट पेशावर से आया था किसी अन्य अभियुक्त की ओर से पैरवी करने। रात को शहीद साहब ने उसके और मेरे साथ खाना खाया। मैंने पूछा, 'बस इतने से खाने से आपका चलता कैसे है?' उन्होंने जवाब दिया था, 'बिस्कुट, मक्खन-रोटी भी तो है, इतना खाकर ही दोपहर का हो जाता है।' कोई और आदमी भी नहीं था। सबकुछ खुद ही करते। हमने फिर बातचीत शुरू की। वे बोले, 'पूर्वी पाकिस्तान अवामी लीग ने कोई एफिलिएशन नहीं लिया। मैं तो तुम लोगों का कोई नहीं।' मैंने कहा, 'संगठन ही नहीं बनेगा तो कोई एफिलिएशन किससे लेगा। आप तो हमारे नेता हैं ही। पूर्वी पाकिस्तान अवामी लीग तो आपको नेता मानती है, यहाँ तक कि पूर्वी पाकिस्तान की जनता भी आपका समर्थन करती है।' वे बोले, 'मैं एक कॉन्फ्रेंस बुलाऊँगा, उससे पहले पूर्वी पाकिस्तान अवामी लीग का एफिलिएशन लेना आवश्यक है।' मैंने उन्हें बताया, 'आपने जिन्ना अवामी लीग बनाई है। हम नाम परिवर्तन नहीं कर सकेंगे। परन्तु हम किसी व्यक्ति का नाम राजनीतिक संगठन के नाम के साथ नहीं जोड़ना चाहते। दूसरे, हमारा मैनिफेस्टो है, संगठन तंत्र है, उसमें परिवर्तन सम्भव नहीं है। मौलाना भसानी साहब ने 1949 में मुझे आपके पास भेजा था। उस वक्त भी उन्होंने निखिल पाकिस्तान अवामी लीग गठन के लिए अनुरोध किया था। यदि आप पूर्वी पाकिस्तान अवामी लीग के मैनिफेस्टो और संगठन तंत्र को मान लें, तो उन्हें भी कोई आपत्ति नहीं रहेगी।'

काफी चर्चा के बाद वे मानने को राज़ी हुए और अपने हाथों से उन्होंने अपनी सम्मति लिखकर दी क्योंकि मुझे लौटकर वर्किंग कमेटी की बैठक में उसे पास कराकर एफिलिएशन के लिए अर्जी देनी होगी। मैंने कहा, 'आपके हाथ का लिखा

होने पर कोई भी आपत्ति नहीं करेगा। मौलाना साहब के साथ जेल में मेरी बात हुई थी, उसके हिसाब से हमारा मैनिफेस्टो, नाम व संगठन तंत्र मान लेने पर एफिलिएशन लेने में उन्हें कोई आपत्ति नहीं थी।' मैंने एक अनुरोध और किया कि वे लिखकर दें कि वे उर्दू और बांग्ला दोनों का राष्ट्रभाषा के रूप में समर्थन करते थे, क्योंकि काफी ग़लतफ़हमियाँ हो चुकी थीं। मुस्लिम लीग और तथाकथित प्रगतिवादी उनके विरुद्ध प्रोपेगंडा कर रहे थे। उन्होंने कहा, 'अवश्य लिखकर दूँगा, यह तो मेरी नीति और विश्वास है।' और उन्होंने लिखकर दे दिया।

उन्होंने वचन दिया कि मुकदमा खत्म होते ही वे पूर्वी पाकिस्तान आएँगे और बोले कि एक मास रहेंगे तथा प्रत्येक ज़िले में एक सभा की व्यवस्था करनी होगी। समय नष्ट नहीं किया जाएगा, किन्तु एक मुश्किल थी, यह मुकदमा कितने दिन चलेगा, कहा नहीं जा सकता था। उनसे जब मैंने पूछा, 'पिंडी षड्यंत्र मामला सच है कि नहीं? अभियुक्तों की रक्षा कर पाएँगे कि नहीं? और यदि षड्यंत्र किया था तो उन्हें सज़ा मिलना उचित था कि नहीं?' तो उन्होंने कहा, 'वे सब सवाल न पूछो। मैं कुछ भी नहीं कहूँगा क्योंकि एडवोकेटों को शपथ लेनी पड़ती है कि वे मामले के बारे में किसी को कुछ नहीं बताएँगे।' उन्होंने कुछ नाराज़ होते हुए यह कहा, मैं चुप रह गया।

शाम को कराची रवाना हुआ। शहीद साहब खुद गाड़ी चला रहे थे, मैं उनके पास ही बैठा। पीछे और कुछ एडवोकेट बैठे। रास्ते में एडवोकेट साहबों ने मुझसे पूर्वी बंगाल की अवस्था के बारे में पूछा। पूछा कि हम बांग्ला को क्यों राष्ट्रभाषा बनाना चाहते थे? इस आन्दोलन में हिन्दू थे या नहीं? मैंने उन्हें समझाने की चेष्टा की। शहीद साहब ने भी उन्हें समझाकर बताया और हिन्दुओं की बात जो सरकार कह रही थी वह बिलकुल झूठ थी, उन्होंने यह उन्हें अच्छी तरह समझाया। मुझसे उन लोगों ने नज़रुल इस्लाम की कविता सुनाने की फरमाइश की। मैंने उन्हें 'के बॅले तोमाय डाकात बन्धु' (कौन तुम्हें डकैत कहता है बन्धु), 'नारी', 'साम्य'—तथा और भी कुछ कविताओं के अंश सुनाए। दो-एक पंक्तियाँ कविगुरु रवीन्द्रनाथ की कविता की भी सुनाईं। शहीद साहब ने उन कविताओं का मर्म उन्हें अंग्रेजी में समझाया। कविगुरु की कविता का अंग्रेजी तर्जुमा दो-एक जन पढ़ चुके थे, ऐसा उन्होंने बताया। इसी प्रकार हम लोगों का समय कट गया। शाम को ही हम कराची पहुँच गए। शहीद साहब ने मुझे उस्मानी साहब के घर पर उतार दिया और सुबह 13 नम्बर कचहरी रोड पहुँचने को बोले।

उनसे मिलने गया तो उन्होंने मुझसे लाहौर होते हुए ढाका जाने को कहा। उन्होंने कहा कि वे लाहौर में ख़्वाजा अब्दुर रहीम बार ऐट लॉ एवं राजा हसन अख़्तर को टेलीग्राम कर देंगे। उन्होंने लाहौर में भी प्रेस कॉन्फ्रेंस और कार्यकर्ताओं के साथ चर्चा कराने को कहा। अनेक दिन हो गए थे, इसलिए देरी किए बिना मैं ट्रेन से लाहौर रवाना हुआ। ख़्वाजा अब्दुर रहीम पहले आई.सी.एस. थे (तब वकालत करते

थे) बड़े भले इनसान थे। उन्होंने मुझे अपने साथ 'जावेद मंजिल' में ठहराया। वे जावेद मंजिल में ही रहते थे। कवि अल्लामा इक़बाल का घर था 'जावेद मंजिल।' कवि इक़बाल ने यहीं बैठकर पाकिस्तान का स्वप्न देखा था। अल्लामा इक़बाल केवल कवि ही नहीं, एक दार्शनिक भी थे। मैं पहले उनकी मज़ार पर ज़ियारत करने गया और स्वयं को धन्य महसूस किया। अल्लामा ने जहाँ बैठकर साधना की थी, मुझे वहाँ रहने का सुअवसर मिला।

ख़्वाजा साहब और लाहौर के शहीद साहब के भक्तों ने प्रेस कॉन्फ्रेंस का आयोजन किया। मैंने कइयों के साथ मुलाकात की थी। हमीद निजामी से मिलने गया था। पहले जब मैं लाहौर आया था तो उन्होंने बड़ी आवभगत की थी। उन्होंने स्वयं ही कहा कि वे प्रेस कॉन्फ्रेंस में उपस्थित रहेंगे और उन्होंने सभी को फोन कर दिया। प्रेस कॉन्फ्रेंस में सभी दैनिक समाचार-पत्रों के प्रतिनिधि उपस्थित थे। यहाँ तक कि ए.पी.पी. के प्रतिनिधि भी उपस्थित थे। मेरा वक्तव्य पेश करने के बाद सभी ने मुझसे प्रश्न पूछना शुरू किया और मैं उनके प्रश्नों के सन्तोषजनक उत्तर दे पाया था। हम उर्दू और बांग्ला दोनों को राष्ट्रभाषा के रूप में चाहते थे, इस बात की तो उन्हें धारणा ही नहीं थी। उन्हें केवल यह बताया गया था कि हमारी माँग केवल बांग्ला को राष्ट्रभाषा बनाने की थी। मैं यह प्रमाणित भी कर पाया था कि पाकिस्तान आन्दोलन में जिन समस्त नेताओं व कार्यकर्ताओं ने मुस्लिम लीग और पाकिस्तान के लिए काम किया था, उन्हीं ने अवामी लीग संगठन का गठन किया था। मैंने जब एक-एक कर नेताओं के नाम गिनाने शुरू किए तो ऐसा लगा कि वे बात समझ गए। लाहौर की अवामी लीग के नेताओं ने मुझे काफी धन्यवाद दिया। मैंने उनसे कहा, 'मैं मुँह से जो कहता हूँ, उसी में विश्वास करता हूँ। मेरे मुँह में और पेट में एक ही बात होती है। मैं बातें चबाता नहीं, जो विश्वास करता हूँ, वहीं बोलता हूँ। और इसके लिए कई बार मुसीबत में भी पड़ जाता हूँ। इसे आप मेरे स्वभाव का दोष भी कह सकते हैं और गुण भी। एक बात मैं लाहौर में स्पष्ट कह आया था, चुनाव होंगे तब आप देखेंगे कि मुस्लिम लीग की क्या अवस्था थी। वह ऐसी हार हारेगी कि आप सोच भी नहीं पाएँगे।'

एक मुश्किल हो गई। हफ्ते में एक दिन प्लेन लाहौर से ढाका जाता था। तीन दिन जो प्लेन ढाका जानेवाला था उसमें जाने का कोई उपाय न था क्योंकि काम अभी खत्म न हुआ था, और टिकट भी नहीं मिलेगा। अगले हफ्ते भी प्लेन नहीं जाएगा। सुना कि प्राय: सत्रह-अठारह दिन मुझे लाहौर में रहना होगा। ख़्वाजा अब्दुर रहीम और राजा हसन अख़्तर रावलपिंडी और मारी जाएँगे घूमने। मुझसे भी चलने को कहा। मैं राज़ी हो गया। एक दिन रावलपिंडी में देरी कर देख लिया मिलिटरी

हेडक्वार्टर्स, और देखा वह पार्क, जिसमें लियाक़त अली ख़ान की गोली मारकर हत्या की गई थी। अगले दिन सुबह मारी पहुँचा। मारी में काफी ठंड थी। गरम कपड़ों और रात को कम्बल की दरकार थी। रावलपिंडी में गरमी से मुँह के भीतर दो-एक छाले हो गए थे, जैसे जलने पर होते थे। और मारी, जो कि पिंडी से मात्र तीस-पैंतीस मील दूर था, वहाँ कितनी सुन्दर आबहवा थी। वहाँ बहुत आराम मिला। पहाड़ के ऊपर छोटा-सा शहर, जहाँ पंजाब के बड़े-बड़े जमींदारों और व्यवसायियों के अपने मकान थे। गरमियों में बाल-बच्चों समेत मारी में रहते। मुझे बहुत अच्छा लगा। हरियाली से घिरे पहाड़ और उसके ऊपर यह शहर। एक दिन रहा, हालाँकि इच्छा हो रही थी कि और कुछ दिन रहूँ। अगले दिन हम सबको लौटना पड़ा। लाहौर में पीर सलाहुद्दीन मेरे साथी थे। उन्हीं को लेकर घूमता-फिरता था। नवाए-वक्त, पाकिस्तान टाइम्स, इमरोज तथा अन्यान्य समाचार-पत्रों में मेरा प्रेस कॉन्फ्रेंस का वक्तव्य बहुत ही अच्छी तरह छपा था। सरकार समर्थक पत्रों ने मेरे वक्तव्य की आलोचना भी की थी। मैंने राष्ट्रभाषा बांग्ला, राजबन्दियों की मुक्ति, गोली मारकर हत्या का प्रतिवाद, स्वायत्त शासन तथा अर्थनीतिक समस्या पर अधिक जोर दिया था।

लाहौर से प्लेन में ढाका आया। उन दिनों कराची या लाहौर से सीधा प्लेन नहीं आता था, दिल्ली और कलकत्ता होकर आता था। ढाका आते ही वर्किंग कमेटी की बैठक बुलाई। मौलाना साहब से सम्पर्क किया। सोहरावर्दी साहब का अभिमत सबको बताया। एफिलिएशन लेने को सभी राज़ी हुए। सर्वसम्मति से प्रस्ताव पारित हुआ। साप्ताहिक इमरोज ने उन दिनों काफी लोकप्रियता अर्जित की थी। माणिक भाई सर्वस्व देकर पत्र को चला रहे थे। मैं उनकी आवश्यकतानुसार सहायता करता था। अताउर रहमान साहब भी सहायता में कोई त्रुटि नहीं रखते थे।

इसी समय मौलाना साहब अस्वस्थ हो गए तो उन्हें अस्पताल में भर्ती किया गया। सरकार उनके केबिन का ख़र्च देने को राज़ी न हुई, वार्ड में रखने को राज़ी थी। केबिन में रहने देने में कोई आपत्ति न थी, किन्तु उसका ख़र्च हमें बाहर से जुटाना होगा। मौलाना भसानी बन्दी थे, उन्हें रुपया कहाँ से मिलता? सरकार को ख़र्च देना उचित था, पर वह देगी नहीं। एक सरकार ऐसा काम करने के लिए कितनी नीचता पर उतर सकती थी! मुझे मौलाना साहब ने खबर दी, क्या करेंगे? बड़ी मुश्किल में पड़ गए। मुझे रुपए कहाँ से मिलेंगे, और कौन हम लोगों की सहायता करेगा? दस दिन में प्रतिदिन डेढ़ सौ के हिसाब से रुपए लगेंगे। केबिन में रहने पर दवा तथा अन्यान्य वस्तुएँ अपने पैसों से खरीदनी होंगी। फिर भी मैंने मौलाना साहब को केबिन में जाने को कहा और रुपयों के इन्तजाम में जुट गया। अताउर रहमान साहब ने भी कुछ मदद करने को कहा। मेरे एक सरकारी कर्मचारी मित्र एवं अनवरा ख़ातून भी बीच-बीच में सहायता करते। किन्तु एक व्यक्ति के बारे में स्वीकार करना होगा, हाजी गियासुद्दीन नाम के मेरे एक मित्र थे, जो व्यवसाय करते थे।

कभी अवामी लीग के सदस्य नहीं बने, परन्तु मुझसे बहुत स्नेह करते थे। उनका घर कुमिल्ला में था। जब और कहीं से भी रुपयों का जुगाड़ न हो पाता तो उनके पास जाने पर उन्होंने कभी खाली हाथ नहीं लौटाया। दस दिनों में ही रुपयों का जुगाड़ करना था। देरी होते ही मौलाना साहब के पास नोटिस आ जाती और तब मौलाना साहब अस्पताल से मुझे चिट्ठी लिखते। दो-एक बार मैंने अस्पताल में मौलाना साहब से भेंट भी की, किन्तु मैं अधिक बातें नहीं कर पाता था। जाते ही पुलिस या आई.बी. के कर्मचारी कहते कि उनकी नौकरी नहीं बचेगी। फलस्वरूप बाध्य होकर मुझे चले आना पड़ता। इसी समय ढाका के बंशाल इलाके के अनेक कार्यकर्ता जनाब अब्दुल मालेक व हबीबुर रहमान के नेतृत्व में अवामी लीग में शामिल हुए। वे खुद भी धन संग्रह कर मदद किया करते थे। उस वक्त कार्यकर्ता ही अवामी लीग को रुपए देकर काम चलाते।

मौलाना साहब जब अस्पताल में थे तब मैंने ज़िले-ज़िले में सभा करने के लिए कार्यक्रम बनाया। अताउर रहमान ख़ान और अब्दुल सलाम ख़ान के बीच तब मन ही मन होड़ चल रही थी। सलाम साहब भी सहसभापति थे, किन्तु उन्हें कोई महत्त्व न दिया जाता, केवल अताउर रहमान को महत्त्व दिया जाता। इसलिए उन्होंने कहना शुरू किया कि वे हाईकोर्ट के एडवोकेट थे और अताउर रहमान जज कोर्ट के एडवोकेट, उम्र में भी वे बड़े थे और राजनीति में भी सीनियर थे, फिर भी उन्हें महत्त्व नहीं दिया जाता था। मैंने उन्हें समझाना शुरू किया। कहा, 'अताउर रहमान साहब पहले से ही ढाका में थे, इसलिए ढाका की जनता उन्हें जानती है। आप किन्तु ढाका में नए आए हैं। पर इससे कुछ आता-जाता नहीं है।' वर्किंग कमेटी की सभा में एक दिन अताउर रहमान साहब सभापतित्व करते तो अन्य दिन अब्दुल सलाम ख़ान सभापतित्व करते। मौलाना साहब बन्दी थे। और मैं मुश्किल में पड़ गया। सलाम साहब कार्यकर्ताओं से मेल-जोल रखना नहीं जानते थे। जरूरत हो तो उनसे मिल पाना मुश्किल था, किन्तु अताउर रहमान साहब किसी भी समय उपलब्ध थे। क़ाज़ी ग़ुलाम महबूब के भूमिगत होने और बाद के दिनों में जब वे जेल गए, अताउर रहमान साहब राष्ट्रभाषा संग्राम परिषद के भारप्राप्त आयोजक बने। फलस्वरूप उन्हें कार्यकर्ताओं और छात्रों के साथ घनिष्ठ मेल-जोल का सुअवसर मिला। किसी भी समय अताउर रहमान साहब उपलब्ध रहते, नतीजा यह हुआ कि मेरा झुकाव उनकी तरफ अधिक हो गया। किसी भी समय वे किसी काम में आपत्ति नहीं करते थे। वे पहल बहुत कम करते किन्तु पुकारने पर हाज़िर जरूर होते। मैं यह बात ज़ाहिर नहीं होने देता था कि मैं अताउर रहमान साहब को अधिक पसन्द करता था। मैंने सलाम साहब से कहा कि मैं अताउर रहमान साहब को लेकर अवामी लीग के गठन के लिए उत्तर बंग जा रहा था, आप मेरे साथ फ़रीदपुर, कुष्टिया, जैसोर और खुलना जाएँगे। वे राज़ी हो गए।

अताउर रहमान साहब और मैंने पाबना, बगुड़ा, रंगपुर और दिनाजपुर में प्रोग्राम

किए। नाटोर और नवगाँव में तो कमेटी का गठन कर पाया किन्तु राजशाही में तब भी कुछ न कर पाया। दिनाजपुर में सभा की, उस दिन बारिश थी, इसलिए लोग अधिक नहीं जुटे। रात को कार्यकर्ताओं की एक सभा कर रहीमुद्दीन साहब के नेतृत्व में एक ज़िला कमेटी का गठन किया। इस प्रकार मैं विभिन्न ज़िलों में कमेटियों का गठन कर पाया, किन्तु राजशाही में मैं ऐसा न कर पाया। पाबना में भी कोई आगे न आया। रहने की जगह मिलना भी कष्टकर था। बाद में कैप्टन मंसूर अली और अब्दुर रब उर्फ़ बॅगा को लेकर एक कमेटी का गठन किया। और कोई नहीं मिला तो मैंने कुछ छात्रों के नाम दे दिए। पाबना में छात्र लीग के कार्यकर्ताओं ने टाउन हॉल मैदान में दो घंटे की नोटिस पर एक सभा बुलाई। माइक्रोफोन नहीं था। मैंने और अताउर रहमान साहब ने बिना माइक्रोफोन के सभा की। इस प्रकार उत्तर बंग में काम पूरा कर मैं फिर दक्षिण बंग को रवाना हुआ। कुष्टिया, जैसोर में अच्छी कमेटियाँ बनीं। खुलना में किसी भी उम्र के लोग नहीं मिले तो मेरे सहकर्मी युवक शेख़ अब्दुल अज़ीज़ को सभापति और मोमिनुद्दीन को सेक्रेटरी नियुक्त कर ज़िला अवामी लीग का गठन किया। सलाम साहब ने आपत्ति की तो मैंने कहा, 'कोई उम्रदराज व्यक्ति न मिले तो क्या संगठन का गठन न किया जाए? देखिएगा, ये लोग ही एक दिन ज़िले के नेता होकर काम करेंगे।' जहाँ एडवोकेट साहब लोग नहीं आ पाए, उन सभी ज़िलों में मैं अकेला ही जाता, सभाएँ करता और कमेटी गठन करता। जून, जुलाई, अगस्त महीने तक मैं बिना विश्राम किए प्राय: सभी ज़िलों और महकमों में घूमकर अवामी लीग की शाखाओं का गठन करने में सक्षम हुआ था।

शम्सुल हक़ साहब ने पहले ही मैमनसिंह में कमेटी का गठन कर लिया था। जनाब अबुल मंसूर अहमद साहब कलकत्ता से लौट आए थे। वे अवामी लीग के सभापति बने और हाशिमुद्दीन साहब को सेक्रेटरी बनाया। हाशिमुद्दीन अहमद साहब, रफ़ीक़ुद्दीन भुइयाँ, हातिम अली तालुकदार राष्ट्रभाषा आन्दोलन के समय गिरफ्तार होकर राजबन्दी के रूप में जेल में थे। नोआखाली में अब्दुल जब्बार खद्दर साहब ने ज़िला कमेटी का गठन किया था। चटगाँव में अब्दुल अज़ीज़, मुज़फ़्फ़र अहमद, ज़हूर अहमद चौधरी तथा कुमिल्ला में अब्दुर रहमान ख़ान, लाल मियाँ और मुश्ताक अहमद ने अवामी लीग का गठन किया था। मैंने इन सभी ज़िलों में घूम-घूमकर संगठन को जोरदार करने की चेष्टा की। अगस्त महीने के आखिर में बरिशाल होकर घर जाना पड़ा था, क्योंकि रुपए-पैसों का खूब अभाव हो गया था। कुछ दिन घर पर रहा, उसके बाद ढाका लौट आया। लॅ'पाड़ा छोड़ दिया था। अब्बा बहुत असन्तुष्ट थे, रुपया-पैसा देना नहीं चाह रहे थे। मुझे कुछ न कुछ जरूर करना पड़ेगा। बच्चे हो गए थे, ऐसे कितने दिन चलेगा! रेणु कुछ बोलती न थी, चुपचाप कष्ट सहे जा रही थी। मैं घर जाता तो कुछ रुपयों की दरकार होगी, सोचकर जुगाड़ करने की चेष्टा में लग जाती। अन्तत: अब्बा ने मुझे रुपए दिए। बहुत अधिक न दे पाए तथापि

मेरा काम चलने लायक राशि देने में उन्होंने कभी आपत्ति नहीं की। मेरा अपना तो कोई खास अधिक ख़र्च न था, कहा जा सकता है कि सिगरेट ही मेरा एकमात्र फालतू ख़र्च था। मेरे छोटे भाई नासेर ने खुलना में व्यवसाय शुरू किया था। मेरे बच्चों की देखभाल वही करता था। घर से उसे रुपया–पैसा नहीं लेना पड़ता था। उसने पढ़ाई–लिखाई छोड़ दी थी। बीच–बीच में कुछ रुपए घर में देना भी उसने शुरू किया था।

ढाका लौटकर पूर्वी पाकिस्तान शान्ति कमेटी की सभा में शामिल हुआ। अताउर रहमान ख़ान साहब सभापति थे। हमें 'युद्ध नहीं, शान्ति चाहिए'— यही हमारा नारा था। सितम्बर महीने की 15–16 तारीख को खबर आई कि दक्षिण–पूर्व एशिया तथा प्रशान्त महासागरीय देशों के प्रतिनिधि शान्ति सम्मेलन में शामिल होंगे। हमें पीकिंग जाना होगा, निमंत्रण आया था। पूरे पाकिस्तान से तीस जन आमंत्रित थे। पूर्वी बंगाल के हिस्से में पड़े मात्र पाँच जन। अताउर रहमान ख़ान, इत्तफ़ाक़ के सम्पादक तफ़ज़्ज़ल हुसैन, खोंडकार मुहम्मद इलियास, उर्दू के लेखक इब्ने हसन और मैं। समय नहीं था, और रुपए–पैसे भी कहाँ थे? पासपोर्ट कब बनवाऊँगा? जाने–आने का टिकट तो शान्ति सम्मेलन की ओर से मिल जाएगा।

हमने पासपोर्ट के लिए दरखास्त दी, हालाँकि मिलने की उम्मीद बहुत ही कम थी। और वो इसलिए क्योंकि सरकार और उसके दलीय सदस्य भयंकर ख़फ़ा थे। जो कम्युनिस्ट नहीं है, वह कम्युनिस्ट चीन में जाना चाहेगा? शान्ति सम्मेलन नहीं, वह तो कम्युनिस्ट पार्टी की सभा थी, इस प्रकार की नाना बातें हो रही थीं। मियाँ इफ़्तखारुद्दीन साहब हमारे पासपोर्ट के लिए कराची में चेष्टा कर रहे थे। पासपोर्ट अफसर ने कहा, 'मैंने लिख–पढ़कर सबकुछ ठीक करके रख दिया, हुक्म आते ही दो मिनट में मिल जाएगा पासपोर्ट।' खुद उन्होंने भी कराची में खबर दी। हम पूर्वी बंगाल सरकार के होम डिपार्टमेंट में खबर लेने लगे। अताउर रहमान साहब ने भी ज्वाइंट सेक्रेटरी और सेक्रेटरी से भेंट की। कोई कुछ नहीं बता पा रहा था। हम चेष्टा में लगे रहे, बी.ओ.एसी. ऑफिस में भी खोज ली। उन्होंने हमें बताया, आप लोगों के टिकट आ गए थे। किन्तु पासपोर्ट न लाने पर टिकट इश्यू नहीं किए जा सकेंगे, न ही सीट रिजर्व की जा सकेगी। हफ्ते में एक दिन बी.ओ.एसी. का प्लेन ढाका में आता था, सुना कि 23 या 24 तारीख को ढाका–रंगून होकर हांगकांग जाएगा।

पता चला कि पीकिंग में भयंकर ठंड थी। गरम कपड़ों की दरकार होगी। किन्तु मेरे पास तो गरम कपड़े नहीं थे, तथापि हांगकांग से खरीदे जा सकते थे। कहते हैं, वहाँ काफी सस्ते थे। 22–23 तारीख को हमने उम्मीद छोड़ दी। शायद

24 तारीख को एक प्लेन ढाका में आएगा। सरकार की ओर से खबर आई कि हमें पासपोर्ट दिया जाएगा। हम समझ गए कि यह देना नहीं बल्कि जान छुड़ाना था। 1 बजे पासपोर्ट मिला। कब तो घर जाऊँगा, कपड़े-लत्ते लाऊँगा और कब प्लेन में चढ़ूँगा! अताउर रहमान साहब ने बी.ओ.एसी. के ऑफिस में फोन किया और प्लेन के बारे में जानना चाहा। उधर से उत्तर मिला कि प्लेन की कोई खबर नहीं थी, किन्तु कुछेक घंटे प्लेन लेट था। मन में उम्मीद जागी कि तब शायद जा पाऊँगा। अताउर रहमान साहब के घर हम देर करने लगे। कहा गया था कि एक घंटे में पक्की खबर मिल सकेगी कि प्लेन ठीक कितने घंटे लेट था। माणिक भाई ने कहना शुरू किया कि वे न जा पाएँगे, क्योंकि फिर 'इत्तफ़ाक़' को कौन देखेगा? रुपए कहाँ थे? इत्तफ़ाक़ में लिखेगा कौन? कुछ देर बाद खबर मिली कि प्लेन 24 घंटे लेट था। अगले दिन प्लेन 12 बजे आएगा और 1 बजे छूटेगा। हम कुछ आश्वस्त हुए कि चलो, कुछ समय तो मिला। अवामी लीग के कार्य-संचालन के लिए भी तो कुछ व्यवस्था करनी होगी। मैं डेरे पर लौटा। मुल्ला जलाल और हमीद चौधरी ने मेरा सब कुछ ठीक-ठाक कर दिया। अवामी लीग ऑफिस होकर मैं माणिक भाई के पास इत्तफ़ाक़ ऑफिस को चल पड़ा। माणिक भाई से बहुत इसरार किया तो कुछ-कुछ तो राज़ी हुए पर पक्का कुछ नहीं बताया। हमने तय किया था कि सुबह 10 बजे हम अताउर रहमान साहब के घर से एक साथ एयरपोर्ट के लिए रवाना होंगे। खोंडकार इलियास मेरे व्यक्तिगत मित्र थे, वे 'जुगेर दाबी' पत्र के सम्पादक थे। हम दोनों हमउम्र थे, तय किया कि एक साथ ही रहेंगे, पर मुश्किल माणिक भाई को लेकर थी। क्या करते हैं कुछ कहा नहीं जा सकता!

सुबह तैयार होकर मैं माणिक भाई के घर को चला। उन दिनों ढाका में रिक्शा का ही एकमात्र सहारा था। सुबह 8 बजे जाकर देखा कि वे आराम से सोए हुए थे। कई बार बुलाकर उन्हें नींद से जगाया। वे मुझसे बोले, 'कैसे जाऊँ, मेरा जाना सम्भव नहीं, आप लोग ही घूम आएँ।' मैं नाराज हो उठा और भाभी से कहा, 'आप जाने को क्यों नहीं कहतीं, दस-पन्द्रह दिनों में ऐसी क्या असुविधा होगी? माणिक भाई लेखक हैं, वे जाएँगे तो नए चीन के बारे में लिख पाएँगे, देश के लोग भी जान पाएँगे। कपड़े कहाँ हैं? सूटकेस ठीक करें। आप तैयार हो जाएँ। आप नहीं गए तो हमारा जाना नहीं होगा।' माणिक भाई जानते थे कि मैं छोड़नेवाला नहीं था, इसलिए शीघ्र ही तैयार हो गए। हम अताउर रहमान साहब के घर हाज़िर हुए। प्लेन टाइम पर आनेवाला था। हमें आज 11 बजे तक पहुँचना होगा। कई फॉरमेलिटियाँ थीं। टिकटें तो हमने पहले ही ले ली थीं और हमारी सीटें भी रिजर्व थीं। हमारे पहुँचने के कुछ समय बाद ही बी.ओ.एसी. का प्लेन आकर उतरा। कुछ मित्र-अहबाब हमें विदा करने आए थे। शान्ति कमेटी के सेक्रेटरी अली अकसद फूलों की कुछ मालाएँ भी लाए थे। एयरपोर्ट पर हमारे सामान की यथारीति जाँच हुई। उसी प्लेन

में मियाँ महमूद अली कसूरी तथा और भी दो-तीन पश्चिमी पाकिस्तान के नेता चीन जा रहे थे। सुना कि पश्चिमी पाकिस्तान के नेता कराची से हांगकांग रवाना हो गए थे, वहीं हम लोगों से मिलेंगे फिर एक साथ चीन जाएँगे। प्लेन पहले रंगून पहुँचेगा। रात को हमें रंगून में ही रहना होगा। हमें काफी समय मिलेगा। शाम और रात हमें रंगून में बितानी होगी। अताउर रहमान साहब बोले, 'रंगून में बैरिस्टर शौक़त अली के बड़े भाई रहते हैं, उनका बहुत बड़ा व्यवसाय है और मैं ठिकाना भी जानता हूँ।'

रंगून में हमारे पहुँचने के बाद ही बी.ओ.एसी. के विश्रामागार में हमारे ठहरने की व्यवस्था हुई। बर्मा और बांग्लादेश दोनों ही फूलों-फलों से भरे थे। बर्मा में उस वक्त भयंकर गोलमाल था। स्वाधीनता पाने के बावजूद चारों ओर अराजकता थी। द्वितीय महायुद्ध के पश्चात् जापान और चीन से आम जनता को अनेक हथियार मिले थे। और अब उन्हीं का वे इच्छानुसार उपयोग करने लगे थे। कम्युनिस्टों और 'कारेनों' ने विद्रोह की घोषणा कर दी थी। गृहयुद्ध में देश खत्म होने जा रहा था। क़ानून-व्यवस्था नाम की कोई चीज न थी। किसी भी समय, यहाँ तक कि दिन-दहाड़े रंगनू शहर में राहजनी, डकैती होती थी। शाम के बाद डर के मारे लोग घरों से निकलते नहीं थे। जो सम्पन्न या बड़े व्यवसायी थे, उनकी अवस्था तो और भी शोचनीय थी। किसी भी समय उनके बच्चों को अगवा किया जा सकता था, और फिरौती माँगी जाएगी, वह न देने पर उनकी हत्या की जा सकती थी। अक्सर ऐसी घटनाएँ घटती रहतीं। हमें आगाह कर दिया गया था—कहीं जाओ तो बताकर जाओ। होटल की सुरक्षा के लिए बाकायदा सशस्त्र सिपाही रखे हुए थे। हम तो विदेशी लोग थे, हमारा था भी क्या?

होटल पहुँचते ही अताउर रहमान साहब ने रॉयल स्टेशनरी के मालिक अमजद अली को टेलीफोन किया। उस वक्त वे बाहर थे, किन्तु कुछ समय बाद लौटकर खबर मिलने पर फौरन होटल में उपस्थित हुए। हमें पाकर वे अत्यन्त आनन्दित थे। विदेश में किसी अपने या देश के व्यक्ति को पाकर कौन खुश न होगा। उनकी अपनी गाड़ी थी, हमें लेकर वे घूमने निकले। सबसे पहले अपनी दुकान लेकर गए। रंगून में अन्यतम श्रेष्ठ दुकान थी रॉयल स्टेशनरी। लगा जैसे धीरे-धीरे सब कुछ उनींदा सा होता जा रहा था। उन्होंने हमें रंगून की अवस्था के बारे में बताया, पर चाहे जो हो जाए, वे रंगून नहीं छोड़ेंगे। रंगून शहर और उसके आसपास केवल का इलाका सरकार के हाथ में था। सरकार किसी भी हालत में विद्रोहियों को दबा नहीं पा रही थी। ख़ैर जो हो, वे सज्जन हमें अपने घर ले गए और अपनी बीवी के साथ परिचय कराया। वे अत्यन्त भद्र व सुशील थीं। रात को हमें उनके घर ही भोजन करना होगा। उन्होंने हमारी कोई भी आपत्ति न सुनी।

हमें लेकर अमजद साहब निकल पड़े रंगून शहर दिखाने को। कुछ बड़े-बड़े

पैगोड़ा (बौद्ध-मन्दिर) देखे। एक के तो अन्दर जाकर भी हमने देखा। सबसे बड़ा पैगोडा कुछ मील की दूरी पर था। लौटकर आते-आते साँझ हो जाती, इसलिए वहाँ नहीं जाया जाएगा, कहीं रास्ते में कोई मुसीबत न आ जाए। अताउर रहमान साहब के एक और परिचित थे, वे भी पूर्वी बंगाल के थे। एक बार मंत्री भी हुए थे। हम उनके घर जा पहुँचे। वे घर पर न थे, काफी देर पुकारने के बाद ऊपर से एक वृद्ध महिला ने मुँह निकालकर कहा कि घर में कोई नहीं था, और वे दरवाज़ा न खोल पाएँगी क्योंकि वे हमें पहचानती न थीं। काग़ज़ माँगा तो कहने लगीं, 'दरवाजा नहीं खोलूँगी, काग़ज़ बाहर ही है, लिखकर खिड़की से भीतर डाल जाइए।' ऐसा व्यवहार क्यों?' अमजद साहब से पूछा तो उन्होंने बताया, 'इस प्रकार गाड़ी से बैंडिट (लुटेरे) आ जाते थे। घर के मालिक का नाम पुकारने पर पहले लोग दरवाज़ा खोल देते थे। दरवाजा खुलते ही वे हाथ-मुँह बाँधकर बन्दूक-पिस्तौल दिखाकर सबकुछ लूटकर ले जाते थे। इस तरह की घटनाएँ जब रंगून शहर में आम हो गईं तो कोई परिचित व्यक्ति न हो तो लोग दरवाजा नहीं खोलते।'

कभी रंगून शहर बहुत शोभायुक्त शहर था। थोड़ा-बहुत तो अब भी था पर उसका लावण्य नष्ट हो गया था। अमजद साहब ने हमें कुछ घंटे साथ लेकर कई जगहें दिखाईं। बाद में हमें बर्मा क्लब ले गए। स्वाधीनता से पूर्व इस क्लब का यूरोपियन के अतिरिक्त कोई सदस्य नहीं बन सकता था। यहाँ तक कि किसी अन्य को भीतर प्रवेश तक की अनुमति न थी। झील के किनारे बड़ा सुन्दर था यह क्लब। अमजद साहब को सभी पहचानते थे और उनकी इज़्ज़त करते थे। दिन-भर हमें घुमा-फिराकर रात को उन्होंने हमें होटल पहुँचा दिया और हमसे विशेष अनुरोध किया कि लौटते वक्त हम दो-एक दिन उनके यहाँ घूम जाएँ। मैं और इलियास एक ही रूम में थे। रंगून शान्ति कमेटी के कुछ सदस्य हमसे मिलने आए। उनसे काफी देर बातचीत हुई। उनके नेता ने हमें बताया कि शान्ति कमेटी के कुछ सदस्य पहले ही चीन चले गए थे। और भी कुछ सदस्य जाएँगे, पर उन्हें अब तक पासपोर्ट नहीं मिला था। उन्होंने यह भी बताया कि कुछ सदस्य भागकर चले गए थे।

खूब भोर में हमें रवाना होना पड़ा। हम बैंकॉक पहुँचे। थाईलैंड की राजधानी था बैंकॉक। काफी बड़ा था उसका एयरपोर्ट। हमने वहाँ चाय-नाश्ता किया। एक घंटे बाद हांगकांग के लिए रवाना हुए। सीधे हांगकांग, अब प्लेन कहीं नहीं रुकेगा। प्लेन में सोने में मुझे कोई कष्ट नहीं होता। थाईलैंड, लाओस, वियतनाम और दक्षिण चीन सागर होते हुए हम दिन के 1 बजे हांगकांग के काइतेक एयरपोर्ट पहुँचे। 'सिन्हुआ' संवाद प्रतिष्ठान के प्रतिनिधियों ने हमारा स्वागत किया। इस संवाद प्रतिष्ठान को अंग्रेजी में 'न्यू चायना न्यूज़ एजेंसी' कहते थे। हमारे रहने की व्यवस्था कौलून होटल में की गई थी। पश्चिमी पाकिस्तान से दस-बारह प्रतिनिधि पहले ही पहुँच गए थे। उस दिन शाम और अगले दिन सुबह तक पाकिस्तान के सभी

प्रतिनिधि पहुँच जाएँगे। अगले दिन भोर में हमारी सभा हुई और सभा में पीर मानकी शरीफ़ को नेता बनाया गया।

रात को और दिन के समय घूम-फिरकर हांगकांग शहर को देखा। हांगकांग का नाम अंग्रेजों ने रखा था 'विक्टोरिया'। नदी के एक किनारे पर था हांगकांग और दूसरे पर था कौलून। हम सभी ने कुछ-कुछ गरम कपड़े खरीद लिये। चीजें बहुत सस्ती थीं, पर हमारे पास अधिक रुपए नहीं थे। खरीदारी किन्तु सावधानी से करनी होगी। एक रुपए की चीज़ की कीमत पच्चीस बताते थे, आपको मोलभाव कर एक रुपया कहना होगा, शर्म की तो ठगे जाएँगे। जान-पहचान वाले किसी पुराने व्यक्ति की मदद के बिना कुछ खरीदना उचित न था। हांगकांग का एक और नाम होना चाहिए था 'ठगबाज शहर'। रास्ते में चलें तो जेब में हाथ डालकर वरना जेब खाली। इतने सुन्दर शहर के ऐसे भीतरी स्वरूप के बारे में सोचकर भी सिहरन होती थी। अभी यह अंग्रेज कॉलोनी थी। चीन के कई धनाढ्य लोग भागकर हांगकांग चले आए थे। गृहच्युत लोगों को पेट भरने के लिए कई ग़लत काम करने को बाध्य होना पड़ता था। एक पाकिस्तानी मित्र से वार्तालाप हुआ। उसका घर सिन्ध में था, पर अभी वह हांगकांग में था। उसके साथ बैठकर बहुत गप्पें हुईं। बाद में अनेक बार हांगकांग जाना हुआ और कुछ दिन वहाँ रहना भी पड़ा। मैं तो सिर्फ यही सोचता कि हांगकांग शहर इतने पाप बर्दाश्त कैसे करता था!

हांगकांग से शायद 27 तारीख को रेलगाड़ी से कैंटॅन पहुँचा। सेनचुन स्टेशन कम्युनिस्ट चीन का पहला स्टेशन था। ब्रिटिश एरिया के बाद आगे ब्रिटिश रेल नहीं जाती लिहाजा हम पैदल पुल पार कर स्टेशन पहुँचे। शान्ति कमेटी के स्वयंसेवकों व स्वयंसेविकाओं ने हमारा स्वागत किया। कोई चिन्ता नहीं थी, हमारे सामान आदि का सारा भार उन्होंने ग्रहण कर लिया। हमारे लिए ट्रेन में खाने-पीने और रहने का सुबन्दोबस्त था। दो-तीन व्यक्तियों के लिए एक-एक दुभाषिया था। ये सब प्राय: स्कूल-कॉलेजों के बच्चे थे। मैं ट्रेन के भीतर घूमने लगा। ट्रेन में इस छोर से उस छोर तक जाया जा सकता था। मैं नए चीन के लोगों के चेहरे देखना चाहता था। अफीम खानेवाली जाति मानो हठात् नींद से जाग उठी थी। अब अफीम कोई नहीं खाता था और न ही ऊँघता था। लगा जैसे यह एक नया देश था और नए थे इसके लोग। आज उनमें आशा का संचार था, हताशा नहीं रही थी। आज वे स्वाधीन थे, देश का सबकुछ जनता का था। मैं सोच रहा था, तीन वर्षों में इतना बड़ा बदलाव ये लोग कैसे लाए। शाम के बाद हम कैंटॅन पहुँचे। सैकड़ों बच्चे हाथों में गुलदस्ते लिये हाज़िर थे। शान्ति कमेटी के कार्यकर्ताओं ने रेल-स्टेशन पर हमारा स्वागत किया। पर्ल नदी के किनारे एक विशाल होटल में हमारे रहने की व्यवस्था

की गई थी। शान्ति कमेटी की ओर से रात को ही डिनर का आयोजन था। चीन के लोगों को भी बंगालियों की तरह भाषण देना और सुनना अच्छा लगता था।

खाना शुरू होने से पहले भाषण हुए। हमारी ओर से पीर साहब ने भाषण दिया। बात–बात पर तालियाँ, हमें भी तालियाँ बजानी पड़ीं। भोर को ही पीकिंग के लिए रवाना होना होगा। हमें पहुँचने में काफी देरी हो गई थी, इसलिए कॉन्फ्रेंस को बन्द रखा गया था। अनेक देशों के प्रतिनिधि समय पर पहुँच नहीं पाए थे। कैंटॅन से प्लेन द्वारा डेढ़ हजार मील दूर जाना होगा। सुबह नाश्ता कर हम रवाना हुए। दिन के समय प्लेन में चीन के डेढ़ हजार मील भूखंड के ऊपर से जाते हुए मैं उस देश का सौन्दर्य देखकर सचमुच मुग्ध हो गया था।

बंगाल जैसा ही सुजला–सुफला था कैंटॅन प्रदेश। सैकड़ों वर्ष शोषण करने के बावजूद विदेशी इसकी सम्पदा को शेष नहीं कर पाए। नए चीन का मन–प्राण से नवनिर्माण शुरू हो चुका था। शाम को हम पीकिंग एयरपोर्ट पहुँचे। पीकिंग शान्ति कमेटी के सदस्य, भारतवर्ष के भी कुछ प्रतिनिधि एवं छोटे–छोटे लड़के–लड़कियाँ वहाँ उपस्थित थे। परिचय पर्व शेष होने पर हमें पीकिंग होटल ले जाया गया। यही था पीकिंग, चीन की राजधानी। अनेक जातियाँ पहले पीकिंग पर दखल कर चुकी थीं। अंग्रेजों और जापानियों ने काफी कुछ ध्वंस किया, कब्जा करने के समय काफी लूटपाट की। अब सारे शहर ने मानो नया रूप ले लिया था। पराधीनता की ग्लानि से मुक्ति पाकर आज जी भरकर हँस रहा था शहर।

हमारे रहने की व्यवस्था पीकिंग होटल में की गई थी। यही होटल सबसे बड़ा और सुन्दर था। अताउर रहमान साहब, माणिक भाई और मैं एक रूम में थे। हम बहुत थके हुए थे। रात को और कहीं के लिए नहीं निकलेंगे। हमारे दल के नेता पीर साहब ने किसी मुसलमान होटल में भोजन की व्यवस्था करने को कह दिया था। रात को बस में चढ़कर वहाँ खाने के लिए हमें जाना होगा। बाहर भयंकर ठंड थी, हमारी जाने की इच्छा नहीं थी पर कोई उपाय न था। वह होटल प्राय: दो मील दूर था। हमारे पहुँचने के साथ ही भोजन लग गया। लगा कि होटल के मालिक बहुत खुश हुए थे। चीनी भाषा के अतिरिक्त और कोई भाषा वे जानते नहीं थे। दुभाषिया साथ ही था। खाना शुरू तो किया पर खाया नहीं जा रहा था, क्योंकि मिर्च बहुत थी। रोटी के दो–एक टुकड़े मुँह में देकर वहाँ से विदा हुआ। जो खाया था उससे पेट भरा न था सो दर्द शुरू हो गया। रूम में अंगूर और अन्य फल आदि रखे थे, वही खाकर और चाय पीकर रात काटी। माणिक भाई ने विद्रोह की घोषणा कर दी, वे अब उस होटल में खाने नहीं जाएँगे। पीकिंग होटल में सबकुछ तो उपलब्ध था। जो खाना चाहेंगे, वो मिलेगा। माणिक भाई तथा और कुछ लोग अगले दिन पीकिंग होटल में ही खाकर सो गए। मैं और अताउर रहमान साहब को बाध्य होकर दोपहर को भी उसी होटल में खाने जाना पड़ा। रात को देखा पीर साहब के साथ

मात्र पाँच-छह जन थे। अगले दिन पीर साहब और उनके सेक्रेटरी हनीफ ख़ान (अब केन्द्रीय पार्लियामेंटरी सेक्रेटरी) को छोड़कर कोई उस मुसलमान होटल में खाने नहीं गया। पीकिंग होटल में भात-दाल, चिंगड़ी मछली, चिकेन, बीफ, अंडा आदि सब कुछ मिलता था। कुछ ही मिनट में, कह देने पर, सारा खाना बनाकर ला देते। अब हमें कोई असुविधा नहीं हो रही थी। कुछ ही दिन पूर्व कलकत्ता से विख्यात लेखक बाबू मनोज बसु एवं विख्यात गायक क्षितीश बोस आए थे। उन्होंने बंगाली भोजन की व्यवस्था कर ली थी। उनके साथ वार्तालाप के बाद हमें और भी सुविधा हो गई।

हमारे हाथ में दो-तीन दिन समय था। 1 अक्टूबर को नए चीन का स्वाधीनता दिवस था। 1 अक्टूबर, 1949 को चीन ने स्वाधीनता की घोषणा की थी। चीन से भागकर च्याँग काइशेक का दल फारमोसा में आश्रय लेने को बाध्य हुआ था।

शान्ति सम्मेलन 2 अक्टूबर से शुरू होनेवाला था। सोचा, सम्मेलन शुरू होने से पहले पीकिंग शहर को अच्छी तरह घूम-फिरकर देख लूँ। पीकिंग शहर के भीतर ही एक और शहर था जिसका अंग्रेजी में नाम था 'फॉरबिडन सिटी'। पहले राजा अपने अमात्य वर्ग के साथ यहीं रहते थे। आम आदमी को इसमें प्रवेश की अनुमति नहीं थी। ऐसा कुछ न था, जो इस निषिद्ध शहर में न हो। पार्क, लेक, प्रासाद सबकुछ था यहाँ। भारत में लालक़िला, फतेहपुर-सीकरी एवं आगरा का क़िला मैंने देखा था। फॉरबिडन सिटी इन सबसे बड़ा लगा। अब इसके दरवाजे सबके लिए खुले थे, मजदूरों के लिए विशेष व्यवस्था थी। म्यूजियम, लाइब्रेरी, पार्क, लेक आदि सबकुछ आज जनता की सम्पत्ति थे। हज़ारों लोग आ रहे थे, जा रहे थे। देखा और सोचा कि राजे-रजवाड़ों के क्रिया-कलाप सब देशों में एक से ही थे। जनता का पैसा अपने ऐशो-आराम पर ख़र्चने में उन्हें कोई बाधा न थी।

अगले दिन मैं ग्रीष्म प्रासाद देखने गया कि जिसे अंग्रेजी में 'समर पैलेस' कहते थे। विभिन्न प्रकार के जीव-जंतुओं की मूर्तियाँ, विराट बौद्ध मन्दिर, भीतर में विशाल लेक, लेक में एक द्वीप, इसे पृथ्वी की अन्यतम श्रेष्ठ प्रासाद नगरी कहा जा सकता था।

पाकिस्तान के राजदूत मेजर जनरल रेज़ा पीकिंग होटल में हमसे मिलने आए। उन्होंने कहा, 'हमें कोई असुविधा हो या किसी चीज़ की दरकार हो तो हम उन्हें खबर दें।' उन्होंने हमें भोजन की दावत भी दी। उनसे कई बातें सुनीं कि कालाबाज़ारी बन्द हो गई थी, जनता को काम मिल रहा था, चोरी-डकैती-राहज़नी बन्द हो गई थी। नई सरकार सख्ती से इन सबसे निपट रही थी। कुछ भी खरीदने जाइए, दाम उसका एक ही है। मैंने अकेले जाकर बाज़ार में चीज़ें खरीदीं। दाम लिखा था, कोई मोल-भाव नहीं। रिक्शे में चढ़ा। मैं भाषा नहीं समझता था, पर रिक्शेवाले ने जो भाड़ा था, वही लिया, जरा भी अधिक नहीं लिया।

इस बार का 1 अक्टूबर वहाँ का तीसरा स्वाधीनता दिवस था। शान्ति सम्मेलन

के डेलीगेटों के लिए विशेष व्यवस्था की गई थी। हमारे ठीक पीछे ऊँचाई पर माओ त्से तुंग, च्यू-ते, मादाम सन्यात्सेन (सुं चिं लिं), चाउ एन लाइ, ल्यु शाओ ची तथा और भी अनेक लोग अभिवादन ग्रहण करेंगे। जनता जुलूस में आने लगी। लगा जैसे विशाल जन-समुद्र हो। पैदल-सेना, जल-सेना, वायु-सेना ने अपनी परेड का प्रदर्शन किया। फिर शुरू हुआ मजदूरों, किसानों, छात्रों, यंग पायोनियरों का जुलूस केवल लाल पताका के साथ। एक चीज की ओर मेरा ध्यान गया। इतना बड़ा जुलूस परन्तु कोई विशृंखलता नहीं। कम से कम पाँच-सात लाख लोग होंगे, ऐसा लगा। अगले दिन अखबारों में संख्या देखी पाँच लाख। नई विचारधारा से क्रान्तिकारी सरकार पूरे राष्ट्र में एक श्रृंखला लौटाकर लाई थी।

मैं नहीं जानता था कि महबूब वहाँ था। पाकिस्तान दूतावास के ऑफिस में महबूब तृतीय सेक्रेटरी था। मेरे साथ कुछ दिन लॉ कॉलेज में पढ़ा था। मैं उसके अब्बा को भी जानता था; जनाब अबुल कासिम, वे सब-जज थे। चटगाँव में घर था। बड़े स्वाधीनचेता व्यक्ति थे। सच कहने से कभी डरते नहीं थे। मैंने देखा महबूब भी अपनी स्त्री के साथ स्वाधीनता दिवस में शामिल होने जा रहा था। मैंने उसे दूर से देखकर पुकारा। उसे लगता है तनिक आश्चर्य ही हुआ था कि पीकिंग में उसे नाम लेकर किसने पुकारा। मुझे देखकर वह बहुत खुश हुआ था। उसने समाचार-पत्र में पढ़ा था कि मैं आनेवाला था। शाम को वह अपनी स्त्री के साथ होटल में आया। खुद ही मुझे ले जाकर उसने शहर में कई जगहें दिखाईं। रात को खाने की दावत थी इसलिए उसके साथ अधिक न रह पाया। अगले दिन उससे फिर मुलाकात होगी। जितने दिन भी मैं पीकिंग में रहा, रात को मैं उनके साथ ही खाना खाता था। बंगाल का खाना खाए बिना मुझे कभी तृप्ति नहीं मिलती थी। महबूब की बेगम ने उपहार में मुझे एक कैमरा दिया था। रुपयों की दरकार थी इसलिए महबूब ने मुझे कुछ रुपए भी दिए थे। बोला, हांगकांग से कुछ खरीद लेना, बहुत सस्ता था। मेरी स्त्री के बारे में भी कहा, 'उन्हें कुछ नहीं दे पाया। इन रुपयों में से भाभी के लिए भी कोई उपहार ले लेना।' बेगम महबूब ने मुझे एक घटना बताई। एक दिन वह स्कूल से रिक्शा में लौट रही थीं तो उनकी कलम रिक्शे में गिर गई। घर आकर उन्होंने खोजा पर कलम न मिली। तब उन्होंने सोचा, हो सकता है रिक्शे में गिर गई हो, अब क्या मिलेगी। अगले दिन रिक्शावाला खुद आकर कलम लौटा गया था। ऐसी अनेक घटनाएँ घट रही थीं उन दिनों चीन में और वहाँ की जनता में काफी परिवर्तन नज़र आ रहा था। महबूब और बेगम महबूब का स्नेह व खातिर-तवज्जो मैं कभी नहीं भूल सकता। चीन स्थित पाकिस्तान के दूतावास में महबूब ही एकमात्र बंगाली कर्मचारी था।

शान्ति सम्मेलन शुरू हुआ। सैंतीस देशों से तीन सौ अठहत्तर सदस्य शामिल हुए थे। तीन सौ अठहत्तर देशों के झंडे लहरा रहे थे। शान्ति का प्रतीक कपोत अंकित कर पूरे हॉल को बड़े ही सुन्दर ढंग से सजाया गया था। प्रत्येक टेबल पर हेडफोन था। हम पाकिस्तान के प्रतिनिधि एक ओर बैठे थे। विभिन्न देशों के नेताओं के भाषण शुरू हुए। हर देश से एक या दो व्यक्ति सभापतित्व कर रहे थे। भाषण चल रहा था। पाकिस्तान की ओर से कइयों ने भाषण दिया। पूर्वी पाकिस्तान की ओर से अताउर रहमान ख़ान और मैंने भाषण दिया। मैंने बांग्ला में भाषण दिया, अताउर रहमान साहब ने उसका अंग्रेजी अनुवाद कर दिया। अंग्रेजी से चीनी, रूसी व स्पेनिश भाषा में प्रतिनिधि सुनेंगे। मैं बांग्ला में भाषण क्यों न देता? भारत से मनोज बसु ने बांग्ला में भाषण दिया था। पूर्वी बंगाल के छात्रों ने मातृभाषा के लिए अपने प्राण न्योछावर किए थे। बांग्ला पाकिस्तान के बहुसंख्यक लोगों की भाषा थी। कविगुरु रवीन्द्रनाथ को न जानता हो, ऐसा शिक्षित व्यक्ति चीन तो क्या दुनिया के अन्यान्य देशों में कम ही देखने को मिलेगा। मैं अंग्रेजी में भाषण दे सकता था तथापि अपनी मातृभाषा में बोलना मेरा कर्तव्य था। मेरे भाषण के बाद मनोज बसु दौड़े आए और मुझे गले लगाकर बोले, 'भाई मुज़ीब, आज हम दो देशों से हैं, फिर भी कोई हमारी भाषा का बँटवारा नहीं कर पाया। और न कर पाएगा। तुम लोगों ने बांग्ला भाषा की मर्यादा के लिए जो त्याग स्वीकार किया, उसके लिए हम भारत के बांग्ला भाषा-भाषी भी गर्व का अनुभव करते हैं।'

भाषण के बाद खोंडकार इलियास तो मेरा गला ही नहीं छोड़ रहे थे, हालाँकि हम लोगों ने सलाह-मशवरा कर ही भाषण तय किया था। क्षितीश बाबू पिरोजपुर के व्यक्ति थे, सभी से बोले, 'बांग्ला भाषा ही हमारा गर्व है।' (भाषण की प्रति मेरे पास है, बाद में दी जाएगी)[24]। बाद में पूरी कॉन्फ्रेंस कुछ कमीशनों में बँटकर विभिन्न कमरों में बैठी। मैं भी एक कमीशन का सदस्य था। बहस में भाग भी लिया था। कमीशनों का अभिमत ड्राफ्ट कमेटी को बता दिया गया। प्रस्तावों के ड्राफ्ट फिर से साधारण अधिवेशन में पेश किए गए और उन्हें सर्वसम्मति से पारित किया गया।

कहा जा सकता है कि माणिक भाई कमीशन में बैठते ही न थे। वे कहते, प्रस्ताव तो तय हो ही चुका था। कॉन्फ्रेंस की समाप्ति के पश्चात् एक जनसभा का आयोजन किया गया था। विशाल जनसभा में प्रत्येक देश के प्रतिनिधि-दल के नेताओं ने भाषण दिए और सबकी एक ही बात थी, 'शान्ति चाहिए, युद्ध नहीं।' विभिन्न धर्मों के लोग भी अलग-अलग जुलूसों में आकर शामिल हुए थे। चीन के कंफ्यूसियन धर्म के लोगों की संख्या अधिक थी, उसके बाद थे बौद्ध, मुसलमानों की संख्या भी कम न थी, कुछ ईसाई भी थे। एक मस्जिद में भी गया था, उन्होंने बताया कि धर्म-कर्म में कोई बाधा तो नहीं थी, पर मदद भी नहीं की जाती थी। मुझे लगा कि जनसभा में ताहिरा मजहर का भाषण बहुत ही अच्छा हुआ था।

पाकिस्तान की ओर से वे एकमात्र महिला थीं जिन्होंने भाषण दिया था। उनके भाषण के बाद पाकिस्तान की इज्जत काफी बढ़ी थी।

भारतवर्ष के प्रतिनिधियों और पाकिस्तान के प्रतिनिधियों के बीच कश्मीर को लेकर काफी चर्चा हुई थी और उसके बाद एक संयुक्त विज्ञप्ति दी गई थी, जिसमें भारत के प्रतिनिधियों ने स्वीकार किया था कि जनमत के माध्यम से एवं शान्तिपूर्ण उपायों से कश्मीर समस्या का समाधान होना चाहिए। इसमें कश्मीर समस्या को हम सभी प्रतिनिधियों के सामने उठा पाए थे।

हमने भारत के प्रतिनिधियों को भोजन की दावत दी थी, और उन्होंने हमें दी थी। हमारे देश की मुस्लिम लीग सरकार के जो लोग कॉन्फ्रेंस में शामिल हुए थे, वे बिलकुल भी खुश न थे। किन्तु इन समस्त कॉन्फ्रेंसों में शामिल होने से देश का मंगल ही होता था, अमंगल नहीं। पाकिस्तान एक नया देश था। बहुतों की इसके बारे में धारणा अच्छी नहीं थी। जब अन्य देशों के झंडों में पाकिस्तान के झंडे को स्थान मिलता, जब प्रतिनिधियों के भाषण में पाकिस्तान के नाम का जिक्र होता तो अनेक लोग पाकिस्तान के बारे में आग्रही होकर जानना चाहते।

रशिया के प्रतिनिधियों को हमने भोजन की दावत दी थी। वहीं रूसी लेखक ऐसिमोव के साथ वार्तालाप का मुझे सौभाग्य प्राप्त हुआ था। इसी सम्मेलन में मेरी मुलाकात विख्यात तुर्की कवि नाज़िम हिकमत से हुई थी। काफी दिन वे देश की जेल में थे। अब देश त्यागकर वह रशिया में रह रहे थे। उनका एकमात्र दोष यह था कि वह कम्युनिस्ट थे। विश्वविख्यात कवि होने के बावजूद उनका देश में स्थान न था। भारत के डॉ. सैफुद्दीन किचलू, डॉक्टर फरीदी तथा और भी कई विख्यात नेताओं से मेरी बातचीत हुई थी। मैंने और इलियास ने अवसर मिलते ही एक बार मादाम सानयात् सेन के साथ भेंट की तथा बातें भी कीं।

एक बात मैंने अनुभव की थी कि चीन की सरकार और जनता भारत के नाम पर पागल थी। पाकिस्तान के साथ मैत्री के लिए वे आग्रहशील थे, किन्तु भारतवर्ष तो उनका मित्र था। हमने भी अपनी चर्चा के माध्यम से उन्हें समझाने की चेष्टा की कि पाकिस्तान की जनता भी चीन के साथ मित्रता करने को आग्रहशील थी। कुछ समय के लिए व्यक्तिगत तौर पर मेरी बातचीत पीकिंग के मेयर चेंग-पेंग से भी हुई थी।

हम पे-इयंग पार्क और स्वर्ग मन्दिर (टेम्पल ऑफ हेवेन) देखने गए। चीन के लोग इस मन्दिर में पूजा करते थे ताकि फसल अच्छी हो। किन्तु अब जनता यह विश्वास नहीं करती कि मन्दिर में पूजा करने से फसल अच्छी हो सकती थी। कम्युनिस्ट सरकार ने जमींदारी को जब्त कर जमीन किसानों के बीच बाँटने का बन्दोबस्त कर दिया था, फलस्वरूप भूमिहीन किसान भी जमीन के मालिक बन गए थे। वे चेष्टा कर फसल उपजा रहे थे, सरकार मदद कर रही थी। फसल का

उत्पादन कर अब अकर्मण्य जमींदारों को हिस्सा नहीं देना पड़ता था। कृषक अब जी-जान से मेहनत कर रहे थे। कहा जा सकता था कि चीन अब कृषक मजदूरों का देश था, शोषक श्रेणी समाप्त हो गई थी।

ग्यारह दिनों के सम्मेलन के बाद स्वदेश लौटने का समय हो गया था। शान्ति कमेटी ने हमें बताया कि यदि हम चीन में कहीं जाना चाहें या कुछ देखना चाहें तो वे दिखाने को राज़ी थे। ख़र्च शान्ति कमेटी वहन करेगी। अताउर रहमान ख़ान साहब और माणिक भाई वापस देश लौटने को बेचैन थे। उन्होंने विदा ली। इलियास और मैंने और कुछ जगहें देखकर वापस लौटने का तय किया। कुछ लोग एक साथ जाएँ तो अच्छा हो। पीर मानकी शरीफ़ और पाकिस्तान के कुछ नेताओं के साथ हम दोनों भी जा मिले। सोचा, हमारे देश की सरकार के जो मनोभाव थे उनमें कौन जाने भविष्य में चीन देखने का सुअवसर मिलेगा भी या नहीं। अधिक देरी करने का भी उपाय नहीं था। अधिक देरी हुई तो सरकार एयरपोर्ट से सीधे सरकारी अतिथिशाला भी ले जा सकती थी। बहरहाल, यूसुफ हसन अन्य एक दल में शामिल हो गए। तय हुआ कि हम अन्य दल में ट्रेन से जाएँगे। पीकिंग से विदा लेकर पहले तियेन शिं बन्दर पर आया। पीर साहब को लेकर बड़ी मुसीबत हुई, वे तो मन्दिर, पैगोडा और मस्जिद आदि देखने में ही अधिक आग्रही थे। हम उद्योग, कारखाने, कृषकों की अवस्था, सांस्कृतिक मिलन स्थल और म्यूज़ियम आदि देखने को परेशान थे। पर वे हमारे दल के नेता थे, तो हमें उनका प्रोग्राम ही मानना पड़ता। फिर भी बीच-बीच में हम दोनों इधर-उधर घूमने निकल जाते। न वहाँ के लोग हमारी बात समझ पाते, न हम उनकी। एकमात्र सहारा दुभाषिए का था।

तियेन शिं एक सामुद्रिक बन्दरगाह था। वहाँ अनेक रशियन नज़र आते थे। मैं और इलियास शाम को पार्क में घूमने गए तो एक रशियन परिवार से बातचीत करने की चेष्टा की परन्तु दुभाषिया न होने के कारण सम्भव न हुआ। मन की इच्छा मन में ही रखकर हमें विदा लेनी पड़ी इशारों में शुभकामना जताकर। इच्छा होते हुए भी कोई उपाय न था, क्योंकि न हम उनकी भाषा जानते थे, न वे हमारी। रात में जहाँ हमारे भोजन का बन्दोबस्त किया गया था, वहाँ एक इमाम साहब और कुछ मुसलमानों को दावत दी गई थी। इमाम साहब और मुसलमानों ने बताया कि वे सुख से थे। कम्युनिस्ट सरकार धर्म-कर्म में कोई बाधा नहीं देती थी तथापि धर्म का प्रचार नहीं किया जा सकता।

दो दिन तियेन शिं में रहकर हम नानकिंग रवाना हुए। गाड़ियाँ बहुत नहीं थीं। साइकिल थे, साइकिल रिक्शा थे और दो-चार बसें थीं। मोटरगाड़ियाँ बहुत ही

कम थीं, क्योंकि नई सरकार का ध्यान गाड़ी खरीदने पर न होकर राष्ट्र के पुनर्निर्माण की ओर था।

व्यक्तिगत तौर पर मुझे एक असुविधा हुई थी। अपनी दाढ़ी खुद बनाने की मेरी आदत थी। हज्जाम भाइयों को मैंने दाढ़ी बनवाने के लिए पैसे कभी नहीं दिए। ब्लेड मेरे पास जो थे वे सारे खत्म हो गए थे। ब्लेड खरीदने गया तो पता चला कि ब्लेड नहीं मिलता। विदेश से ब्लेड के आयात की अनुमति नहीं थी। मैंने पीकिंग में भी चेष्टा की थी पर वहाँ भी ब्लेड न मिला था। सोचा था कि तियेन शिं में अवश्य मिल जाएगा क्योंकि वह तो औद्योगिक इलाका और सामुद्रिक बन्दरगाह था। एक दुकान में बहुत पुराने कुछेक ब्लेड मिले, पर उनसे दाढ़ी नहीं बन सकती थी। और ब्लेड कोई खरीदता भी न था। चीन में जो चीज नहीं बनती, लोग उसका व्यवहार ही न करें? पुरातन काल के उस्तरे से लोग दाढ़ी बनाते थे। बाध्य होकर होटल के सैलून में मुझे दाढ़ी बनवानी पड़ी। ये (चीनी) लोग औद्योगिक कारखानों के निर्माण पर ही केवल विदेशी मुद्रा ख़र्च करते थे। हमारे देश में उस समय कोरिया के युद्ध के फलस्वरूप जो विदेशी मुद्रा की आय हुई थी, उसका अधिकांश हिस्सा जापानी गुड़ियाओं और शौक़ीन चीजों की खरीदारी में व्यय हुआ। चीन सरकार और हमारी सरकार के दृष्टिकोण में कितना अन्तर था। यहाँ एक भी विदेशी सिगरेट उपलब्ध न थी। वे स्वयं जो निम्न मान की सिगरेटें बनाते, बड़े-छोटे सभी उन्हीं का सेवन करते। हमें भी चीनी सिगरेटें पीने को बाध्य होना पड़ा था। शुरू-शुरू में वे कुछ स्ट्रांग-सी लगीं पर बाद में हम अभ्यस्त हो गए।

नानकिंग काफी पुराना शहर था। बहुत दिनों तक यह चीन की राजधानी था। यहीं सन यात सेन की समाधि थी। हम पहले वहीं गए अपनी श्रद्धा निवेदित करने। पीर साहब ने फूल चढ़ाए और हमने क्रान्तिकारी नेता को मौन श्रद्धांजलि दी। उन्होंने साम्राज्यवादी शक्ति व चीन के मांचू राजतंत्र के विरुद्ध आजीवन संग्राम लड़ा और काफी त्याग स्वीकार किया। राजतंत्र का खत्मा करने वे चीन की मर्यादा स्थापित करने में सक्षम हुए थे। साम्राज्यवादी शक्तियाँ भी समझ गई थीं कि अधिक दिनों तक न तो चीन को दबाकर रखा जा सकेगा और न ही उसका शोषण किया जा सकेगा।

नानकिंग से हम शंघाई पहुँचे। यह विश्व का अन्यतम श्रेष्ठ शहर व व्यावसायिक केन्द्र था। विदेशी शक्तियों ने बार-बार इस पर कब्जा किया था। नव चीन की सृष्टि से पूर्व शंघाई विदेशी शक्तियों के ऐशोआराम और मौज-मस्ती का केन्द्र था। इसकी स्थिति भी हांगकांग जैसी ही थी। चीन की नई सरकार ने कठोर हाथों से सब बुराइयों का दमन किया। शंघाई में अनेक कल-कारखाने थे। सरकार ने कई ऐसे उद्योगों को, जो च्यांग काइ शेक के भक्त थे, जब्त किया। कई लोग तो भाग भी गए। कुछ उद्योग हैं जिन्हें जब्त नहीं किया गया था, अब उनका संचालन संयुक्त

रूप से मालिक तथा मजदूर कर रहे थे। हमें दुनिया की अन्यतम विख्यात टेक्सटाइल मिल दिखाने ले जाया गया था। इस मिल का राष्ट्रीयकरण कर लिया गया था। श्रमिकों के रहने के लिए अनेक नए आवास बने थे। उनके बच्चों की शिक्षा के लिए स्कूल, चिकित्सा के लिए अलग अस्पताल बनाए गए थे। विशाल इलाका घेरकर उनकी कॉलोनी बनाई गई थी। मैं कुछ समय पीर साहब के साथ-साथ देखता रहा था, बाद में मैंने इलियास से कहा, 'यही सब तो हमें दिखाना चाहिए था। मैं श्रमिकों के घरों में जाकर देखूँगा कि वे किस हाल में रहते थे। हो सकता है, ये लोग हमें केवल अच्छा पक्ष दिखाएँ और ख़राब नहीं।' इलियास ने कहा, 'तब तो उनसे कहना होगा।' मैंने कहा, 'पहले से ही मत कहो। अचानक कहेंगे और साथ ही साथ किसी श्रमिक के घर में घुस जाएँगे।'

पीर साहब अपनी पसन्द का कुछ देखने गए तो हमने दुभाषिए से कहा, 'इस कॉलोनी के किसी भी एक घर को हम भीतर से देखना चाहते थे। हम इन मजदूरों के घरों के भीतर की अवस्था देखना चाहते थे।' हमें थोड़ा रुकने को कह दुभाषिया भीतर चला गया और पाँच मिनट के ही अन्दर हमें एक फ्लैट में ले चला। हमने भीतर जाकर देखा, एक महिला वहाँ खड़ी थी, उसने हमारा स्वागत किया, भीतर ले जाकर बैठाया। अन्दर दो--तीन कुर्सियाँ, एक खटिया, अच्छा-सा बिस्तर था। वह महिला भी श्रमिक थी। मात्र एक महीने पहले विवाह हुआ था, पति मिल में काम करने गया था। वह घर में अकेली थी, पति लौटेगा तो वह भी काम करने चली जाएगी। वह बोली, 'अफसोस, मेरे पति घर पर नहीं हैं। सूचना दिए बिना ही आए हैं इसलिए आप लोगों की खातिर-तवज्जो नहीं कर पा रही हूँ, थोड़ी-सी चाय पीजिए।' वह झट से चाय बनाकर लाई। चीन की बिना दूध-चीनी वाली चाय हमने पी। दुभाषिए ने कहा, 'भीतर चलें, दो कमरे हैं, देख जाइए।' हमने दोनों कमरे देखे, जिनमें एक मध्यवर्गीय परिवार अच्छी तरह से रह सकता था। घर में जो कुछ सामान था, उससे उस परिवार को मध्यवर्गीय परिवार कहा जा सकता था। एक किचन थी, एक बाथरूम था। हम घर देखकर वापस आकर बैठे। मैंने इलियास से कहा, 'इनका घर देखने आकर हम मुसीबत में पड़ गए। भद्र महिला की नई-नई शादी हुई है, और हमारे पास देने को कोई उपहार नहीं। क्या सोचेंगे ये लोग ? हमारे देश की बदनामी होगी।' इलियास बोला, 'क्या किया जाए ? सोचता हूँ।' हठात् मेरी नज़र हाथ पर पड़ी, हाथ में एक अँगूठी थी। अँगूठी उतारकर मैंने दुभाषिए से कहा, 'हम यह मामूली-सा उपहार इन भद्र महिला को देना चाहते हैं, क्योंकि हमारे देश में रिवाज है कि नवविवाहिता वधू के घर जाएँ तो उसे उपहार दें।' वह भद्र महिला लेने को तैयार ही नहीं हो रही थी। हमने कहा, 'न लेने पर हमें दुख होगा। और मेहमान को दुख नहीं देना चाहिए। इसके अलावा हमने सुना है और देख भी रहे हैं कि चीन अतिथिपरायण देश है।' अन्ततः अँगूठी देकर हमने विदा ली। पीर साहब के पास

आकर उन्हें सारा वाकया बताया तो वे यह सुनकर बहुत खुश हुए कि मैंने अपनी अँगूठी उपहार में दे दी।

अगले दिन सुबह वह श्रमिक महिला और उसका पति किंगकांग होटल में मुझसे मिलने आए। हाथ में छोटा एक उपहार भी था, चीन का लिबरेशन पेन। मैं नहीं लेना चाह रहा था पर अन्ततः बाध्य हो लेना पड़ा, क्योंकि ऐसा ही उनके देश का नियम था। शंघाई की शान्ति कमेटी के सदस्य उस समय वहाँ उपस्थित थे।

दो-तीन दिनों तक यों ही घूमना-फिरना चलता रहा। हालाँकि विदेशियों के चले जाने के बाद शंघाई में वह सुन्दरता और रौनक न थी, तथापि जितनी भी थी, उसमें कोई बनावटीपन नहीं था। दरअसल घिस-माँजकर और रंग-रोगन से सुन्दरता में जो वृद्धि की जाती है, उससे वास्तविक सौन्दर्य नष्ट ही होता है, निजस्वता दब जाती है। अब शंघाई में जो कुछ था सब चीन का निजस्व था, जिस पर चीन की जनता का पूर्ण अधिकार था। समुद्रगामी कुछ जहाज भी देखे।

नए-नए स्कूल-कॉलेज चारों ओर निर्मित हुए थे। छोटे-छोटे लड़के-लड़कियों की शिक्षा का भार सरकार ने लिया था। चीन की निजस्व पद्धति शिक्षा शुरू की गई थी।

शंघाई से हम हैंचो आए। पश्चिमी झील के किनारे था हैंचो। इसे चीन का कश्मीर भी कहा जाता। फल-फूलों और प्राकृतिक सौन्दर्य से भरपूर यह शहर झील के चारों ओर अवस्थित था। हमें झील के किनारे नए होटल में ठहराया गया। छोटी-छोटी नौकाओं में चारों ओर घूम-फिर रहे थे चीन देश के लोग। वे यहाँ विश्राम करने आते थे। झील के बीच में द्वीप भी थे। हैंचो और कैंटोन को देखने पर पूर्वी बंगाल जैसे लगते थे। चारों ओर हरियाली ही हरियाली। पीर साहब ने एक दिन केवल पैगोडा देखा, अगले दिन भी कुछ अति प्राचीन पैगोडा देखने जाएँगे। मैं और इलियास वहाँ से सरक लिये, नौका पर सवार होकर झील के चारों ओर घूमकर देखने लगे। द्वीपों पर विश्राम की सुन्दर व्यवस्था थी। यहाँ स्त्रियाँ नौका चलाती थीं। बरसात के दिनों में नौका के अतिरिक्त चलने-फिरने का कोई उपाय न था। बड़े-छोटे हर आर्थिक अवस्था के लोगों की अपनी-अपनी नौकाएँ थीं। मैं पानी के देश का आदमी, मुझे नौका खेना आता था। मैंने झील में नौका खेना शुरू किया।

हम एक द्वीप में उतरे, वहाँ चाय की दुकान थी। हमने चाय पीकर झील-भ्रमण शेष किया। हैंचो से हम कैंटोन लौट आए। कैंटोन से हांगकांग होकर हम स्वदेश लौटेंगे। अब कैंटोन को अच्छी तरह देखने का मुझे सुअवसर मिला। चीन देश के लोगों में देखी नई चेतना, चेहरों पर देखे नए भाव और नई उम्मीद। आज वे गर्वित थे कि वे एक स्वाधीन देश के नागरिक थे। इसी कैंटोन पर 1911 में सन यात सेन के दल ने आक्रमण किया था। कैंटोन प्रदेश के लोग खूब स्वाधीनताप्रिय थे। हमने चीन देश की जनता और माओ त्से तुंग की सरकार के प्रति शुभकामना व्यक्त करते हुए इतिहास-विख्यात चीन देश से विदा ली। वहाँ से फिर हांगकांग

अंग्रेजों की कॉलोनी, कृत्रिम सौन्दर्य व कृत्रिम मनुष्य, चोरबाजारियों का अड्डा। दो-तीन दिन वहाँ रहकर स्वदेश की ओर हवाई-जहाज से रवाना हुआ। ढाका पहुँचा नई प्रेरणा, नया उत्साह लेकर। विदेश गए बिना अपने देश को अच्छी तरह पहचानना कष्टकर था।

हम स्वाधीन हुए 1947 में और चीन स्वाधीन हुआ 1949 में। जो मनोभाव व जोश पाकिस्तान की जनता का था, स्वाधीनता मिलने के साथ-साथ आज मानो मन्द पड़ गया था। उस जोश का उपयोग न कर सरकार ने उसे दबाकर मारने की ही चेष्टा की थी। आज चीन की सरकार जनता का उपयोग कर रही थी उनके देश के उन्नयनमूलक कार्यों में। उनके साथ हमारा फर्क यह था कि उनकी जनता ने यह जाना और अनुभव किया कि देश और उसकी सम्पदा उनकी अपनी थी। और हमारी जनता ने यह समझना शुरू किया था कि राष्ट्रीय सम्पदा एक गोष्ठी-विशेष की थी और वे स्वयं मानो कोई नहीं थे। फलस्वरूप देश की जनता और राजनीतिक कार्यकर्ताओं में हताशा दिखी। परिवर्तन बस इतना हुआ था कि गोरी चमड़ी की जगह काली चमड़ी ने ले ली थी।

चीन की जनता सरकार के कामों में मदद दे रही थी, यह समझने में किसी कष्ट की गुंजाइश नहीं थी। देखा, जनमत चीन की सरकार के साथ था। चीन की सरकार ने स्वयं को 'कम्युनिस्ट सरकार' बताकर घोषणा नहीं की, बल्कि उन्होंने अपनी सरकार को 'नवगणतांत्रिक कोवालिशन सरकार' कहा। कम्युनिस्टों के अतिरिक्त अन्य मतावलम्बी भी सरकार में थे। हालाँकि मुझे लगा कि सब कुछ कम्युनिस्टों के नियंत्रण में था। मैं स्वयं कम्युनिस्ट नहीं, परन्तु समाजवाद में विश्वास करता हूँ। पूँजीवादी अर्थनीति में विश्वास नहीं करता, उसे मैं शोषण का यंत्र मानता हूँ। यह पूँजीपति-सृष्टि की अर्थनीति जितने दिन दुनिया में रहेगी, उतने दिन दुनिया के मनुष्यों पर से शोषण बन्द नहीं हो सकता। पूँजीपति अपने स्वार्थ के लिए विश्वयुद्ध छेड़ने के लिए संकल्पबद्ध थे। नवस्वाधीनता प्राप्त जनता का यह कर्तव्य था कि वे एकजुट होकर विश्वशान्ति के लिए चेष्टा करें। युगों-युगों से पराधीनता की बेड़ियों में जो जकड़े थे, साम्राज्यवादी शक्तियों ने जिनका सर्वस्व लूटा, यह उनका कर्तव्य था कि देश का नवनिर्माण करें तथा जनता की आर्थिक व राजनीतिक मुक्ति के लिए अपनी सारी शक्ति झोंक दें। इसीलिए विश्वशान्ति के लिए जनमत तैयार करना आवश्यक है।

ढाका आकर मैं पार्टी के काम में लग गया। मौलाना भसानी और मेरे अनेक सहकर्मी आज भी जेल में थे, उन्हें मुक्ति नहीं मिली थी। बन्दी मुक्ति आन्दोलन को और जोरदार करने की जरूरत थी। पल्टन मैदान में सभा का आह्वान किया गया। अताउर रहमान के सभापतित्व में एक विशाल सभा हुई। मैंने सरकार के जुल्म के

विरुद्ध प्रतिवाद किया। 1952 के राष्ट्रभाषा आन्दोलन के बाद यह मेरी पहली सभा थी, हालाँकि हम लोगों की मुक्ति के बाद ढाका के बार लाइब्रेरी हॉल में छात्र लीग ने सद्य: कारामुक्त कार्यकर्ताओं के स्वागत-सत्कार में एक सभा का आयोजन किया था। विभिन्न घरों में राष्ट्रभाषा कर्म परिषद की भी कुछेक सभाएँ हुई थीं।

मैं अवामी लीग के संगठनात्मक कार्यों में लग गया। सोहरावर्दी साहब को पूर्वी बंगाल में आने की खबर दी। उन्होंने मुझसे पहले ही वादा किया था कि एक महीना तक सभी प्रदेशों का दौरा करेंगे और जनसभाओं को सम्बोधित करेंगे। मैंने कार्यक्रम बनाकर उन्हें खबर दी। सभी ज़िला हेडक्वार्टरों में एक-एक सभा होगी तथा बड़े-बड़े कुछ महकमों में भी सभाओं का बन्दोबस्त किया गया है। वे ढाका आए और ढाका की जनसभा में भाषण भी दिया। पाकिस्तान बनने के बाद विरोधी दल की इतनी बड़ी सभा पहले नहीं हुई थी। उन्होंने स्पष्ट शब्दों में राष्ट्रभाषा बांग्ला, बन्दी मुक्ति तथा स्वायत्त शासन के समर्थन में भाषण दिया। सिलहट से शुरू कर दिनाजपुर एवं बगुड़ा से बरिशाल, प्रत्येक ज़िले में अवामी लीग के कार्यकर्ताओं ने सभाओं का आयोजन किया था। एकमात्र राजशाही में जनसभा नहीं हुई तथापि नाटोर में हुई थी। राजशाही में तब तक मैं ज़िला कमेटी का गठन नहीं कर पाया था। राजशाही के अनेक नेताओं ने नाटोर में शहीद साहब से मुलाकात की और उन्हें राजशाही ले गए, फिर वहाँ बैठकर अवामी लीग संगठन का गठन हुआ। उस समय तक प्राय: प्रत्येक महकमे व ज़िले में अवामी लीग संगठन का गठन हो चुका था। शहीद साहब की सभा के बाद सारे देश में जनजागरण की एक लहर फैल गई। जनसाधारण ने मुस्लिम लीग छोड़ अवामी लीग में शामिल होना शुरू किया। शहीद साहब के नेतृत्व के प्रति जनता व शिक्षित समाज की आस्था थी। जनता को विश्वास था कि शहीद साहब ही एकमात्र नेता थे, जो देश को विकल्प नेतृत्व दे सकते थे और उन्हें प्रधान मंत्री बना पाने पर ही देश व जनता की उन्नति होगी। देश में भ्रष्टाचार, अत्याचार और जुल्म का राज था। किसी श्रेष्ठ उन्नतिमूलक काम में हाथ देने के बजाय सरकार ने षड्यंत्रमूलक राजनीति शुरू कर दी थी। अफसरशाही ने भी षड्यंत्रमूलक राजनीति शुरू कर दी थी। ख़्वाजा साहब की दुर्बल शासन-व्यवस्था के कारण अफसरशाही की भी महत्त्वाकांक्षा जाग उठी थी। चौधरी मुहम्मद अली, ग़ुलाम मुहम्मद, नवाब गुरमानी जैसे पुराने सरकारी कर्मचारियों ने राजनीति में सक्रिय हिस्सा लेना शुरू कर दिया था। पंजाबी अफसरशाही को खुश करने के लिए चौधरी मुहम्मद अली को अर्थमंत्री बनाकर ख़्वाजा साहब स्वयं भी षड्यंत्र की राजनीति में उलझ गए थे। जनता में हताशा नज़र आ रही थी और वह शहीद साहब के नेतृत्व के प्रति आस्था प्रकट कर रही थी। राजनीतिक दल के बिना लोकतंत्र सफल नहीं हो सकता। ठीक इसी समय मुस्लिम लीग के मुकाबले में एकमात्र अवामी लीग ही विरोधी दल के रूप में उभरकर सामने आने लगा। पश्चिमी पाकिस्तान में भी कुछ

नि:स्वार्थ नेता व कार्यकर्ता अवामी लीग का गठन करने के लिए पीर मानकी शरीफ़ के नेतृत्व में आगे आए।

शहीद साहब पश्चिमी पाकिस्तान तथा पूर्वी बंगाल में घूम-घूमकर संगठन के गठन में मदद करने लगे। प्रत्येक जनसभा के बाद ही मैं ज़िला व महकमे के नेताओं और कार्यकर्ताओं को लेकर चर्चा सभाएँ कर संगठन को शक्तिशाली बनाने में मदद करने लगा। शहीद साहब के पुराने भक्त व चाहनेवाले अवामी लीग में शामिल होने लगे, खासकर कार्यकर्ताओं का युवा सम्प्रदाय मुस्लिम लीग सरकार के अत्याचारों का मुकाबला करने के लिए उठकर आगे आया। सुरक्षा क़ानून के अन्तर्गत सैकड़ों कार्यकर्ता जेल में दिन गुज़ार रहे थे। पहले ज़िले-ज़िले में हमारी सभाओं में हंगामा करने की कोशिशें हुईं, पर कामयाब न हो पाए। जनमत अवामी लीग और शहीद साहब के पक्ष में था। इसी समय शहीद साहब मौलाना भसानी व अन्य राजनीतिक बन्दियों की मुक्ति के पक्ष में प्रबल जनमत तैयार कर पाने में सक्षम हुए थे। और इसी समय मौलाना भसानी भी सारे पूर्वी पाकिस्तान में लोकप्रिय हो उठे थे।

1949 में अवामी लीग के गठन के बावजूद आज तक इसकी कौंसिल सभा न हो पाई थी, क्योंकि संगठन के लगभग सभी कर्ताधर्ताओं को जेल में दिन गुज़ारने पड़े थे। मैंने सभी ज़िलों और महकमों की अवामी लीग को निर्देश दिया कि तीन महीनों में चुनाव शेष करने होंगे। उसके बाद पूर्वी पाकिस्तान अवामी लीग कौंसिल संगठन के कर्ताधर्ताओं का चुनाव करेगी तथा गठन तंत्र व मैनिफेस्टो ग्रहण करेगी। मैंने दिन-रात मेहनत शुरू की। जिन महकमों में शहीद साहब न जा पाए थे, उन सब महकमों में सभाएँ कर मैंने पार्टी के गठन में मदद की। जनता व कार्यकर्ताओं से जो समर्थन व सहयोग मिला, उसकी तो मैंने कल्पना भी नहीं की थी। पूर्वी पाकिस्तान छात्र लीग भी अवामी लीग के गठन में इसलिए मदद कर रही थी क्योंकि बिना शक्तिशाली विरोधी दल के सरकार के जुल्म का मुकाबला कर पाना मुश्किल था। अवामी लीग के गठन के पहले तक एकमात्र छात्र लीग ही थी जो सरकार के अत्याचार, अन्याय के विरुद्ध प्रतिवाद करती थी तथा जनता व छात्रों की माँगें उठाती व जनता के सामने लाती थी। छात्र संगठन के तौर पर उसके नेताओं व कार्यकर्ताओं को काफी असुविधाओं का सामना करना पड़ा था। मुस्लिम लीग सरकार ने छात्र लीग संगठन को खत्म करने में कोई कसर नहीं छोड़ी थी। गणतांत्रिक युव लीग ने भी अली अहद के नेतृत्व में जनमत तैयार करने में मदद की थी।

1953 के प्रारम्भ से राजनीतिक व छात्र-कार्यकर्ताओं को मुक्ति मिलनी शुरू हुई। शम्सुल हक़ साहब को भी मुक्ति मिली, किन्तु वे अस्वस्थ थे। जेल में बन्दी रहकर वे कुछ मस्तिष्क विकृति के शिकार हुए थे, यह समझना किसी के

लिए भी बाकी न रहा। वे कोई हंगामा नहीं करते थे, किन्तु कुछ समय बात करते ही समझ में आ जाता कि वे एक बात करते–करते अचानक दूसरी बात करना शुरू कर देते। हम उनके लिए काफी चिन्तित थे। एक नि:स्वार्थ देशकर्मी, त्यागी नेता आज देश का काम करते–करते कारागार के अन्धकूप से पागल होकर बाहर आया था, इतने दुख की बात कहाँ व किससे कही जाए? अभी जो सत्ता में हैं, उनसे कहीं अधिक अवदान था उनका पाकिस्तान आन्दोलन में। बंगाल में जिन कुछेक कार्यकर्ताओं ने अपना सर्वस्व देकर भी पाकिस्तान आन्दोलन में सक्रिय भाग लिया, उनमें शम्सुल हक़ साहब को सर्वश्रेष्ठ कहना ग़लत न होगा। 1943 से मुस्लिम लीग संगठन को जमींदारों न नवाबों के आँगन–गलियारों से निकालकर जो लोग जनसाधारण की पर्णकुटीर तक ले आए थे, उनमें अन्यतम थे शम्सुल हक़ साहब। प्रारब्ध इसे ही कहते हैं, क्योंकि उसी पाकिस्तान की जेल में शम्सुल हक़ साहब को पागल होना पड़ा।

मैंने अनेक लोगों से परामर्श कर उनके इलाज की व्यवस्था की चेष्टा की, किन्तु वे राज़ी न हुए, उल्टे मुझ पर ही ख़फ़ा हो बैठे। मैंने तब उनसे संगठन के जनरल सेक्रेटरी का पदभार ग्रहण करने का अनुरोध किया। कार्यकारिणी समिति की बैठक बुलाकर मैंने उनसे अनुरोध किया क्योंकि इतने दिनों से मैं एक्टिंग जनरल सेक्रेटरी के रूप में काम कर रहा था। सोचा था कि काम में व्यस्त हो जाएँगे तो हो सकता है ठीक हो जाएँ। वे सभा में उपस्थित हुए और बोले, 'मैं संगठन के जनरल सेक्रेटरी का कार्यभार नहीं ले सकूँगा, मुज़ीब ही काम चलाता रहे।' उन्होंने कुछ बेसिर पैर की बातें भी कीं जिनसे सभी समझ गए कि उनका मानसिक सन्तुलन गड़बड़ा गया था। मैं यथावत् संगठन का काम चलाने में लग गया। ढाका शहर अवामी लीग की कौंसिल सभा में सभापतित्व के लिए जोर देकर हक़ साहब का मैंने नाम रखा। उन्होंने एक ऐसा भाषण दिया कि हम सबको दुख हुआ क्योंकि उन्होंने स्वयं को सारी दुनिया का खलीफा घोषित किया। हम सभी बड़े हताश हुए कि कैसे उनका इलाज कराया जाए। और असुविधा यह हुई कि हक़ साहब की स्त्री प्रोफेसर आफिया ख़ातून पढ़ाई–लिखाई के सिलसिले में विदेश चली गई थीं। वे रहतीं तो शायद कोई व्यवस्था हो पाती।

यार मुहम्मद ख़ान मेरी मदद करने लगे। उनकी मदद और समर्थन न मिला होता तो बड़ी असुविधा होती। माणिक भाई ने इत्तफ़ाक़ पत्र को काफी लोकप्रिय बना दिया था। साप्ताहिक होने के बावजूद शहर हो या गाँव, वह लोकप्रिय था। पाकिस्तान ऑब्जर्वर समाचार–पत्र भी हमारे कुछ–कुछ समाचार देता। मुस्लिम लीग और मुस्लिम लीग सरकार की लोकप्रियता में द्रुत ह्रास हो रहा था। मैं समझ गया था कि अब केवल कुशल नेतृत्व और सुशृंखल संगठन की जरूरत थी। मैंने और मेरे सहयोगियों ने इस अवसर का पूरा लाभ उठाया और देश की सत्तर फीसदी यूनियनों में अवामी लीग का संगठन स्थापित करने में सक्षम हुआ। युवा कार्यकर्ताओं

का झुकाव मेरी ओर था क्योंकि मैं भी तब युवक ही था। भसानी साहब और अवामी लीग के अनेक कार्यकर्ताओं को मुक्ति मिली। मैंने मौलाना भसानी व अताउर रहमान ख़ान के साथ कौंसिल सभा के बारे में परामर्श किया। उन्होंने भी स्वीकार किया कि शीघ्र ही कौंसिल सभा करने का प्रयोजन था। प्रथम कौंसिल सभा ढाका में बुलाई गई। हॉल मिलना बड़ा कठिन था। यार मुहम्मद ख़ान की सहायता से मुकुल सिनेमा हॉल मिलने में कोई कष्ट न हुआ। कौंसिल सदस्यों के रहने के लिए जब कोई जगह न मिली तो सदरघाट पर बड़ी-बड़ी नौकाएँ किराए पर लीं। तय हुआ कि सोहरावर्दी साहब कौंसिल सभा में बतौर प्रधान अतिथि उपस्थित रहेंगे।

कौंसिल सभा का दिन जैसे-जैसे नज़दीक आ रहा था, अवामी लीग के कुछ वरिष्ठ नेताओं ने साज़िश रची कि मुझे जनरल सेक्रेटरी न बनाया जाए। इस बारे में मुझे कोई खोज-खबर नहीं थी क्योंकि मैं संगठन के काम, पैसों के जुगाड़, कौंसिलरों के रहने के बन्दोबस्त तथा नाना अन्यान्य कामों में व्यस्त रहता था। अब्दुस सलाम ख़ान, मैमनसिंह के हाशिमुद्दीन अहमद, रंगपुर के ख़ैरात हुसैन नारायणगंज के अलमास अली और अब्दुल अवाल तथा और भी कुछ लोग इस षड्यंत्र के नायक थे। न ये लोग संगठन के रुपए-पैसे देते थे और न ही उसका जुगाड़ करते थे। संगठन का काम भी ठीक से नहीं करते थे। तथापि मैं जनरल सेक्रेटरी न बन पाऊँ, इस काम के लिए वे पैसे भी ख़र्च करते थे। सलाम साहब के असन्तुष्ट होने का प्रधान कारण यह था कि मैं उन्हें इम्पॉर्टेंस न देकर अताउर रहमान साहब को देता था। मुझे यह सब पसन्द न था इसीलिए कौंसिल सभा के प्राय: पन्द्रह दिन पूर्व मैंने अताउर रहमान साहब से अकेले में कहा था, 'आप जनरल सेक्रेटरी होने के लिए राज़ी हो जाइए; मुझे पद की दरकार नहीं। काम तो मैं करता हूँ और करता रहूँगा, आपको कोई असुविधा न होगी।' अताउर रहमान साहब बोले, 'मैं इतना समय कहाँ से लाऊँगा ? सबकुछ छोड़-छाड़कर काम करने का उपाय मेरे पास नहीं है। अब जो जनरल सेक्रेटरी होगा, उसे सारा समय पार्टी का काम करना होगा। आपके अलावा यह काम और कोई नहीं कर सकेगा, इसलिए आपको ही होना होगा।' मैंने कहा, 'भीतर ही भीतर कुछ नेता षड्यंत्र कर रहे हैं। वे कहते फिर रहे हैं कि किसी बुजुर्ग व्यक्ति को जनरल सेक्रेटरी होना चाहिए। दुख इस बात का है कि इन भले लोगों में इतना-सा कृतज्ञताबोध भी नहीं है कि जेल से बाहर आकर दिन-रात परिश्रम कर मैंने संगठन को एक रूप दिया है।' अताउर रहमान साहब बोले, 'उनकी बात जाने दें, काम कुछ करेंगे नहीं, सभा में आकर बातें बड़ी-बड़ी करेंगे।' मैंने कहा, 'सोचकर देखें, एक बार यदि मैं घोषणा कर दूँ कि मैं प्रार्थी हूँ तब किन्तु मैं और किसी की बात नहीं सुनूँगा।' वह बोले, 'आपको ही होना होगा जनरल सेक्रेटरी।' अताउर रहमान साहब जानते थे कि उन्हीं के कारण सलाम साहब मुझसे ख़फ़ा थे। मौलाना साहब मुझे जनरल सेक्रेटरी बनाने के पक्ष में थे। मैंने उनसे

कहा था कि मुझे छोड़कर वे अन्य किसी को तय कर लें, पर वे राज़ी न हुए और बोले, 'नहीं, तुम्हें ही होना होगा।' शहीद साहब कराची में थे, उन्हें इस बारे में कुछ भी मालूम न था।

1950 में साम्प्रदायिक दंगों के कारण जनाब अबुल हाशिम पश्चिमी बंगाल छोड़कर पूर्वी बंगाल चले आए थे। उनके अनेक सहकर्मी अवामी लीग में शामिल हो गए थे। 1952 के राष्ट्रभाषा आन्दोलन के बाद उन्हें गिरफ्तार किया गया था। उसी समय जेल में अवामी लीग के अनेक नेताओं व कार्यकर्ताओं के साथ उन्हें संगठन के बारे में बातचीत का अवसर मिला था।

मेरा विरोधी गुट अनेक चेष्टा करने के बावजूद कोई प्रार्थी खड़ा नहीं कर पा रहा था। मेरे साथ प्रतिद्वन्द्विता का साहस किसी को नहीं हो रहा था क्योंकि सभी जानते थे कि कौंसिलर मुझे ही वोट देंगे। इसलिए उन सज्जनों ने एक नया रास्ता अपनाया। उन्होंने अबुल हाशिम साहब के पास धरना दिया और उनसे अनुरोध किया कि वे अवामी लीग में शामिल हों और जनरल सेक्रेटरी बनें। हाशिम साहब राज़ी हो गए और कहा कि उन्हें कोई आपत्ति नहीं थी, बशर्ते कोई प्रतिद्वन्द्विता न हो। उन्होंने मौलाना भसानी को खाने की दावत दी। उन्हें बताया कि इस मामले में कुछ अवामी लीग के नेताओं ने उनसे अनुरोध किया था। उन्होंने मौलाना साहब से इस बारे में उनकी राय जाननी चाही। मौलाना साहब ने उनसे कहा, 'बिना प्रतिद्वन्द्विता के जनरल सेक्रेटरी बनाया जा सकेगा या नहीं, इसमें सन्देह है क्योंकि मुज़ीब की आपके बारे में धारणा बहुत ख़राब है। तथापि यदि आप सभापति होना चाहें तो मैं पद छोड़ने को राज़ी हूँ।' यह बात मौलाना साहब ने मुझे बताई थी।

कौंसिल का पहला अधिवेशन होने के बाद मौलाना भसानी ने हम चार जन के नाम की घोषणा की और वे नाम थे सर्वजनाब (सर्वश्री) अताउर रहमान ख़ान, अब्दुस सलाम ख़ान, अबुल मंसूर अहमद और मैं। ये चार व्यक्ति अलग से बैठकर सर्वसम्मति से कर्ताधर्ताओं के नाम की एक लिस्ट तैयार करके लाएँगे। कौंसिल सभा के एक दिन पहले मेरे विरोधी गुट ने अताउर रहमान साहब से जनरल सेक्रेटरी बनने का अनुरोध किया। अताउर रहमान साहब असमंजस में पड़ गए और कह दिया कि वे मेरे साथ परामर्श करेंगे। अताउर रहमान साहब ने मुझे बुलाकर उनके अनुरोध की बात बताई। मैंने उनसे कह दिया कि अब समय नहीं रहा, पहले कहने पर राज़ी होता। अब उनमें से किसी को प्रतिद्वन्द्विता करने को कहें। अताउर रहमान साहब ने यह उन्हें बता दिया। उन्होंने मौलाना साहब से अनुरोध किया तो उन्होंने चार जन पर कमेटी के नाम प्रस्तावित करने का भार देने की बात बताई, किन्तु प्रस्तावित नाम सर्वसम्मति से होने होंगे। यह बातचीत ज्यादा समय नहीं चली क्योंकि वे अन्य कोई नाम प्रस्तावित न कर पाए। कौंसिल सभा में उपस्थित होकर मैंने भसानी साहब को बता दिया कि चुनाव होगा। एकमत नहीं हुआ जा सकता। अताउर रहमान साहब ने

मेरा समर्थन किया। सब्जेक्ट कमेटी में हमने सारी रात मैनिफेस्टो और संगठन तंत्र पर चर्चा की। कौंसिल सभा में संगठन तंत्र और मैनिफेस्टो गृहीत हुए और सर्वसम्मति से चुनाव हो गया। मौलाना भसानी सभापति, अताउर रहमान साहब सह–सभापति, मैं जनरल सेक्रेटरी (मैनिफेस्टो अभी मेरे पास नहीं है, बाद में दे दूँगा)[25]। अब अवामी लीग जनता के सामने एक वास्तविक राजनीतिक संगठन के रूप में खड़ा था। बिना मैनिफेस्टो या घोषणा–पत्र के कोई राजनीतिक संगठन नहीं चल सकता।

इसके पहले हम लाहौर में निखिल पाकिस्तान अवामी लीग की कॉन्फ्रेंस में शामिल हुए थे। वहाँ जमींदारी प्रथा के उन्मूलन एवं अन्यान्य कार्यक्रमों को लेकर नवाब ममदोत के साथ एकमत न हो पाने पर नवाब साहब ने अवामी लीग का त्याग कर दिया था।

पश्चिमी पाकिस्तान व पूर्वी पाकिस्तान की राजनीति में काफी अन्तर था। वहाँ राजनीति करने में समय नष्ट करते थे जमींदार, जागीरदार और बड़े–बड़े व्यवसायी और यहाँ पूर्वी पाकिस्तान में राजनीति करता था मध्यवित्त सम्प्रदाय। पश्चिमी पाकिस्तान में शक्तिशाली मध्यवर्ग न होने के कारण जनता राजनीति या देश के बारे में कुछ भी नहीं सोचती थी। जमींदार, जागीरदार या उनके पीर साहब लोग जो कहते, आम जनता उसी का विश्वास करती।

काफी अर्से से बंगाल में कृषक आन्दोलन होने के कारण जनता में राजनीतिक चेतना पश्चिमी पाकिस्तान की जनता से बहुत अधिक थी। इसके अलावा स्वाधीनता आन्दोलन में बंगालियों ने सक्रिय रूप से भाग लिया था। बंगाल में दीर्घकाल से ग्राम पंचायत प्रथा, फिर यूनियन बोर्ड, लोकल बोर्ड और डिस्ट्रिक्ट बोर्ड रहने के कारण जनता में राजनीतिक शिक्षा का परिमाण भी काफी बढ़ गया था। शिक्षितों की संख्या अधिक न होने पर भी बंगाली अज्ञ या असचेतन न थे। वे सही–गलत का विचार कर सकते थे और यह उन्होंने 1946 में पाकिस्तान की माँग पर आम चुनाव के समय प्रमाणित किया।

अवामी लीग संगठन को जनता व शिक्षित समाज ने समर्थन दिया। मुस्लिम लीग के भीतर तब षड्यंत्र की राजनीति ने चरम आकार धारण किया था। ब्रिटिश–काल के अफसरों को राजनीति में स्थान देकर वे षड्यंत्र के जाल में अटक गए थे इसीलिए संगठन के भीतर प्रबल आत्मकलह नज़र आई। दल छोटे–छोटे उपदलों में बँट गया था। नीति का कोई पता ही न था, एकमात्र आदर्श था सत्ता से चिपके रहना। ज़िले व महकमे के पुराने नेताओं की जिस प्रकार कोई संग्रामी परम्परा न थी, उसी प्रकार दुनिया कहाँ से कहाँ आगे जा रही थी, उधर किसी का ध्यान ही न था। केवल एक ही चिन्ता थी कि सत्ता में कैसे बने रहा जाए।

इधर पूर्वी बंगाल की सम्पदा छीनकर पश्चिमी पाकिस्तान को कितनी शीघ्र समृद्ध किया जाए, उस दिशा में पश्चिम के तथाकथित केन्द्रीय नेता तथा बड़े-बड़े सरकारी कर्मचारी गुप्त रूप से काम कर रहे थे। उनकी एक ही धारणा थी कि पूर्वी बंगाल अन्ततः पाकिस्तान के साथ नहीं रहेगा, इसलिए जितनी शीघ्र हो पश्चिमी पाकिस्तान को गढ़ लेना होगा।

अवामी लीग ने जब हिसाब-किताब निकालकर प्रमाणित कर दिया कि किस प्रकार पूर्वी बंगाल का शोषण किया जा रहा था, तो वे उग्र हो उठे और अवामी लीग व अवामी लीग के नेताओं पर चरम अत्याचार करना शुरू कर दिया। इधर जनता मुस्लिम लीग और उसकी सरकार के अत्याचार विरुद्ध ख़फ़ा हो उठी थी। पूर्वी बंगाल में उस वक्त मुस्लिम लीग की श्वासरोध की-सी स्थिति हो गई थी।

ख़्वाजा साहब के शासन काल में पंजाब में एक भयानक साम्प्रदायिक दंगा हुआ था, जिसमें हज़ारों लोग मारे गए थे। लाहौर में मार्शल-लॉ जारी किया गया था। अहमदिया या कादियानी विरोधी आन्दोलन से इन दंगों की शुरुआत हुई थी। कुछ विख्यात आलिमों ने दंगों के लिए उकसाया था। सभी आलिमों का प्रचार था कि 'कादियानी मुसलमान नहीं' थे। इस विषय में मेरी कोई विशेष धारणा न थी किन्तु एकमत न होने के लिए किसी की हत्या कर दी जाए, यह इस्लाम पसन्द नहीं करता था और इसे अन्याय माना जाता था—यह धारणा तो मेरी भी थी। कादियानी भी तो अल्लाह और रसूल को मानते थे, इसलिए उनकी तो बात ही क्या, यहाँ तक कि विधर्मियों पर भी अत्याचार करने का इस्लाम में कड़ा निषेध था। लाहौर व अन्यान्य जगहों में जलती आग में मियाँ, बीवी और बच्चों को एक साथ जलाकर मार डाला गया था। जिन लोगों के उकसाने पर ये जघन्य दंगे हुए थे, वे आज भी पाकिस्तान की राजनीति में सशरीर अधिष्ठित थे।

पाकिस्तान को एक लोकतांत्रिक राष्ट्र बनना था, जहाँ प्रत्येक धर्मावलम्बी या जाति-धर्म के भेद-भाव के बिना सभी को समान नागरिक अधिकार प्राप्त होने थे। दुख का विषय है कि जिन लोगों ने कभी पाकिस्तान आन्दोलन का विरोध किया था, अब पाकिस्तान को इस्लामी राष्ट्र बनाने की दुहाई देकर वही लोग राजनीति को विषाक्त कर रहे थे। मुस्लिम लीग के नेता भी किसी प्रकार का अर्थनीतिक, समाजनीतिक कार्यक्रम न देकर जो सम्मिलित नारा दे रहे थे, वह था 'इस्लाम'। पाकिस्तान के मजदूरों, किसानों, मेहनतकशों ने जिस आशा व विश्वास के साथ स्वाधीनता आन्दोलन तथा पाकिस्तान आन्दोलन में भाग लेकर त्याग स्वीकार किए थे, आज उनकी आर्थिक मुक्ति की ओर उनका ध्यान ही नहीं था। जमींदार और जागीरदार बदस्तूर शोषण कर सकें, इस विषय में वे मदद करने लगे।

दूसरी ओर, पूर्वी बंगाल की विदेशी मुद्रा से प्लान प्रोग्राम करके ही पश्चिमी पाकिस्तान में जो कल-कारखाने बन रहे थे, उनकी मदद की जाने लगी। नतीजा यह

हुआ कि उद्योगपतियों की एक ऐसी जमात बनने लगी जो बेलगाम अवस्था में जनसाधारण से अनाप-शनाप मुनाफा लूटकर रातोरात करोड़पति बन गए। कराची में बैठकर इम्पोर्ट व एक्सपोर्ट के नाम से लाइसेंस बिक्री कर धीरे-धीरे अनेक लोग उद्योगपति बन बैठे। इसके लिए भी मुस्लिम लीग सरकार के क्रिया-कलाप तथा कुछ हद तक ख़्वाजा साहब का दुर्बल नेतृत्व जिम्मेदार था क्योंकि उन्होंने कभी भी सरकारी कर्मचारियों के अनुचित प्रस्तावों को अमान्य नहीं किया। इधर सुनने में आया कि चौधरी मुहम्मद अली जैसे घाघ सरकारी कर्मचारी को अर्थमंत्री बनाकर उन्होंने उस पर निर्भर करना शुरू कर दिया था। यह सही था या गलत पता नहीं, किन्तु कुछ हद तक सच हो भी सकता था। मरहूम फ़ज़लुर रहमान साहब भी तब केन्द्रीय मंत्री थे। उन्होंने चौधरी मुहम्मद अली को बाधा देने की चेष्टा की थी। ख़्वाजा साहब के मंत्रियों में दो दल हो गए थे। फ़ज़लुर रहमान साहब एक दल का नेतृत्व करते थे, जिसे 'बंगाली दल' कहा जाता। और दूसरा दल चौधरी मुहम्मद अली के नेतृत्व में था, जिसको 'पंजाबी दल' कहा जाता। तथाकथित बंगाली नेता लोग केन्द्रीय राजधानी, मिलिटरी हेडक्वार्टर, समस्त बड़े-बड़े सरकारी पद, व्यवसाय-वाणिज्य पंजाबी भाइयों के हाथों में देकर भी ग़ुलाम मुहम्मद और चौधरी मुहम्मद अली को खुश करने में असफल हुए थे। गणपरिषद में छह सीटें पश्चिमी पाकिस्तान के 'भाइयों' को देकर भी बंगाली बहुमत में थे। चाहते तो वे पूर्वी बंगाल की जनता के स्वार्थों की रक्षा कर सकते थे। किन्तु उन्होंने वैसा नहीं किया। गद्दी बचाने के लिए एक-एक कर सब कुछ उनके चरणों में समर्पित कर दिया, किन्तु फिर भी गद्दी न रख पाए। पश्चिमी पाकिस्तान के नेता समझ गए थे कि इनसे जितना लेता था, ले लिया गया था। पुराने लोगों से अब कुछ मिलनेवाला नहीं था, इसलिए नए लोगों को लेने की दरकार थी। पुराने लोग शायद इन्हें समझ गए थे। पूर्वी बंगाल के नेताओं से इन्होंने ऐसे-ऐसे काम कराए थे कि अब पूर्वी बंगाल की जनता उन पर विश्वास नहीं करेगी। धक्का देते ही वे गिर पड़ेंगे। जिस प्रकार ख़्वाजा साहब से बांग्ला भाषा के विरुद्ध भाषण कराकर उन पर बंगालियों की जो थोड़ी-बहुत आस्था थी, वह भी इन लोगों ने खत्म करा दी थी। इसलिए अब इन्होंने नई चाल चलना शुरू किया। घाघ ब्रिटिश-काल के सरकारी अफसरों की कुटिल बुद्धि के आगे ये कैसे टिक पाएँगे ? जनता का विश्वास खोकर ये सम्पूर्ण रूप से अफसरशाही पर निर्भर हो उठे थे; उस अफसरशाही पर जो लगभग सारी की सारी पश्चिमी पाकिस्तान के पंजाबी अधिवासियों की थी।

1953 में अप्रैल महीने में गवर्नर जनरल जनाब ग़ुलाम मुहम्मद, जो सत्तासीन थे, मुस्लिम लीग के सभापति, गणपरिषद व पार्लियामेंट के बहुसंख्यक दल के नेता प्रधान मंत्री ख़्वाजा नज़ीमुद्दीन को बर्खास्त कर अमेरिका में पाकिस्तान के राजदूत मुहम्मद अली बगुड़ा को प्रधान मंत्री नियुक्त कर दिया, हालाँकि मुहम्मद अली गणपरिषद के सदस्य नहीं थे। और तो और, वे मुस्लिम लीग के सदस्य तक न थे। 1948 से वे

पाकिस्तान के बाहर ही रहे, देश के लोगों की कोई खबर तक नहीं रखते थे।

मुझे याद है वह दिन जब अवामी लीग ने ढाका के पल्टन मैदान में एक सभा की थी। सोहरावर्दी साहब ने भाषण दिया था। विशाल जनसमावेश हुआ था। शहीद साहब जब भाषण दे रहे थे तो किसी ने आकर खबर दी कि अभी-अभी रेडियो ने समाचार दिया था कि नज़ीमुद्दीन साहब को प्रधान मंत्री के पद से बर्खास्त कर दिया गया था। शहीद साहब ने जनता से कहा, 'आज यह पाकिस्तान की बहुत बड़ी खबर है।' सभा के अन्त में जब शहीद साहब को लेकर लौट रहा था तो वे बोले, 'नज़ीमुद्दीन साहब को बर्खास्त कर दिया, इसमें खुश होने का कुछ नहीं।' मैंने शहीद साहब से कहा, 'ख़्वाजा साहब और उनके दल-बल का यही प्राप्य था।' शहीद साहब बोले, 'हाँ, शासन तंत्र न देकर एवं आम चुनाव न कराकर इन लोगों ने पाकिस्तान को एक षड्यंत्र की राजनीति में उलझा दिया।' हमने और भी कई विषयों पर चर्चा की थी। ख़ैर, ख़्वाजा साहब को अगणतांत्रिक रूप से डिसमिस करने का प्रतिवाद मुस्लिम लीग के नेताओं ने नहीं किया। एक-एक कर अपने नेता को छोड़कर सत्ता के लोभ में उन्होंने मुहम्मद अली को अपना नेता मान लिया। यहाँ तक कि मुस्लिम लीग के सभापति पद को भी ख़्वाजा साहब को त्यागना पड़ा। मुस्लिम लीग के नेताओं ने मुहम्मद अली बगुड़ा को निखिल पाकिस्तान मुस्लिम लीग का सभापति बना दिया और किसी एक ने भी प्रतिवाद नहीं किया। मुझे याद है, इतने अगणतांत्रिक रूप से नज़ीमुद्दीन साहब को बर्खास्त करने का प्रतिवाद एकमात्र अवामी लीग ने किया था।

पूर्वी बंगाल के प्रधान मंत्री जनाब नूरुल अमीन ख़्वाजा साहब के विश्वस्त भक्त थे। वे और अन्यान्य प्रदेशों के मुस्लिम लीग प्रधानमंत्रियों ने भी मुहम्मद अली साहब की अधीनता स्वीकार की और उन्हें एकमात्र नेता मान लिया। इस घटना के बाद कोई कारण न था कि शिक्षित और बुद्धिजीवी लोग मुस्लिम लीग पर आस्था बनाए रखें। यह प्रमाणित हो गया कि यह एक सुविधावादी व अवसरवादी दल था। ग़ुलाम मुहम्मद को बड़े लाट बनकर यह साहस कहाँ से प्राप्त हुआ? बड़े-बड़े सरकारी कर्मचारियों और एक अदृश्य शक्ति ने उन्हें यह अभयदान दिया था कि यदि आवश्यकता हुई तो वे उनके पीछे खड़े रहेंगे। मुस्लिम लीग के नेताओं व कार्यकर्ताओं के चरित्र को वे समझते थे। ख़्वाजा साहब के समर्थकों ने एक-एक कर मुहम्मद अली साहब के मंत्रिमंडल में शामिल होना शुरू किया। ख़्वाजा साहब स्वयं भी इसे रोकने का साहस न कर पाए। 1946 में जैसे चुपचाप घर में बैठ गए थे, वैसे ही इस बार भी उन्होंने विश्राम ग्रहण किया। भविष्य में फिर यदि सुअवसर आया तो फिर से कूद पड़ेंगे, यही भरोसा था।

मुहम्मद अली (बगुड़ा) में कोई राजनीतिक चेतना न थी, न ही उनमें कोई गहराई थी। अमेरिका से केवल अमेरिकी अन्दाज, हाव-भाव और कपड़े पहनने का

तौर-तरीका सीख आए थे। ग़ुलाम मुहम्मद जो कह दें, वे उसी में राज़ी और अमेरिकन उन्हें जो समझा देते, उसी हिसाब से चलते। अमेरिकी शासक-गोष्ठी को जैसे हर बात के पीछे कम्युनिस्ट नज़र आते, उन्होंने भी वैसा ही देखना शुरू किया। पहले उन्होंने शहीद साहब को अपना 'राजनीतिक पिता' कहकर सम्बोधित किया, बाद में उनके विरुद्ध आचरण करना शुरू किया।

मौलाना भसानी, मैं और मेरे सहकर्मियों ने और समय नष्ट न कर अवामी लीग संगठन के गठन सम्बन्धी कार्यों में स्वयं को तैनात किया। पूर्वी बंगाल के ज़िलों, महकमों, थानों और गाँव-गाँव में घूमकर मैं निःस्वार्थ कार्यकर्ताओं की एक फौज तैयार करने में सक्षम हुआ। छात्र लीग के नेतृत्व में छात्र समुदाय मन-प्राण से मुस्लिम लीग के विरोध में उठ खड़ा हुआ। देश में भाई-भतीजावाद और भ्रष्टाचार ने चरम आकार धारण कर लिया था। शासन तंत्र शिथिल हो चुका था। सरकारी कर्मचारी जो जी चाहता, वही करते। खाद्य संकट ने चरम आकार धारण कर लिया था। बेकारी की समस्या भी भयंकर रूप में नज़र आ रही थी। शासकों के पास प्लान-प्रोग्राम कुछ न था, जैसे-तैसे काम चल जाए, उसी में खुश थे। पूर्वी बंगाल के मंत्री कहीं सभा करने जाते तो जनता उनका भाषण तक सुनना नहीं चाहती थी। 21 फरवरी, 1952 की घटना कोई नहीं भूला था। हमने शीघ्रता से जनमत तैयार करना शुरू किया। पूर्वी बंगाल के स्वायत्त शासन की माँग मान लेने और बांग्ला को राष्ट्रभाषा स्वीकार न करने तक हम कोई शासन तंत्र नहीं मानेंगे। इसी समय फ़ज़लुर रहमान साहब ने अरबी लिपि में बांग्ला लिखने की पद्धति चालू करने की चेष्टा की थी। हम इसके विरुद्ध प्रबल जनमत तैयार करने में कामयाब हुए थे। मुस्लिम लीग के कोई-कोई नेता भीतर ही भीतर एक केन्द्रिक सरकार गठन के लिए प्रोपेगंडा कर रहे थे। अवामी लीग फेडरल शासन तंत्र तथा आंचलिक स्वायत्त शासन की माँग के आधार पर प्रचार कर जनता को समझा पाने में कामयाब हुई थी।

बिना विचार के किसी को बन्दी बनाकर रखना अन्याय था। लिहाजा राजनीतिक बन्दियों की मुक्ति का आन्दोलन जोरदार हो उठा था। प्रगतिशील युवक कार्यकर्ता भी अवामी लीग में शामिल होने लगे थे। 1953 साल के बीचोंबीच पूर्वी बंगाल में आम चुनाव होने की घोषणा हुई। प्रतिद्वन्द्विता तो अवामी लीग और मुस्लिम लीग के बीच ही होगी, इसमें कोई सन्देह नहीं था। 'गणतांत्रिक दल' के नाम से भी एक दल बना था पर वह काग़ज़ों तक ही सीमित था। जनाब ए.के. फ़ज़लुल हक़ साहब तब तक ढाका हाईकोर्ट के एडवोकेट जनरल थे। पाकिस्तान बनने के बाद उन्होंने कोई राजनीति नहीं की। 1953 के सितम्बर महीने में उन्होंने एडवोकेट जनरल का पद त्याग किया और अवामी लीग में शामिल हो गए। मुस्लिम लीग में तब भयंकर

कलह शुरू हो गई थी। मोहन मियाँ साहब ने नूरुल अमीन साहब के विरुद्ध गुट तैयार किया था और हक़ साहब को मुस्लिम लीग का सभापति बनाने की अपनी कोशिश में पराजित हुए थे। कर्ज़न हॉल में दोनों गुटों में भयंकर मारपीट भी हुई थी। नूरुल अमीन साहब का गुट ही विजयी हुआ और फलस्वरूप मोहन मियाँ सदलबल लीग से प्रताड़ित हुए।

इसके बाद मैंने हक़ साहब से मुलाकात कर उनसे अवामी लीग में शामिल होने का अनुरोध किया। चाँदपुर अवामी लीग की एक सभा में वे शामिल भी हुए और वहाँ उन्होंने घोषणा की, 'जो चोरी करना चाहते हैं, वे मुस्लिम लीग में रहें और जो अच्छा काम करना चाहते हैं वे अवामी लीग में शामिल हों।' मुझे पकड़कर वे जनसभा में बोले, 'मुज़ीब जो कहे, आप लोग सुनें। मैं वृद्ध व्यक्ति हूँ, अधिक भाषण नहीं दे सकता।' उनका यह वक्तव्य अखबारों में भी छपा।

इसी समय अवामी लीग में वही पुराना गुट संयुक्त मोर्चा बनाने में सक्रिय हो उठा। अब्दुस सलाम ख़ान, मैमनसिंह के हाशिमुद्दीन तथा और भी कुछ लोगों ने इसके लिए प्रचार करना शुरू किया। इधर एक तथाकथित प्रगतिशील गुट ने भी चीखना शुरू किया कि विरोधी दलों में एकता होना उचित था। इस जगह अतिप्रतिक्रियाशील और अतिप्रगतिवादी एकमत हो गए। उस वक्त कोई विरोधी राजनीतिक दल नहीं था—एकमात्र अवामी लीग को छोड़कर—जिसका नाम जनता जानती थी। भसानी साहब और मैंने परामर्श किया कि क्या किया जाए! उन्होंने मुझे स्पष्ट शब्दों में कह दिया, 'यदि हक़ साहब अवामी लीग में आते हैं, तो उन्हें ग्रहण किया एवं उपयुक्त स्थान दिया जा सकता है। और यदि वे कोई अन्य दल करें तो किसी हालत में उनके साथ संयुक्त मोर्चा नहीं किया जा सकता।' जो लोग मुस्लिम लीग से विताड़ित हुए थे, वे अब हक़ साहब के कन्धे का सहारा लेने की चेष्टा कर रहे थे, उनके साथ हम किसी हालत में नहीं मिल सकते थे। 1953 के सितम्बर महीने तक ये लोग मुस्लिम लीग के सारे दुष्कर्मों में उसके साथ थे। इन लोगों ने बांग्ला को राष्ट्रभाषा बनाने का विरोध किया था। मौलाना साहब ने इस बारे में हममें से अनेक के साथ चर्चा की थी और मुझे कह दिया था कि अवामी लीग के सदस्यों में संयुक्त मोर्चे के समर्थक सिर न उठा पाएँ।

वर्किंग कमेटी की सभा में इस बारे में काफी चर्चा हुई। अधिकांश सदस्य संयुक्त मोर्चे के विरोधी थे। क्योंकि जिनके साथ नीतियों में कोई मेल नहीं, उनके साथ मिलकर सामयिक रूप से भले ही कोई फल मिल जाए, किन्तु भविष्य में एकता नहीं रह सकती। इससे देश के उपकार से अधिक क्षति होगी। अवामी लीग में जो लोग इस एकता के पक्ष में थे, उनका उद्देश्य था मुस्लिम लीग को पराजित करना और किसी भी प्रकार सत्ता हासिल करना। सत्ता में गए बिना कैसे चले, और कब तक विरोधी दल किया जाए!

अतिप्रगतिवादियों की बात और थी। वे मुँह से एकता चाहते थे किन्तु देश के राष्ट्रीय नेताओं को जनता की नज़र में गिराने और राजनीतिक संगठनों पर से जनता का विश्वास उठ जाए, इस बात की वे चेष्टा करते थे। तभी तो भविष्य में वे जनता को कह पाएँगे कि इन नेताओं और उनके दलों द्वारा कोई काम सम्भव न था। ये लोग गँदले पानी में मछली पकड़ने की चेष्टा करना चाहते थे।

मुस्लिम लीग ने जनता का विश्वास खो दिया था। नीतियों से तो इस दल का कोई लेन–देन ही न था। ऐसा कोई जघन्य काम नहीं था, जो इस दल ने सत्ता में आने के बाद न किया हो। स्पष्ट रूप से इस दल ने पूर्वी बंगाल और जनता के साथ विश्वासघात किया था। इस दल से जो लोग विताड़ित हुए थे वे इस जघन्य दल के सदस्यों के बीच भी टिक न पाए। ये कितने जनविरोधी हो सकते थे, यह सोचकर भी दुख होता था। इन्होंने नीतियों या आदर्शों के लिए मुस्लिम लीग का त्याग नहीं किया था, त्याग करना पड़ा था सत्ता की लड़ाई में पराजित होकर। मुस्लिम लीग के इन विताड़ित सदस्यों ने पाकिस्तान बनने के बाद एक दिन के लिए भी सरकार के अन्यायपूर्ण कार्य का प्रतिवाद नहीं किया था। बल्कि इसके विपरीत सरकार से सुयोग व सुविधाएँ ग्रहण कीं। वे चेष्टा करने लगे कि हक़ साहब की लोकप्रियता को भुनाकर अवामी लीग के साथ मोल–भाव कर सकें।

हक़ साहब ने अवामी लीग में शामिल होने के बारे में तय कर लिया था। उन्होंने कइयों से यह कहा भी। ये लोग हक़ साहब के कन्धों पर सवार होकर उन्हें समझाने लगे कि अलग दल बनाकर संयुक्त मोर्चा बनाना सुविधाजनक होगा। अवामी लीग उन्हें यथोचित स्थान नहीं देगी। हो सकता है सोहरावर्दी साहब उन्हें प्रधान मंत्री न बनाएँ। ऐसी ही और भी नाना बातें। उनका अपना दल होगा तो अवामी लीग के बाधा देने पर भी चुनाव के बाद वे मुस्लिम लीग के साथ मिल सकते थे। चुनाव में कुछ आसन मुस्लिम लीग भी दखल कर सकती थी। पहले अवामी लीग के साथ मिलकर चुनाव लड़ लिया जाए, बाकी का उसके बाद देखा जाएगा। रास्ता खुला हो तो किसी भी रास्ते को चुना जा सकेगा। हालाँकि हमने हक़ साहब को बता दिया था कि वे पूर्वी बंगाल विधान परिषद में अवामी लीग के नेता होंगे और शहीद साहब केन्द्रीय विधानसभा के नेता होंगे।

इसी समय भसानी साहब ने मुझे चिट्‌ठी दी कि मैमनसिंह में अवामी लीग की कौंसिल सभा बुलाई जाए। इस बारे में उन्होंने पहले मुझसे कोई परामर्श नहीं किया था। मैमनसिंह ज़िला अवामी लीग के सेक्रेटरी हाशिमुद्‌दीन संयुक्त मोर्चा चाहते थे। मैं उन्हें नापसन्द करता था, यह वे जानते थे। छिप–छिपकर वे सलाम साहब से मिलकर कुछ षड्‌यंत्र भी करते थे। मेरे समर्थक, मैमनसिंह ज़िले के विशिष्ट कार्यकर्ता रफ़ीक़ुद्‌दीन भुइयाँ तथा हातिम अली तालुकदार व और भी अनेक उस वक्त कारागार में बन्दी थे।

मौलाना भसानी का खेल समझना बड़ा मुश्किल था। मेरी धारणा थी कि मैमनसिंह–कॉन्फ्रेंस में कुछ न कुछ निपटारा होगा। फिर भी मैंने कॉन्फ्रेंस बुलाई और कह दिया कि सभा बुलाने का निर्देश मुझे मौलाना भसानी ने सभापति की हैसियत से दिया था। शहीद साहब को भी दावत दी गई और उनसे सभा में उपस्थित होने का अनुरोध किया गया। शहीद साहब ने मुझे सूचित कर दिया कि सभा से दो दिन पहले वे ढाका पहुँचेंगे। मैंने सभी ज़िलों में चिट्ठियाँ भेज दीं। हाशिमुद्दीन साहब को निर्देश दिया कि वे सभी कौंसिलरों के रुकने की व्यवस्था करें तथा होटल तय करें जहाँ सदस्य जाकर अपने पैसों से भोजन कर सकें। हालाँकि उचित तो यह था कि ज़िला कमेटी ज़िले के बाहर से आनेवाले सदस्यों के भोजन की व्यवस्था करे।

अबुल मंसूर अहमद साहब ज़िला अवामी लीग के सभापति थे, उन्होंने सबकुछ हाशिमुद्दीन साहब पर छोड़ दिया। मैं जो वहाँ पूर्वी पाकिस्तान अवामी लीग का ऑफिस करूँगा, वह व्यवस्था नहीं की गई। सभी ज़िलों को सूचित कर दिया गया कि सभी उपस्थित हों। मैं जानता था कि चाहे जहाँ भी सभा हो, दस प्रतिशत वोट भी मेरे मत के विरुद्ध नहीं जाएँगे। अनेक ज़िलों के कार्यकर्ताओं के रहने का बन्दोबस्त नहीं हुआ था, ऐसी अवस्था में अब्दुर रहमान सिद्दीकी नाम के एक कार्यकर्ता ने मदद की और छोटे–छोटे होटलों में किराए पर विभिन्न ज़िलों के सदस्यों के रहने की व्यवस्था की गई थी।

सभा से तीन–चार दिन पूर्व मौलाना साहब ने सूचना दी कि वे सभा में उपस्थित न हो पाएँगे। किन्तु क्यों? कारण के बारे में कुछ भी नहीं बताया। मैं जानता था कि कोई बड़ा निर्णय लेने के समय वे अलग रहने की चेष्टा करते थे। मैं और खोंडकार मुहम्मद इलियास बाध्य होकर बगुड़ा ज़िला के पाँचबीबी गाँव से पकड़कर लाने के लिए रवाना हुए। समय बहुत कम था और काम भी बहुत पड़ा था। विभिन्न ज़िलों के कार्यकर्ताओं से सम्पर्क करना था। पार्टी के संयुक्त मोर्चा समर्थकों ने विभिन्न ज़िलों में लोग भेजे थे। खोंडकार मुश्ताक अहमद भी संयुक्त मोर्चे के समर्थक थे। इलियास और मैं बहादुराबाद घाट पार कर फूलछड़ी घाट पर ट्रेन में चढ़े, उसी समय बगुड़ा से एक ट्रेन आई। मैंने देखा मौलाना साहब जैसे एक व्यक्ति द्वितीय श्रेणी के कमरे में बैठे थे। मैंने इलियास से कहा, 'देख तो, कौन हैं?' इलियास ने झाँककर देखा और बोला, 'वो तो मौलाना साहब हैं।' हमारी ट्रेन के छूटने का समय हो गया था। हम शीघ्रता से सामान लेकर उतरे और मौलाना साहब के पास पहुँचे। अधिक कुछ कहे बिना वे चल पड़े, हम भी उनके साथ चलने लगे। चलते–चलते मैंने पूछा, 'मामला क्या है? आप ही ने तो सभा बुलाने को कहा था, अब आप ही उपस्थित क्यों नहीं होंगे?' वे बोले, 'तुम लोग जानते नहीं हो, एकता मोर्चा बनाने के लिए तुम्हारे नेता पागल हो गए हैं। ऐसे नीतिविहीन नेताओं के साथ मैं कभी एकताबद्ध नहीं होना चाहता। अवामी लीग की कौंसिल में संयुक्त मोर्चा चाहनेवालों की संख्या

अधिक है। हम वोट में उनसे नहीं जीत सकेंगे। मैं अब और राजनीति नहीं करूँगा। मेरा तो कुछ है नहीं। मैं तो चुनाव में खड़ा नहीं हूँगा। किसी के लिए कनवेस भी नहीं कर पाऊँगा, इसलिए अब और राजनीति करने की इच्छा नहीं। कौंसिल की सभा में भी शामिल न हो पाऊँगा।' मैंने गुस्सा होकर उनसे कहा, 'आपने तो हमारे साथ परामर्श किए बिना मैमनसिंह में कौंसिल सभा बुलाने को कहा था, जबकि कौंसिल सभा और कुछ दिनों बाद ढाका में बुलाने की बात थी। किन्तु कौंसिल का मतामत आप नहीं जानते। स्वयं आप भी यदि चाहें तो एकता मोर्चे के पक्ष में प्रस्ताव पास करा पाएँगे कि नहीं, सन्देह है। अवामी लीग के सदस्यों ने विताड़ित मुस्लिम लीग नेताओं के अनेक अत्याचार सहे हैं और वे जानते हैं कि ये लोग यहाँ विरोधी दल करने नहीं आए हैं। अवामी लीग के कन्धों का सहारा लेकर चुनाव जीतने आए हैं। बाद में ये अपना रास्ता चुन लेंगे। आप उपस्थित न होंगे तो मैं टेलीग्राम देकर सभा स्थगित कर इसी रास्ते घर लौट जाऊँगा।'

मौलाना के साथ बातें करते-करते हम रेतीले टापू के भीतर होकर 'सरदारेर चर' नाम के एक गाँव में पहुँचे और उनके एक मुरीद (प्रशंसक) मूसा मियाँ के घर पहुँचे। मूसा मियाँ बहुत ही गरीब आदमी था। छोटे-छोटे से दो कमरे उसका सम्बल थे। एक पेड़ के नीचे अपना सूटकेस व बिस्तर लेकर मैं एक चटाई पर बैठ गया। मूसा मियाँ हमें लेकर बड़ी मुश्किल में पड़ गए थे, क्या करें यह समझ नहीं पा रहे थे। हो सकता है वह गरीब हों, परन्तु इतना विशाल हृदय मैंने जीवन में बहुत कम देखा था। ढाका लौटने की कोई ट्रेन न थी। भसानी साहब भी कुछ बोल नहीं रहे थे। रात को वहीं रहना होगा। मूसा मियाँ के पास जो कुछ भी था, सब व्यय कर उन्होंने हम लोगों के लिए भोजन की व्यवस्था की। डेढ़ मील दूर फूलछड़ी घाट पर आदमी भेजकर हमारे लिए चाय का बन्दोबस्त किया। रात को अपने घर के बगल के एक मकान में, जो मौलाना साहब के एक और भक्त का था, हमारे रात बिताने की व्यवस्था की। उनके घर में एक छोटा अलहदा कमरा भी था। मौलाना साहब के साथ कुछ नरम-गरम बातें होने के बाद उन्होंने सभा में चलने के लिए हाँ कहा। इलियास ने भी मौलाना साहब के साथ काफी चर्चा की। अगले दिन सुबह हम दोनों रवाना होकर लौट आए। मुहम्मदुल्ला साहब, कुरबान अली, हामिद चौधरी, मुल्ला जलालुद्दीन पहले ही पहुँच गए थे। शहीद साहब के स्वागत के लिए ढाका आना पड़ा। उन्हें लेकर मैमनसिंह पहुँचा। अवामी लीग का ऑफिस बनाने के लिए कोई स्थान न मिलने पर हामिद, जलाल और मुहम्मदुल्ला ने अज़ीज़ुर रहमान साहब के डेरे पर एक कमरा खुद ही ठीक कर लिया था। मुझ अकेले के रहने का बन्दोबस्त हाशिमुद्दीन के घर पर किया गया था। अन्य कार्यकर्ताओं को छोड़कर मैं हाशिमुद्दीन के घर कैसे रहता? पहले जब भी गया था, मैं हाशिमुद्दीन साहब के घर पर ही रुकता था। ख़ालिक नवाज़, शम्सुल हक़, मैमनसिंह के विशिष्ट कार्यकर्ता रशीद, ये लोग भले

ही हाशिमुद्दीन को पसन्द न करते हों, परन्तु मुझसे बहुत स्नेह रखते थे। कौंसिलरों के रहने का बन्दोबस्त करने में इन सबकी मदद भी मिली थी। अलका सिनेमा हॉल में सम्मेलन का होना तय था। रात को मुझे सूचना मिली कि हाशिमुद्दीन हॉल में पहले से ही कुछ बाहरी व्यक्तियों को लाकर रखेगा या अवामी लीग के कौंसिलरों के नाम पर भी कुछ बाहरी लोगों को लाएगा ताकि वे बहुमत में हो जाएँ।

मैंने सुबह 5 बजे इस बारे में अबुल मंसूर अहमद साहब को बताया और कहा, 'उसे यह सब करने से मना करें, क्योंकि हंगामा होगा तो लोग बुरा कहेंगे।' अबुल मंसूर साहब बोले, 'मुझे तो कुछ भी मालूम नहीं, फिर भी देखूँगा।' मैंने सुबह पूर्वी पाकिस्तान अवामी लीग के कार्यकर्ताओं को निर्देश दिया कि एक सेक्रेटरी एक-एक दरवाजे पर रहेगा और उनमें से प्रत्येक के साथ आठ-आठ कार्यकर्ता रहेंगे। मेरे हस्ताक्षर किए कार्डों के अतिरिक्त किसी को भीतर घुसने न दिया जाए। विभिन्न ज़िलों से अच्छे-अच्छे युवा कार्यकर्ताओं को गेट पर रहने का निर्देश दिया। नतीजा अच्छा ही निकला; कोई भी बाहरी व्यक्ति भीतर न जा पाया। कुछ लोगों ने कई बार चेष्टा तो की, पर लाभ न हुआ। कार्यकर्ताओं की तत्परता और मनोभाव देख किसी में अग्रसर होने की हिम्मत न हुई। मैंने सेक्रेटरी की रिपोर्ट पेश की। शहीद साहब व भसानी साहब ने भाषण दिया। जहाँ तक मुझे याद है, विशेष आमंत्रण पर मियाँ इफ़्तिख़ारुद्दीन सभा में शामिल हुए थे और उन्होंने भाषण भी दिया। 'विदेश-नीति और संयुक्त मोर्चा' इन दो विषयों पर काफी बहस हुई। सब्जेक्ट कमेटी भी बैठी किन्तु कोई हल न निकला। कौंसिल सभा में मैंने विदेश-नीति पर प्रस्ताव पेश किया। अवामी लीग की विदेश-नीति होगी स्वाधीन और निरपेक्ष। अब्दुस सलाम ख़ान ने इस प्रस्ताव का विरोध करते हुए भाषण और अतिप्रगतिवादी बताते हुए मुझ पर आक्रमण किया। मैंने भी जवाब में अतिप्रतिक्रियाशील बताकर उन्हें यथोचित उत्तर दिया। प्रस्ताव पास हो गया। अवस्था समझते हुए उन्होंने मतदान की माँग नहीं की।

इसके बाद ही शुरू हुई मुस्लिम लीग के विरुद्ध विरोधी दलों का एक मोर्चा बनेगा कि नहीं, इस बात की बहस। एकता-मोर्चे के समर्थक प्रस्ताव लाए। मैंने उसका विरोध करते हुए भाषण दिया और पूछा, 'अवामी लीग के अतिरिक्त कोई अन्य विरोधी दल है कि नहीं? जिनकी न कोई नीति है न आदर्श उनके साथ एकता मोर्चा या यूनाइटेड फ्रंट बनाने का अर्थ है कुछ मुर्दा लोगों को जिन्दा करना। इनमें से अनेक ने देश की क्षति की है। ये लोग व्यक्तिगत स्वार्थ के लिए करते हैं, देश के बारे में तो स्वप्न में भी नहीं सोचते।' मेरे भाषण में कुछ भावुकता आ गई थी। क्योंकि इनमें से अनेक ने 1948, 1952 में बांग्ला भाषा के आन्दोलन को दबाने की हर प्रकार से चेष्टा की थी। लीग सरकार ने दिन-पर-दिन हम लोगों को बिना विचार के कारागार में बन्दी बनाकर रखा। भसानी साहब भी एकता-फ्रंट के तीव्र

विरोधी थे और शहीद साहब भी अधिक आग्रह नहीं दिखा रहे थे। इससे एकतावादी घबरा गए। तथापि अताउर रहमान साहब और मैं एकमत थे कि 'संयुक्त मोर्चा' नहीं चाहिए—यह प्रस्ताव अनुचित है। जनता सोचेगी कि अवामी लीग ही एकता नहीं चाहती। मैंने अपने मित्रों से पूछा, 'क्या उन्हें किसी से भी प्रस्ताव मिला है, जो वह जबरन यह प्रस्तावित करना चाहते हैं?' संयुक्त मोर्चे का प्रस्ताव दरअसल वोट में पराजित हो जाता। अन्ततः अवस्था को समझते हुए शहीद साहब व भसानी साहब को यह भार दिया गया कि विवेचना कर उन्हें जो ठीक लगे, वे करें। किन्तु दोनों को एकमत होना होगा और जब भी वो कोई निर्णय लें उन्हें वर्किंग कमेटी के सदस्यों के साथ बातचीत करनी होगी। मेरे मित्र जानते थे कि शहीद साहब व भसानी साहब, दोनों उन सभी लोगों में अनेक को नापसन्द करते थे। शहीद साहब व भसानी साहब ने स्पष्ट शब्दों में कहा, 'यदि फ़ज़लुल हक़ साहब अवामी लीग में आएँ तो वे उन्हें सिर-माथे पर ग्रहण करेंगे एवं पूर्वी बंगाल का उन्हें प्रधान मंत्री बनाने की चेष्टा करेंगे। वे पूर्वी बंगाल अवामी लीग पार्लियामेंटरी दल के नेता होंगे।' शहीद साहब ने मुझसे कहा था, 'वृद्ध नेता ने जीवन में बहुतेरे काम किए थे, अब उम्र के आखिरी पड़ाव में उन्हें देश-सेवा का अवसर देना उचित होगा।'

मौलाना भसानी ने मुझसे कह दिया कि वे संयुक्त मोर्चा नहीं बनाएँगे। हामिदुल हक़ चौधरी और मोहन मियाँ के साथ एक साथ राजनीति करने का तो प्रश्न ही नहीं उठता। जिस दोष के दोषी नूरुल अमीन थे उसी दोष के दोषी ये भी थे। उन्होंने मुझे निर्वाचन ऑफिस करने एवं किसको नॉमिनेशन दिया जाएगा यह सब कुछ तय करने के लिए निर्देश दिया। मैंने मौलाना साहब से कहा, 'अवामी लीग चुनाव में जीतेगी, डर की कोई बात नहीं। और यदि बहुसंख्यक न भी हो पाई तो विधानसभा में अवामी लीग ही विरोधी दल के रूप में काम करेगी। खिचड़ी राजनीति नहीं बल्कि साफ-सुथरी राजनीति होगी। आदर्शहीन लोगों को सत्ता में ले जाकर भी देश का काम नहीं होगा, हाँ व्यक्तिगत स्वार्थ जरूर सध सकता है।' मौलाना साहब मुझसे सहमत थे और उन्होंने मुझसे विभिन्न ज़िलों में सभा की व्यवस्था करने को कहा। वे और मैं प्रत्येक ज़िले और महकमे में घूमेंगे तथा कहाँ से किसको नॉमिनेशन दिया जाए, यह तय करेंगे। शहीद साहब भी कुछ दिनों में कराची लौट आएँगे और निर्वाचन का सारा भार लेंगे। अवामी लीग में एक ही चीज की कमी थी और वह था अर्थबल। किन्तु उसकी निःस्वार्थ कार्यकर्ताओं की एक फौज थी, जिसकी कीमत रुपयों से नहीं आँकी जा सकती। रुपयों की बहुत अधिक दरकार न होगी। प्रार्थी, जो हो सकेगा, ख़र्च करेंगे। जनमत अवामी लीग के पक्ष में था।

सलाम साहब ने किन्तु हिम्मत न हारी। वे हक़ साहब के कुछ हद तक कॉन्शस कीपर हो गए थे। हक़ साहब ने रातोरात अपना दल बनाया और उसको नाम दिया कृषक श्रमिक दल। देश में इसका कहीं कोई संगठन नहीं, बस लीग से

विताड़ित कुछ नेता हामिदुल हक़ चौधरी साहब और मोहन मियाँ के नेतृत्व में और हक़ साहब के कुछ पुराने भक्त आ जुटे। ये सब राजनीति छोड़कर अब घर–संसार देख रहे थे क्योंकि अक्सर इन्होंने पाकिस्तान आन्दोलन का विरोध किया था। जनाब अबुल हाशिम साहब ने भी हक़ साहब को परामर्श दिया था कि अवामी लीग में शामिल न होकर अपना दल बनाएँ। सलाम साहब ने भी अवामी लीग में शामिल होने के लिए हक़ साहब को अधिक जोर नहीं दिया था। और वो इसलिए कि अवामी लीग में सलाम साहब की अवस्था अच्छी नहीं थी। एक दिन वे मुझसे बोले, 'और कब तक विरोधी दल किया जाए, सत्ता में न रहने पर जनता की आस्था भी नहीं रहेगी। जैसे भी हो, सत्ता में जाना ही होगा। संयुक्त मोर्चा करने पर निश्चय ही सत्ता में जाया जा सकेगा, किन्तु जनता के लिए विशेष कुछ किया न जा सकेगा, और ये सत्ता अधिक दिन रहेगी भी नहीं। जहाँ आदर्शों में मेल न हो, वहाँ एकता अधिक दिन नहीं रहती।' वे एकमत नहीं हो पाए। उनको लेकर और मुसीबत थी, क्योंकि चाहे जैसे हो, उन्हें तो सत्ता में जाना था। उनकी धारणा थी कि अवामी लीग को यदि अकेले बहुमत मिला तो वे नेता नहीं हो पाएँगे। इससे तो हक़ साहब के साथ रहना बेहतर, उनका नेतृत्व मानने में आपत्ति नहीं होगी। हक़ साहब को अवामी लीग में लाने पर किसी ने भी तो आपत्ति नहीं की। किन्तु जो सब लोग हक़ साहब के साथ जुटे थे, वे उनका तो सर्वनाश करेंगे ही, साथ ही साथ देश और अवामी लीग का भी सर्वनाश करेंगे, इसमें मुझे कोई सन्देह नहीं था। इसीलिए मैं विरोध करने लगा। संयुक्त मोर्चा बनाने के पक्ष में कुछ जनमत जरूर तैयार हुआ था, पर वह भावावेग पर आधारित था। जनता मुस्लिम लीग के हाथों से बचना चाहती थी, चाहे जैसे भी हो। मुस्लिम लीग और अवामी लीग के अलावा अन्य किसी भी दल का नाम जनता जानती ही न थी।

शहीद साहब ने भी सभाएँ करना शुरू कर दिया। संयुक्त मोर्चा होने पर क्या होगा, यह उन्हें पता था, इसलिए वे अधिक परेशान न थे। एक दिन शहीद साहब और भसानी साहब बातें कर रहे थे, मैं भी वहीं था उनके साथ, और इसी विषय पर बात हो रही थी। अन्ततः मैंने कहा था, 'इलेक्शन एलायंस करना हो तो किया जा सकता है। जहाँ हक़ साहब के दल का कोई अच्छा व्यक्ति होगा, वहाँ अवामी लीग नॉमिनेशन नहीं देगी, और जहाँ अवामी लीग का अच्छा प्रार्थी हो, वहाँ वे नॉमिनेशन न दें। अपनी–अपनी पार्टी के प्रोग्राम के मुताबिक सब चुनाव लड़ें।' भसानी साहब उस पर भी राज़ी नहीं थे। उन्होंने कहा, 'अवामी लीग एकक रूप से चुनाव लड़ेगी।' और मुझे काम चलाते रहने को कहा। 1953 का शायद नवम्बर महीना था जब शहीद साहब ने भसानी साहब और मुझसे कहा कि कुछ दिनों के लिए कराची जाना होगा; कुछ रुपयों का जुगाड़ करना होगा। उन्होंने यह भी कहा कि अब जब लौटकर आएँगे तो बिना चुनाव शेष किए पश्चिमी पाकिस्तान नहीं जाएँगे।

मौलाना साहब और मैं हर ज़िले में सभा करने के लिए निकल पड़े। शहीद साहब जिस दिन ढाका आएँगे, उसके दो–एक दिन पहले हम ढाका पहुँचेंगे। अब हम उत्तर बंग के सफर पर रवाना हुए। उत्तर बंग का सफर शेष कर कुष्टिया ज़िले में तीन सभाएँ कर ढाका पहुँचूँगा। लोगों से बहुत ही अच्छी प्रतिक्रिया मिली। कहाँ से किसको नॉमिनेशन दिया जाए, इस बारे में सिफारिश भेजने की बात ज़िले के कर्ताधर्ताओं को बता दी कि वे नाम तय कर मुझे सूचित करें। जिनकी सिफारिश ज़िला कमेटी सर्वसम्मति से करेगी, उन्हें मनोनयन दिया जाएगा। जहाँ सर्वसम्मति न हो, वहाँ पूर्वी पाकिस्तान अवामी लीग प्रार्थी मनोनीत करेगी। तथापि शहीद साहब व भसानी साहब एकमत होकर जिसे चाहें उसे नॉमिनेशन दे सकेंगे। जिस दिन भसानी साहब और मैं कुष्टिया पहुँचे उसी दिन टेलीग्राम मिला, अताउर रहमान साहब और माणिक मियाँ ने हम दोनों से ढाका जाने का अनुरोध किया था। मैंने कुष्टिया से रात को अताउर रहमान ख़ान साहब को टेलीफोन किया तो उन्होंने सभाएँ स्थगित कर लौट आने को कहा। मैंने समझाकर कहा कि कल और आज स्थगित किया तो कार्यकर्ता मार खाएँगे, पार्टी की स्थिति भी ख़राब हो जाएगी। ख़ान साहब ने जब बहुत इसरार किया तो मैंने उन्हें समझाकर कहा, 'मौलाना साहब को आज ही भेज दे रहा हूँ, और मैं सभाओं में भाषण देकर तीन दिन बाद पहुँचूँगा।' वे राज़ी हो गए। पहले तो अताउर रहमान साहब भी हमारे साथ एकमत थे कि संयुक्त मोर्चा बनाना उचित न होगा। दुख इस बात का था कि उनका अभिमत अधिक समय टिकता न था। कोई कुछ भी कह दे, उसी की हाँ में हाँ मिला देते। कहने का तात्पर्य यह कि कोई हाथ थाम ले तो वे 'ना' नहीं कह पाते थे। मौलाना साहब ढाका के लिए रवाना हो गए। मैं मीटिंग शेष कर लौटूँगा। ठीक उसी समय खबर मिली कि हक़ साहब और मौलाना भसानी ने दस्तख़त कर संयुक्त मोर्चा बना लिया था।

मैं समझ नहीं पाया कि भसानी साहब ने दस्तख़त कैसे कर दिए! शहीद साहब की अनुपस्थिति में क्या प्रोग्राम होगा, संगठन का क्या होगा, नॉमिनेशन किस पद्धति से दिए जाएँगे, मौलाना साहब को इतनी हड़बड़ी किस बात की थी? मैं कुछ भी समझ नहीं पा रहा था। ढाका लौटकर यार मुहम्मद ख़ान के घर मौलाना साहब से मिलने गया। नीचे के कमरे में अवामी लीग का ऑफिस था। ऑफिस में जाकर जब बैठा तो कार्यकर्ताओं ने मुझे बताया कि कैसे क्या हुआ। अबुल मंसूर अहमद साहब अत्यन्त कुशल व्यक्ति थे, इसमें सन्देह नहीं। वे मामला समझ गए एवं शीघ्र कफिलुद्दीन चौधरी की मदद से इक्कीस सूत्री प्रोग्राम में हक़ साहब से दस्तख़त करा लिये। उनमें अवामी लीग का स्वायत्त शासन, बांग्ला भाषा को राष्ट्रभाषा बनाना, राजबन्दियों की मुक्ति तथा और भी कुछ मूल माँगें मान ली गई थीं। हम जो इस देश की राजनीति से जुड़े थे, वे जानते थे कि कइयों के लिए यह दस्तख़त निरर्थक था।

मैं मौलाना साहब से मिलने गया तो वे बोले, 'देखो मुज़ीब, तुम्हारे लौट न आने तक मैंने संयुक्त मोर्चे पर दस्तख़त करने में आपत्ति की थी; अताउर रहमान और माणिक से मैंने कहा भी कि मुज़ीब अवामी लीग का जनरल सेक्रेटरी था, उससे परामर्श किए बिना मैं कोई निर्णय नहीं ले सकता। अताउर रहमान और माणिक ने कहा कि उन दोनों ने तुम्हारा जिम्मा लिया। हम लोग जो करेंगे, मुज़ीब उसे मान लेगा। इसीलिए जब हक़ साहब ने मेरे पास आकर अनुरोध किया तो मैं दस्तख़त करने को बाध्य हो गया।' मैंने उनसे कहा, 'मेरी बात तो जाने दें, शहीद साहब के लिए दो दिन देरी करने से क्या कोई अन्याय हो जाता? वे तो दो-तीन दिनों में ही ढाका पहुँचेंगे। पहले मुझसे कुछ और कहा और किया ठीक उसके उलटा। मुझे आगे बढ़ाकर खुद ही दस्तख़त कर बैठे! किस पद्धति से नॉमिनेशन दिए जाएँगे? किस प्रकार काम चलेगा? इस चुनाव का दायित्व कौन लेगा? इस चुनाव का कुछ भी तय किए बिना घोषणा कर दी—'मैंने और हक़ साहब ने संयुक्त मोर्चा बनाया।' आपने जो किया अच्छा ही किया, मैं और क्या करूँगा! और जब अताउर रहमान साहब और माणिक भाई ने दावे के साथ मेरा जिम्मा लिया तो मैं उनकी बात कैसे काटूँ! अब इससे यदि देश का मंगल होता है तो अच्छा, और यदि देश की क्षति होती है तो दायित्व आप लोगों का होगा। मैं तो मात्र पार्टी के जनरल सेक्रेटरी के अतिरिक्त और कुछ भी नहीं हूँ। आप लोग नेता हैं, जब संयुक्त मोर्चा बनाया है, तो यह अच्छी तरह चले उसका बन्दोबस्त करें।' मौलाना साहब बोले, 'मैंने कह दिया है कि शहीद साहब आकर सबकुछ तय करेंगे। नॉमिनेशन या नियम-क़ानून का जो भी करना होगा, वही करेंगे।'

मेरे मत के विरुद्ध होने पर भी जब नेताओं ने अच्छा समझ यह किया है तो इससे देश का, हो सकता है, भला ही हो। लिहाजा मैं इस बात की चेष्टा करने लगा कि संयुक्त मोर्चा सुन्दर व सुचारु रूप से चले। दो दिन जाते न जाते प्रथम खेल शुरू हुआ। ऐसे दल का आविर्भाव हुआ जिसका नाम तक नहीं सुना था। हक़ साहब ने सूचित किया कि 'निज़ामे-इस्लाम पार्टी' नामक एक पार्टी के साथ पहले ही उन्होंने दस्तख़त किए थे। उन्हें भी संयुक्त मोर्चे में लेना होगा। मैंने मौलाना साहब से पूछा तो वे बोले, 'मैं तो कुछ भी नहीं जानता।' मैंने कहा, 'वह पार्टी है कहाँ, कौन हैं उसके प्रेसीडेंट, सेक्रेटरी? संगठन कहाँ है, जो इन्हें लेना होगा? इन्हें लेने पर 'गणतांत्रिक दल' नाम के एक दल, जिसे काग़ज़ों के मार्फत दो-एक बार देखा था, को भी लेना होगा। इनमें तो फिर भी दो-चार प्रगतिशील कार्यकर्ता हैं। किन्तु स्वयं हम लोगों में ही अनेक नहीं चाहते थे गणतांत्रिक दल को लिया जाए।'

शहीद साहब ने आकर ऑफिस तय किया। उन्हें यूनाइटेड फ्रंट का चेयरमैन बनाने में किसी ने भी आपत्ति नहीं की। अवामी लीग से अताउर रहमान ख़ान और कृषक श्रमिक पार्टी से कफिलुद्दीन चौधरी ज्वाइंट सेक्रेटरी एवं कमरुद्दीन अहमद को ऑफिस सेक्रेटरी बनाया गया। एक स्टीयरिंग कमेटी भी बनी। तीनों पार्टियों के

समानसंख्यक सदस्यों को लेकर बोर्ड बना, जो नॉमिनेशन देगा। शहीद साहब को चेयरमैन बनाया गया और तय हुआ कि नॉमिनेशन सर्वसम्मति से देना होगा। उसमें किसी प्रकार का मतदान नहीं होगा। रात-दिन मेहनत कर शहीद साहब ने कार्यावली तय कर दी। उन्होंने ऑफिस के भीतर ही एक कमरे में रहने का बन्दोबस्त किया। रात-दिन वहीं रहकर सबकुछ ठीक-ठाक कर काम शुरू किया। नॉमिनेशन के लिए दरखास्तों का आह्वान किया गया। फॉर्म छपाकर दिए गए, जिनमें प्रार्थी किस पार्टी का सदस्य था, लिखा होगा एवं पार्टी को कॉपी देनी होगी। शहीद साहब को रुपए-पैसों का अभाव अनुभव होने लगा।

जो नॉमिनेशन पाने के लिए दरखास्त देंगे, उन्हें एक फी (शुल्क) भी जमा देनी होगी। नॉमिनेशन न देने पर भी उक्त फी लौटाई नहीं जाएगी। जितने लोगों ने नॉमिनेशन के लिए दरखास्तें दीं उससे अन्दाजन एक लाख रुपए जमा पड़े थे। शहीद साहब खुद ही कुछ माइक्रोफोन जुगाड़ कर लाए थे। हमारे पास यान-वाहन कुछ न था। शहीद साहब ने एक पुरानी जीप खरीदी थी।

अवामी लीग के लिए प्रार्थियों की कोई कमी न थी। प्रत्येक चुनावी इलाके में अवामी लीग के प्रार्थी थे जिन्होंने 1949 से 1954 तक अपने-अपने अंचल में काम किया था। हक़ साहब के कृषक श्रमिक दल के प्रार्थियों का अभाव था इसलिए विभिन्न चुनाव क्षेत्रों से जो भी चुनाव लड़ने के इच्छुक थे, उन्होंने कृषक श्रमिक दल में नाम लिखाकर दरखास्त कर दी थी। कभी राजनीति नहीं की, अथवा राजनीति छोड़ दी थी या जो मुस्लिम लीग के सदस्य थे, ऐसे लोगों को नॉमिनेशन नहीं मिलेगा। किन्तु ऐसे उदाहरण भी थे जिन्होंने पहले मुस्लिम लीग में दरखास्त दी, वहाँ नॉमिनेशन न मिला तो कृषक श्रमिक दल में नाम लिखाकर नॉमिनेशन ले लिया।

अनेक ऐसे प्रार्थी, जिन्होंने मुस्लिम लीग के विरुद्ध आन्दोलन कर जेल की यातना सही, उन्हें नॉमिनेशन नहीं दिया गया; जैसे चटगाँव अवामी लीग के सेक्रेटरी एम.ए. अज़ीज़ को नॉमिनेशन नहीं दिया गया। उनके बदले एक व्यवसायी को नॉमिनेशन दिया गया था। खोंडकार मुश्ताक अहमद जैसे जेलभोगी कार्यकर्ता को भी नॉमिनेशन नहीं दिया गया। नोआखाली के अब्दुल जब्बार खद्दर, जो शुरू से ही अवामी लीग करते थे, उन्हें भी बाद दे दिया गया था। निज़ामे-इस्लाम दल कुछ मौलाना साहबों के नाम ले आया जिन्होंने दरखास्त तक नहीं दी थी। उन सभी को नॉमिनेशन देना होगा, जबकि इस दल ने इक्कीस सूत्री कार्यक्रम पर भी दस्तख़त नहीं किए थे। तथापि इस दल के प्रतिनिधि ने एक ऐसे लोगों की लिस्ट दाखिल की जिन्हें नॉमिनेशन न दिया जाए, क्योंकि वे सभी कम्युनिस्ट थे। किन्तु ये लोग अवामी लीग के ऐसे सदस्य थे, जो जेल खट चुके थे तथा कुछ गणतांत्रिक दल के सदस्य थे। इसके प्रतिवाद में मैंने कहा, 'एक लिस्ट मेरी भी है, इन्हें नॉमिनेशन न दिया जाए क्योंकि इन लोगों ने पाकिस्तान का विरोध किया था।'

इन लोगों की माँग एक ऐसे स्तर पर पहुँच गई कि निःस्वार्थ कार्यकर्ताओं और नेताओं को नॉमिनेशन न देकर ऐसे लोगों को नॉमिनेशन देना होगा जो चार-पाँच मास पूर्व तक मुस्लिम लीग करते थे अथवा जिन्होंने जीवन में कभी राजनीति की ही नहीं। बीच-बीच में हक़ साहब की ओर से छोटी-छोटी चिट्ठियाँ भी आती थीं, जिन्हें सम्मान देना पड़ता था। साथ ही कृषक श्रमिक पार्टी व निज़ामे-इस्लाम की स्टीयरिंग कमेटी के सदस्य हक़ साहब से परामर्श की बात कहकर सभा छोड़ उठकर चले जाते। इसी प्रकार चलने लगा। बहुत कष्ट कर मैं मौलाना भसानी साहब को ढाका लाया। आते ही उन्होंने बाहर जाना चाहा तो हमने उन्हें सारी बातें बताईं। उन्होंने उत्तर दिया, 'ऐसे लोगों के साथ कैसे काम किया जाए? मैं यह सब नहीं मानता।

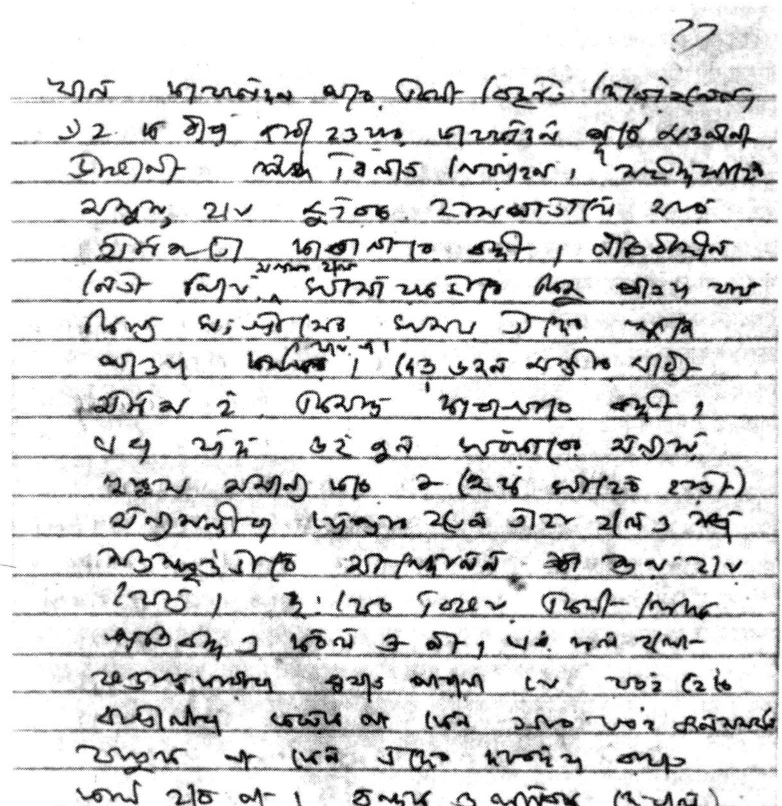

पांडुलिपि के एक पृष्ठ की प्रतिलिपि

नहीं मानता तुम्हारा यूनाइटेड फ्रंट, मैं चला।' मेरे साथ काफी बाताबाती हुई। मैंने उनसे कहा, 'नॉमिनेशन को लेकर चर्चा के समय अन्य दलों के लोग तो चर्चा करने हक़ साहब के पास चले जाते हैं, हम कहाँ जाएँ? शहीद साहब तो चेयरमैन हैं, वे कोई पक्ष नहीं ले सकते। आप ढाका में रहते हैं, कल शहीद साहब के साथ आपकी बातचीत होना जरूरी है।' वे चुप रहे। मुझे शीघ्र सभा में जाना था। अताउर रहमान साहब भी चुप रहते थे। हर समय मुझे ही तर्क-वितर्क करना पड़ता था। प्रत्येक प्रार्थी की खोज-खबर लेनी पड़ती थी। कफिलुद्दीन चौधरी साहब हालाँकि कृषक श्रमिक पार्टी के सदस्य थे, परन्तु अपने दल के नेताओं के व्यवहार से परेशान हो उठे थे। अवामी लीग का अच्छा प्रार्थी होता तो वे उसका समर्थन करते, इसलिए उनके दल के ही लोग उन पर ख़फ़ा थे। अताउर रहमान साहब भी कई बार गुस्से में कहते, 'इन लोगों से बात करने में भी मुझे घृणा आती है।'

मौलाना साहब फिर बिना किसी से कुछ कहे ढाका से चले गए। खबर मिली तो मैं रेलवे स्टेशन पर जाकर उनसे मिला। उनसे ढाका में रहने का बहुत अनुरोध किया किन्तु उन्होंने नहीं सुना। ऐसी अवस्था हो गई थी कि संयुक्त मोर्चा टूटने के कगार पर पहुँच गया था, केवल शहीद साहब के धैर्य, सहनशीलता व दक्षता मोर्चे की रक्षा कर पाई।

तीन-चार ज़िलों में तब भी नॉमिनेशन नहीं दिए गए थे। मुझे ढाका त्यागना पड़ा क्योंकि नॉमिनेशन के काग़ज़ात दाखिल करने मुझे गोपालगंज इलेक्शन ऑफिस जाना था। मात्र एक दिन का समय था जब मैं रवाना हुआ। मेरे न रहने के कारण इन समस्त ज़िलों में मेरे अनेक त्यागी सहकर्मियों को नॉमिनेशन नहीं दिया गया, यहाँ तक कि शहीद साहब का अनुरोध भी नहीं माना गया। मौलाना भसानी का प्रयोजन के समय आत्मगोपन का मनोभाव कभी नहीं बदला, भविष्य की कई घटनाओं में यह बात प्रमाणित हुई।

गोपालगंज में जाकर मैंने देखा कि मुस्लिम लीग के मनोनीत प्रार्थी वहीदुज़्ज़मान साहब सदलबल मैदान में उतर पड़े थे। अपने जीवन काल में ही वे विशाल धन-सम्पदा के मालिक हो गए थे। लांच, स्पीडबोट, साइकिल किसी चीज की उन्हें कमी न थी। और मेरे पास सिर्फ एक माइक्रोफोन के अतिरिक्त और कुछ न था। गोपालगंज और कोटालीपाड़ा इन दो थानों के अन्तर्गत हमारा चुनाव-क्षेत्र था। सड़कें आदि थीं नहीं, यातायात की काफी असुविधा थी। निर्वाचन चलाने के लिए मेरे पास केवल दो साइकिल थीं। कार्यकर्ता अपनी-अपनी साइकिल इस्तेमाल करते थे। रुपए-पैसों की मेरे पास काफी कमी थी। अधिक रुपए ख़र्चने की मेरी सामर्थ्य न थी। मेरे परिवार की कुछ देशी नौकाएँ थीं, उन्हीं का इस्तेमाल करना पड़ा। छात्र व युवक

कार्यकर्ताओं ने अपने पैसे ख़र्च कर मेरे लिए काम करना शुरू किया। कुछेक सभाओं में भाषण करने के बाद मैं समझ गया कि वहीदुज़्ज़मान साहब की शोचनीय हार होगी। रुपयों से काम नहीं बनेगा क्योंकि जनमत मेरे पक्ष में था। मैं जिस गाँव में भी जाता, जनता मुझे वोट देने का सिर्फ वादा ही न करती बल्कि मुझे बैठाकर पानदान का पान एवं कुछ रुपए बतौर नज़राना भी देती और कहती कि वे रुपए चुनाव-ख़र्च के लिए थे।

मुझे याद है, एक अति दरिद्र वृद्धा कुछ घंटों से सड़क पर खड़ी थी क्योंकि उसने सुना था कि मैं उसी रास्ते से जाऊँगा। मुझे देखकर मेरा हाथ थामकर बोली, 'बेटा! मेरे इस जीर्ण-शीर्ण घर में तुम्हें थोड़ी देर बैठना होगा।' मैं उसका हाथ पकड़कर उसके घर गया। अनेक लोग मेरे साथ थे। मुझे जमीन पर बिछी एक चटाई पर बैठाकर एक कटोरी दूध, एक पान और चार आने पैसे मेरे आगे कर बोली, 'पियो बेटा, और ये कुछ पैसे तुम लो। मेरे पास तो कुछ भी नहीं है।' मेरी आँखों में पानी भर आया। मैंने थोड़ा-सा दूध मुँह में लेकर उसके पैसों में कुछ रुपए मिलाकर उसके हाथ में देकर कहा, 'तुम्हारी दुआ ही बहुत है मेरे लिए। तुम्हारी दुआओं की कीमत रुपयों से नहीं चुकाई जा सकती।' रुपए उसने नहीं लिये, मेरे सिर व मुख पर हाथ रखकर उसने कहा, 'गरीब की दुआ तेरे साथ है बेटा।' नीरवता में मेरी आँखों से आँसू की दो बूँदें झर पड़ीं, जब मैं उसके घर से निकलकर आया। उसी दिन मैंने मन ही मन शपथ ली, 'मनुष्य को मैं कभी धोखा नहीं दूँगा।' ऐसी ही और भी अनेक घटनाएँ घटीं थीं। मैं पैदल ही एक यूनियन से दूसरी यूनियन जाता। रास्ते-रास्ते, गाँव-गाँव में मुझे देर करनी पड़ती क्योंकि गाँवों की स्त्रियाँ मुझे देखना चाहतीं। चुनाव में उतरने से पहले खुद मुझे नहीं मालूम था कि इस देश के लोग मुझसे कितना स्नेह करते थे। यही वह समय था जब मेरे हृदय में विराट परिवर्तन हुआ।

ज़मान साहब और मुस्लिम लीग ने जब देखा कि उनकी अवस्था अच्छी नहीं थी तो उन्होंने शतरंज की एक चाल चली। अनेक बड़े-बड़े आलिमों, पीर व मौलाना साहबों को हाज़िर किया। गोपालगंज में मेरी अपनी यूनियन में पूर्वी बंगाल के एक विख्यात आलिम मौलाना शम्सुल हक़ साहब ने जन्म ग्रहण किया था। व्यक्तिगत रूप से मैं उनकी बहुत श्रद्धा करता था। धर्म के सम्बन्ध में उन्हें यथेष्ट ज्ञान था। मेरी धारणा थी कि मौलाना साहब मेरे विरोध में नहीं जाएँगे, किन्तु इसी बीच वे मुस्लिम लीग में शामिल हो गए और मेरे विरुद्ध चुनाव-प्रसार में जुट गए। उस अंचल की मुसलमान जनता उनकी भक्त थी। मौलाना साहब ने स्पीडबोट पर इस यूनियन से उस यूनियन में घूमना शुरू किया और एक धर्म-सभा बुलाकर फतवा दिया मेरे विरुद्ध कि 'मुझे वोट देने पर इस्लाम नहीं रहेगा, धर्म शेष हो जाएगा।' साथ ही साथ शर्षिना के पीर साहब, बरगुणा के पीर साहब, शिवपुर के पीर साहब, रहमतपुर के शाह साहब आदि सभी मेरे विरुद्ध उतर पड़े और जितने प्रकार के फतवे दिए जा

सकते थे, देने में कोई कंजूसी नहीं की। दो-चार को छोड़कर प्राय: सभी मौलाना, मौलवी एवं उनके शिष्य मैदान में उतर पड़े। एक ओर रुपया और दूसरी ओर पीर साहबान और उनके समर्थक रुपयों के लोभ में रात का आराम और दिन का विश्राम त्यागकर जुट पड़े मुझे हराने की मुहिम में। कुछ सरकारी कर्मचारियों ने भी इसमें सक्रिय रूप से भाग लिया। ढाका से पुलिस के प्रधान ने भी गोपालगंज में हाज़िर होकर स्पष्ट रूप से अपने कर्मचारियों को हुक्म दिया कि वे मुस्लिम लीग का समर्थन करें। फ़रीदपुर ज़िले के डिस्ट्रिक्ट मजिस्ट्रेट जनाब अल्ताफ गौहर जब सरकार की ओर से काम करने को राज़ी न हुए तो सरकार ने उनका तबादला कर दिया और उनकी जगह एक अन्य कर्मचारी को ले आई। मेरे चुनाव-क्षेत्र में जाकर उन्होंने खुद ही भाषण देना शुरू कर दिया और निर्वाचन से तीन दिन पूर्व सेंटरों को एक जगह से दूसरी जगह ले गए, जहाँ ज़मान साहब को सुविधा हो। मेरे पक्ष में जनता, छात्रों और युवकों ने नि:स्वार्थ भाव से काम करना शुरू कर दिया। चुनाव से चार दिन पूर्व शहीद साहब को जब सरकारी दल की अपकीर्ति की खबर मिली तो उन्होंने हाज़िर होकर दो सभाएँ कीं और चुनाव से एक दिन पहले मौलाना साहब ने हाज़िर होकर एक सभा की। चुनाव से कुछ दिन पूर्व खोंडकार शम्सुल हक़ मुख़्तार साहब, रहमत ख़ान, शहीदुल इस्लाम और इमदाद को सुरक्षा क़ानून के अन्तर्गत गिरफ्तार कर फ़रीदपुर जेल में बन्दी बनाकर रखा गया। एक यूनियन के प्राय: चालीस प्रतिष्ठित व्यक्तियों को गिरफ्तार किया गया। फिर चुनाव के मात्र तीन दिन पूर्व और भी प्राय: पचास व्यक्तियों के विरुद्ध वारंट जारी हुआ। शम्सुल हक़ मुख़्तार साहब को जनता बहुत प्यार करती थी। उनके कार्यकर्ता खूब मशहूर थे। और भी अनेक को गिरफ्तार करने के षड्यंत्र की जब मुझे भनक लगी तो मैंने उन्हें शहर में आने से मना कर दिया। अपने चुनाव क्षेत्र के अलावा आसपास के दो क्षेत्रों में भी मुझे जाना पड़ा था—जैसे जैसोर के अब्दुल हाकिम साहब के चुनाव क्षेत्र में, बाद में ये स्पीकर बने; एवं अब्दुल खालिक के क्षेत्र में, ये बाद में केन्द्रीय मंत्री बने।

चुनाव में देखा गया कि वहीदुज़्ज़मान साहब लगभग दस हज़ार वोटों से पराजित हुए। जनता ने मुझे केवल वोट ही नहीं दिया बल्कि चुनाव का ख़र्च चलाने के लिए पाँच हजार रुपए भी दिए नज़राने के तौर पर। मेरी यह धारणा बनी कि आप मनुष्य (जनता) से प्यार करें तो मनुष्य भी आपसे प्यार करेगा। और यदि थोड़ा-सा भी त्याग स्वीकार करें तो जनता आपके लिए जान भी दे देगी। मौलाना शम्सुल हक़ साहब को जब बाद में अपनी भूल समझ में आई तो सक्रिय राजनीति से अलग हो गए थे। इस चुनाव में मुस्लिम लीग की शोचनीय हार हुई। चुनाव से कुछ दिन पहले विज्ञप्ति के माध्यम से शहीद साहब ने कहा था, 'मुस्लिम लीग को यदि नौ से अधिक सीटें मिलीं तो मुझे आश्चर्य होगा।' तीन सौ में मुस्लिम लीग को नौ ही सीटें मिली थीं।[26]

दुनिया के इतिहास में एक सत्ताधारी दल की ऐसी पराजय की खबर कभी सुनी न थी। बंगालियों को राजनीति का ज्ञान है और वे राजनीतिक चेतना-सम्पन्न भी हैं। इस बार भी उन्होंने यही प्रमाणित किया। 1946 में पाकिस्तान के इश्यू पर आम चुनाव में उन्होंने इसी बात का प्रमाण दिया था। इस बार के निर्वाचन में मुस्लिम लीग के अनेक बड़े-बड़े और धाकड़ नेता, जिनमें कई केन्द्रीय विधानसभा के सदस्य भी थे, सिर्फ पराजित ही नहीं हुए बल्कि उनकी ज़मानत तक ज़ब्त हो गई थी। यहाँ तक कि पूर्वी बंगाल के प्रधान मंत्री जनाब नूरुल अमीन भी पराजित हुए थे। इससे शासक व शोषक गोष्ठी और नौकरशाह काफी घबरा गए थे। किन्तु फिर भी उम्मीद नहीं छोड़ी थी। वे साज़िशमूलक कार्यक्रम ग्रहण करने की चेष्टा करने लगे—खासकर पश्चिमी पाकिस्तान के उद्योगपति और व्यवसायी, जिन्होंने पूर्वी बंगाल में न सिर्फ उद्योग-व्यवसाय स्थापित किए बल्कि मुस्लिम लीग की खुलेआम रुपए-पैसों से भी मदद की थी, अब वे भयानक असुविधा में पड़ गए। वे जानते थे कि उनके पीछे खड़े होने को अब भी केन्द्रीय सरकार मुस्लिम लीग के हाथों में थी। जो लोग पराजित हुए, वे कभी लोकतंत्र में विश्वास नहीं करते थे, इसीलिए उन्होंने जनता की राय नहीं मानी और षड्यंत्र की राजनीति शुरू की। पूर्वी बंगाल को छोड़कर प्राय: सभी ने कराची में आश्रय लिया। पश्चिमी पाकिस्तान के नेता, उद्योगपति और नौकरशाह इस उलटफेर से बहुत दुखी हुए, क्योंकि उन्हें अब ऐसे लोग कहाँ मिलेंगे जो बिना किसी प्रतिवाद के पूर्वी बंगाल की सम्पदा 'अच्छे बच्चे' की तरह पश्चिमी पाकिस्तान को सौंप देंगे। वे तो मंत्रित्व और सत्ता में सामान्य भागीदारी से ही सन्तुष्ट थे। केन्द्र का सत्ताधारी दल जानता था कि पूर्वी पाकिस्तान अवामी लीग स्वायत्त शासन के लिए जनमत तैयार कर रही थी। पूर्वी और पश्चिमी पाकिस्तान के बीच जो आर्थिक विषमता थी, वह दिनोदिन बढ़ रही थी—नौकरी, व्यवसाय-वाणिज्य और मिलिटरी में बंगालियों को स्थान नहीं दिया जा रहा था। इस विषय में अवामी लीग ने आँकड़े देकर कुछ प्रचार-पत्र छपाकर देश-भर में वितरित किए थे। समस्त पूर्वी बंगाल में गीतों के माध्यम से प्रचार में उतर पड़े थे ग्रामीण लोक-कवि।

इस चुनाव में जो एक चीज लक्ष्य की गई, वह यह थी कि 'इस्लाम और मुसलमान के नाम' पर नारेबाजी से जनता को धोखा नहीं दिया जा सकता। धर्मप्राण बंगाली मुसलमानों को अपना धर्म प्यारा जरूर था किन्तु धर्म के नाम पर धोखा देकर राजनीतिक कार्यसिद्धि का अवसर वे नहीं देंगे, यह धारणा भी अनेक लोगों की बन गई थी। जनता को चाहिए था शोषणमुक्त समाज और आर्थिक व सामाजिक उन्नति। मुस्लिम लीग के नेता इन विषयों पर जनता के सामने कोई ठोस प्रोग्राम पेश किए बिना केवल कहे जा रहे थे 'पाकिस्तान ध्वंस हो जाएगा; मुस्लिम लीग ने पाकिस्तान कायम किया था इसलिए मुस्लिम लीग पाकिस्तान की मातृतुल्य थी; पाकिस्तान का अर्थ था मुस्लिम लीग इत्यादि; अवामी लीग और अन्यान्य नेता

राष्ट्रद्रोही, हिन्दुओं के दलाल थे, जो पूर्वी और पश्चिमी बंगाल को एक करना चाहते थे। इस प्रकार के विभिन्न नारे मुस्लिम लीग ने लगाना शुरू कर दिया था। जनता शहीद सोहरावर्दी को पाकिस्तान के अन्यतम सृष्टिकर्ता के रूप में जानती थी। वह यह भी जानती थी कि शेरे-बंगाल ए.के. फ़ज़लुल हक़ इस देश की जनता से बेहद मुहब्बत करते थे और यह कि मौलाना भसानी ने भी पाकिस्तान के लिए संग्राम किया था। जनता यह भी जानती थी कि पाकिस्तान की स्थापना के लिए सामान्य त्याग हम लोगों ने भी किया था, इसलिए वह धोखे में नहीं आई।

जनता के सार्विक कल्याण के लिए इक्कीस सूत्री माँगें पेश की गई थीं, यह जनता समझ गई थी क्योंकि अवामी 1949 से पूर्वी बंगाल में इनमें से अनेक माँगों का प्रचार करती आ रही थी। चुनाव से कुछ दिन पूर्व एक साम्प्रदायिक हंगामा हुआ था। चन्द्रघोना के कर्णफुली काग़ज़ के कारखाने में मजदूर प्रायः सभी बंगाली थे और बड़े-बड़े अफसर ग़ैर-बंगाली थे, जिनका व्यवहार अच्छा न था। मुस्लिम लीग के नेताओं ने प्रचार किया कि अवामी लीग सत्ता में आई तो ग़ैर-बंगालियों को पूर्वी बंगाल में रहने नहीं देगी।

अवामी लीग और उसके कार्यकर्ता किसी भी प्रकार की साम्प्रदायिकता से घृणा करते थे। अवामी लीग में अनेक नेता व कार्यकर्ता थे, जो समाजवाद में विश्वास करते थे और जानते थे कि समाजवाद का रास्ता ही जनता की मुक्ति का एकमात्र रास्ता था। धनतंत्रवाद के माध्यम से तो केवल जनता का शोषण किया जा सकता था। जो समाजवाद के विश्वासी थे, वे कभी किसी प्रकार की साम्प्रदायिकता में विश्वास नहीं कर सकते। उनके लिए मुसलमान, हिन्दू, बंगाली और गैर-बंगाली सभी समान थे। वे शोषक श्रेणी को पसन्द नहीं करते थे। पश्चिमी पाकिस्तान में भी अवामी लीग के विरुद्ध अपप्रचार हुआ।

चुनाव के परिणामों की घोषणा के पश्चात् मैं ढाका आया। रेलवे-स्टेशन पर मेरा भव्य स्वागत किया गया था। जुलूस निकालकर मुझे अवामी लीग के ऑफिस ले जाया गया। शहीद साहब मेरे लिए चिन्तित थे, हालाँकि गाँव में हमारे घर में बैठकर वे मुझसे कह आए थे, 'तुम्हें चिन्ता की कोई आवश्यकता नहीं, मैंने जो देखा उससे तुम्हारी जीत में कोई शक नहीं।'

शीघ्रतापूर्वक ढाका बार लाइब्रेरी हॉल में संयुक्त फ्रंट के सभी एम.एल.ए. की सभा बुलाई गई। अवामी लीग दल के सभी एम.एल.ए. की सभा उसी दिन सुबह अवामी लीग के ऑफिस में बुलाई गई। चुनाव में जीत के साथ-साथ हमारे कानों में यह बात आने लगी कि जनाब मुहम्मद अली बगुड़ा हक़ साहब से सम्पर्क करने की चेष्टा कर रहे थे पुराने लीगियों के माध्यम से—जो कुछ ही दिन पूर्व हक़

साहब के दल में शामिल होकर कृषक श्रमिक दल के नाम से निर्वाचित होकर एम.एल.ए. बने थे, हालाँकि मन-प्राण से वे मुस्लिम-लीगी थे। सुबह अवामी लीग के सदस्यों की सभा और शाम को लाइब्रेरी हॉल में सभी दलों के संयुक्त मोर्चे के एम.एल.ए. लोगों की सभा थी। अवामी लीग की सभा में शहीद साहब और भसानी साहब उपस्थित थे। सभा में रंगपुर के अवामी लीग नेता ख़ैरात हुसैन साहब ने प्रस्ताव के माध्यम से कहा, 'जनाब ए.के. फ़ज़लुल हक़ साहब को नेता निर्वाचित करने से पहले शहीद साहब और भसानी साहब को उनके साथ परामर्श कर मंत्रियों की लिस्ट का फैसला करना उचित होगा। एक बार उन्हें संयुक्त मोर्चे के पार्लियामेंटरी दल का नेता निर्वाचित कर दिया तो उनके दल-बल में ऐसे पक्के खिलाड़ी हैं, जो साज़िशों का खेल शुरू कर सकते थे। और एक डिप्टी लीडर हमारे दल से बनाना उचित होगा क्योंकि संयुक्त मोर्चे में बहुमत अवामी लीग का था।' शहीद साहब बोले, 'मंत्रियों के नाम तय करने से पूर्व वे निश्चय ही हम दोनों से परामर्श करेंगे। वृद्ध व्यक्ति हैं, अभी उन्हें विरक्त करना उचित न होगा।' भसानी साहब ने भी शहीद साहब का समर्थन किया। मैं ख़ैरात हुसैन साहब से सहमत था किन्तु इस बारे में कोई जोर नहीं दिया। मैं जब अपने घर टुंगीपाड़ा से चुनाव के बाद लौटा तो शहीद साहब ने मुझे अकेले में बुलाकर पूछा, 'तुम मंत्रित्व लोगे कि नहीं ?' मैंने कहा, 'मुझे मंत्रित्व नहीं चाहिए। पार्टी के बहुत सारे काम हैं। मंत्रित्व के प्रार्थी बहुतेरे हैं, देख-समझकर उन्हीं में से बना दें।' शहीद साहब ने मुझसे और कुछ नहीं कहा।

ढाका बार लाइब्रेरी हॉल में संयुक्त मोर्चे के एम.एल.ए. लोगों की सभा हुई। शहीद साहब व भसानी साहब उसमें उपस्थित थे। इस सभा में सर्वसम्मति से ए.के. फ़ज़लुल हक़ को नेता बनाया गया। और द्वितीय प्रस्ताव में मुस्लिम लीग दलीय केन्द्रीय विधान परिषद के सदस्य, जो पुरानी प्रादेशिक विधानसभा के माध्यम से निर्वाचित हुए थे एवं प्रादेशिक चुनावों में पराजित हुए थे, से पदत्याग की माँग की गई। हक़ साहब के नेता निर्वाचित होने के कुछ समय बाद ही पूर्वी बंगाल के गवर्नर ने मंत्रिमंडल गठित करने के लिए उनका आह्वान किया। वे रज़ामन्द हुए और शीघ्र ही मंत्रिमंडल के सदस्यों के नाम पेश करेंगे, कहकर अपने घर लौट गए। उसी दिन शाम के बाद शहीद साहब और भसानी साहब उनके साथ चर्चा करने गए। मैं भी साथ में था। एक अलग कमरे में तीनों नेता चर्चा करने बैठे। बाहर से कृषक श्रमिक पार्टी के नेताओं का हाव-भाव देखकर मुझे बहुत बुरा लगा। चारों ओर लगा जैसे षड्यंत्र चल रहा था। कुछ देर बाद शहीद साहब और भसानी साहब बाहर निकल आए और सीधे यार मुहम्मद ख़ान के घर पहुँचे। अताउर रहमान साहब भी हाज़िर हुए। उन्होंने हमें बताया कि हक़ साहब फिलहाल चार-पाँच मंत्रियों को लेकर मंत्रिमंडल करेंगे, बाद में और भी कुछ मंत्री लेंगे।

अभी वे अबू हुसैन सरकार, सैयद अज़ीज़ुल हक़ (नान्ना मियाँ), अशरफुद्दीन चौधरी, अताउर रहमान ख़ान और अब्दुस सलाम ख़ान को लेकर मंत्रिमंडल का गठन करना चाहते थे। हमारे नेताओं ने उनसे अनुरोध किया था कि पूरी टीम लेकर काम शुरू करना उचित था। जनता की आकांक्षा थी कि संयुक्त मोर्चा शीघ्रातिशीघ्र देश के लिए काम शुरू करे। उन्होंने और भी आपत्ति की कि अभी नान्ना मियाँ को न लेकर बाद में लेना ही ठीक रहता। और यदि पूरी टीम को लेकर मंत्रिमंडल का गठन करें, तब उन्हें अभी लेने में आपत्ति नहीं। उन्होंने पूरी टीम को एक साथ लेने पर जोर दिया। हक़ साहब राज़ी न हुए तो वे उन्हें कह आए कि इस प्रकार अवामी लीग से कोई मंत्रिमंडल में शामिल नहीं होगा। वे अपने दल को लेकर मंत्रिमंडल का गठन कर लें। अवामी लीग उनके मंत्रिमंडल का समर्थन करेगी और जब पूरे मंत्रिमंडल का गठन होगा तब अवामी लीग उसमें शामिल होगी। अवामी लीग में गुटबन्दी को प्रश्रय देने का षड्यंत्र हो रहा था, यह बात नेताओं से छिपी न रही।

हक़ साहब ने शहीद साहब व भसानी साहब को कहा था, 'मैं शेख़ मुज़ीब को अपने मंत्रिमंडल में नहीं लूँगा।' इसके उत्तर में शहीद साहब ने कहा था, 'अवामी लीग से किसको लिया जाएगा किसको नहीं, यह तो मैं और भसानी साहब तय करेंगे। आप जब कह सकते हैं कि नान्ना मियाँ के बिना आपका काम नहीं चलेगा, तो हम भी कह सकते हैं कि शेख़ मुज़ीब के बिना हमारा नहीं चलेगा। वह हमारे दल का सेक्रेटरी है। मुज़ीब तो मंत्रित्व का प्रार्थी भी नहीं है। ये सारी बातें पार्टी कह सकती है।'

मैंने शहीद साहब और भसानी साहब से कहा, 'मुझे लेकर कोई हंगामा करने की दरकार नहीं। मैं मंत्री होना नहीं चाहता। मुझे बाद देकर यदि वे पूरे मंत्रिमंडल के गठन को राज़ी हों, तो आप लोग वैसा ही करें।' हम बैठकर चर्चा कर रहे थे, इसी बीच प्रायः एक घंटे बाद हक़ साहब ने खबर भेजी कि वे छह जन को लेकर मंत्रिमंडल का गठन करना चाहते थे और मुज़ीब को लेने को राज़ी थे। भसानी साहब ने कह दिया, 'अवामी लीग जब शामिल होगी तो अवामी लीग की ओर से सभी मंत्री एक साथ मंत्रिमंडल में शामिल होंगे। इस प्रकार टुकड़ों-टुकड़ों में शामिल नहीं होंगे।'

अगले दिन हक़ साहब ने शपथ ग्रहण की। अबू हुसैन सरकार, सैयद अज़ीज़ुल हक़ नान्ना मियाँ (के.एस.पी.) एवं अशरफुद्दीन चौधरी (निज़ामे-इस्लाम) ने भी शपथ ग्रहण की। लाटभवन (गवर्नर हाउस) के सामने एक विक्षोभ जुलूस निकला जिसमें 'भाई-भतीजावाद नहीं चलेगा', 'कोटरी नहीं चलेगी' आदि नाना नारे लग रहे थे। यदि एक साथ पूरा मंत्रिमंडल शपथ ग्रहण करता तो लाखो-लाख लोग अभिनन्दन करते। लगा जैसे एक ही दिन में जनजागरण नष्ट हो गया हो। मानो जनता उनींदी हो गई हो। हक़ साहब के दल-बल ने कहना शुरू किया, 'यह सब

शेख़ मुज़ीब का काम है।' सच बात तो यह थी कि मैं कुछ जानता ही नहीं था। सभी अखबारों में पढ़कर देखा कि जनता नाराज़ हो रही थी और जो अभिनन्दन करने गए थे, उन्होंने उल्टे नान्ना मियाँ को मंत्री बनाने के लिए नारे लगाए। क्योंकि वे अधिक परिचित नहीं थे। लोगों को उनका एकमात्र परिचय ज्ञात था कि वह 'हक़ साहब के भानजे' थे। आदमी के रूप में सैयद अज़ीज़ुल हक़ सीधे-सादे और भद्र इनसान थे। मेरे साथ उनका व्यक्तिगत सम्बन्ध अत्यन्त मधुर था। मैं उन्हें कलकत्ता से जानता था। मैंने उन्हें कभी गुस्सा करते नहीं देखा। ख़ैर जो हो, हक़ साहब ने इन सारे कामों में खुद कुछ नहीं किया। वृद्ध हो गए थे। औरों की बात सुनते थे, खासकर उस दल की जो लीग से विताड़ित हुआ था और जिसका नेतृत्व यूसुफ अली चौधरी (मोहन मियाँ) साहब करते थे। वे स्वयं मंत्री होना चाहते थे। उन्होंने जीवन-भर मंत्रिमंडल तोड़े और बनाए। उनके साथ विशेष असुविधा यह थी कि वे लिखना-पढ़ना नहीं जानते थे, इसीलिए कोई उनका नाम नहीं लेता था जबकि उनके जैसे कार्यकर्ता देश में बहुत कम पैदा हुए। वे समान रूप से दिन-रात मेहनत कर सकते थे। कई लोग उन्हें Evil Genius कहते। यदि अपनी बुद्धि और कर्मक्षमता का उन्होंने अच्छे कामों में उपयोग किया होता तो वे देश के लिए बहुत कुछ कर सकते थे।

हमने मंत्रिमंडल में योगदान न कर पार्टी के संगठनात्मक कामों में ध्यान दिया। शहीद साहब कराची लौट गए। अत्यधिक परिश्रम से उनका स्वास्थ्य भी ख़राब हो गया था। हक़ साहब कराची में घूमने गए तो केन्द्रीय गणपरिषद के पूर्वी बंगाल के सदस्यों ने उनसे पूछा था, 'वे लोग पदत्याग करेंगे कि नहीं?' जवाब में उन्होंने कहा था कि स्वयं उन्होंने ही पदत्याग नहीं किया था, और क्यों करेंगे?' हालाँकि संयुक्त मोर्चे की पार्लियामेंटरी पार्टी की पहली सभा में द्वितीय प्रस्ताव में उन्हें पदत्याग करने को कहा गया था। कराची में मुहम्मद अली के नेतृत्व में मुस्लिम लीग के नेताओं ने उनके साथ सम्पर्क कर उन्हें बता दिया था कि उनकी नाराज़गी अवामी लीगियों के विरुद्ध थी; वे हक़ साहब का समर्थन करेंगे और इस बात की चेष्टा करेंगे कि वे प्रधान मंत्री बने रहें। बस उन्हें अवामी लीग को दूर हटाकर रखना होगा। चोरी-छिपे चेष्टा हो रही थी कि अवामी लीग के कुछ सदस्यों को भगा ले जाएँ, पर कोई उपाय न था। कोई भी पदत्याग के लिए राज़ी न था। जिनके मन में मंत्रित्व की ख्वाहिश थी, वे भी जनमत के भय से पीछे हट गए थे। हक़ साहब को उन्हीं का दल-बल धोखा दिए जा रहा था। मुस्लिम लीग की केन्द्रीय सरकार दुर्बलता नज़र आते ही कूद पड़ेगी, इसमें कोई सन्देह न था क्योंकि उसे ज्ञात था कि अवामी लीग के समर्थन बिना सरकार चल नहीं सकती थी। संसद सदस्यों में अवामी लीग बहुमत में थी। सारे दल मिलकर भी अवामी लीग की बराबरी नहीं कर पाएँगे।

कराची से लौटने के रास्ते हक़ साहब कलकत्ता में दो-एक दिनों के लिए थे। वहाँ उनका भाषण बताते हुए कथित कुछ समाचार-पत्रों में विस्तार से छपा था।[27] अवसर देखकर मुहम्मद अली बगुड़ा और उनका दल-बल उसी को लेकर हक़ साहब के विरुद्ध षड्यंत्र में लिप्त हो गया। हक़ साहब महामुश्किल में पड़ गए। इस मुश्किल के समय अवामी लीग के नेता या कार्यकर्ताओं ने हक़ साहब के विरुद्ध आचरण नहीं किया वरन् यह जता दिया कि वे हक़ मंत्रिमंडल का समर्थन करेंगे। इस अवस्था में हक़ साहब अवामी-लीगियों के साथ विचार-विमर्श कर पूरे मंत्रिमंडल के गठन का आग्रह प्रकट करने लगे। इसी समय हक़ साहब के एक और भानजे जनाब महबूब मुर्शेद बार ऐट लॉ (परवर्ती काल में वे पूर्वी बंगाल के चीफ जस्टिस बने) ने हक़ साहब के साथ परामर्श कर अताउर रहमान ख़ान और माणिक मियाँ से अनुरोध किया ताकि अवामी लीग मंत्रिमंडल में शामिल हो। उनकी मदद कर रहे थे ढाका के कफीलुद्दीन चौधरी साहब और मिर्ज़ा अब्दुल क़ादिर सरदार। शहीद साहब तब कराची में गम्भीर रूप से अस्वस्थ हो गए थे और उनके लिए ढाका आ पाना असम्भव था।

मैं और मौलाना साहब जनसभा करने मुफस्सल में निकल गए थे। हमारा प्रोग्राम ऑफिस को पता था। हक़ साहब ने अताउर रहमान ख़ान और माणिक भाई से कहा कि वे मुझे मंत्री बनाना चाहते थे। मौलाना साहब और मैंने टांगाइल में एक कार्यकर्ता सम्मेलन में भाषण दिया था। उस समय टांगाइल के एस.डी.ओ. एक रेडियोग्राम लेकर सभा में उपस्थित हुए और मुझे बताया, 'प्रधान मंत्री ने मुझे जाने का अनुरोध करते हुए रेडियोग्राम भेजा था।' मैंने मौलाना साहब के साथ परामर्श किया। मौलाना साहब बोले, 'आवश्यकता पड़ी तो तुम्हें मंत्रिमंडल में शामिल होना होगा। तथापि शहीद साहब से परामर्श कर लेना कि इस समय इस प्रकार मंत्रिमंडल में जाना उचित होगा कि नहीं। शायद हक़ साहब का दल किसी मुश्किल में पड़ा है, इसीलिए बुलाहट आई।'

मैं शाम तक ढाका लौट आया। घर जाकर देखा कि रेणु बेटा-बेटी को लेकर कल ही ढाका आई थी। अब वह ढाका में ही रहेगी, क्योंकि बच्चों की पढ़ाई-लिखाई का भी तो बन्दोबस्त होना चाहिए। मुझे खुशी हुई। मैं तो मुसाफिर की तरह रहता था। उसने आकर सबकुछ ठीक-ठाक करना शुरू किया। उसे मेरी अवस्था का पता था इसलिए घर से कुछ रुपए भी ले आई थी। मैं हक़ साहब से मिलने गया तो वे बोले, 'तुझे मंत्री बनना होगा। मुझे तेरी आवश्यकता है, गुस्से में 'ना' मत कहना। और तुम सब बैठकर तय करो कि किस-किसको लिया जा सकता है।' मैंने उनसे कहा, 'हम लोगों को तो आपत्ति नहीं किन्तु शहीद साहब अस्वस्थ हो गए हैं, उनकी अनुमति की दरकार है। और मौलाना साहब अनुपस्थित हैं, उनके साथ भी विचार-विमर्श करना होगा।' मैं 'इत्तफ़ाक़' के दफ्तर में माणिक भाई और अताउर रहमान ख़ान साहब को लेकर बैठा। थोड़ी देर बाद मुर्शेद साहब, क़ादिर सरदार साहब और

कफीलुद्दीन चौधरी साहब आए। विचार-विमर्श कर शहीद साहब के साथ फोन पर बात करने की चेष्टा की, पर वे बात न कर पाए। उनके जमाई अहमद सुलेमान ने बात की, उनके जरिए शहीद साहब ने बताया कि उन्हें कोई आपत्ति न थी।

मैंने आपत्ति की कि मौलाना साहब की राय भी जरूरी थी, क्योंकि इस बीच पानी काफी गँदला कर दिया गया था। शहीद साहब, भसानी साहब ने हालाँकि कुछ लोगों के नाम पहले ही तय कर रखे थे, फिर भी उनसे पुन: विचार-विमर्श कर उनकी राय लेना उचित था। इधर कृषक श्रमिक दल अपनी पार्टी की ओर से कफीलुद्दीन चौधरी साहब को मंत्रित्व देने को राज़ी न था। हमने बता दिया कि यदि जरूरत हुई तो वे हमारे दल की ओर से मंत्री होंगे। सच बोलने के लिए हम उन्हें दंडित होने देने को राज़ी नहीं। रात 11 बजे हक़ साहब के साथ परामर्श कर दो जीप गाड़ियाँ लेकर अताउर रहमान साहब, मुर्शेद साहब, कफीलुद्दीन चौधरी साहब, अब्दुल क़ादिर सरदार और मैं टांगाइल के रास्ते रवाना हुए। रास्ता बहुत ख़राब था। उन दिनों ढाका से टांगाइल पहुँचने में छह घंटे लगते थे। चार खेया घाट पार करने पड़ते थे। हम खूब भोर में टांगाइल पहुँच गए। मौलाना साहब अवामी लीग के ऑफिस में पहली मंजिल पर थे। हमने उनके साथ विचार-विमर्श किया। वे बहुत नाराज़ हो गए थे किन्तु बाद में मुर्शेद साहब ने जब समझाया तो मान गए। अताउर रहमान साहब ने उन्हें नाम दिखाए। अताउर रहमान ख़ान, अबुल मंसूर अहमद, अब्दुस सलाम ख़ान, हाशिमुद्दीन अहमद और मैं। कफीलुद्दीन चौधरी साहब के बारे में जब वे लोग आपत्ति कर रहे थे तो ऐसी हालत में वे भी अवामी लीग की ओर से मंत्री होंगे। हक़ साहब के अतिरिक्त कुल बारह जन मंत्री होंगे। बाद में देखा गया कि रातोरात और भी कुछ लोग बढ़ गए।

1954 का मई महीना। हम सभी शपथ ग्रहण के लिए सुबह 9 बजे लाटभवन में हाज़िर हुए। मंत्री के रूप में जब हमारा शपथ ग्रहण शेष हुआ, उसी समय खबर आई कि आदमजी जूट मिल में बंगाली और ग़ैर-बंगाली मजदूरों के बीच भयंकर दंगा-हंगामा शुरू हुआ था। भोर रात से सैयद अज़ीज़ुल हक़ वहाँ उपस्थित थे। रात को ही ई.पी.आर. फोर्स और पुलिस को वहाँ तैनात किया गया था। ढाका के दो-एक बड़े सरकारी अधिकारी और पुलिस कर्मचारी भी वहाँ उपस्थित थे। हम जब शपथ ग्रहण कर रहे थे, ठीक उसी समय दंगों के शुरू होने का कारण क्या था? यह एक अशुभ संकेत था, समझते देर न लगी। हक़ साहब हमें लेकर सीधे आदमजी जूट मिल को रवाना हुए। उस वक्त नारायणगंज होते हुए लांच से जाना पड़ता था। सीधा रास्ता बना तो था पर तब गाड़ी उस पर ठीक से चल न पाती थी। थोड़ा कष्ट कर ट्रक और जीप गाड़ियाँ जा सकती थीं। सभी रवाना हो गए थे।

मुझे लाटभवन के सामने जनता ने घेर लिया और तय किया कि मुझे लेकर जुलूस निकालेंगे। उन्हें समझा-बुझाकर विदा करने में आधे घंटे की देर हो गई।

नारायणगंज जाकर सुना कि हक़ साहब मेरी प्रतीक्षा कर ढाका रवाना हो गए थे। एक लांच छोड़ गए थे। पहुँचने के साथ ही साथ जहाँ दंगा तब भी चल रहा था, मैं वहाँ उपस्थित हुआ। मुझे पुलिस की एक जीप में ले जाया गया था। दंगा थोड़ा-थोड़ा तब भी चल रहा था। जिधर से भी जा रहा था, हर रास्ते में, बस्ती-बस्ती में मुर्दा लोगों की लाशें पड़ी थीं। घायल लोग चीख-पुकार रहे थे, मदद करनेवाला कोई न था। ई.पी.आर. पहरे पर थी। बंगाली व गैर-बंगालियों को अलग-अलग कर दिया गया था। गाँवों से खबर पाकर हजारो-हजार बंगाली बढ़े आ रहे थे। गैर-बंगालियों को ट्रकों द्वारा मिल के बाहर से मिल के भीतर ले जाया गया। मुझे बड़ा असहाय-सा लग रहा था। मेरे साथ मात्र दो जन सशस्त्र पुलिस के थे। उसी समय कुछ और पुलिसवाले भी नज़र आए। मैंने उन्हें पास आने का हुक्म दिया। एक पेड़ के नीचे आश्रय लिया। मिल के चार ट्रक थे, एक नहीं मिल रहा था। कुछ लोगों की मदद से मृत लोगों को एक ओर रख, जो घायल थे उन्हें दूसरी ओर कर पानी आदि देना शुरू किया। मेरी देखादेखी कुछ कर्मचारियों ने भी इस काम में हाथ बँटाया। इसी समय मोहन मियाँ साहब आकर उपस्थित हुए। मुझे कुछ मानसिक बल मिला। तीन ट्रक हाज़िर किए गए। ड्राइवर भागने की फ़िराक़ में थे। मैंने हुक्म दिया, भागने की चेष्टा करते ही जेल में भेज दिए जाओगे। मेरा मिज़ाज देखकर वे डर गए। ढाका में एम्बुलेंस भेजने के लिए टेलीफोन किया गया था। मोहन मियाँ और मैं सुबह 11 बजे से शाम तक प्राय: तीन सौ घायलों को अस्पताल भेज सके थे। विभिन्न जगहों से आकर जो बंगाली जनसमुदाय मिल पर हमला करने को इकट्ठा हो रहा था, उनके बीच जाकर भाषण देकर मैंने उन्हें शान्त किया। उन्होंने मेरी बातें सुनीं। यदि उन्हें सही खबर मिलती तो वे मेरी बात सुनते या न सुनते, पता नहीं। शाम से थोड़ा पहले सारे अंचल में घूमकर लाशों का हिसाब लगाया, एक-एक गिनती की तो पाँच सौ से अधिक लाशें मैंने अपनी आँखों से देखीं। निस्सन्देह और भी सौ के करीब पोखर में होंगी।

सामान्य-सी एक घटना से यह दंगा शुरू हुआ था। तीन दिन पहले एक गैर-बंगाली दरषन के साथ एक बंगाली मजदूर की बाताबाती और मारपीट हुई थी। उसमें बंगाली मजदूर के एक आघात से हठात् दरबान की मौत हो गई। इसी को लेकर उत्तेजना और षड्यंत्र हो गया। दरबान सारे गैर-बंगाली थे। साथ ही कुछ गैर-बंगाली मजदूर भी थे। इसी घटना को लेकर काफी मनमुटाव शुरू हुआ। मिल के अधिकारी व संचालक गैर-बंगालियों को उकसाते रहे। मिल के दफ्तार पर काला झंडा फहराने की अनुमति दी। मिल का काम बन्द कर बंगालियों के वेतन लेने के दिन घोषणा कर कहा गया कि वेतन लेने मिल के भीतर आएँ। जब वे वेतन लेने भीतर आए तो चारों ओर से बन्दूकधारी दरबानों और गैर-बंगालियों ने

उन पर आक्रमण कर दिया। इस आकस्मिक हमले के लिए वे तैयार न थे। इस आकस्मिक हमले में कई लोग मारे गए। इसके बाद जो बंगाली बाहर थे उन्होंने गैर-बंगालियों पर हमला कर कई लोगों की हत्या कर दी। जिस समय नया मंत्रिमंडल शपथ ग्रहण कर रहा था उसी समय को वेतन देने का समय घोषणा करने का अर्थ क्या था? ई.पी.आर. के मौजूद होने के बावजूद एक भी गोली नहीं चली और फलस्वरूप दंगों में पाँच सौ से अधिक लोग मारे गए। पुलिस कर्मचारियों को पहले ही सूचना मिल गई थी, फिर भी उन्होंने स्थिति से निपटने के लिए कोई इन्तजाम क्यों नहीं किया? मंत्री सैयद अज़ीज़ुल हक़ साहब को मीठी-मीठी बातों में उलझाकर ऑफिस में बैठाकर रखा गया। दंगा मिल की दूसरी तरफ शुरू हो चुका था, इसकी उन्हें खबर तक नहीं दी गई। हक़ साहब और अन्यान्य मंत्री ढाका लौट गए थे, मैं और मोहन मियाँ रात 9 बजे तक वहीं थे। जनाब मदानी तब ढाका के कमिश्नर एवं हाफ़िज़ मुहम्मद इसहाक सी.एस.पी. तब चीफ सेक्रेटरी थे।

मैंने जब मदानी साहब को बताया कि पाँच सौ लोग मारे गए थे, तो उन्हें विश्वास ही नहीं हुआ। वे बोले, 'पचास लोग होंगे।' मैंने उन्हें बताया कि मैंने एक-एक कर गिनकर देखा था। चाहें तो खुद जाकर देख आएँ। बाद में मदानी साहब ने स्वीकार कर लिया था। रात को 9 बजे मुझे और मोहन मियाँ को सूचित किया गया कि मिल एरिया मिलिटरी के हाथों में दे दिया गया था। जनाब शम्सुद्दोहा तब पुलिस के आई.जी. थे, मुझसे आकर बोले, 'सर, सर्वनाश हो गया, मिलिटरी तो सारी गैर-बंगाली है।' मैंने हँसते हुए कहा, 'सर्वनाश में क्या कुछ बाकी रहा! आप जब पुलिस और ई.पी.आर. से शान्ति व श्रृंखला की रक्षा न कर पाए तो मिलिटरी के हाथ में देने के अतिरिक्त चारा क्या था?' उस वक्त ई.पी.आर. (ईस्ट पाकिस्तान राइफल्स) प्रादेशिक सरकार के अधीन थी। ढाका जाकर देखना होगा कि क्या और कैसे हुआ। अवश्य ही चीफ मिनिस्टर ने राय दी होगी। हम सीधे चीफ मिनिस्टर के घर पहुँचे। जाकर पता चला कि वे मेरे बारे में उद्विग्न हो उठे थे। सभी पर नाराज हो रहे थे कि मुझे दंगाग्रस्त अंचल में छोड़कर सभी क्यों चले आए। मैं जब उनके पास पहुँचा तो उन्होंने मुझसे काफी स्नेह किया और बोले, 'कैबिनेट मीटिंग अभी ही होगी, तुम जाना मत।' रात साढ़े दस बजे कैबिनेट की मीटिंग हुई। मीटिंग से पहले देखा कि मंत्रियों के बीच से दो-एक को इसी दरम्यान दोहा साहब ने अपने पक्ष में कर लिया था। अब्दुल लतीफ विश्वास साहब इसी बात को लेकर चीख रहे थे कि मिलिटरी को भार क्यों सौंपा गया। हक़ साहब आए। सभा शुरू होने के पहले ही चीफ सेक्रेटरी इसहाक साहब को कड़ी बातें कहते सुना गया। मैंने प्रतिवाद किया और कहा, 'सारी बातें बाद में, पहले जो लोग क़ानून-व्यवस्था की रक्षा नहीं कर पाए और जिसके कारण इतने सारे लोगों की मौत हुई, उनके विरुद्ध दंडात्मक कार्रवाई की जाए।' इसके बाद कैबिनेट का विचार-विमर्श शुरू हुआ। अनेक

विषयों पर चर्चा हुई पर वह सब बताना मेरे लिए उचित नहीं क्योंकि कैबिनेट मीटिंग की खबर बाहर बताना उचित नहीं।

मीटिंग समाप्त होने पर जब बाहर आया, उस वक्त रात का प्राय: 1 बजा था। देखा सोहरावर्दी साहब के भक्त कलकत्ता के पुराने मुस्लिम लीग कार्यकर्ता रजब अली सेठ तथा और एक गैर-बंगाली नेता खड़े थे। उन्होंने मुझसे कहा कि तत्काल ढाका के विभिन्न अंचलों में निकलना होगा क्योंकि अफवाह फैल गई थी कि गैर-बंगाली लोग बंगालियों की हत्या कर रहे थे। किसी भी समय गैर-बंगालियों पर हमला हो सकता था। शीघ्र ही रजब अली सेठ तथा और भी कुछ लोगों को लेकर मैं निकल पड़ा। रास्ते के हर मोड़ पर उस समय भी भीड़ जमा थी। गाड़ी से उतरकर मैं भाषण देकर सबको समझाने लगा और उनकी उत्तेजना को कुछ हद तक शान्त करने में सफल हुआ। घर जब पहुँचा उस वक्त 4 बज रहे थे। शपथ ग्रहण के बाद पाँच मिनट के लिए भी घर न जा पाया था। दिन-भर एक दाना भी पेट में गया न था। घर पहुँचा तो देखा रेणु बिना खाए-पिए मेरी प्रतीक्षा में बैठी थी चुपचाप।

यह दंगा संयुक्त मोर्चे की सरकार को तुच्छ साबित करने और दुनिया को नई सरकार की अक्षमता दिखलाने के लिए एक विराट षड्यंत्र का हिस्सा था, इस बारे में मुझे कोई सन्देह नहीं था। कुछ दिन पहले भी यह षड्यंत्र कराची से किया गया था और इसके साथ एक सरकारी कर्मचारी तथा मिल के भी कोई-कोई कर्मचारी प्रत्यक्ष रूप से जुड़े थे। युगों से पूँजीपति वर्ग अपने श्रेणी-स्वार्थ और राजनीतिक कारणों से गरीब मजदूरों में दंगा-हंगामा, मारामारी कराता आ रहा है। तथापि व्यक्तिगत रूप से आदमजी मिल के मालिक गुल मुहम्मद आदमजी को यह सब मालूम था कि नहीं, इस बारे में मुझे सन्देह था।

केन्द्रीय मुस्लिम लीग सरकार मुहम्मद अली के नेतृत्व में जो अवसर ढूँढ़ रही थी, इस दंगे ने वह अवसर उसे दे दिया। मुहम्मद अली, मुस्लिम लीग और पश्चिमी उद्योगपतियों की संयुक्त साज़िश से संयुक्त मोर्चा को तोड़ने की जो चेष्टा हो रही थी अवामी लीग के मंत्रिमंडल में शामिल न होने से वह सफल न हो पाई। इसलिए षड्यंत्र के माध्यम से और दलालों के साथ चेष्टाओं में हताश होने पर अन्य रास्ता अपनाया। इस अवसर की सृष्टि न हुई होती यदि पहले दिन ही संयुक्त मोर्चा पूर्णांग मंत्रिमंडल का गठन कर शासन तंत्र को कंट्रोल करने की चेष्टा करता।

चुनाव में संयुक्त मोर्चा की जीत के बाद बड़े-बड़े सरकारी अधिकारियों में एक आतंक का संचार हुआ था। कइयों ने प्रत्यक्ष रूप से मुस्लिम लीग के पक्ष में प्रचार किया था। अवामी लीग जब शुरू में मंत्रिमंडल में शामिल नहीं हुई थी, तब उनकी जान में जान आई थी। फिर अवामी लीग के शामिल होने पर वे हताश हो उठे और षड्यंत्र में शामिल हुए। किन्तु हाफ़िज़ मुहम्मद इसहाक, चीफ़ सेक्रेटरी, ने इस परिवर्तन को खुशी-खुशी स्वीकार किया था।

अगले दिन मैं फिर आदमजी जूट मिल में गया तथा सरकारी कर्मचारियों से अनुरोध किया कि श्रमिकों को खाने-पीने और रहने में कोई कष्ट न हो, उस ओर ध्यान दें। सेक्रेटेरियट में जाकर चीफ सेक्रेटरी को बुलाया और उनके साथ इस बारे में विचार-विमर्श किया। उधर किसको कौन-सा मंत्रालय दिया जाए, इसको लेकर विचार-विमर्श शुरू हो गया था। वहाँ भी षड्यंत्र का आरम्भ हो गया था। चेष्टा हो रही थी कि अवामी लीग को अच्छा मंत्रालय न दिया जाए। एक और मुश्किल हुई। मोहन मियाँ साहब ही हक़ साहब के साथ परामर्श कर उल्टा-सीधा करने लगे। मैंने हक़ साहब से कहा, 'यह सब अच्छा नहीं लगता, दरकार हुई तो मंत्रित्व छोड़कर चला जाऊँगा।'

अगले दिन दफ्तरों (मंत्रालयों) का बँटवारा हुआ। मुझे कोआपरेटिव व एग्रीकल्चर डेवलपमेंट दफ्तर दिया गया। एग्रीकल्चर फिर अलग से किसी और को दिया गया। जनाब सुभान सी.एस.पी., दफ्तरों के बँटवारे में मोहन मियाँ को परामर्श दे रहे थे। मैंने उन्हें बुलाकर कहा, 'आप मुझे जानते नहीं हैं, अधिक षड्यंत्र न करें।' मैं फिर हक़ साहब के पास हाज़िर हुआ और उनसे कहा, 'नाना, मामला क्या है? ये सब हो क्या रहा है? हम लोगों ने तो मंत्री होना चाहा नहीं था। अब हमें भीतर लाकर ये सब षड्यंत्र क्यों हो रहे हैं?' उन्होंने मुझे पास बुलाकर कहा, 'करने दे, मैं अपना पोर्टफोलियो तुझे दे दूँगा। तू गुस्सा न कर, बाद में मैं सब ठीक कर दूँगा।' अब इन वृद्ध व्यक्ति को मैं क्या कहूँ। वे मुझे अत्यधिक स्नेह करने लगे थे। दरकार न होती तो भी मुझे बुला लेते। समाचार-पत्रों के प्रतिनिधियों को उन्होंने कहा, 'मैं नाना हूँ और मुज़ीब मेरा नाती।' मैं उम्र में सबसे छोटा था और हक़ साहब सबसे बड़े। वे मुझे जो काम करने को कहते, मैं वहीं करने लगता। उनका मन बड़ा उदार था और इसीलिए मैं उनकी श्रद्धा करने लगा था। जब षड्यंत्रकारी उनके पास न होते तो वे अत्यन्त भोले-भाले और उदार होते। बहुत अधिक वृद्ध हो गए थे इसलिए इन लोगों पर उन्हें निर्भर रहना पड़ता। किन्तु जिस प्रकार वे मुझसे स्नेह करने लगे थे, मुझे यह विश्वास हुआ था कि इनके हाथों से उनकी रक्षा की जा सकेगी। मैंने ऑफिस में जाकर उस डिपार्टमेंट को समझने की चेष्टा की, क्योंकि डिपार्टमेंट के सम्बन्ध में मुझे कोई विशेष जानकारी न थी। इसी समय मंत्री लोग सरकारी आवासों में आ गए, मैं भी ढाका के मिंटो रोड स्थित सरकारी भवन में बीवी-बच्चों समेत आ गया।

दो-एक दिन बाद ही हक़ साहब मुझसे बोले, 'कराची से खबर आई है, मुझे जाना होगा। तू और अताउर रहमान भी मेरे साथ चल। नान्ना, मोहन मियाँ और अशरफुद्दीन चौधरी भी जाएँगे, बेटों का हाव-भाव ठीक नहीं है।' मैं तो तैयार

ही था, क्योंकि मुझे तो जाना ही पड़ता, शहीद साहब अस्वस्थ थे, उन्हें देखने।

हम कराची पहुँचे। सबसे पहले केन्द्रीय मंत्री-सभा के साथ पूर्वी बंगाल की समस्या पर हमारा विचार-विमर्श हुआ। केन्द्रीय सरकार से हमें किस-किस मदद का प्रयोजन था, वह भी बताया गया। पश्चिमी पाकिस्तान में हमारे विरुद्ध भयंकर मिथ्या प्रचार चलाया गया था, कि दंगों की सृष्टि संयुक्त मोर्चा सरकार ने की थी। पता नहीं किसी ने पहले कभी सुना था कि नहीं स्वयं को हेय दिखलाने के लिए स्वयं सरकार ने दंगे किए हों। सरकार तो क़ानून-व्यवस्था की रक्षक थी, फिर वह दंगे करके बदनामी अपने सिर क्यों लेगी? जिन्होंने दंगे किए वे सब पराजित हुए थे। कराची से संयुक्त मोर्चा सरकार को दुनिया की नज़र में गिराने के लिए ये दंगे कराए गए। वे किसी भी प्रकार प्रादेशिक सरकार को बर्खास्त करने का अवसर ढूँढ़ रहे थे। केन्द्रीय कैबिनेट के साथ विचार-विमर्श के बाद प्रधान मंत्री मुहम्मद अली बगुड़ा ने हमें अपने रूम में बैठाया। हक़ साहब भी वहाँ थे। मुहम्मद अली ने हक़ साहब के साथ बेअदबी से बात करना शुरू किया। मेरी बर्दाश्त जवाब दे रही थी। ऐसे समय मुहम्मद अली ने मुझसे कहा, 'क्या मुज़ीबुर रहमान, तुम्हारे विरुद्ध तो विशाल फाइल है मेरे पास।' यह कहकर याँकियों की तरह हाव-भाव दिखाते हुए पीछे से एक फाइल खींचकर टेबल पर रखी। मैंने कहा, 'फाइल तो होगी ही, आप लोगों की बदौलत ही तो मुझे काफी जेल भुगतनी पड़ी है। आपके विरुद्ध भी एक फाइल प्रादेशिक सरकार के पास है।' उन्होंने कहा, 'इसका मतलब।' मैंने कहा, 'जब ख़्वाजा नज़ीमुद्दीन साहब ने 1947 में पूर्वी बंगाल के प्रधान मंत्री बनकर मंत्रिमंडल का गठन किया तो आपको मंत्री नहीं बनाया। हमने जब 1948 में पहला बांग्ला भाषा का आन्दोलन किया था तो आपने गुप्त रूप से दो सौ रुपया चन्दा दिया था, याद है आपको? पुरानी बातें बहुत सारे लोग भूल जाते हैं।' हक़ साहब और सैयद अज़ीज़ुल हक़ साहब ने देखा कि माहौल गरमा गया था, तो बोले, 'अभी हम चलते हैं, बाद में फिर बातें होंगी।' इसी बीच हक़ साहब के साथ उन्होंने जो बेअदबी से बात की थी, उस बारे में भी मैंने उन्हें दो-एक खरी-खोटी सुना दीं।

मैं फिर अस्वस्थ सोहरावर्दी साहब को देखने गया। शहीद साहब बिस्तर से उठ नहीं पा रहे थे, उन्हें बात करने में भी कष्ट हो रहा था। डॉक्टरों ने उन्हें बाहरी लोगों से मिलने को मना कर दिया था। मुझे देखकर वे बहुत खुश हुए। बेबी (शहीद साहब की इकलौती बेटी) ने मुझे कह दिया था कि मैं उनसे राजनीति की बात न करूँ। धीरे-धीरे उन्होंने मुझसे राजनीति के बारे में ही पूछना शुरू किया। मैं दो-एक बातें कहकर चुप हो जाता। अन्ततः वे बोले, 'विराट खेल शुरू किया है मुहम्मद अली और मुस्लिम लीग के नेताओं ने!'

हक़ साहब ने मुझसे कहा, 'गवर्नर जनरल ग़ुलाम मुहम्मद ने अनुरोध किया है

कि हम उनसे मिलें।' हम बड़े लाट के घर उपस्थित हुए। वे जिस कमरे में लेटे-लेटे देश पर शासन करते थे, उसी कमरे में हमें ले जाया गया। वे काफी अस्वस्थ थे, हाथ-पैर हर वक्त काँपते रहते। बात भी साफ-साफ नहीं कर पाते थे। उन्होंने हक़ साहब से बात की। फिर मेरा नाम लेकर पूछा कि मैं उपस्थित था या नहीं। हक़ साहब ने मुझे दिखा दिया तो मैंने उन्हें आदाब किया। उन्होंने मुझे पास बुलाकर बैठाया और पूछा, 'लोग कहते हैं कि आप कम्युनिस्ट हैं, क्या यह बात सच है?' मैंने उनसे कहा, 'यदि शहीद साहब कम्युनिस्ट हों, तो मैं भी कम्युनिस्ट हूँ। और यदि वे कुछ और हैं तो मैं भी वही हूँ।' उन्होंने हँसकर मेरे सिर पर हाथ रखकर दुलारते हुए कहा, 'आप अभी युवक हैं, देश का काम कर सकते हैं। मैं आपके लिए दुआ करता हूँ। आपको देखकर मुझे बहुत खुशी हुई।' उनकी बातें समझने में मुझे कठिनाई हो रही थी क्योंकि वे साफ नहीं बोल पा रहे थे। मुँह भी कुछ टेढ़ा हो गया था, हाथ-पैर सूख गए थे। अल्ला ने बुद्धि और दिमाग को बस ठीक रखा था।

अगले दिन हमें सूचना मिली कि पूर्वी बंगाल में गवर्नर-शासन कर दिया जाएगा, मंत्रिमंडल भंग कर दिया जाएगा। इसी को लेकर विचार-विमर्श चल रहा था। केन्द्रीय सरकार ने पूर्वी बंगाल सरकार के चीफ़ सेक्रेटरी जनाब इसहाक साहब को आदेश दिया कि हमें पूर्वी बंगाल में न आने दिया जाए, कि हमारे प्लेन के टिकट भी न बनवाने दिया जाए। उन्होंने यह कहकर अस्वीकार कर दिया कि अभी भी वे लोग मंत्री हैं, और क़ानूनन वे हमारा आदेश मानने को बाध्य थे। उन्हें अपनी रिपोर्ट भी परिवर्तित करने को कहा गया था, किन्तु उन्होंने उसमें भी आपत्ति की। यह न करने के फलस्वरूप उन्हें हटा दिया गया था और उन्हें अनेक दिनों तक छुट्टी पर रहने को बाध्य होना पड़ा था। यह सूचना मुझे और अताउर साहब को मिली थी, इसलिए मैंने जाकर हक़ साहब से कहा, 'हम आज ही ढाका रवाना होंगे, क्योंकि आज न गए तो और कुछ दिन रहना पड़ जाएगा; प्लेन का टिकट नहीं मिलेगा।' हक़ साहब को सारी स्थिति समझाई तो नान्ना मियाँ को बुलाकर कहा कि वे भी रवाना होंगे। नान्ना मियाँ भी राजी हो गए। मोहन मियाँ और अशरफुद्दीन चौधरी साहब कराची में रुककर तदबीर करेंगे कि कुछ किया जा सकेगा या नहीं।

हम टिकटें कराने का आदेश देकर शहीद साहब के पास हाज़िर हुए। उन्हें कुछ-कुछ बातें बताईं। अत्यन्त कष्ट से उन्होंने मुझसे कहा, 'दो-एक दिन में इलाज के लिए मुझे जूरिख जाना होगा, पैसों का अभाव हो गया है।' मैंने कहा, 'ढाका जाकर कुछ रुपए बेबी के पास भिजवा दूँगा।' मन ही मन बहुत अफसोस हुआ और सोचा कि जिस व्यक्ति ने हजारों रुपए कमाकर गरीबों में बाँट दिए थे, आज उसी के पास इलाज के लिए रुपए नहीं, इसी को कहते हैं प्रारब्ध।

शायद 29 मई का दिन था, जब हम रात को प्लेन से रवाना हुए। दिल्ली-कलकत्ता होते हुए ढाका पहुँचेगा बी.ओ.एसी. का प्लेन। हमारे साथ चीफ सेक्रेटरी

हाफ़िज़ इसहाक तथा आई.जी.पी. शम्सुद्दोहा साहब भी ढाका रवाना हुए। दोहा साहब क्यों और किसके हुक्म से कराची गए थे, मुझे नहीं मालूम। बाद में हक़ साहब ने मुझे बताया कि उन्होंने ही हुक्म दिया था। कलकत्ता पहुँचने से कुछ पहले जनाब दोहा ने जाकर हक़ साहब से कहा, 'सर, मुझे लगता है, आपका आज कलकत्ता रहना उचित होगा। क्या होगा, कहा नहीं जा सकता। इन लोगों के हाव-भाव मुझे अच्छे नहीं दिखे। रात को ही इस्कन्दर मिर्ज़ा और एन.एम. ख़ान मिलिटरी प्लेन में ढाका रवाना हो गए हैं। ढाका एयरपोर्ट पर कोई घटना घट भी सकती है। यदि कुछ न हुआ तो कल प्लेन भेजकर आप लोगों के लौटने का बन्दोबस्त करूँगा।' हक़ साहब सब समझ रहे थे, उन्होंने नान्ना मियाँ और मुझे दिखाकर कहा, 'उन लोगों से बात करो।' मेरे पास आकर दोहा साहब ने वही बातें दोहराईं। मैंने उनसे स्पष्ट कह दिया, 'कलकत्ता में हम क्यों उतरेंगे? कलकत्ता आज एक अलग देश है। चाहे जो हो, हम ढाका ही जाएँगे।' नान्ना मियाँ ने भी वही जवाब दिया। मुझे यह समझना बाकी न रहा कि क्यों वह अपनी ओर से यह परामर्श हम पर थोपना चाह रहे थे। जो परामर्श वह दे रहे थे, उसे देने की बात वह कराची से ही तय करके आए थे। पाकिस्तानी शासकचक्र दुनिया को दिखाना चाहता था कि 'हक़ साहब दो बंगाल को एक करना चाहते थे, वे पाकिस्तान के दुश्मन थे, वे राष्ट्रदोही थे। और इस राष्ट्रद्रोही कार्य में हम उनके साथी थे।'

कलकत्ता एयरपोर्ट पर उतरते ही समाचार-पत्रों के प्रतिनिधियों ने हक़ साहब को घेर लिया और प्रश्न करना शुरू किया। उन्होंने मुँह पर उँगली रखकर बता दिया कि उनका मुँह बन्द था, और फिर मुझे दिखा दिया। पत्र-प्रतिनिधि मेरे पास आए तो मैंने कहा, 'यहाँ कहने को हमारे पास कुछ भी नहीं। कुछ कहना होगा तो ढाका जाकर कहा जाएगा।' कलकत्ता एयरपोर्ट पर हमें प्रायः एक घंटा रुकना पड़ा। दोहा साहब ने फिर आकर कहा, 'टेलीफोन करने पर खबर मिली है कि समस्त ढाका एयरपोर्ट को मिलिटरी ने घेरकर रखा है। सोच लीजिए, क्या करना है?' मैंने उनसे कहा, 'घेर रखा है तो अच्छा है, हमें उससे क्या! हम ढाका ही जाएँगे, हमें एक क्षण भी विदेश में नहीं रुकना।' प्लेन में चढ़कर मैंने सोचा—दोहा साहब पुलिस की नौकरी करते हैं इसलिए स्वयं को अतिबुद्धिमान समझते हैं। हम राजनीति करते हैं तो क्या यह सामान्य चालाकी भी न समझ पाएँगे?

ढाका में पहुँचे तो देखा, विशाल जनता हमारे स्वागत के लिए प्रतीक्षा कर रही थी। सभी से मिल-भेंट कर हम अपने-अपने घरों को रवाना हुए। हम हक़ साहब के पी.ए. साज़िद अली को कराची में छोड़ आए थे ताकि यदि कोई खबर हो तो हमें टेलीफोन से बता दे।

घर आकर देखा कि रेणु अभी तक गृहस्थी को ठीक से जमा नहीं पाई थी। मैंने उससे कहा, 'अब शायद दरकार नहीं होगी क्योंकि मंत्रिमंडल भंग कर दिया जाएगा और मुझे गिरफ्तार कर लिया जाएगा। ढाका में कहाँ रहोगी, शायद घर ही चले जाना होगा। तुम यह सोचकर आई थीं कि मेरे पास रहोगी, ढाका में बच्चों की पढ़ाई-लिखाई ठीक से हो सकेगी, पर यह सब शायद न हो पाए। अपने हाथ के रुपए-पैसे भी तुमने ख़र्च कर दिए।'

रेणु सोच में पड़ गई। मैं गुसल कर, खा-पीकर तनिक विश्राम करने लगा। दिन के 3 बजे टेलीफोन आया, केन्द्रीय सरकार ने धारा 92(क) जारी की थी।[28] मंत्रिमंडल बर्खास्त कर दिया गया था। मेजर जनरल इस्कन्दर मिर्ज़ा को पूर्वी बंगाल का गवर्नर तथा एन.एम. ख़ान को चीफ सेक्रेटरी बनाया गया था।

मैं फौरन अताउर रहमान के घर से उन्हें लेकर हक़ साहब के घर गया और उनसे मंत्रिमंडल की बैठक बुलाने का अनुरोध किया। केन्द्रीय सरकार का यह अनुचित आदेश मानना हमारे लिए उचित नहीं होगा एवं इसे अमान्य करना ही उचित होगा। वे बोले, 'समझ नहीं पा रहा हूँ कि क्या होगा! अन्य लोगों के साथ परामर्श करो।' मैंने नान्ना मियाँ से कहा, वे कुछ भी नहीं कह पा रहे हैं, लगा जैसे सभी डर गए हों। अताउर रहमान साहब तो राज़ी थे। काश! सभी एकमत हो पाते। सभी मंत्री मिल नहीं पाए, हक़ साहब पहली मंजिल पर बैठे रहे। मैंने अताउर रहमान साहब से कहा, 'आप कोशिश कर देखें, सभी को बुलाकर ला पाते हैं कि नहीं? मैं अवामी लीग ऑफिस से काग़ज़-पत्रों को हटाकर आता हूँ। हो सकता है वे लोग ऑफिस में ताला बन्द कर दें।'

मेरे अवामी लीग ऑफिस से आवश्यक काग़ज़ हटाकर बाहर निकलने के साथ ही साथ अन्य रास्ते से आकर पुलिस ने ऑफिस पर पहरा देना शुरू किया। मैं जब फिर नान्ना मियाँ के घर पहुँचा तो साथ-साथ पता चला कि बड़े-बड़े पुलिस कर्मचारी मुझे ढूँढ़ते फिर रहे थे। घर पर फोन किया तो पता चला कि वहाँ भी गए थे। मैंने रेणु से कहा, 'फिर आएँ तो कह देना कि मैं शीघ्र ही घर पहुँचूँगा।'

विदा लेने के समय मैंने अनेक से कहा, 'मैं तो जेल चला, पर एक बात कहे जाता हूँ, आप लोग इस अनुचित आदेश को सिर झुकाकर स्वीकार न कर लेना। खुलेआम इसमें बाधा डालना ही उचित है। देशवासी तो तैयार हैं, बस आपको नेतृत्व देना है। जेल हो सकता है अनेक को जाना पड़े, किन्तु प्रतिवाद करके ही जेल भोगना उचित है।' वहाँ से आकर रास्ते में कुछ कार्यकर्ताओं से मिलने की चेष्टा की, पर कोई न मिला। सरकारी गाड़ी छोड़कर मैं रिक्शे से घर की ओर रवाना हुआ। देखा, कुछ पुलिस कर्मचारी मेरे घर पर पहरा दे रहे थे। मैं रिक्शे से पहुँचा तो वे समझ न पाए। रेणु ने मुझे भोजन करने को कहा। खाना खाकर, कपड़े-बिस्तर आदि तैयार कर मैंने ज़िला मजिस्ट्रेट एहिया ख़ान चौधरी को फोन कर कहा, 'मेरे घर पुलिस आई थी,

शायद मुझे गिरफ्तार करने। मैं अभी घर पर ही हूँ, गाड़ी भेज दें।' वे बोले, 'हम लोग तो हुक्म के ग़ुलाम हैं। गाड़ी भेज देता हूँ, आप तैयार रहें। आपकी गिरफ्तारी के लिए बार-बार टेलीफोन आ रहे हैं।' मैंने उन्हें धन्यवाद देकर फोन रख दिया। रेणु ने मेरा सबकुछ ठीक कर दिया और रोने लगी। छोटे-छोटे बच्चे सो गए थे। मैंने उन्हें उठाने से मना किया। रेणु से कहा, 'तुम्हें क्या कहकर जाऊँ, जो ठीक लगे वह करना। ढाका में रहने पर कष्ट ही होगा, उससे तो अच्छा होगा, घर चली जाना।'

मित्र यार मुहम्मद ख़ान से कह गया था कि यदि रेणु घर न जाए तो किराए पर कोई मकान दिला दे। यार मुहम्मद ख़ान और अल हिलाल होटल के मालिक हाजी हिलालुद्दीन ने रेणु को एक घर किराए पर दिला दिया था और उस वक्त देखभाल भी की थी। कुछ दिनों बाद ही यार मुहम्मद ख़ान रेणु को लेकर जब जेल-गेट पर मुझसे मिलने आया तो उसे भी जेल-गेट पर ही गिरफ्तार कर लिया गया। यार मुहम्मद ख़ान ढाका से एम.एल.ए. हुए थे।

आधे घंटे बाद गाड़ी आकर हाज़िर। मकान में अनेक लोग थे। गिरफ्तार होने के डर से कई अँधेरे में भाग गए। मैं गाड़ी में बैठकर रवाना हुआ। गोपालगंज का कमउम्र एक कार्यकर्ता शहीदुल इस्लाम गाड़ी के पास खड़ा चीत्कार कर रो रहा था। गाड़ी से उतरकर मैंने उसे दुलारकर समझाया, 'रो क्यों रहा है, यही तो मेरा रास्ता है। एक दिन तो मैं बाहर आऊँगा ही, तू भाभी का ख़याल रखना।'

मुझे ज़िला मजिस्ट्रेट ऑफिस में ले आया गया। वे बैठे थे, मुझसे बोले, 'क्या करूँ बताइए! आपकी गिरफ्तारी के लिए कराची पागल है। हम तो जानते हैं कि आपको खबर देने पर आप स्वयं चले आएँगे। जेल से आप नहीं डरते।' उनके पास अनेक फोन आ रहे थे। उनके कमरे में मेरा और रहना उचित न था। मैंने उनसे कहा, 'मुझे जेल भेज दें। बहुत थका हुआ हूँ। कल रात भी प्लेन में सो न पाया।'

उन्होंने मुझे बगल के कमरे में ले जाकर बैठाया। इद्रिस साहब तब ढाका के डी.आई.जी. थे। वे आए, मेरे साथ बहुत ही अच्छा व्यवहार किया उन्होंने। जानना चाहा कि मुझे सिगरेट या अन्य किसी चीज की जरूरत तो नहीं। मैंने उनसे भी कहा कि शीघ्रातिशीघ्र जेल भेज दें तो मुझे खुशी होगी। उनके जाने के कुछ ही मिनटों बाद एक इंस्पेक्टर आकर एक वारंट तैयार करने लगा। मेरे नाम से एक मामला दर्ज किया गया; जिसमें देखा डकैती व ख़ून करने की चेष्टा, लूटपाट और सरकारी सम्पत्ति नष्ट करना तथा और भी कई धाराएँ लगा दी गईं। ज़िला मजिस्ट्रेट ने 'डिविशन' लिख दिया। मैं रात कोई साढ़े बारह या 1 बजे जेल-गेट पर पहुँचा। देखा, मैं अकेला ही था, और किसी को नहीं लाया गया था। कुछ मिनटों बाद देखा कि मिर्ज़ा ग़ुलाम हाफ़िज़ और सैयद अब्दुर रहीम मुख़्तार को भी लाया गया। हम तीनों को दीवानी वार्ड में रखा गया।

ज़िला मजिस्ट्रेट के ऑफिस से आने के समय इद्रिस साहब ने मुझसे पूछा,

'आपकी अवामी लीग के प्रचार सेक्रेटरी प्रोफेसर अब्दुल हाइ साहब कहाँ रहते हैं?' मैंने उनसे कहा, 'पता होगा तो भी नहीं बताऊँगा। आपने यह उम्मीद ही कैसे की कि मैं आपको बता दूँगा?'

दस-पन्द्रह दिनों में अवामी लीग के प्रायः तीन हजार कार्यकर्ताओं और समर्थकों को गिरफ्तार कर लिया गया। गणतांत्रिक दल के कुछ एम.एल.ए. को भी गिरफ्तार किया गया था। ढाका जेल के दीवानी वार्ड और सात सेलों में क़ुर्बान अली, दीवान महबूब अली, विजय चटर्जी, खोंडकार अब्दुल हमीद, मिर्ज़ा ग़ुलाम हाफ़िज़, यार मुहम्मद ख़ान, मुहम्मद तोवाहा को रखा गया था। बाद में प्रोफेसर अजीत गुहा और मुनीर चौधरी को भी गिरफ्तार कर लाया गया था। हक़ साहब को उनके अपने मकान में ही नज़रबन्द कर दिया गया था।

6 जून को अबू हुसैन साहब के घर पर संयुक्त मोर्चा की पार्लियामेंटरी पार्टी की सभा का आह्वान किया गया। सामान्य कुछेक एम.एल.ए. उपस्थित हुए थे। कुछ भूतपूर्व मंत्री भी आए थे। पुलिस ने आकर सभा करने से मना किया तो सभी सभा त्यागकर अपने-अपने घरों को रवाना हो गए।

पूर्वी बंगाल में गवर्नर-शासन जारी करने के दिन प्रधान मंत्री जनाब मुहम्मद अली ने रेडियो पर जो भाषण दिया, उसमें शेरे-बंगाल ए.के. फ़ज़लुल हक़ साहब को 'राष्ट्रद्रोही' और मुझको 'दंगाई' कहकर उन्होंने हमला किया। हमारे नेता जो बाहर रह गए थे, उन्होंने इसका प्रतिवाद करने की भी जरूरत नहीं समझी। देशवासी 6 जून की ओर देख रहे थे। यदि नेताओं ने साहस कर प्रोग्राम दिया होता तो देशवासी उसका पालन करते। जो सब कार्यकर्ता गिरफ्तार हुए थे, उनके अतिरिक्त भी जो कार्यकर्ता बाहर थे, वे भी तैयार थे। अवामी लीग के संग्रामी व त्यागी कार्यकर्ता खुद भी प्रतिवाद में शामिल हो सकते थे किन्तु संयुक्त मोर्चे के तथाकथित सुविधावादी नेताओं का मुँह जोहते हुए वे वह भी न कर पाए। अनेक कार्यकर्ता चेष्टा कर गिरफ्तार हुए थे। यदि उस दिन नेताओं ने जनता का आह्वान किया होता तो इतना बड़ा आन्दोलन होता कि षड्यंत्रकारी फिर बंगाल पर अत्याचार करने का साहस न जुटा पाते। सत्तानबे प्रतिशत जनता ने जहाँ संयुक्त मोर्चा को वोट देकर समर्थन किया, सैकड़ों प्रलोभनों और अत्याचार को नजरअन्दाज किया—वही जनता नीरव दर्शक की तरह ताकती रही! क्या करने की जरूरत थी और क्या करना चाहिए था, यह अत्याचार चुपचाप सहना उचित होगा कि नहीं, इस बारे में नेतृवृन्द बिलकुल चुपचाप था।

एकमात्र अताउर रहमान ख़ान ने कुछ दिनों बाद एक बयान दिया था। धारा 92 (क) जारी होने के कुछ दिन पूर्व मौलाना भसानी विलायत गए थे। शहीद साहब अस्वस्थ होकर ज़ूरिख के अस्पताल में थे, और मैं कारागार में बन्दी था। नीतिविहीन नेताओं को लेकर अग्रसर होने पर सामयिक कुछ लाभ भले ही हो किन्तु संग्राम के

समय वे ढूँढ़े नहीं मिलते। डेढ़ दर्जन मंत्रियों में एक मैं ही जेल में बन्दी था। यदि 6 जून को सरकार के अनुचित आदेश को अमान्य कर (हक़ साहब को छोड़कर) अन्य मंत्रीगण गिरफ्तार होते तो स्वत:स्फूर्त रूप से आन्दोलन शुरू हो जाता। अफसोस! किसी एक व्यक्ति ने भी प्रतिवाद नहीं किया। फलस्वरूप षड्यंत्रकारी समझ गए कि बंगाली लोग जितना भी हो-हल्ला कर लें, और चाहे जितना भी जन-समर्थन क्यों न हो, इन्हें दबाकर रखना मुश्किल नहीं। पुलिस की लाठी-बन्दूक के सामने ये भागते-छिपते फिरेंगे। इस समय यदि षड्यंत्रकारियों को बाधा का सामना करना पड़ता तो भविष्य में बंगालियों पर हमला करने से पहले वे हजार बार सोचते।

उसी दिन से बंगालियों के दुख के दिनों की शुरुआत हुई। अयोग्य नेतृत्व, नीतिहीन नेताओं और कायर राजनीतिज्ञों के साथ मिलकर कभी देश के काम में नहीं उतरना चाहिए, क्योंकि उससे देशसेवा तो क्या जनता का सर्वनाश ही अधिक होगा। ठीक से याद नहीं, तथापि दो-तीन दिन बाद ही मुझे फिर से सुरक्षा क़ानून के अन्तर्गत गिरफ्तार किया गया। सुरक्षा क़ानून में बन्दियों को बिना विचारे कारागार में बन्दी रहना पड़ता था। सरकार ने सोचा कि जिस मामले में मुझे गिरफ्तार किया गया था, उसमें हो सकता है मुझे ज़मानत मिल जाए, इसलिए मुझे अनिश्चित काल के लिए बन्दी बनाए रखने के लिए सुरक्षा क़ानून के अन्तर्गत मेरी गिरफ्तारी उनके लिए सुविधाजनक रहेगी। मुझे किस मामले में अभियुक्त बनाया गया था, मुझे याद नहीं। मैंने किसी की हत्या की चेष्टा की थी या लूटपाट के लिए उकसाया, ऐसा ही कुछ होगा। खबर ली तो पता चला, जेल-गेट पर एक हंगामा हुआ था, मेरे मंत्री बनने से कुछ दिन पूर्व, उसी घटना में मुझे फँसाकर मामला बनाया गया था।

एक दिन मैं अवामी लीग के ऑफिस में इफ़्तार कर रहा था। ढाका में रोज़ों के समय जेल से बाहर होने पर मैं अवामी लीग के ऑफिस में ही कार्यकर्ताओं के साथ इफ़्तार किया करता था। हठात् टेलीफोन आया कि चौकबाज़ार में जेल-सिपाहियों व जनसाधारण के बीच सामान्य-सी बाताबाती हुई और जेल सिपाहियों ने गोली चला दी। एक व्यक्ति मारा गया और कई लोग घायल हो गए। चौकबाज़ार के पास ही था ढाका कारागार। हक़ साहब ने मंत्रिमंडल का गठन कर लिया था, पर तब तक मैं मंत्री नहीं बना था। मैंने अताउर रहमान साहब को फोन किया। उनका डेरा चौकबाज़ार के पास ही था। खबर उन्हें भी मिल चुकी थी। मुझे उन्होंने अपने डेरे पर बुलाया ताकि दरकार हो तो साथ-साथ चौकबाज़ार और जेलखाने में जाया जा सके। मेरे वहाँ पहुँचते ही हम दोनों फौरन चौकबाज़ार पहुँचे। अनेक लोग वहाँ जमा थे और वे खूब उत्तेजित भी थे। हमारे वहाँ पहुँचते ही उन्होंने हमें घेर लिया और

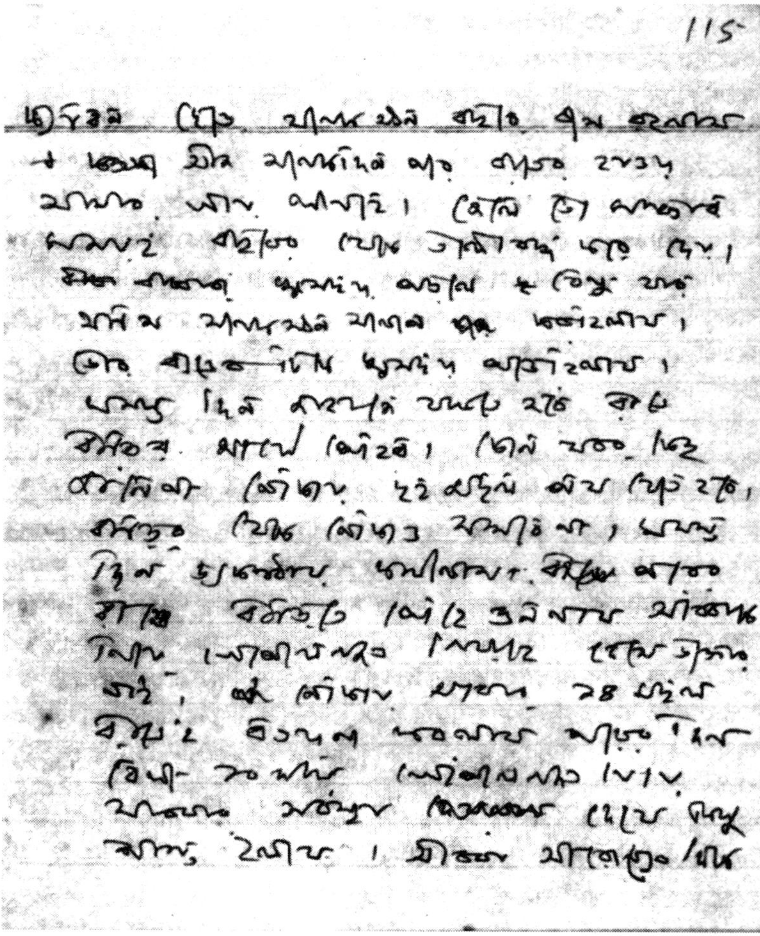

पांडुलिपि के एक पृष्ठ की प्रतिलिपि

सभी ने एक साथ चीखना शुरू कर दिया। सभी एक साथ बात करना चाह रहे थे, क्या घटना घटी थी वह बताना चाह रहे थे। हमने जब अनुरोध किया कि एक-एक कर अपनी बात बताएँ तो वे कुछ शान्त हुए और घटना बताई। एक वार्डर के साथ एक पान के दुकानदार की बाताबाती और फिर मारापीटी हुई। इसी बीच दो-चार वार्डर और आ गए और उन्होंने वार्डर का पक्ष लिया तो जनता दुकानदार के पक्ष में हो गई। सिपाहियों ने अधिक मार खाई। वे बैरक में लौटकर गए तथा राइफलें

लाकर गोली चलाना शुरू किया। इसमें अनेक लोग जख्मी हुए और तीन आहत व्यक्तियों को पकड़कर जेल एरिया के भीतर ले जाया गया। इसी बीच काफी भीड़ जमा हो गई थी। हम दोनों ने लोगों को शान्त किया और जेल-गेट की ओर रवाना हुए तो देखा कि सैयद अज़ीज़ुल हक़ उर्फ़ नान्ना मियाँ (तब मंत्री) भी खबर पाकर वहाँ पहुँचे थे। उनके साथ एक विशिष्ट सरकारी कर्मचारी थे। हम एक साथ जेल-गेट के भीतर पहुँचे। वहाँ जेल सुपरिंटेंडेंट तथा जेलर के साथ बातचीत की। इसी समय और दो-एक मंत्री, ज़िला मजिस्ट्रेट व डिविशनल कमिश्नर भी वहाँ पहुँचे। मंत्रियों और हम लोगों को देखकर जनता जेल-गेट के सामने आकर इकट्ठा हुई। हज़ारों लोगों ने चीखना-चिल्लाना शुरू किया।

ढाका जेल में तब एक ऐंग्लोइंडियन सार्जेंट था, उसका नाम था मिस्टर गॉज। सच था कि नहीं, पता नहीं किन्तु जनता ने चिल्लाना शुरू कर दिया था, 'गॉज का विचार हो, उसने खुद गोली चलाई।' गॉज का घर जेल-गेट के सामने ही था। किसी ने कह दिया कि यह रहा गॉज का घर और जनता ने उस पर हमला कर दिया। जो उपस्थित थे—मंत्री, नेता व सरकारी कर्मचारी—उन्होंने मुझसे बाहर जाने का अनुरोध किया। इतनी बड़ी घटना घट चुकी थी, किन्तु एक घंटे के बाद भी, एक भी आर्म्ड पुलिस नहीं पहुँची। मैंने बाहर जाकर जनता का सामना किया। अपने हाथों से कइयों को ठेलना व धकियाना भी पड़ा। कार्यकर्ताओं को साथ लेकर गॉज के घर के बरामदे से उन्मुक्त जनता को लौटाकर लाया। एक गाड़ी पर खड़े होकर भाषण दिया और जनता से गोलमाल न करने और शान्ति बनाए रखने की अपील की, कहा कि अन्याय करनेवाले का विचार सरकार करेगी। माइक्रोफोन था नहीं। गले से काम नहीं चल रहा था। जनता फिर से गॉज के घर की ओर पिल पड़ी थी। मैं फिर कार्यकर्ताओं को लेकर जनता के सामने खड़ा हो गया गॉज के घर की रक्षा के लिए। तब तक अवामी लीग के अनेक कार्यकर्ता पहुँच गए थे। मैं जब लोगों को शान्त कर उन्हें जेल-गेट की ओर लौटा रहा था, ठीक उसी समय आई.जी.पी. दोहा साहब कुछ पुलिस कर्मचारियों को लेकर हाज़िर हुए। मेरा हाथ पकड़ा और बोले, 'आप गिरफ्तार!' मैंने कहा, 'बहुत अच्छा।' जनता चीखने-चिल्लाने और मुझे छुड़ाने का प्रयत्न करने लगी। मैं लोगों को समझाने लगा। दो-तीन मिनट बाद दोहा साहब लौटकर आए और बोले, 'अँधेरे में मैं आपको पहचान नहीं पाया। भूल हो गई। चलिए जेल-गेट पर चलें।' मैं उनके साथ जेल-गेट के भीतर पहुँचा और बोला, 'हंगामा शुरू हुए दो घंटे हो गए और आप पुलिस लेकर अब हाजिर हुए हैं। इतनी देर तक शान्ति-रक्षा हमें करनी पड़ी। जो ठीक लगे, करें। मुझे क्या! लाल बाग पुलिस लाइन से जेल-गेट की दूरी एक मील भी न होगी, और आपकी पुलिस फोर्स को आने में इतना समय लग गया।'

मैं अत्यधिक थक गया था। जनता एकदम जेल-गेट के सामने आ गई थी।

हमने देखा कि अब पुलिस लाठी-चार्ज या गोली-चालन शुरू करेगी। कोई भी जनता को समझाने की चेष्टा नहीं कर रहा था। सरकारी पब्लिसिटी वैन को भी आने को नहीं कहा गया था ताकि माइक्रोफोन लेकर भाषण के जरिए जनता को समझाया जा सके। खाली गले से आपकी आवाज़ किसी को इतने शोरगुल में सुनाई नहीं देगी। जो सुपरिंटेंडेंट साहब के रूम में बैठे थे, उनसे कहा कि वे जनता का एक जुलूस लेकर रवाना हों। हमारे बहुतेरे कार्यकर्ता भी बाहर थे। मैंने बाहर आकर जनता से कहा, 'आइए, इस अत्याचार के प्रतिवाद में एक जुलूस निकाला जाए।' मैंने पैदल चलना शुरू किया। सत्तर प्रतिशत लोग मेरे साथ हो लिये। मैं सदरघाट तक डेढ़ मील उन्हें ले आया।

अवामी लीग ऑफिस में जाकर अगले दिन पल्टन मैदान में एक सभा करने की घोषणा की। ये बहुत अन्याय था, जेल वार्डर जेल परिसर के बाहर जाकर गोली क्यों चलाएगा? और उसने किससे अनुमति ली? किसने मैग्जीन खोलकर दी? वार्डरों के पास तो हर वक्त राइफल नहीं होती।

मैं जब अवामी लीग के ऑफिस में बैठकर बातें कर रहा था, उस वक्त रात के प्रायः 10 बजे थे। फिर समाचार आया कि जेल-गेट पर गोली चली थी और एक व्यक्ति मारा गया था। मैंने फिर जेल-गेट पर जाना जरूरी न समझा। अताउर रहमान साहब को टेलीफोन पर बता दिया कि सभा बुला ली गई है, उन्होंने अपनी सम्मति दी।

अगले दिन पल्टन मैदान में विशाल सभा हुई। मैंने भाषण दिया और कहा, 'जो दोषी है उसे दंड दिया जाए और जो गोली से मारे गए हैं उनके परिवारों को मुआवज़ा देना होगा। पुलिस समय पर क्यों नहीं पहुँची, इसकी भी जाँच होनी चाहिए।' इसके कुछ दिनों बाद जब मैं मंत्री बना तो इस घटना के बारे में क्या व्यवस्था ली गई, नहीं ली गई तो ली जानी उचित थी, इस विषय पर हमने विचार-विमर्श किया था। मंत्रिमंडल को बर्खास्त करने तथा गवर्नर-शासन लागू होने के बाद मुझे उसी जेल-गेट के दंगे के केस का अभियुक्त बनाया गया और मुकदमा दायर किया गया। 1955 तक यह मुकदमा चला। प्रथम श्रेणी के मजिस्ट्रेट जनाब फ़ज़ले रब्बी की अदालत में इस मुकदमे पर विचार हुआ। अनेक झूठी गवाहियाँ हुईं यहाँ तक कि मिस्टर गॉज की बेटी ने भी मेरे विरुद्ध गवाही दी थी। पब्लिक गवाह का जुगाड़ वे नहीं कर पाए। जेल वॉर्डरों में से भी कुछ गवाह लाए गए थे, उनमें से दो ने तो सच बात कह दी कि उन्होंने मुझे गाड़ी के ऊपर खड़े होकर भाषण देते देखा था और यह कि मैंने लोगों से चले जाने को भी कहा था। जेल सुपरिंटेंडेंट नज़ीरुद्दीन सरकार किन्तु सच नहीं बोले, वही बोले जो पुलिस ने सिखाया था। एक-एक गवाह ने एक-एक बात कही और कुछ सरकारी गवाहों ने तो यह स्वीकार भी कर लिया कि मैंने जनता से शान्ति बनाए रखने का अनुरोध भी किया था। मजिस्ट्रेट ने मेरे विरुद्ध

कोई ठोस सबूत न मिलने के कारण मुझे बेकसूर करार दिया और अपनी राय में लिखा कि मुझे 'दंगाकारी न कहकर शान्तिरक्षक ही कहा जा सकता था'। तथापि इस बार सुरक्षा क़ानून के अन्तर्गत मुझे शायद दस महीने जेल में रहना पड़ा।

मेरे जेल में रहने के दरम्यान कुछ घटनाएँ घटीं जिनसे मैं व अन्यान्य राजनीतिक बन्दी अत्यन्त मर्माहत हुए थे। घर में ही नज़रबन्द होने के कुछ दिन बाद ही शेरे-बंगाल ए.के. फ़ज़लुल हक़ साहब से उनके समर्थकों ने एक बयान दिलवाया जिसमें उन्होंने अन्याय स्वीकार करते हुए दुख प्रकट किया था। वे संयुक्त मोर्चा के नेता थे, उनकी इस बात से हम सभी का सिर झुक गया। हम लोग, जो जेल में थे, के मन की क्या हालत हुई थी, यह लिख पाना मुश्किल है। समाचार-पत्र देखकर हम आश्चर्यचकित रह गए थे। वृद्ध हो गए थे वे, उनके मन में दुर्बलता तो आ ही सकती थी। किन्तु जो बाहर थे, उन्होंने क्या किया! सारी जनता ने हमारा समर्थन किया था। हजारो-हजार कार्यकर्ता जेल में बन्दी थे। मैं और मेरे साथ जो बन्दी थे, उन्होंने एक जगह बैठकर विचार-विमर्श किया और तय किया कि इस 'कृषक श्रमिक दल' के साथ राजनीति नहीं की जा सकती। इधर, कारागार में बैठकर भी खबर मिलने लगी कि कृषक श्रमिक दल के कुछेक नामी नेता, जो 1953 में मुस्लिम लीग से विताड़ित हुए थे, भीतर ही भीतर गुप्त रूप से मुहम्मद अली के साथ विचार-विमर्श कर रहे थे कि किस प्रकार उन्हें फिर से मंत्रित्व मिले। इसके लिए जरूरी हुआ तो वे अवामी लीग के साथ कोई सम्पर्क नहीं रखेंगे। आदमजी मिल के इतने बड़े दंगे से जुड़े सरकारी कर्मचारियों के विरुद्ध कोई दंडात्मक कार्रवाई न कर मिस्टर इस्कन्दर मिर्ज़ा गवर्नर बनकर राजनीतिक कार्यकर्ताओं पर कूद पड़े।

इसके दूसरी ओर मुस्लिम लीग के नेताओं में हंगामा शुरू हो गया। ग़ुलाम मुहम्मद और मुहम्मद अली के बीच मनमुटाव शुरू हो गया। अब मुहम्मद अली 'मासूम बच्चे' नहीं थे। उन्होंने ग़ुलाम मुहम्मद की क्षमता में कटौती कर गणपरिषद से एक क़ानून पास करा लिया। ग़ुलाम मुहम्मद भी कहाँ छोड़नेवाले थे, वे भी वार करने को तैयार हो गए। वे जानते थे कि नज़ीमुद्दीन साहब को पदच्युत करने में जो अदृश्य शक्ति उनकी मदद कर रही थी, वह अदृश्य शक्ति अभी भी उनके पीछे थी। वही अदृश्य शक्ति कदम-कदम पर हंगामा करने के अवसरों का सृजन कर रही थी। उसी ने अब सत्ता दखल करने के लिए खेल शुरू कर दिया था। सितम्बर महीने में गणपरिषद से क़ानून पास कराकर मुहम्मद अली द्वारा गवर्नर जनरल ग़ुलाम मुहम्मद की सारी क्षमता छीन लेने के एक महीने के बाद 23 अक्टूबर, 1954 को ग़ुलाम मुहम्मद ने पाकिस्तान में जरूरी अवस्था की घोषणा कर गणपरिषद को भंग कर दिया। गणपरिषद थी सार्वभौम शक्ति की अधिकारिणी, किन्तु अफसोस की

बात यह है कि इस गणपरिषद के सदस्यों ने 1947 से 1954 तक जान-बूझकर देश को कोई शासन तंत्र नहीं दिया। गणपरिषद को जहाँ एक ओर शासन तंत्र तैयार करने का अधिकार प्राप्त था, वहीं दूसरी ओर राष्ट्रीय परिषद के हिसाब से देश में क़ानून पास करने का अधिकार भी प्राप्त था। भारत व पाकिस्तान एक साथ स्वाधीन हुए थे, एक साथ ही दोनों की गणपरिषदों का गठन हुआ। भारत ने 1952 में शासन तंत्र तैयार कर देशव्यापी पहले आम चुनाव कराए। फिर से राष्ट्रीय चुनावों की जोड़-तोड़ शुरू कर दी।

हमारी गणपरिषद के कुछ सदस्यों ने एक कोटरी बनाकर शासन कायम कर लिया। पूर्वी बंगाल के प्रादेशिक चुनावों में हारकर भी इनकी आँख नहीं खुली। षड्यंत्र कर इन्होंने पूर्वी बंगाल के चुनावों को रद्‌द कर जरूरी अवस्था की घोषणा कर आतंक के राज्य की सृष्टि की। मुहम्मद अली जानते थे कि आर्मी उनके साथ नहीं थी, और साथ हो भी नहीं सकती थी। आर्मी ग़ुलाम मुहम्मद का ही समर्थन करेगी। फिर भी इतना बड़ा जोखिम उठाने का साहस उन्हें कहाँ से मिला? निश्चय ही अदृश्य शक्ति ने उन्हें यह साहस दिया था। पंजाब की जो कोटरी पाकिस्तान पर शासन कर रही थी, उसे ज्ञात था कि पूर्वी बंगाल के इन भले मानसों का जितने दिन व्यवहार करने की दरकार थी, कर लिया गया था। अब इनसे पाने को और कुछ नहीं रहा। और इन लोगों ने भी पूर्वी बंगाल के जनमत के दबाव में बीच-बीच में बाधाएँ डालना शुरू कर दिया था। पश्चिमी पाकिस्तानियों ने संयुक्त मोर्चे की जीत के बाद इन लोगों की अवस्था को समझ लिया था। वे यह भी समझ गए थे कि ये लोग पूर्वी बंगाल के लोगों के प्रतिनिधि नहीं थे।

मुहम्मद अली ने अपने सहकर्मियों को त्यागकर फिर ग़ुलाम मुहम्मद के सामने आत्मसमर्पण कर केयरटेकर सरकार का गठन किया। इस बार वे पहले से कहीं अधिक ग़ुलाम मुहम्मद तथा चौधरी मुहम्मद अली की मुट्‌ठी में चले गए। हालाँकि वे प्रधान मंत्री तो बन गए किन्तु सत्ता के असली मालिक तो थे चौधरी मुहम्मद अली। अयूब ख़ान को प्रधान सेनापति तथा इस्कन्दर मिर्जा को मंत्री बनाकर देश नौकरशाहों को सौंप दिया गया। अयूब साहब के मन में पहले से ही उच्चाकांक्षा थी जिसका प्रमाण है उनकी आत्मकथा 'फ्रेंड्स नॉट मास्टर्स'। इस पुस्तक में उन्होंने स्वीकार किया कि 4 अक्टूबर, 1954 को लन्दन होटल में पाकिस्तान के शासन तंत्र के बारे में अपनी राय लिखी थी। वे शासन तंत्र के बारे में क्यों लिखने गए? पाकिस्तानी फौज के प्रधान सेनापति थे वे—शत्रु के आक्रमण से पाकिस्तान की रक्षा करना और तद्‌नुसार पाकिस्तान की आर्म्ड फोर्स को तैयार करना ही उनका काम था।

ग़ुलाम मुहम्मद और चौधरी मुहम्मद अली ने जो साज़िश का खेल शुरू किया था, उसके लिए उन्हें साहस कहाँ से मिला? निश्चय ही जनरल अयूब ख़ान सबकुछ

जान–समझकर भी चुप किए बैठे थे। राजनीतिविद् अपनी ही आत्मकलह से हेय साबित हुए और जनता उन पर अपनी आस्था खोने को बाध्य हुई। ऐसी अवस्था में नेताहीन व नीतिविहीन मुस्लिम लीग सत्ता में बने रहने के अवसरों की चेष्टा में लगी रही। जब गणपरिषद भंग कर नया मंत्रिमंडल गठित किया गया तब देखने में आया कि तथाकथित लीग नेताओं में से कइयों ने फिर से मंत्री की गद्‌दी को अलंकृत किया। और मुस्लिम लीग के नेता मुहम्मद अली फिर से मंत्रित्व पाकर दल और देश के बारे में भूल गए।

मुहम्मद अली (बगुड़ा) प्रधान मंत्री होने के बाद से पाकिस्तान को एक ब्लॉक की ओर ले गए। दुनिया उन दिनों दो ब्लॉक में बँट गई थी। एक था रशियन ब्लॉक या समाजवादी ब्लॉक और दूसरा था अमेरिकन ब्लॉक जिसे डेमोक्रेटिक ब्लॉक या धनतंत्रवादी ब्लॉक कहा जा सकता था, हालाँकि मरहूम लियाक़त अली के समय से ही पाकिस्तान अमेरिका की ओर झुक गया था। 1954 के मई महीने में पाकिस्तान–अमेरिका के बीच मिलिटरी समझौता हस्ताक्षरित हुआ और बाद में पाकिस्तान सियाटो[29] और सेन्टो[30] या बगदाद समझौते में शामिल हुआ और पूर्णरूप से अमेरिका की मुट्‌ठी में चला गया। ये दोनों समझौते उन्होंने रशिया व चीन विरोधी मान लिये। समझौते में जो कुछ था, उसे स्पष्टत: कम्युनिस्ट विरोधी समझौता कहा जा सकता था। नए राष्ट्र पाकिस्तान के लिए उचित था निरपेक्ष व स्वाधीन विदेश नीति का अनुसरण करना। किसी भी पक्ष से शत्रुता करना हमारे लिए उचित नहीं था। हमारा कर्तव्य था सभी राष्ट्रों के साथ मित्रवत् व्यवहार। किसी भी योद्धा गुट में शामिल होने की सोचना भी हमारे लिए पाप था क्योंकि देश की जनता के आर्थिक उन्नयन के लिए जरूरी था कि विश्वशान्ति की रक्षा के लिए सहयोग करें।

अपनी गिरफ्तारी से पहले ही मैंने पाक–अमेरिका पैक्ट के विरुद्ध एक बयान दिया था। अवामी लीग की विदेश नीति थी स्वाधीन व निरपेक्ष। हमारा बयान जब समाचार–पत्रों में प्रकाशित हुआ तो अमेरिकन हम लोगों से ख़फ़ा हो गए। हक़ साहब के साथ एक अमेरिकी पत्रकार ने भेंट की और अमरीकी अखबार में एक रिपोर्ट छाप दी। उस रिपोर्ट का भी मुहम्मद अली ने अपने बयान में उल्लेख किया। एक विदेशी पत्रकार की रिपोर्ट को मुहम्मद अली का इतना महत्त्व देने का कारण शायद यह था कि वे और पत्रकार, दोनों अमेरिकन थे।

गुलाम मुहम्मद ने गैर–क़ानूनी तरीके से गणपरिषद को भंग कर दिया था। तथापि जनता इससे बहुत आनन्दित हुई थी। क्योंकि गणपरिषद के सदस्यों को हालाँकि आठ वर्ष तक रहने का क़ानूनन अधिकार था किन्तु न्यायिक अधिकार नहीं था। आठ वर्षों तक जो गणपरिषद देश को एक शासन तंत्र न दे पाई, चुनाव में हारकर

भी जो पदत्याग करने के बजाय निर्वाचित सदस्यों को बर्खास्त करे, उस पर जनता की आस्था नहीं हो सकती। हालाँकि ग़ुलाम मुहम्मद ने यह काम देश-प्रेम से प्रेरित होकर नहीं, बल्कि अपने और एक अंचल की कोटरी विशेष की स्वार्थ रक्षा के लिए किया था। अन्याय समझते हुए भी मुझे इसलिए खुशी हुई थी कि इस गणपरिषद के सदस्य कभी भी शासन तंत्र देनेवाले नहीं थे और बिना शासन तंत्र के एक स्वाधीन देश कितने दिन चल सकता? गणपरिषद के सदस्यों को भले ही शर्म न आती हो, पर हमें तो आती थी। गणपरिषद के अधिकांश सदस्य मुस्लिम-लीगी थी। मुस्लिम लीग के नेताओं ने जब सिर झुकाकर आत्मसमर्पण कर दिया, उस वक्त एकमात्र मरहूम तमीज़ुद्दीन ख़ान साहब ने गणपरिषद के प्रेसीडेंट की हैसियत से ग़ुलाम मुहम्मद के इस आदेश के विरुद्ध मुकदमा दायर किया था। जेल में बैठकर अखबारों के माध्यम से हमें जितनी भर खबर मिल जाती, हम उसी पर विचार करते।

कुछ बन्दियों को मुक्ति मिल गई थी। अब मैं, यार मुहम्मद ख़ान, दिवान महबूब अली, विजय चटर्जी, अध्यापक अजीत गुहा, मुहम्मद तोआहा तथा क़ुर्बान अली एक ही जगह पर थे। किसी प्रकार दिन कट रहे थे। अजीत बाबू हमारे खाने-पीने की देखभाल करते थे। वे बावर्ची अच्छे ही थे। अस्वस्थ होने के बावजूद खुद ही खाना बनाते। उन्हें जब मुक्ति मिली तो यह भार तोआहा ने लिया। अजीत बाबू जितना अच्छा तो नहीं, पर किसी प्रकार कामचलाऊ खाना बना लेता था। हम दो-एक जन उसकी खिंचाई करते, तो बीच-बीच में वह गुस्सा होकर बैठ जाता। हमें उसे किसी तरह मनाकर खाना पकाने भेजते। पर उसका गुस्सा ज्यादा देर नहीं ठहरता था। क़ुर्बान अली को थोड़ा-सा कष्ट होता क्योंकि उसके हिस्से के भोजन से उसका पेट नहीं भरता था। उसका डीलडौल व स्वास्थ्य अच्छा था और उसी हिसाब से वह खा भी अधिक सकता था।

क़ुर्बान को एक दिन उसकी रिहाई की बात कहकर जेल-गेट पर ले गए। वह हम लोगों से यथारीति विदा लेकर अपने सामान के साथ जब जेल-गेट पर हाज़िर हुआ तो एक आई.बी. कर्मचारी ने एक रिहाई के आदेश का काग़ज़ और साथ ही साथ एक दूसरा काग़ज़ निकालकर उससे कहा कि यदि बौंड दोगे तो अभी के अभी बाहर जा पाओगे और बौंड न दिया तो वापस जेल में लौट जाना होगा। क़ुर्बान बड़ा हठी व्यक्ति था। ख़फ़ा होकर काफी खरी-खोटी सुनाकर वह जेल में लौट आया और हमें पूरी बात बताई। अनेक दिन कारागार में बन्दी रहने के बाद रिहाई का आदेश पाकर फिर वापस जेल लौट आना कितना कष्टप्रद होता है, यह तो कोई भुक्तभोगी ही बता सकता है। अगले दिन जेल के अधिकारियों को बुलाकर कह दिया गया कि भविष्य में वे इस प्रकार का कार्य न करें। यदि कोई बौंड की या अन्य कोई बात हो तो पहले ही बता दें। सामान आदि लेकर जेल-गेट पर जाकर यदि

वापस लौटना पड़ा तो भयंकर हंगामा होगा। राजनीतिक बन्दियों ने कोई अर्जी तो दी नहीं थी कि वे बौंड देंगे।

कुछ दिनों बाद एक आई.बी. कर्मचारी मुझसे मिलने आए। लगा कि वह स्वयं को बड़ा अक्लमन्द समझते थे। मुझसे बौंड देने की बात कहने की या तो उन्हें हिम्मत नहीं हो रही थी, या वह संकोच कर रहे थे। मैंने उनसे कह दिया, 'मुझसे मिलने की इच्छा हो तो बेशक आएँ अन्यथा ज्यादा आने-जाने की मेहरबानी न करें और यह लीजिए तथा अपने ऊपरवालों को भी बता दें कि मेरे बौंड देने का तो सवाल ही नहीं पैदा होता बल्कि सरकार को ही बौंड देने को कहें कि भविष्य में वह ऐसे अनुचित काम नहीं करेगी। और विचार के किसी को बन्दी बनाकर नहीं रखेगी।' वह सज्जन हँस पड़े और बोले, 'मैंने तो आपसे बौंड देने की बात की ही नहीं।' मैं भी हँस दिया।

जेल के दिन जैसे-तैसे कट रहे थे। समाचार-पत्र में देखा कि अताउर रहमान साहब शहीद साहब से मिलने जूरिख जा रहे थे। वहाँ से वे मौलाना भसानी से मिलने विलायत जाएँगे। भसानी साहब के साथ अवामी लीग के और भी तीन कार्यकर्ता गए थे। वे भी लौटकर नहीं आ पाए थे। प्रोफेसर मुज़फ़्फ़र अहमद, खोंडकार मुहम्मद इलियास और एडवोकेट ज़मीरुद्दीन को देश में लौटकर आते ही गिरफ्तार कर लिया जाता। वे सब वहाँ किस प्रकार थे, यह सोचने की बात थी। उनका ख़र्च कैसे जुटता होगा? अनेक बंगाली विलायत में थे, उन्होंने ही उन्हें रहने को जगह दी और मदद भी की।

कराची में अताउर रहमान साहब ने ग़ुलाम मुहम्मद से भेंट की। ऑल पाकिस्तान अवामी लीग के तब सेक्रेटरी थे कराची के महमूदुल हक़ उस्मानी। वे भी ग़ुलाम मुहम्मद के साथ भेंट कर पूर्वी बंगाल में आए और अताउर रहमान साहब, माणिक भाई तथा और भी कई लोगों से मिले। मुझे समझ में आ रहा था कि कुछ खिचड़ी पक रही थी, किन्तु षड्यंत्र की राजनीति में अवामी लीग का जुड़ना उचित न था। किन्तु मैं तो बन्दी था, मेरी बात कौन सुने?

अताउर रहमान साहब ग़ुलाम मुहम्मद का एक सन्देश लेकर जूरिख में शहीद साहब से मिलनेवाले थे। क्या हो सकता था वह सन्देश, इसको लेकर काफी गवेषणा हुई। अताउर रहमान साहब के लिए उचित था कि वे सबसे पहले राजनीतिक बन्दियों की रिहाई की बात करते। यदि ग़ुलाम मुहम्मद या मुस्लिम लीग के नेताओं के साथ कोई विचार-विमर्श करना हो तो सबसे पहले मौलाना भसानी को स्वदेश में लौटा लाना तथा हम लोगों की रिहाई का बन्दोबस्त होना चाहिए था। अताउर रहमान साहब जूरिख से लौट आए। ग़ुलाम मुहम्मद साहब ने भी कुछ ही दिनों में

ढाका आने का प्रोग्राम बनाया। पाकिस्तान के बड़े लाट ढाका आएँगे, अच्छी बात थी। पूर्वी बंगाल में उस वक्त गवर्नर–शासन चल रहा था। पहले की सरकार भंग कर दी गई थी। अभी तक सरकार गठित करने नहीं दी गई थी। एम.एल.ए. और कार्यकर्ता जेल में थे। अवामी लीग के सभापति विलायत में और जनरल सेक्रेटरी जेल में बन्दी थे। कइयों के विरुद्ध गिरफ्तारी के वारंट थे। ऐसी अवस्था में ग़ुलाम मुहम्मद का राजकीय स्वागत–सम्मान करने के इन्तजाम करने में अवामी लीग के नेता क्यों बेचैन हो उठे थे, समझने में भी कष्ट हो रहा था। और देखा, फूलों की एक माला लिये अताउर रहमान साहब, और एक माला लिये हक़ साहब तेजगाँव एयरपोर्ट पर ग़ुलाम मुहम्मद के स्वागत के लिए खड़े थे। अन्तत: दोनों ने ही ग़ुलाम मुहम्मद साहब को माला पहनाई। इस स्वागत को लेकर कुछ दिन पहले से ही अवामी लीग और कृषक श्रमिक दल के बीच मनमुटाव चल रहा था, वह साफ जाहिर हो गया। कृषक श्रमिक दल अब एक राजनीतिक संगठन न होकर हक़ साहब की व्यक्तिगत लोकप्रियता पर निर्भर कुछ सुविधावादी लोगों का एक गुट था जो सत्ता में भागीदारी चाहता था। न इनका कोई संगठन था, न आदर्श और न नीति। इनके एकमात्र सम्बल थे हक़ साहब। ये ग़ुलाम मुहम्मद ही क्यों मुहम्मद अली (बगुड़ा) का भी स्वागत–अभिनन्दन कर सकते थे; किन्तु अवामी लीग तो एक संग्रामी संगठन था, उस संगठन के नेता एक अलोकतांत्रिक व्यक्ति के स्वागत–अभिनन्दन के लिए क्यों बेचैन हो उठे, यह समझने में मुझे कष्ट हो रहा था। मैं और मेरे साथी बन्दी मार्मिक पीड़ा का अनुभव कर रहे थे। हमें दुख इस बात का था कि हमारे नेता भी सत्ता के लोभ में पागल हो गए थे। हमारे नेताओं में इतना–सा समझ पाने की शक्ति भी नहीं थी कि संयुक्त मोर्चे के दो गुटों को लेकर खेल शुरू हुआ था। अवामी लीग और कृषक श्रमिक दल के साथ वे अलग–अलग सम्पर्क कर रहे थे ताकि पूर्वी बंगाल में आकर ग़ुलाम मुहम्मद को विशाल अभ्यर्थना मिले। और वही हुआ भी। किन्तु क्या करना था, यह उन्होंने तय कर रखा था। प्रधान मंत्री मुहम्मद अली द्वारा संयुक्त मोर्चे में दरार पैदा कराएँगे, यह क्षमता उन्होंने उन्हें दे रखी थी। हालाँकि बाद में सुना कि ग़ुलाम मुहम्मद ने वादा किया था कि शहीद साहब के जूरिख से लौट आते ही उन्हें प्रधान मंत्री बनाया जाएगा। बड़े–बड़े उद्योगपति और कुछ नौकरशाह नहीं चाहते थे कि अवामी लीग सत्ता में आ पाए और वे उसी चेष्टा में लग गए थे।

मुहम्मद अली ने ढाका आकर हक़ साहब के दल के साथ एक गुप्त समझौता कर लिया कि यदि वे अवामी लीग को साथ न लें तो उनके दल को सरकार द्वारा गठन करने दिया जाएगा। पर उन्हें यह घोषणा भी करनी होगी कि शहीद साहब संयुक्त मोर्चे के कुछ नहीं थे। इस प्रकार से शहीद साहब को भी दूर किया जा सकेगा। मुहम्मद अली जानते थे कि शहीद साहब ही एकमात्र व्यक्ति थे, जो उनके

प्रधान मंत्री पद के दावेदार हो सकते थे। पूर्वी और पश्चिमी पाकिस्तान में शहीद साहब ने इतनी लोकप्रियता अर्जित की थी कि जनता उन्हें ही प्रधान मंत्री के रूप में देखना चाहती थी। चौधरी मुहम्मद अली के नेतृत्व में पश्चिमी पाकिस्तान के नेता जानते थे कि हक़ साहब के दल के साथ समझौता कर लेने पर पूर्वी पाकिस्तान को स्वायत्त शासन का अधिकार न देकर भी काम चल जाएगा, किन्तु अवामी लीग तो स्वायत्त शासन के बिना कोई समझौता नहीं करेगी।

स्वस्थ होकर जब शहीद साहब कराची लौटे तो जनता ने उनका भव्य अभिनन्दन किया। इतना बड़ा स्वागत-सत्कार एकमात्र जिन्ना के अतिरिक्त किसी का नहीं हुआ था। पूर्वी बंगाल से प्राय: बीस-तीस नेता उनका अभिनन्दन करने कराची पहुँचे थे। अताउर रहमान साहब, अबुल मंसूर अहमद साहब आदि सभी उपस्थित थे। शहीद साहब के पहुँचने के साथ ही साथ कृषक श्रमिक दल के लोगों ने कहना शुरू किया शहीद साहब संयुक्त मोर्चे के कुछ नहीं थे, हक़ साहब ही नेता थे। हक़ साहब उनका नहीं मुहम्मद अली का समर्थन करते थे। मंत्रिमंडल के गठन के बारे में ग़ुलाम मुहम्मद साहब ने शहीद साहब से कहा, 'इस मंत्रिमंडल में कोई भी प्रधान मंत्री नहीं होगा, यह तो केयरटेकर सरकार है।' शीघ्र ही शहीद साहब को प्रधान मंत्री बनाया जाएगा किन्तु फिलहाल विधिमंत्री के रूप में उन्हें एक शासन तंत्र देना होगा।

हमारे नेताओं ने क्या परामर्श शहीद साहब को दिया पता नहीं, किन्तु शहीद साहब ने भूल की जो लाहौर और ढाका न जाकर देश की अवस्था समझे बिना मंत्रित्व में शामिल हो गए। कृषक श्रमिक दल के नेता चाहे जो कहें, ढाका आकर यदि वे संयुक्त मोर्चा पार्टी की सभा बुला लेते एवं सदस्यों से परामर्श कर कुछ करते तो बोलने को कुछ न रहता। जनता के दबाव के कारण कृषक श्रमिक दल के नेता उनका समर्थन करने को बाध्य होते। जनगण को चारों ओर अन्धकार दिखाई दे रहा था। उनका एकमात्र भरोसा था कि शहीद साहब देश लौट आएँगे और पाकिस्तान में गणतंत्र की स्थापना में नेतृत्व देंगे। हमें जेल के भीतर बैठकर बहुत कष्ट हुआ और हम लोगों में हताशा का भाव नज़र आया। मैं खुद किसी भी हालत में उनके विधिमंत्री बनने का समर्थन न कर पाया। मुझे मन ही मन बहुत गुस्सा आ रहा था। कई लोगों ने मुझसे अनुरोध किया कि शहीद साहब रोगमुक्त होकर स्वदेश लौट रहे थे, मैं उन्हें टेलीग्राम करूँ। मैंने कह दिया, 'नहीं, मैं कोई टेलीग्राम नहीं करूँगा, मुझे कोई प्रयोजन नहीं।'

रेणु को टेलीग्राम मिला कि अब्बा की हालत बहुत ख़राब थी, उनके बचने की उम्मीद बहुत कम थी। बेटा-बेटी को लेकर गाँव के घर उसे रवाना होना होगा, अब्बा को देखने के लिए। टेलीग्राम साथ लगाकर उसने सरकार से दरखास्त भी की थी।

तब जनाब एन.एम. ख़ान चीफ़ सेक्रेटरी थे। व्यक्तिगत तौर पर पाकिस्तान बनने के पहले से ही वे मुझसे स्नेह करते थे। रात 8 बजे उन्होंने मेरी मुक्ति का आदेश दिया। 9 बजे मेरी रिहाई हुई। सहकर्मियों, खासकर यार मुहम्मद ख़ान, को जेल में छोड़कर बाहर जाने में मुझे कष्ट हो रहा था क्योंकि जेल-गेट में मुझे देखने आकर वह गिरफ्तार हुए थे। विदा के समय मैंने कहा, 'या तो तुम लोगों की भी रिहाई होगी, या फिर मैं लौटकर जेल आऊँगा।' जेल-गेट पार कर मैंने देखा कि रायसाहब बाज़ार के हमारे कार्यकर्ता नूरुद्दीन खड़े थे, मुझसे बोले, 'भाभी अभी-अभी घर रवाना हो गई हैं, आपके अब्बा की तबीयत बहुत ही ख़राब है। वे बादामतली घाट से जहाज में चढ़े थे। जहाज रात 11 बजे नारायणगंज पहुँचेगा। अभी भी समय है, शीघ्रता से रवाना होने पर नारायणगंज जाकर जहाज पकड़ा जा सकेगा।' उसे लेकर मैं ढाका वाले घर पहुँचा, क्योंकि पहले यह घर मैंने देखा नहीं था। मेरे जेल जाने के बाद रेणु ने यह घर किराए पर लिया था। कुछ सामान रख मैं नारायणगंज की ओर दौड़ा। उन दिनों टैक्सी मिलना बड़ा कष्टकर था। जहाज छूटने के पन्द्रह मिनट पूर्व मैं नारायणगंज घाट पर पहुँचा। मुझे देखकर रेणु चकित रह गई। बच्चे सो रहे थे, रेणु ने उन्हें जगाया। हसीना व कमाल मेरे गले ऐसा लगे कि काफी देर तक नहीं छोड़ा, न सोए। लगा, उनकी आँखों से नींद उड़ गई थी।

रिहाई की खुशी जाने कहाँ विलीन हो गई थी, क्योंकि बार-बार अब्बा का चेहरा आँखों के सामने आ रहा था। एक ही चिन्ता थी, देख भी पाऊँगा कि नहीं? वह जीवित भी थे कि नहीं? केबिन छोड़कर काफी देर बाहर आकर बैठा रहा। आज बहुत दिनों बाद रात की हवा मेरे शरीर पर लग रही थी। जेल में तो शाम के समय ही बाहर से ताला लगा दिया जाता था। बच्चे सो गए थे। रेणु और मैं बहुत देर तक बातें करते रहे। भोर रात को नींद आई। सारा दिन जहाज पर रहना होगा, रात में पहुँचेंगे घर के घाट पर। किसी को कोई खबर न थी। नौका में दो मील का रास्ता तय करना होगा। घर से तो नौका भी नहीं आएगी। सारा दिन चिन्ता और बेचैनी में गुज़रा।

अगली रात घर पहुँचा तो पता चला कि अब्बा को गोपालगंज ले जाया गया था, क्योंकि कोई स्थानीय अच्छा डॉक्टर था नहीं। नौका से फिर चौदह मील का रास्ता, रात को ही रवाना हो गया। अगले दिन सुबह के 10 बजे गोपालगंज जाकर अब्बा की तबीयत में कुछ सुधार देखा तो शान्ति मिली। डॉक्टर फरीद अहमद साहब और बिजितेन बाबू ने कहा, 'अब डर की कोई बात नहीं।' दोनों ही अच्छे डॉक्टर थे। मुझे सामने पाकर अब्बा को और भी अच्छा लगने लगा। अगले दिन टेलीग्राम मिला, शहीद साहब ने मुझे शीघ्र ही कराची बुलाया था। टेलीग्राम अताउर रहमान साहब ने किया था। उसी दिन रवाना होने का तो प्रश्न ही नहीं उठता था।

अगले दिन रात को मैं खुलना-जैसोर होते हुए प्लेन से ढाका पहुँचा। फिर ढाका से कराची रवाना हो गया। मैं मन को किसी प्रकार सान्त्वना नहीं दे पा रहा था। यही

सोच रहा था कि शहीद साहब विधिमंत्री बने क्यों ? रात को पहुँचकर मैं उनसे मिलने नहीं गया। मिलने पर क्या अवस्था हो, कहा नहीं जा सकता था। हो सकता था कि मैं उनके साथ बेअदबी कर बैठूँ।

अगले दिन सुबह 9 बजे मैं होटल मेट्रोपोल में उनसे मिलने गया। वे कहीं बाहर जाने को तैयार हो रहे थे। मुझे देखकर बोले, 'सुना, कल रात को ही तुम आ गए थे, रात को ही मिलना उचित था।' मैंने कहा, 'मैं थका हुआ था, और आकर करता भी क्या, आप तो अब मुहम्मद अली साहब के विधिमंत्री हैं।' उन्होंने कहा, 'लगता है, नाराज़ हो!' मैंने कहा, 'नाराज़ क्यों होऊँगा सर, सोच रहा था सारा जीवन आपको नेता मानकर कहीं भूल तो नहीं की?' मेरी ओर देखकर वे बोले, 'समझ गया, अब और कुछ कहना नहीं होगा। शाम को 3 बजे आओ, काफी बातें करनी हैं।'

शाम को 3 बजे गया तो देखा वे लेटे विश्राम कर रहे थे। स्वास्थ्य अभी भी पूरी तरह ठीक नहीं हुआ था, कुछ दुर्बल थे। मैं उनके पास बैठा। उन्होंने बातचीत शुरू की। उनकी बातों का सारांश था कि ग़ुलाम मुहम्मद ने उन्हें बता दिया था कि मंत्रिमंडल में शामिल न हुए तो वे शासन भार मिलिटरी के हाथों में दे देंगे। मैंने कहा, 'पूर्वी बंगाल में जाकर सबके साथ परामर्श कर अन्य किसी को भी तो मंत्रित्व दे सकते थे। मुझे लगता है, आपको ट्रैप किया गया। नतीजा कुछ अच्छा नहीं होगा। आप कुछ भी नहीं कर पाएँगे। जो लोकप्रियता आपने हासिल की थी, उसे खोने जा रहे हैं।' उन्होंने मुझे समझाने की चेष्टा की और बोले, 'कुछ न कर पाया तो छोड़ दूँगा, उसमें क्या आता-जाता है!' मैंने कहा, 'इस षड्यंत्र की राजनीति में आपका शामिल होना उचित नहीं हुआ, आप खुद ही समझ जाएँगे।' उन्होंने मुझसे प्रोग्राम तय करने को कहा कि वे पूर्वी बंगाल में कब जाएँ। मैंने कहा, 'भसानी साहब जब तक स्वदेश नहीं आते और राजनीतिक बन्दियों को मुक्ति नहीं दी जाती, तब तक आपका ढाका जाना उचित न होगा।' उन्होंने नाराज़ होते हुए कहा, 'इसका अर्थ यह कि तुम मुझे पूर्वी बंगाल जाने से मना कर रहे हो।' मैंने कहा, 'कुछ ऐसा ही समझ लीजिए।' वे काफी देर चुप रहे आँखें बन्द किए, फिर मुझसे अगले दिन ठीक सायं 3 बजे आने को कहा। मैंने वहाँ रहते-रहते देखा कि अबू हुसैन सरकार को हक़ साहब के नॉमिनी के रूप में केन्द्रीय मंत्रिमंडल में ग्रहण किया गया था और शहीद साहब कुछ जानते ही नहीं थे। अब उन्हें कुछ-कुछ समझ में आया कि खेल शुरू हो चुका था।

हक़ साहब ने लाहौर के एक समाचार-पत्र के प्रतिनिधि से कहा, 'सोहरावर्दी संयुक्त मोर्चा के कोई नहीं, मैं ही नेता हूँ। जबकि संयुक्त मोर्चा में अवामी लीग बहुमत में थी। हक़ साहब के.एस.पी. के नेता थे। के.एस.पी. तथा निज़ामे-इस्लाम मिलकर भी अवामी लीग के बराबर नहीं थे। सोहरावर्दी साहब अवामी लीग के नेता थे—हक़ साहब यह बात कैसे कह सकते थे! हक़ साहब के दल ने ग़ुलाम मुहम्मद

को कह दिया था कि वे प्रधान मंत्री के रूप में सोहरावर्दी साहब को नहीं, मुहम्मद अली बगुड़ा को चाहते थे। इसीलिए शहीद साहब को प्रधान मंत्री नहीं बनाया गया। और मुहम्मद अली साहब ने कह दिया था कि अवामी लीग को बाद देकर ही पूर्वी बंगाल में सरकार का गठन करना होगा। मैं समझ गया कि मुहम्मद अली बगुड़ा ने हक़ साहब के माथे का सहारा लिया था और चौधरी मुहम्मद अली ने शहीद साहब के माथे का। के.एस.पी. के अनेक नेता तब कराची में थे, कोई शहीद साहब से मिलने न आता। के.एस.पी. के दो-एक नेताओं से मेरी मुलाकात हुई तो मैंने उनसे कहा, आप लोगों ने तो काफी कुछ किया। तय हुआ था कि शहीद साहब को आप लोग पाकिस्तान का नेता मानेंगे और हम लोग हक़ साहब को पूर्वी बंगाल का नेता मानेंगे। अब आप लोग कराची आकर मुस्लिम लीग के नेता बगुड़ा के मुहम्मद अली को नेता मान रहे हैं, उनका समर्थन कर रहे हैं। चेष्टा कर रहे हैं कि शहीद साहब प्रधान मंत्री न बन पाएँ। हम भी हक़ साहब को नेता न मानने और संयुक्त मोर्चा की सभा में उनके विरुद्ध अनास्था प्रस्ताव लाने को बाध्य होंगे। हमने हक़ साहब को यह अधिकार नहीं दिया कि वे संयुक्त मोर्चे की ओर से मुहम्मद अली साहब का समर्थन करें तथा मुस्लिम लीग नेता को नेता मानें। कृषक श्रमिक दल के नेताओं को आश्वासन मिला था कि पूर्वी बंगाल में सरकार उन्हीं की बनेगी और अवामी लीग से उन्हें कुछ लोग भी मिलेंगे। हालाँकि मंत्रित्व ग्रहण करने के मामले में मैं शहीद साहब से एकमत न था किन्तु कोई दूसरा उनका अपमान करे यह बर्दाश्त कर पाना भी मेरे लिए कठिन था। मैंने शहीद साहब से कहा, 'जब हक़ साहब ने खुलेआम कह दिया कि संयुक्त मोर्चे के आप कुछ भी नहीं, तब बाध्य होकर यह प्रमाण करना पड़ेगा कि आप कुछ तो हैं। के.एस.पी. और निज़ामे-इस्लामी संयुक्त मोर्चे में रहते हैं तो रहें। हम अनास्था लाएँगे हक़ साहब के विरुद्ध। उसमें कम से कम अवामी लीग के नेता के रूप में तो आप अपनी बात कह सकेंगे एवं अवामी लीग पार्टी पूर्वी बंगाल की विधानसभा में बहुमत में है। अवामी लीग के अतिरिक्त पूर्वी बंगाल में सरकार चलाने की क्षमता किसी में नहीं।' शहीद साहब बोले, 'जब तक अवामी लीग संयुक्त मोर्चा में है, तब तक तो मैं सचमुच में कोई नहीं। हक़ साहब संयुक्त मोर्चा के नेता हैं, वे अवामी लीग, के.एस.पी. तथा निजामे-इस्लाम पार्टी की ओर से बोल सकते हैं।'

ढाका लौटकर मैंने अताउर रहमान साहब, अबुल मंसूर अहमद और माणिक भाई के साथ बैठक की और उन्हें सारी बातें बताईं। शहीद साहब का मतामत भी बताया। भसानी साहब कलकत्ता पहुँच गए थे यह खबर तो मिली किन्तु वे कहाँ थे, यह नहीं मालूम। शहीद साहब ने चीफ सेक्रेटरी एन.एम. ख़ान को राजबन्दियों की

रिहाई के लिए फोन किया। धीरे-धीरे अनेक कार्यकर्ता रिहा होने लगे। के.एस.पी. दल के नेताओं ने राजबन्दियों की मुक्ति के लिए एक शब्द भी नहीं कहा, क्योंकि उनके दल का तो कोई जेल में था ही नहीं। अवामी लीग के एम.एल.ए. और कार्यकर्ताओं में अनेक तब भी जेल में बन्दी थे और कई के सिर पर गिरफ्तारी की तलवार लटक रही थी। अताउर रहमान साहब, अबुल मंसूर अहमद, माणिक भाई और मैंने काफी देर तक विचार-विमर्श किया कि हक़ साहब के विरुद्ध अनास्था प्रस्ताव लाया जाए कि नहीं। बिना किसी नीति व आदर्श के मुस्लिम लीग के साथ निपटारा करने में हक़ साहब से अधिक तत्पर तो उनके कुछ अनुचर थे। जाने कहाँ गया इक्कीस सूत्री कार्यक्रम, जाने कहाँ गई जनता की राय! तीनों ने ही कुछ अनिच्छा ज़ाहिर की। अनास्था की बाबत तो कोई आपत्ति नहीं थी किन्तु सफलता-असफलता का सवाल उठाया। मैंने कहा, 'सफलता मिलेगी ही। नीति नाम की भी कोई चीज होती है।' अन्ततः सभी राज़ी हुए और मैंने वर्किंग कमेटी की सभा बुलाई। वर्किंग कमेटी के प्रायः सभी एकमत थे, केवल सलाम साहब और हाशिमुद्दीन को छोड़कर, किन्तु उन्होंने कहा कि वे वर्किंग कमेटी का निर्णय मानने को बाध्य थे।

मैं और अताउर रहमान साहब एम.एल.ए. लोगों का दस्तख़त संग्रह करने निकल पड़े। सत्रह सूत्री चार्ज का गठन किया। सवाल उठा, हक़ साहब के सामने खड़े होकर कौन पहले अनास्था प्रस्ताव पेश करेगा। अनेक ने आपत्ति की। खुद मुझे संकोच हो रहा था क्योंकि मैं उनका सम्मान और श्रद्धा करता था, किन्तु अब कुछ तथाकथित नेताओं ने उन्हें घेर रखा था। सौ कोशिशों के बाद भी मैं उनके चंगुल से उन्हें न निकाल पाया। इनमें से कई चुनाव के मात्र कुछ महीने पूर्व मुस्लिम लीग त्यागकर आते ही क्षमता की लड़ाई में पराजित हुए थे। तय हुआ, मैं प्रस्ताव लाऊँगा और जनाब अब्दुल गनी बार ऐट लॉ, उसका समर्थन करेंगे। हमने उनसे सभा बुलाकर अनास्था प्रस्ताव का मुकाबला करने का अनुरोध किया। वे सभा बुलाने को राज़ी हो गए। हमने अवामी लीग के प्रायः एक सौ तेरह सदस्यों के दस्तख़त ले लिये। हमारा काम उसी में हो गया।[31]

सन्दर्भ

1. पांडुलिपि के लिए व्यवहृत कॉपियाँ डिप्टी इंस्पेक्टर जनरल ऑफ प्रिज़न्स, ढाका डिविजन, सेंट्रल जेल, ढाका ने 9 जून, 1967 तथा 22 सितम्बर, 1967 को जाँची-परखीं। दूसरी ओर लेखक को अगरतला षड्यंत्र के मामले में 17 जनवरी, 1968 से ढाका सेना-निवास में बन्दी बनाया गया। अवस्था देखने पर लगता है कि लेखक ने अपनी आत्मकथा ढाका केन्द्रीय कारागार में 1967 के द्वितीयार्द्ध में लिखना शुरू किया।

2. गोपालगंज वर्तमान में ज़िला। बांग्लादेश के प्राय: सभी महकमे ज़िलों में रूपान्तरित हो गए हैं।
3. एक पैसा एक टाका (रुपए) का चौंसठवाँ भाग।
4. एकाउंटैंट जनरल ऑफ बंगाल।
5. स्वदेशी आन्दोलन बंगभंग (Partition of Bengal) को रोकने का संकल्प लेकर 1905 में शुरू और 1908 में शेष हुआ। गांधी के पूर्व काल में भारत के स्वाधीनता संग्राम में जितने भी राष्ट्रीयतावादी आन्दोलन हुए थे, उनमें यह अन्यतम था। बंगबन्धु ने 'स्वदेशी आन्दोलन' महात्मा गांधी के नेतृत्व में ब्रिटिश साम्राज्यवादी आन्दोलन को तथा 'स्वदेशी' कहकर आन्दोलन के चरमपन्थियों की ओर इंगित किया है।
6. सिविल सर्विस ऑफ पाकिस्तान। पाकिस्तान केन्द्रीय जनप्रशासन का सर्वोच्च कैडर।
7. मेम्बर ऑफ लेजिस्लेटिव एसेम्बली।
8. लेखक ने यहाँ भूलवश कृषक प्रजा पार्टी की जगह कृषक श्रमिक पार्टी का उल्लेख किया है। अविभक्त बंगाल में 1935 में ए.के. फ़ज़लुल हक़ के हाथों कृषक प्रजा पार्टी की स्थापना हुई थी। दूसरी ओर 1953 में उन्होंने कृषक पार्टी की स्थापना की।
9. ऑल इंडिया मुस्लिम लीग। यह 1906 में ढाका में मुख्यत: गैर-बंगाली मुस्लिम अभिजात नवाब, नाइट और जमींदारों की पहल पर स्थापित राजनीतिक दल था। इसी दल ने मुहम्मद अली जिन्ना के नेतृत्व में 1947 में पाकिस्तान की स्थापना की थी।
10. भारतीय राष्ट्रीय कांग्रेस। भारत का प्रमुख राजनीतिक दल, जिसने भारत के स्वाधीनता संग्राम का नेतृत्व किया।
11. अविभक्त बंगाल के मुसलमान छात्रों का संगठन। तत्कालीन छात्र नेता अब्दुल वासेक इस छात्र संगठन के नेता थे। शाह अज़ीज़ुर रहमान, शेख़ मुज़ीबुर रहमान ने भी इस संगठन का नेतृत्व किया था।
12. हिन्दुत्ववादी भारतीय राजनीतिक व सामाजिक संगठन।
13. बुलबुल एकेडेमी ऑफ फाइन आर्ट्स। इस सांस्कृतिक संगठन की स्थापना ढाका में 1905 में हुई थी।
14. मेम्बर ऑफ लेजिस्लेटिव कौंसिल।
15. लाहौर प्रस्ताव (1940) में मुस्लिम बहुमत वाले प्रदेशों को लेकर एकाधिक पाकिस्तान राष्ट्र बनाने की बात की गई थी, किन्तु दिल्ली कन्वेंशन में मात्र एक मुस्लिम राष्ट्र गठन का प्रस्ताव किया गया था। समालोचकों की राय में इस व्यवस्था से मुस्लिम बहुमत वाला भारत का पूर्वांचल मुस्लिम बहुमत वाले भारत के पश्चिमांचल से एक हज़ार मील के भारतीय भूखंड द्वारा विच्छिन्न या अलग रहेगा। इसलिए इस प्रकार का राष्ट्र अवास्तव होगा।
16. सुभाष चन्द्र बोस का अनुसरणकारी भारतीय राजनीतिक दल।
17. सन् 1947 में पाकिस्तान की स्थापना के साथ-साथ ही (1 सितम्बर) पाकिस्तानी सांस्कृतिक दर्शन प्रचार एवं भित्ति निर्माण का लक्ष्य लेकर तमद्दुन मजलिस की स्थापना हुई थी। 1948 और 1952 में भाषा-आन्दोलन में तमद्दुन मजलिस ने

सक्रिय भूमिका निभाई थी।

18. इस्लाम के द्वितीय खलीफा उमर (रा.) ने एक बार मदीना मनवारा की जनता में टुकड़ा कपड़ा समान-समान बाँट दिया। उस कपड़े का टुकड़ा ऐसा नहीं था कि उससे कोई बड़ी कमीज बना सके। किन्तु उमर (रा.) ने जब उस कपड़े से बड़ी कमीज बना दी तो लोगों को सन्देह हुआ और उनसे पूछा कि उन्होंने किस प्रकार बड़ी कमीज बनाई। उमर (रा.) के पुत्र ने यह कहकर सन्देह दूर किया कि उन्होंने अपने हिस्से का कपड़ा पिता को दान कर दिया था ताकि वे बड़ी कमीज बना सकें। कोई कितना भी क्षमतावान क्यों न हो, अन्याय या अनुचित लगेगा तो जनता बिना किसी दुविधा के उससे प्रश्न पूछ सकती है। लेखक ने यहाँ वही प्रसंग उठाया।

19. पश्चिमी पंजाब के पूर्ववर्ती मुख्यमंत्री नवाब इफ़्तिख़ार हुसैन ममदोत के विरुद्ध पब्लिक एंड रिप्रजेंटेटिव ऑफिसेज़ डिसक्वालिफिकेशन एक्ट 1949 (प्रोडा) का मामला दायर हुआ। अभियुक्त पक्ष की ओर से वकील थे हुसैन शहीद सोहरावर्दी। वे उस मुकदमे में ममदोत को सभी अभियोगों से मुक्त नहीं करा पाए, किन्तु मुआवज़ा बाबत अर्थ प्रदान से राहत दिलाने में समर्थ हुए थे।

20. पब्लिक एंड रिप्रजेंटेटिव ऑफिसेज़ डिसक्वालिफिकेशन एक्ट 1949।

21. राष्ट्रीय स्वयंसेवक संघ। भारत का चरमपन्थी एक हिन्दूवादी संगठन।

22. पब्लिक ऑफिसेज़ डिसक्वालिफिकेशन ऑर्डर। देश के अनेक व्यक्तित्वों को चुनाव में अंशग्रहण के अयोग्य ठहराने के उद्देश्य से अयूब ख़ान की सामरिक सरकार ने 7 अगस्त, 1959 को यह आदेश जारी किया। यहाँ लेखक ने परवर्ती समय की घटना का उल्लेख किया है।

23. रावडपिंडी कॉन्स्पिरेसी केस के नाम से परिचित। 1952 में पाकिस्तान की लियाक़त अली ख़ान सरकार को उखाड़ फेंकने के लिए इस सामयिक षड्यंत्र की चेष्टा हुई थी, जो कि असफल हुई। पाकिस्तान आर्मी के एक बड़े कमांडर मेजर जनरल अकबर ख़ान ने कुछ फौजी अधिकारियों और पाकिस्तान के वामपन्थी नेताओं ने मिलकर यह चेष्टा की थी। इसमें 11 फौजी अधिकारियों और चार गैर-फौजी व्यक्तियों को अभियुक्त बनाया गया था। 18 महीनों तक चले इस गुप्त विचार में मेजर जनरल ख़ान और कवि फ़ैज़ अहमद फ़ैज़ को दोषी पाया गया तथा उन्हें दीर्घावधि कैद की सज़ा दी गई। हुसैन शहीद सोहरावर्दी जब बाद में पाकिस्तान के प्रधान मंत्री बने तब सभी सज़ायाफ़्ताओं की सज़ा माफ कराने में सक्षम हुए थे।
(सूत्र : विकिपिडिया)

24. पांडुलिपि के साथ भाषण की प्रति प्राप्त नहीं हुई।

25. पांडुलिपि के साथ मैनिफेस्टो प्राप्त नहीं हुआ।

26. 1954 के चुनाव-परिणाम (1954 के मार्च महीने में अनुष्ठित) : मुस्लिम आसन 237। संयुक्त मोर्चा-223 (अवामी लीग-140; कृषक श्रमिक पार्टी-34; निज़ामे-इस्लामी-12; युव लीग-15; गणतांत्रिक दल-10; कम्युनिस्ट पार्टी-4; और स्वतंत्र-8); मुस्लिम लीग-9 (एक स्वतंत्र प्रार्थी बाद में मुस्लिम लीग में शामिल हुई); ख़िलाफ़ते-रब्बानी-1; स्वतंत्र-4।

सामान्य आसन (गैर-मुस्लिम सदस्य) 72। कांग्रेस व अन्यान्य-72।

कुल आसन-309 (मुस्लिम लीग-9; संयुक्त मोर्चा व सहयोगी-291; अन्यान्य-9)।

(सूत्र : रंगलाल सेन, पॉलिटिकल एलिट्स इन बांग्लादेश, यू.पी.एल., ढाका, 1986, पृष्ठ 129)।

27. 4 मई, 1954 को पश्चिम बंगाल के सफर के दौरान पूर्वी बंगाल के तत्कालीन मुख्यमंत्री शेरे-बंगाल ए.के. फ़ज़लुल हक़ ने कहा था—यह अत्यन्त महत्त्वपूर्ण है कि दो बंगालों की जनता को एक मौलिक सत्य को गौर करना होगा कि सुख-शान्ति से रहने के लिए उन्हें अवश्य ही एक-दूसरे से सहायता व सहयोग करना होगा। राजनीतिज्ञों ने तो भूखंड का बँटवारा कर दिया, किन्तु यह अवश्य ही जनता को तय करना होगा कि सभी शान्तिपूर्वक रह सकें। इतिहास में भाषा एकता का सबसे महत्त्वपूर्ण उपादान है एवं दोनों बंगाल की जनता एक ही भाषा से आबद्ध है। उसे राजनीतिक विभेद भूलना होगा एवं अनुभव करना होगा कि वे एक हैं।

(अंग्रेजी से अनुवाद, सूत्र : मॉर्निंग न्यूज़, 5 मई, 1954, उद्धरण, रंगलाल सेन, पॉलिटिकल एलीट्स इन बांग्लादेश, यू.पी.एल., ढाका, 1986, पृ. 129)।

28. पाकिस्तान के गवर्नर जनरल ने गवर्नमेंट ऑफ इंडिया एक्ट 1935 में धारा 92 (क) जोड़ी, जिसके बल पर कुछ विशेष क्षेत्रों में गवर्नर जनरल किसी प्रदेश के गवर्नर को उस प्रदेश के लिए क़ानून लागू करने का अधिकार देकर घोषणा जारी कर सकते हैं।

(सूत्र : हमीद ख़ान, कांस्टीट्यूशनल एंड पॉलिटिकल हिस्टरी ऑफ पाकिस्तान, ऑक्सफोर्ड, कराची, 2009, पृ. 113)।

29. South East Asia Treaty Organization.

30. Central Treaty Organization.

31. अनास्था के पक्ष में एक सौ तेरह सदस्यों के दस्तख़त होने के बावजूद फ़ज़लुल हक़ के विरुद्ध लाया गया अनास्था प्रस्ताव अन्ततः गृहीत नहीं हुआ। अवामी लीग के पैंतीस सदस्यों ने सलाम ख़ान के नेतृत्व में अनास्था प्रस्ताव के विरुद्ध वोट दिया, दूसरी ओर काफी अप्रत्याशित रूप से कृषक श्रमिक पार्टी व निज़ामे-इस्लामी दल के सदस्यों ने संगठित रूप से फ़ज़लुल हक़ का समर्थन किया। इसीलिए अनास्था प्रस्ताव पराजित हुआ।

(सूत्र : एस.ए. करीम, शेख़ मुज़ीब : ट्रायम्फ एंड ट्रैजेडी, द्वितीय संस्करण, यू.पी.एल., ढाका, 2009, पृ. 63)।

बंगबंधु शेख़ मुज़ीबुर रहमान का राजनीतिक जीवन-परिचय

[1955–1975]

1955 : 5 जून को बंगबन्धु गणपरिषद के सदस्य निर्वाचित हुए। अवामी लीग द्वारा 17 जून को ढाका के पल्टन मैदान की जनसभा से पूर्वी पाकिस्तान के स्वायत्त शासन की माँग करते हुए 21 सूत्रों की घोषणा की। 23 जून को अवामी लीग की कार्यकारिणी परिषद में यह निर्णय लिया गया कि पूर्वी पाकिस्तान को स्वायत्त शासन का अधिकार न दिया गया तो दलीय सदस्य विधानसभा से पद त्याग करेंगे। 25 अगस्त को कराची में पाकिस्तान गणपरिषद में बंगबन्धु ने कहा :

> Sir, you will see that they want to place the word 'East Pakistan' instead of 'East Bengal'. We have demanded so many times that you should, use Bengal instead of Pakistan. The word 'Bengal' has a history, has a tradition of its own. You can change it only after the people have been consulted. If you want to change it then we have to go back to Bengal and ask them whether they accept it. So far as the question of one-unit is concerned it can come in the constitution. Why do you want it to be taken up just now? What about the state language, Bengali? What about joint electorate? What about autonomy? The people of East Bengal will be prepared to consider One-Unit with all these things. So, I appeal to my friends on that side to allow the people to give their verdict in any way, in the form of referendum or in the form of plebicite.

(**अनुवाद :** सर, आप देखेंगे कि वे 'पूर्वी बंगाल' नाम की जगह 'पूर्वी पाकिस्तान' नाम रखना चाहते हैं। हमने कई बार यह माँग की कि आप इसे बंगाल के नाम से बुलाएँ। 'बंगाल' शब्द का अपना इतिहास है, अपनी परम्परा है। आप यह नाम हमारी जनता के साथ विचार-विमर्श कर परिवर्तित कर सकते हैं। आप यदि यह नाम परिवर्तित करना चाहते हैं तो हमें फिर बंगाल जाना होगा एवं वहाँ की जनता से पूछना होगा कि उन्हें नाम परिवर्तन स्वीकार है कि नहीं। एक यूनिट का प्रश्न शासन तंत्र के अन्तर्भुक्त हो सकता है। आप इस प्रश्न को अभी ही क्यों उठाना चाहते हैं? बांग्ला

भाषा को राष्ट्रभाषा के रूप में ग्रहण करने के मामले में क्या होगा? संयुक्त चुनावी इलाके के गठन के प्रश्न का क्या समाधान है? हमारे स्वायत्त शासन के विषय में क्या सोचते हैं? पूर्वी बंगाल की जनता अन्यान्य प्रश्नों के समाधान के साथ एक यूनिट प्रश्न की विवेचना करने को प्रस्तुत है। अतः अपने उस पक्ष के मित्रों से अपील करूँगा कि वे जनता को 'रेफरेंडम' अथवा 'प्लेबिसाइट' के माध्यम से अपनी राय देने की अनुमति प्रदान करें।)

21 अक्टूबर को अवामी मुस्लिम लीग कौंसिल अधिवेशन में दल के नाम से 'मुस्लिम' शब्द हटा दिया गया और बंगबन्धु फिर से दल के जनरल सेक्रेटरी चुने गए।

1956 : 3 फरवरी को अवामी लीग के नेतृवृन्द ने मुख्यमंत्री से भेंट कर ड्राफ्ट कांस्टीट्यूशन में प्रादेशिक स्वायत्त शासन के विषय को शामिल करने की माँग की। 14 जुलाई को अवामी लीग की सभा में प्रशासन में फौज के प्रतिनिधित्व का विरोध करते हुए एक प्रस्ताव पारित किया गया। यह प्रस्ताव बंगबन्धु ने पेश किया। 4 सितम्बर को बंगबन्धु के नेतृत्व में 144 धारा को भंग कर खाद्य की माँग एक 'भूखा जुलूस' निकाला गया। चौकबाज़ार इलाके में जुलूस पर पुलिस ने गोली चलाई जिसमें 3 व्यक्तियों की मृत्यु हुई। 16 सितम्बर को बंगबन्धु ने कोअलिशन सरकार के उद्योग, वाणिज्य, श्रम, दुर्नीति दमन तथा विलेज-एड दफ्तर के मंत्री का दायित्व भार सँभाला।

1957 : संगठन को सुसंगठित करने के उद्देश्य से 30 मई को दलीय निर्णय के अनुसार शेख़ मुज़ीब ने मंत्रिमंडल से त्यागपत्र दिया। 24 जून से 13 जुलाई तक वे चीन के सरकारी दौरे पर थे।

1958 : 7 अक्टूबर को पाकिस्तान के प्रेसीडेंट मेजर जनरल इस्कन्दर मिर्जा और फौजी प्रधान जनरल अयूब ख़ान ने सैन्य शासन जारी कर राजनीतिक गतिविधियों पर पाबन्दी की घोषणा की। 11 अक्टूबर को बंगबन्धु को गिरफ्तार किया गया और एक के बाद एक झूठे मुकदमे दायर कर उन्हें हैरान-परेशान किया गया। प्रायः चौदह महीने जेल में रखने के बाद उन्हें मुक्ति देकर फिर से जेल-गेट पर ही गिरफ्तार कर लिया गया।

1960 : 7 दिसम्बर को हाईकोर्ट में रिट आवेदन करने पर उन्हें मुक्ति मिली। सैन्य शासन तथा अयूब विरोधी आन्दोलन संगठित करने के उद्देश्य से बंगबन्धु ने गुप्त रूप से राजनीतिक गतिविधियों का संचालन किया। इसी समय बंगबन्धु ने बांग्लादेश के स्वाधीनता संग्राम के लक्ष्य पर काम करने के लिए विशिष्ट छात्र-नेतृवृन्द द्वारा 'स्वाधीन बांग्ला विप्लवी परिषद' नामक एक गुप्त संगठन की स्थापना की और प्रत्येक महकमे एवं थाने में न्यूक्लियस गठित किया।

1962 : 6 फरवरी को बंगबन्धु को जनसुरक्षा क़ानून के अन्तर्गत गिरफ्तार किया

गया। 2 जून को चार वर्षों के सैन्य शासन का अवसान हुआ तो 18 जून को बंगबन्धु रिहा हुए। 25 जून को बंगबन्धु रहित राष्ट्रीय नेतृवृन्द ने अयूब ख़ान की मौलिक गणतंत्र व्यवस्था के विरुद्ध संयुक्त बयान दिया। 5 जुलाई को पल्टन मैदान की जनसभा में बंगबन्धु ने अयूब सरकार की कठोर आलोचना की। 24 सितम्बर को बंगबन्धु लाहौर गए, जहाँ शहीद सोहरावर्दी के नेतृत्व में विरोधी दलों के मोर्चे राष्ट्रीय गणतांत्रिक फ्रंट का गठन हुआ। अक्टूबर महीने में गणतांत्रिक फ्रंट की ओर से जनमत तैयार करने के लिए उन्होंने शहीद सोहरावर्दी के साथ सारे बंगाल का दौरा किया।

1963 : सोहरावर्दी अस्वस्थ होकर चिकित्सा के लिए लन्दन गए तो उनके प्रवास के दरम्यान उनसे परामर्श के लिए बंगबन्धु लन्दन गए। 5 दिसम्बर को बेरुत में सोहरावर्दी का इन्तकाल हुआ।

1964 : 25 जनवरी को बंगबन्धु के वासभवन में आयोजित एक सभा में अवामी लीग को पुनरुज्जीवित किया गया। इस सभा में देश के बालिग नागरिकों के मताधिकार के माध्यम से संसदीय सरकार–व्यवस्था प्रवर्तन की माँग पर आम जनता के न्यायोचित अधिकारों की अदायगी पर आधारित एक प्रस्ताव पारित हुआ। सभा में मौलाना अब्दुर रशीद तर्कबागीश तथा बंगबन्धु शेख़ मुज़ीब क्रमशः सभापति व जनरल सेक्रेटरी निर्वाचित हुए। 11 मार्च को बंगबन्धु के नेतृत्व में सर्वदलीय संग्राम परिषद का गठन हुआ। साम्प्रदायिक दंगों के विरुद्ध बंगबन्धु के नेतृत्व में दंगा प्रतिरोध कमेटी गठित हुई। दंगों के बाद अयूब विरोधी ऐक्यबद्ध आन्दोलन की प्रस्तुति में बंगबन्धु ने अग्रणी भूमिका अदा की। राष्ट्रपति चुनाव के 14 दिन पूर्व बंगबन्धु को गिरफ्तार किया गया।

1965 : शेख़ मुज़ीब के विरुद्ध राष्ट्रद्रोह तथा आपत्तिजनक वक्तव्य देने का अभियोग लगाकर मुकदमा दायर किया गया। एक वर्ष का कारादंड दिया गया। बाद में हाईकोर्ट के निर्देश पर ढाका केन्द्रीय कारागार से उनकी रिहाई हुई।

1966 : 5 फरवरी को लाहौर में विरोधी दलसमूह के राष्ट्रीय सम्मेलन की विषय निर्धारणी कमेटी में बंगबन्धु ने ऐतिहासिक 6 सूत्री माँग पेश की। प्रस्तावित छह सूत्रों में बंगाली कौम की मुक्ति भी एक थी। 1 मार्च को बंगबन्धु अवामी लीग के सभापति चुने गए और 6 सूत्री माँग के पक्ष में जनमत तैयार करने के उद्देश्य से सारे बंगाल में जनसम्पर्क दौरा शुरू किया। इसी समय उन्हें सिलहट, मैमनसिंह और ढाका में बार–बार गिरफ्तार किया गया। इस वर्ष के प्रथम तीन महीनों में बंगबन्धु आठ बार गिरफ्तार हुए। 8 मई को नारायणगंज चटकल श्रमिकों की जनसभा में भाषण देने के आखिर में उन्हें फिर गिरफ्तार किया गया। 7 जून को बंगबन्धु तथा अन्य बन्दी नेताओं की रिहाई की माँग पर सारे देश में हड़ताल हुई। हड़ताल के समय ढाका, नारायणगंज, और टेंगी में पुलिस की गोली से तेजगाँव शिल्पांचल में मनु मियाँ समेत ग्यारह मजदूर मारे गए।

1968 : 3 जनवरी को पाकिस्तान सरकार ने बंगबन्धु को एक नम्बर अभियुक्त बनाकर कुछ 35 जन बंगाली सेना और सी.एस.पी. अफसरों के विरुद्ध पाकिस्तान को विच्छिन्न करने का अभियोग लगाकर राष्ट्रद्रोही के रूप में अगरतला षड्यंत्र का मामला दायर किया। 17 जनवरी को बंगबन्धु को जेल से रिहा कर पुनः जेल-गेट से गिरफ्तार कर ढाका सेना निवास में बन्दी बनाकर रखा गया। बंगबन्धु समेत अगरतला षड्यंत्र मामले के अभियुक्तों की रिहाई की माँग पर सारे देश में विक्षोभ शुरू हुआ। 18 जून को ढाका सेना-निवास में कठोर सुरक्षा व्यवस्था के बीच अगरतला षड्यंत्र मामले के अभियुक्तों का विचारकार्य शुरू हुआ।

1969 : 5 जनवरी को 6 सूत्रों सहित 11 सूत्री माँगों की अदायगी को लक्ष्य कर छात्र संग्राम परिषद का गठन हुआ। केन्द्रीय छात्र संग्राम परिषद ने अगरतला षड्यंत्र मामला वापस लेने और बंगबन्धु की रिहाई की माँग करते हुए देशव्यापी छात्र आन्दोलन शुरू किया। यह आन्दोलन जनान्दोलन में परिणत हो गया। बाद में 144 धारा और करफ्यू भंग, पुलिस-ई.पी.आर. के गोलीवर्षण तथा बहुतेरे लोगों की मृत्यु ने जनअभ्युत्थान का रूप ले लिया तो अयूब सरकार ने 1 फरवरी को गोलमेज-बैठक का आह्वान किया एवं बंगबन्धु को पेरोल पर रिहा करने की घोषणा की। बंगबन्धु ने पेरोल पर रिहाई से इनकार कर दिया। 22 फरवरी को जनता के निरन्तर दबाव के सामने केन्द्रीय सरकार को बाध्य होकर बंगबन्धु व अन्य अभियुक्तों को रिहा करना पड़ा। 23 फरवरी को रेसकोर्स (सोहरावर्दी उद्यान) मैदान में केन्द्रीय छात्र संग्राम परिषद के तत्त्वावधान में बंगबन्धु के सम्मान का आयोजन किया गया। प्रायः 10 लाख छात्र-जनता के इस सम्मान-समारोह में शेख़ मुज़ीबुर रहमान को आनुष्ठानिक रूप से 'बंगबन्धु' उपाधि से विभूषित किया गया। बंगबन्धु ने अपने रेसकोर्स के भाषण में छात्र समाज की 11 सूत्री माँगों के प्रति अपना पूर्ण समर्थन जताया।

10 मार्च को बंगबन्धु रावलपिंडी में अयूब ख़ान की गोलमेज बैठक में शामिल हुए। गोलमेज बैठक में बंगबन्धु ने अवामी लीग की 6 सूत्री तथा छात्र समाज की 11 सूत्री माँगें पेश करते हुए कहा, 'जन-असन्तोष निवारण के लिए 6 सूत्री तथा 11 सूत्री माँगों के आधार पर आंचलिक स्वायत्त शासन प्रदान करने के अतिरिक्त और कोई विकल्प न था।' पाकिस्तानी शासकगोष्ठी व राजनीतिविदों ने जब बंगबन्धु की माँगों को अस्वीकार कर दिया तो 13 मार्च को उन्होंने गोलमेज बैठक का त्याग कर दिया और 14 मार्च को ढाका लौट आए। 25 मार्च को जनरल याहिया ख़ान ने सैनिक-शासन जारी किया और सत्तासीन हुए। 25 अक्टूबर को बंगबन्धु तीन हफ्तों के सांगठनिक दौरे पर लन्दन गए। 5 दिसम्बर को शहीद सोहरावर्दी की मृत्युवार्षिकी के उपलक्ष्य में अवामी लीग की विमर्श-सभा में बंगबन्धु ने पूर्वी बंगाल का नामकरण 'बांग्लादेश' किया। उन्होंने कहा, 'एक समय इस देश के सीने

से, मानचित्र के पृष्ठों से 'बांग्ला' शब्द का शेष चिह्न तक मिटा देने की चेष्टा हुई थी। एकमात्र 'बंगोपसागर' को छोड़कर और किसी भी नाम के साथ 'बांग्ला' शब्द का अस्तित्व तक नहीं मिलता था।....जनता की ओर से मैं घोषणा करता हूँ—आज से पाकिस्तान के पूर्वांचलीय प्रदेश का नाम 'पूर्वी पाकिस्तान' न होकर केवल 'बांग्लादेश' होगा।

1970 : 6 जनवरी को बंगबन्धु फिर अवामी लीग के सभापति निर्वाचित हुए। 1 अप्रैल को अवामी लीग की कार्यकारिणी परिषद की सभा में निर्वाचन में अंशग्रहण का निर्णय लिया गया। 7 जून को रेसकोर्स मैदान की जनसभाओं में बंगबन्धु ने देशवासियों का आह्वान करते हुए कहा कि वे 6 सूत्री माँगों के सवाल पर अवामी लीग को निर्वाचित करें। 17 अक्टूबर को बंगबन्धु ने अपने दल के चुनाव-चिह्न के रूप में 'नौका' को चुना तथा ढाका की धोलाईखाल में प्रथम चुनाव सभा से चुनाव-प्रचार शुरू किया। 28 अक्टूबर को उन्होंने राष्ट्र को सम्बोधित करते हुए अपने बेतार-टी.वी. भाषण में 6 सूत्री माँगों की अदायगी के लिए अवामी लीग के उम्मीदवारों को जिताने का आह्वान देशवासियों से किया। 12 नवम्बर को गोर्की में उपकूलीय इलाके में 10 लाख लोगों की प्राणहानि होने पर चुनाव-प्रचार मुल्तवी कर दुर्गत अंचल में चले गए एवं आर्तमानवता के प्रति पाकिस्तानी शासकों की उदासीनता की तीव्र निन्दा की। उन्होंने गोर्की के उपद्रवग्रस्त लोगों की राहत के लिए विश्ववासियों का आह्वान किया। 7 दिसम्बर को आम चुनाव में अवामी लीग ने निरंकुश बहुमत प्राप्त किया। अवामी लीग ने तत्कालीन पूर्वी पाकिस्तान की राष्ट्रीय परिषद के 169 आसनों में 167 आसनों तथा प्रादेशिक परिषद के 300 आसनों में 288 पर विजय प्राप्त की।

1971 : 3 जनवरी को रेसकोर्स की जनसभा में बंगबन्धु शेख़ मुज़ीब ने जनप्रतिनिधियों के शपथ ग्रहण का संचालन किया। अवामी लीग के दलीय सदस्यों ने 6 सूत्रों के आधार पर संविधान की रचना तथा जनता के प्रति आनुगत्य या अधीनता की शपथ ली। 5 जनवरी को तत्कालीन पश्चिमी पाकिस्तान में सर्वाधिक आसन प्राप्त करनेवाली पाकिस्तान पीपल्स पार्टी के नेता ज़ुल्फ़िकार अली भुट्टो ने केन्द्र में अवामी लीग के साथ कोअलीशन सरकार के गठन के प्रति अपनी सहमति की घोषणा की। राष्ट्रीय परिषद के सदस्यों की एक बैठक में बंगबन्धु को पार्लियामेंटरी दल का नेता निर्वाचित किया गया। 28 जनवरी को ज़ुल्फ़िकार अली भुट्टो बंगबन्धु के साथ विचार-विमर्श के लिए ढाका आए। तीन-तीन बैठकों के बाद वार्ता व्यर्थ हो गई। 13 फरवरी को प्रेसीडेंट याहिया ख़ान ने 3 मार्च को ढाका में राष्ट्रीय परिषद की बैठक का आह्वान किया। 15 फरवरी को भुट्टो ने ढाका में राष्ट्रीय परिषद की बैठक के बायकाट की घोषणा के द्वारा दो प्रदेशों के बहुमत-सम्पन्न दो दलों के प्रति सत्ता के हस्तान्तरण की माँग की। 16 फरवरी को बंगबन्धु

ने एक बयान में जनाब भुट्टो की माँग की तीव्र समालोचना करते हुए कहा, 'भुट्टो साहब की माँग पूर्णत: युक्तिविहीन है। सत्ता एकमात्र बहुमत दल अवामी लीग को हस्तान्तरित करनी होगी। सत्ता की मालिक अब पूर्वी बंगाल की जनता है।'

1 मार्च को याहिया ख़ान ने अनिश्चित काल के लिए राष्ट्रीय परिषद की बैठक स्थगित करने की घोषणा की तो सारे बंगाल में प्रतिवाद का तूफान उठ खड़ा हुआ। बंगबन्धु के सभापतित्व में अवामी लीग की कार्यकारिणी परिषद की बैठक में 3 मार्च को देशव्यापी हड़ताल का आह्वान किया गया। 3 मार्च को सारे बंगाल में हड़ताल पालित होने के बाद बंगबन्धु ने अविलम्ब सत्ता के हस्तान्तरण के लिए प्रेसीडेंट से माँग की।

7 मार्च को रेसकोर्स के जनसमुद्र से बंगबन्धु शेख़ मुज़ीबुर रहमान ने घोषणा की, 'इस बार का संग्राम हमारा मुक्ति का संग्राम है, इस बार का संग्राम स्वाधीनता का संग्राम है, जय बांग्ला।' ऐतिहासिक भाषण में राष्ट्रपिता बंगबन्धु ने बंगाली कौम का श्रृंखला से मुक्ति का आह्वान करते हुए घोषणा की, 'घर-घर को दुर्ग बनाओ। तुम्हारे पास जो कुछ भी हो, उसी से शत्रु का मुकाबला करना होगा।...ख़ून जब दिया है तो और भी ख़ून देंगे। इस देश के लोगों को मुक्त करके ही दम लेंगे, इंशाल्लाह!'

उन्होंने शत्रु के विरुद्ध सर्वात्मक प्रतिरोध के लिए सभी को तैयार रहने का आह्वान किया तथा याहिया ख़ान सरकार के विरुद्ध असहयोग आन्दोलन का आह्वान किया। इधर राष्ट्रपति जनरल याहिया का निर्देश जाता और उधर धानमंडी 32 नम्बर सड़क से बंगबन्धु का निर्देश जाता। बंगाल के लोग बंगबन्धु का निर्देश मानकर चलते। ऑफिस, अदालत, बैंक, बीमा, स्कूल-कॉलेज, गाड़ी, कल-कारखाने आदि सब बंगबन्धु का निर्देश मानते। याहिया के सभी निर्देशों को अमान्य कर असहयोग आन्दोलन में बंगाल के लोगों ने जो समर्थन दिया, वह इतिहास में विरल था। मूलत: 7 मार्च से 25 मार्च तक स्वाधीन देश के रूप में बांग्लादेश राष्ट्र का संचालन बंगबन्धु ने किया। 16 मार्च को सत्ता के हस्तान्तरण के सवाल पर मुज़ीब-याहिया बैठक शुरू हुई। विचार-विमर्श के लिए जनाब भुट्टो भी ढाका आए। 24 मार्च तक याहिया-मुज़ीब-भुट्टो वार्ता हुई। 25 मार्च को वार्ता विफल होने के बाद शाम को याहिया ने ढाका का त्याग किया। 25 मार्च की रात को निरीह, निहत्थे बंगालियों पर पाकिस्तानी फौज कूद पड़ी तथा ढाका विश्वविद्यालय, पिलखाना राइफल के सदर दफ्तर तथा राजारबाग पुलिस हेडक्वार्टर पर हमला किया।

25 मार्च की रात 12 बजकर 20 मिनट पर बंगबन्धु ने बांग्लादेश की स्वाधीनता की घोषणा की :

> This may be my last message, from today Bangladesh is independent. I call upon the people of Bengladesh wherever you might be and with whatever you have, to resist the army of occupation to the last. Your fight

must go on until the last soldier of the Pakistan occupation army is expelled from the soil of Bengladesh and final victory is achieved.

(**अनुवाद :** हो सकता है यह मेरा अन्तिम सन्देश हो, आज से बांग्लादेश स्वाधीन है। बांग्लादेश की जनता का मैं आह्वान करता हूँ, आप जहाँ भी हैं, आपके पास जो कुछ भी हो, आप उसी से दखलकारी फौज का प्रतिरोध करें। पाकिस्तानी दखलकारी फौज के अन्तिम फौजी को बांग्लादेश की मिट्टी से खदेड़ने और अन्तिम जीत हासिल करने तक आपको लड़ाई जारी रखनी होगी।)

यह घोषणा बांग्लादेश में सर्वत्र वायरलेस, टेलीफोन और टेलीग्राम के माध्यम से प्रेषित की गई। इसके साथ ही साथ उन्होंने बांग्ला में भी एक निम्नलिखित सन्देश भेजा :

पाकिस्तानी फौज ने अचानक पिलखाना ई.पी.आर. चौकी, राजारबाग पुलिस लाइन पर आक्रमण कर दिया और शहर के हर रास्ते पर लड़ाई चल रही है। मैं विश्व के राष्ट्र-समूहों से मदद की दरखास्त करता हूँ। हमारे मुक्तियोद्धा वीरता से मातृभूमि को मुक्त कराने के लिए शत्रुओं से लड़ रहे हैं। सर्वशक्तिमान अल्लाह के नाम पर मैं आप सबसे दरखास्त व आदेश देता हूँ कि देश को स्वाधीन करने के लिए अपने ख़ून की आखिरी बूँद तक युद्ध चलाते रहें। अपने साथ आकर युद्ध करने के लिए पुलिस, ई.पी.आर., बंगाल रेजिमेंट और अंसारों से मदद माँगें। कोई समझौता नहीं। विजय हमारी ही होगी। पवित्र मातृभूमि से अन्तिम शत्रु को खदेड़ बाहर करें। यह सन्देश सभी अवामी लीग नेताओं-कार्यकर्ताओं एवं अन्यान्य देशप्रेमियों तक पहुँचाएँ। अल्लाह आपका मंगल करें। जय बांग्ला!

बंगबन्धु का यह सन्देश तत्क्षण विशेष व्यवस्था द्वारा सारे देश में भेजा गया। जनता के सर्वस्तरों के साथ ही साथ चटगाँव, कुमिल्ला व जैसोर सेना-निवास के बंगाली जवान और अफसरों ने भी प्रतिरोध सुसंगठित किया। पाकिस्तानी फौज ने डेढ़ मिनट में 32 नम्बर धानमंडी से बंगबन्धु को गिरफ्तार किया और ढाका सेना निवास में ले गई एवं तीन दिन पश्चात् उन्हें बन्दी अवस्था में पाकिस्तान ले जाया गया।

26 मार्च को जनरल याहिया ने एक भाषण में अवामी लीग को प्रतिबन्धित घोषित कर बंगबन्धु को देशद्रोही करार दिया।

26 मार्च को ही चटगाँव स्वाधीन बांग्ला बेतार केन्द्र से चटगाँव अवामी लीग के नेता एम.ए. हन्नान ने बंगबन्धु के स्वाधीनता घोषणा-पत्र का पाठ किया। 10 अप्रैल को बंगबन्धु को (शेख़ मुज़ीबुर रहमान को) राष्ट्रपिता बनाकर क्रान्तिकारी सरकार गठित हुई। 17 अप्रैल को मेहरपुर के बैद्यनाथतला के आम्रकानन (मुज़ीबनगर) में बांग्लादेश सरकार का शपथ ग्रहण अनुष्ठित हुआ। बंगबन्धु राष्ट्रपति, सैयद नज़रुल इस्लाम अस्थायी राष्ट्रपति एवं ताज़उद्दीन अहमद प्रधान मंत्री निर्वाचित

हुए। प्रवासी बांग्लादेश सरकार के संचालन में अन्ततः मुक्तियुद्ध की 16 दिसम्बर को ऐतिहासिक रेसकोर्स मैदान में पाकिस्तानी फौज के आत्मसमर्पण के साथ विजय हुई। बांग्लादेश स्वाधीन हुआ। उससे पहले 7 सितम्बर को पाकिस्तान के फैसलाबाद (लायलपुर) जेल में गुप्त रूप से बंगबन्धु का विचार कर उन्हें देशद्रोही घोषित कर मौत की सज़ा सुनाई गई। विभिन्न देशों और विश्व की मुक्तिकामी जनता ने बंगबन्धु के जीवन की सुरक्षा की माँग की। 27 दिसम्बर को बांग्लादेश सरकार की ओर से राष्ट्रपिता व राष्ट्रपति शेख़ मुज़ीबुर रहमान की बिना शर्त रिहाई की माँग की। भारत व सोवियत यूनियन समेत विभिन्न देशों तथा अन्तर्राष्ट्रीय संस्थाओं की ओर से बंगबन्धु की रिहाई की माँग करते हुए पाकिस्तान का आह्वान कर कहा गया कि शेख़ मुज़ीबुर रहमान बांग्लादेश के राष्ट्रपति थे, वे बांग्लादेश के निर्माता थे, अतः पाकिस्तान को कोई अधिकार नहीं था कि वह उन्हें बन्दी बनाकर रखे। इसी बीच बांग्लादेश को कई राष्ट्रों की स्वीकृति मिल चुकी थी।

1972 : 8 जनवरी को पाकिस्तान सरकार ने अन्तर्राष्ट्रीय दबाव में बंगबन्धु को रिहा कर दिया। ज़ुल्फ़िकार अली भुट्टो ने बंगबन्धु के साथ भेंट की। उसी दिन बंगबन्धु को ढाका के लिए लन्दन भेजा गया, जहाँ 9 जनवरी को उन्होंने ब्रिटिश प्रधान मंत्री एडवर्ड हीथ से मुलाक़ात की। लन्दन से ढाका लौटने के रास्ते बंगबन्धु दिल्ली में रुके जहाँ हवाई अड्डे पर भारत के राष्ट्रपति वी.वी. गिरि तथा प्रधान मंत्री इन्दिरा गांधी ने उनका स्वागत किया।

राष्ट्रपिता बंगबन्धु 10 जनवरी को जब ढाका पहुँचे तो वहाँ उनका अविस्मरणीय स्वागत किया गया। हवाई अड्डे से सीधे रेसकोर्स मैदान में जाकर उन्होंने लाखों जनता के समावेश में अश्रुसिक्त नयनों से राष्ट्र को सम्बोधित किया। 12 जनवरी को बंगबन्धु ने प्रधान मंत्री का पदभार ग्रहण किया। 6 फरवरी को भारत सरकार के आमंत्रण पर वह भारत गए। ढाका विश्वविद्यालय ने 1949 में बंगबन्धु को दिए गए अपने बहिष्कार आदेश को वापस लिया। 28 फरवरी को वे सोवियत यूनियन के दौरे पर गए। 12 मार्च को बंगबन्धु के अनुरोध पर भारतीय मित्र सेना बांग्लादेश से वापस हुई।

1 मई को उन्होंने तृतीय व चतुर्थ श्रेणी के सरकारी कर्मचारियों के वेतन-वृद्धि की घोषणा की। 30 जुलाई को लन्दन में बंगबन्धु के पित्ताशय का अस्त्रोपचार हुआ। अस्त्रोपचार के पश्चात् वे लन्दन से जेनेवा गए। 10 अक्टूबर को विश्वशान्ति परिषद ने उन्हें 'जूली व कूरी' पुरस्कार से विभूषित किया। 4 नवम्बर को बंगबन्धु ने बांग्लादेश के पहले आम चुनाव की तारीख (7 मार्च, 1973) की घोषणा की। 15 दिसम्बर को बंगबन्धु सरकार ने मुक्तियोद्धाओं को राष्ट्रीय उपाधि प्रदान करने की घोषणा की। 14 दिसम्बर को बांग्लादेश के प्रथम संविधान पर बंगबन्धु ने हस्ताक्षर किए। 16 दिसम्बर से बांग्लादेश का संविधान लागू हुआ। प्रशासनिक

व्यवस्था के पुनर्गठन, संविधान प्रणयन, एक करोड़ लोगों के पुनर्वास, संचार व्यवस्था के उन्नयन, शिक्षा व्यवस्था के सम्प्रसारण, शिक्षार्थियों के लिए प्राथमिक स्तर तक मुफ्त तथा माध्यमिक श्रेणी तक नाममात्र मूल्य पर पुस्तकों का वितरण, शराब-जुआ-घुड़दौड़ समेत सभी इस्लाम विरोधी कार्यों पर प्रतिबन्ध, इस्लामिक फाउंडेशन की स्थापना, मदरसा शिक्षा-बोर्ड का पुनर्गठन, 11000 प्राथमिक विद्यालयों की स्थापना के साथ-साथ 40 हजार प्राथमिक विद्यालयों का सरकारीकरण, मुक्तियुद्ध के दौरान पाक-सेना के हाथों बलात्कार की शिकार स्त्रियों के लिए नारी पुनर्वासन संस्था, मुक्तियोद्धाओं के लिए मुक्तियोद्धा कल्याण ट्रस्ट का गठन, 25 बीघा तक जमीन की मालगुजारी माफ, बिना मूल्य या स्वल्पमूल्य पर कृषकों में कृषि-उपकरणों का वितरण, पाकिस्तानियों के परिव्यक्त बैंक, बीमा व 450 उद्योग इकाइयों के राष्ट्रीयकरण और चालू करने के माध्यम से हजारों श्रमिक-कर्मचारियों के लिए रोजगार, घोड़ाशाल खाद कारखाना, आशुगंज कम्प्लेस में प्राथमिक काम व अन्यान्य नए उद्योगों की स्थापना, बन्द कल-कारखानों को चालू करने के साथ-साथ अन्यान्य समस्याओं का सामना कर स्वस्थ परियोजनाओं के माध्यम से अर्थनीतिक ढाँचे का निर्माण कर देश को धीरे-धीरे एक समृद्धिशाली राष्ट्र में परिणत करने के प्रयास शुरू हुए। अत्यन्त अल्प समय में उल्लेख योग्य संख्यक राष्ट्रों से बांग्लादेश को स्वीकृति मिलना बंगबन्धु-सरकार की उल्लेखनीय सफलता थी।

1973 : राष्ट्रीय संसद के प्रथम चुनाव में अवामी लीग को कुल 300 आसनों में से 293 आसनों पर विजय मिली। 3 सितम्बर को अवामी लीग, सी.पी.बी. तथा नैप के समन्वय से 'ऐक्य फ्रंट' गठित हुआ। 6 सितम्बर को गुटनिरपेक्ष आन्दोलन के शीर्ष सम्मेलन में शामिल होने के लिए बंगबन्धु अल्जीरिया गए। 17 सितम्बर को उन्होंने जापान का दौरा किया।

1974 : 22 फरवरी को पाकिस्तान ने बांग्लादेश को स्वीकृति दी। 23 फरवरी को इस्लामी सम्मेलन की शीर्ष संस्था (ओ.आई.सी.) के शीर्ष सम्मेलन में भाग लेने के लिए बंगबन्धु ने पाकिस्तान गमन किया। 17 सितम्बर को बांग्लादेश को राष्ट्रसंघ की सदस्यता प्राप्त हुई और 25 सितम्बर को बंगबन्धु ने राष्ट्रसंघ की साधारण परिषद के अधिवेशन में पहली बार बांग्ला में भाषण दिया।

1975 : 25 जनवरी को बांग्लादेश में राष्ट्रपति पद्धति की सरकार-व्यवस्था का प्रवर्तन एवं बंगबन्धु द्वारा राष्ट्रपति का दायित्व-भार ग्रहण। 24 फरवरी को देश के विभिन्न राजनीतिक दलों के समन्वय से राष्ट्रीय दल 'बांग्लादेश कृषक श्रमिक अवामी लीग' का गठन। इस राष्ट्रीय दल में शामिल होने के लिए बंगबन्धु ने देश के सभी राजनीतिक दलों और नेताओं का आह्वान किया। विदेशी सहायता पर निर्भरशीलता कम कर बंगाली कौम को आत्मनिर्भर बनाने की प्रयोजनीयता को बंगबन्धु ने समझा, इसीलिए स्वावलम्बन के लक्ष्य को प्राप्त करने के उद्देश्य से

उन्होंने अर्थनीति की माला को नए सिरे से सजाया। स्वाधीनता को अर्थवान बनाने के लिए मनुष्य को आहार, वस्त्र, वासस्थान, चिकित्सा, शिक्षा और रोजगार के अवसरों के सृजन के लिए द्वितीय क्रान्ति के कार्यक्रम की घोषणा की जिसका लक्ष्य था भ्रष्टाचार का दमन, खेतों व कल-कारखानों में उत्पादन की वृद्धि, जनसंख्या नियंत्रण तथा राष्ट्रीय एकता की स्थापना। इस लक्ष्य को शीघ्रातिशीघ्र हासिल करने के लिए बंगबन्धु ने 6 जून को सभी राजनीतिक दलों, पेशाजीवियों, बुद्धिजीवियों को ऐक्यबद्ध कर एक मंच तैयार किया जिसे उन्होंने नाम दिया 'बांग्लादेश कृषक श्रमिक अवामी लीग।' बंगबन्धु इस दल के चेयरमैन निर्वाचित हुए।

सारी कौम को ऐक्यबद्ध कर अर्थनीतिक मुक्ति के संग्राम में अंशग्रहण करने के उनके आह्वान को अभूतपूर्व समर्थन मिला। बहुत ही कम समय में देश की अर्थनीतिक अवस्था की उन्नति होना शुरू हुई। उत्पादन में वृद्धि हुई। चोरबाज़ारी बन्द हुई। चीजों के दाम कम होकर आम आदमी की क्रय-क्षमता के अन्तर्गत आ गए।

नई आशा व उत्साह के साथ स्वाधीनता का सुफल घर-घर पहुँचाने के लिए देश के लोगों ने एकताबद्ध होकर अग्रसर होना शुरू किया। किन्तु लोगों का वह सुख अधिक दिन स्थायी न रहा।

15 अगस्त की भोर में हजारों वर्षों की श्रेष्ठ बंगाली बांग्लादेश के निर्माता व बंगाली कौम के पिता बंगबन्धु शेख़ मुज़ीबुर रहमान की उनके अपने ही वासभवन में फौज के कतिपय उच्चाभिलाषी, विश्वासघातक अफसरों के हाथों हत्या कर दी गई। उस दिन बंगबन्धु की सहधर्मिणी महीयसी नारी बेगम फज़िलातुन्निसा, बंगबन्धु के ज्येष्ठ पुत्र मुक्तियोद्धा ले. शेख़ कमाल, पुत्र ले. शेख़ जमाल, कनिष्ठ पुत्र शेख़ रसेल, दो पुत्रवधुएँ सुलताना कमाल व रोज़ी जमाल, बंगबन्धु के भाई शेख़ नासेर, बहनोई व कृषिमंत्री अब्दुर रब सेरनियाबात व उनकी पुत्री बेबी सेरनियाबात, पुत्र आरिफ सेरनियाबात, दौहित्र सुकान्त अब्दुल्ला बाबू, भतीजा शहीद सेरनियाबात, बंगबन्धु का भानजा युवा नेता व पत्रकार शेख़ फ़ज़लुल हक़ मणि और उनकी पत्नी आरजू मणि, बंगबन्धु के सामरिक सचिव कर्नल जमील अहमद तथा 14 वर्षीय किशोर अब्दुल नईम ख़ान रिंटू समेत सोलह जन की हत्यारों ने हत्या कर दी।

15 अगस्त, 1975 को महामानव बंगबन्धु शेख़ मुज़ीबुर रहमान के शहीद होने के बाद देश में सामरिक शासन जारी हुआ। लोकतंत्र की हत्या कर मौलिक अधिकार छीन लिये गए तथा शुरू हुई हत्या, कू और षड्यंत्र की राजनीति। छीन लिया गया जनता से भात और वोट का अधिकार।

विश्व-मानवाधिकार की रक्षा के लिए हत्याकारियों के विचार का विधान है, किन्तु बांग्लादेश के राष्ट्रपिता बंगबन्धु के ख़ूनी आततायियों को विचार के हाथों से रिहाई देने के लिए 26 सितम्बर को एक सामरिक अध्यादेश (इंडेमनिटी ऑर्डिनेंस) जारी किया गया।

जनरल जिया उर रहमान ने सामरिक शासन के माध्यम से अवैध रूप से सत्ता दखल कर पाँचवें संशोधन के माध्यम से इंडेमनिटी ऑर्डिनेंस नाम से एक कुख्यात काला क़ानून संविधान में जुड़कर संविधान की पवित्रता नष्ट कर रहा था। खूनियों को विदेश स्थित विभिन्न दूतावासों में नौकरी देकर पुरस्कृत कर रहा था।

23 जून, 1996 को बंगबन्धु की कन्या शेख़ हसीना के नेतृत्व में बांग्लादेश अवामी लीग सरकार के गठन के बाद 2 अक्टूबर को धानमंडी थाने में तत्कालीन प्रेसीडेंट राष्ट्रपिता बंगबन्धु शेख़ मुजीरबुर रहमान और उनके परिवार के सदस्यों की हत्या के विरुद्ध इज़हार दायर किया गया। 12 नवम्बर को राष्ट्रीय संसद में इंडेमनिटी अध्यादेश को खारिज कर दिया गया। 1 मार्च, 1997 को ढाका ज़िला और फौजदारी अदालत में विचार–कार्य शुरू हुआ। 8 नवम्बर, 1998 को ज़िला और फौजदारी जज क़ाज़ी ग़ुलाम रसूल ने 76 पृष्ठों की राय दी और 15 लोगों को मृत्युदंड की सज़ा सुनाई। 14 नवम्बर, 2000 को हाईकोर्ट में मामले के डेथ रेफरेंस और अपील में दो न्यायाधीशों जस्टिस रूहुल अमीन एवं जस्टिस ए.बी.एम. खैरुल हक़ ने दो मतों में विभाजित राय की घोषणा की। इसके बाद तीसरे जस्टिस मो. फ़ज़लुल करीब ने 12 जन के मृत्युदंड को बहाल रखते हुए अन्तिम फैसला सुनाया। इसके बाद 5 अभियुक्तों ने अपील विभाग में लीव टु अपील दाखिल की। 2002 से 2006 तक बी.एन.पी. व जमायत की गठबन्धन सरकार के समय मामले को कार्यतालिका से बाद दे दिया गया। 2007 में सुनवाई के लिए बेंच गठित हुई। 2009 में 29 दिनों की सुनवाई के बाद 19 नवम्बर को प्रधान न्यायाधीश सहित पाँच न्यायाधीशों की राय घोषित हुई जिसमें अपील को खारिज करते हुए 12 अभियुक्तों के मृत्युदंड को बहाल रखा गया। 2 जनवरी, 2010 को अपील विभाग में अभियुक्तों का रिव्यू पिटिशन दाखिल हुआ एवं तीन दिन की सुनवाई के अन्त में 27 जनवरी को चार न्यायाधीशों ने रिव्यू पिटिशन खारिज कर दिया। उसी दिन आधी रात के बाद 28 जनवरी को पाँच हत्यारों को मृत्युदंड दे दिया गया। एक हत्यारा फरार अवस्था में विदेश में मारा गया एवं छह विदेशों में फरार हैं। इस नृशंस हत्याकांड के विचार की माँग 34 वर्षों बाद पूरी हुई।

15 अगस्त क़ौम के जीवन का एक कलंकमय दिन है जिसका बंगाली कौम राष्ट्रीय शोक–दिवस के रूप में पालन करती है।

⚙⚙⚙